Edition *Management know how*

Wolf D. Hartmann

Handbuch der Managementtechniken

Moderne Managementmethoden und -techniken im kritischen Überblick

2. Auflage

Akademie-Verlag Berlin 1990

Herausgeber der Reihe:

MCI
Management Consulting Institut
Wien

ISBN 3-05-000 203-4
Erschienen im Akademie-Verlag Berlin, DDR-1086 Berlin, Leipziger Str. 3–4

Printed in the German Democratic Republic
Gesamtherstellung: Druckerei „G. W. Leibniz", DDR-4450 Gräfenhainichen
LSV 0305
Bestellnummer: 754 730 2 (6457)

Vorwort zur zweiten Auflage

Kenntnis und Beherrschung moderner Konzepte und Methoden der Betriebswirtschaft und des Managements sind durch die politische Revolution und den ihr folgenden Sturz in die Marktwirtschaft nicht länger Gegenstand "kritischer" Betrachtung, sondern essentielle Lebensnotwendigkeiten.

Dringlichste Voraussetzung für die Bewältigung der anstehenden Aufgaben ist Information über den internationalen Wissensstand und Vermittlung von Anwendungserfahrungen.

Die Darstellung der organisatorisch-technischen Seite des Managements war Anliegen der 1988 erschienenen und sofort vergriffenen ersten Auflage meines Buches. Autor und Verlag hatten zwar für 1991 eine Überarbeitung vorgesehen, sind aber auf Grund der Entwicklung davon überzeugt, daß die gegebene Situation eine rasche unveränderte Neuauflage erforderlich macht.

Der Initiative und Aufgeschlossenheit des Management Consulting Instituts Wien und der Bereitschaft des Akademie-Verlages Berlin zur Zusammenarbeit ist es zu verdanken, daß mein Buch nunmehr erneut vorliegt, wofür ich meinen Dank aussprechen möchte.

In dieser Zusammenarbeit ist auch ein neues Handbuch geplant, das internationale Entwicklungstrends und Problemlösungen zur Ost/West-Zusammenarbeit vorstellen soll.

Ich hoffe dennoch, daß mein Buch schon jetzt dazu beiträgt, Berührungsängste abzubauen und wirtschaftliches Basiswissen zur Verfügung zu stellen.

Berlin, im März 1990 Wolf-D. Hartmann

Inhalt

KAPITEL I

Genesis, theoretische Grundlagen und Funktionen der Managementtechniken

Zur Notwendigkeit und Bedeutung kritischer Analysen der Managementtechniken

In der zweiten Hälfte der achtziger Jahre haben sich weltweit zahlreiche Widersprüche und Probleme so zugespitzt, daß ein neues Herangehen an ihre Lösung unumgänglich ist.

Auf dem XXVII. Parteitag der KPdSU im Februar 1986 schätzte M. S. Gorbatschow die gegenwärtige Lage folgendermaßen ein: „Wir sind Realisten und uns völlig darüber im klaren, daß sehr vieles die zwei Welten voneinander trennt. Doch sehen wir auch etwas anderes klar: Das Erfordernis, die vitalen Aufgaben der ganzen Menschheit zu lösen, muß sie zum Zusammenwirken veranlassen und bisher unbekannte Kräfte des Selbsterhaltungswillens der Menschheit wecken ... Der Gang der Geschichte, des sozialen Fortschritts erfordert immer nachdrücklicher ein *konstruktives, schöpferisches Zusammenwirken der Staaten und Völker auf unserem gesamten Planeten*. Er erfordert nicht nur, er schafft auch die politischen, sozialen und materiellen Voraussetzungen dafür."[1]

Es liegt im Interesse der konstruktiven Zusammenarbeit zwischen Staaten unterschiedlicher Gesellschaftsordnungen ungeachtet der prinzipiellen Unterschiede in den Eigentumsverhältnissen an den Produktionsmitteln, auch die Kenntnisse über die unterschiedliche Art und Weise der Beherrschung von Leitungsproblemen zu vertiefen.

Hierbei geht es unter den Bedingungen des akzelerierten nuklearen Wettrüstens, des enormen Gefälles im Lebensniveau von Industrienationen und Entwicklungsländern sowie der wachsenden Umweltzerstörung mehr denn je um das Kennenlernen unterschiedlicher Positionen und Standpunkte und um größere gegenseitige Lernbereitschaft hinsichtlich der allseitigen ökonomischen und sozialen Entwicklung der Produktivkräfte, insbesondere der Hauptproduktivkraft Mensch und seiner natürlichen Lebensbedingungen.

Michail Gorbatschow betonte auf dem XXVII. Parteitag der KPdSU immer wieder, „daß es in der heutigen Situation keine Alternative zur Zusammenarbeit und zum Zusammenwirken aller Staaten gibt. Somit haben sich objektive — ich betone,

[1] XXVII. Parteitag der KPdSU. Politischer Bericht des Zentralkomitees der KPdSU an den XXVII. Parteitag der Kommunistischen Partei der Sowjetunion, Berichterstatter: M. S. Gorbatschow, Berlin 1986, S. 28/29.

objektive — Bedingungen ergeben, unter denen die Auseinandersetzung zwischen Kapitalismus und Sozialismus *lediglich und ausschließlich in Formen des friedlichen Wettbewerbs und der friedlichen Rivalität verlaufen kann.*"[2]

Gerade in dieser Verflechtung von friedlichem Wettstreit der beiden Systeme mit der zunehmenden Tendenz der wechselseitigen Abhängigkeit aller Staaten der Weltgemeinschaft liegt die zentrale Dialektik unserer Zeit. Sie erfordert ein neues Herangehen an internationale Probleme, dessen philosophische, politökonomische und nicht zuletzt militärpolitische Notwendigkeit A. Gromyko und W. Lomejko überzeugend in ihrem 1985 auch in deutscher Sprache erschienenen Buch „Neues Denken im Atomzeitalter" bewiesen.[3]

Gestützt auf eine tiefgründige Analyse der entscheidenden Widersprüche und Probleme unserer Zeit, entwickeln Gromyko und Lomejko die wichtigste Maxime des notwendigen neuen Denkens. Sie lautet: „Für den Ausbau einer fruchtbringenden internationalen Zusammenarbeit ist eine neue Denkweise notwendig, die Vergegenwärtigung von Realitäten der heutigen Welt. Die wichtigste ist die, daß kein einziges soziales System, wie reich und stark es auch sein mag, es sich im Zeitalter eines Overkills gestatten darf, die lebenswichtigen Interessen der anderen Seite zu ignorieren und sie nur als Konkurrenten zu betrachten. Die dialektische Einheit der Gegensätze, wo die Konkurrenten im Widerstreit der Ideen gleichzeitig auch Partner im Kampf um das Leben sind, wird zur einzig möglichen Form des Überlebens in unserem Zeitalter."[4]

Bei der weiteren kritischen Analyse von Theorie und Praxis des Managements wird von diesem neuen Denkansatz ausgegangen. Ihn zu befolgen, bedeutet in keiner Weise zu übersehen, daß „. . . die kapitalistische Leitung dem Inhalt nach zwieschlächtig ist, wegen der Zwieschlächtigkeit des zu leitenden Produktionsprozesses selbst, welcher einerseits gesellschaftlicher Arbeitsprozeß zur Herstellung eines Produkts, andrerseits Verwertungsprozeß des Kapitals . . . ist".[5] Dem Doppelcharakter der kapitalistischen Leitung gemäß enthält jede bürgerliche Leitungstechnik sowohl rationale Momente und objektiv notwendige Funktionen im Arbeitsprozeß als auch durch die Eigentumsverhältnisse bedingte Funktionen im Verwertungsprozeß des Kapitals. Daher kommt es darauf an, die sozialökonomischen Konsequenzen bürgerlicher Managementmethoden und -techniken niemals zu übersehen, genauso wenig wie die ökonomische Rationalität vieler im Konkurrenzkampf bewährter Techniken.

Während aus politökonomischer wie sozialökonomischer Sicht seit langem die Rolle und Funktion des Managements zur Erhaltung und zum Ausbau der

[2] Ebenda, S. 96.

[3] Gromyko, A./Lomejko, W., Neues Denken im Atomzeitalter, Köln 1985 und Leipzig—Jena—Berlin 1985.

[4] Ebenda, S. 185.

[5] Marx, K., Das Kapital. Erster Band, in: K. Marx/F. Engels, Werke (im folgenden: MEW), Bd. 23, Berlin 1975, S. 351.

Herrschaft des Kapitals marxistisch fundiert untersucht wird,[6] stellt sich der Autor primär die Aufgabe, die organisatorisch-technische Seite des Managements hinsichtlich ihrer Produktivkraftfunktion zu untersuchen. Ausgangspunkt dafür ist die von Marx und Engels in der „Deutschen Ideologie" getroffene Feststellung, „daß eine bestimmte Produktionsweise oder industrielle Stufe stets mit einer bestimmten Weise des Zusammenwirkens oder gesellschaftlichen Stufe vereinigt ist, und diese Weise des Zusammenwirkens ist selbst eine ‚Produktivkraft' ".[7]

Es ist hinreichend bekannt, daß die Entwicklung der Produktivkraft „Management" sowohl im internationalen Maßstab als auch zwischen den Konzernen eines Landes sowie innerhalb der Konzerne selbst erheblich differiert. Diese Unterschiede wissenschaftlich zu begründen, fällt keineswegs leicht. Die vorschnelle Erklärung durch die bloße Branchenzugehörigkeit ist dabei offensichtlich nicht haltbar, wie ein Blick auf Tabelle 1.1. beweist, in der die zehn „meistbewunderten" US-Unternehmungen laut *Fortune*-Liste vom Januar 1986 aufgenommen sind. (Tabelle 1.1.)

Tabelle 1.1.
„Meistbewunderte" US-Unternehmen in der Rangfolge der „Fortune"-Liste

Rang	Company	Industriegruppe	Bewertungspunkte
1.	IBM	Büromaschinen, Computer	8,31
2.	3M	Präzisionsinstrumente	8,12
3.	Dow Jones	Verlagswesen, Druckerei	8,07
4.	Coca Cola	Getränke	7,98
5.	Merck	Pharmazeutika	7,91
6.	Boeing	Luftfahrt/Rüstung	7,90
7.	Rubbermaid	Kautschuk, Plastikartikel	7,80
8.	Procter & Gamble	Seifen, Kosmetika	7,79
9.	Exxon	Petroleumraffinerie	7,72
10.	J. P. Morgan	Kommerzielle Bank	7,71

Quelle:
Hutton, C., America's most admired Corporations, in: Fortune (Chicago), Vol. 113, 1/1986, S. 33.

Es ist auch kein Geheimnis, daß selbst unter der Oberhoheit vielbewunderter Spitzenmanager, deren Memoiren gegenwärtig nicht zufällig einen beachtlichen Boom in der westlichen Welt erreichen, keineswegs alle Filialen den gleichen Beitrag zum Profitwachstum, Innovationsaufkommen, flexiblen Reagieren auf

[6] Vgl. hierzu insbesondere die zahlreichen Arbeiten marxistischer Wissenschaftler in den monatlichen Berichten des Instituts für Internationale Politik und Wirtschaft sowie die neueren Lehrbücher zur politischen Ökonomie des Kapitalismus.

[7] Marx, K./Engels, F., Die deutsche Ideologie, in: MEW, Bd. 3, Berlin 1973, S. 22.

neue Markterfordernisse, Kostensenken usw. erreichen. Wissenschaftlich begründete Erklärungen dafür fehlen, auch wenn gegenwärtig oftmals reißerisch und mit viel journalistischem Können aufgemachte „Management-Bestseller" den Eindruck zu erwecken suchen, als wären alle Unterschiede in der Managementwirksamkeit dadurch ein für allemal geklärt.[8]

Das Entstehen zahlreicher neuer Managementtechniken und die häufig vorgenommene Revision von Organisationsgrundsätzen beweisen, daß es ein für allemal gültige Managementrezepte nicht gibt. Vielmehr zeigt das internationale Geschäftsleben anschaulich, daß Qualität auf technologischem Gebiet und auf dem Sektor des Management gleichermaßen erforderlich sind. In der Diskussion um die Produktivitätsfortschritte der USA hatten die insbesondere nach dem zweiten Weltkrieg aus Westeuropa in die USA entsandten „Produktivitätskommissionen" prononciert festgestellt, daß Mangementfähigkeiten der wichtigste Erfolgsfaktor wären. Von hier aus begründet sich auch der langjährige Transfer vieler neuer Managementtechniken aus den USA nach Westeuropa. Für bestimmte Gebiete ist es daher nicht übertrieben, zu sagen, daß mehr oder weniger formal vom amerikanischen Management abgeschrieben wurde und viele amerikanische Ansätze, besonders in Westeuropa, kritiklos übernommen wurden.

Ein analoger Prozeß vollzieht sich offensichtlich gegenwärtig hinsichtlich des japanischen Managements, das sich nicht allein in vielen Punkten vom Managementsystem anderer westlicher Nationen unterscheidet, „... sondern in vieler Beziehung das Gegenteil von dem ist, was in der westlichen Welt — insbesondere in den Vereinigten Staaten — als vernünftige Prinzipien angesehen wird"[9].

Der Übertragungsmechanismus primär US-amerikanischer Managementtechniken wurde und wird durch den wachsenden Einfluß multinationaler Konzerne wesentlich gefördert, die von den USA ausgehend in den westlichen Staaten und Entwicklungsländern immer mehr Macht und Einfluß gewinnen. Analysen von 1851 Spitzenmanagern multinationaler US-Unternehmen haben z. B. gezeigt, daß nur 1,6 Prozent von ihnen Nichtamerikaner sind bzw. waren und nur unbedeutende Aktienpakete sich in Händen außerhalb der USA befinden.[10] Naturgemäß führt das dazu, daß typisch amerikanische Managementmethoden in wachsendem Maße auch von einheimischen Managern übernommen werden müssen, wenn sie sich auch nur einigermaßen in Spitzenpositionen halten wollen. In bezug auf die Entwicklungsländer wird dann auch ganz unverfroren eingestanden: „Der

[8] Ein typisches Beispiel hierfür ist das in vielen Millionen Exemplaren verkaufte Buch: Peters, T. J./Waterman, R. H., Auf der Suche nach Spitzenleistungen. Was man von den bestgeführten US-Unternehmen lernen kann, Landsberg am Lech 1983.

[9] Vgl. Yoshino, M. Y., Japans Management. Tradition im Fortschritt, Düsseldorf—Wien 1970, S. 13. — Siehe auch ausführlicher: Hartmann, W. D./Stock, W., Japans Wege in den Weltmarkt. Innovations- und Managementstrategien japanischer Konzerne, Berlin 1984, S. 150ff.

[10] Vgl. Barnet, R. J./Müller, R. E., Die Krisenmacher. Die Multinationalen und die Verwandlung des Kapitalismus, Reinbek bei Hamburg 1975, S. 17.

Transfer von technologischem und Management-Know-how zählt zu den entwicklungspolitisch wertvollsten Wirkungen multinationaler Unternehmen."[11]

Erst in jüngster Zeit rückt die US-Vorherrschaft bei der Adaption von Managementtechniken in den Mittelpunkt der Kritik. Das ist nicht allein mit der wachsenden Differenzierung der Kräfte in den kapitalistischen Staaten verbunden, sondern wird auch dadurch diktiert, daß viele der entwickelten modernen Managementmethoden ursprünglich für Großunternehmen, kaum für Klein- und Mittelbetriebe erarbeitet wurden.

Diese Umorientierung im Sinne der Überwindung der einseitigen Bevorzugung der Großunternehmen bei der Einführung neuer Managementtechniken wird auch dadurch begründet, daß neue technologische Ausrüstungen und Bedingungen vor allem folgende Anforderungen an die Produktion und ihre computergestützte Realisierung stellen:

- kleinere Stückzahlen, aber mehr Varianten, mehr Teile bei einem Produkt;
- kleinere Durchlaufzeiten für Einzelaufträge;
- schnellere Reaktion auf Änderungserfordernisse im Sinne der Produktionsregelung statt -steuerung;
- steigende Qualität der Produkte;
- sinkende Herstell- und verringerte Gemeinkosten.

In vielen Punkten sind hier optimale Betriebsgrößen bereits bei 1000-Mann-Betrieben oder kleineren Unternehmen erreicht, die entsprechend flexibler reagieren können.

Zugleich bewiesen empirische Untersuchungen schon vor rund 10 Jahren in sogenannten mittelständischen Unternehmen, daß unter allen Problemen die Managementprobleme die gravierendste Rolle spielen. In der Rangfolge ergab sich folgendes Bild der wichtigsten Probleme[12]:

1. Probleme der Betriebsführung (über 70 Prozent aller Nennungen)
2. Umsatz- bzw. Wettbewerbsprobleme
3. Kosten- bzw. Ertragsprobleme
4. Finanzierungs- und Investitionsprobleme
5. Sonstige Probleme

Zur Überwindung dieser Schwächen wird seitens der bürgerlichen Theoretiker intensiv nach neuen, stärker auf die Belange der Klein- und Mittelunternehmen zugeschnittenen Managementtechniken gesucht und zugleich die staatliche Regulierungspraxis überprüft, die eingestandenermaßen vordergründig die Großunternehmen bevorzugt — auch und gerade durch „marktneutrale" Maßnahmen, die ja die Stellung der Großen im Markt gerade durch „Neutralität" festigen. Zugleich werden die Klein- und Mittelbetriebe auch hinsichtlich der noch oftmals mangel-

[11] Pausenberger, E., Deutsche multinationale Unternehmen in Entwicklungsländern, in: Management International Review (Wiesbaden), 1/1976, S. 47ff.

[12] Vgl. Warnecke, H. J., Innovationsentscheidungen bei unsicheren Erwartungen, in: Rationalisierung (München), 5/1977, S. 120.

haften technischen Ausrüstung mit Computern für Leitungszwecke als „Marktlücke" gewertet. Im Kalkül wird dabei davon ausgegangen, daß zum Beispiel in der BRD nur rund 5000 Firmen über mehr als 1000 Beschäftigte verfügen, während etwa 700000 Firmen zwischen 10 und 100 Mitarbeiter aufweisen, so daß kleine Firmen zwischen 40 und 100 Mitarbeitern einen zukunftsträchtigen Markt für Personalcomputer für das Management und die Rationalisierung im weitesten Sinne darstellen.

Darüber hinaus ist bei der kritischen Analyse fortgeschrittener Managementmethoden zu berücksichtigen, daß es sich fast immer um Befragungen handelt, die hinsichtlich ihrer allgemeinen Vergleichbarkeit nicht überbewertet werden sollten. Erfahrungsgemäß stimmen die tatsächlich angewandten Managementtechniken keineswegs immer mit den angegebenen überein. Auf diese prinzipielle Grenze ist im Sinne der wissenschaftlichen Seriosität aller kritisch vergleichenden Analysen von Managementtechniken unbedingt aufmerksam zu machen.

In der vorliegenden Arbeit wird der Kritik und Auswertung von Management-Techniken, die in der Managementliteratur die größte Verbreitung gefunden haben, das Schwergewicht zuerkannt. Schwierigkeiten bereitet hierbei die auch nur einigermaßen exakte theoretische Abgrenzung des Begriffes „Managementtechnik" gegenüber den sonstigen Instrumentarien, Hilfsmitteln, Verfahrensweisen und Einwirkungen der kapitalistischen Leitung auf den Reproduktionsprozeß, die im allgemeinen unter den Begriff der Methode subsumiert werden. Das Fehlen einer solchen exakten Abgrenzung widerspiegelt die Folgewirkungen des traditionellen amerikanischen Pragmatismus, in dem für derartige Überlegungen wenig Raum ist. So gesehen überrascht es nicht, wenn alle Fragen des „Wie", der Art und Weise der Realisierung der grundlegenden Ziele der kapitalistischen Produktion als Managementmethode, -technik oder selbst als -prinzip bezeichnet werden. Gemäß dem Anliegen der Managementtheorien werden praxeologische Aussagen angestrebt, die bei der Lösung von Problemen im täglichen Führungsprozeß helfen sollen. Viele der erarbeiteten „Methoden" bzw. „Techniken" sind wissenschaftlich genau genommen eher als Hinweise auf mögliche Verhaltensformen bzw. als auf die praktische Anwendung ausgerichtete Empfehlungen für effektivere Handlungsweisen zu verstehen.

Mit der hier vorliegenden Arbeit werden die speziell in der DDR bisher zum Management publizierten Untersuchungen ergänzt[13] und stehen Probleme der Produktivkraftfunktion des Managements im Mittelpunkt.

[13] Vgl. dazu: Kritische Analyse der Theorie und Praxis des Managements, Berlin 1973 (Schriften zur sozialistischen Wirtschaftsführung); Grosse, H./Puschmann, M., Wirtschaftsbeziehungen im Zeichen der friedlichen Koexistenz, Berlin 1976 (Schriften zur sozialistischen Wirtschaftsführung); Hartmann, W. D./Stock, W., Management von Forschung und Entwicklung. Zur Kritik der bürgerlichen Theorie und Praxis der Leitung industrieller Forschung und Entwicklung, Berlin 1976; Internationale Monopole, Berlin 1978 (Schriftenreihe des Instituts für Internationale Politik und Wirtschaft — IPW — der DDR); Kritische Analyse bürgerlicher Theorien und Praxis der Leitung der Produktion, in: Wissenschaftliche Konferenz von Wissenschaftlern und Spezialisten

Genesis der Managementtechniken

Karl Marx hat die fundamentalen Veränderungen, die sich im 19. Jahrhundert durch die Herausbildung der „Maschinerie und großen Industrie“ im gesamten gesellschaftlichen Leben ergaben, in glänzender Weise im 13. Kapitel des I. Bandes des „Kapital“ analysiert.

Er betonte die ausschlaggebende Rolle der Arbeitsmittel als Gradmesser für das Niveau des gesellschaftlichen Reproduktionsprozesses: „Nicht was gemacht wird, sondern wie, mit welchen Arbeitsmitteln gemacht wird, unterscheidet die ökonomischen Epochen. Die Arbeitsmittel sind nicht nur Gradmesser der Entwicklung der menschlichen Arbeitskraft, sondern auch Anzeiger der gesellschaftlichen Verhältnisse, worin gearbeitet wird.“[14]

Überträgt man dieses Herangehen auf die Analyse der Managementtechniken, erscheinen zunächst folgende drei Momente von Bedeutung:

1. Die Einführung von Werkzeugmaschinen in den Produktionsprozeß und die dadurch bedingte radikale Änderung der Stellung und Funktion des Menschen im Arbeitsprozeß erforderte zwangsläufig neue Leitungsmethoden, da der wichtigste Prozeß, der Arbeitsprozeß, objektiviert, d. h. frei von den physiologischen Schranken des menschlichen Arbeitsvermögens technisch durchführbar wurde. Diese zu Recht immer wieder als revolutionäre Veränderung in der Geschichte der Produktivkräfte und Produktionsweise charakterisierte Entwicklung erlaubt und erzwingt die vollständige Ausrichtung der bürgerlichen Leitungsmethoden auf die technische Produktivitätssteigerung im weitesten Sinne. Die revolutionären Neuerungen im Arbeitsprozeß, die durch die Arbeitsmittel ausgelöst wurden, bewirken eine bis heute in vielen Fällen erhaltene technikorientierte Herausbildung von Leitungsmethoden und nicht selten gänzlich technizistische Konzeptionen, wie am klarsten anhand der späteren Taylorschen Methoden und der schonungslosen Zunahme der Ausbeutung erkennbar wurde. Gerade die zu Beginn der industriellen Revolution enorm zunehmende Ausplünderung der Arbeitskräfte mit Hilfe raffinierter, technisch begründeter Leitungsmethoden liefert ein „Musterbeispiel“ kapitalistisch angewandter Technik gegen die Interessen der Menschen. Mit der Entwicklung der neuen Technik und Technologie ging untrennbar die maßlose Verschärfung der Ausbeutung durch Anwendung zahlloser Leitungs-

interessierter RGW-Mitgliedsländer vom 25. bis 27. Oktober 1977 in Budapest. Ausgewählte Materialien, Teil 1—3, Berlin 1978 (Information des Zentralinstituts für sozialistische Wirtschaftsführung beim ZK der SED); Uhlig, K.-H., Marketing. Strategie des manipulierten Marktes, Berlin 1978; Friedrich, G. D./Hartmann, W. D., Innovation contra Krise?, Berlin 1979 (Zur Kritik der bürgerlichen Ideologie, 92); Amerikanische bürgerliche Theorien der Leitung. Eine kritische Analyse, Berlin 1980; Uhlig, K.-H., EG. Gemeinschaft von Rivalen, Berlin 1980; Schmidt, J.-L., Internationale Konzerne, Berlin 1981; Uhlig, K.-H./Petschick, P., Innovationsstrategien in der BRD, Berlin 1983; Hartmann, W. D./Stock, W., Japans Wege in den Weltmarkt. Innovations- und Managementstrategien japanischer Konzerne, a. a. O.

[14] Marx, K., Das Kapital. Erster Band, in: MEW, Bd. 23, a. a. O., S. 194/195.

methoden zur Erhöhung der Arbeitsintensität einher. Arbeitsintensitätssteigernde Methoden stehen seit jeher und naturbedingt in besonderer Gunst des Kapitals und seiner Verwertungsinteressen. An dieser prinzipiellen Vorliebe hat sich bis heute nichts geändert, wenn auch nicht selten neue Namen — insbesondere Amerikanismen — die raffinierter werdenden Ausbeutungsmethoden verschleiern sollen.

2. Mit der Aufhebung der Schranken, die das menschliche Arbeitsvermögen dem Kapital setzte, wird zugleich die objektive Grundlage für die Entwicklung der Massenfertigung gleichartiger Produkte gegeben, d. h. entstehen bereits die charakteristischen Merkmale der gesellschaftlichen Großproduktion. Damit untrennbar verbunden entstanden völlig neue Leitungsprobleme der Kooperation und Organisation betriebswirtschaftlicher Abläufe im weitesten Sinne. Von der Kooperation gleichartiger Maschinen bis zum Einsatz ganzer Maschinensysteme vollzog sich eine weitergehende differenzierte Arbeitsteilung in der sich entwickelnden Industrie. Von daher erlangten betriebswirtschaftliche Leitungsmethoden und Organisationsprobleme der industriellen Kooperation einschneidendes Gewicht. Beide Aspekte haben aus leitungstheoretischer wie -praktischer Sicht nichts an Aktualität verloren, sondern wurden und werden durch die zunehmende Arbeitsteilung und Spezialisierung für einen reibungslosen kontinuierlichen Produktionsablauf zur Profitproduktion auch im gegenwärtigen Kapitalismus immer bedeutender.

3. Die immer vollständigere Ausbildung der großen Industrie führte nicht allein zu grundlegenden Veränderungen der Kooperation und Arbeitsteilung zwischen verschiedenen Industriebetrieben und -zweigen, sondern auch zu einer wachsenden Spezialisierung und Konzentration bestimmter Funktionen im fabrikmäßigen Ablauf. So entstanden mit wachsendem Produktionsmaßstab selbständige Leitungsbereiche für relativ spezialisierte Leitungsfunktionen außerhalb des unmittelbaren Produktionsbereiches, insbesondere im kaufmännischen und buchhalterischen Bereich, aber auch für den Bereich Technik und die Einstellung und Kontrolle von Arbeitskräften bis hin zu selbständigen Absatz- und Vermarktungsbereichen. Analog zu diesen objektiven Entwicklungsprozessen der Spezialisierung der Funktionen wurden spezielle Leitungsmethoden für einzelne Fachbereiche entwickelt. Diese Tendenz der Entwicklung spezieller, ressortbezogener Leitungsmethoden hielt und hält in vielen Bereichen, auch in der modernen kapitalistischen Massenfertigung, an.

Der parallel erfolgende Einzug der wissenschaftlich-technischen Revolution in die kapitalistische Produktion führte und führt zu einer Fülle von Konsequenzen für die Entwicklung neuer, fortgeschrittener Leitungstechniken und -methoden, die direkt oder indirekt vor allem mit einem Zentralproblem verknüpft sind — *dem Informations- und Kommunikationsproblem*.

Abbildung 1.1. veranschaulicht vereinfacht, wie grundlegende wissenschaftlich-technische Neuerungen der Computer- und Kommunikationstechnik im Zeitablauf zusammenwachsen (Abb. 1.1). Anhand der Abbildung ist zu erkennen, daß durch

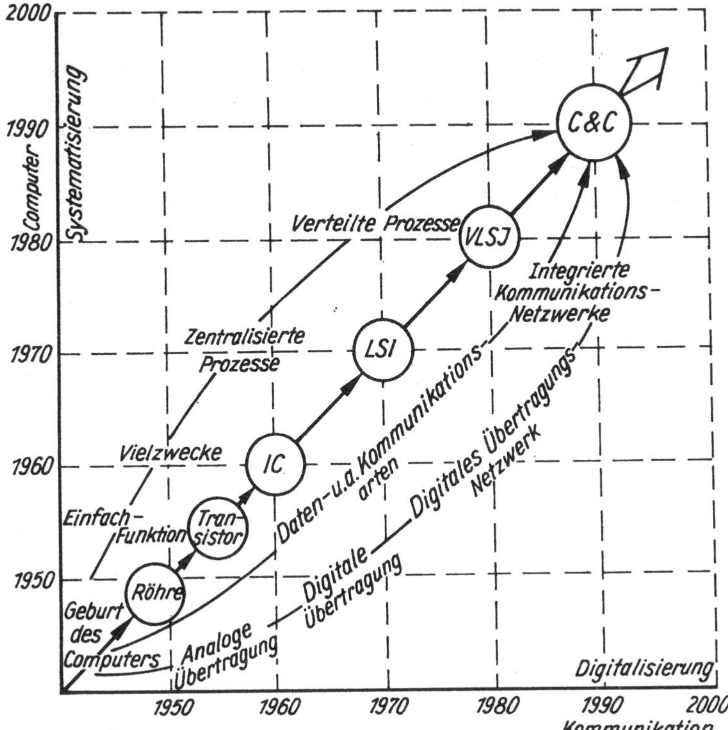

Abb. 1.1.
Entwicklungstrends der technologischen Integration von Computer- und Nachrichtentechnik

die Computertechnik historisch zunächst einfache Managementaufgaben beeinflußt wurden und dann vielfältige andere Aufgaben gleichfalls computergestützt gelöst wurden, womit starke Zentralisierungstendenzen verknüpft waren.

Mit der Geburt des Personalcomputers vollzog sich eine Neuorientierung in der Entwicklung computergestützter Managementtechniken, deren Entwicklung kaum zu überschätzen ist, wenn man an die Weiterentwicklung bis zum Einsatz von Expertensystemen (Computern mit künstlicher Intelligenz) denkt. Die Vorherrschaft amerikanischer computergestützter Managementtechniken im kapitalistischen Lager ist hierbei offenkundig. Sie erklärt sich nicht zuletzt daraus, daß die wichtigsten Innovationen auf dem Computergebiet einschließlich der Entwicklung der Mikroelektronik und ersten Personalcomputer aus den USA kamen (vgl. Tabelle 1.2.).

Es gehört zu den aufschlußreichen Lehren der Geschichte, daß die ursprüngliche Pionierleistung Konrad Zuses auf dem Gebiet der elektronischen Rechentechnik in der Zeit des faschistischen Terrors überhaupt nicht begriffen wurde, und es ist

Tabelle 1.2.
Übersicht über wichtige Erfindungen und Neuerungen in der EDV-Industrie
A = theoretical advance, B = first application, C = first commercial application

Description	Type, country and year	Responsible firm or individual	Remarks
1. General theory of computers	A. France 1936	L. Couffignal	Unknown outside France
	Germany 1936	K. Zuse	No publications. Totally unknown
	United Kingdom 1937	A. M. Turing	Relatively important influence
2. First electronic computer	B. Germany 1941	K. Zuse	Z 3 computer. Little known outside Germany
	United States 1946	J. P. Eckert and J. W. Mauchley	ENIAC. Important work was also done by Stibitz at Bell Telephone (1940), H. Aiken and IBM at Harvard (1944) and V. Bush at MIT (late 1930's and early 1940's)
	C. United States 1951	Remington Rand	UNIVAC I
3. Internally stored program	A. United Kingdom 1937	A. M. Turing	
	United States 1946	J. von Neumann (Univ. of Pennsylvania)	
	B. United Kingdom 1948	Univ. of Manchester	MADM Close scientific inter-
	1949	Univ. of Cambridge	EDSAC change between the US
	1951	Remington Rand	UNIVAC I and the UK
4. Subroutine concept	A. United Kingdom 1937	A. M. Turing	
	United States 1948	J. von Neumann	
5. Read-only memory	A. —		The read-only memory has been used in automatic telephone exchanges
	B. United States 1946	Eckert/Mauchley	ENIAC computer. Limited storage
	United Kingdom 1949	Univ. of Cambridge	EDSAC II computer. Storage of the antire control information
	C. Several countries	Most manufacturera	

6. Associative memory concept	A. United States 1946	V. Bush	ATLAS The full possibilities of associative memories have not yet been exploited
	B. United Kingdom 1952	Ferranti	360-67
	C. United States 1965	IBM	
7. Microprogramming	A. United Kingdom 1948	Univ. of Manchester	
	B. United States 1948	Univ. of Cambridge	Close interchange
		IBM (J. Backus), U.S. Navy (G. Hopper)	
8. First compiler	B. United States 1951	U.S. Navy (G. Hopper)	In the late 40's, Grace Hopper worked in the U.K.
	C. United States 1951	Remington Rand	UNIVAC I: first computer to have a compiler
9. FORTRAN language	B. United States 1953—54	IBM Users Association (SHARE) and IBM	First FORTRAN compiler written by J. Backus of IBM
	C. United States 1954	IBM	
10. High speed drum printer	C. France 1954	Bull	First applications of the "on the fly" principle for printing
11. Ferrite core memory	A. United States 1955	Remington Rand, then IBM	Important work was also done at Harvard
	B. United States 1956	MIT (Lincoln Laboratory)	
	C.		UNIVAC 1103 A, IBM 704 and 705
12. Transistorized computers	A. United States 1947	Bell Telephone	Discovery of the transistor effect in 1947
	B. United States 1956	Bell Telephone	
	C. United States 1958	Philco, IBM, GE	Lepprechaun computer Philco 2000, IBM 7090, EMR system
	United Kingdom 1959	Elliott	Elliott 803
	Germany 1959	S.E.L.	ER 56 computer (S.E.L. is a subsidiary of the American ITT)
13. ALGOL	B. Several countries 1958	ACM (USA) and GAMM (Germany)	ALGOL was jointly developed by American and European specialists concerned in Zurich, Switzerland. The first ALGOL compiler was written by Dijkstra of the Netherlands.

Tabelle 1.2. (Fortsetzung)

Description	Type, country and year	Responsible firm or individual	Remarks
	C. All countries after 1958	Several manufacturers	ALGOL was subsequently adapted by most manufacturers, and in presently most widely used in Europa then in the U.S.
14. Multiprogramming	C. United States 1960 United Kingdom 1962	Honeywell	H 800 computer — No interchange independent developments Orion I computer
15. COBOL language	B. United States 1960 C. Several countries after 1960	U.S. Department of Detence Most manufacturers	
16. Family of compatible computers	B. United States 1955 C. United States 1963—64	U.S. Army	FIELDATA plan. IBM 360 series, CDC 3000 and 6000 series, Honeywell H 200 series, RCA Spectra 70 series
17. Time sharing	B. United States 1964 C. United States 1966	MIT, Dartmough College, GE, then several large U.S. manufacturers (IBM, CDC, etc.)	Civilian application (Project MAC)
18. Mikroprozessor	B. USA 1971	M. E. Hoff, Intel Corp.	Basisinnovation größten Ausmaßes
19. Taschenrechner	B. USA 1972	Viele Firmen	
20. Personalcomputer	B. USA 1976	St. P. Jobs, Appel Corp. und viele andere neue Firmen	

Quelle:
Gaps in Technology. Electronic Computers, et. by OECD, Paris 1969, S. 61 (so zitiert in: Rösner, A., Die Wettbewerbsverhältnisse auf dem Markt für elektronische Datenverarbeitungsanlagen in der Bundesrepublik Deutschland, Berlin (West) 1978, S. 80—82).

nicht zu übersehen, daß vor allem der Militär-Industrie-Komplex einschließlich seiner bürokratischen wie universitären Lobby in verhängnisvoller Weise in den USA und anderen kapitalistischen Staaten erneut alle wissenschaftlich-technischen Neuerungen primär gemäß ihrer militärpolitischen Relevanz entwickelt. Das schließt auch und besonders die Anstrengungen auf dem Gebiet der Computer- und Kommunikationstechnik ein.

Wenn hier so prononciert vor allem die revolutionäre Rolle der Computertechnik für die Veränderung der Managementtechniken betont wird, soll damit keineswegs die Bedeutung der anderen Neuorientierungen unterschätzt oder die Computertechnik insgesamt überschätzt werden. Das Konzept der weiteren kritischen Analyse der Managementtechniken berücksichtigt vielmehr, daß auch durch die Computertechnik vor allem folgende drei zentrale Managementprobleme nicht lösbar sind:

1. die eigentliche Menschenführung, insbesondere die Motivation der Beschäftigten,
2. das Anregen, Durchsetzen und Verbreiten von Innovationen auf allen Gebieten sowie
3. die strukturelle Organisationsentwicklung, einschließlich neuer staatlicher Regulierungsmaßnahmen.

In der gegenwärtigen Diskussion um das sogenannte *High-Tech-Management* sollten diese Grenzen der modernen Computertechnik viel deutlicher betont werden. Sie erklären in gewisser Weise auch den spektakulären Erfolg mancher Management-Bestseller, in denen vor allem die „weichen" Managementfaktoren betont werden, wie der persönliche Führungsstil oder die Firmenkultur, die Motivation und der Wertekodex.

Theoretische Grundlagen und Funktionen der Managementtechniken

Die Genesis der theoretischen Grundlagen der modernen Managementtechniken führt zurück bis an den Beginn unseres Jahrhunderts.

Aus marxistischer Sicht hat D. M. Gvišiani als erster eine umfassende wissenschaftliche Analyse der Hauptströmungen der Managementtheorien vorgenommen[15], die er in fünf Schulen zusammenfaßt (vgl. Abb. 1.2.).

Es ist bemerkenswert für die Solidität der in diesem Standardwerk getroffenen Einschätzungen, daß sich auch unter den Bedingungen des *High-Tech-Managements* an ihrer grundsätzlichen Richtigkeit nichts geändert hat.

[15] Gvišiani, D. M., Management. Eine Analyse bürgerlicher Theorien von Organisation und Leitung, Berlin 1974, S. 205.

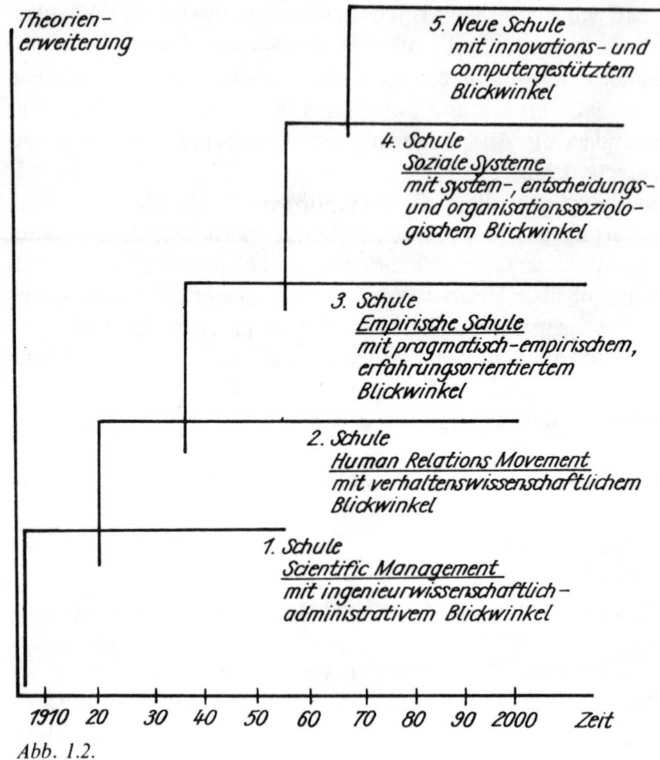

Abb. 1.2.
Hauptschulen der theoretischen Begründung von Managementtechniken

Gegenwärtig sind unter Beachtung der von Gvišiani eingeteilten Schulen besonders folgende Aspekte für die theoretischen Grundlagen moderner Managementtechniken typisch:

1. In wachsendem Maße werden bei der Anwendung wissenschaftlich begründeter Leitungsmethoden computergestützte Techniken und empirisch abgestützte Erfahrungswerte zur eigentlichen Grundlage der Anwendung fortgeschrittener Managementtechniken. Das bezieht sich keineswegs nur auf mathematisch-statistische Methoden der Optimierung, computergestützte Entscheidungsvorbereitung und Bewertung, sondern zunehmend auch auf solche Aufgaben, die, wie Forschung und Entwicklung, Technologie, Materialversorgung, Qualifikation und Stimulierung bzw. Motivation des Personals u. a., immer entscheidender für die leitungsmäßige Sicherung der Verwertungsbedingungen des Kapitals werden. Die zunehmende Intensität von Innovationsprozessen, ihre wachsende Kompliziertheit und das zunehmende Risiko hoher Verluste bis zum wirtschaftlichen Bankrott im Falle von Fehlschlägen sind die wesentlichen Ursachen für den Zwang zu stärker analytisch fundierter Methodenwahl und -anwendung. Dabei darf „analytische

Fundierung" nicht allein im streng mathematisch-statistischen Sinne aufgefaßt werden, da nach wie vor eine Fülle wichtiger Leitungsaufgaben gerade auf innovativem Gebiet sich dem exakten Messen und dementsprechenden mathematischen Kalkül entziehen. Nicht weniger bedeutsam ist jene analytische Fundierung, die im weitesten Sinne Verallgemeinerungen von Erkenntnissen spezieller wissenschaftlicher Disziplinen zugunsten der konkreten Leitungsaufgabe vornimmt. Am deutlichsten zeigt sich diese Nutzung allgemeiner wissenschaftlicher Erkenntnisse bei der Anwendung psychologischer Leitungsmethoden oder von Leitungsmethoden zur Markteroberung bis hin zum Innovationsmanagement, wo immer häufiger fachspezifische detaillierte technikhistorische Untersuchungen, Patentanalysen usw. wesentliche Grundlage für die Leitung darstellen. Neben der konkreten statistischen und allgemeinen wissenschaftlich analytischen Fundierung der Leitungsmethoden gewinnt besonders in jüngster Zeit eine situationsbezogene, empirische, analytische Fundierung an Gewicht. Hierunter ist eine in der Regel auf bestimmte Geschäftssituationen (wie z. B. Vorbereitung einer Fusion oder Marktneueinführung, Abschluß eines Vertrages oder Leitung eines Investprojekts usw.) bezogene Verallgemeinerung gewonnener Erfahrungen, die für die anstehende Problemlösung von Interesse ist, zu verstehen. Derartige situationsbezogene empirische Verallgemeinerungen dominieren oftmals bei der Anwendung moderner Leitungsmethoden, insbesondere zur Erfolgssicherung.

2. In stärkerem Maße als früher wächst besonders gegenwärtig die Integration einzelwissenschaftlicher Spezialerkenntnisse bei der Anwendung wissenschaftlich fundierter Leitungsmethoden. Häufig führt diese Verbindung von Spezialwissen mit allgemeinen bürgerlichen Leitungsprinzipien dazu, daß einzelne Techniken nur noch von Spezialisten angewandt und fundiert beherrscht werden. Das gilt beispielsweise für kompliziertere computergestützte Managementtechniken, aber auch mathematische Programmierungsmethoden, psychologische Methoden usw. Dadurch begründet, wächst der Einsatz hochqualifizierter Spezialisten in Leitungsfunktionen für spezielle Aufgaben und ist zugleich zu erklären, warum Experten unterschiedlichster Ausbildung und fachlicher Qualifikation bis in die höchsten Leitungsfunktionen des Top-Management gelangen können. Zugleich findet sich hier auch eine Erklärung für die großen Wachstumschancen spezieller Beratungsfirmen auf dem Gebiet der Leitung, auf die weiter unten noch ausführlicher eingegangen wird. Die dieser Entwicklung entgegenstehende Tendenz der stärkeren Anwendung allgemeingültiger theoretischer Grundlagen, wie sie insbesondere durch die Systemtheorie und Kybernetik bereitgestellt werden, ist hierzu kein Widerspruch. Vielmehr nutzen häufig gerade die Spezialisten in breitem Umfang auch allgemeingültige theoretische Grundlagen, um die Allseitigkeit von Entscheidungen, die mit speziellen Techniken vorbereitet werden, abzusichern.

3. Die Sicherung der erforderlichen Komplexität der Lösung von Leitungsaufgaben zwingt weiterhin dazu, in wachsendem Maße besonders jenen theoretischen Grundlagen größeren Rang einzuräumen, die für Verflechtungsanalysen, Bilanzierungen, komplexe Planungen usw. elementare Voraussetzungen darstellen. Die theoretischen Grundlagen für die Beherrschung der Komplexität von Leitungsprozessen basieren daher immer stärker auf system-analytischen Erkenntnissen. Das widerspiegelt sich auch besonders in der zunehmenden Suche nach neuen theoretischen Begründungen für Veränderungen in der staatlichen Regulierungspolitik und -praxis.

4. Unter den theoretischen Grundlagen gewinnen jene Erkenntnisse und Instrumentarien besonderes Gewicht, die zur Erhöhung der Stabilität der wirtschaftlichen Entwicklung einen entscheidenden Beitrag leisten können. Hierbei sind besonders zwei Entwicklungsrichtungen bemerkenswert: einmal die konsequente Nutzung all jener theoretischer Erkenntnisse, die für die Erhöhung der Langfristigkeit der Planung, Entscheidungsvorbereitung usw. von Bedeutung sind, wie z. B. Risikoanalysen, Prognosemethoden und statistische Methoden, zum anderen die besonders in jüngster Zeit forcierten Bemühungen um die Entwicklung und Nutzung neuer theoretischer Erkenntnisse für die Erhöhung der Flexibilität durch Anpassungsfähigkeit der Produktion an konjunkturelle Schwankungen, plötzliche Sättigungserscheinungen, politische Restriktionen usw. Hier fehlen zweifellos noch theoretische Grundlagen aus konkreten Einzeldisziplinen. Überwiegend subjektive Reaktionen und dementsprechend oftmals große Verluste vom Standpunkt der volkswirtschaftlichen Effektivität, chronische Nichtauslastung der Kapazitäten usw. sind die Folge.

5. Eine weitere hier besonders hervorzuhebende Tendenz in der Entwicklung und Nutzung theoretischer Grundlagen für die Anwendung fortgeschrittener Leitungsmethoden besteht in der weitgehenden Verbindung traditioneller und empirisch bewährter Leitungsprinzipien und -instrumentarien mit der Computeranwendung zur ständigen Modifizierung und Modernisierung der Leitungsmethoden. Im Ergebnis dieser Tendenz kann von einer ständigen Rationalisierung der Leitung im umfassenden Sinne gesprochen werden. Teilweise gehen kapitalistische Konzerne dabei gleitend vor, indem spezielle Abteilungen mit der kontinuierlichen Rationalisierung der Leitung beauftragt werden, oder planmäßig nach Ablauf bestimmter Etappen, die als Reorganisationszyklen der Leitung unterschiedliche Dauer von drei bis zehn Jahren und länger in Abhängigkeit von den im Unternehmen realisierten Wachstumsraten haben.

Aus empirischen Untersuchungen folgt, daß qualitative Veränderungen der Organisation und Leitung von einer Fülle von Einflußfaktoren abhängen, die vor allem im IV. und V. Kapitel dieses Buches näher untersucht werden. Je nach konkreter Managementfunktion haben die wissenschaftlichen Disziplinen unterschiedliche Bedeutung für Aufbau, Inhalt, Grundlagen und Anwendung der kapitalistischen Leitungsmethoden. Es herrscht keineswegs Einmütigkeit darüber, worin die wichtigsten Leitungsfunktionen und dementsprechenden Leitungsaufgaben zu sehen sind. Ohne im einzelnen auf die hierzu breit gefächerte Diskussion einzugehen, ist es lohnend, die theoretische Abstützung der wichtigsten Leitungsmethoden für die Erfüllung der entsprechenden Funktionen zu untersuchen. Unabhängig vom konkreten Leitungsobjekt bzw. -prozeß werden besonders jene

Aufgaben untersucht, die im weitesten Sinne charakteristisch für die Sicherung der Verwertungsinteressen des Kapitals sind, werden unabhängig von einer konkreten Ressortgliederung im Leitungsapparat typische allgemeine Funktionen erfaßt.

Zu diesen Grundfunktionen der kapitalistischen Leitung der Wirtschaft gehören:

— die analytisch fundierte profitorientierte Zielbestimmung und Strategiewahl auf der Grundlage eines Unternehmensleitbildes einschließlich dafür erforderlicher prognostischer Untersuchungen;
— die profitorientierte Bewertung und Entscheidungsvorbereitung möglicher Alternativen der Zielerreichung durch verschiedenartige Programme bzw. Projekte und die Entscheidung zugunsten eines Programmes und der dazugehörigen Realisierungskonzeptionen bzw. -pläne;
— die unternehmensinterne sowie -externe Koordinierung und Organisation einer möglichst konfliktarmen Realisierung der Programme und Ziele der Profitsicherung unter Industriebedingungen;
— die kapitalistische Stimulierung und Motivation der Werktätigen bei verschärfter Ausbeutung und weitreichender Manipulierung der Disziplinierungs- und Erziehungsanstrengungen unter modernem Gewand;
— die zunehmend differenzierte Kontrolle und Bewertung der Leistungen.

Einen Versuch, die für die Realisierung dieser prinzipiellen Leitungsfunktionen erforderliche theoretische Fundierung der Leitungsmethoden überblicksmäßig

Tabelle 1.3.
Managementfunktionen und für die Entwicklung entsprechender Managementtechniken wichtige Wissenschaftsdisziplinen

Hauptleitungsfunktionen	Wichtige einzelwissenschaftliche Theorie im bürgerlichen Gewand
Zielbestimmung und Strategienwahl	Politische Ökonomie, Volkswirtschaftslehre, Betriebswirtschaftslehre, Innovationstheorien/Futorologie, Systemtheorie, Theorien für Analyse und Statistik, Rechtstheorien, Computerwissenschaft, Kreativitätstheorie
Bewertung, Entscheidung, Planung	Entscheidungs- und Bewertungstheorie, Investitionstheorie, Wirtschaftsmathematische Theorien und Programmierungstheorien, Wahrscheinlichkeitstheorien und Risikoanalysen, Bilanztheorie, Ökologie
Koordination und Organisation	Organisationstheorie und -soziologie, Kommunikations- und Informationstheorie, Logistik, Kapazitätsplanungstheorie, Technologie
Stimulierung, Motivation, Manipulation	Psychologie, Soziologie, Arbeitswissenschaften und Ergonomie, Physiologie, Medizin, Pädagogik, Spieltheorie, Heuristik, Kreativitätstheorie
Kontrolle und Leistungsbewertung	Finanzwirtschaftslehre, Zuverlässigkeitstheorie, Steuer- und Regelungstheorie

darzustellen, enthält Tabelle 1.3., wobei die hier vorgenommene Zuordnung einzelner Theorien auch mehrschichtig sein kann und nicht schematisch verstanden werden sollte.

Um den Rahmen des Buches hinsichtlich der theoretischen Grundlagen sowie historischen Entwicklung der Managementtechniken nicht zu sprengen, sei der interessierte Leser auf die anschließenden speziellen Literaturhinweise zu diesem Themenkreis verwiesen.

Vertiefende Literaturhinweise zum ersten Kapitel

Aitken, H. G. J., Taylorism at Watertown Arsenal. Scientific Management in Action 1908—15, Cambridge (Mass.) 1960.

Allen, L., Management und Organisation, Gütersloh 1961.

Allgemeine Encyclopädie für Kaufleute und Fabrikanten sowie für Geschäftsleute überhaupt oder Vollständiges Wörterbuch des Handels, 4. Aufl., Leipzig 1841.

Babbage, Ch., On the Economy of Machinery and Manufactures, 4th ed. 1835, reprinted New York 1963.

Barnard, C. I., Die Führung großer Organisationen, Essen 1970.

Beau, H., Das Leitungswissen des frühindustriellen Unternehmertums in Rheinland und Westfalen, Köln 1959.

Becker, W., Die Entwicklung der deutschen Maschinenbauindustrie von 1850—1870, in: Schröter, A./Becker, W., Die deutsche Maschinenbauindustrie in der industriellen Revolution, Berlin (West) 1962.

Bendix, R., Herrschaft und Industriearbeit. Untersuchungen über Liberalismus und Autokratie in der Geschichte der Industrialisierung, Frankfurt/M. 1960.

Bernal, J. D., Science and Industry in the 19th Century, London 1954.

Blumberg, H., Die deutsche Textilindustrie in der industriellen Revolution, Berlin 1965 (Veröffentlichungen des Instituts für Wirtschaftsgeschichte an der Hochschule für Ökonomie Berlin, Bd. 3).

Bourcart, J. J., Die Grundsätze der Industrieverwaltung. Ein praktischer Leitfaden, Zürich 1874.

Brinkmann, C., Zur Wirtschaftsgeschichte der deutschen Unternehmungen, Berlin 1942.

Broderick, J. T., Forty Years with General Electric, Albany (N.Y.) 1929.

Bunkina, M. K./Motylev, V. V., Protivorečija i konflikty sovremennogo kapitalističeskogo chozjajstva, Moskva 1982.

Burnham, J., Das Regime der Manager, Stuttgart 1948.

Burns, T./Stalker, G. M., The Management of Innovation, Welwyn Garden City 1961.

Bykow, J. K., Organizacija upravlenija v SŠA, Moskva 1966.

Calmes, A., Der Fabrikbetrieb, 4. Aufl., Leipzig 1916.

Chandler, A. D., jr., Strategy and Structure. Chapters in the History of the Industrial Enterprise, Cambridge (Mass.) 1962.

Crisis or reform, breaking the barriers to development. Views and recommendations of the Committee for Development Planning, Dep. of Internat. Econom. and Social Affairs, United Nations, New York 1984.

Dale, E., Die großen Organisatoren. Eine Analyse des Erfolges amerikanischer Konzerne, Düsseldorf—Wien 1962.
Dekajo, M., Krizis kapitalizma segodnja i zavtra. Granicy kapitalist. nakoplenija, Moskva 1983.
Drucker, P. F., Die Praxis des Management, München 1970.
Etzioni, A., A Comparative Analysis of Complex Organizations. On Power, Involvement, and their Correlates, Glencoe 1961.
Etzioni, A., Modern Organizations, Englewood Cliffs (N.J.) 1964.
Evenko, L. I., Amerikanskoe upravlenie v 80oe gody, in: SŠA (Moskva), 5/1983, S. 27—39.
Fayol, H., Allgemeine und industrielle Verwaltung, München—Berlin 1929.
Filipetti, G., Industrial Management in Transition, Chicago 1946.
Galbraith, J. K., The New Industrial State, London 1967.
George, C. S., jr., The History of Management Thought, 2nd ed., Englewood Cliffs (N.J.) 1972.
Gilbreth, F. B., Das ABC der wissenschaftlichen Betriebsführung, Berlin 1920.
Global'nye problemy i meždunarodnye ekonomičeskie otnošenija, Moskva 1981, 66. S. (Sbornik; Vsesojuz. Naučno-Issl. Inst. Sistemnych Issledovanij, 6).
Gorizontov, B., Kapitalizm i ekologičeskij krizis, Moskva 1982 (Imperializm).
Grull, W., Die Organisation von Fabrikbetrieben, Leipzig 1914.
Gutenberg, F., Unternehmensführung — Organisation und Entscheidungen, Wiesbaden 1962.
Haire, M., Organization Theory in the Industrial Practice, New York 1962.
Harbison, E./Myers, C. A., Management in the Industrial World. An International Analysis, New York—Toronto—London 1959.
Hartmann, H., Der deutsche Unternehmer. Autorität und Organisation, Frankfurt/M. 1968.
Honermeier, E., Die Ford Motor Company. Ihre Organisation und ihre Methoden, Leipzig o. J.
Hopfelt, R., Die Organisation eines Fabrikbetriebes. Aus der Praxis, Leipzig 1911.
Internacionalizacija proizvodstva i kapitala. Tendencii razvitija, Akad. Nauk Ukrain. SSR, Inst. Social'nych i Ekonom. Problem Zarubežnych Stran, Kiev 1983.
Jahn, G., Die Entstehung der Fabrik, in: Schmollers Jahrbuch für Wirtschafts- und Sozialwissenschaften, Berlin(West) 1949. S. 89—116, 193—228.
Jay, A., Management and Machiavelli, New York 1967.
Johanning, A., Die Organisation der Fabrikbetriebe, 2. Aufl., Braunschweig 1901.
Justi, J. H. G. von, Vollständige Abhandlung von den Manufakturen und Fabriken, 2. Aufl., Berlin 1780.
Klass, G. v., Die drei Ringe. Lebensgeschichte eines Industrieunternehmens, Tübingen—Stuttgart 1953.
Kocka, J., Unternehmensverwaltung und Angestelltenschaft, Stuttgart 1969.
Kosiol, E., Organisation der Unternehmung, Wiesbaden 1962 (Die Wirtschaftswissenschaften, 6).
Kredisov, A. L., Ekonomičeskoe sorevnovanie dvuch mirovych sistem i ideologičeskaja bor'ba, Kiev 1981.
Kuczynski, J., Die Geschichte der Lage der Arbeiter unter dem Kapitalismus, 40 Bde., Berlin 1960—72.
Kulischer, J., Allgemeine Wirtschaftsgeschichte des Mittelalters und der Neuzeit, 2. Bde., München—Berlin 1929.
Levy, H., Industrial Germany, A Study of its Monopoly Organizations and their Control by the State, 2nd print, New York 1966.

Lewis, W. A., Die Theorie des wirtschaftlichen Wachstums, Tübingen 1956.
Liefmann, R., Kartelle, Konzerne und Truts, Bd. 2: Unternehmungen und ihre Zusammenschlüsse, 8. Aufl., Stuttgart 1930.
Likert, R., New Patterns of Management, New York—Toronto—London 1961.
Lilienthal, I., Fabrikorganisation, Fabrikbuchführung und Selbstkostenrechnung der Firma Ludwig Loewe & Co, 2. Aufl., Berlin 1914.
Litterer, J. A., The Analysis of Organizations, New York—London—Sydney 1965.
Management, A Book of Readings, ed. by Koontz, H. and O'Donnell, C., New York 1964.
Management theories in the private and public sectors. Hearings before the Subcommittee on Civil Service, Post Off., and General Services of the Committee on Governmental Affairs, ed. by United States Senate, Washington 1985.
Mellerowicz, K., Allgemeine Betriebswirtschaftslehre, Bd. 1, 12. Aufl., Berlin(West) 1964 (Sammlung Göschen, Bd. 1008).
Men'sikov, S. M., Millionery i menědžery, sovremennaja struktura finansovoj oligarchii SŠA, Moskva 1965.
Metcalf, H. C./Urwick, R. F. (Eds.), Dynamic Administration: The Collected Papers of Mary Parker Follett, New York 1940.
Meždunarodnyj kredit v ekonomike sovremennogo kapitalizma, Moskva 1982 (referativnyj sbornik Akad. Nauk SSSR, Inst. Nauč. Informacii po Obscestv. NaHkam ô Serija 'Problemy meždunarodnych ekonomičeskich otnošenij').
Mooney, J. D./Reiley, A. C., Onward Industry!, New York 1931.
Mooney, J. D./Reiley, A. C., The Principles of Organization, New York 1939.
Mottek, H., Wirtschaftsgeschichte Deutschlands. Grundriß, Bde. 1—3, 5. Aufl., Berlin 1972.
Münsterberg, H., Psychology and Industrial Efficiency, Boston 1913.
Naučno-techničeskaja revoljucija i protivorečija kapitalizma, materialy plenarnogo i sekcionnych meždunar. naučno-teoret. konferencija (Moskva, 12—23 maja 1979 g.), Moskva 1981.
Nelson, D., Frederick W. Taylor and the rise of scientific management, 1st print., Madison 1980.
Nuchovič, E. S., Meždunarodnye monopolii v strategii neokolonializma, Moskva 1982.
Petersen, E./Plowman, G., Business Organization and Management, Homewood (Ill.) 1958.
Pollard, S., The Genesis of Modern Management. A Study of the Industrial Revolution in Great Britain, London 1965.
Prechtl, J. J., Technologische Encyclopädie, 20 Bde., Stuttgart 1830—1855.
Redl, E., Elemente der Organisation und Administration industrieller Unternehmen, Wien 1900.
Roesky, E., Die Verwaltung und Leitung von Fabriken speziell von Maschinenfabriken unter Berücksichtigung des gegenwärtigen Standes der deutschen Industrie, Leipzig 1878.
Roethlisberger, F. J., Betriebsführung und Arbeitsmoral, Köln—Opladen 1954.
Roethlisberger, F. J./Dickson, W. J., Management and the Worker, Cambridge 1939.
Roll, E., An Early Experiment in Industrial Organization. Being a History of the Firm Boulton & Watt, London 1930.
Sapiro, A. I., Sovremennye problemy i perspektivy mirovogo kapitalističeskogo chozjajstva. Krit. analiz buržuaznych koncepcij, otv. red. L. M. Gromov, Moskva 1984.
Schmidt, E., Die Fabrikorganisation. Ein praktischer Leitfaden durch jeden Betrieb, Stuttgart 1901.

Schumpeter, J., Konjunkturzyklen. Eine theoretische, historische und statistische Analyse des kapitalistischen Prozesses, Göttingen 1961.
Siškov, J. V., Kapitalističeskaja ekonomika bez kompasa, Moskva 1981.
Sloan, A. P., Meine Jahre mit General Motors, München 1956.
Sombart, W., Die Entstehung der kapitalistischen Unternehmung, in: Archiv für Sozialwissenschaft und Sozialpolitik (Tübingen), Bd. 41 (1916), S. 299—334.
Sovremennyj kapitalizm i nakoplenie i proizvoditel'nost' truda, otv. red. S. M. Nikitin, Moskva 1984.
Sovremennyj kapitalizm, i proizvoditel'nost' truda i effektivnost', Akad. Nauk SSSR, Inst. Mirovoj Ekonomiki i Meždunar. Otnosenij, Moskva 1982.
Taylor, F. W., Die Grundsätze wissenschaftlicher Betriebsführung, München—Berlin 1917.
Taylor, F. W./Wallichs, A., Die Betriebsleitung, insbes. der Werkstätten, 3. Aufl., Berlin 1914.
Thomson, V. A., Modern Organization, New York 1961.
Toward a new U.S. industrial policy? Philadelphia 1983.
Treue, W., Erfinder und Unternehmer, in: Tradition (New York), 8/1963, S. 255—271.
Urwick, L. F., Grundlagen und Methoden der Unternehmensführung, Essen 1961.
Ure, A., Das Fabrikwesen in wissenschaftlicher, moralischer und commercieller Hinsicht, Leipzig 1835.
Waltershausen, A. Sartorius von, Deutsche Wirtschaftsgeschichte 1815—1914, 2. Aufl., Jena 1923.
Die wissenschaftlich-technische Revolution und die Widersprüche des Kapitalismus. Internat. theoret. Konferenz, 12.—23. Mai 1976, Moskau, Akademie der Wissenschaften der UdSSR, Institut für Weltwirtschaft und Internationale Beziehungen, Moskau 1982.
Witt, H., Die Triebkräfte des industriellen Unternehmers vor 100 Jahren und heute, Hamburg 1929.
Witte, J. M., Wissenschaftliche Betriebsführung. Eine geschichtliche und kritische Würdigung des Taylorsystems, München—Berlin 1922.
Wörterbuch der Volkswirtschaft, 3. Aufl., Jena 1911.
Woldt, R., Der industrielle Großbetrieb. Eine Einführung in die Organisation moderner Fabrikbetriebe, Stuttgart 1911.
Wren, D. A., The Evolution of Management Thought, 2nd ed., New York 1979.
Zorn, W., Typen und Entwicklungskräfte deutschen Unternehmertums im 19. Jahrhundert, in: Vierteljahresschrift für Sozial- und Wirtschaftsgeschichte (Wiesbaden), 1957, S. 57—77.

KAPITEL II

Systematisierung, Verbreitung und Anwendungsgrad von Managementtechniken

Systematisierungsmöglichkeiten von Managementtechniken

In der Regel ist eine ausgeprägt subjektive Einteilung und Differenzierung von Managementtechniken anzutreffen, wobei die Vermarktungs- bzw. Verwertungsinteressen ihrer Begründer nicht selten zu unterschiedlichen Namen für im Kern gleichartige Methoden führen. Greift man die typischen Differenzierungen der Managementmethoden heraus, lassen sich recht unterschiedliche Ansatzpunkte feststellen.

Hauptaspekte für die Gliederungsmöglichkeiten der Managementtechniken sind nach der bürgerlichen Literatur:

— die prinzipien- oder verhaltensorientierte Einteilung der Techniken und Methoden in Reflexion entsprechender prinzipienorientierter Managementtheorien,
— die problem- bzw. situationsorientierte Einteilung der Managementmethoden gemäß den wichtigsten zu lösenden Problemen der kapitalistischen Unternehmensführung,
— die rationalisierungsorientierte Einteilung der Managementtechniken gemäß dem wachsenden Rang des Computereinsatzes und der Technologisierung der Leitungsarbeit,
— die aufgaben- bzw. prozeßorientierte Einteilung oder
— die funktions- bzw. bereichsorientierte Systematisierung der Managementtechniken sowie.
— die neuerdings besonders präferierte erfolgsorientierte Systematisierung angewandter Managementtechniken.

Folgt man diesen prinzipiellen Möglichkeiten der Einteilung der Managementtechniken, geben folgende Detaillierungen einen weitergehenden Überblick über die Fülle von Leitungstechniken, die in ihrer praktischen Anwendung oftmals kombiniert und nur schwierig abzugrenzen sind.

Zur prinzipienorientierten Einteilung der Managementtechniken

Diese Differenzierung geht auf ein zentrales Charakteristikum der gesamten Managementlehren zurück, ihre Prinzipienorientiertheit. Bereits von Anfang an war die theoretische und vor allem empirische Begründung von Prinzipien oder

Regeln ein zentrales Anliegen der Managementlehren überhaupt. Diese Prinzipienorientierung findet sich nachweisbar bereits bei den bürgerlichen Begründern der wissenschaftlichen Herangehensweise an Leitungsprobleme, F. W. Taylor[1] und H. Fayol[2]. Taylors wichtigstes Prinzip: „Wissenschaft, keine Faustregeln!"[3] wurde in methodischer Hinsicht vor allem in bezug auf die Entwicklung wissenschaftlich begründeter Arbeitsmethoden wirksam und stellte für seine Zeit durchaus einen wesentlichen Fortschritt gegenüber der bisher vorherrschenden rein empirischen Herangehensweise dar. Lenin hat die hiermit verbundenen Fortschritte in ihrem Funktionsdualismus in dialektischer Weise analysiert, indem er sie als ein „‚wissenschaftliches' System zur Schweißauspressung"[4] charakterisierte, das zweifellos vorhandene rationale Elemente mit typisch kapitalistischen Ausbeutungsmethoden verknüpft. Die aus den Taylorschen Leitungsprinzipien entwickelten Leitungsmethoden beziehen sich über die unmittelbaren neuen „idealen Arbeitsmethoden" hinaus vor allem auf:

- neue ingenieurwissenschaftlich begründete Analysenmethoden für Arbeitsstudien,
- neue Auswahl-, Ausbildungs- und Trainingsmethoden für Arbeiter,
- neue Methoden der Arbeitsorganisation, insbesondere hinsichtlich der Verantwortungsabgrenzung zwischen Leitungs- und Ausführungsfunktionen,
- neue Methoden des Zusammenarbeitens im Produktionsprozeß, insbesondere hinsichtlich des funktionsorientierten Meister- und Vorarbeitereinsatzes,
- neue Planungsmethoden zur Arbeitsvorbereitung sowie
- neue Methoden der individuellen Leistungsentlohnung in Weiterentwicklung des Akkordsystems.

D. M. Gvišiani hebt in seiner ausführlichen marxistischen Wertung des Taylorismus zusammenfassend hervor, „... daß die Methoden des Taylorismus eine Vervollkommnung der kapitalistischen Ausbeutungsmethoden, das heißt des Raubbaus an der Arbeitskraft, darstellen. Zugleich aber bringt der Taylorismus gewisse fortschrittliche Ideen und Thesen zum Ausdruck, worin sich die Entwicklungsbelange der wissenschaftlich organisierten gesellschaftlichen Großproduktion widerspiegeln."[5]

Die vom Taylorismus ausgelöste Suche und Entwicklung neuer Leitungsmethoden führte bereits in den zwanziger Jahren unseres Jahrhunderts in den USA zum Entstehen ganz neuer Berufe und Wissenschaftsdisziplinen an den Hochschulen, wie das Consulting-Management bzw. das wissenschaftliche Industrie-

[1] Vgl. Taylor, F. W., Die Betriebsleitung insbesondere der Werkstätten, Berlin 1914; ders., Die Grundsätze wissenschaftlicher Betriebsführung, München—Berlin 1922.

[2] Fayol, H., Allgemeine und industrielle Verwaltung, München—Berlin 1929.

[3] Taylor, F. W., Die Grundsätze wissenschaftlicher Betriebsführung, a. a. O., S. 151.

[4] Lenin, W. I., Ein „wissenschaftliches" System zur Schweißauspressung, in: Lenin, Werke, Bd. 18, Berlin 1965, S. 588.

[5] Gvišiani, D. M., Management. Eine Analyse bürgerlicher Theorien von Organisation und Leitung, a. a. O., S. 262.

management. Insgesamt zeigt auch die große internationale Verbreitung der *Scientific Management Movement* die hohe Wertschätzung des Kapitals für neue profitmehrende Leitungsmethoden, die auf wissenschaftlichen Prinzipien basierten.

Nicht weniger bedeutend als Taylors Arbeiten, wenn auch im allgemeinen weniger bekannt, sind die grundlegenden Arbeiten des Franzosen H. Fayol zur Entwicklung neuer, prinzipienorientierter Leitungs-, insbesondere Verwaltungsmethoden. Am populärsten sind die 14 Prinzipien Fayols, die nach seiner Auffassung Allgemeingültigkeit für alle Bereiche der Verwaltungstätigkeit besitzen[6]:

1. Prinzip der Arbeitsteilung
2. Prinzip der Autorität des Leiters
3. Prinzip der Disziplin
4. Prinzip der Einheit der Auftragserteilung
5. Prinzip der Einheit der Leitung
6. Prinzip der Unterordnung des Sonderinteresses unter das der Gesamtheit
7. Prinzip der leistungsorientierten Entlohnung
8. Prinzip der Zentralisation
9. Prinzip der Rangordnung
10. Prinzip der Ordnung
11. Prinzip der Billigkeit
12. Prinzip der Stabilität des Personals
13. Prinzip der Initiative
14. Prinzip des Gemeinschaftsgeistes

Fayol betonte bereits den dynamischen Charakter der Begründung und Anwendung derartiger Prinzipien der Leitung und daraus abgeleiteter typischer Leitungsmethoden, wie die von ihm als besonders wichtig charakterisierten Methoden der Auftragserteilung und Einheitlichkeit der Leitung. Zu den auf die Arbeiten Fayols zurückgehenden Leitungsmethoden gehören:

— die Methode der Arbeit mit Stäben in der Leitungshierarchie,
— Planungsmethoden als Voraussetzung erfolgreicher Leitungsarbeit unter Beachtung von Risiko bzw. Unsicherheit und unterschiedlichem „Voranschlagshorizont" und
— Organisations-, Koordinierungs- und Kontrollmethoden im Rahmen der oben genannten Prinzipien.

Obwohl diese Arbeiten Fayols zweifellos in wesentlichen Punkten dem objektiv wachsenden Vergesellschaftungsgrad der Produktivkräfte Rechnung tragen, gelingt es ihm nicht, die klassenbedingten Schranken zu überwinden und jene Prinzipien zu entdecken, wie sie z. B. von Lenin als entscheidend für die Leitung der gesellschaftlichen Produktion charakterisiert wurden. Dieser Mangel wird auch von anderen bürgerlichen Theoretikern nicht überwunden, wenngleich sich die bürgerliche Wissenschaft alle Mühe gibt, fehlende Qualität teilweise durch

[6] Fayol, H., Allgemeine und industrielle Verwaltung, a. a. O., S. 18ff.

Quantität der formulierten Prinzipien zu ersetzen, wie etwa Brown, der 96 zu beachtende Managementprinzipien formulierte![7]

Bei anderen bürgerlichen Theoretikern, etwa Gulick, der einen wesentlichen Beitrag zur Systematisierung und Verbreitung der prinzipienorientierten Managementmethoden „klassischer Prägung" leistete, sind es bedeutend weniger.[8] Sieben dieser Prinzipien haben unter der Methodenbezeichnung „POSDCORB" relative Verbreitung und Eingang in die amerikanische Administration gefunden:

P	— Planning	(Planung)
O	— Organizing	(Organisation)
S	— Staffing	(Kaderpolitik)
D	— Directing	(Leitung, insbesondere Entscheidung und Anweisung)
Co	— Coordinating	(Koordinierung)
R	— Reporting	(Rechenschaftslegung)
B	— Budgeting	(Finanzplanung und Kontrolle)

Die instrumentale und prinzipienorientierte Entwicklung von Managementmethoden nahm von derartigen „Theorien" und praxeologisch orientierten Rezepten ausgehend raschen Aufschwung. Entsprechend dem hochentwickelten Stand der Produktivkräfte spielten sie besonders in den USA eine zentrale Rolle und wurden unter dem Schlagwort „Management by . . ." sehr populär. Im Zuge der allgemeinen Übernahme bestimmter „Modernismen" aus dem angloamerikanischen Raum wurden dann die „Management by" — Techniken insbesondere nach dem zweiten Weltkrieg international weit verbreitet und nehmen seither im bürgerlichen Sprachgebrauch einen festen Platz ein. So ist es üblich, „Management by Planning" für „Planung" oder „Management by Results" für ergebnis-(profit-)orientierte Leitung zu sagen. Realistische bürgerliche Theoretiker erkennen diesen „Schlagwort"-Charakter ohne besonderen Inhalt durchaus und machen zum Teil auf die innere Widersprüchlichkeit der entwickelten Methoden und Mittel selbst aufmerksam.[9]

Gemäß den Management-Prinzipien haben folgende „Management by"-Techniken relativ große Verbreitung gefunden:

— Management by Objectives	(zielorientiertes Konzept)
— Management by Results	(ergebnisorientiertes Konzept)
— Management by Breakthrough	(offensives Konzept)

[7] Brown, A., Organization. A Formulation of Principles, New York 1945.

[8] Vgl. Gulick, O., Note on the Theory of Organization, New York 1937, S. 13 (Papers on the Science of Administration).

[9] Vgl. beispielsweise: Wild, J., Unterentwickeltes Management by . . ., in: Manager Magazin (Hamburg), 10/1972, S. 60; Zwang und Tatsachenverdrehung als Führungstechnik, in: Manager Magazin (Hamburg), 5/1974, S. 106; Volk, H., Erläuterungen zu einigen überschätzten „Management by"-Ansätzen, in: Fortschrittliche Betriebsführung und Industrial Engineering (Berlin (West)), 6/1982, S. 452.

— Management by Delegation	(Delegationskonzept)
— Management by Exception	(Ausnahmeprinzip)
— Management by Systems	(systemorientiertes Konzept)
— Management by Communication and Participation	(beteiligungsorientiertes Konzept)
— Management by Motivation	(motivationsorientiertes Konzept)

Die Kette könnte noch beliebig fortgesetzt werden, wenn man den teilweise gebräuchlichen bürgerlichen Praktiken folgte, jeder Leitungsmethode den Vorsatz „Management by ..." (Leitung durch ...) zu geben. Diese Nutzung des „Management by ..." für alle möglichen Leitungstechniken wird selbst in der bürgerlichen Diskussion nicht selten als ein „Management by Margerite" verspottet, wobei die Anspielung auf das wahllose Blütenzupfen deutlich genug den Wert der oft außerordentlich willkürlich als „Management by"-Technik charakterisierten Methodenfülle deutlich macht. Aus der Flut neuer, von realistisch eingestellten bürgerlichen Theoretikern als wenig aussagekräftig charakterisierter Wortschöpfungen nach dem Vorbild des „Management by ..." wird dann auch vor allem die satirisch-kritische Bedeutung mancher derartiger Techniken hervorgehoben, so etwa:

— „Management by Chromosomen"	(Familienmanagement)
— „Management by Nilpferd"	(sich mit großer „Schnauze" über Wasser halten)
— „Management by surprise"	(durch Überraschung überleben)
— „Management by Blue Jeans"	(auf jede Schwachstelle eine Niete)
— „Management by Hammer"	(autoritäre Führung)
— „Management by Potatoes"	(unentschlossenes Handeln im Sinne: Rein in die Kartoffeln und wieder heraus)
— „Management by Känguruh"	(große Sprünge mit leerem Beutel machen)

Wenn im weiteren detaillierter auf ausgewählte „Management by"-Techniken eingegangen wird, ist das vor allem der außerordentlich weit verbreiteten Popularität einiger der ernst zu nehmenden Managementtechniken zuzuschreiben und nicht zuletzt dem erreichten hohen Stand der praktischen Anwendung, zum Beispiel des Management by Objectives.

Darüber hinaus wird mit einer näheren Analyse der prinzipienorientierten Managementmethoden auch zugleich nach der theoretischen Begründung der Prinzipien selbst gefragt. Das schließt einen kritischen Überblick über typische Führungsgrundsätze und -stile bzw. -techniken in bezug auf die unmittelbare Menschenführung ein.

Zur problemorientierten Einteilung der Managementtechniken

Die problemorientierte Einteilung der Managementtechniken versucht, die seitens der Theorie oft getrennt entwickelt und behandelten Managementtechniken stärker unter integrativem Gesichtspunkt, ausgehend von der zu beherrschenden Situation, zu systematisieren. Dabei sind unterschiedliche Herangehensweisen an die Problemsystematik bzw. Situationsanalysen typisch. So nimmt Argenti, der ein Glossar zur Auswahl und Einführung von Managementtechniken entwickelte[10], folgende typische Problemsituationen als Grundlage für die Abgrenzung der Managementtechniken:

Unternehmensprobleme komplexen Charakters, darunter
— Langfristplanung
— Unternehmenssteuerung und -kontrolle
— Organisation
— Unübersichtlichkeit

Verwaltungsprobleme, darunter
— Informationsmängel
— verspätete Informationen
— „Papierkrieg"

Marketing- und Verkaufsprobleme, darunter
— Produktionsprogramm
— Preispolitik
— Produktpolitik
— Produktqualität
— Innovation
— Nachfrage bzw. Bedarfsschätzungen

Produktions- bzw. Fertigungsprobleme, darunter
— Human Relations (menschliche Beziehungen)
— Investitionsplanung
— Kostensenkung
— Qualitätskontrolle
— Produktionsplanung
— Projektplanung und Realisierung

Einkaufsprobleme, darunter
— Einkauf
— Lagerwirtschaftlichkeit
— Qualitätsprüfung
— Logistik

[10] Vgl. Argenti, J., Führungsaufgabe: Auswahl und Einführung von Managementtechniken, München 1972.

Personalpolitische Probleme, darunter
— Personalauswahl
— Schulung
— Gehalts- und Lohnstruktur

Forschungsprobleme, darunter
— Ideenmangel
— Auswahl der Forschungsprojekte
— Projektplanung und -kontrolle
— Innovation und Diffusion

In der Konzeption von Argenti sind derartige Problemrecherchen der eigentliche Ausgangspunkt für die Auswahl und Anwendung der einzelnen Managementtechniken. Allerdings ist die relativ starke Fachbezogenheit der Problemauswahl nicht zu übersehen. Es fehlt in der vor allem auf praktische Belange zugeschnittenen Konzeption die Herauslösung übergreifender, zentraler Probleme, die von Anfang an nur auf integrativem Wege lösbar sind. Zu derartigen Problemen zählen:

— das Krisenproblem (Erarbeitung einer optimalen Unternehmensstrategie in Krisenzeiten entsprechend dem Unternehmensleitbild und dem internationalen Ruf des Unternehmens sowie den objektiven Umweltveränderungen),
— das Innovationsproblem (aktive zukunftsorientierte Antwort auf ständig notwendige Änderungen zur Beseitigung von Widersprüchen und zum Erreichen neuer Ziele der Profitproduktion),
— das Flexibilitätsproblem (organisatorisch-operative Anforderung an die Arbeitsweise aller Bereiche zur ständigen Überwindung von Störungen und zur operativen Zielsicherung),
— das Integrationsproblem aller Abteilungen und Bereiche (Erfüllung der Unternehmensziele als Ganzes und Verhinderung von Zentrifugalkräften),
— das Motivationsproblem (Entfaltung einer maximalen Leistungsbereitschaft und deren Nutzung im Interesse der Unternehmensziele),
— das Kreativitätsproblem (Erhöhung des schöpferischen Potentials im Unternehmen),
— das Finanzierungsproblem (Sicherung einer optimalen Budgetaufteilung auf die einzelnen Ressorts),
— das Umweltproblem

und ähnliche Probleme komplexen Charakters mehr.

Sowohl in der Managementtheorie als auch -praxis nehmen die zur Lösung derartiger komplexer Probleme entwickelten Methoden und Techniken wachsenden Raum ein. Immer mehr Unternehmen erkennen, daß die Beherrschung derartiger komplexer Probleme eine unabdingbare Voraussetzung einer erfolgreichen Entwicklung darstellt. Diese Änderung wird, wie im folgenden Abschnitt anhand der aktuellen Anforderungen an die Weiterentwicklung der Managementmethoden noch näher gezeigt wird, durch eine Reihe objektiver Entwicklungen im kapitalistischen Wirtschaftssystem bei Strafe des Unterganges erzwungen.

Auf Grund der hohen Bedeutung der problem- bzw. situationsorientierten Managementmethoden werden die wichtigsten Techniken im weiteren ausführlicher analysiert, wobei eine Konzentration auf die aktuellen und künftig noch an Bedeutung zunehmenden Innovationstechniken erfolgt.

Die situationsorientierte Analyse von Managementtechniken ist nicht mit der Katalogisierung von Problemlösungsmethoden im engeren Sinne zu verwechseln, wie sie vor allem als „Starmethoden", wie Brainstorming, Delphi-Methode, heuristische Methoden, morphologische Methoden usw., bekannt geworden sind und mehr oder weniger in der Praxis genutzt werden. Derartige Kreativitätstechniken zielen auf das Bereitstellen von Hilfen für die rationellere Lösung von Problemen aller Art ab und spielen eine gewichtige Rolle bei der Suche nach neuen Ideen und Wegen zu ihrer Realisierung. Insofern bilden sie eine Gruppe der problemorientierten Managementmethoden für die wichtige Aufgabe der Erhöhung der Kreativität und Rationalität von schöpferischen Problemlösungsprozessen aller Art.

Zur rationalisierungsorientierten Einteilung der Managementtechniken

Die Rationalisierung der wirtschaftlichen Abläufe wie der Leitungsprozesse nimmt in der kapitalistischen Wirtschaft immer größeren Raum ein. Das ist insbesondere dem schnellen Vordringen arbeitsplatzbezogener Computertechnik in den letzten Jahren und der Tatsache geschuldet, daß sich die Konkurrenz im internationalen Maßstab vor allem unter japanischem Druck verstärkt hat.[11]

Die Rationalisierung aller Bereiche der kapitalistischen Unternehmensführung ist von besonderem Interesse für das Kapital, weil sie unmittelbare Profit- und Produktivitätssteigerungen ermöglicht. Das trifft zuerst und dem Wesen der kapitalistischen Wirtschaft getreu auf alle Methoden zur Erhöhung der Arbeitsintensität zu. Die Methoden zur Erhöhung der Arbeitsintensität stellen in besonderer Weise oftmals wenig getarnte Instrumente zur intensiveren Ausbeutung dar. Vor allem sind hier zu nennen:

- Methoden des direkten Leistungsdrucks (Normveränderungen, Überstundenanweisungen, Entlassungen usw.);
- Methoden des indirekten Leistungsdrucks (wie z. B. der „freiwillige" Verzicht auf Krankschreibungen, Kuren, vorbeugende medizinische Betreuung usw.);
- Methoden der Transformation der Ausbeutung (wie insbesondere bei Einstellung billiger ausländischer Arbeitskräfte oder Produktionsverlagerung in Billiglohnländer).

[11] Vgl. Wolf, M. J., The Japanese Conspiracy: The Plot to Dominate Industry Worldwide — and How to Deal with It, New York 1984; Franko, L. G., Die japanischen multinationalen Konzerne. Herausforderung und westliche Gegenstrategien, Frankfurt/M. 1984.

Derartige Managementmethoden, die ausgehend vom wachsenden Heer der Arbeitslosen mit zunehmender Schärfe offen angewendet werden, sind ein beredtes Zeugnis des kapitalistisch verstandenen Menschenrechts auf Arbeit. Diese Methoden des Drucks auf die Arbeitsintensität beweisen zugleich, daß sich am ursprünglichen Wesen des Kapitalismus nichts geändert hat und nur die äußere Form heute fortschrittlicher getarnt wird. Sehr klar zeigt sich das auch daran, daß in wachsendem Maße seitens des Kapitals mit den gleichen Methoden Druck auf alle Beschäftigungsgruppen, einschließlich des ingenieurtechnischen Personals ausgeübt wird.

Eng mit den Methoden zur Erhöhung der Arbeitsintensität verbunden sind Methoden zur Veränderung der Arbeitsorganisation und -bedingungen im weitesten Sinne. Die theoretischen Grundlagen dafür gehen bereits auf die Lehren der Human-Relations-Bewegung[12] zurück und werden in der Gegenwart intensiv vervollkommnet.[13] Ziel ist, die objektiv erzwungenen praktischen Veränderungen in der kapitalistischen Arbeitsorganisation zur Verringerung der Arbeitsmonotonie, die in den hochentwickelten kapitalistischen Ländern unter dem Stichwort „Humanisierung der Arbeitswelt" außerordentlich breite und ernstzunehmende Resonanz gefunden haben, in getarnter Weise unter Mißbrauch der wahren Interessen der Werktätigen wenigstens den Verwertungsinteressen des Kapitals anzupassen. Gerade die Entwicklung und Einführung neuer Methoden der Arbeitsorganisation ist ein Musterbeispiel für die im Kampf mit den Unternehmern erzwungenen Veränderungen der Leitungsmethoden und unter diesem Aspekt noch wesentlich tiefer auch vom marxistischen Standpunkt auszuwerten. Zu den wichtigsten Methoden dieser Art zählen:

- Methoden zur Veränderung des Arbeitsinhaltes und der -bedingungen,
- Methoden zur Veränderung der Arbeitsorganisation,
- Methoden zur Veränderung der Arbeitszeit und -belastung,
- Methoden zur Veränderung der Arbeitszufriedenheit und Qualifikation;
- Methoden zur Veränderung der Leistungsbewertung und Lohnformen.

Auch die Methoden zur Veränderung der Arbeitsorganisation und -bedingungen werden längst nicht mehr nur auf die unmittelbar produktiv Tätigen beschränkt, vielmehr werden sie auf alle Bereiche ausgedehnt, wenn der eigentliche Schwerpunkt auch nach wie vor in der unmittelbaren Fertigung liegt.

Von entscheidender Konsequenz für die Durchsetzung gravierender Rationalisierungsmethoden sind ferner die Einführung neuer technologischer Prinziplösungen, insbesondere die Einführung flexibler automatisierter Fertigungssysteme. Infolge des wissenschaftlich-technischen Fortschritts ergeben sich daher

[12] Vgl. Gvišiani, D. M., Management. Eine Analyse bürgerlicher Theorien von Organisation und Leitung, a. a. O., insbes. Kapitel V.

[13] Vgl. Mergner, U./Osterland, M./Perlte, K., Arbeitsbedingungen im Wandel, Göttingen 1975 (Schriften der Kommission für wirtschaftlichen und sozialen Wandel, 70).

tiefgreifende Veränderungen für die rationelle Steuerung, die auf teil- oder vollautomatisierten Leitungstechniken beruht und zur Entwicklung zahlreicher Modelltypen geführt hat, die den Einsatz adäquater Computertechnik sowohl zur Voraussetzung haben als auch bedingen. Es ist nicht zu übersehen, daß derartige computergestützte Steuerungssysteme der modernen gesellschaftlichen Großproduktion eine qualitativ neue Stufe der Entwicklung und praktischen Anwendung von Leitungstechniken unter kapitalistischen Produktionsverhältnissen darstellen, die besondere Aufmerksamkeit verlangen. Zugleich muß das erreichte hohe Niveau der automatisierten Produktionsvorbereitung und Fertigungssteuerung (CAD/CAM) als Indikator dafür dienen, daß praktische Verbreitung und allgemeine Nutzung weiter rasch voranschreiten.

Neben einer derartig durchrationalisierten computergestützten Leitung ist auch die Tendenz der Entwicklung und schnellen Verbreitung partieller Rationalisierungstechniken der Leitungs- und Verwaltungsarbeit nicht zu unterschätzen. Besonders auf diesem Sektor zeichnen sich tiefgreifende Veränderungen ab, die nach Einschätzung bürgerlicher Theoretiker zu einer „Revolution in den Kontoren" führte, wobei hier unter Kontorarbeit Büroarbeiten im weitesten Sinne verstanden werden. Die hierbei zu analysierenden Methoden umfassen insbesondere:

- neue Analysenmethoden zur Erhöhung der Rationalität von Leitungs- und Verwaltungsarbeiten,
- neue technische Hilfsmittel für die Rationalisierung von Informationsverarbeitungs- und Textverarbeitungsprozessen,
- neue Kommunikationsmethoden,
- neue Rationalisierungsmethoden für Routineprozesse, Standardleitungssituationen usw. sowie
- neue Rationalisierungsmethoden für Entscheidungen und Planungsarbeiten.

Die Analyse dieser Tendenzen zeigt, daß das Kapital mit großer Intensität nach neuen Wegen zur Erhöhung der Rationalität der Leitungs- und Verwaltungsarbeit sucht. Zugleich wird damit erneut bewiesen, daß es auf Dauer keinen Bereich der kapitalistischen Unternehmensführung gibt, der nicht im Interesse der Profitsteigerung durchrationalisiert wird. Das Studium der hierbei insgesamt angewandten Methoden und Praktiken hat zweifellos auch für die sozialistische Rationalisierung der Leitungs- und Verwaltungsarbeit Bedeutung und wird daher im weiteren gleichfalls näher analysiert.

Zur aufgaben- bzw. prozeßorientierten Einteilung der Managementmethoden

Im wesentlichen verläuft diese Differenzierung von Managementmethoden analog zu den wichtigsten allgemeinen oder grundsätzlichen Leitungsaufgaben. Insofern besteht auch eine relativ nahe Bindung zu den prinziporientierten Methodengliederungen, wobei allerdings eine deutlich detailliertere und an einzelnen Leitungsaufgaben orientierte Einteilung dominiert.

Geht man von den bereits weiter oben erläuterten fünf typischen Grundaufgaben oder Basisfunktionen bürgerlicher Leitungstätigkeiten aus, ergeben sich unter methodischem Aspekt folgende Gliederungsmöglichkeiten:

— Methoden der Strategiebildung, Planung oder Zielbestimmung, einschließlich dazu erforderlicher Analysemethoden
— Methoden der Bewertung und Entscheidung einschließlich der Simulation
— Planungs- und Projektierungsmethoden einschließlich Koordinierungs- und Organisationsmethoden
— Motivations- und Stimulierungsmethoden
— Kontrolltechniken und -methoden

Dieser grundsätzlichen Gliederung entsprechen im wesentlichen auch Einteilungen, die nur in wenigen Punkten von der hier genannten Differenzierung aufgabenorientiert abweichen. So werden in der achtbändigen „Managementenzyklopädie" von 1974 als wichtigste Führungsaufgaben und dementsprechende Methoden genannt[14]:

„Planung"
— Prognose
— Zielstellung
— Grundrichtungen der Unternehmenspolitik
— Arbeits- und Zeitpläne
— Arbeitsmethodenfestlegung
— Budgetarbeit

„Organisation"
— Zielfestlegungen
— Aufgaben- und Tätigkeitsgruppen, einschließlich der Aufgabengliederung, fachlichen Zuständigkeit, einheitlichen Leitung
— Delegieren
— Wirkungsverbesserungen herstellen
— Organisationsmitglieder auf dem laufenden halten

„Leitung (Menschenführung)"
— Initiative ergreifen
— Entscheidungen treffen
— Kommunikation herstellen
— Motivieren
— Ausbilden und Fördern

„Kontrolle"
— Leistungsstandards und Sollwerte
— Erfassung der Ergebnisse

[14] Managementenzyklopädie, Bd. 2, München 1974, S. 1172.

— Vergleich der Ergebnisse und Auswertung
— Korrekturmaßnahmen

„Repräsentieren"
— innen
— außen

Derartige Typisierungen tragen zweifellos bestimmten objektiven Bedürfnissen des Managements Rechnung und haben sich in der Praxis bewährt. Dies gilt ungeachtet einer Reihe theoretischer Verwässerungen und Unkorrektheiten, wie insbesondere anhand der Aufgaben deutlich wird, die für den Komplex „Planung" formuliert werden, oder auch für den Bereich, der hier als „Leitung" oder „Menschenführung" im engeren Sinne charakterisiert wird. Hier zeigt sich deutlich, daß das fehlende einheitliche theoretische Fundament zu einer Fülle unterschiedlicher Ansätze führt, denen vor allem eines gemeinsam ist: „Managementtechniken dienen dem Zweck, die Unternehmensführung bei Planung, Zielsetzung, Leitung und Kontrolle zur Durchsetzung der Unternehmensziele zu unterstützen"[15], sprich, bei der Profiterwirtschaftung. Dazu haben sie vor allem folgende Hauptaufgaben[16]:

— „Erzielung höchster Leistungsfähigkeit" aller sogenannten „Organisationsmitglieder", was im bürgerlichen Sprachgebrauch die Verschleierung eindeutiger macht- und autoritätsbestimmter Führungskräfte gegenüber den macht- und mitsprachelosen Arbeitern bedeutet;
— „Ausschöpfung aller potentiellen Möglichkeiten", wobei unausgesprochen an Verwertungsmöglichkeiten im Interesse des Profits im weitesten Sinne gedacht wird;
— „laufende Anpassung an künftige Entwicklungen", womit von Anfang an zugestanden wird, daß eine planmäßige und damit bewußte Steuerung der gesamten wirtschaftlichen Entwicklung für unmöglich erachtet wird und dementsprechend die Anpassung an sich sporadisch durchsetzende Umweltveränderungen, Machtverhältnisse usw. ein entscheidendes Einsatzgebiet der Managementmethoden darstellt.

Als unabdingbare Voraussetzungen dafür werden immer wieder die klare Festlegung der Handlungsbereiche und -befugnisse sowie die konsequente Ausrichtung auf die Unternehmensziele genannt. Im „Handbuch für Manager" werden die Managementmethoden dementsprechend folgendermaßen eingeteilt[17]:

1. Techniken in bezug auf das Unternehmen als Ganzes, darunter:
— Entscheidungsmethoden
— Prognoseverfahren

[15] Managementenzyklopädie, Bd. 4, a. a. O., S. 343.
[16] Vgl. ebenda.
[17] Handbuch für Manager, hg. von B. Folkertsma, Berlin(West), 1971, Loseblattausg.

— Checklisten für differenzierte Managementaufgaben
— Methoden der Ideenentwicklung
— Marktsegmentierungsmethoden

2. *Techniken in bezug auf Entscheidungsverfahren*, darunter
— Break-Even-Analyse
— Kosten-Nutzen-Analyse
— Operations Research-Methoden
— Sensibilitätsanalysen
— Risikoanalysen
— neuzeitliche Entscheidungstechniken

3. *Techniken in bezug auf die Planung*, darunter
— Budgetieren
— lineare Programmierung
— Methodik der Lagerplanung
— Transportplantechnik
— Netzplantechniken

4. *Techniken in bezug auf das Informations- und Kommunikationswesen*, darunter:
— Kommunikationsanalysen
— Management-Informationssysteme
— Kommunikationstechniken
— optimale Berichterstattung

5. *Organisationsmethoden und -techniken*, darunter
— Teambildungsmethoden
— physiologische Arbeitsgestaltung
— Strukturierungsmethoden und -schaubilder
— Organisationsführer (Management-Guide)

6. *Kontroll- und Koordinierungstechniken*, darunter
— Statistiken
— Wertanalysen

7. *Allgemeine Techniken und Methoden*, darunter
— „Management by"-Techniken
— Stimulierungsmethoden usw.

Bereits dieser kurze Ausschnitt aus den mannigfaltigen aufgaben- bzw. prozeßbezogenen Systematisierungsmöglichkeiten zeigt, daß im bürgerlichen Lager entsprechend der theoretischen Vielschichtigkeit auch in methodischer Hinsicht zahlreiche Unterschiede bestehen.

Das wird auch durch ein 1985 in der BRD neu herausgegebenes Management-Lexikon nicht beseitigt, wie folgende dort genannten Managementaufgaben bestätigen[18]:

[18] Management-Lexikon, hg. von F. Neske und H. Wiener, Bd. 2, Gernsbach 1985, S. 762.

— Zielsetzung
— Entscheidung
— Planung
— Organisation
— Führung
— Kontrolle
— Realisation
— Initiierung
— Ideenkreation und
— Repräsentation

Unter Berücksichtigung dieser Differenziertheit und der Tatsache, daß sich Aufgaben der Planung, Entscheidung usw. objektbezogen sehr unterscheiden, wird im weiteren der aufgaben- bzw. prozeßbezogene Gliederungsansatz nicht weiterverfolgt.

Zur funktions- oder bereichsorientierten Einteilung der Managementtechniken

Die auf die einzelnen Funktionsbereiche des Unternehmens zugeschnittene Einteilung der Managementtechniken geht von fachspezifischen Leitungsaufgaben aus. Für diese Fachorientierung ist eine detailliertere Methodenwahl typisch, wobei naturgemäß Elemente der allgemeinen Managementtechniken in fachspezifische Fragestellungen eingebettet werden.

Als typische Fachressorts sind in kapitalistischen Konzernen zu unterscheiden:

— die Unternehmensleitung im engeren Sinne,
— der Marketingbereich,
— der Bereich Forschung und Entwicklung,
— der Bereich Beschaffung und Materialwirtschaft,
— der Bereich Personalwirtschaft,
— der Bereich Produktion bzw. der sonstigen operativen Ressorts,
— der Bereich Finanzwirtschaft,
— der Bereich Controlling bzw. Information.

Diese acht Einzelressorts brauchen nicht in allen Unternehmen gleichartig ausgeprägt und bezeichnet zu sein. So können beispielsweise die Bereiche Beschaffung bzw. Einkauf relativ selbständige Einheiten gegenuber der Material- und Bestandswirtschaft evtl. einschließlich Transportwesen und sonstiger Hilfsprozesse bilden. Auch längst nicht alle Unternehmen verfügen über ein eigenständiges Direktorat Forschung und Entwicklung, wiederum andere Unternehmen haben keine eigenständigen Bereiche für das Personalwesen und damit verbundene soziale Fragen. Hier rückt der Einfluß der Unternehmensgröße wesentlich in den Vordergrund und ist ein enger Zusammenhang zwischen fortgeschrittenen Leitungsmethoden und Unternehmensgröße nachweisbar.

Gemäß den hier genannten acht Funktionsbereichen bilden folgende Hauptaufgaben des Funktionsbereiches die Grundlage für anzuwendende Leitungsmethoden[19]:

Hauptaufgaben des Funktionsbereiches Unternehmensleitung
— Planen
— Organisieren
— Führen
— Kontrollieren
— Repräsentieren

Hauptaufgaben des Funktionsbereiches Marketing
— Nachfrage- und Konkurrenz-Marktforschung
— Sortiments- und Produktplanung
— Absatzplanung
— Werbung und Verkaufsförderung
— Verkauf und Distribution
— Auftragsabwicklung
— Produkt- und Marktmanagement

Hauptaufgaben des Funktionsbereiches Forschung und Entwicklung
— Projektstudien und Projektentwicklung
— Grundlagenforschung und Versuchswesen
— Produkt- und Verfahrensentwicklung
— Produktgestaltung und Design
— Normenwesen
— Musterfertigung
— Patentwesen
— Berichtswesen und Archivierung

Hauptaufgaben des Funktionsbereiches Beschaffung und Materialwirtschaft
— Beschaffungsmarktforschung
— Qualitative Bedarfsfestlegung
— Einkauf
— Materialdisposition
— Lagerhaltung
— Transport

Hauptaufgaben des Funktionsbereiches Personalwirtschaft
— Personalbedarfsermittlung
— Personalbeschaffung
— Personaleinsatz
— Personalentwicklung

[19] Vgl. Kienbaum, G. (Hrsg.), Strategische Unternehmensführung in 8 Bänden, München 1975ff.

— Personalerhaltung
— Personalfreistellung (Entlassungen)
— Personalorganisation

Hauptaufgaben des Funktionsbereiches Produktion
— Produktionsplanung
— Fertigungsplanung, -steuerung und -kontrolle
— Fertigung
— Qualitätskontrolle
— Investitionsplanung
— Werkzeug- und Vorrichtungsbau
— Transport und Lagerung

Hauptaufgaben des Funktionsbereiches Finanzwirtschaft
— Finanz-Management
— Cash-Management
— Ergebnissteuerung
— Rechnungslegung und Berichtswesen

Hauptaufgaben des Funktionsbereiches Controlling bzw. Information
— Unternehmensplanung
— Informationswesen und Datenverarbeitung
— Rechnungswesen
— Finanzbuchhaltung
— Steuerwesen
— Revision

Bereits diese Übersicht zeigt, ohne auf die hier aufgeführten Hauptfunktionen im einzelnen einzugehen, daß die kritische Auseinandersetzung mit allen funktionsorientierten Leitungstechniken Spezialuntersuchungen erfordert.[20] Das um so mehr, als in der Managementtheorie und -praxis naturgemäß auch über die im Rahmen der einzelnen Funktionsbereiche zu realisierenden Detailfunktionen keineswegs einheitliche Auffassungen bestehen.

Zur erfolgsorientierten Einteilung der Managementtechniken

Die erfolgsorientierte Analyse von Managementtechniken geht primär von der Frage aus, welche Erfolgsmethoden bzw. Techniken die jeweiligen Manager anwenden. Diese pragmatische Herangehensweise wurde nicht zuletzt durch eine der in jüngster Zeit am meisten zitierten Untersuchungen über das Management in sogenannten „bestgeführten" US-Unternehmen von Peters und Waterman

[20] Zweifellos hat gerade die fachorientierte einseitige Entwicklung von Führungsmodellen, Planungssystemen und Organisationsmethoden wesentlich zu der mangelnden leitungsmäßigen Beherrschung komplexer Situation beigetragen.

jun. weltbekannt.[21] Es ist bemerkenswert, daß das stark journalistisch aufgemachte Buch der genannten Autoren viele Ansätze des wissenschaftlichen Managements einfach ignoriert und dafür eine Art „Botschaft“ an die Leser formuliert wird, die im Kern nichts anderes darstellt als einen massiven Appell für jene altbekannte Entrepreneurs-Mystik, wie sie unter US-Präsident Reagan zu neuer Blüte gelangte.

Ähnlich wie R. Reagan den naiven Amerikanern und leichtgläubigen Verbündeten immer wieder suggeriert, mit dem SDI-Programm die Entspannung zu fördern, tönen die Sprüche von Peters und Waterman, als sicherten sie ein für allemal überragenden Erfolg im sich gegenwärtig äußerst dynamisch und widerspruchsvoll entwickelnden Wirtschaftsleben.

Die pragmatisch-ideologische Funktion des Buches von Peters und Waterman, beides übrigens gestandene Berater der bekannten US-Consultinggesellschaft McKisey, muß man daher vor dem historischen Hintergrund zahlreicher nach wie vor völlig ungelöster zentraler sozialökonomischer Probleme der USA-Wirtschaft sehen. Dazu gehören sowohl die wachsende Kluft zwischen Reichen und Armen, als auch die angeschlagenen Positionen vieler US-Firmen bis hin zur Krise der US-High-Tech-Industrie im Silicon-Valley-Gebiet. Man sollte beim Verfolgen der erfolgsorientierten Einteilung der Managementtechniken ala Peters/Waterman nicht übersehen, daß gerade derartige bestsellermäßig angelegte Schriften eigentlich eine gewisse Ohnmacht gegenüber der turbulenten realen Entwicklung reflektieren.

Sie widerspiegelt sich augenscheinlich nicht zuletzt darin, wie seitens der Wirtschaftswoche im Oktober 1985 festgestellt wurde, daß von den 39 „bestgeführten“ US-Unternehmen der Liste von Peters und Waterman immerhin ein Drittel erhebliche wirtschaftliche Schwierigkeiten haben. Watermans Antwort darauf: „Auch für Stars gilt die aus dem Sport vertraute Erkenntnis, daß Athleten alt werden.“[22] Das sagt genug über das Wunschbild und die Realität amerikanischen Managements.

Da dennoch alle wesentlichen Merkmale erfolgsorientierter Betrachtungsweisen von Managementtechniken geradezu mustergültig anhand der Arbeit von Peters und Waterman zu erkennen sind, wird diese Arbeit zunächst kurz inhaltlich referiert.

Die Autoren stellten sich in ihrer 1982 in den USA erschienen Arbeit „In Search of Excellence“ (Auf der Suche nach Spitzenleistungen) das Ziel, „Lektionen“ aus sogenannten „best run companies“ anhand empirischer Untersuchungen über die letzten 20 Jahre abzuleiten. Die untersuchten Unternehmen umfaßten Unternehmen der Spitzentechnologie, Konsumgüterhersteller, allgemein interessante

[21] Peters, T. J./Waterman, R. H., Auf der Suche nach Spitzenleistungen. Was man von den bestgeführten US-Unternehmen lernen kann, Landsberg am Lech 1983.

[22] Innovation und Imitation. Interview mit Robert H. Waterman, in: Wirtschaftswoche (Frankfurt/M.), 44/1985, S. 58.

Investitions- und Gebrauchsgüterhersteller, Dienstleistungsunternehmen, Engineering Firmen und Unternehmen in rohstoffabhängigen Prozeßindustrien. Kleinunternehmen und ebenso Banken wurden nicht untersucht. Das Hauptinteresse der Studie galt der Frage, wie sich Großunternehmen lebendig, gesund und innovativ erhalten. Die meisten Unternehmen machen über 1 Mrd. Dollar Umsatz und sind älter als 20 Jahre.

Als entscheidende Kriterien für den langfristigen Geschäftserfolg wurden neben dem Ruf eines erstklassigen Unternehmens folgende Kriterien über 20 Jahre herangezogen[23]:

- Kumulierter Vermögenszuwachs von 1961—1980
- Kumuliertes Eigenkapitalwachstum von 1961—1980
- Durchschnittliches Verhältnis zwischen Marktwert und Buchwert („Markt zu Buch" ist angesichts der funktionierenden US-Kapitalmärkte ein gängiger Näherungsbegriff für das, was die amerikanische Fachliteratur „wealth creation" nennt; Marktwert: Schlußkurs der Aktie mal Anzahl ausgegebene Stammaktien, geteilt durch den Buchwert der Stammaktien per 31. Dezember, für die Jahre 1961 bis 1980)
- Durchschnittliche Gesamtkapitalrendite von 1961 bis 1980 (Jahresüberschuß, geteilt durch das gesamte Anlagekapital, definiert als langfristige Verbindlichkeiten, unkündbare Vorzugsaktien, Stammaktien und Anteile der Minderheitsaktionäre)
- Durchschnittliche Eigenkapitalrendite von 1961 bis 1980
- Durchschnittliche Umsatzrendite von 1961 bis 1980

Für das Prädikat „exzellent" mußte ein Unternehmen bei wenigstens 4 der 6 Kriterien während des ganzen 20-Jahres-Zeitraumes in der oberen Hälfte des Industriezweiges gelegen haben. Von den untersuchten Firmen blieben 36, 17 bei allen 6 Kriterien, 6 bei 5 in der oberen Hälfte.

Als letztes Kriterium wurde die Innovationskraft durch Branchenkenner bewertet. „Innovation" wurde dabei als kontinuierlicher Strom richtungsweisender Produkte und Dienstleistungen sowie als insgesamt schnelle Reaktion auf veränderte Marktverhältnisse oder sonstige Umweltveränderungen definiert. Neben Interviews wurde ein ausführliches Quellenstudium über 25 Jahre der Firmengeschichte durchgeführt. Die Interviews wurden anhand des von der *McKinsey Management*-Beratungsfirma entwickelten *7-S-Modells* (Selbstverständnis, Struktur, Systeme, Stil, Stammpersonal, Spezialkenntnisse, Strategie) durchgeführt. Die Aussagen des Gesamtbuches werden mit 358 Literaturverweisen belegt.

Faßt man die aus den empirischen Studien und Interviews gewonnenen Erkenntnisse zusammen, kommt das wirklich Besondere an den erfolgreichen, innovativen Unternehmen nach den Analysen von Peters und Waterman in folgenden acht überraschend einfachen Vorgehensweisen zum Ausdruck:

1. Drang zur Tat

[23] Peters, T. J./Waterman, R. H., Auf der Suche nach Spitzenleistungen, a. a. O., S. 42ff.

2. Nähe zum Kunden
3. Eigenständigkeit und Unternehmertum
4. Produktivität durch Menschen
5. Sichtbar gelebtes Wertsystem
6. Bindung an das angestammte Know-how
7. Einfache Formen, kleine Stäbe
8. Straff-lockere Führung

Sehr verknappt zusammengefaßt umfassen diese Vorgehensweisen:

1. Drang zur Tat

Er besagt, daß analytische Arbeiten die Entscheidungsfindung nicht lahmlegen dürften, daß „Probieren über Studieren" gehe, daß große Probleme auch durch kleine Gruppen erfahrener Mitarbeiter in kurzer Zeit bis zur Praxisumsetzung gelöst würden. Typische Merkmale dafür seien:

— informelle, offene Kommunikation bis zur Spitze („Technologie der Kontaktpflege");
— permanente positiv stimulierende Leistungsvergleiche mit Sofortschlußfolgerungen;
— strenge Beachtung der Tatsache, daß die Menschen vom Handeln der Leiter weit mehr beeindruckt sind als von Reden;
— Arbeit mit „Task forces" (Spezialeinheiten) mit höchstens 10 Mitarbeitern, hierarchischer Anbindung und Mitarbeit entsprechend der Problemgröße, kurzzeitiger Arbeit, freiwilliger Mitgliedschaft, schnellem Einberufen der Mitglieder ohne formelle Regelungen, schnellem Nachfassen, formlose Dokumentation und spärlichen Kontrollen;
— Projektteams und Projektzentren für dringliche Probleme;
— hohe Wertschätzung von Experimenten („Do it, try it, fix it") und hohe Bereitschaft zum Ausprobieren von Neuem;
— enge Zusammenarbeit von F/E, Konstruktion, Technologie, praktischer Erprobung bei hohem Anteil an Eigenbaukapazität,
— schnelles und häufiges Experimentieren (Schnelligkeit beim „Ein- und Aussteigen");
— Experimente, praktische Tests gelten als billiger, unauffälliger und lehrreicher als ausgeklügelte Marktforschungen und detaillierte Stabspläne;
— ergebnisorientierte Arbeitsweise und Schaffung des Umfeldes für Experimentiermöglichkeiten,
— Einfachheit durch System („Ein-Seiten-Memorandum") und Verfügbarkeit praktischer Hilfsmittel zum Erhalt der Beweglichkeit.

Mit anderen Worten sollten Aufgaben stets rasch angepackt, nicht zu Tode analysiert werden, auch auf die Gefahr, daß dabei Fehler unterlaufen.

2. Nähe zum Kunden

Die bestgeführten US-Unternehmen gingen konsequent vom Grundsatz aus „Der Kunde ist König", sie lernten von ihren Kunden, böten unvergleichliche

Qualität, Serviceleistungen und Zuverlässigkeit und verschaffen gängigsten Artikeln den Anstrich des Besonderen. Insbesondere die besten Produktideen kämen von den Kunden. Weitere wichtige Merkmale seien:

— tatsächliche höchstmögliche Kundennähe mit scheinbar übersteigertem Qualitätsanspruch;
— Servicebesessenheit und Beantwortung jedes Kundenschreibens in 24 Stunden;
— tägliche Berichterstattung über Kundenzu- und -abgänge mit einer Liste der 100 besten Kunden;
— alle Unternehmen, ob in der Metallverarbeitung, Spitzentechnologie oder im realen Service, sehen sich als Dienstleistungsunternehmen;
— Qualitätsbewußtsein, Qualitätszirkel und Zuverlässigkeitstraining bilden eine Einheit;
— Wecken von Begeisterung für das und Identifikation mit dem Produkt, sorgfältige Pflege von Qualitätstraditionen;
— Beliefern mit „maßgeschneiderten" Kundenlösungen und ständiges Suchen von Marktnischen;
— Ausrichtung der Spitzenunternehmen auf die Nutzensseite, *nicht* auf die Kostenseite der Rentabilitätsgleichung;
— Entwickeln der Fähigkeit, auf die Kunden wirklich zu hören, Beschwerden ernst zu nehmen usw.;
— die bestgeführten Unternehmen verstünden die Bedürfnisse der Benutzer besser als alle anderen Konkurrenten.

Es gehe also zusammengefaßt bei diesem Prinzip um regelrechte Besessenheit, dem Kunden beste Qualität und besten Service bei permanenten Kontakt zum Kunden zu liefern.

3. Eigenständigkeit und Unternehmertum

Die innovativen Unternehmen förderten in allen Bereichen möglichst viele Führungstalente und Initiatoren, die Unternehmerbewußtsein entwickeln, es wimmele von „Champions", Kreativität und Risikobereitschaft würden ernsthaft gefördert, wobei ausdrücklich auch Fehler fehlgeschlagener Innovationsversuche der Mühe wert gehalten würden. Hervorzuheben sei dazu:

— hochmotivierte „Champions" werden als potentielle Innovationsträger als besonders wichtig angesehen;
  neue Ideen, die keinen „Champion" finden, sterben meistens;
— kreative Fanatiker werden als wichtigste Innovationskraft betrachtet, mit unbedingtem Glauben an das neue Produkt;
— ein leitender „Champion" mit eigenen Erfahrungen im Durchsetzen von Innovationen muß Erfahrungen vermitteln;
— ein „Pate" (reife Führungskraft) muß die Innovation mittragen;
— Erfolgsquoten (Treffer:Würfe) von 1:20 gelten als normal und zwingen zu Ideenüberschuß;

- „Verkauf's den Verkäufern." gilt als hausinterne Losung
- intensive, zwanglose, informelle Kommunikation zeitigt bemerkenswerte Erfolge und gibt Innovationsanstöße;
- Mißerfolge werden toleriert, Innovationen ohne Fehlschläge sind undenkbar;
- Erfolge werden prämiert, sofort gefeiert und das „Team" groß herausgestellt;
- übermäßige Planung und Papierberge fehlen, dafür herrscht scharfer interner Leistungswettbewerb.

Zusammengefaßt heißt das, daß unabhängig von der Unternehmensgröße alles getan werde für unternehmerischen Einsatz, für viel Entscheidungsfreiheit und Wettbewerb auf unteren Ebenen.

4. Produktivität durch Menschen

Die exzellenten Unternehmen betrachteten die Menschen als wichtigste Quelle der Produktivitäts- und Qualitätssteigerung, zählten auf ihre Mitarbeiter, schotteten sich nicht gegen das „Fußvolk" ab und hielten Investitionen in *Human Capital* für wichtiger als Kapitalanlagen aller anderen Art. Hervorzuheben sei besonders „die Achtung vor dem einzelnen." Merkmale der bestgeführten Companies seien:

- „Management durch Herumwandern" und persönliches Motivieren;
- der einzelne soll sich als Star einer Spitzenmannschaft entfalten können;
- Arbeits-, Leistungs- und Schaffensfreude sei überall zu verstärken;
- Mitarbeiter müssen tatsächlich Gehör finden;
- interne Leistungsvergleiche, Preise und Anerkennungen werden großgeschrieben;
- die besten Unternehmen entwickeln einen starken „Familiensinn";
- streng einzuhaltende Instanzenwege fehlen bei fast allen Spitzenunternehmen, obwohl ein Dienstweg für wichtige Entscheidungen besteht, werden sie in der Tagesarbeit weniger benutzt;
- bei Neueinstellungen wird Wert darauf gelegt, die Firmenkultur kennzulernen;
- ständige Information bis zum Mitarbeiter ist unerläßlich;
- kleine Leistungseinheiten gelten als wirkungsvollste;
- Erfolgserlebnisse, Achtung für den einzelnen, menschliche Urteilskraft werden höher geschätzt als Vorschriften.

Mit dieser Vorgehensweise würde vor allem darauf orientiert, den Mitarbeitern Vertrauen entgegenzubringen, ihre Fähigkeiten zu schätzen und zu entwickeln. Das Ziel bestehe darin, auch aus „durchschnittlichen" Leuten gute oder sogar sehr gute Mitarbeiter zu machen und den Einsatzwillen stärker als Leistungsquelle zu nutzen.

5. Sichtbar gelebtes Wertsystem

Der Grundphilosophie des Unternehmens, dem Leitbild und Wertsystem käme nach Peters und Waterman größere Bedeutung zu als den technologischen und finanziellen Ressourcen. Besondere Beachtung verdiene dabei das Wertsystem, die Entwicklung des Stolzes auf das Unternehmen heute und in Zukunft. Merkmale zur Entwicklung des Wertsystems seien:

— konkrete Beschreibung der Wertsysteme, der wichtigsten Überzeugungen als unerläßliche Erfolgsfaktoren;
— Grundwerte und Überzeugungen, denen besonderes Gewicht in bestgeführten Unternehmen beigemessen werden, seien
  - die Überzeugung, die „Besten“ zu sein,
  - die Überzeugung, daß die Details der Durchführung, das „Handwerkliche“, wichtig sind,
  - die Überzeugung, daß der einzelne zählt,
  - die Überzeugung, daß Qualität und Service Spitzenniveau haben müssen,
  - die Überzeugung, daß die meisten Mitarbeiter innovativ sein sollten und Mißerfolge berechtigt sind,
  - die Überzeugung, daß Zwanglosigkeit die Kommunikation fördert,
  - die ausdrückliche Überzeugung, daß wirtschaftliches Wachstum und Gewinne wichtig sind;
— sichtbares Engagement für das Wertsystem ist unverzichtbar.

Das heißt, die entscheidenden Werte, wie Qualität, Zuverlässigkeit, Kundenpflege durchdrängen alle anderen Aktivitäten und bestimmten die Managementstrategie.

6. Bindung an das angestammte Know-how

„Schuster, bleib bei deinem Leisten“ gelte vielen bestgeführten Unternehmen als Devise. Überragende Leistungen gelängen am ehesten denjenigen, die sich nicht allzuweit von ihrem vertrauten Tätigkeitsgebiet bzw. Know-how entfernten und dieses systematisch ausbauten.

— Diversifikation erfolgt durch Entwicklung besonderer Stärken, speziellen Know-hows;
— kleine Schritte werden zum Ausbau konzentrischer Diversifikation gegangen;
— Stärkung traditioneller bzw. traditionsreicher Produkte sichert überdurchschnittlichen Erfolg;
— „Rückkehr zum angestammten Geschäft“ heißt nicht Verzicht auf Neuerung, sondern Ausbau der stärksten Linie;
— entscheidend für Geschäftsausweitungen sind Qualifikation, Fähigkeiten, praktisches Wissen der Menschen.

Der Grundsatz, in der „eigenen Webart“ zu bleiben, besage also, daß geschäftliche Aktivitäten nur dort vorgenommen werden sollten, wo eigenes Know-how fruchtbar genutzt und erweitert werden kann.

7. Einfacher, flexibler Aufbau

In den exzellent geführten US-Unternehmen seien die grundlegenden Strukturen und Systeme von eleganter Einfachheit. „Kampf der Bürokratie“ gelte als Leitmotiv organisatorischer Änderungen. Die oberste Führungsebene sei knapp besetzt, nicht selten führe eine 100köpfige Zentrale ein Milliarden-Unternehmen. Im einzelnen gelte:

- Prioritäten werden eindeutig gesetzt;
- Matrix-Organisationsformen finden wenig Anwendung und haben sich nicht bewährt (Produkt oder Region haben Vorrang);
- Produktsparten-Strukturen werden bevorzugt, insbesondere:
  - große Eigenständigkeit der Sparten (einschließlich Produktentwicklung, Finanzen, Personalwesen),
  - ständiges Abspalten neuer Sparten wird bewußt gefördert (entgegen den oft geförderten monolithischen Imperien mit einer Vielzahl von Führungsebenen),
  - klare Richtlinien, ab wann eine Produktlinie ein eigener Bereich wird (z. B. ab 20 Mio. Dollar Umsatz),
  - regelmäßiger Austausch von Mitarbeitern und selbst von Produkten zwischen den Sparten;
- Strukturveränderungen der 80er Jahre sollten insbesondere folgenden drei Prinzipien Rechnung tragen:
  - *Mobilität* (Akzentverlagerungen durch regelmäßige Reorganisation, organisatorische Anpassung an neue Strategien, experimentelle Einheiten, Änderungen der Systemschwerpunkte),
  - *Stabilität* (einfache Grundstruktur, prägende Wertvorstellungen, Vereinfachung der Schnittstellen),
  - Unternehmertum (unternehmerische Einheiten, Projektteams und kleinere Gruppen für Problemlösungen, Beurteilungssysteme, die unternehmerisches Handeln und praktische Durchführung bewirken).

Alle Perfektion von Organisationsstrukturen sei danach zu vermeiden und das Berichtswesen auf das Notwendigste zu beschränken bei breiter informeller Kommunikation.

8. Straff-lockere Führung

Die bestgeführten Unternehmen arbeiteten nach dem Motto: „So viel Führung wie nötig, so wenig Kontrolle wie möglich", — wobei überragende Unternehmen sowohl zentralistisch wie dezentralisiert geleitet würden. Zentral würden vor allem Ziele, Wertsysteme und Grundüberzeugungen vermittelt, großer Spielraum würde zur Produktentwicklung und für Unternehmungsgeist gewährt. Die *straff-lockere Führung* werde hierbei als Klammer der ersten sieben Grundsätze verstanden.

„Neu" ist, wie bereits einleitend gezeigt wurde, kaum etwas an diesen acht Erfolgsgrundsätzen, wenn man einmal von der journalistisch ansprechenden Art und Weise der Ergebnisdarstellung absieht. Unübersehbar ist auch, daß viele der hemdsärmelig formulierten Tips kaum wissenschaftlich fundiert sind.

Ohne die vielzitierte Arbeit von Peters und Waterman an dieser Stelle einer weitergehenden umfassenden Kritik zu unterziehen, sei folgendes angemerkt:

1. Bei allem Primat des Handelns werden die in allen kapitalistischen Unternehmen selbstverständlich üblichen Analyse- und Planungstechniken eindeutig unterbewertet. Hierzu entwickelte zahlreiche neue Methoden (Portfoliotechnik, Simulationstechnik, CAD/CAM-Technik usw.) werden praktisch nicht erwähnt, auch nicht die zentrale Rolle der Managerpersönlichkeit selbst.

2. Monopolistisch bedingte Managementmethoden der bestprofitierenden Unternehmen werden nicht behandelt, wie z. B. Absprachen der Kartelle, Trusts, Druck auf Kooperationspartner und die zahlreichen Tricks und Schacherpraktiken.

3. Beim „Freiraum für Unternehmertum" wird die Rolle des Managers, seiner Persönlichkeitseigenschaften und Führungsqualitäten klar unterschätzt, auch die Rolle der *Bankers* wird insgesamt völlig unzureichend behandelt.

4. Die raffinierteren Ausbeutungs- und Manipulationstechniken, die Psycho- und Soziotechniken werden vereinfacht auf Überzeugungspraktiken zurückgeführt. Die tatsächlichen Motivations-, Stimulierungs- und Beteiligungspraktiken, wie Lohn-, Gehalts-, Prämiensystem, Aufstiegswege usw. werden kaum erwähnt.

5. Das Zentralmotiv des Profitmachens, der gnadenlose Konkurrenzkampf und diesbezügliche Praktiken werden ausgeklammert.

6. Die reale Innovationsdynamik und der tatsächlich unabänderliche Strukturwandel werden unterschätzt. Technologische Trendbrüche, wie beim Übergang von Mechanik zu Elektronik, werden nicht genügend analysiert.

7. Die Priorität des Spartenprinzips verdient zweifellos größere Beachtung, darf aber nicht darüber hinwegtäuschen, daß zahlreiche praktische Kooperations- und Koordinierungsfragen komplexer Strukturen und multinationaler Konzerne unzureichend dargestellt sind.

8. An keiner Stelle wird die „stille" Revolution im Management, der Einzug der modernen computergestützten Managementtechniken auch nur erwähnt. „Intelligenz", d. h. Computer vor Ort, *CAD/CAM*-Systeme und hochmoderne Informations- und Kommunikationstechnik verändern, besonders in den letzten Jahren, immer schneller die Managementpraxis.

Insgesamt verdient die Studie über das bevorzugte Management von Peters und Waterman Beachtung, sollte aber nicht überschätzt werden, wie neuere Arbeiten, z. B. eines der Autoren selbst beweisen. Peters und Austin kommen in ihrer 1985 vorgelegten Arbeit „A Passion for Excellenz — The Leadership Difference" zu noch weiter vereinfachten Schlüsselfragen[24]:

1. Ständiges und ungewöhnlich intensives Bemühen um die Kunden durch hervorragenden Service und hervorragende Qualität,
2. ständiges Erneuern und Verbessern (Innovation),
3. *Managing by Wandering Around*, wobei „Wandern" mit Kunden und Käufern Symbol für Bemühungen darstellt, mit den ersten Anzeichen neuer Entwicklungen Schritt zu halten.

[24] Peters, T. J./Austin, N., A Passion for Excellenz. The Leadership Difference, New York 1985.

Betont wird dabei, daß dem *Coaching*, der *Face-to-face-Führung* allergrößte Bedeutung zukommt. Jeder Manager müsse die Grundwerte des Unternehmens persönlich und sichtbar täglich vorleben, zuhören können, vertrauen, die Kompetenz der Mitarbeiter anerkennen und stärken.

Das praktizierte Management erfolgreicher britischer Unternehmen stellen Clutterbuck und Goldsmith in ihrem Buch „The Winning Streak" heraus.[25]

Nach dem Vorbild von Peters und Watermann wurden 23 „exzellente" britische Unternehmen untersucht, mit dem Ergebnis, daß folgenden Erkenntnissen besondere Beachtung zukommt.

Obwohl die Führungsstile in den 23 Unternehmen beträchtlich differieren, wurden 3 Elemente als besonders wichtig erkannt[26]:

1. *Sichtbares Management*

Die Unternehmensspitze isoliert sich nicht von den Tagesgeschäften, sondern sucht den unmittelbaren Kontakt zu den Mitarbeitern. Auch ohne das *Management by Wandering Around* halten die Chefs zu ihren wichtigsten Mitarbeitern engen Kontakt.

2. *Klare Unternehmensphilosophie*

Im Gegensatz zu vielen durchschnittlichen Unternehmen, in denen tiefe Verwirrung über die langfristigen Pläne des Spitzenmanagements herrscht, sind die nachgeordneten Führungskräfte in „exzellenten" Firmen davon überzeugt, daß die Unternehmensleitung weiß, was sie will und warum sie es will.

3. *Präzise Zielvorgaben*

Erfolgreiche Führung setzt voraus, daß auch mittlere und Nachwuchsmanager klare Zielvorgaben sowie die nötigen Ressourcen und Kompetenzen bekommen.

In den übrigen Punkten zeigen sich deutliche Parallelen zu den von Peters und Waterman erkannten Vorgehensweisen.

Sie unterstreichen, daß man sich von vielen hochtönenden und hochstilisierten Managementtechniken nicht blenden lassen sollte, sondern daß die Position der meisten kapitalistischen Firmen im Konkurrenzkampf nach wie vor primär davon abhängt, wie *erstens* die menschlichen Ressourcen im kapitalistischen Reproduktionsprozeß eingesetzt und ausgenutzt werden, *zweitens* die Innovationskraft und damit der wissenschaftlich-technische Fortschritt in den Dienst der Kapitalverwertung gestellt wird und *drittens* die klassischen aber vor allem auch die modernen Organisations- und Rationalisierungswege unter aktiver Anwendung der Computer- und Kommunikationstechnik beschritten werden.

In den folgenden Kapiteln werden hierfür ausgewählte Managementtechniken näher analysiert.

[25] Goldsmith, W./Clutterbuck, D., The Winning Streak, London 1984.

[26] Heismann, G., Eine Frage des Stils, in: Manager Magazin (Hamburg), 9/1985, S. 203.

Verbreitung und Anwendungsgrad von Managementtechniken

Zu den wohl umstrittensten Fragen der Managementtheorie und -praxis zählt das Problem der Verbreitung und des Anwendungsgrades traditioneller wie fortgeschrittener Managementtechniken. Das Fehlen relativ exakter quantitativer Maßstäbe zur realen Verbreitung und zum tatsächlichen Anwendungsgrad von Leitungsmethoden wirkt nachteilig für die Bestimmung der treffendsten Schwerpunkte zur Weiterentwicklung bestehender Leitungsmethoden. Hier liegt eine nicht unmaßgebliche Ursache für die häufig im internationalen Maßstab nach wie vor beklagte Lücke zwischen einer „praxisfeindlichen" Leitungstheorie und „theoriefeindlichen" Leitungspraxis.

Die Anstrengungen des Kapitals, exakteren Einblick in das tatsächliche Niveau der praktizierten Managementmethoden zu erreichen, entspringt so gesehen naturgemäß auch wiederum nur dem Verwertungsinteresse, einschließlich einer häufig geforderten Effektivitätserhöhung der Aus- und Weiterbildung von Führungskräften.

Aus einer großangelegten Befragung von 1080 Personen, darunter 110 Top-Manager und 124 Personalchefs der laut *Fortune*-Liste 500 größten US-Firmen,

Tabelle 2.1.
Sind folgende Kenntnisse wichtig in MBA
(Master of Business Administration) — Lehrprogrammen?

	Unternehmen			Business Schools	
	Top-Manager	Personal-Manager	1978 MBA-Absolventen	Lehrkörper	Dekane
	(Bejahung in % der Befragten)				
Rechnungsführung	92	90	96	98	100
Finanzen	97	94	98	100	100
Marketing	84	89	89	96	100
Management	88	87	81	79	90
Geschäftspolitik	80	78	81	89	85
Strategische Planung	86	88	88	80	91
Ökonomie	80	84	94	94	99
Quantitative Analyse	82	79	80	92	95
Psychologie	24	25	32	24	36
Unternehmertum	49	42	45	32	44
Internationales Geschäft	53	40	45	64	74
Ethik	79	73	59	62	77

Quelle:
Jenkins, R. L./Reizenstein, R. C./Rogers, F. G., Probing Opinions. Report Cards on the MBA, in: Havard Business Review (Boston), 5/1984, S. 25.

450 MBA-Absolventen von Business-Schools sowie 93 Dekanen und 302 Mitgliedern des Lehrkörpers von Universitäten und Hochschulen, die Manager ausbilden, läßt sich ableiten, welchen Techniken und Fähigkeiten einerseits besondere Bedeutung zugemessen wird (vgl. Tabelle 2.1.) und wie andererseits die realen Fähigkeiten auf den betreffenden Gebieten eingeschätzt werden (vgl. Tabelle 2.2.).

Tabelle 2.2.
Sind Sie zufrieden mit den Fähigkeiten und Attributen von MBA's?

	Unternehmen			Business Schools	
	Top-Manager	Personal-Manager	1978 MBA-Absolventen	Lehrkörper	Dekane
	(Angaben in %)				
Administrative Fähigkeiten	32	35	29	27	25
Mündliche Kommunikation	48	56	44	29	25
Schriftliche Kommunikation	47	40	37	20	9
Haltung und Reife	67	58	50	52	54
Interpersonelle Fähigkeiten	28	37	38	47	46
Manageriale Fähigkeiten	43	21	29	33	39
Konzeptionelle Fähigkeiten	68	67	65	46	51
Gut entwickelte Arbeitsethik	65	45	44	46	53
Analytische Fähigkeit	87	85	75	62	76
Hohes Niveau der Initiative	75	74	72	51	67
Führungsfähigkeit	36	47	46	37	50
Spezifisches funktionelles Wissen	76	85	74	76	87
Kurzfristige operative Entscheidungsfähigkeit	41	45	41	51	63
Strategische Planungsfähigkeit	46	48	43	26	28

Quelle:
Jenkins, R. L. et al., Probing Opinions. Report Cards on the MBA, in: Havard Business Review (Boston), 5/1984, S. 26.

Zu den am dringendsten weiterzuentwickelnden Fähigkeiten im Management zählen nach Einschätzungen einer Abteilung der American Management Association auf den drei Ebenen

— Top-Management (Spitzenmanagement mit Geschäftsbefugnissen),
— Middle-Management (Betriebs-, Abteilungs-, Gruppenleiter),
— Lower Management (Meister)

folgende Schwerpunkte: (vgl. Tabelle 2.3.)

Schon vor über zehn Jahren stellte die Management-Beratungsfirma Kienbaum in der BRD fest, daß für erfolgreiche Unternehmen typisch ist, „... daß ihre Überlegenheit immer auf einer überragenden Unternehmenskonzeption beruht, d. h., sie weisen bessere Produkt-Markt-Konzeptionen auf, verfügen über eine schlagkräftige Organisations- und Führungsstruktur, das Planungs- und Informationssystem ist aktuell, zukunftsorientiert und aussagekräftig und die Befähigung sowie Motivation der Mitarbeiter sind größer als in weniger gut geführten Unternehmen."[27]

Diese Einsicht findet ihren Niederschlag in wachsenden Anstrengungen der Konzerne, ihre Managementmethoden den veränderten inneren und äußeren Bedingungen im Zeichen der allgemeinen und zyklischen Krise und dadurch bedingten prinzipiellen Verschlechterungen der Verwertungsbedingungen des Kapitals anzupassen. Aus einer umfangreichen empirischen Studie zum Entwicklungsstand von Planungs- und Kontrollsystemen in der westdeutschen Industrie, die schon 1975 von A. Töpfer veröffentlicht wurde,[28] ist eine Reihe verallgemeinerungswürdiger Erkenntnisse zur Verbreitung und zum Anwendungsgrad ausgewählter Managementmethoden abzuleiten. Zugleich demonstriert die Arbeit Töpfers, wie umfangreich derartige empirische Untersuchungen unter kapitalistischen Verhältnissen angelegt sein müssen, um eine repräsentative Rückantwort zu erhalten.

So wurden 1527 Unternehmungen angeschrieben, von denen 355 auswertbare Fragebogen im Rücklauf eintrafen (23,25 Prozent), was von Töpfer angesichts der Anzahl und Schwierigkeit der Fragen noch als befriedigend gewertet wird. Bei 1284 Unternehmen mit über 1000 Beschäftigten wurden 283 Rückläufe erreicht (22,04 Prozent), weshalb die Untersuchungen vor allem für diese Gruppe als repräsentativ anzusehen sind.

Ohne im einzelnen detailliert auf die Analysen hinsichtlich der Aufbauprinzipien der Planungs- und Kontrollmethoden, der Reichweite konkret zugrundeliegender Pläne, ihrer Detailliertheit bzw. des Aggregationsgrades, ihre vertikale und horizontale Abstimmung sowie den Rhythmus der zeitlichen Fortschreibung, das Niveau der Pläne hinsichtlich von Plan-Ist-Abweichungen, den jeweiligen Pla-

[27] Vgl. Kienbaum, G., (Hrsg.), Strategische Unternehmensführung, Bd. 1, München 1976, S. 129.
[28] Töpfer, A., Zum Entwicklungsstand von Planungs- und Kontrollsystemen in der deutschen Industrie. Ergebnisse einer empirischen Untersuchung, in: Wild, J. (Hrsg.), Unternehmensplanung, Reinbek bei Hamburg 1975, S. 169.

Tabelle 2.3.
Häufigste Entwicklungserfordernisse auf 3 Managementebenen

Nr.	Spitzenniveau (Top-Manager)	Nr.	Middle-Management	Nr.	Lower-Management
1.	Zeitmanagement und Teambildung	1.	Bewertung und Einschätzung der Beschäftigten	1.	Motivation anderer
3.	Organisation und Planung, Bewertung und Einschätzung der Beschäftigten	2.	Motivation anderer	2.	Bewertung und Einschätzung anderer
5.	Zurechtkommen mit Streß und Verständnis menschlichen Verhaltens	3.	Ziele und Prioritäten setzen	3.	Führungsfähigkeit
7.	Selbstanalyse und Motivation anderer	4.	Mündliche Kommunikation	4.	Mündliche Kommunikation
9.	Finanzmanagement und Budgetierung	5.	Organisation und Planung	5.	Verständnis menschlichen Verhaltens
11.	Ziele setzen und Prioritäten Durchführung effektiver Versammlungen	6.	Verständnis menschlichen Verhaltens	6.	Entwicklung und Training Unterstellter
13.	Mündliche Kommunikation	7.	Schriftliche Kommunikation und Zeitmanagement	7.	Rolle des Managers Ziele setzen u. Prioritäten Schriftliche Kommunikation
14.	Arbeits-, Management-Beziehungen	9.	Teambildung	10.	Disziplin
15.	Entscheidungen treffen, Strategieentwicklung	10.	Führung Entscheidungen treffen Durchführen effektiver Versammlungen Delegation	11.	Organisation und Planung Zeitmanagement Beratung und Trainieren
			Entwicklung und Training Unterstellter	14.	Auswahl Beschäftigter
		15.	Auswahl Beschäftigter	15.	Entscheidungsfällen

Quelle:
Digman, L. A., Management Development: Needs and Practices, in: Personnel Journal (Santa Monica), July 1980, S. 56.

nungs- und Kontrollgegenstand, die Planungsträger, Informationsbeziehungen usw. einzugehen, sind für vier wichtige Planungs- und Kontrollmethodengruppen eine Reihe interessanter und relativ gut vergleichbarer quantitativer Angaben bezüglich der Verbreitung und des Anwendungsgrades ermittelt worden. Das bezieht sich insbesondere auf analytische Instrumentarien, heuristische Methoden, Prognoseverfahren sowie Bewertungs- und Entscheidungsmethoden.

Die Untersuchungen Töpfers zeigen, daß am häufigsten analytische Instrumentarien in den Unternehmen angewendet werden, wobei zumindest eine der folgenden Methoden in 97,2 Prozent aller befragten Unternehmungen verwendet wird (vgl. Tabelle 2.4.).

Tabelle 2.4.
Anwendungsgrad analytischer Methoden in 355 repräsentativen Unternehmen der BRD-Industrie

Analysenmethoden	Anzahl der verwendenden Unternehmen	Prozent zur Gesamtzahl
Systemanalyse	111	31,3
Scenario-Writing	6	1,7
Stichprobenerhebungen	104	29,3
externe Erhebungen	72	20,3
interne Erhebungen	85	23,9
Kennzahlen insgesamt	303	85,4
Kennzahlen für		
Cash Flow	245	69,0
Kapitaldeckung	215	60,6
Liquidität	253	71,3
Rentabilität (wie z. B. Return on Investment)	248	69,9
Umschlagshäufigkeit	221	62,3
Budgetierung	287	80,8
Kostenrechnung, darunter	333	93,8
Istkostenrechnung	271	76,3
auf Teilkostenbasis	159	44,8
auf Vollkostenbasis	231	65,1
Plankostenrechnung	251	70,7
auf Teilkostenbasis	169	47,6
auf Vollkostenbasis	186	52,3
Wertanalyse	156	43,9
Netzplantechnik	178	50,1
Checklisten	140	39,4

Quelle:
Töpfer, A., Zum Entwicklungsstand von Planungs- und Kontrollsystemen in der deutschen Industrie, Ergebnisse einer empirischen Untersuchung, in: Wild, J. (Hrsg.), Unternehmensplanung, Reinbek bei Hamburg 1975, S. 184/185.

Tabelle 2.5.
Hauptcharakteristiken der langfristigen Planung in drei kapitalistischen Ländern

	Großbritannien	BRD	Frankreich
wird praktiziert	oft	mittel	selten
Charakter	strategisch	auf die Durchführung abgestellt	Prognose
Schwerpunkte	neue Produkte/Märkte, qualitative Veränderungen	Quantifizierung	Extrapollation
Verbindung zur kurzfristigen Planung	Finanzbudget	Handlungsprogramme und Budgets	Budgets
Organisation	Gesonderte Planungsabteilung	Planungs- und „Kontroll"-Abteilung sind identisch	

Quelle:
Management-Lexikon, hg von F. Neske und M. Wiener, Bd. 2, Gernsbach 1985, S. 760.

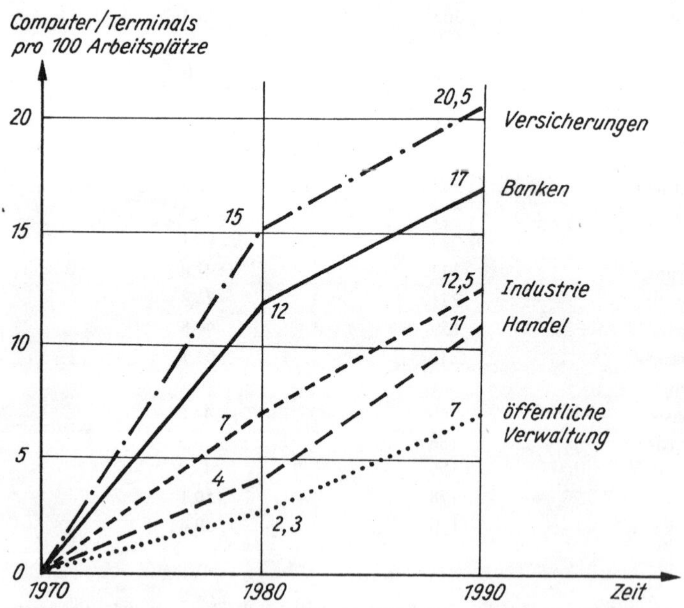

Abb. 2.1.
Computerunterstützung am Arbeitsplatz in der BRD

Hervorzuheben sind insbesondere die große Verbreitung von Kostenrechnungsmethoden, Budgetierungsmethoden sowie verschiedenartigen Kennzahlenanalysen, wie aus Tabelle 2.4 hervorgeht. In der Bevorzugung gerade dieser Analysenmethoden widerspiegelt sich deutlich die entscheidende Rolle der Finanzstrategie kapitalistischer Konzerne als Grundlage und Ausgangspunkt für alle weiteren strategischen Aktivitäten, angefangen von der Forschungs- und Entwicklungs- und Markteroberungsstrategie bis hin zur Investitionsplanung, Preispolitik usw. Zugleich wird dadurch demonstriert, daß auch über die Analyse der angewandten Managementtechniken das zutiefst profitorientierte, auf die Verfügungsgewalt über Kapital orientierte Wesen einer auf Privateigentum beruhenden Wirtschafts- und Gesellschaftsordnung sowie dementsprechender Leitungspraxis entlarvt werden kann.

Welche Hauptcharakteristika in der langfristigen Planungstechnik für drei vergleichbare Länder wie Großbritannien, die BRD und Frankreich typisch sind, kann Tabelle 2.5. entnommen werden.

Analysen der Verbreitung und Anwendung von Managementmethoden zeigen auch, wie fortgeschrittene Techniken, Instrumentarien und Methoden in den Unternehmen wirklich angewendet werden. Von besonderem Interesse ist dabei gegenwärtig der Computereinsatz am Arbeitsplatz. Nach Einschätzung des BRD-Industriemagazins liegen hier noch große Reserven (vgl. Abb. 2.1. und Tabelle 2.6.).

Tabelle 2.6.
Anwendung professioneller Mikrocomputer in Unternehmen

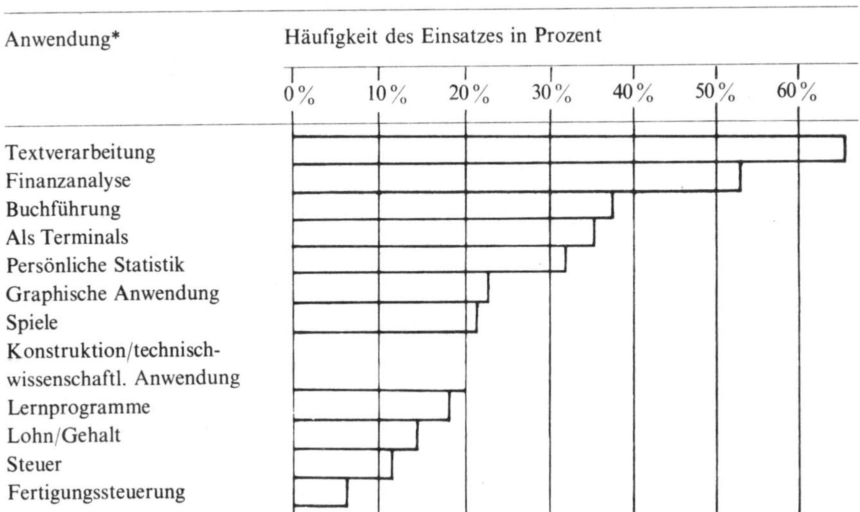

* Nach einer Basiserhebung in den USA (Prozentwerte in Europa ähnlich).

Quelle:
Industriemagazin (München), 6/1984, S. 78.

Nimmt man als einen Indikator für den objektiv veränderten Einsatz von Managementtechniken das prognostizierte Wachstum der Büroautomatisierung, so ergeben sich die in Tabelle 2.7. dargestellten Trends.

Sie dürfen in ihrer Zuverlässigkeit allerdings nicht überbewertet werden, da sich bereits seit längerer Zeit erhebliche Schwankungen in den Einschätzungen über die Verbreitung und Anwendung neuer Techniken, wie zum Beispiel für das

Tabelle 2.7.
Entwicklung der „Office-Automation" in Westeuropa anhand ausgewählter technischer Systeme

Textverarbeitungs-Systeme (in 1000 Stück)					
Land	1985	1986	1987	1988	1989
Frankreich	31	35	40	47	52
BRD	46	54	67	84	90
Italien	28	34	39	50	56
Großbritannien	48	60	70	80	90
Fernkopierer (in Stück)					
Land	1985	1986	1987	1988	1989
Frankreich	10100	11700	12200	12400	13100
BRD	11200	13300	14500	16000	18000
Italien	6400	7400	8100	9000	11100
Großbritannien	9100	9800	10700	12000	14000
Büro-PCs (in 1000 Stück)					
Land	1985	1986	1987	1988	1989
Frankreich	150	180	200	240	260
BRD	200	260	320	400	500
Italien	90	105	125	150	180
Großbritannien	240	300	400	550	600
Lokale Netzwerke (in Mio US-Dollar)					
Land	1985	1986	1987	1988	1989
Frankreich	60	75	90	110	120
BRD	130	170	200	250	280
Italien	33	40	46	60	70
Großbritannien	160	190	220	260	275

Quelle:
Industrielle Organisation (Zürich), 6/1985, S. 14.

Computer Aided Design (CAD) u. a. Techniken der computergestützten Arbeitsweise nachweisen lassen (vgl. Tabellen 2.8., 2.9. und 2.10.).

Obwohl mit weiterhin hohem Tempo der Entwicklung auf diesem Gebiet zu rechnen ist, gibt es bisher sehr wenig komplette integrative Lösungen und wäre es falsch, die allgemeinen Managementaufgaben unterzubewerten. Die Analyse der Tätigkeiten, mit denen Top-Manager der BRD-Unternehmen sich stark befassen, bestätigt das (vgl. Tabelle 2.11.). Andererseits sollte mit Hinblick auf die

Tabelle 2.8.
Schätzungen der CAD-Entwicklung

Frage (verkürzt)	Schätzungen der Beantworter	
	Bereich der Angaben	Mittelwert
1. Wieviel Firmen Ihres Landes setzen CAD ein?	0,5 ... 50%	13%
2. Wieviele dieser Firmen nutzen CAD, um die Konstruktion mit Blick auf eine wirtschaftliche Fertigung zu gestalten?	0,5 ... 5%	3%
3. Um wieviel wurde die Produktivität in der Konstruktion durch CAD erhöht?	20 ... 300%	110%
4. Welche jährliche Wachstumsrate beim Einsatz von CAD erwarten Sie in den nächsten zehn Jahren?	2 ... 30%	14%

Quelle:
Waller, S.: Die automatische Fabrik, in: VDI-Zeitschrift (Düsseldorf), 20/1983, S. 832.

Tabelle 2.9.
Schätzungen rechnerunterstützter Arbeitsvorbereitung

Frage (verkürzt)	Schätzungen der Beantworter	
	Bereich der Angaben	Mittelwert
1. Wieviel Firmen Ihres Landes setzen CAPPP ein?	2 ... 60%	14%
2. Wieviel der im Einsatz befindlichen Systeme arbeiten selbsttätig generativ (im Gegensatz zu interaktiv)?	2 ... 90%	38%
3. Um wieviel wurde die Produktivität in der Arbeitsvorbereitung durch Einsatz von CAPPP erhöht?	20 ... 100%	48%
4. Welche jährliche Wachstumsrate beim Einsatz von CAPPP erwarten Sie in den nächsten zehn Jahren?	3 ... 30%	15%

Quelle:
Ebenda (siehe Tab. 2.8.).

Tabelle 2.10.
Schätzungen rechnerunterstützter Fertigungsplanung und Fertigungssteuerung

Frage (verkürzt)	Schätzungen der Beantworter	
	Bereich der Angaben	Mittelwert
1. Wieviele Firmen Ihres Landes setzen CAPSC ein?	0 ... 70%	23%
2. Wieviele der im Einsatz befindlichen Systeme arbeiten selbsttätig generativ (im Gegensatz zu interaktiv)?	0 ... 90%	32%
3. Wieviele Firmen nutzen CAPSC bereits auch für die Fertigungssteuerung?	2 ... 30%	9%
4. Um wieviel wurde die Produktivität in der Fertigungsplanung und -steuerung durch CAPSC erhöht?	10 ... 30%	22%
5. Welche jährliche Wachstumsrate beim Einsatz von CAPSC erwarten Sie in den nächsten zehn Jahren?	2 ... 30%	13%

Quelle:
Ebenda (siehe Tab. 2.8.).

Zukunft bereits jetzt auch keinesfalls unterschätzt werden, daß immerhin 80 Prozent der befragten 3300 Vorstandsmitglieder und Geschäftsführer angaben, ihre eigene Tätigkeit habe sich durch den Computereinsatz verändert.[29] Überwiegend wurden dabei positive Veränderungen ausgewiesen, wie etwa Verbesserungen der Entscheidungsvorbereitung, Entlastung von Routinearbeiten und Hinwendung zu neuen Problemlösungen. Gerade für kreative Arbeiten hat die Anwendung moderner Techniken besondere Bedeutung.

In der bereits erwähnten Analyse von A. Töpfer wandten nur 56,2 Prozent der befragten Unternehmen Kreatitivitätstechniken an (vgl. Tabelle 2.12).

Bürgerliche Theoretiker schätzen angesichts dieser Ergebnisse ein: „Die heuristischen Instrumente oder Kreativitätstechniken besitzen bisher die geringste Verbreitung, obwohl gerade sie — unabhängig von der Unternehmensgröße — für die Planung der zukünftigen Unternehmensentwicklung, z. B. bei einer Diversifikation, von zunehmender Bedeutung sind."[30]

[29] Vgl. Streicher, H., Die Angst des Vorstands vor dem Computer, in: Office Management (Baden-Baden), 11/1984, S. 1076.

[30] Töpfer, A., Zum Entwicklungsstand von Planungs- und Kontrollsystemen in der deutschen Industrie, a. a. O., S. 185; vgl. Dennis, Ph. J., Tendenzen der Managementausbildung in Europa, in: Entwicklungstendenzen des Managements in Europa, hg. von W. Schürer und U. Schneider, Bern—Stuttgart 1971, S. 35ff. (Schriftenreihe: Führung und Organisation der Unternehmung, Bd. 11).

Tabelle 2.11.
Tätigkeiten, mit denen Top-Manager von BRD-Unternehmen stark beschäftigt sind

Allgemeines Management	79,1%
Absatz/Verkauf	44,7%
Marketing/Marktforschung	32,3%
Finanzwesen	31,1%
Personalwesen	27,0%
Controlling	26,3%
PR/Werbung	20,5%
Forschung/Entwicklung	20,5%
Produktion/Fertigung	19,7%
Rechtliche Fragen	15,7%
Einkauf	12,6%
Material- und Anlagenwirtschaft	10,3%
EDV/Organisation	10,3%
Steuerwesen	10,2%
Konstruktion	9,0%

Quelle:
Streicher, H., Die Angst des Vorstands vor dem Computer. in: Office Management (Baden-Baden), 11/1984, S. 1074.

Tabelle 2.12.
Anwendungsgrad heuristischer Methoden in 353 Unternehmen der BRD-Industrie

Kreativitätstechniken	Anzahl der anwendenden Unternehmen	Prozent zur Gesamtzahl
Intuitiv-kreative Techniken	165	46,5
Brainstorming	137	38,6
Methode 635	10	2,8
Synektik	72	20,3
Logisch-systematische Techniken	79	22,3
morphologische Methode	10	2,8
Funktionsanalyse	74	20,8

Quelle:
Nach A. Töpfer, Zum Entwicklungsstand von Planungs- und Kontrollsystemen in der deutschen Industrie, a. a. O., S. 185. (Die Techniken werden im einzelnen im IV. Kapitel erläutert.)

Zweifellos zeigt sich anhand dieser Ergebnisse eine international allgemein nachweisbare Tendenz der zögernden Durchsetzung neuer Methoden in der Leitungspraxis und wird die Bevorzugung relativ einfacher Methoden, wie beispielsweise des sogenannten „Brainstormings" nachweisbar. Diese Einschätzung wird prinzipiell auch durch den Anwendungsgrad anspruchsvollerer Prognosemethoden in der kapitalistischen Wirtschaft unterstrichen (vgl. Tabelle 2.13.).

Die eindeutige Bevorzugung objektiv statistischer Techniken, von denen mindestens eine der genannten in 255 Unternehmen (71,8 Prozent) angewandt werden, beweist, daß realen Kalkülen mit möglichst geringem Anteil subjektiver Schätzungen der Vorzug gegeben wird. Gleichzeitig wird jedoch wiederum eindeutig erkennbar, daß auch hier die einfacheren und unkompliziert anwendbaren Verfahren, wie Trendextrapolationen, Berechnung gleitender Durchschnitte und historische Analogieschlüsse, dominieren.

Analoge Ergebnisse liefert auch die Analyse von Bewertungs- und Entscheidungsmethoden, wie aus Tabelle 2.14. ersichtlich ist. Insgesamt wird mindestens eine der hier genannten Methoden in 311 Unternehmen (87,6 Prozent) angewendet, womit die Bewertungs- und Entscheidungsmethoden hinter den Analysemethoden den zweiten Platz unter den hier analysierten Planungs- und Kontrollmethoden

Tabelle 2.13.
Anwendungsgrad von Prognosemethoden in 353 Unternehmen der BRD-Industrie

Prognosemethoden	Anzahl der anwendenden Unternehmen	Prozent zur Gesamtzahl
Subjektiv-intuitive Techniken	15	4,2
Delphi-Methode	15	4,2
Objektiv-statistische Techniken	255	71,8
gleitende Durchschnitte	126	35,5
Trendextrapolation	135	38,0
Wachstumsfunktion	22	6,2
Life-Cycle-Analyse	39	11,0
Gap Projection	35	9,9
Historische Analogie	123	34,6
Querschnittsanalyse	12	3,4
Indikationsmethode	11	3,1
Regressionsanalyse	60	16,9
Ökonometrisches Modell	8	2,3
Verweilzeitverteilungen	10	2,8
Input-Output-Analyse	56	15,8
Simulationsmodell	31	8,7
Monte Carlo	5	1,4
für Teilbereiche	29	8,2
für Gesamtunternehmung	7	2,0

Quelle:
Nach A. Töpfer, Zum Entwicklungsstand von Planungs- und Kontrollsystemen in der deutschen Industrie, a. a. O., S. 185/186.

Tabelle 2.14.
Anwendungsgrad von Bewertungs- und Entscheidungsmethoden in 353 Unternehmen der BRD-Industrie

Bewertungs- und Entscheidungsmethoden	Anzahl der anwendenden Betriebe	Prozent zur Gesamtzahl
Kompatibilitätsmatrix	2	0,6
Produktstatusanalyse	43	12,1
Produktbewertungsprofil	30	8,5
Relevanzbaum	6	1,7
Kosten-Nutzen-Analyse	134	37,7
Break-Even-Analyse	213	60,0
Investitionsrechnung	270	76,1
statische	149	42,0
dynamische	165	46,5
simultane	25	7,0
Nutzwertanalyse	32	9,0
Risikoanalyse	73	20,6
Entscheidungsbaum	23	6,5
Entscheidungskriterien	86	24,2
Mathematische Entscheidungsmodelle	34	9,6
Mathematische Programmierung	63	17,9
lineare	56	15,8
nichtlineare	6	1,7
dynamische	13	3,7
parametrische	8	2,3

Quelle:
Nach A. Töpfer, Zum Entwicklungsstand von Planungs- und Kontrollsystemen in der deutschen Industrie, a. a. O., S. 186.

insgesamt einnehmen, gefolgt von den Prognosemethoden und den Kreativitätstechniken.

Ohne im einzelnen weiter auf diese Ergebnisse einzugehen, wird der prinzipielle Trend hinsichtlich der Verbreitung und Anwendung fortgeschrittener Managementmethoden bestätigt.

Zugleich wird erkennbar, daß eine zu starke Konzentration der weiteren Analyse auf mathematisch-statistische Managementmethoden dem realen, praktisch benutzten Instrumentarium in kapitalistischen Konzernen nicht adäquat ist, was nicht so verstanden werden darf, als besäßen die bisher in kapitalistischen Unternehmen verwendeten Instrumentarien gerade in dieser Richtung nicht noch bedeutende Entwicklungspotenzen. Vielmehr gewinnen diese zweifellos an Bedeutung und müssen gesondert analysiert werden.

Daher gebührt derartigen empirischen Analysen auch ein wichtiger Platz bei der Erkenntnis von Schwerpunkten der Verbesserung der Leitungsorganisation, indem nicht allein betriebsbezogene, sondern auch bereichsspezifische Untersuchungen des Anwendungsgrades vorgenommen werden. Auf diese Weise sind typische Barrieren für die praktische Durchsetzung neuer Leitungsmethoden leichter zu erkennen und ist die typische „Einlaufkurve" der Anwendung und Verbreitung neuer Methoden, wie in Abbildung 2.2. dargestellt, planmäßiger zu gestalten.

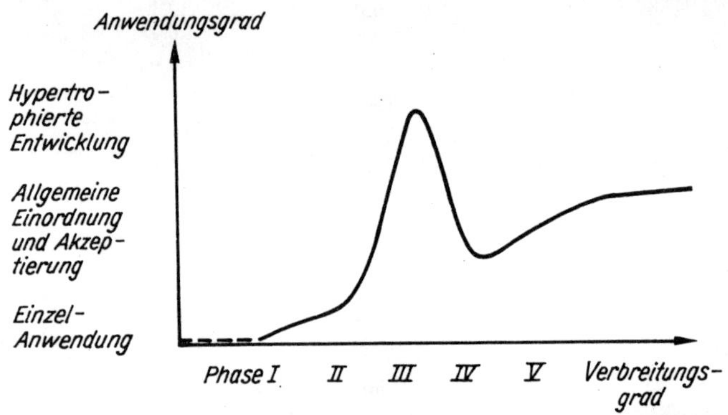

Phase I: Theoretische Begründung und Erforschung neuer Leitungsmethoden

Phase II: Vereinzelte empirische Tests neuer Methoden und erste Verallgemeinerungsversuche

Phase III: Euphorische Bewertung neuer Leitungsmethoden und hypertrophierte Erwartungen hinsichtlich des Nutzeffekts

Phase IV: Ernüchterung und allgemeine Enttäuschung über real erreichte Fortschritte in der Bewältigung praktischer Leitungsprobleme

Phase V: Allgemeine Einordnung und Akzepticrung der Möglichkeiten und Grenzen der neuen Leitungsmethoden

Abb. 2.2.
Typische Einlaufkurve des Anwendungs- und Verbreitungsgrades fortgeschrittener Managementtechniken

Natürlich sind derartige Verläufe nicht für alle Managementmethoden gleichermaßen typisch, sondern Ausprägungen der einen oder anderen Phase über relativ lange Zeit durchaus möglich. In der Regel treten aber alle fünf Phasen nachweisbar auf, wie anhand der praktischen Realitäten bei der Verbreitung der Operationsforschung der Systemanalyse aller Heuristikmethoden usw. leicht nachgewiesen werden kann.

Vertiefende Literaturhinweise zum zweiten Kapitel

Argenti, J., Führungsaufgabe. Auswahl und Einführung von Managementtechniken, München 1972.

Arthur D. Little International (Hrsg.), Management im Zeitalter der strategischen Führung, Wiesbaden 1985.

Bauquet, G./Krüger, S., Unternehmensführung. Modelle — Strategien — Techniken, Opladen 1976.

Betriebsleiter-Handbuch, hg. von P. Volk, 4., neubearb. Aufl., München 1974.

Buth, W., Unternehmensführung. Managementkonzepte und Entscheidungslehre, Stuttgart 1977.

Buzuev, A. V., Meždunarodnye monopolii, novoe v bor'be za rynki, Moskva 1982.

Carlson, D., Modern Management. Principles and Practices, Paris 1962 (OECD Publications).

Dale, E., Management. Theorie und Praxis der modernen Unternehmensführung, Düsseldorf—Wien 1972.

Degelmann, A., Organisationsleiter-Handbuch. 2., überarb. und erw. Aufl., München 1972.

Demmer, K. H., Die neuen Managementtechniken. Was jeder Unternehmer von der neuen Technik wissen sollte, Landsberg am Lech 1981.

Dichter, E., So führen Manager ihr Unternehmen zu Spitzenleistungen. Auf der Suche nach den Erfolgsfaktoren der Führung, Landsberg am Lech 1984.

Directors guide to management techniques. With glossary of management terms, 2nd ed., London 1972.

Drucker, P. F., Management: Tasks, Responsibilities, Practices, New York 1974.

Drucker, P. F., Neue Management-Praxis, Bd. 1: Aufgaben, Bd. 2: Methoden, Düsseldorf—Wien 1974.

Encyclopedia of management, ed. by C. Heyel. 2nd ed. New York usw. 1973.

Encyclopedia of professional management, ed. by Robert Bittel, New York 1978.

Glueck, W. F., Management, 2nd ed., Hinsdaler (Ill.) 1980.

Goldsmith, W./Clutterbuck, D., The Winning Streak: Britain's top companies reveal their formulas for success, London 1984.

Golosov, V. V., Mirovaja set' finansovoj ekspluatacii, Moskva 1984.

Gosudarstvenno-monopolističeskij kapitalizm i razmeščenie proizvoditel'nych sil, otv. red. N. N. Nekrasov i V. P. Možin, Moskva 1984.

Gvišiani, D. M., Management. Eine kritische Analyse bürgerlicher Theorien von Organisation und Leitung, Berlin 1974.

Häusler, J., Führungssysteme und -modelle, Köln 1977.

Handbook of management, Marmondsworth 1978.

Handbuch des Konzern-Management, München 1972.

Handbuch für Manager, Bd. 1 und 2, Berlin(West) 1971.

Handlexikon der modernen Managementpraxis, hg. von H. Eckhardt, München 1971.

Handwörterbuch der Wirtschaftswissenschaft, hg. von W. Albers, 10 Bde., Stuttgart—New York 1977—1983.

Hanika, F. de P., Modernes Managementdenken, Wiesbaden 1969.

Hodgetts, R. M., Management: Theory, Process and Practice, 3rd ed., Hinsdale (Ill.) 1981.

Hodgetts, R. M., Introduction to Business, 3rd ed., Reading (Mass.) 1984.

Hodgetts, R. M., Management, Orlando (Flor.) 1985.

Japan and the United States. Economic and polit. adversaries, ed. by Leon Hollermann, Boulder (Colo.) 1980, (Westview special studies in international economics and business).

Jarsen, D./Klingelhoeller, W./Schoenduve, E., Manager und Methoden: dargestellt am Beispiel der Pharma-Industrie, 2. Bd., Aulendorf 1981.

Joa, W. F., 4.500 Management-Checkpoints zur Steuerung, Sicherung und Weiterentwicklung Ihres Unternehmens, München 1978.

Kienbaum, G., (Hrsg.), Strategische Unternehmensführung, 8 Bde., München 1975.

Koontz, H./O'Donell, C./Weihrich, H., Management, 7th ed., New York 1980.

Korndörfer, W., Unternehmensführungslehre. Lehrbuch der Unternehmensführung, 2., überarb. Aufl., Wiesbaden 1979.

Krizis gosudarstvenno-monopolitičeskoge regulirovanija v razvitych kapitalističeskich stranach, Moskva 1982 (referat. sbornik, Akad. Nauk SSSR, Institut Nauč. Informacii po Obščestv. Naukam, Serija Sovremennyj etap obščego krizisa kapitalizma).

Lessing, R./Schwetlick, W., Unternehmensleitung, München 1976 (Strategische Unternehmensführung, 1).

Lexikon der Unternehmensführung. Zielsetzen, Planen, Entscheiden, Realisieren, Kontrollieren, Ludwigshafen 1973.

Likert, R., Neue Ansätze der Unternehmensführung, Bern—Stuttgart 1972.

Mal'kevic, V. L., Ost-West: ökonomische Zusammenarbeit, Technologieaustausch, Moskau 1982 (Probleme der modernen Welt, 39).

Management, Aufgaben und Instrumente, hg. von E. Grochla, Düsseldorf—Wien 1974.

Management-Enzyklopädie, 10 Bde., München 1975.

Management-Enzyklopädie. Das Management—Wissen unserer Zeit in 6 Bänden, München 1969—1973.

Management-Lexikon, hg. von Neske, F. und Wiener, M., Bd. 1—4, Gernsbach 1985.

Martyn, J., Multinational Business Management, Lexington (Mass.) 1970.

Medvedkov, S. I., Transnacional'nye korporacii i obostrenie kapitalističeskich protivorečij, Moskva 1982.

Mocernyj, S. V., Koncepcii gosudarstvenno-monopolističeskogo kapitalizma, Moskva 1982 (Sovremmenye buržuaznye ekonomičeskie teorii).

Peters, T. J./Waterman jr., R. H., In Search of Excellence. Lessons from America's Best-Run Companies, New York 1982.

Peters, T. J./Austin, N., A Passion for Excellenz. The Leadership Difference, New York 1985.

Pollard, H. R., Developments in Management Thought, London 1974.

RKW-Handbuch Führungstechnik und Organisation, hg. in Zusammenarbeit mit d. Rationalisierungs-Kuratorium der Deutschen Wirtschaft (RKW) e. V. von E. Potthoff, 2 Bde., Berlin (West) 1978.

Schwertler, W., Unternehmungsorganisation. Lehrbuch der Organisation und strategischen Unternehmensführung, München 1982.

Simon, H. A., Administrative Behavior, 3rd ed., New York 1976.

Sölter, A. (Hrsg.), Top-Tips: Erfolgsrezepte führender Manager, Königstein/Taunus 1984.

Spitschka, H., Praktisches Lehrbuch der Organisation, München 1975.

SŠA, gosudarstvo i korporacija v epochu NTR, Akad. Nauk SSSR, Inst. Mirovoj Ekonomiki i Meždunar. Otnošenij., red. V. A. Nazarevskij, Moskva 1984.

Stepanenko, V. A., Buržuaznye teorii infljacii, Kiev 1982.

Stuhr, A., Die Methoden schöpferischen Managements, Berlin(West) 1974.

Supjan, V. B., Ispol'zovanie rabočej sily v SŠA, novye javlenija i protivorečija, Moskva 1982.

Synthesis of technology transfer methodologies, proceedings, U.S. Dep. of Energy Technology Transfer Workshop, May 30-June 1984, Washington 1984.

Trepelkov, V. P., Zarubežnyj biznes amerikanskich monopolij, Moskva 1982.

Withauer, K. F., Die Management-Funktionen. Erfolgreiches: Management-Methode oder Eingebung? Grafenau—Göttingen 1974.

KAPITEL III

Prinzipien- und verhaltensorientierte Managementtechniken

Verwertungs- und machtorientierte Ausrichtung der Managementprinzipien

Allgemein sind die Managementprinzipien im überwiegenden Maße als Empfehlungen für bestimmte Führungstechniken zur Abwicklung der verschiedenartigsten Managementaufgaben und -prozesse im Geschäfts- und damit Profitinteresse zu verstehen. Ihre zwieschlächtige Funktion besteht dabei, wie bereits erläutert, darin, einerseits das Kapitalverhältnis immer wieder zu reproduzieren und den politischen Herrschafts- und Machtanspruch des Kapitals zu sichern, andererseits pragmatisch größere Rationalität im Arbeitsprozeß im weitesten Sinne über die verschiedensten Führungstechniken zu garantieren.

Worin drückt sich die verwertungs- und machtorientierte Ausrichtung der Managementprinzipien am klarsten aus?

Erstens wird diese Ausrichtung der Managementprinzipien und der darauf begründeten Methoden anhand der zentralen politischen wie ökonomischen Zielstellung — Sicherung und Ausbau der Verwertungsbedingungen und damit Herrschaftsstabilisierung und -vergrößerung des Kapitals selbst deutlich. „Alle Management-Techniken, wenn sie auch von unterschiedlichen Überlegungen ausgehen, verfolgen ein gemeinsames Ziel, die unternehmerische Leistung im Hinblick auf den langfristigen Erfolg des Unternehmens optimal zu aktivieren.“[1] Natürlich hört sich Erfolg hier besser an als Profit oder Rendite und suggeriert „unternehmerische Leistung“, daß es sich primär um Leistungen des privaten Unternehmers handelt.

Ungeachtet der Differenziertheit einzelner Führungstechniken oder „Management by“-Techniken kann also prinzipiell festgestellt werden, daß die Unterschiede nicht so sehr in den Zielen, wohl aber in den Ansatzpunkten und im Aufbau der einzelnen Konzeptionen liegen.

Aus dieser profitorientierten Zielsetzung resultiert ein tiefer Widerspruch zwischen den politischen und ökonomischen Interessen der breiten Massen und der relativ kleinen Schar Kapitaleigentümer. „Unter dem Einfluß und vor dem Hintergrund der wissenschaftlich-technischen Revolution spitzt sich der Konflikt zwischen den gigantisch gewachsenen Produktivkräften und dem auf Privateigentum beruhenden Charakter der gesellschaftlichen Verhältnisse noch mehr zu.

[1] Vgl. Managementenzyklopädie, Bd. 4, a. a. O., S. 344.

Davon zeugen das Wachstum der Arbeitslosigkeit, die Verschärfung des gesamten Komplexes der sozialen Probleme, der alles durchdringende Militarismus als das gängigste Mittel, die Wirtschaft anzukurbeln, die anwachsende Krise der politischen Institutionen, des Geisteslebens, der lastende Druck der Reaktion auf der ganzen Linie: in Innen- und Außenpolitik, Wirtschaft und Kultur, in der Nutzung von Erkenntnissen des menschlichen Genius."[2]

Die Neuorientierungen einzelner Managementprinzipien auf die stärkere Berücksichtigung sozialpsychologischer Fragen heben den Grundwiderspruch zwischen Arbeit und Kapital nicht auf, auch wenn es der Arbeiterklasse gelang, vor allem in den 60er und 70er Jahren bei günstiger Wirtschaftskonjunktur gewisse Verbesserungen ihrer Lage zu erkämpfen. „Doch seit Mitte der 70er Jahre veränderten die immer häufigeren Wirtschaftskrisen und die weitere technologische Umstrukturierung der Produktion die Lage und machten es dem Kapital möglich, zur Gegenoffensive überzugehen und den Werktätigen einen bedeutenden Teil ihrer sozialen Errungenschaften zu nehmen. Im Hinblick auf mehrere Kennziffern des Lebensstandards sahen sich die Werktätigen um viele Jahre zurückgeworfen. Die Arbeitslosigkeit hat alle Rekorde der Nachkriegszeit geschlagen. Merklich verschlechtert sich die Lage der Bauern und Farmer ... Die soziale Differenzierung vertieft sich und wird immer krasser. In den USA zum Beispiel besitzt ein Prozent der reichsten Familien Vermögenswerte, die fast anderthalb mal so groß sind wie der Gesamtreichtum jener 80 Prozent der Familien, die sich im unteren Teil der Eigentumspyramide befinden."[3]

Von hier aus schließen alle kapitalistischen Führungstechniken durch ihre verwertungsorientierte Zielstellung einen tiefergreifenden inneren Widerspruch ein, der aus der objektiv wachsenden Vergesellschaftung der Produktion zwangsläufig hervorgeht und unter Beibehaltung der kapitalistischen Produktionsverhältnisse prinzipiell nicht aufhebbar ist. Die unüberwindbaren Interessengegensätze zwischen Kapital und Arbeit führen zu zahlreichen politischen, sozialen, ökonomischen und nicht zuletzt internationalen Konflikten.

Zweitens wird der Charakter bürgerlicher Leitungsprinzipien daran sichtbar, daß es für eine reale Mitsprache und Mitwirkung der Werktätigen bei der Zielbestimmung keine wirklich demokratischen Prinzipien gibt und auf der Grundlage privaten Eigentums an Produktionsmitteln auch nicht geben kann.

Das Kapital hat durchaus erkannt, daß bei mangelnder Einbeziehung der Arbeitsausführenden in allen Phasen der Zielsuche und -auswahl schnell Leistungsgrenzen erreicht werden, die auch bei wesentlicher Steigerung der Leistungsanreize nicht oder in nur geringem Maße zu einschneidenden Leistungsverbesserungen führen. Gerade zur Überwindung dieser Mängel dienen u. a. solche Methoden wie das *Management by Objectives* oder *Management by Motivation*, wo

[2] XXVII. Parteitag der KPdSU. Politischer Bericht des Zentralkomitees der KPdSU, Berichterstatter: M. S. Gorbatschow, a. a. O., S. 18.

[3] Ebenda, S. 19.

durch die Teilnahme der Mitarbeiter am Zielsetzungsprozeß u. a. größere Leistungen und Arbeitszufriedenheit erreicht werden sollen.

Wie der kapitalistische Alltag zeigt, kann jedoch von einer wirklichen Durchsetzung demokratischer Prinzipien im kapitalistischen Unternehmen keine Rede sein. Sah sich das Kapital zunächst unter dem allgemeinen Druck nach mehr Demokratie in den kapitalistischen Ländern gezwungen, bestimmte Zugeständnisse auch im Betrieb bzw. Management zu machen, geht es nunmehr auch auf diesem Gebiet um eine Gegenoffensive, wie in der BRD zum Beispiel die Neuregelung gesetzlicher Grundlagen des Streikrechts unterstreicht. Kennzeichnend für die neue Periode ist „... eine besonders massive und erbitterte Offensive der Monopole auf die Rechte der Werktätigen. Das ganze Arsenal der vom Kapitalismus angehäuften Mittel kommt dabei zur Anwendung. Die Gewerkschaften werden gehetzt und wirtschaftlich erpreßt. Arbeiterfeindliche Gesetze werden verabschiedet. Die linken und alle fortschrittlichen Kräfte werden verfolgt. Die ständige Kontrolle, genauer gesagt die Überwachung des Denkens und Handelns der Menschen wurde zur Norm. Das zielgerichtete Hochzüchten des Individualismus, des Rechts des Starken im Existenzkampf, der Unmoral und des Hasses auf alles Demokratische hat unerhörte Ausmaße angenommen."[4]

Argumentativ gestützt wird das nicht zuletzt seit langem durch die von totalem Mißverständnis wirklicher demokratischer Prinzipien in der Leitungstätigkeit zeugende Losung, daß nicht die Zahl der Köpfe, sondern der Sachverstand in diesen, maßgebend sei. Durch derartige Sprüche wird ein elementares und künftig an Bedeutung noch wesentlich zunehmendes objektives Prinzip jeder wirklich wissenschaftlich begründeten Leitungstätigkeit auf raffinierte Weise diffamiert.

Lenin betonte, daß eine hochvergesellschaftete Produktion auf demokratischer Basis natürlich leitungsorganisatorisch „... unbedingt und strengste *Einheit des Willens* erfordert, der die gemeinsame Arbeit von Hunderten, Tausenden und Zehntausenden Menschen leitet. Sowohl technisch als auch ökonomisch und historisch leuchtet diese Notwendigkeit ein und ist von allen, die über den Sozialismus nachgedacht haben, stets als seine Voraussetzung anerkannt worden."[5]

Es überrascht nicht, daß angesichts der erwiesenen produktiven Wirkung wirklich demokratischer Leitungsprinzipien, das Kapital besondere Anstrengungen unternimmt, gerade gegen die Vervollkommnung und den Ausbau partizipativer Mitbestimmung vielfältig anzutreten. Gleichzeitig wird die altbekannte Apologetik autoritärer Leitungsprinzipien ausgebaut, auch wenn deren Schwächen und ihr Charakter immer offensichtlicher werden.

Drittens widerspiegelt sich die machtorientierte Ausrichtung bürgerlicher Leitungsprinzipien in der Art und Weise der Zuspitzung des internationalen Kon-

[4] Ebenda, S. 19/20.

[5] Lenin, W. I., Die nächsten Aufgaben der Sowjetmacht, in: Lenin, Werke, Bd. 27, Berlin 1960, S. 259.

kurrenzkampfes und der Austragung von Widersprüchen zwischen konkurrierenden Monopolen. „Weder die Klassenverwandtschaft", heißt es dazu auf dem XXVII. KPdSU-Parteitag, „und das Interesse am Zusammenschluß der Kräfte noch die militärische, wirtschaftliche oder politische Integration oder die wissenschaftlich-technische Revolution haben diese Gruppe von Widersprüchen des Kapitalismus aus der Welt geschafft. Die wissenschaftlich-technische Revolution hat die Internationalisierung der kapitalistischen Produktion zweifellos beschleunigt und sowohl die Angleichung des Entwicklungsniveaus als auch den sprunghaften Charakter der Entwicklung der kapitalistischen Länder verstärkt. Die infolge des wissenschaftlich-technischen Fortschritts noch härter gewordene Konkurrenz drückt die Zurückbleibenden immer rücksichtsloser nieder."[6]

Diese Rücksichtslosigkeit der Managementtechnik und -taktiken offenbart sich sowohl in der Schärfe und Vielseitigkeit der imperialistischen Rivalität als auch in regelrechten Handels- und Wirtschaftskriegen. Ein besonders beredter Ausdruck dafür sind die Boykottmaßnahmen, restriktiven Eingriffe in den Welthandel, der zunehmende Protektionismus u. a. Maßnahmen, durch die viele kapitalistische Staaten vor allem ihren einheimischen Monopolen Vorteile im internationalen Konkurrenzkampf verschaffen wollen.

Analysen dieser neuen Züge staatsmonopolistischer Eingriffe beweisen jedoch, daß die eigentlich Herrschenden die transnationalen Monopole mit ihrer wachsenden ökonomischen Stärke sind. Dieses transnationale Monopolkapital „... reißt ganze Produktionszweige oder -bereiche sowohl in einzelnen Ländern als auch im Maßstab der gesamten Weltwirtschaft an sich und monopolisiert sie. Anfang der 80er Jahre entfielen in der kapitalistischen Welt über ein Drittel der Industrieproduktion, mehr als die Hälfte des Außenhandels und rund 80 Prozent der Patente für neue Technik und Technologie auf die transnationalen Konzerne."[7] Die Imperien der transnationalen Monopole übertreffen oftmals das Bruttosozialprodukt ganzer Staaten. Es braucht kaum betont zu werden, daß die von diesen transnationalen Konzernen angewandten Managementpraktiken skruppellos jene Ziele umsetzen, die von ihren jeweiligen Machtansprüchen bestimmt sind. Da den Kern vieler transnationaler Konzerne amerikanische bilden, erfolgt überwiegend eine Ausrichtung an US-amerikanischen Interessen. Wenn es für die US-Konzerne vorteilhaft ist, bedienen sie sich natürlich auch der staatsmonopolistischen Regulierung. Werden ihre Interessen jedoch gefährdet, stellen sie sich ihr erbittert mit allen Mitteln entgegen. Dementsprechend werden Entscheidungen über Produktionsausweitungen, Stillegungen, Arbeitskräfteeinstellungen oder -freisetzungen, Aufbau neuer Unternehmen, Verkehrsverbindungen usw. oftmals losgelöst von territorialen Problemen durch weit entfernte „Muttergesellschaften" ohne Rücksichtnahme auf sozialökonomische Konsequenzen im betroffenen Gebiet gefällt.

[6] XXVII. Parteitag der KPdSU, Politischer Bericht des Zentralkomitees der KPdSU, Berichterstatter: M. S. Gorbatschow, a. a. O., S. 20.

[7] Ebenda, S. 20/21.

Zahlreiche Protestbewegungen im bürgerlichen Lager signalisieren immer wieder, wie menschenfeindlich derartige Praktiken sind und wie schmal der Handlungsspielraum für bürgerliche Regierungen, Stadtparlamente usw. gegenüber großen Konzernen tatsächlich ist.

Viertens kennzeichnen viele Managementprinzipien nach wie vor neokoloniale, despotische Züge.

„Durch politische Manöver, Versprechungen und Bestechungen, militärische Drohungen und Erpressung, nicht selten auch durch direkte Einmischung in die inneren Angelegenheiten der befreiten Länder konnte der Kapitalismus die früheren Beziehungen der wirtschaftlichen Abhängigkeit in hohem Maße hinüberretten. Auf dieser Grundlage hat es der Imperialismus vermocht, ein äußerst raffiniertes System der neokolonialistischen Ausbeutung zu schaffen und zu praktizieren sowie eine beträchtliche Anzahl befreiter Staaten noch enger an sich zu binden.“[8]

Selbstverständlich springt dieses Charakteristikum bei vielen einzelnen rationalen Managementtechniken wenig ins Auge oder ist ganz und gar „logistischen“ Kalkülen der internationalen kapitalistischen Arbeitsteilung untergeordnet. Die realen Konsequenzen sind dennoch verheerend und tragisch: Die Entwicklungsländer mit ihrer Gesamtbevölkerung von mehr als zwei Milliarden Menschen stellen faktisch eine einzige Region der Armut dar. Zu Beginn der 80er Jahre erreichte das Pro-Kopf-Einkommen in den befreiten Ländern nur ein Elftel des Standes in den entwickelten kapitalistischen Ländern und in den letzten drei Jahrzehnten nahm dieser Unterschied nicht ab, sondern wurde größer.

Über die wirtschaftliche Abhängigkeit hinaus vergrößerte sich das Elend des Hungers und der Unterernährung, von Seuchen und Krankheiten, von Analphabetentum und Unwissenheit. Zugleich vervielfachten sich die Profite der Monopole aus dem Geschäft der neokolonialen Arbeitsteilung, während sich die Verschuldung der Entwicklungsländer vergrößerte und der Spielraum für ihre wirtschaftliche Entwicklung aus eigener Kraft verschlechterte.

Es wäre naiv, anzunehmen, das internationale Finanzkapital oder die besonders gut profitierenden Konzerne sehen diese Folgen der Ausplünderung und Superausbeutung ganzer Völker nicht. Viele Anstrengungen der Großprofiteure laufen dennoch nur darauf hinaus, ihre Profite zu sichern, so daß philanthropische Erwartungen hinsichtlich veränderter Managementprinzipien fehl am Platze sind. So lange beispielsweise der Stundenlohn in hochentwickelten kapitalistischen Industriestaaten noch höher liegt als der Tageslohn von Arbeitern in den ausgebeuteten Staaten Asiens oder Lateinamerikas, wird die neokoloniale Abhängigkeit eher vertieft und zugleich als Druckmittel gegen sozialökonomisches Aufbegehren im jeweiligen Mutterland genutzt.

Fünftens muß immer wieder und mit Nachdruck die letztendlich antihumane und sozial deformierende Seite vieler Managementtechniken hervorgehoben werden. Sie offenbart sich trotz aller gegenteiligen Versicherungen und Namen dar-

[8] Ebenda, S. 23.

in, daß gerade im Zeitalter der Mikroelektronik und Informatik, von Computern und Robotern das Arbeitslosenheer auch immer stärker durch junge und gebildete Menschen vergrößert wird und insbesondere die sozialen Folgen der neuen Hochtechnologien noch völlig ungelöst sind. Die im einzelnen beachtliche ökonomische Rationalität vieler Managementtechniken führt so in summa zu gesellschaftlich negativen Folgen, die sowohl das Leben des einzelnen unsicherer und sorgenvoller werden lassen als auch die soziale Zerklüftung der alten Gesellschaft weiter anwachsen lassen. Das äußert sich nicht allein in der Polarisierung von Reichtum und Armut, sondern auch in der wachsenden Entfremdung des einzelnen im Arbeitsprozeß, in der zunehmenden Massenmanipulation über privatkapitalistische Medien und nicht zuletzt und immer wieder im Überbetonen des Individualis-

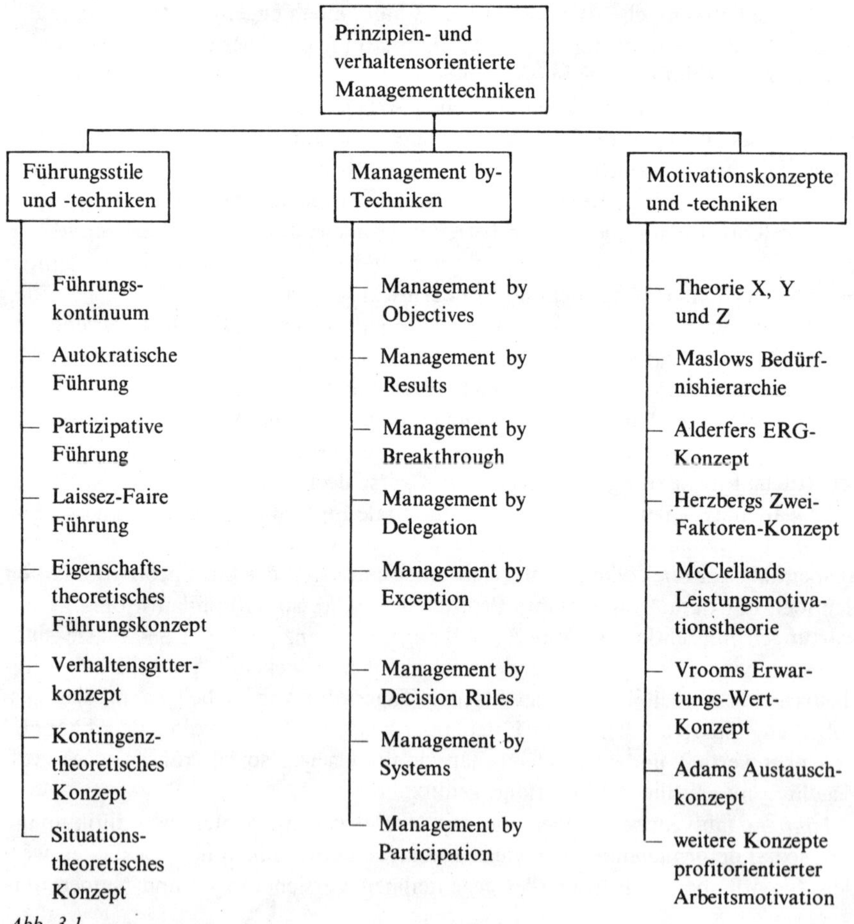

Abb. 3.1.
Überblick zu prinzipien- und verhaltensorientierten Managementtechniken

mus gegenüber dem gesellschaftlichen Engagement. Ob offene Kriegshandlungen oder verdeckte Korruptionsskandale, Schmiergeldaffären oder kriminelle Geschäfts- und Ausbeutungspraktiken in den Garagen von *Silicon Valley* oder anderswo — immer wieder bestätigt sich der gnadenlose Verwertungshunger des Kapitals. Die Führungsprinzipien mächtiger nationaler wie transnationaler Monopole, der Finanzoligarchie und des Militär-Industrie-Komplex beweisen das genauso wie Maximen und Erfolgsgrundsätze vieler Manager, auch wenn die Herrschenden an den Schalthebeln des kapitalistischen Staates und seiner Wirtschaft sich gern bedeckt und im Hintergrund halten. Ihr Herrschafts- und Machtanspruch bleibt ungebrochen. „Das Herrschaftsverhältnis und die damit verbundene Gewalt, das ist es, was aus der Bildung allmächtiger wirtschaftlicher Monopole unvermeidlich hervorgehen mußte und hervorgegangen ist."[9]

Bei der in der weiteren Analyse erfolgenden Konzentration auf die in der Übersichtsdarstellung in Abbildung 3.1. gezeigten Techniken, sollte diese prinzipielle Ausrichtung auf verwertungsbedingte Ziele niemals übersehen werden.

Führungsstile und -techniken

Zahlreiche empirische Studien belegen, daß im modernen Management vielfältige Führungsgrundsätze und -techniken angewendet werden. Allein die Definition des Terminus „leadership" (Führung) bereitet bereits erhebliche Schwierigkeiten. Bernhard Bass schätzt ein: „Es gibt beinahe so viele verschiedene Definitionen von Führung wie Personen, die versucht haben, das Konzept zu definieren."[10]

Im allgemeinen wird akzeptiert, daß effektive Führung die erfolgreiche Beeinflussung eines Nachgeordneten durch einen „Leader" im Sinne des gewünschten Zielerreichens umfaßt.

Führungsoperationen sind daher stets personenbezogene Handlungen, bei denen die führenden Einzelpersonen oder Gruppen auf Unterstellte bzw. Geführte einwirken, um diese zu ziel- und erfolgsorientiertem Handeln zu veranlassen.

Die Managementtheorien widmen dem Problem des Führungsverhaltens und Führungserfolgs seit langem große Aufmerksamkeit.

Probleme bereiten sowohl das eindeutige Bestimmen von Erfolgskriterien der Führung als auch das Entwickeln allgemeiner gültiger Führungsgrundsätze mit „garantiertem" Effekt in sachlicher wie subjektiver Hinsicht. Mißt man z. B. erfolgreiche Führung allein an Leistungsparametern der Gruppe bzw. des Unternehmens, können Führungserfolge, die sich in der Zufriedenheit der Geführten ausdrücken, unterbewertet werden.

[9] Lenin, W. I., Der Imperialismus als höchstes Stadium des Kapitalismus, in: Lenin, Werke, Bd. 22, Berlin 1981, S. 211.

[10] Bass, B., Stogdill's Handbook of Leadership, New York 1982, S. 9.

Managerorientiert ← Manager zeigt autoritäres Verhalten				Mitarbeiterorientiert → Manager läßt Untergebenen Spielraum		
1)	2)	3)	4)	5)	6)	7)
Der Manager fällt die Entscheidung autonom; unter starker Betonung der Positionsautorität versucht er, eine hohe Effizienz zu erreichen (Despotismus)	Der Manager versucht unter Einsatz der ihm zur Verfügung stehenden Macht (Autorität) seine Entscheidungen zu vermitteln; dabei steht die konsequente Zielerreichung im Mittelpunkt	Der Manager versucht seine Mitarbeiter von der Richtigkeit seiner Entscheidungen zu überzeugen, wobei der Mitarbeiter durch Fragen etc. selbst zu einem besseren Zielverständnis (Identifikation) gelangen soll	Der Manager präsentiert einen Entscheidungsentwurf, wobei die Problemidentifikation (Diagnose) und die Problemlösung (Therapie) beim Manager verbleiben; Änderungen sind grundsätzlich möglich	Der Manager präsentiert das Problem (Diagnose), sammelt Entscheidungsalternativen und entscheidet dann unter Einbeziehung der Mitarbeitervorschläge selbst	Der Manager umreißt das Entscheidungsproblem, steckt einen Entscheidungsrahmen ab und fordert das Team auf, einen Entschluß zu fassen	Der Manager gibt einen weitgesteckten Rahmen vor, innerhalb dessen das Entscheidungsteam sowohl die Problemidentifikation als auch die Problemlösung autonom steuert

Abb. 3.2.
Führungsstile im Kontinuum von autoritär bis kooperativ nach Tannenbaum/Schmidt

Führungsstile sind dementsprechend durch verschiedene Merkmale gekennzeichnet. Zu den wichtigsten gehören:

- das Verhältnis des oder der Führenden zu den geführten Personen und ihren Problemen,
- die Art und Weise sowie Strenge der Aufgabenvorgabe sowie des Grades der direktiven Vorgabe der Wege ihrer Erledigung,
- die Art und Weise des Treffens von Entscheidungen und der Möglichkeiten der Einflußnahme der Geführten auf die Entscheidungsprozesse,
- die Strenge, Häufigkeit und der Umfang von Kontrollen,
- die situativen Gegebenheiten und sich wechselseitig durchdringenden Bedingungen im Führungsprozeß selbst.

Führungskontinuum

Die Differenzierung der Führungsstile erfolgt dabei am häufigsten nach dem Gegensatzpaar „autoritär" oder „kooperativ" in Beziehung auf die Beteiligung der Geführten an den Führungsprozessen. Zur Charakteristik der wirklichen Partizipation, d. h. der unmittelbaren Teilhabe der Mitarbeiter an den Führungsaufgaben der Vorgesetzten wird häufig der sogenannte „klassische" Ansatz von Tannenbaum und Schmidt aus dem Jahre 1958 benutzt.[11] Das Grundkonzept ist in Abbildung 3.2. dargestellt: (vgl. Abb. 3.2.).

In einer neueren Untersuchung über Führungsstile[12] von repräsentativen Unternehmen der BRD-Industrie zeigte sich, daß die Mehrzahl der untersuchten Unternehmen sich in bezug auf das Kontinuum des Führungsverhaltens in die Kategorien *4* und *5* einordnen läßt. Als „wünschenswert" wird dagegen der Übergang zu stärker kooperativ-partizipativem Stil bezeichnet.

Auf ähnlich „wünschenswerte" Entwicklungen macht auch die Schweizer Management-Zeitschrift *Industrielle Organisation* aufmerksam,[13] wie Abbildung 3.3. zu entnehmen ist (vgl. Abb. 3.3.). Im allgemeinen werden drei grundsätzlich verschiedene Ausprägungen des Führungsstils im Management unterschieden:

1. autokratische Führung,
2. demokratisch-partizipative Führung,
3. Laissez-faire-Führung.

[11] Tannenbaum, R./Schmidt, W. H., How to choose all leadership pattern, in: Harvard Business Review (Boston), 3/1958, S. 96.

[12] Grunwald, W./Lilge, H. G., Auf dem Wege zur partizipativen Führung? in: Fortschrittliche Betriebsführung und Industrial Engineering (Berlin(West)), 6/1981, S. 415.

[13] Karrer, S., Führungsgrundsätze — wie man sie erarbeitet und täglich nutzt, in: Industrielle Organisation (Zürich), 6/1985, S. 266.

Führungsstil / Elemente	Autoritär	Patriarchalisch	Pädagogisch	Kooperativ
1. Stellung der Mitarbeiter	nur ein Mittel	wichtigstes Mittel	Wertträger	Partner
2. Beachtung der MA-Interessen	keine	nach Einschätzung der Vorgesetzten	Verpflichtung	Anrecht
3. Betriebsklima	interessiert nicht	Voraussetzung für Erfolg	zwingende Randbedingung	den Leistungszielen gleichwertig
4. Ziele setzen	durch Vorgesetzten	mit Begründung vorgeben	nach Anhörung der MA durch Vorgesetzten	gemeinsam
5. Höhe der Anforderungen	niedrig	dem Leistungsvermögen angepaßt	mit Entwicklung der MA steigend	hoch
6. Entscheidungskompetenz	keine	Aufgabenbezogen	grundsätzlich definiert	autonom zielorientiert
7. Kontrolle	permanent	stichprobenartig	ergebnis- und lernorientiert	Selbstkontrolle
8. Zielerreichung	notfalls durch Zwang	durch Überzeugung	im Einvernehmen	freie Aufgabenerfüllung
9. Informelle Beziehungen	unerwünscht und unterdrückt	toleriert, wenn keine Beeinträchtigung der Arbeit	akzeptiert und als Faktor berücksichtigt	begrüßt und genutzt
10. Konflikthandhabung	Unterdrückung	gerechte Schlichtung d. Vorgesetzten	Bearbeitung soweit störend	Lösung und Nutzung für PE+OE

——— 1. und 2. Ebene
– – – 3. Ebene

MA = Mitarbeiter
PE = Personalentwicklung
OE = Organisationsentwicklung

Abb. 3.3.
Gewünschter Führungsstil

Autokratische Führung

Autokratische Führung ist dadurch gekennzeichnet, daß die Manager überwiegend aufgabenzentriert bzw. auf die Sache hin arbeiten und nur wenig Rücksicht auf menschliche Faktoren nehmen bzw. Diskussionen zulassen. Vereinfacht ist der Führungsstil durch Informationsbeziehungen gekennzeichnet, wie sie in Abbildung 3.4. dargestellt sind. (Abb. 3.4.)

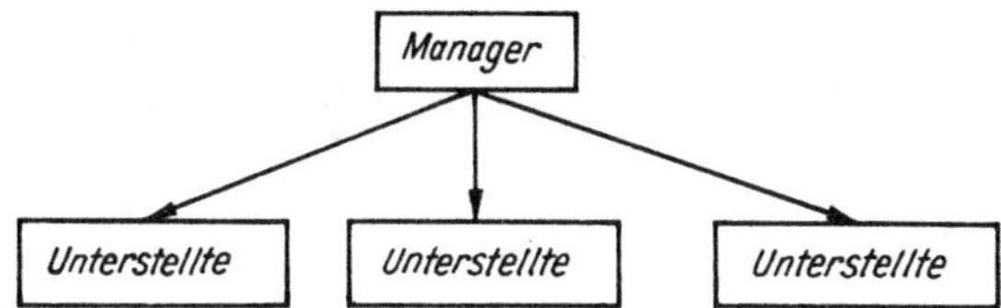

Abb. 3.4.
Informationsfluß bei autoritärem Führungsstil

Autoritäre Führung ist durch folgende Merkmale gekennzeichnet:
- zentralisierte Macht und ihr uneingeschränkter Gebrauch durch den Manager,
- hohes Ausmaß an Strukturierung und Dirigierung von Gruppenaktivitäten,
- hohes Kontrollniveau und hohe Disziplin,
- geringe oder keine Kommunikation mit den Unterstellten außer für Weisungen und Kontrollen,
- geringe oder keine motivationalen Anstrengungen außer durch Druck und Zwang.

Entgegen manchmal anzutreffenden pauschalen Ablehnungen des autokratischen Führens ist darauf zu verweisen, daß sich zum Beispiel in Krisensituationen gerade dieser Stil als am erfolgreichsten erwiesen hat und er so als ausnahmsweiser Führungsstil betrachtet wird. Autokratische Manager delegieren wenig oder keine Verantwortung und haben eindeutig das Sagen in allen Notfällen. Die Interaktionen mit untergeordneten Leitern konzentrieren sich auf Weisungen, wobei Rückinformationen von unten nach oben lediglich der Kontrolle dienen.

Partizipative Führung

Partizipative Führung ist dagegen durch die in Abbildung 3.5. dargestellten Informationsflüsse gekennzeichnet. (Abb. 3.5.)

Der Manager führt sowohl aufgaben- als auch personenorientiert und sorgt für einen permanenten Informationsaustausch. Er delegiert viel Autorität und Verantwortung und aktiviert seine Unterstellten zu effektiver Mitarbeit im Unter-

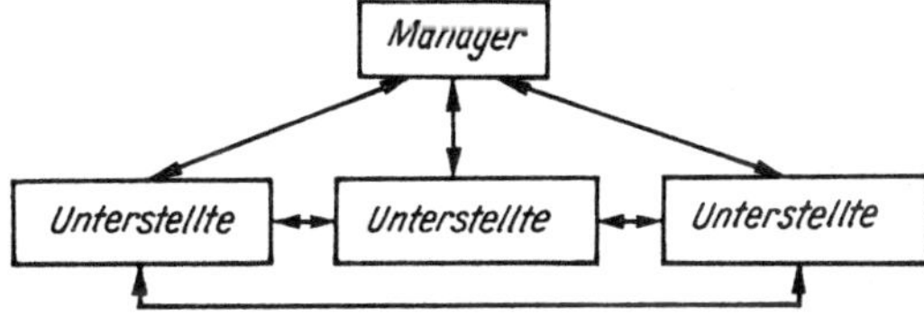

Abb. 3.5.
Informationsfluß
bei demokratisch-partizipativem Führungsstil

nehmensinteresse. Im Ergebnis sind oft bessere Entscheidungen erreichbar, herrscht eine gute Arbeitsmoral und hohe Leistungsbereitschaft, weil sich die Mitarbeiter bzw. Unterstellten einbezogen fühlen.

Tabelle 3.1.
Häufigkeiten der ausgeprägten Merkmale
in 45 Führungsgrundsätzen

Informationsaustausch	40
Zusammenarbeit	39
Delegation	37
Initiative/Kreativität	35
Mitarbeiterförderung	34
Kontrolle (Prozeß/Ergebnis)	34
Verantwortung (funktionale)	34
Zielsetzung	27
Handlungsspielraum	26
Mitarbeiterbeurteilung	22
Vertrauen	22
Anerkennung/Kritik	20
Besprechung/Konsultation	18
Konflikthandhabung	18
Verantwortung (Führung)	18
Beschwerderecht	14
Mitbestimmung	14
Motivation	14
Autorität	14
Einkommen	12
Verantwortung (soziale)	12
Partizipation	11
Teamarbeit	11
Selbstreflexion	10
Identifikation	9
Persönlichkeit	9
Selbstverwirklichung	9
Entfremdungsreduktion	7
Kontrolle (Selbst-)	7
Loyalität	5
Wertvorstellungen	3
Interessengleichheit	1
Chancengleichheit	1

Quelle:
Grunwald, W. Ligge, H. G., Auf dem Weg zur partizipativen Führung? Eine Analyse von 45 Führungsgrundsätzen deutscher Großunternehmen, in: Fortschrittliche Betriebsführung und Industrial Engineering (Berlin(West)) 6/1981, S. 414.

Für den partizipativen Führungsstil, der manchmal auch als kooperativer Führungsstil bezeichnet wird, sind daher folgende Merkmale typisch:

- begrenzte Macht und Autorität des Managers und eingeschränkte Nutzung,
- hohe Partizipationsrate der Geführten bei der Entscheidungsvorbereitung,
- geringe Strukturierung und Dirigierung der Gruppenaktivitäten,
- geteilte Verantwortlichkeit in den Kontrollaktivitäten bei insgesamt niedrigerem Kontrollniveau und betonter Selbstkontrolle,
- intensive, systematische Kommunikation bedingt durch viel Teamwork und motivationale Anstrengungen des Managers.

Wie bereits erwähnt, bemühen sich viele Unternehmen seit Beginn der achtziger Jahre, einen stärker partizipativen Leitungsstil einzuführen. Welchen Merkmalen dabei besonderes Augenmerk seitens der befragten Unternehmen, die einen Gesamt-Jahresumsatz von 447 Mrd. DM und 2,7 Millionen Mitarbeiter repräsentieren, geschenkt wurde, ist Tabelle 3.1. zu entnehmen. (Tabelle 3.1.)

Bei allen Vorzügen des kooperativen Führungsstils darf nicht übersehen werden, daß auch Nachteile bestehen, insbesondere dann, wenn in angespannter Lage schnell reagiert werden muß.

Laissez-faire-Führung

Laissez-faire-Führung kennzeichnet ein gelegentlicher Informationsaustausch zwischen Manager und Unterstellten, wie aus Abbildung 3.6. ersichtlich ist. (Abb. 3.6.)

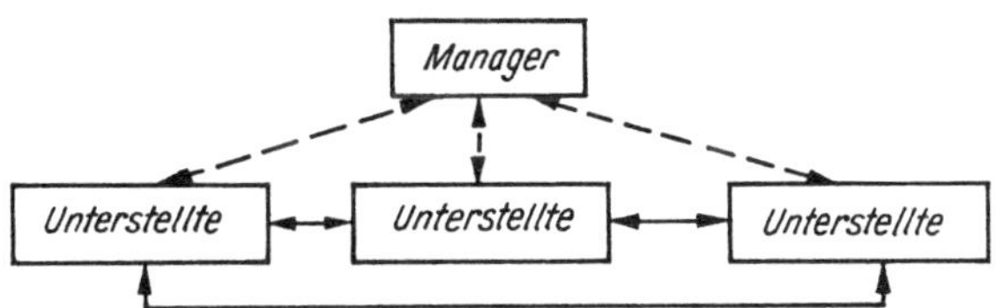

Abb. 3.6.
Informationsfluß bei Laissez-faire-Führungsstil

Manager, die diesen Stil bevorzugen, neigen dazu, die Aufgaben den Mitarbeitern zu übertragen und sie dann gewähren zu lassen. Hin und wieder erfolgen Kontrollen über den Ablauf der Aufgaben, jedoch häufig ohne Konsequenzen. Meist übt der Manager weder Zeit- noch Leistungsdruck aus.

Für den *Laissez-faire*-Führungsstil sind folgende Merkmale typisch:

- die Geführten haben mehr Macht als der Manager, z. B. durch hohe fachliche Autorität;
- die Geführten wählen sich ihre Ziele und Aufgaben, z. B. in der Forschung selbst;
- die Aufgabenlösung und der Leitungsprozeß sind weitgehend unstrukturiert;

Tabelle 3.2.
Typische Unterscheidungsmerkmale von drei Führungsstilen

	Autokratischer Stil	Kooperativer Stil	Gleichgültigkeitsstil
Wertschätzungsverhalten	sieht sich grundsätzlich als überlegen an und läßt dies bei jeder Gelegenheit fühlen	sieht und behandelt den Mitarbeiter und Auszubildenden als gleichwertige Person	ist nur an der fachlichen Tüchtigkeit interessiert
	eigene Fehler werden nicht eingestanden	interessiert sich für die Probleme des Auszubildenden und des Mitarbeiters	wenig Verständnis für die persönlichen Probleme des Mitarbeiters oder Auszubildenden; der andere ist ihm gleichgültig
	bringt den Mitarbeitern und Auszubildenden mangelnde Achtung entgegen; „verletzende" Verhaltensformen wie: Ironie, Lächerlichmachen, Beschämungen, Demütigungen, Beschimpfungen, Beleidigungen	Verständnis bei persönlichen Schwierigkeiten und Fehlverhalten Eingestehen eigener Fehler keine verletzenden Verhaltensformen	Merkmale des Sprachverhaltens; kühl, reserviert, distanziert, insgesamt aber nicht unfreundlich
Erwartungsverhalten	pessimistische Grundeinstellung im Hinblick auf die Gesamtentwicklung („aus Dir wird nie etwas")	optimistische Grundauffassung von den Möglichkeiten („Du wirst es bestimmt schaffen")	neutrale Grundeinstellung; hegt keinerlei Erwartungen, weder positive noch negative; ihn interessiert nicht so sehr das, was aus der Person wird; er hält sich an das, was er gerade sieht
	wenig Zutrauen in die Leistungs- u. Urteilsfähigkeit („Das kannst Du noch nicht beurteilen")	ist darum bemüht, die persönlichen Fähigkeiten zu erkennen und zu fördern	
	unterstellt mangelnden Lern- und Arbeitswillen demoralisierende und entmutigende Äußerungen	Ermutigung und positive Erfolgsbestätigung	

Lenkungsverhalten	stark lenkendes Verhalten durch strikte und detaillierte Anweisungen, Befehle und durch kleinliche Kontrollen	geringes Ausmaß an Dirigierung, Anweisungen, Befehle, Kontrollen nur soweit unbedingt notwendig	wird weitgehend sich selbst überlassen (kaum Lenkung und Dirigierung)
	viel Sprechen, Fragen und Vormachen	diskutiert über das Was und Wie	z. B. Ausbilder beschränkt sich auf reine Stoffdarbietung; weitergehende Informationen gibt es nur, wenn von den Auszubildenden ausdrücklich erfragt
	wenig Spielraum zulassen für Aktivitäten und Eigeninitiativen (z. B. Fragen unterdrücken, Verbesserungsvorschläge abwürgen)	Ermöglichung und Förderung von Aktivitäten, Eigeninitiativen und Kreativität (z. B. Fragen zulassen und herausfordern; Eingehen auf originelle Einfälle) Eigenverantwortung übertragen	Aktivitäten und Eigeninitiativen werden nicht gesteuert; kaum Kontrollen

Quelle:
Felder, H. C., Anatomie richtigen Verhaltens. Grundlagen für erfolgreiche Menschenführung, Landsberg am Lech, 1982, S. 249/250.

— Kontrolle wird praktisch nur durch Selbstkontrolle ausgeübt;
— der Informationsaustausch erfolgt zufällig und sporadisch.

Der *Laissez-faire*-Stil hat sich in Bereichen der Forschung und Entwicklung bei sehr hochmotivierten Mitarbeitern bewährt, wird allerdings sehr häufig als wenig geeignet zum Erzielen von Höchstleistungen charakterisiert. Ein unvorsichtiges Setzen auf diesen Stil kann zu fragmentarischen Organisationslösungen, Isolation einzelner Gruppenmitglieder bzw. Gruppenbildung aber auch direkt zu chaotischen oder anarchischen Zuständen führen. Vergleicht man die Führungsstile hinsichtlich ihrer Unterscheidungen im Wertschätzungsverhalten für die Unterstellten bzw. die Mitarbeiter, in den Erwartungshaltungen und im typischen Lenkungsverhalten, so können die von H. C. Felder gegebenen Unterscheidungsmerkmale als repräsentativ angesehen werden (vgl. Zabelle 3.2.).

Bei der Einordnung von Führungsstilen gilt es, den bereits erwähnten Grundsatz zu beachten, daß höchst selten ein Merkmal allein typisch ist, sondern im Sinne der Abbildung 3.3. meist Mischformen im konkreten Führungsverhalten typisch sind. Bei der Beurteilung von Führungsgrundsätzen bzw. Führungsstilen muß man deshalb versuchen, das überwiegende und in bezug auf bestimmte Situationen konsistente Führungsverhalten von Managern gegenüber ihren Unterstellten bzw. Mitarbeitern herauszufinden. Zweifellos vollzog und vollzieht sich hier ein Wandel im Wertsystem, den es aufmerksam zu analysieren gilt. Obwohl eine eindeutige Antwort darauf, was Führungsgrundsätze charakterisiert, immer schwer fällt, sollten folgende Kriterien dazu herangezogen werden:

— das unternehmerische Leitbild,
— die realisierten Zielsetzungen im komplexen Sinne,
— die Delegation von Aufgaben und Verantwortung,
— die Verhaltensregeln der Manager und Mitarbeiter,
— das Informations- und Kommunikationsgefüge zwischen Managern und Unterstellten und zwischen diesen Gruppen selbst,
— die Entwicklungsmöglichkeiten und Beurteilungssysteme der Mitarbeiter,
— die Kontrollmechanismen für übertragene Aufgaben,
— die Anerkennung und Kritik gegenüber den Mitarbeitern.

Natürlich prägen diese Merkmale zur Charakteristik von Führungsgrundsätzen immer die Persönlichkeit des Managers selbst. Insofern spielen Charaktermerkmale, Kenntnisse und Fähigkeiten der Manager eine große Rolle.

Diese unbestrittene Tatsache hat unter bürgerlichen Theoretikern eine beachtliche Diskussion ausgelöst und zu einer speziellen personalistischen Führungstheorie geführt.

Eigenschaftstheoretisches Führungskonzept

Die personalistische Führungstheorie geht von der Vermutung aus, daß der Führungserfolg primär von dem Vorhandensein bestimmter Persönlichkeitsmerkmale des Führenden abhängt. Auf empirischem Wege versucht dieses Führungskonzept folglich Aufschluß darüber zu gewinnen, welche Eigenschaften „Leader"-Persönlichkeiten in besonderem Maße auszeichnen.

Stogdill hat hierzu bereits Ende der vierziger Jahre umfangreiche empirische Untersuchungen ausgewertet und gelangte zu folgenden fünf Eigenschaftsgruppen zur Charakteristik einer Führerpersönlichkeit[14]:

— Befähigung (Intelligenz, Originalität, Urteilskraft),
— Leistung (Schul- bzw. Arbeitsleistungen),
— Verantwortlichkeit (Zuverlässigkeit, Ausdauer, Selbstvertrauen),
— Teilnahme (Aktivität, Handlungsfreude, Kontakt- und Anpassungsfähigkeit),
— Status (soziale und wirtschaftliche Lage).

Für die Auswahl von Spitzenmanagern empfiehlt Harry Levinson in der Havard Business Review 1981 folgende 20 Persönlichkeitscharakteristiken[15]:

[14] Stogdill, R., Personal Factors associated with Leadership. A Survey of the Literature, in: Journal of Psychology (Princetown/Mass.), 5/1948, S. 35ff.; vgl. auch: Bass, B. M., Stogdill's Handbook of Leadership, a. a. O., S. 5.

[15] Levinson, H., Criteria for Choosing Chief Executives, in: Harvard Business Review (Boston), 4/1981, S. 114ff.

1. Fähigkeit, verschiedene Daten in einen paßfähigen Rahmen der Referenz zu abstrahieren, zu konzeptionalisieren, zu organisieren und zu integrieren
2. Toleranz für Vieldeutigkeit
3. Intelligenz
4. gutes Urteilsvermögen
5. Fähigkeit, das Kommando zu übernehmen
6. Fähigkeit, Probleme sowohl tatkräftig als auch strategisch anzupacken
7. Leistungsorientiertheit
8. Sensitivität für die Gefühle anderer
9. Teilnahme als ein Organisationsmitglied
10. Reife
11. Fähigkeit zu selbständigen Urteilen bzw. Akzeptanz von Informationen, Kritiken und Kooperation anderer
12. Artikulationsfähigkeit
13. hohes physisches und geistig-seelisches Standvermögen
14. Streßfähigkeit und Streßbeherrschung
15. Sinn für Humor
16. gut definierte persönliche Ziele, die mit den organisatorischen Anforderungen übereinstimmen
17. hohe Ausdauer
18. Fähigkeit zum guten Zeiteinteilen
19. hohe Integrität
20. Anerkennung der Notwendigkeit, soziale Verantwortung und Führung zu übernehmen.

Diese und ähnliche Eigenschaftskriterien finden im Management großen Anklang, da häufig Führungspositionen nur mit Personen besetzt werden, die den fünf Eigenschaftsgrundgruppen entsprechen. In der Praxis erfreuen sich dementsprechende Personalauswahlverfahren, psychologische Tests, Lebenslaufbeurteilungen usw. großer Beliebtheit, wie z. B. Tabelle 3.3. beweist.

Auffällig ist die große Dominanz verhaltensorientierter Kriterien vor Fachwissen und Erfahrung. Das bestätigen auch Untersuchungen, die in der Schweizer Management-Zeitschrift *Industrielle Organisation* 1985 veröffentlicht wurden und folgende 12 positive Eigenschaften umfassen, die eine Führungskraft haben sollte[16]:

1. guter Zuhörer sein
2. korrekt Auftreten
3. Ehrlichkeit und Vertrauen erwecken
4. Menschlichkeit und Humor zeigen
5. Kontaktfreudigkeit und Einfühlungsvermögen besitzen
6. gutes Fachwissen haben

[16] Ruhleder, R. H., Die positiven Eigenschaften einer Führungskraft, in: Industrielle Organisation (Zürich), 2/1985, S. 53.

Tabelle 3.3.
Rangfolge als sinnvoll erachteter Beurteilungskriterien
(nach Einschätzung von Führungskräften, Mehrfachnennungen waren möglich)

Beurteilungskriterien	(n = 224) Anzahl Nennungen	% Anteil	Index*)
1 Organisations- und Planungsvermögen	220	98,2	18,2
2 Fachwissen (Qualifikation)	215	96,0	17,8
3 Führungsqualifikation	174	77,7	14,4
4 Fähigkeit, Ziele zu setzen	129	57,6	10,7
5 Belastbarkeit	128	57,1	10,6
6 Persönliches Auftreten/Ausstrahlung	120	53,6	9,9
7 Kooperationsbereitschaft	118	52,7	9,8
8 Kostenbewußtsein	117	52,2	9,7
9 Delegationsvermögen	117	52,2	9,7
10 Durchsetzungsvermögen	112	50,0	9,3
11 Kontrollverhalten	80	35,7	6,6
12 Flexibilität	64	28,6	5,3
13 Entscheidungsfähigkeit	62	27,7	5,1
14 Betriebszugehörigkeit	55	24,6	4,6
15 Information	54	24,1	4,5
16 Akzeptanz bei den Mitarbeitern	50	22,3	4,1
17 Eigeninitiative	49	21,9	4,1
18 Kontaktfähigkeit	42	18,8	3,5
19 Bisherige Aufgabenerfüllung	25	11,2	2,1
20 Verhandlungsgeschick	24	10,7	2,0
21 Verantwortungsbewußtsein	24	10,7	2,0
22 Einsatzbereitschaft	22	9,8	1,8
23 Arbeitswissenschaftliche Kenntnisse	16	7,1	1,3
24 Beurteilungsvermögen	15	6,7	1,2
25 Weiterbildungsbereitschaft	12	5,4	1,0
26 Sonstige	max. 8	max. 3,6	

*) im Vergleich zu Rangplatz 25

Quelle:

Wagner, D., Personalbeurteilungssysteme als Leitungsinstrument, in: Zeitschrift Führung und Organisation (Baden-Baden) 2/1985, S. 110.

7. Delegationsfreudigkeit (Delegationsbereitschaft) aufweisen
8. Durchsetzungsvermögen und Rückgrat zeigen
9. Ausgeglichenheit und Selbstkritik entwickeln
10. sich durch Zielstrebigkeit auszeichnen
11. andere motivieren können
12. positiv denken.

Das Kapital profitiert in vielfacher Hinsicht vom eigenschaftstheoretischen Konzept. Einerseits kann man damit die bestehende Rollenverteilung im Management jederzeit begründen und rechtfertigen und zugleich Anwärter auf Führungsfunktionen ganz im Kapitalinteresse auswählen sowie alle individuellen Eigenschaften für die Kapitalverwertung voll nutzen. Andererseits wird damit die gesamte Praxis des Karrieremachens in kapitalistischen Konzernen im Grunde auf eine elitetheoretische Konzeption individueller Unterschiede der Persönlichkeitsstruktur zurückgeführt.

Obwohl empirisch nachgewiesen wurde, daß die durchschnittliche Korrelation zwischen Persönlichkeitseigenschaften und Führungserfolg meist sehr gering ist (vgl. Tabelle 3.4.), ändert das wenig an der bevorzugten Nutzung des *Great-Man-Konzepts* in der Managementpraxis. Nachgewiesenermaßen sind in unterschiedlichen Führungssituationen auch differenzierte Managereigenschaften gefragt, was allerdings wenig an dem vielfach anzutreffenden Vorurteil, daß bestimmte Persönlichkeiten in jeder Situation zum Erfolg kommen, ändert.

Tabelle 3.4.
Korrelation zwischen Persönlichkeitsmerkmalen und Führung

Persönlichkeits-merkmale	Anzahl der Studien	durchschn. Korrelation	höchste Korrelation	niedrigste Korrelation
Alter	10	32	71	32
Anpassung	22	13	53	—
Beliebtheit	5	60	82	23
Dominanz	12	20	42	—
Extraversion	22	15	42	—
Gewicht	6	26	52	04
Größe	7	35	71	13
Intelligenz	15	26	90	14
soziales Geschick	8	50	98	10
Schulleistung	8	16	39	27

Quelle:
Hier zitiert nach: Neske, F. Wiener, M. (Hrsg), Management-Lexikon, Bd. II, Gernsbach 1985, S. 464.

Verhaltensgitter oder Managerial-Grid-Konzept

Einen viel zitierten Ansatz zur Beschreibung des Führungsverhaltens von Managern legten die amerikanischen Psychologen Robert R. Blake und Jane S. Mouton mit ihrem *Grid-Management-Konzept* 1964 vor.[17]

[17] Blake, R. R./Mouton, J. S., The Managerial Grid, Houston 1964 (deutsch: Verhaltenspsychologie im Betrieb. Das Verhaltensgitter — eine Methode zur optimalen Führung in Wirtschaft und Verwaltung, Düsseldorf 1968).

In theoretischer Hinsicht geht das Konzept von der Überlegung aus, daß die meisten Manager sowohl personen- als auch aufgabenorientiert arbeiten, es also darauf ankommt, die herkömmliche „Entweder-Oder"-Denkweise zu überwinden.

Wie in Abbildung 3.7. dargestellt, werden bei diesem Ansatz auf der Abszisse die Aufgaben- bzw. Produktionsorientierung und auf der Ordinate die Mitarbeiterorientierung des Führungsverhaltens abgebildet. (Abb. 3.7.)

Auf den Achsen sind jeweils neun intensitätsmäßige Abstufungen vorgesehen. Aus den damit gegebenen 81 Kombinatsmöglichkeiten hoben Blake und Mouton die in Abb. 3.7. charakterisierten fünf besonders typischen Verhaltensweisen heraus. Während für diese Eckpunkte und für den Mittelpunkt des Verhaltensgitters auch praktisch brauchbare Anhaltspunkte zur Einordnung des jeweiligen Führungsverhaltens gegeben sind, fehlen eindeutige Kriterien für die übrigen vielfältigen Möglichkeiten. Außerdem ist umstritten, inwiefern eine Betonung des aufgabenorientierten Führungsverhaltens tatsächlich zu einem günstigen Produk-

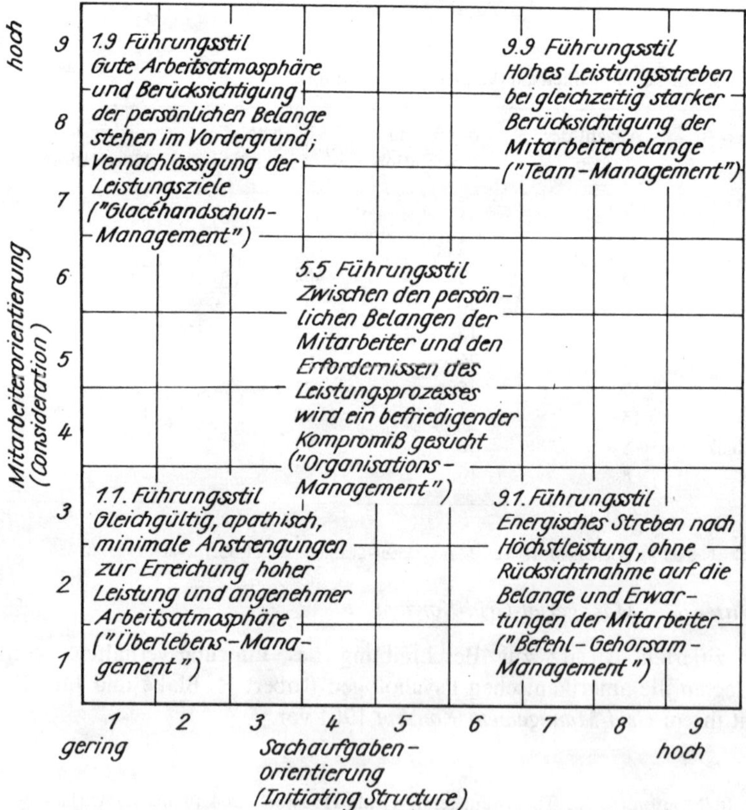

Abb. 3.7.
Das Verhaltensgitter nach Blake und Mouton

tionsergebnis führt. „Concern for production“ garantiert ja keineswegs größere Leistungen als personenorientiertes Führungsverhalten, bei dem das personale Zusammenspiel im Unternehmen im Mittelpunkt steht („concern for people“).

Aus den unterschiedlich starken Ausprägungen dieser beiden Dimensionen lassen sich typische Verhaltensweisen mit Auswirkungen auf Leistung und Menschen erkennen[18]: links oben den netten, freundlichen, jeden Konflikt vermeidenden „Glacéhandschuh-Manager“ (1.9); rechts unten der harte, leistungsbesessene „Durchboxer um jeden Preis“ (9.1); in der Mitte (5.5) der „Organisationsmann“, Anpassung und Kompromiß sind seine Devise; links unten (1.1) der „Tut-was-nicht-auffällt“-Manager; rechts oben wird echtes Konflikt- und Team-Management praktiziert: der 9.9-Team-Manager, der auf Höchstleistungen hochmotivierter Mitarbeiter abzielt.

Die Anwendung des Verhaltensgitters darf nicht dazu führen, nur den sogenannten 9.9-Führungsstil als den einzig erfolgreichen und richtigen zu betrachten. Blake und Mouton betonen, daß die Wahl des zweckmäßigsten Führungsstils stets von mehreren Einflußfaktoren abhängig ist, darunter:

- Organisationsstruktur,
- Führungssituation,
- Wertvorstellungen des „Leaders“ und der Geführten,
- Persönlichkeitsmerkmale des Leiters,
- Wissen über alternative Führungsstile.

Wenn der 9.9-Führungsstil als allein richtiger propagiert wird, besteht der berechtigte Verdacht, daß das Modell „letztlich doch nur ein Manipulationsinstrument in den Händen des oberen Managements darstellt, das durch vorgebliches Eingehen auf die Wünsche und Bedürfnisse der Mitarbeiter lediglich zur Leistungssteigerung motivieren soll“.[19]

Kontingenztheoretisches Konzept der Führung

Das kontingenztheoretische Führungskonzept untersucht nicht allein den Führungsstil bzw. das bevorzugte Führungsverhalten, z. B. im Sinne des aufgaben- oder mitarbeiterorientierten Managements, sondern insbesondere die Wechselbeziehungen zu differenzierten situativen Bedingungen.

Es gibt mehrere kontingenztheoretische Konzepte, die jedoch alle von einem gemeinsamen Grundsatz ausgehen, indem sie postulieren, wie ein Manager in einer bestimmten Situation agieren sollte. Es handelt sich bei der Kontingenztheorie der Führung im Kern daher um eine „Wenn-Dann“-Beziehung nach dem Muster: Wenn sich der Manager z. B. einer Krisensituation gegenüber sieht,

[18] Vgl. Volk, H., Wunschverhalten neun Punkt neun — Das Managerial Grid, in: Fortschrittliche Betriebsführung und Industrial Engineering (Berlin(West)), 3/1983, S. 173.
[19] Ebenda.

dann sollte er aufgabenorientiert führen. Die Kontingenztheorie der Führung nimmt an, daß der Führungserfolg (z. B. die Leistung der Geführten) nicht allein eine Funktion des Verhaltens des Vorgesetzten, sondern auch eine Funktion der jeweiligen Situation (z. B. Aufgabenkomplexität, Organisationsstruktur) ist. Theorien dieser Art konkurrieren miteinander, wobei sich Merkmale des Führenden und die Merkmale der Situation unterscheiden.

Fiedlers Kontingenztheorie der Führung gehört auf Grund ihrer empirischen Untersetzung zu den am meisten akzeptierten Ansätzen. Seine Ergebnisse publizierte Fiedler zuerst 1964, dann 1967.[20] Fiedler charakterisiert eine Führungssituation durch drei Variable:

1. die *Beziehungen* zwischen dem Manager und den Geführten, wobei es insbesondere um die gefühlsmäßigen Beziehungen und das Vertrauen und die Anerkennung von seiten der Gruppenmitglieder geht;

2. die *Aufgabenstruktur* im Sinne der Zielklarheit, Anzahl der Alternativen, Risiko und Überprüfbarkeit der Aufgabenlösung;

3. die *Positionsmacht* des Managers im Sinne seiner stellenplanmäßigen Befugnisse, die sich auch in den Belohnungs- und Bestrafungsmöglichkeiten des Stelleninhabers ausdrücken läßt, wobei die tatsächliche Ausschöpfung der Macht nicht berücksichtigt wird.

Laut Fiedlers Theorie ist die Führungssituation für den Manager um so günstiger, je besser die Beziehungen zwischen Manager und Unterstellten bzw. Mitarbeitern sind, je strukturierter die Aufgabe und je größer die formale Macht des Managers ist. Je günstiger nach Fiedlers Theorie die Situation ist, um so eher ist der Führer in der Lage, das Gruppenverhalten leistungsmotivierend zu beeinflussen. Hierbei sind nach Fiedler das aufgabenorientierte, anweisende Verhalten des Managers vom personenbezogenen, weniger anweisenden Führungsstil zu unterscheiden.

Zur Messung des jeweils zutreffenden Führungsstils benutzte Fiedler eine Skala, die als LPC-Skala (*L*east *P*referred *C*oworker Scale) bezeichnet wird. Mit dem LPC-Wert soll die Einstellung des Managers zu dem von ihm am wenigsten geschätzten Mitarbeiter abgebildet werden. Der LPC-Wert ergibt sich aus einer Einordnung der Eigenschaften des Führenden zwischen 16 Gegensatzpaaren, wie z. B. freundlich – unfreundlich (vgl. Tabelle 3.5.).

Die in der LPC-Skala enthaltenen Adjektive stellen Gegensatzpaare dar, die laut Fiedler für die ausfüllende Person als Instrument dienen, um zu beschreiben, mit welchem Mitarbeiter man am schlechtesten zusammenarbeiten kann. Diese Person braucht keineswegs gegenwärtig angestellt zu sein, sondern kann auch eine früher unterstellte Person betreffen. Fiedler interpretiert den LPC-Wert in der Weise, daß Individuen mit hohen LPC-Werten (also relativ günstigen Wertungen in Tabelle

[20] Vgl. Fiedler, F. E., A Contingency Model of Leadership Effectiveness, in: Berkowitz, L. (ed.), Advances in Experimental Social Psychology, Vol. 1, New York 1964, S. 149ff.; Fiedler, F. E., A Theory of Leadership Effectiveness, New York 1967.

Tabelle 3.5.

LPC-Skala nach Fiedler

Angenehm	8	7	6	5	4	3	2	1	Unangenehm
Freundlich	8	7	6	5	4	3	2	1	Unfreundlich
Ablehnend	1	2	3	4	5	6	7	8	Akzeptierend
Hilfsbereit	8	7	6	5	4	3	2	1	Frustriert
Kühl	1	2	3	4	5	6	7	8	Enthusiastisch
Verkrampft	1	2	3	4	5	6	7	8	Entspannt
Distanziert	1	2	3	4	5	6	7	8	Zusammengehörig
Kalt	1	2	3	4	5	6	7	8	Warm
Kooperativ	8	7	6	5	4	3	2	1	Unkooperativ
Unterstützend	8	7	6	5	4	3	2	1	Feindlich
Langweilig	1	2	3	4	5	6	7	8	Interessant
Streitsüchtig	1	2	3	4	5	6	7	8	Harmonisch
Selbstsicher	8	7	6	5	4	3	2	1	Unentschlossen
Effizient	8	7	6	5	4	3	2	1	Ineffizient
Düster	1	2	3	4	5	6	7	8	Heiter
Offen	8	7	6	5	4	3	2	1	Reserviert

Quelle:
Fiedler, F. E., A Theory of Leadership Effectiveness, New York 1967, S. 45.

3.5.) ihre Befriedigung stärker aus erfolgreichen interpersonalen Beziehungen ziehen, Personen mit niedrigen LPC-Werten dagegen stärker aus aufgabenbezogenen Aktivitäten.

Selbstverständlich können die mit solchen subjektiven Einschätzungen verknüpften prinzipiellen Probleme durch noch so raffinierte Korrelationsberechnungen nicht beseitigt werden. Insofern sind berechtigte Zweifel an der unmittelbaren Verknüpfung von LPC-Wert des Führers und Leistungen der Gruppe

Tabelle 3.6.
Typische Führungssituationen nach dem Günstigkeitsgrad

Situationstyp	Führer-Geführten-Beziehung	Aufgabenstruktur	Positionsmacht	Empfohlene Führung
I	Gut	Strukturiert	Hoch	Aufgabenorientiert
II	Gut	Strukturiert	Schwach	Aufgabenorientiert
III	Gut	Unstrukturiert	Hoch	Aufgabenorientiert
IV	Gut	Unstrukturiert	Schwach	Personenorientiert
V	Schlecht	Strukturiert	Hoch	Personenorientiert
VI	Schlecht	Strukturiert	Schwach	Keine Empfehlung
VII	Schlecht	Unstrukturiert	Hoch	Nicht personenorientiert
VIII	Schlecht	Unstrukturiert	Schwach	Aufgabenorientiert

anzumelden.[21] Generell gilt allerdings als sicher, daß die Einflußnahme des Managers auf die Geführten sich um so schwieriger gestaltet, je angespannter und feindseeliger die Beziehungen zwischen dem Manager und der jeweiligen Gruppe sind.

Fiedler unterschied in den drei Variablen der Situation jeweils nach zwei Extremen:
— gute bzw. schlechte Führer-Mitglieder-Beziehungen,
— starke und schwache Positionsmacht,
— hoch bzw. niedrig strukturierte Aufgaben.
Daraus lassen sich acht typische Situationen der Günstigkeit konstruieren (vgl. Tabelle 3.6.). Sie zielen darauf, Führungssituationen besser durchschaubar zu machen, können die prinzipiellen Schwierigkeiten eines solchen Vorhabens, die z. B. aus den subjektiven Einschätzungen resultieren, jedoch nicht beseitigen.

Fiedler kam auf empirischem Weg zu der Einsicht, daß in sehr günstigen und sehr ungünstigen Situationen eine erhöhte Aufgabenorientierung des Vorgesetzten zu erhöhter Gruppenleistung führt. Für dazwischenliegende Situationen empfiehlt Fiedler dagegen stärker Manager, die auf Mitarbeiterorientierung zum Leistungsanreiz setzen. Abbildung 3.8. zeigt anschaulich die empirisch begründeten Ergebnisse der Kontingenztheorie. Die Kritik an der Kontingenztheorie konzentriert sich sowohl auf die empirische Sicherheit als auch die Operationalität der Aussagen.

Darüber hinaus leuchtet ein, daß die Vielschichtigkeit einer beliebigen wirtschaftlichen Situation nicht eindeutig durch die drei Variablen Führer-Geführten-Beziehungen, Aufgabenstruktur und Positionsmacht beschrieben wird. Die für

[21] Vgl. ausführlicher zu Problemen der LPC-Skala: Kennedy jr., J. K., Middle LPC-Leaders and the Contingency Model of Leadership Effectiveness, in: Organizational Behavior and Human Performance (New York), August 1982, S. 1ff.

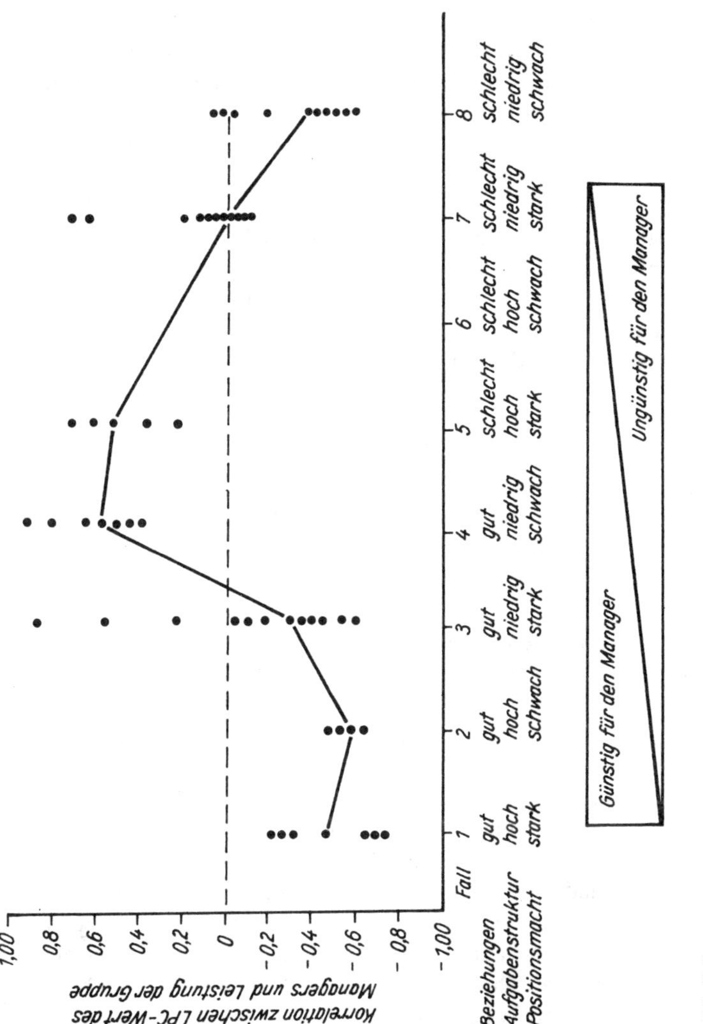

Abb. 3.8.
Empirische Befunde der Kontingenztheorie der Führung nach Fiedler

cinc ökonomische Messung typischen Kriterien (z. B. Profitrate) bleiben gänzlich unberücksichtigt. Das gleiche gilt übrigens auch für wechselseitige Beziehungen zwischen den drei Situationsvariablen selbst, die nicht eindeutig voneinander zu trennen sind. Aus Fiedlers Konzept geht auch nicht klar hervor, woran man die Führungsleistung eigentlich messen muß. Offensichtlich reichen einfache Produktivitätsgrößen nicht aus, weil damit die Mitarbeiterbeziehungen und ihre Stabilität unzureichend erfaßt werden.

Zweifellos hat die Kontingenztheorie der Führung jedoch wesentlich dazu beigetragen, daß allzu vereinfachte und mechanistische Vorstellungen vom Führungsverhalten im Management in Diskussion gerieten. Die Diskussion geht zum Teil sogar so weit, daß empfohlen wird, das Management ganz und gar situationsorientiert zu gestalten und denjenigen zum „Leader“ zu machen, der einen Ausweg aus einer Krisensituation erkennt.[22]

Situationstheoretisches Konzept der Führung

Zu den gegenwärtig am meisten angewandten bürgerlichen Führungskonzepten zählt das situationstheoretische Führungsmodell, wie es von Paul Hersey und Kenneth Blanchard entwickelt wurde.[23] Ursprünglich wurde dieses Führungsmodell als sogenanntes „Lebenszyklus“-Modell der Führung bezeichnet, dann jedoch mehrfach umbenannt. Die jüngste Variante ist in Abbildung 3.9. dargestellt.

Obwohl das Modell auf den ersten Blick dem von Blake und Mouton entwickelten *Managerial Grid* ähnelt, hat der von Hersey und Blanchard gewählte Ansatz eine andere Stoßrichtung. Hersey und Blanchard beziehen in ihre Überlegungen den Reifegrad des bzw. der Mitarbeiter im aufgabenbezogenen Verhalten ein. Die Autoren stellen zugleich mit den vier vorgeschlagenen Führungsstilen vier Reifegrade der Geführten im Sinne der Aufgabenlösung vor. (Abb. 3.9.)

Den Führungsstil *S 1* empfehlen Hersey und Blanchard für Geführte mit geringer Reife. Dabei wird von der Annahme ausgegangen, daß „unreife“ Mitarbeiter sowohl unwillig als auch unfähig sind, bestimmte Aufgaben zu lösen und daher straffes aufgabenorientiertes Diktieren (*Telling*) am effektivsten wirkt.

Für den Übergang der Individuen von niedriger zu mittlerer Reife im aufgabenbezogenen Verhalten empfiehlt das situationstheoretische Konzept den Führungsstil *S 2*, der auf Argumentieren (*Selling*) beruht und sowohl stark mitarbeiter- als auch stark aufgabenorientiert ist. Der Stil berücksichtigt, daß die Menschen zwar willig sind, ihre Aufgaben zu erfüllen, aber noch unfähig, auch Verantwortung für eine spezifische Funktion oder Aufgabe zu übernehmen.

Für den Übergang von mittlerer zu hoher Reife empfehlen Hersey und Blanchard den partizipativen Führungsstil *S 3* (*Participating*). Die Geführten haben zwar die Fähigkeit, spezifische Aufgaben zu lösen, aber es mangelt ihnen noch an Begeisterung und Selbstvertrauen, eventuell auch beidem. Der Manager gestattet den Geführten deshalb weitgehend, ihre Fähigkeiten einzusetzen und entwickelt vor allem die personalen Beziehungen, indem er zuhört und empfiehlt. Das Hauptaugenmerk gilt der Ausbildung von Selbstvertrauen.

[22] Vgl. Mockler, R. J., Situational Theory of Management, in: Harvard Business Review (Boston), 3/1971, S. 151. — Vgl. zur ausführlichen marxistischen Kritik des situationstheoretischen Konzepts: Milner, B. S./Tschishow, Je. A., Amerikanische bürgerliche Theorie der Leitung, Berlin 1979, S. 122ff.

[23] Hersey, P./Blanchard, K., Management of Organizational Behavior: Utilizing Human Resources, 4. Aufl., Englewood Cliffs (N.J.) 1982.

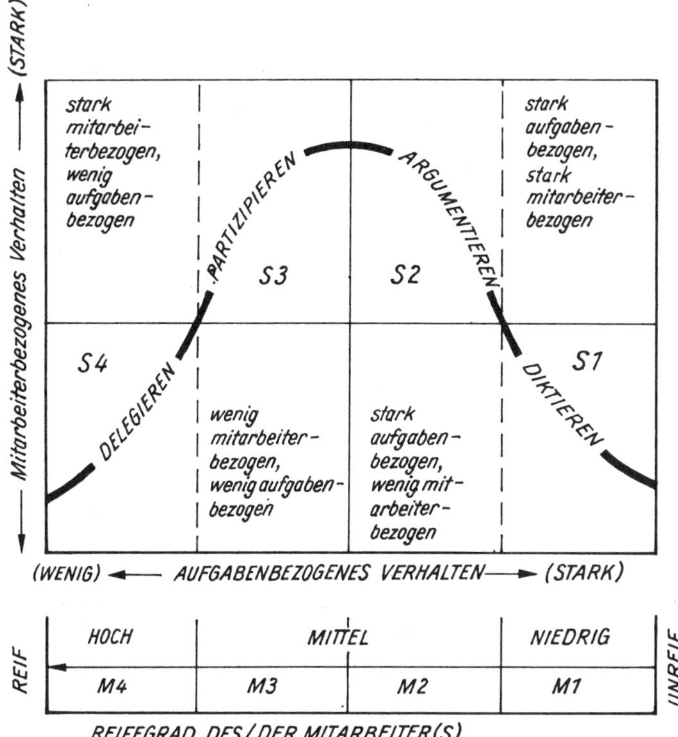

Abb. 3.9.
Führungsstile der situativen Führung nach Hersey und Blanchard

Persönlichkeiten mit hoher Reife arbeiten nach Auffassung von Hersey und Blanchard am besten unter sowohl weniger aufgaben- als auch wenig personenorientierter Führung (Führungsstil *S 4*, *Delegating*). Die Basis für diesen Stil ist eine in aufgabenorientierter wie persönlicher Hinsicht hochgradige Zielgerichtetheit und Selbstmotivation. Die Arbeit wird mit einem Minimum an Managerhilfe geleistet, weshalb viele Leitungsaufgaben delegiert werden können.

Die Frage, wie der Reifegrad der Geführten zu bestimmen sei, beantworten Hersey und Blanchard folgendermaßen:

1. Festlegen der Ziele bzw. Aufgaben, die von den Geführten beherrscht werden müssen;
2. Feststellen des Reifegrades der Geführten bzw. der Gruppe durch Bewertung von drei Faktoren

   - Leistungsmotivation, gemessen an der Fähigkeit der Geführten, hohe aber realistische Ziele zu setzen,

- Verantwortlichkeit, gemessen an der Fähigkeit und dem Willen der Geführten, Verantwortung zu übernehmen sowie
- Ausbildung/Erfahrung, gemessen an dem Bildungsniveau und den Erfahrungen, die zur Aufgabenbeherrschung erforderlich sind.

Nach Festlegen des Reifegrades (*M 1*, *M 2*, *M 3* oder *M 4*) wird empfohlen, eine senkrechte Linie bis zur Kurve des Führungsstils zu ziehen (vgl. Abb. 3.9.). Der Punkt, an dem sich die Linien schneiden, markiert dann das effektivste Herangehen des Managers an die Führung.

Bemerkenswert an dem situativen Herangehen nach dem Vorbild von Hersey und Blanchard ist, daß die Führungssituation in Zusammenhang gesehen wird mit:

— dem Reifegrad der Mitarbeiter, der sich aufgabenbezogen bzw. im Verlaufe der Zeit ändert, und
— den eigentlichen Zielsetzungen des Unternehmens sowie organisatorisch-strukturellen Gegebenheiten einschließlich Marktveränderungen.

Allerdings bleibt der „Reife-Test", meist in Form eines Gesprächs zwischen Mitarbeiter und Vorgesetzten, stark subjektiven Einschätzungen unterworfen und ist die Ableitung des „situativ" richtigen Führungsstils bezogen auf jeden einzelnen bzw. Gruppen zweifellos schwierig, weil der Manager viel Flexibilität im Spannungsfeld vom Delegieren bis zum Dirigieren beweisen muß. Unabdingbar verlangt die Nutzung des situativen Führungskonzepts auch genaue Kenntnis über einzelne bzw. die zu führenden Gruppen. Der eigentliche Nutzen dieses Führungskonzepts im Kapitalinteresse tritt auch erst dann ein, wenn der „Reifeprozeß" der Mitarbeiter durch den Manager zielstrebig gesteuert wird, das heißt sich in entsprechenden Personalentwicklungskonzepten niederschlägt.

Seitens des Top-Managements werden solche Konzepte keineswegs nur für die Geführten entwickelt, sondern auch für die Manager selbst, weil längst erkannt wurde, daß Management- bzw. Stilfehler erheblich Produktivität und Kreativität kosten können.[24] Die Messung des Führungsverhaltens bleibt dabei zweifellos ein schwieriges Problem, gerade wenn man über die meist verwendeten zwei Kriterien Aufgabenstrukturierung (*initiating-structure*) und die Rücksichtnahme auf den Mitarbeiter (*consideration*) hinausgeht und z. B. solche Aspekte zu berücksichtigen sucht, wie:

— freundliche Zuwendung und Respektierung der anderen,
— mitreißende und zur Leistung motivierende Manageraktivität,
— realer Grad der Mitbestimmung und Mitbeteiligung bei relevanten Entscheidungen,
— Intensität der Kontrolle im Managementprozeß sowie
— Führungs- und Arbeitsklima.

Da das Kapital die enormen Reserven erfolgreicher Führungstechniken klar erkannt hat, halten die Bemühungen zur Entwicklung neuer Konzepte an.

[24] Vgl. z. B.: Fittkau, B., Fragebogen zur Vorgesetztenverhaltensbeschreibung, Göttingen 1971.

„Management by"-Techniken

In den einzelnen „Management by"-Techniken reflektieren sich in spezifischer Weise die klassenbedingten Managementprinzipien. Dabei ist eine eindeutige Zuordnung einzelner Managementprinzipien zu bestimmten Methoden bzw. Techniken nur bedingt möglich, da in einzelnen Methoden oftmals mehrere Prinzipien vereinigt werden. Überhaupt muß an dieser Stelle betont werden, daß sich die einzelnen Managementtechniken nicht etwa gegenseitig ausschließen, sondern oftmals erst in ihrer Verknüpfung die vom Kapital gewünschte Wirksamkeit erzielen. Wesentliche gemeinsame Nutzeffekte der Anwendung bestimmter Managementtechniken werden demzufolge in folgenden Effekten gesehen[25]:

— in der vielfach zu erreichenden Vereinfachung der Leitungsaufgaben durch Unterstützung mittels einprägsamer Regeln und Prinzipien;
— in der Vorgabe von „Handlungsheuristiken", die dennoch nicht als starre Mechanismen oder unveränderbare Anweisungen aufzufassen sind;
— in der Sicherung einer sich selbst regulierenden und selbständigen Arbeitsweise der Mitarbeiter ohne dauernde Kontrolle und korrigierendes Eingreifen der Führungskräfte;
— in der Rentabilität der Anwendung hinsichtlich des Kosten-Nutzen-Verhältnisses für die Unternehmen;
— im meßbaren Erfolg der zugrundeliegenden Managementmethoden zur Erreichung bestimmter Leistungen.

Als Übersichtsdarstellung für die Zuordnung der im weiteren näher zu analysierenden „Management by"-Techniken kann Abbildung 3.10. dienen. (Abb. 3.10.)

Im weiteren werden für die genannten Managementtechniken
— das grundlegende Konzept,
— wesentliche Ablaufschritte und Elemente,
— typische Einzelmethoden der jeweiligen Technik,
— die wichtigsten Anwendungsgebiete sowie
— die jeweiligen Vor- und Nachteile
übersichtsmäßig erläutert und kurz gewertet.

Management by Objectives

Das *Management by Objectives* (im weiteren abgekürzt *MbO*) ist ein Führungsmodell, das die Problematik der Zielsetzung in den Mittelpunkt des Managementprozesses rückt. Es kann zweifellos neben bestimmten Managementmethoden zur Lösung von Delegationsproblemen als eines der am weitesten ver-

[25] Vgl. Managementenzyklopädie, Bd. 4, a. a. O., S. 344.

[26] Vgl. Grundlagen der Management-by-Konzepte, in: RKW-Handbuch Führungstechnik und Organisation, hg. von E. Potthoff, Loseblattausg. 1978ff., Bd. 1, Abschn. 2022, S. 5.

Management-Konzept	Merkmal																
	Grundorientierung		Koordinationsinstrumente					Kontrolle		Partizipation				Mitarbeiterführung			
	aufgaben-orientiert	personen-orientiert	Einzel-anweisungen	Programme und Regeln	Stellenbe-schreibungen	Fixierung der Kernaufgaben	Ziele	verfahrens-orientiert	ergebnis-orientiert	Planung durch Vorgesetzte	Planung im Team	Kontrolle durch Vor-gesetzte	Kontrolle im Team	zielorientierte Leistungs-beurtei-lung	monetäre Anreize	nichtmonetäre Anreize	Personal-entwickl.
Management by Direction and Control	×		×														
Management by Exception	×			×			×	×	×	×		×					
Management by Decision Rules	×			×				×		×		×					
Management by Motivation		×					(×)		(×)		×		×		×	×	
Management by Participation		×					(×)		(×)		×		×				
Management by Delegation	×			×	×		×	×	×	×		×			×		
Management by Results	×				(×)	×	×		×	×		×		×	×		
Management by Objectives	×	×			(×)	×	×		×		×		×	×	×	×	×

Abb. 3.10.
Übersichtsdarstellung zur Einordnung ausgewählter „Management by"-Techniken

breiteten Managementmodelle angesehen werden. Die Übersetzung von „*MbO*“ erfolgt nicht einheitlich, denn sowohl „Führung durch Zielsetzung“, „Führung durch Zielvorgabe“ als auch „Führung durch Zielvereinbarung“ sind gebräuchlich. In den meisten deutschsprachigen Managementarbeiten wird allerdings auf eine Übersetzung verzichtet und „*MbO*“ als „Führung durch Zielvereinbarung“ interpretiert.

Das Konzept entstand in den fünfziger Jahren in der US-amerikanischen Managementpraxis und erlangte durch Arbeiten von Odiorne, Drucker und Humble große Verbreitung in der kapitalistischen Unternehmensführung.[27]

„MbO kann kurz beschrieben werden als ein Prozeß, in dem Vorgesetzte und Untergebene gemeinsam Zielsetzungen erarbeiten und den Aufgabenbereich jedes einzelnen und seine Verantwortlichkeit nach dem von ihm erwarteten Ergebnis festlegen.“[28] Dieses Grundkonzept des *MbO* geht von folgenden Prämissen aus:

— die Wahrscheinlichkeit, ein bestimmtes Ziel zu erreichen, ist um so größer, je genauer man weiß, was man erzielen will und um so mehr man sich mit diesem Ziel identifizieren kann;
— die Chancen der effektiven Zielerreichung und des Gesamterfolges von Unternehmen aller Art steigen um so mehr, je genauer die Fortschritte zur Zielerreichung gemessen werden können und je klarer Versäumnisse in ihrer Bedeutung für die Zielerreichung erkannt werden.

Analysiert man den Ablauf und wesentliche Elemente des *MbO*, wie sie in der bürgerlichen Theorie und Praxis beschrieben werden, sind folgende Schritte zu unterscheiden[29]:

1. Die Unternehmensleitung legt die Gesamtziele der Konzernpolitik und -strategie fest und informiert die Mitarbeiter.

2. Die jeweils untergeordneten Ebenen leiten aus den vorgegebenen Gesamtzielen ihre Zielstellungen ab, wobei die Organisationsstruktur anzupassen ist.

3. In Gesprächen mit jedem einzelnen Mitarbeiter werden seine „Einzelziele“ konkretisiert, d. h. vorgegeben oder vereinbart, so daß klare Verantwortlichkeiten für die Zielsetzungen gegeben sind. Diese Festlegungen werden an die nächsthöhere Leitungsebene zurückgemeldet und können zu erneuten Zielkorrekturen führen.

4. Akzeptierte Zielsetzungen werden Bewertungsmaßstab für die Beurteilung des Mitarbeiters und seiner Leistungen, d. h. jeder Mitarbeiter kennt die Maßstäbe für die Ergebnisse seiner Tätigkeit und seinen Verantwortungsbereich.

[27] Vgl. Odiorne, G. S., Management by Objectives — Führung durch Vorgabe von Zielen, München 1966; Drucker, P. F., The Practice of Management, New York 1956; Humble, J. W., Management by Objectives in Action, London 1970.

[28] Odiorne, G. S., Management by Objectives — Führung durch Vorgabe von Zielen, a. a. O., S. 99.

[29] Vgl. Neuberger, O., Organisation und Führung, Stuttgart 1977, S. 64.

5. Es erfolgt eine ständige Kontrolle der Zielerreichung anhand von Soll-Ist-Vergleichen und in Verbindung damit eine kontinuierliche Beurteilung der Mitarbeiter zu den jeweils festgelegten Kontrollterminen.

6. Ausgehend von den Kontrollergebnissen und hiermit meistens verbundenen Kontrollgesprächen werden Konsequenzen für künftige Zielsetzungen und jeden einzelnen Mitarbeiter abgeleitet und davon gleichzeitig Schlußfolgerungen für die Veränderung der Arbeitsweise abgeleitet.

Der Ablauf des *MbO* ist in Abbildung 3.11. dargestellt. (Abb. 3.11.)

Diese Schrittfolge zeigt, daß das *MbO* nur dann Erfolgschancen hat, wenn das gesamte System von der Unternehmensspitze aus eingeführt wird und eine Reihe der hiermit objektiv verbundenen Probleme methodisch befriedigend ge-

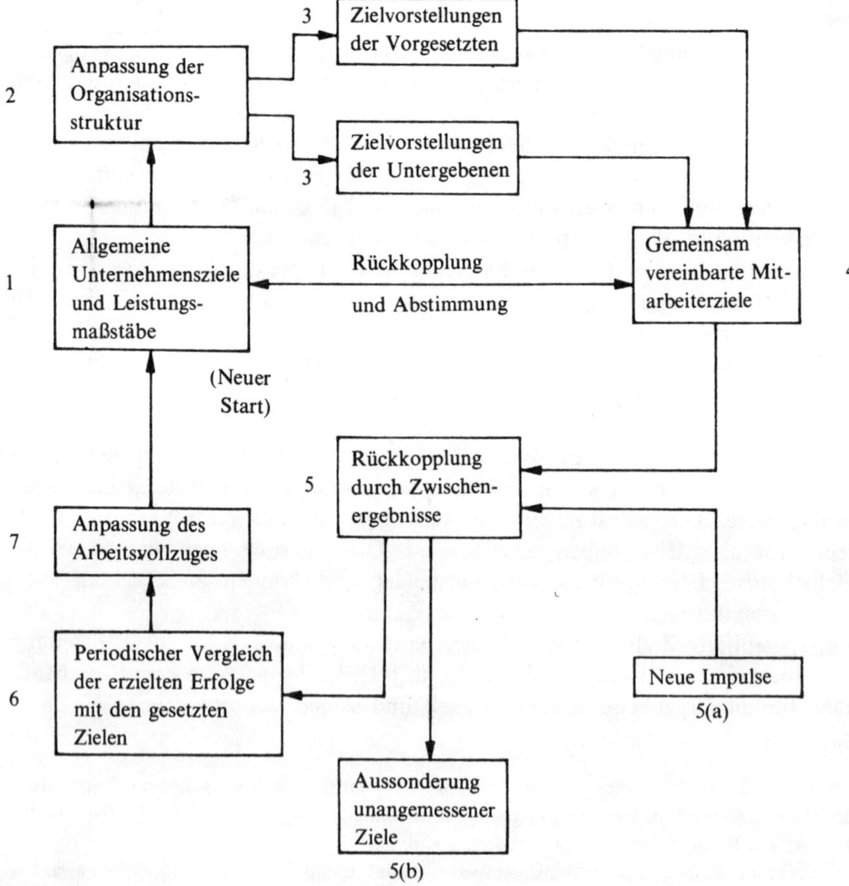

Abb. 3.11.
Ablauf des Management by Objectives

klärt werden kann. Das Zentralproblem besteht hierbei zweifellos in der Grundprämisse der Zielorientierung der Mitarbeiter selbst gegenüber der bloßen Verhaltens- bzw. Funktionsorientierung. Zunächst müssen angesichts der objektiv wachsenden Bedeutung der Zielforschung und -festlegung für jedes Unternehmen die dafür gültigen Prinzipien und verwendeten Einzelmethoden näher analysiert werden. Hierbei werden sofort zwei für die kapitalistische Wirtschaftsführung ganz typische schwerwiegende Widersprüche deutlich.

Erstens besteht ein unlösbarer Widerspruch in dem offiziellen Anspruch des *MbO*, die Mitarbeiter auch an der zentralen Zielsetzung der Unternehmensstrategie insgesamt zu beteiligen und der unleugbaren Tatsache des eindeutigen Ausschlusses der Mitarbeiter, insbesondere der Werktätigen, bei unternehmens- wie sozialpolitisch wirklich wichtigen Fragestellungen. Selbst in der bürgerlichen Literatur wird nur recht vage beschrieben, wie die Ziele festgelegt werden. So betont Odiorne in seinem Standardwerk zum *MbO*, daß die Zielbestimmung vom jeweiligen Vorgesetzten zu erfolgen hat.[30] Drucker spricht sich zwar für die Beteiligung von Mitarbeitern an den Zielen der nächsthöheren Ebene aus, unterstreicht aber zugleich, daß die Ziele der Stelleninhaber von oben „gesetzt" werden müssen.[31] Da das *MbO* insbesondere durch die Arbeiten Druckers in den fünfziger Jahren von den USA ausgehend weite Verbreitung fand, ist das Setzen der Ziele durch Vorgesetzte in vielen Fällen bis heute unverändertes Prinzip des *MbO*. Selbst bei anderen Theoretikern, so etwa in Humbles Arbeit, wird nicht richtig klar, wie die Ziele zwischen Vorgesetzten bzw. Mitarbeitern konkret „ausgehandelt" bzw. „vereinbart" werden und wie dabei die Einflußmöglichkeiten konkret verteilt sind.[32] Diese Praxis wird auch durch den genannten Grundsatz der Festlegung der Gesamtziele für das Unternehmen durch das Top-Management unumwunden zugegeben. Von daher handelt es sich bei jeder Art *MbO* letztlich nur um eine partielle Führung durch Zielvorgaben.

Ein zweiter Widerspruch besteht zwischen den komplexen und oftmals wenig operational verwendbaren dynamischen Unternehmenszielstellungen als Ganzes und den detaillierten, stabilen Anforderungen für Einzelzielsetzungen auf Bereichs- bzw. Abteilungsebene. Hierbei handelt es sich um ein objektiv gegebenes Problem der widerspruchsfreien Aggregation von Einzelzielen zu Gesamtzielen und umgekehrt der Desaggregation komplexer Ziele in verflochtene bilanzierte Einzelgrößen. In großen Unternehmen bzw. Bereichen verlieren die Mitarbeiter nicht selten die Übersicht. Daher kann der Zusammenhang von Einzelzielen mit den großen Unternehmenszielen verloren gehen. Gleichzeitig entstehen häufig Kontroversen auf Grund mangelnder Kompatibilität der Einzelziele

[30] Odiorne, G. S., Management by Objectives — Führung durch Vorgabe von Zielen, a. a. O., S. 89ff.

[31] Drucker, P. F., Praxis des Managements, Düsseldorf 1956, S. 159ff.; ders., Neue Management-Praxis, Bd. 2: Methoden, Düsseldorf—Wien 1972, S. 90ff.

[32] Vgl. Humble, W. J., Praxis des Management by Objectives, München 1972, S. 404ff.

zwischen verschiedenen Abteilungen bzw. auch innerhalb einzelner Bereiche, was durch die kapitalistische Politik der Konkurrenz verschiedener Bereiche und Abteilungen eines Unternehmens um die stets limitierten Mittel noch verschärft wird. Über die methodischen Schwierigkeiten der hierarchischen Zielgliederung und ihrer logisch-analytischen Verflechtung hinaus, besteht ein wesentliches Problem in der inhaltlichen Zielfestlegung selbst.

Laut *MbO* gilt es, für jeden Mitarbeiter die Ziele gesondert festzulegen, und zwar nach vier Kategorien:
— Ziele aus Routineaufgaben,
— Ziele aus Problemlösungen,
— schöpferische Ziele und
— persönliche Ziele.

Jeder Mitarbeiter unterbreitet seine Vorschläge entsprechend den übergeordneten Zielen. In der Regel werden in einem Gespräch die endgültigen Ziele fixiert, die bei eventuellen Aufgabenkorrekturen geändert werden. Das Niveau der Zielfestlegung bestimmt damit den Erfolg des *MbO* entscheidend, und es werden zahlreiche Bemühungen unternommen, durch Vorgabe von Kriterien für die Festlegung von Einzelzielen größere Treffsicherheiten zu erreichen. Zu den wichtigsten Kriterien für die Verbesserung der Zielsetzungen zählen[33]:
— klare und widerspruchsfreie Zielformulierungen,
— operationale und schriftliche Zielfixierungen,
— Vorgabe von erreichbaren, realistischen und zugleich herausfordernden Zielen,
— zeitliche Terminisierung der Ziele, einschließlich der Angaben für Kontrollpunkte,
— möglichst quantitative Zielbestimmung neben den qualitativen Charakteristika,
— Anordnung der Ziele in einer Prioritätenreihe,
— Zurechenbarkeit der Ziele für Einzelpersonen sowie
— partizipative Ermittlung der Zielstellungen.

Bürgerliche Theoretiker schätzen ein, daß die Gesamtheit dieser Forderungen in der konkreten betrieblichen Praxis nur schwer erfüllbar ist und zahlreiche Probleme aufgeworfen werden. Zu den gravierendsten, durch die allgemein anerkannten *MbO*-Regeln nur unzureichend geklärten Fragen gehören Informationsprobleme in allen Phasen der Zielableitung und -vereinbarung, aber auch bei der Zielkontrolle und bei den eventuell erforderlichen Zielkorrekturen. Überhaupt bleibt offen, wie mit Hilfe des *MbO* eine so wichtige Problematik wie die dynamische Zielfestlegung bewältigt werden kann. Da die Zieldynamik besonders in innovativen Unternehmen eine elementare Erfolgsgrundlage darstellt, liegt hier ein ungelöstes Schlüsselproblem eines statisch verstandenen *MbO*, wobei zugleich zu beachten ist, daß zu häufige Zielkorrekturen naturgemäß die Ziel-

[33] Vgl. Neuberger, O., Organisation und Führung, a. a. O., S. 64.

glaubwürdigkeit untergraben und dadurch das *MbO* als isolierte Führungstechnik überhaupt in Frage stellen.

Zu den insgesamt bedeutsamen Schlüsselgebieten, für die exakte Ziele vorzugeben sind, zählen nach Auffassung des langjährigen Unternehmensberaters und vielzitierten amerikanischen Managementtheoretikers Peter F. Drucker:

— Marketing,
— Innovation,
— menschliche Organisation,
— finanzielle Mittel,
— materielle Mittel,
— Produktivität,
— soziale Verantwortung und natürlich, jedoch scheinbar nebensächlich,
— „Gewinnbedarf" (Profiterwartungen!).[34]

Präzisierend schätzt Drucker ein: „Marketing und Innovation sind die Grundgebiete für Zielsetzungen. Das sind die beiden Gebiete, in denen ein Unternehmen seine Ergebnisse erzielt."[35] Diese explizite Betonung dynamischer Zielsetzungsfähigkeiten läßt ernsthafte Zweifel zu, ob das *Management by Objectives* den wachsenden innovativen Aufgaben überhaupt Rechnung tragen kann.[36]

Für die Mitarbeiterziele verwenden viele Unternehmen Formulare über die konkreten Zielvereinbarungen, wie sie beispielsweise Tabelle 3.7. zeigt. (Tabelle 3.7.)

Bei der Auswertung und Bewertung der Zielerreichung treten naturgemäß analoge Fragen wie bei der Zielbildung auf. So fragt Neuberger beispielsweise bei der Charakteristik des *MbO* mit Recht[37]: „Identifiziert sich der einzelne Mitarbeiter mit den Organisationszielen bzw. den für ihn abgeleiteten Einzelzielen?" — „Erfassen die Zielsetzungen alle wichtigen Aktivitäten?" — „Ist der einzelne tatsächlich verantwortlich für (Miß)-Erfolge?" — „Werden Zielerreichungen angemessen und verläßlich belohnt?" — „Sind die Zielniveaus der verschiedenen Mitarbeiter vergleichbar?" — „Werden auch die persönlichen Ziele der Mitarbeiter definiert und angestrebt?"

Auf diese und ähnliche konkrete Fragen wird durch die *MbO*-Regelungen nur eine recht unkonkrete und kaum befriedigende Antwort gegeben. Teilweise wird der hohe Kontrollaufwand (Kontrolle und „Rückkopplung" sind naturgemäß Zentralelemente des *MbO*) auch als verdächtig nahe beim Taylorismus stehend charakterisiert. Hieraus resultieren Zweifel am ganzen „Fortschrittscharakter"

[34] Drucker, P. F., Neue Management-Praxis, Bd. 1: Aufgaben, a. a. O., S. 165.

[35] Ebenda, S. 168.

[36] Vgl. dazu: Küppers, H., Innovation und Management. Zur innovationstheoretischen Analyse moderner Managementkonzeptionen — Entwicklung eines umfassenden Bezugsrahmens und Grundzüge seiner Anwendung (Dissertation), Hamburg 1975, S. 276ff.

[37] Neuberger, O., Organisation und Führung, a. a. O., S. 64.

Tabelle 3.7.
Aufbau von Formularen für Zielvereinbarungen

Zielvorgaben und Leistungsbeurteilung							Vertraulich
Name			Stellenbezeichnung				
Vorname			Ressort				
Geb.-Jahr			In dieser Stelle tätig seit				
Haupt-aufgaben	Zielver-einbarungen	Voraus-setzungen	Zielerreichung			Bemer-kungen	Leistungs-beurteilung
			Ja	Nein	Datum		

Zusammengefaßte Leistungsbeurteilung (vom Vorgesetzten auszufüllen)
Bewerten Sie die Gesamtleistung Ihres Mitarbeiters, ausgehend von der Leistungsbeurteilung bei den einzelnen Zielvorgaben. Kreuzen Sie an, wie Ihr Mitarbeiter den Leistungsanforderungen entsprach, die normalerweise erforderlich sind, um die Ziele zu erreichen.

weit übertroffen	☐	zum großen Teil entsprochen	☐
übertroffen	☐	zum Teil entsprochen	☐
voll entsprochen	☐	selten entsprochen	☐

Kommentar (soweit erforderlich: Stellungnahme des Mitarbeiters/Vorgesetzten zur Leistungsbeurteilung/allgemeine leistungshemmende und -fördernde Faktoren/organisatorische Veränderungen am Arbeitsplatz)

Datum
Unterschrift des Vorgesetzten — Unterschrift des Mitarbeiters

Quelle:
Zusammengestellt aus: RKW-Handbuch Führungstechnik und Organisation, Bd. 1, 3. und 4. Lieferung, Berlin (West) 1978 und 1980, Abschn. 1098 und 2022.

des *Management by Objectives*, wie sie beispielsweise von Wild offen ausgesprochen werden.[38] Nicht selten wird das von seinen Verfechtern so hoch gelobte *MbO*-Modell auch als ein „repressives System" oder als „Taylorismus für das Management" charakterisiert.[39]

[38] Vgl. Wild, J., Unterentwickeltes Management by . . ., in: Manager Magazin (Hamburg), 10/1972, S. 63.

[39] Vgl. Neuberger, O., Organisation und Führung, a. a. O., S. 64.

So sind auch jüngere Anstrengungen zu werten, die verhaltensbedingte Mängel der „klassischen“ *MbO*-Techniken zu überwinden suchen, wie im Ansatz zur Entwicklung eines *Participative Management by Objectives*“ (*PMbO*) deutlich wird.[40] Das „Loch“ im „klassischen“ System der Teilnahme von Mitarbeitern am Spitzenzielsetzungs- und Desaggregationsproblem ist unverkennbar und soll durch stärkere Berücksichtigung verhaltensorientierter Aspekte überwunden werden.

Allen Ansätzen zur Milderung derartiger Schwächen der *MbO*-Praktiken bleibt jedoch gemein, daß sie die durch das kapitalistische Wirtschaftssystem selbst gesetzten Schranken niemals überwinden können. Das schließt keineswegs aus, daß durch Beteiligung der unteren Ebenen am Zielsetzungsprozeß der vorgesetzten Ebene größere Zielrealität und Koordinationsmöglichkeiten gegeben sind, daß größere Einsichten in die Zielhierarchie und Abstimmungen bei der Zielfixierung das Arbeitsklima wesentlich verbessern und nicht zuletzt diejenigen, die an der Zielerarbeitung beteiligt sind, mehr Interesse und Verantwortung für die Zielerreichung zeigen können.

Stellt man die Vor- und Nachteile des *Management by Objectives* insgesamt zusammen[41], so werden als Vorteile von beteiligten Mitarbeitern oft genannt:

- Man weiß, was von einem erwartet wird und wo man steht.
- Man wird zur Planung gezwungen.
- Man muß sich verstärkt mit anderen Abteilungen abstimmen, der Zusammenhang der eigenen Aufgaben mit den Unternehmenszielen wird aufgezeigt; spontane Koordination und Kooperation werden angeregt.
- Die Kommunikation zwischen Vorgesetzten und Mitarbeitern wird (durch Zielsetzungs- und Kontrollgespräche) intensiviert.
- Es werden jene Ziele aufgezeigt, auf die Organisation tatsächlich Wert legt (Leerformeln und Lippenbekenntnisse werden entlarvt.)
- Man wird vom Detail befreit, weil man sich auf „Schlüsselgebiete“ (Aufgaben von zentraler Bedeutung) konzentrieren kann.
- Das System bindet die Belohnung an die Leistung.
- Es ist ein subtiler Anreiz, sich mehr anzustrengen.
- MbO trägt zur Führungskräfte-Entwicklung bei und erlaubt die Einschätzung von Führungspotential.
- Es zeigen sich Ansatzpunkte („Problemfelder“) für notwendige Ausbildungs- und Organisationsmaßnahmen.
- Präzise Zielvorgaben erlauben bessere und fairere Kontrollen.

[40] Vgl. Papin, J.-P./Fitch, H. G., Participative Management by Objectives (PMBO), in: Management International Review (Wiesbaden), 4/1977, S. 69ff.

[41] Vgl. Neuberger, O., Organisation und Führung, a. a. O., S. 64.

Als Probleme oder Nachteile von *MbO* werden genannt:

- Es sind ein außergewöhnlicher „Papierkrieg" („Zahlenfriedhöfe"), viele Sitzungen und Diskussionen nötig.
- Das System schläft nach anfänglicher Begeisterung wieder ein; Ziele werden zu tief oder unrealistisch hoch angesetzt.
- Das notwendige *Feedback* (Rückkopplung) wird nicht ausreichend oder verspätet gegeben.
- Es halten sich nicht alle Organisationsmitglieder an das System; das Programm wird manchmal vom Top-Management nicht nachhaltig unterstützt.
- Es ist nicht wünschenswert, sich auf konkrete Ziele festzulegen, weil dies den Entscheidungsspielraum und die Flexibilität einengt und die kreative Suche nach neuen Zielen behindert.
- Es werden meist einseitig quantitativ formulierbare Ziele bevorzugt, dabei werden wichtige qualitative Ziele außer acht gelassen. In vielen Bereichen können gar keine sinnvollen quantitativen Ziele gesetzt werden.
- Es wird eine „Erosion" der Autorität wegen der Mitsprache der Mitarbeiter bei der Zielformulierung befürchtet.
- Die individuelle Erfolgszurechnung isoliert den einzelnen, anstatt ihn zur Kooperation zu zwingen.
- Die notwendigen Kontrollgespräche vergiften das Klima und bleiben ergebnislos. Sie finden zu selten statt; Zahlen und Statistiken werden „frisiert".
- Mit hohen Zielen werden oft nicht zugleich die entsprechenden Kompetenzen übertragen.
- Es ist nicht klar, welche Kosten die Einführung des *MbO* mit sich bringt, was an den komplexen *MbO*-Programmen für welche Wirkungen verantwortlich ist.
- Im Laufe der Zeit können sich externe Bedingungen so sehr ändern, daß die anfangs gesetzten Ziele praktisch bedeutungslos geworden sind.
- Über die langfristigen Wirkungen von *MbO* liegen keine Erkenntnisse vor.

Vom Anwendungsgebiet her ist der *MbO*-Ansatz nach Auffassung seiner Hauptvertreter für alle Wettbewerbssituationen geeignet, während kritischer eingestellte Theoretiker die Anwendbarkeit stärker auf stabile System- und Umweltbeziehungen und damit verbundene stark strukturierte Probleme eingrenzen.

Im Sinne der zeitlichen Dimension der Zielfestlegungen bleibt ferner unklar, wie lang-, mittel- und kurzfristige Zielsetzungen miteinander verknüpft und welche methodischen Instrumentarien dazu im einzelnen genutzt werden können. Diese Problematik wird dadurch verschärft, daß in der Regel die Divergenz von lang- und kurzfristigen Zielsetzungen zwischen der Zentrale und den Bereichen zunimmt. Erfahrungsgemäß verfolgen die einzelnen Bereiche eher kurzfristige Ziele, während die Unternehmensleitung stärker langfristige Ziele, die die Profitabilität und Lebensfähigkeit auf lange Sicht sichern sollen, im Auge behalten muß. In einzelnen Konzernen wird dieser Problematik daher besondere Aufmerksamkeit gewidmet, wie beispielsweise im Zielsystem der *General Motors Company*. Es umfaßt als typische Ziele in der Reihenfolge nach Angaben der Unternehmensleitung[42]:

1. Profitability (Profitabilität),
2. Market position (Marktstellung),
3. Productivity (Produktivität),
4. Product leadership (Marktführung),
5. Personnel development (Führungskräfteentwicklung),
6. Employee attitudes (Mitarbeiterverhalten),
7. Public responsibility (öffentliche Meinung und Verantwortung),
8. Balance between short-range and long-range goals (Ausgleich zwischen kurz- und langfristigen Zielen).

Insgesamt ist einzuschätzen, daß die Gefahr einer falschen Handhabung des *MbO*-Konzepts stets besteht, wie auch im *RKW-Handbuch Führungstechnik und Organisation* eingeschätzt wird: „Man glaubt Management by Objectives anzuwenden, praktiziert aber in Wirklichkeit ein streng autoritäres Management by Results. Die Übergänge zwischen beiden sind fließend. Das Managementsystem entwickelt sich in Unternehmungen, die diesem Irrtum unterlegen sind, in der Tat leicht zu einem repressiven, einseitig auf die Stärkung der Vorgesetztenposition ausgerichteten Kontrollinstrument mit allen bedenklichen Folgen hinsichtlich Mitarbeitermotivation und Betriebsklima."[43]

Management by Results

Unter dem Aspekt der profitorientierten Vorgabe von Zielsetzungen und der Ergebnisverantwortung der Manager schließt das *Management by Objectives* das Prinzip des *Management by Results* (*MbR*) ein.

Vom grundsätzlichen Konzept her wird dabei von der These ausgegangen, daß es nicht ausreicht, nur die Ziele bzw. Aufgaben zu stellen, sondern daß für ein effektives Management eine ständige Kontrolle unerläßlich ist.[44] Hierbei wird unterstellt, daß die ständige ergebnisorientierte Leistungskontrolle hinsichtlich der Managementleistung fördernd wirkt. Im Taylorschen Sinne wird dabei davon ausgegangen, daß ausschließlich monetäre Anreize Leistungssteigerungen bewirkten. Die bürgerlichen empirischen Untersuchungen zur Motivation von Leistungssteigerungen haben jedoch deutlich andere Ergebnisse erbracht, so daß sich diese vereinfachende Annahme der „*Scientific Management*-Schule" nicht als

[42] Vgl. Anthony, R. N./Dearden, J./Vancil, R. F., Management Control Systems, Cases and Readings, Homewood 1965, S. 92.

[43] RKW-Handbuch Führungstechnik und Organisation, hg. von E. Potthoff, Loseblattausg., Berlin(West) 1978ff., Bd. 1, Abschn. 2022, S. 22.

[44] Drucker, P. E., Managing for Results, New York 1964; Schleh, E. C., M. b. R., New York 1961; McConkey, D. D., How to Manage by Results, New York 1967; Deyhle, A., Gewinn-Management, München 1971.

uneingeschränkt haltbar erwiesen hat, wie noch näher gezeigt wird. Im Grunde genommen offenbart sich das *MbR* als eine Methode, die lediglich vom Namen her eine Neuerung gegenüber anderen autoritären Leitungsmethoden darstellt, vor allem aus sorgfältigen Ergebnisanalysen abgeleitet. Sie konzentrieren sich auf die

- Sicherung bestmöglicher Ergebnisse aller Unternehmensbereiche,
- rechtzeitige und umfassende Erkenntnis und Verwirklichung potentieller Gewinnmöglichkeiten sowie
- laufende Anpassung der Zielstellungen an neue und künftige bedeutsame Entwicklungen.

Dabei wird das kapitalistische Unternehmen als Teilsystem in einer dynamischen Umwelt verstanden, das es besonders verstehen muß, die Möglichkeiten seiner Leistungsfähigkeit zu erkennen in Relation zu den verfügbaren Mitteln und unter realistischer Kalkulation der Ergebnisse. Eine Grundannahme besteht hierbei darin, daß die Erfolge durch richtige Ausnutzung der Möglichkeiten, nicht allein der alternativen Problemlösungen, erzielt werden. Als Credo gilt: Um Erfolge zu erzielen, sind die Mittel auf die Möglichkeiten, und nicht auf Probleme zu beziehen. Eine entscheidende Aufgabe bestehe demgemäß darin, die Möglichkeiten durch das Management aufzudecken und durch Konzentration der Mittel auf die ertrag-(profit-)reichsten Möglichkeiten, Erfolge zu erzielen. Als unangebrachte und geradezu falsche Führungsmethode gilt dagegen eine einfache „Normalverteilung" der Mittel und Kapazitäten bzw. die oft kritisierte „Gießkannen-Disposition".

Das *MbR* offenbart sich somit als eine Managementtechnik, die weitgehend von finanziellen Größen ausgeht. Das erfordert, die Ziele und Kriterien zur Ergebniskontrolle primär anhand monetärer Größen festzulegen, was naturgemäß zahlreiche Probleme der Messung und Bewertung nach sich zieht. Die Orientierung des *MbR* auf Kosten- bzw. Ergebnisgrößen der unternehmerischen Tätigkeit kennzeichnet dieses Prinzip offen als eine Methode, die in besonderer Weise an den Zielen und Kriterien der Profitwirtschaft orientiert ist. Bei der praktischen Anwendung spielen daher kosten-analytische und methodische Bewertungsprobleme eine besondere Rolle. Ausgangspunkt ist hierbei stets die genaue Bestimmung und Messung der erzielten Leistung und Erträge.

Typische Kriterien für die Ergebnis- bzw. Leistungsmessung sind dabei:

- die Analyse der „Verdiener" von heute (gemeint sind z. B. die profitabelsten Erzeugnisse);
- die Bestimmung entwicklungsfähiger profitabler Produkte;
- die Ermittlung von „Flops" (Fehlschlägen bzw. Versagern) usw.

Besonderes Augenmerk gilt es nach der *MbR*-Philosophie den profitabelsten Produkten und Leistungen zu schenken. Exakt muß ausgewiesen werden, welchen Anteil an den Profiten im einzelnen Betriebe, Abteilungen, Produkte, Märkte, Absatzorgane usw. haben. Genau so gründlich sind die Ergebnisse den Kosten gegenüberzustellen und regelrechte Kostenströme und Kostensenkungsprogramme zu erstellen. Auch hier sollten vor allen diejenigen Bereiche zuerst beginnen, deren Kosten am meisten ins Gewicht fallen.

Als elementarer Grundsatz betont das *MbR*-Konzept immer wieder:

1. denjenigen Produkten die größte Aufmerksamkeit zu schenken, die als Erfolgsprodukte gelten;
2. das bestqualifizierte Personal auf die lukrativsten Aufgaben zu konzentrieren, die den größten Gewinn abwerfen und nicht etwa, wie oft praktiziert, auf die schwierigsten Aufgaben;
3. die Aus- und Weiterbildungsmaßnahmen gilt es auf die ertragreichsten Ergebnisgebiete zu konzentrieren;
4. es sollte weniger an der Beseitigung der Schwächen der Mitarbeiter als am Ausbau ihrer Stärken gearbeitet werden;
5. mit der Ergebniskontrolle sollte auch die Ergebnisverantwortung gestärkt werden.

Die Analysen richten sich auf das Unternehmen als Ganzes, seine Erträge, verfügbaren Ressourcen, Marktpositionen, Know-how-Vorteile usw. Einen besonderen Schwerpunkt bilden den Prinzipien des *MbR* entsprechend Kostenanalysen. Sie zielen insbesondere auf die exakte Durchdringung der Kostenstruktur hinsichtlich:

— der wichtigsten kostenverursachenden Faktoren,
— des gesamten Geschäftsablaufes als Kostenflußschema sowie
— der relativen Größenordnung einzelner Kostenarten.

Es braucht nicht betont zu werden, daß diese Kostenkontrollen auf größtmögliche Kostensenkungen abzielen und Entscheidungen beim MbR stets unter Beachtung von Chancen und Risiken, Mittel- und Zeitbedarf usw. profitorientiert erfolgen.

In der Managementpraxis erlangt unter dem Einfluß ergebnisgesteuerter Managementprinzipien eine Reihe von Fragen besonders gegenwärtig neues Gewicht. Zu den am meisten diskutierten Problemen zählen hierbei:

1. Wie können die Ergebnisse betrieblicher Teilbereiche kosten- bzw. preistheoretisch so quantifiziert werden, daß sie zur Beurteilung der Leistung dieser Bereiche und des Managements dienen können?

2. Wie muß das Motivations-, Informations-, Entscheidungs-, Planungs- und Kontrollsystem beim ergebnisgesteuerten Management im Detail aufgebaut werden?

3. Wie sind die Ergebnisbereiche als Verantwortlichkeitsbereiche und abrechnungstechnische Einheiten auszugestalten?

Einer der bekanntesten Lösungsvorschläge zum erstgenannten Problemkreis des *MbR* wurde ursprünglich von Schmalenbach in Form des Systems der „Pretialen Lenkung" entwickelt.[45] „Pretiale Lenkung ist die Steuerung des

[45] Schmalenbach, E., Pretiale Lenkung, Bd. 1 u. 2, Bremen 1948; Mellerowicz, K., Unternehmenspolitik, Bd. 1, Freiburg 1963.

innerbetrieblichen Güter- und Leistungsstromes und der dazu notwendigen Dispositionen durch ‚Betriebspreise', die an Marktpreisen orientiert sind."[46] Das erneute Zunehmen der Bedeutung pretialer Lenkungsformen kann dabei aus der zunehmenden Diversifikation der Produktprogramme, Divisionalisierungstendenzen sowie wachsender Probleme der organisatorischen Beherrschung großer Konzerne erklärt werden. Je weniger die Entscheidungsprozesse und Managementaufgaben im allgemeinen allein aus der Sicht einer Unternehmenszentrale beherrschbar werden, um so größere Bedeutung gewinnen neue Methoden der wirksamen Leitung des gesamten Konzerns, wobei Schmalenbach in Anknüpfung an natürliche Vorgänge von einem ,,Leitungsorganismus" statt ,,Leitungsmechanismus" spricht.[47]

Als Vorteile pretialer Lenkungsprinzipien werden genannt[48]:

— Erhöhung der Kreativität der Mitarbeiter durch Dezentralisation von Entscheidungen, schnellere und elastischere Reaktionen bei Reduzierung des Verwaltungsapparates;
— Förderung des ,,Wertungsdenkens", d. h. einer Denkweise in Kosten und Erlösen, die zur größeren Wirtschaftlichkeit des gesamten Unternehmens beiträgt;
— Sicherung größerer Interessenübereinstimmung zwischen Unternehmenszielen und Einzelinteressen auf Grund der Partizipation am Erlös;
— Vergrößerung der Leistungsmotivation bei Einzelentscheidungen;
— ständige Suche nach optimaler Kapazitätsauslastung auf Grund ständigen Wertungsdenkens in Verbindung mit Erfolgsbeteiligungen bei den Mitarbeitern.

Als Nachteile sind dagegen anzusehen, daß

— die pretiale Lenkung nur auf Bereiche anwendbar ist, in denen Marktpreise für Güter und Dienstleistungen eindeutig definierbar sind,
— sie einen hohen Rechenaufwand erfordert,
— die Einführung pretialer Lenkung höchste Anforderungen an die Mitarbeiter hinsichtlich ,,unternehmerischen" Denkens stellt und
— die durch Dezentralisierungen immer entstehenden Zentrifugalkräfte die Vorteile der Dezentralisierung überkompensieren können.

Unter dem Aspekt der in jedem modernen größeren Unternehmen stets notwendigen rechnerischen Überwachung des Güter- und Leistungsablaufs in den einzelnen Abteilungen werden die Nachteile als relativ geringfügig eingeschätzt. Aus marxistischer Sicht offenbart sich das Wesen ergebnisgesteuerter Managementprinzipien letztlich immer als direkte Profitoptimierungsmethode, denn die eigentlichen Unternehmensziele bestehen unter kapitalistischen Bedingungen immer in der gegenwärtigen und künftigen Profiterwirtschaftung und der Ver-

[46] Mellerowicz, K., Unternehmenspolitik, Bd. 1, a. a. O., S. 191.
[47] Ebenda, S. 193.
[48] Vgl. ebenda, S. 219ff.

hinderung der Entwertung des Kapitals. Das wird seitens bürgerlicher Theoretiker auch offen zugegeben, wenngleich das Wesen des Profits hierbei in typisch bürgerlicher Weise verschleiert wird, indem man behauptet, daß der Profit lediglich ein „Leistungsergebnis" sei und „rechnerisch die Differenz zwischen Einnahme und Ausgabe, zwischen Ertrag und Aufwand, oder zwischen Aktiva und Passiva"[49] darstelle. Zugleich ermöglichen derartige Konzeptionen, überdurchschnittliche Extraprofite ins positive Licht besonderer „Leitungsergebnisse" zu rücken, wird der wahre Charakter der typisch kapitalistischen Aneignungsmaximen bewußt entstellt und politökonomisch gesehen die Arbeit der Werktätigen völlig unterschlagen.

In jüngster Zeit widerspiegelt sich die praktische Bedeutung profitorientierter Managementkonzeptionen nicht zuletzt darin, daß die Abgrenzung von Verantwortungsbereichen und abrechnungstechnischen Einheiten, für die eindeutig zurechenbare Ergebnisse ermittelt werden können, die den Führungserfolg bzw. Mißerfolg der verantwortlichen Manager deutlich machen, immer größere Bedeutung erlangt. Einmal geht es um die Abrechnung der Unternehmensbereiche als *Accounting Entity* (abrechnungstechnische Einheit), zum anderen als *Responsibility Center* (Verantwortungsbereich). Mit dieser Zweiteilung soll zugleich veranschaulicht werden, „daß eine Ergebnisermittlung in dezentralen Einheiten auch eine hinreichende Dezentralisierung von Entscheidungsgewalt bedingt, ohne die eine eindeutige Verantwortlichkeit für ein zu erzielendes Ergebnis nicht möglich ist"[50]. Wichtige zu unterscheidende Verantwortlichkeitsbereiche nach amerikanischer Einteilung sind:

— Expense-Center,
— Cost-Center,
— Profit-Center,
— Investment-Center.

Bei *Expense-Centers* ist der Bereichsleiter nur für periodenweise anfallende Ausgaben verantwortlich, während bei *Cost-Centers* der Manager für die verursachten Kosten bzw. Mehrkosten einzustehen hat. *Profit-Centers* umfassen darüber hinaus die Verantwortlichkeit für den Profit, und bei *Investment-Centers* muß der jeweilige Bereichs-Manager auch die Verantwortung für den Einsatz und die Nutzung des investierten Kapitals verantworten. *Investment-Centers* schließen damit die drei anderen Konzepte ein und sichern dem Bereichsmanager die größten Vollmachten und dadurch optimale Eigenständigkeit.

Selbst in der bürgerlichen Literatur ist eine Reihe von Detailfragen, die mit der Bildung derartiger Bereiche zusammenhängen, umstritten, und oftmals werden widersprüchliche Empfehlungen gegeben, die unvermeidlich zu Überschneidungen oder Kompetenzstreitigkeiten führen. Der Grad der praktischen Anwendung und Entfaltung ergebnisgesteuerter Managementprinzipien hängt daher von einer

[49] Vgl. Mellerowicz, K., Unternehmenspolitik, Bd. 1, a. a. O., S. 50.

[50] Zeplin, J., Ergebnisgesteuerte Unternehmensführung (Dissertation), Berlin(West) 1976, S. 55.

Fülle von Einflußfaktoren ab und ist nicht immer eindeutig definierbar, insbesondere auf Grund der objektiv bedingten großen Probleme einer exakten Kosten- wie Gewinnzurechnung, einer Entlarvung echter und unechter Erfolgsbereiche usw.

Insgesamt sind daher alle *MbR*-Techniken mehr oder weniger nur Mittel zur besseren Erkenntnis und Beherrschung profitabler Faktoren und Bedingungen, wobei besondere Anstrengungen unternommen werden, das alte Problem einer einzelbereichsbezogenen Analyse und Bewertung des Beitrages zur Profiterwirtschaftung zu lösen. Die pragmatische Bedeutung derartiger Techniken ist recht unterschiedlich einzuschätzen und reicht von einer relativ geringen Wertschätzung bis zu euphorischen Aussagen.

Management by Breakthrough

Eine weitere an die Problematik der Zielsetzung unternehmerischer Tätigkeit anknüpfende Managementtechnik stellt das *Management by Breakthrough* (offensiver Führungsstil) dar.[51] Bei diesem Prinzip wird davon ausgegangen, daß die Hauptziele unternehmerischer Aktivitäten entweder im offensiven Durchbruch zu neuen Leistungsebenen oder aber in der Beibehaltung des bestehenden Niveaus zu sichern sind.

Zentrale Zielstellungen sind demzufolge:

1. Durchbrüche, Vorstöße, das Erobern von Neuland bzw.
2. Kontrollen zur Sicherung des Erreichten bzw. Bestehenden.

Durch das *Management by Breakthrough* soll das Problembewußtsein schärfer auf die notwendige Stufenfolge von Durchbrüchen im Sinne der Vorbereitung und Verwirklichung günstiger oder notwendiger Veränderungen sowie auf die Kontrolle des bestehenden Niveaus und die Maßnahmen zu dessen Sicherung konzentriert werden. Da beide Zielstellungen im Sinne der unternehmerischen Maßnahmen unterschiedliche Aktivitäten nach sich ziehen, unterscheiden sich auch die Methoden hinsichtlich der leitungsorganisatorischen Absicherung von Durchbrüchen bzw. Kontrollen. Gleichzeitig wird in der Entscheidung für Durchbrüche, beispielsweise zur Entwicklung völlig neuer Erzeugnisse oder zum Einsatz neuer, produktiverer Technologien, sowie für die Sicherung und Beibehaltung des bisherigen Niveaus die wichtigste Managementfrage überhaupt gesehen.

Die Ablaufschritte bzw. Elemente für „Durchbrüche" oder „Kontrollen" unterscheiden sich naturgemäß in vielfacher Hinsicht und sind je nach dem Objektbereich bzw. der Innovationsart sehr differenziert. Allgemein zu beachtende Gesichtspunkte für Durchbrüche sind:

— Gewinnung und Sammlung von Ideen für Durchbrüche zur Verbesserung der bisherigen Leistungen des Unternehmens,

[51] Vgl. Juran, J. M., Offensive Führungstaktik, München 1966.

— Analyse der Faktoren und Umweltbedingungen, die Veränderungen zweckmäßig erscheinen lassen,
— Bewertung sowie Entscheidung über Chancen und Risiken von Durchbrüchen unter ökonomischem, technischem, marktbezogenem sowie teilweise auch sozialpolitischem Aspekt,
— konsequente und konzentrierte Realisierung der Veränderungen nach exaktem Plan.

Als Durchbruchsstrategie werden folgende acht Schritte empfohlen[52]:

1. Einstellungswandel der Führungskräfte,
2. Analyse der Ertragsquellen und der Verteilung der Produktionsmittel,
3. Aneignen neuen Wissens und Könnens,
4. Bilden einer Steuerungsgruppe, die alle auf den Durchbruch zielenden Aktionen bündelt,
5. Bilden von Untersuchungsteams, die den Betrieb diagnostizieren,
6. Gesamtdiagnose des Unternehmens und Entscheidung hinsichtlich der Gebiete und Richtungen, auf die sich der Durchbruch richten soll,
7. Überwinden von Widerständen, die der Neuerung im Wege stehen,
8. Durchführung der Aktionen, die den erstrebten Durchbruch herbeiführen sollen.

Für Kontrollaktivitäten zur Sicherung des bestehenden Niveaus oder auch zur Kontrolle bestätigter Änderungspläne gelten dagegen folgende Prinzipien:

— objektbezogene Festlegung des Kontrollapparates unter Berücksichtigung von Unternehmensgrößen und Kontrollerfordernissen sowie -möglichkeiten hinsichtlich des Informationsflusses, der Automatisierbarkeit usw.,
— Festlegung von Standards bzw. Normen für Entscheidungen und Handlungen,
— Entscheidungen über erforderliche Maßnahmen zur Kontrolle, ob die Standards erreicht werden.

Die weitergehenden Kontrollaufgaben betreffen im einzelnen die:

1. Objektwahl,
2. Festlegung der Bewertungsmaßstäbe,
3. Festlegung der Standards,
4. Einführung des notwendigen Informationssystems,
5. Auswertung der Informationen,
6. Soll-Ist-Vergleiche anhand der Standards,
7. Entscheidungen für Maßnahmevorschläge,
8. Konsequente Durchführung und Kontrolle der Maßnahmen.

Durch die Standards können hierbei Aktivitäten verschiedener Bereiche kontrolliert und vergleichend bewertet werden, ist eine kontinuierliche Kontrolle sowie nicht zuletzt die Standardisierung von Routineabläufen zu erreichen. Als

[52] Vgl. Glasl, F./Lievegoed, B. C. J., Führungstechniken, in: Handwörterbuch des Personalwesens, Stuttgart 1975.

Maßstäbe für Kontroll-Standards gelten ihre Realität, Wirtschaftlichkeit, Praktikabilität, Komplexität, Beständigkeit, Verständlichkeit und logische Begründung.

Im wesentlichen zielt das *Management by Breakthrough* damit einerseits auf die Sicherung von Leistungen, die als gut bzw. nicht änderungswürdig eingeschätzt werden und dient in diesem Rahmen auch der Erkenntnis und Beseitigung von Planabweichungen zu festgelegten Zielen, zum anderen jedoch, und hierauf wird besonderer Wert gelegt, zielt es auf die Aufdeckung von Mißständen und ihre Ausschaltung durch Übergang auf neue, höhere Leistungsebenen, sogenannte „Durchbrüche". Besondere Aufmerksamkeit wird hierbei den Management-Methoden geschenkt, die für die Überwindung konservativer Einstellungen der Mitarbeiter, die Erzielung positiver Einstellungen zu erforderlichen Veränderungen und Neuerungen im weitesten Sinne von entscheidender Bedeutung sind.

Auf diese Methoden wird auf Grund ihrer großen praktischen Bedeutung, insbesondere bei der Vorbereitung, Realisierung und Verbreitung von Innovationen, im IV. Kapitel gesondert eingegangen, so daß hier auf weitere Darlegungen verzichtet werden kann.

Management by Delegation

Unmittelbar mit Fragen der rationellen Zielbestimmung und den Methoden zur effektivsten Zielerreichung verknüpft sind Probleme der Delegation von Verantwortung als Führungsprinzip. Vom grundsätzlichen Konzept her geht es bei diesem Prinzip um die Ergänzung „autoritär-patriarchalischer" Führungs- und Organisationskonzepte zugunsten eines „dynamischen, stärker kooperativen" Managements. Dem Kernstück des Ansatzes entsprechend, müssen bei der Delegation von selbstverantwortlicher Entscheidungsbefugnis

— die gestellte Aufgabe,
— die Weisungsbefugnisse (Kompetenzen) sowie
— die Verantwortlichkeit für die Ergebnisse

übereinstimmen. Es wird sorgfältig zwischen Führungs- und Handlungsverantwortung unterschieden, wobei eine Rückdelegierung von Entscheidungen auf die nächsthöhere Ebene prinzipiell nicht möglich ist. Das Ziel besteht in einer Mobilisierung neuer Kräfte für das Unternehmen im Hinblick auf die zentralen Zielstellungen durch Delegation. Tabelle 3.8. enthält ein pragmatisches Instrument zur Prüfung eines Delegationsauftrages (Tabelle 3.8.).

Eine in der BRD speziell für die Delegation von Verantwortung entwickelte Konzeption stellt das *Harzburger Modell* vor. Die Kurzlebigkeit mancher Managementtechnik offenbart sich in spezifischer Weise gerade an diesem Modell, das vor noch nicht allzu langer Zeit als das meistgelehrte Managementsystem in der BRD galt. Heute werden die einst gefeierten Grundsätze und Methoden gerade dieses Ansatzes dagegen einer immer offeneren Kritik unterzogen und wird das

Tabelle 3.8.
Checkliste für einen Delegationsauftrag

WAS?	• Was ist überhaupt alles zu tun? • Welche Teilaufgaben sind im einzelnen zu erledigen? • Welches Ergebnis wird angestrebt (Soll)? • Welche Abweichungen vom Soll können in Kauf genommen werden? • Welche Schwierigkeiten sind zu erwarten?
WER?	• Wer ist am ehesten geeignet, diese Aufgaben oder Tätigkeiten auszuführen? • Wer soll bei der Ausführung mitwirken?
WARUM?	• Welchem Zweck dient die Aufgabe oder Tätigkeit (Motivation, Zielsetzung)? • Was passiert, wenn die Arbeit nicht oder nur unvollständig ausgeführt wird?
WIE?	• Wie soll bei der Ausführung vorgegangen werden? • Welche Verfahren sollen angewendet werden? • Welche Vorschriften und Richtlinien sind zu beachten? • Welche Stellen/Abteilungen sind zu informieren? • Welche Kosten dürfen entstehen?
WOMIT?	• Welche Hilfsmittel sollen eingesetzt werden? • Womit muß der Mitarbeiter ausgerüstet sein? • Welche Unterlagen werden benötigt?
WANN?	• Wann soll/muß mit der Arbeit begonnen werden? • Wann soll/muß mit der Arbeit abgeschlossen sein? • Welche Zwischentermine sind einzuhalten? • Wann will ich über den Fortschritt der Aufgabe vom Mitarbeiter informiert werden? • Wann muß ich was kontrollieren, um gegebenenfalls eingreifen zu können?

Quelle:
Al-Beghdadi, W., Delegation — das zeitgemäße Führungsinstrument, in: Office Management (Baden-Baden) 2/1983, S. 143.

„bye, bye" der „Management by"-Techniken selbst vorausgesagt. Der Name des Modells geht auf die *Akademie für Führungskräfte der Wirtschaft* in Bad Harzburg zurück, die maßgeblich durch Reinhard Höhn geprägt wurde.[53]

[53] Vgl. zur Charakteristik Höhns und seiner Schriften ausführlicher: Autorenkollektiv, Kritische Analyse der Theorie und Praxis des Managements, Berlin 1973, S. 290ff. (Schriften zur sozialistischen Wirtschaftsführung, hg. vom Zentralinstitut für sozialistische Wirtschaftsführung beim ZK der SED).

Hervorgegangen ist das *Harzburger Modell* aus dem zentralen Lehrfach der Managementschule „Praxis der Menschenführung und Betriebsorganisation". Als das grundlegend Neue des Modells wird angesehen, daß „der Mitarbeiter als selbständig denkendes und handelndes Subjekt" Anerkennung findet, „Mitbestimmung" am Arbeitsplatz gegenüber der üblichen „Fremdbestimmung" gewährt wird bei gleichzeitiger Sicherung einer festen und stabilen Ordnung im unternehmerischen Geschehen. Das zentrale Instrument zur Realisierung dieser Zielstellung heißt *Management by Delegation*, d. h. Delegation und Verantwortung, die sich gegenüber der traditionellen Übertragung von Arbeitsaufgaben dadurch unterscheidet, daß der Mitarbeiter in seinem Aufgaben- und Kompetenzbereich die volle Verantwortung für sein Tun oder Unterlassen trägt und der Vorgesetzte nicht in den delegierten Bereich „hineinregieren" darf.

Aus marxistischer Sicht wurde das Wesen einer so verstandenen „Delegation von Verantwortung" bereits umfassend in der Arbeit „Kritische Analyse der Theorie und Praxis des Managements" entlarvt: „Das, was im Harzburger Modell mit ‚delegierter Verantwortung' bezeichnet wird, ist das gleiche, was im unverhüllten autoritären Führungsstil unter Gehorsam, Pflichtbewußtsein, Fleiß und die auf die Lösung der Aufgabe begrenzte Initiative verstanden wird."[54]

Höhn formuliert verbindliche Leitsätze für eine „Führung im Mitarbeiterverhältnis", wie er den zentralen Gedanken seines Modells gern beschreibt.[55] Die Realisierung dieser Delegation von Verantwortung setzt

— klar umrissene und scharf gegeneinander abgegrenzte Aufgaben- und Kompetenzbereiche sowie
— eindeutige Trennungen von Handlungsverantwortung und Führungsverantwortung

voraus.[56] Das Zusammenwirken von Vorgesetzten und Mitarbeitern wird auf diese Weise durch ein umfangreiches Regel- und Normensystem bestimmt, das in „allgemeinen Führungsanweisungen" (Dienstanweisungen) festgehalten und als unbedingt verbindlich angesehen werden muß. Dementsprechend stellt die Dienst- und Führungsanweisung den obersten Maßstab für die Leistungsbeurteilung und Kontrolle dar und wird zum obersten Grundgesetz des Managements im Unternehmen. Verstöße gegen die fixierten Verhaltensregeln (Dienstanweisungen) gelten als Pflichtverletzungen, die genauso sanktioniert werden müssen wie Verletzungen der in den Stellenbeschreibungen genau fixierten fachlichen Pflichten. Die exakte Realisierung der laut Führungsanweisungen und Stellenbeschreibungen vorgesehenen verpflichtenden Normen qualifiziert den jeweiligen Stelleninhaber zum Vorgesetzten bzw. Mitarbeiter, wobei Verletzungen beider Seiten zu einerseits Ermahnungen bzw. Entlassungen von Mitarbeitern führen können, im Falle von Pflichtverletzungen von Vorgesetzten zu Beschwerden der Mitarbeiter auf dem Dienstweg.

[54] Ebenda, S. 299.

[55] Vgl. Höhn, R., Führungsbrevier der Wirtschaft, Bad Harzburg 1974, S. 6ff.

Typische Elemente bzw. Methoden zur Realisierung der „Delegation von Verantwortung" in der Praxis sind nach Höhn[57]:

— das Mitarbeitergespräch und die Mitarbeiterberatung,
— das Dienstgespräch und die Dienstbesprechung,
— die Dienstaufsicht und die Erfolgskontrolle,
— die Kritik und die Anerkennung,
— die Information,
— die Anregungen des Vorgesetzten,
— die Richtlinienerteilung,
— das Zusammenspiel zwischen Stab und Linie sowie der Stäbe untereinander,
— Teamarbeit,
— Rundtischgespräch,
— Stellvertretung,
— Einzelauftrag,
— Beschwerde,
— Fachvorgesetzten- und Disziplinvorgesetzten-Verhältnis.

Bereits aus dieser Übersicht wird klar, ohne im einzelnen auf die genannten Instrumentarien eingehen zu müssen, daß das *Harzburger Modell* und die hierbei von Höhn praktizierte „Delegation der Verantwortung" hochgradig formalisiert sind hinsichtlich der zu beachtenden Regeln, Pflichten und Grundsätze für die Regelung von Tätigkeiten und Beziehungen. Das wird auch besonders deutlich anhand der enormen Formalisierung von Aufgabenstrukturen und insbesondere anhand der für die Beurteilung und Kontrolle auf fachlichem Gebiet notwendigen Stellenbeschreibungen. In den Stellenbeschreibungen werden die Delegationsbereiche ausschließlich nach sachlichen Gesichtspunkten („ad rem") und nicht personenbezogen festgelegt. Dementsprechend werden klar umrissene und abgegrenzte Aufgaben- sowie Verantwortungsbereiche unter exakter Festlegung der Art und Weise, wie die Aufgaben wahrzunehmen sind, sowie der Kompetenzen, die zur Aufgabenerfüllung notwendig sind, fixiert. Die mit den umfangreichen Stellenbeschreibungen verbundene exakte Abgrenzung der Delegationsbereiche ist die eigentliche Basis für eigenverantwortliches Handeln der Mitarbeiter. Höhn schreibt: „Vorgesetzte wie Mitarbeiter finden vorgegebene Stellen vor. Ihre eigene Initiative sowie ihr selbständiges Denken und Handeln müssen sich in diesem festgelegten Rahmen entwickeln."[58]

Naturgemäß gehören die Ausarbeitung der Stellenbeschreibungen sowie eventuelle Veränderungen allein in den Kompetenzbereich der Unternehmensführung bzw. dazu beauftragter Stellen. Es leuchtet ein, daß ein derartiges System der Stellenbeschreibung als wichtigste Grundlage für die Delegation von Verantwortung vor allem für Routineaufgaben und bekannte Lösungsmuster geeignet

[57] Ebenda, S. 10.
[58] Ebenda, S. 323ff.

ist, nicht aber für innovative Aufgaben, die gerade in der Gegenwart von entscheidender Bedeutung für das Unternehmenswachstum sind.

Immer mehr gerät das *Harzburger Modell* und die in ihm verwirklichte Form der „Delegation von Verantwortung“ heute daher selbst in der bürgerlichen Diskussion in ernst zu nehmende Kritik.[59] Eine der bekanntesten Arbeiten dazu wurde von Guserl vorgelegt, die u. a. zu der Feststellung gelangt, daß das *Harzburger Modell* 315 Regeln, Prinzipien, Maximen usw. enthält, die das Verhalten der Organisationsteilnehmer determinieren sollen.[60] Allein diese quantitative Aussage qualifiziert derartige Prinzipien zur Delegation von Verantwortung als so perfektionistisch und bürokratisch, daß das eigentliche Ziel der Delegation kaum erreicht werden kann. Die Eingrenzung von „Initiativen“ der Mitarbeiter auf relativ untergeordnete und eng begrenzte Probleme verhindert darüber hinaus auch die Mitwirkung an wirklich zentralen Fragestellungen, die laut Höhn der obersten Führungsspitze vorbehalten bleiben und nicht delegierbar sind. Dazu zählen beispielsweise[61]

— die Zielfestlegung,
— die Strategiefixierung sowie Langfristplanung,
— die Entscheidungen über die Organisationsstruktur,
— die Koordination verschiedener Bereiche,
— die Auswahl und der Einsatz von Führungskräften.

Ohne Zweifel liegt der Hauptmangel einer wie im *Harzburger Modell* praktizierten „Delegation von Verantwortung“ in der außerordentlich innovationshemmenden Wirkung. Küppers hat eine ausführliche Analyse und Kritik des *Harzburger Modells* unter diesem Aspekt der Innovationsförderung und -bremsung hinsichtlich

— der Aufgaben-, Rollen- und Kommunikationsstruktur,
— der Autoritäts- und Entscheidungsstruktur,
— der Kontrollstruktur sowie
— des vorausgesetzten Menschenbildes

vorgelegt.[62] In diesen, auf einer umfassenden Auswertung auch anderer kritischer Schriften sowie insbesondere praktischer Erfahrungen aus der Anwendung des *Management by Delegation* nach dem *Harzburger Modell* gestützten Arbeiten werden die entscheidenden Mängel und Probleme realistisch bewertet und thesenartig zusammengefaßt. Die entscheidenden Mängel sind demnach:

1. Das *Harzburger Modell* ist durch einen außerordentlich hohen Grad innovationshemmender Formalisierung gekennzeichnet. Die Starrheit und Ein-

[59] Ebenda, S. 32.
[60] Guserl, R., Das Harzburger Modell — Idee und Wirklichkeit, Wiesbaden 1973, S. 53.
[61] Höhn, R., Führungsbrevier der Wirtschaft, a. a. O., S. 296.
[62] Küppers, H., Innovation und Management, a. a. O., S. 227ff., insb. S. 260 bis 271.

dimensionalität seiner Regeln und Prinzipien verhindern die Anpassungs- und Veränderungsfähigkeit der Organisation. Daher ist es als generelles Strukturmodell für den Aufbau von Managementsystemen ungeeignet.

2. Stellenbeschreibungen mit extremer Formalisierung nach dem *Harzburger Modell* erzeugen strenges Ressortdenken und erschweren kooperatives Verhalten sowie Teamarbeit. Damit wirken sie erstarrend, erzeugen strengen „Dienst nach Vorschrift" und stehen der Lösung innovativer Aufgaben entgegen.

3. Das Informationssystem und seine Struktur sind einseitig auf den Vorgesetzten zugeschnitten, bevorzugen die vertikale Informationsrichtung und tendieren zu „Überorganisation", da die ausschließlich vorschriftsmäßige Befolgung von Informationsregeln die Kommunikation bis zur Lähmung erschwert und uneffektiv macht. Es herrschen informationeller Ritualismus (unbeirrtes Beharren auf peinlich genauer Einhaltung festgelegter Regeln), ungenügende Flexibilität und Effektivität bis zu disfunktionalem Verhalten. Die Informationskataloge und Kommunikationsregeln einschließlich der internen Querinformationsflüsse zwischen den Linien erweisen sich in der Praxis als nicht realisierbar.

4. Im *Harzburger Modell* wird ein dogmatisch verengter autoritärer Führungsstil praktiziert, der auch durch moderne Wortwahl wie „Führung im Mitarbeiterverhältnis" kaum kaschiert werden kann. An die Stelle der patriarchalisch-autoritären Strukturierung tritt der bürokratisch-autoritäre Führungsstil, der die wirkliche Entfaltung von Initiativen verhindert.

5. Durch die „Delegation von Verantwortung" wird lediglich die Einhaltung von „Regelkonformität" anstelle der Entfaltung individueller Initiativen erreicht. Hieraus resultiert eine starke konditionale Programmiertheit der Mitarbeiteraktivitäten entsprechend den fixierten Regeln, die bestimmte Handlungen entsprechend den Informationen auslösen.

6. Die Autorität des Vorgesetzten im Delegationsbereich bleibt präsent durch entweder „abgeleitete Autorität" (d. h. beispielsweise durch Autorität in Form von Informationen, die ganz bestimmte programmierte Entscheidungen und Handlungen auslösen müssen) bzw. durch autoritäres Eingreifen der Vorgesetzten in den Delegationsbereich, wie etwa durch Einzelaufträge. Insbesondere hinsichtlich der starken Betonung bürokratisch-autoritärer Elemente zeigt sich eine Anlehnung an den von Max Weber propagierten „Idealtyp der Bürokratie"[63], obwohl gerade in der Überwindung von autoritären und bürokratischen Ansätzen ein Ziel der Delegation von Verantwortung im Rahmen der *Harzburger* Methode besteht.

7. Das der *Harzburger* Konzeption wichtige „Mitarbeitergespräch" zur Vermittlung des Gefühls von Partizipation an Führungsentscheidungen bleibt gleichfalls durch die starke Führungsrolle des Vorgesetzten ein autoritäres Instrument. Unter Aufbietung von Human-Relations-Techniken soll das „Gespräch" letztlich mit „Befehlsautorität" des Vorgesetzten abgeschlossen werden, natürlich

[63] Vgl. Weber, M., Wirtschaft und Gesellschaft, Köln—Berlin(West), 1964.

bei sorgfältiger Beachtung der Tatsache, daß den Mitarbeitern unbewußt bleibt, daß Entscheidungen von vornherein feststanden und Mitarbeiterbesprechungen nur eine Farce zur Manipulation darstellen. Die eigentliche Entscheidungsfindung bleibt zentralisiert, und es wird strikt zwischen „Beratungs"- und Entscheidungsfunktion getrennt.

8. Das grundlegende Kontrollprinzip des *Harzburger Modells*: „Alles, was delegiert worden ist, muß auch kontrolliert werden"[64], führt in der Praxis zu ausgesprochen innovationshemmendem Bürokratismus und Perfektionismus. Durch Methoden der „Dienstaufsicht", „verschärften Dienstaufsicht" (Verhaltenskontrollen) sowie „Erfolgskontrollen", die in umfangreichen Regeln formalistisch (oftmals schriftlich vorzulegende) Kontrollmaßnahmen vorschreiben, werden nicht nur Veränderungsprozesse verhindert, sondern erstarrt oft das Betriebsgeschehen in hypertrophierten Kontrollakten.

9. Dem *Harzburger Modell* liegt ein ausgesprochen „mechanistisch-instrumentales Verständnis" menschlichen Handelns zugrunde, das völlig einseitig eine vorgegebene Zweck-Mittel-Rationalität unterstellt, bei der Individuell-Persönliches und die soziale Natur des Menschen als ohne Bedeutung für die Zielerfüllung rational aufgebauter Organisationen unterstellt werden. Bereits McGregor hat auf die Unhaltbarkeit derartiger Theorien aus bürgerlicher Sicht in „The Human Side of Enterprise" aufmerksam gemacht.[65] Das Modell bleibt zweifellos hinter diesen Einsichten zurück, wenn es die „objektiven" Interessen der „Aufgabenträger" für deckungsgleich mit den Zielen der Organisation erklärt. Praxisferne Unterstellung eines menschlichen „Automatismus" bei der Zielverfolgung im Interesse des Unternehmens stößt daher auf die real durch das *Harzburger Modell* keineswegs überwundenen Anpassungsprobleme von Organisationsanforderungen und individuellen Ansprüchen.

10. Ausschließlich „sachorientierte" Organisationsvorschriften des *Harzburger Modells* verhindern und unterminieren sogar die Chancen, individuelle Begabungen und Fähigkeiten im Interesse des Unternehmens nutzbar zu machen.

11. Das *Harzburger Modell* hat ausgesprochen politisch-ideologische Funktionen, wenn es in jedem Mitarbeiter das Gefühl wecken soll, „kleiner Unternehmer" zu sein, real jedoch jede Mitwirkung an wirklich relevanten Entscheidungen verhindert wird.

Insgesamt offenbart sich das *Harzburger Modell* daher als eine eklektische Sammlung einer großen Fülle von Führungsprinzipien, deren Mixtur jedoch keine wirklich neue Qualität für ein im Interesse der Kapitalverwertung stehendes komplexes Führungsmodell liefert. Dessen werden sich selbst immer mehr bürgerliche Theoretiker und vor allem Managementpraktiker bewußt, indem sie die Prinzipien der *Harzburger* Konzeption offen kritisieren oder zumindest auf Unternehmensebene entsprechend modifizieren. Aus marxistischer Sicht überrascht es nicht, daß der-

[64] Höhn, R., Führungsbrevier der Wirtschaft, a. a. O., S. 129.
[65] McGregor, D., Der Mensch im Unternehmen, Düsseldorf—Wien 1973.

artige Konzeptionen einer scheinbaren „Delegation von Verantwortung" zum Scheitern verurteilt sind, solange die eigentliche Mitwirkung der Masse der Werktätigen an Entscheidungsprozessen völlig ausgespart bleibt. Hieran offenbart sich der Klassencharakter und Nutzen für das Monopolkapital am schärfsten, weil über bloße Absichtserklärungen hinaus die kapitalistische Wirklichkeit keinerlei Veränderungen erfährt.[66]

Management by Exception

Das *Management by Exception* (*MbE*) stellt ein relativ häufig angewandtes Verfahren der Delegation bzw. Information dar, dessen Grundlage die Festlegung von Bewertungsmaßstäben für außergewöhnliche Fälle im Leitungsprozeß ist.[67] Als Ausnahmeprinzip ist die Methodik im eigentlichen Sinne nicht sehr originell oder neu.

Bereits Fayol hatte erkannt, daß längst nicht alle Informationen für den Leiter wichtig sind und nicht alle Entscheidungen von ihm gefällt werden können. „Der Leiter begeht einen schweren Fehler, wenn er auf Einzelheiten, die Untergebene ebensogut, wenn nicht besser ausführen könnten als er, viel Zeit verwendet, während wichtige Fragen der Lösung harren ... Er muß alle Arbeiten, zu deren Ausführung er nicht grundsätzlich selbst verpflichtet ist, seinen Untergebenen und dem Direktionsstab überlassen."[68]

Damit reduziert sich das Grundproblem der MbE auf die Festlegung des Informationsbedarfs des Leiters bzw. derjenigen Kontrollinformationen, die bei einer festgelegten Aufgabenverteilung von einem Aufgabenträger an die übergeordnete Stelle weiterzugeben sind. Unter diesem Aspekt kann ohne Übertreibung gesagt werden, daß das *MbE* nur ein neuer Name für ein zwangsläufig in allen Organisationen durchzusetzendes Prinzip ist, wobei die Besonderheit darin besteht, daß das *MbE* als Koordinations- bzw. Kontrollinstrument die Vorgabe eines Ermessens- bzw. Entscheidungsspielraumes einschließt, der entweder durch Ergebnisgrößen oder Entscheidungsparameter definiert wird.

Vom Konzept her geht das *MbE* daher von zwei grundlegenden Managementprinzipien aus. Erstens dem Delegationsgrundsatz, daß alle Aufgaben, die, entsprechend der Führungsfunktion vertretbar, an die jeweils untergeordnete Leitungsebene delegiert werden sollten, und zweitens, daß nach der erfolgten Delegation der Entscheidungs- und Verantwortungsbefugnisse nur dann in den Führungsprozeß eingegriffen werden darf, wenn Ausnahmesituationen das verlangen.

Durch dieses Vorgehen sollen sowohl eine Konzentration auf die Hauptprobleme und Schwerpunkte der Unternehmensführung erreicht als auch die Arbeits-

[66] Vgl. dazu ausführlicher: Autorenkollektiv, Kritische Analyse der Theorie und Praxis des Managements, a. a. O., insbesondere Abschnitt 7.3. Zum Nutzen des Harzburger Modells für die Monopole.

[67] Vgl. Bittel, L. R., Management by Exception, New York 1964.

[68] Fayol, H., Allgemeine und industrielle Verwaltung, a. a. O., S. 158.

teilung und Delegation der Verantwortung verbessert werden. Obwohl auch hier wiederum unübersehbar ist, daß durch den Stellenplan sowie die Aufgabenverteilung ohnehin klargestellt sein müßte, welche Informationen und Entscheidungen weitergeleitet werden müssen und welche nicht, wird gerade die vielen Vorgesetzten mangelnde Delegationsbereitschaft als ein wesentlicher Grund für die Einführung des *MbE* genannt.[69] Die Wirksamkeit des *MbE* wird naturgemäß in starkem Maße davon beeinflußt, welche Aufgaben prinzipiell delegiert werden, d. h. durch die Definition der delegierbaren bzw. nichtdelegierbaren Führungsaufgaben. Hier erweisen sich alle einschlägigen Fachbücher bzw. Theoretiker als recht ratlos, denn eine klare Abgrenzungsregel fehlt in den allermeisten Fällen, selbst eine allgemeingültige Definition sogenannter „reiner Führungsaufgaben", die natürlich im Interesse des Kapitals nicht delegierbar sind.

Über die Problematik der Aufgabendelegation hinaus bereitet auch die praktische Handhabung des Ausnahmeprinzips eine Reihe von Schwierigkeiten. Vom Ablauf her sind folgende Schritte zu gehen[70]:

1. Festlegung des Delegationsbereiches und der grundsätzlichen Informationspflichten einschließlich weiterzuleitender Kontrollinformationen für den Leitungs- und Verantwortungsbereich;
2. Festlegung der Bewertungsmaßstäbe für die Bestimmung außergewöhnlicher Fälle;
3. Auswahl der Erfolgskriterien für die Kontrolle der tatsächlichen Entwicklung gemessen an der Zielstellung;
4. Bestimmung der Art und Weise der Ausnahmeinformation für das Eingreifen des übergeordneten Managements, wobei in der Regel so verfahren wird, daß vor allem negative Ergebnisse, Mißerfolge und ungünstige Entwicklungen an übergeordnete Organe weiterzumelden sind;
5. Entscheidungen für Maßnahmen zur Überwindung der Ausnahmesituation oder der von der Norm abweichenden Entwicklung durch Zielkorrekturen oder leistungswirksame Maßnahmen.

Anhand dieser Ablaufschritte, für die nach übereinstimmender Auffassung der bürgerlichen Theoretiker keine allgemeingültigen exakteren Regeln und Kriterien vorgegeben werden können, da der Umfang und die Detailliertheit weiterzugebender Informationen und Kontrolldaten situationsgebunden außerordentlich verschieden ist, sind mehrere Schwachstellen der Managementtechnik zu erkennen.

Zunächst ist bezüglich des Informationsaspekts zu fragen, „. . . welche Kontrollinformationen bei gegebener Aufgabenverteilung von einem Aufgabenträger an die übergeordnete Leitungsstelle weiterzuleiten sind".[71] Das Problem liegt hier-

[69] Vgl. Fuchs-Wegner, G., Management by . . ., in: Grochla, E. (Hrsg.), Management, Düsseldorf 1974, S. 224ff.

[70] Vgl. ausführlicher: Staehle, W. H., Management: Eine verhaltenswissenschaftliche Einführung, München 1980.

[71] Grochla, E. (Hrsg.), Handwörterbuch der Organisation, Stuttgart 1963, S. 957.

bei darin, daß sich die gesamte Informationsbeziehung auf einen speziellen Bereich des gesamten betrieblichen Informationszusammenhanges beschränkt und durch die Ausnahmeregelung noch weiter beschnitten werden kann. Bei Entscheidungen, die auf einem hohen Informationsfonds beruhen, kann sich das zwangsläufig negativ auf die Qualität und Treffsicherheit der Entscheidungen auswirken. Zugleich wird mit den Informationsbeziehungen bzw. dem Inhalt der Kontrollinformationen ein subjektiv bestimmter „Ermessensspielraum" definiert, der objektiv nicht zu begründen ist. Hierin liegt die Gefahr, daß, ausgehend von einem bestimmten Anspruchsniveau hinsichtlich der Qualität und Detailliertheit der Informationen, entweder ein zu geringes Anspruchsniveau die Grundlage der Leitungsinformation bildet oder aber von Anfang an unrationell zu viele Kontrollinformationen abgefordert werden.

Insbesondere im ersten Fall der subjektiven Festlegung des Ermessensspielraums für den Informationsfluß ist häufig anzutreffen, daß die Leistungsparameter und damit das Anspruchsniveau zu lange konstant bleiben, weil beispielsweise auch wesentliche Abweichungen positiver Art zu keiner grundlegenden Korrektur der Zielparameter führen. Damit liegt die Gefahr des Einpendelns auf niedrigem Niveau recht nahe und ist es berechtigt zu befürchten, daß die eigentlichen Ziele der Motivation eines höheren Leistungsanspruchs sowie größerer individueller Einsatzbereitschaft nicht erzielt werden.

Ausgehend von der getroffenen Festlegung der erforderlichen Kontrollinformationen, sind weitere Fragen zu klären, die eng mit dem Zentralproblem der Begründung und Sicherung des effektiven Eingreifens des Vorgesetzten bei unplanmäßigen Abweichungen zusammenhängen. *Erstens* müssen die Grundlagen zur Messung und Bewertung der Entwicklung sorgfältig bestimmt werden. Dabei ist festzulegen, ob und welche

— Ist-Daten erfaßt werden, welche
— Vergleichsdaten und relative Kennziffern hinzugezogen sowie
— Trendberechungen vorzunehmen sind.

In der Managementliteratur wird über diese wichtigen analytischen Grundlagen und die erforderlichen Messungen hierzu wenig oder gar nichts ausgeführt. Eine zentrale Voraussetzung für das Erkennen und Reagieren auf Ausnahmesituationen aller Art ist jedoch ihre Meßbarkeit. Ohne quantitative Messung und Bewertung der Entwicklung bleibt die Weiterleitung von Ausnahmesituationen eine ausgesprochen subjektivistische Informationsmöglichkeit, die sich für viele Aufgaben, insbesondere innovativen Charakters, als nur wenig anwendbar erweist. Eine Grundvoraussetzung der Anwendbarkeit des *MbE* ist daher die Meßbarkeit von Erfolgen auf all den Gebieten, wo nach diesem Prinzip entschieden werden soll. Ohne analytisch meß- bzw. bewertbare Ergebnisse bleibt das *MbE* unwirksam, denn es fehlt die wichtigste Grundlage seiner Praktikabilität. Zugleich entspricht die Notwendigkeit der Meßbarkeit dem für das Kapital typischen Grundsatz, alle Erfolgsgrößen in Geld bzw. Geschäftsgrößen, insbesondere hinsichtlich der Profitrate und -masse, zu bewerten.

Zweitens bereitet die Zielbestimmung selbst nicht selten Schwierigkeiten, insbesondere bei risikoreichen Neuentwicklungen oder allgemeiner gesagt, von der Routine abweichenden Zielstellungen. Für derartige Aufgaben ist sowohl die Quantifizierung der Ziele und Erfolgsparameter häufig mit Unsicherheiten behaftet als auch die Treffsicherheit der Zielstellung, beispielsweise hinsichtlich der Bedarfseinschätzungen, der Preisentwicklung von Rohstoffen, der konjunkturellen Lage im allgemeinen usw. Es braucht kaum näher begründet zu werden, daß angesichts unsicherer Zielstellungen und teilweise objektiv bedingter Prognoseunsicherheit eine eindeutige Funktion des *MbE* nicht gewährleistet werden kann. Negative Abweichungen von gestellten Zielen können so gesehen auch signalisieren, daß die Ziele falsch gesetzt sind und sogar eher den objektiven Entwicklungsbedingungen Rechnung tragen. Das Ausnahmeprinzip erweist sich für diesen Fall als wenig leistungsfähig, denn es gestattet Reaktionen definitionsgemäß erst, nachdem die Kapazitäten voll auf falsche Ziele programmiert sind.

Drittens liegt eine entscheidende, häufig sogar als das entscheidende Problem charakterisierte Unsicherheit in den Bewertungskriterien zur Bestimmung der Ausnahmesituation selbst. Obwohl es auch hier schwierig ist, allgemein verbindliche Kriterien zu bestimmen, wird meistens nach folgenden Aspekten das Eingreifen der übergeordneten Leitung bestimmt:

- Grad der Abweichung der Ist-Daten von den geplanten Ergebnissen,
- Zeitdauer der Abweichung,
- Leistungsebene und erforderliche Weisungsbefugnis zur Lösung der Ausnahmesituation entsprechend den vorgenannten beiden Kriterien,
- Festlegung von Maßnahmen, die beim Auftreten eines außergewöhnlichen Falles ergriffen werden müssen.

Anhand derartiger Kriterien werden die Toleranzen festgelegt und wird die erforderliche Qualifikation der Mitarbeiter bestimmt, die notwendig ist, um sachgerecht die übertragene Verantwortung wahrzunehmen. Der Vorgesetzte greift dementsprechend nur ein[72],

- um die Leistungserstellung wieder in Einklang mit den gesetzten Zielen zu bringen oder
- um die Zielsetzung infolge veränderter Bedingungen zu revidieren oder aber
- um neue sich bietende Möglichkeiten rationeller auszunutzen.

Wann dieses Eingreifen konkret erforderlich wird, kann über die hier genannten allgemeinen Grundsätze hinaus kaum verbindlich geregelt werden. Hieraus resultiert, daß anstelle objektiver Toleranzen oftmals Fallbeispiele herangezogen werden, um das Eingreifen der übergeordneten Leitungsebenen zu begründen.

Viertens entstehen einige Probleme bei der Durchführung der Soll-Ist-Vergleiche.

Eine Hauptfrage ist hierbei zunächst die Schnelligkeit, mit der die Vergleiche vorgenommen werden und dementsprechend auf Abweichungen über die fest-

[72] Vgl. Management-Enzyklopädie Bd. 4, a. a. O., S. 346.

gelegte Toleranzgrenze hinaus reagiert werden kann. Wichtige Detailfragen sind hierbei:

— Ist die Information so wichtig, daß sie weitergemeldet werden muß?
— Gibt es bessere Informationsquellen?
— Wie schnell werden Einzelinformationen benötigt, und können sie erarbeitet werden?
— Mit welcher Kontinuität und welchem informationstechnischen Aufwand sind die Vergleiche vorzunehmen?

Die Interessen des Kapitals zielen diesbezüglich einerseits auf schnelle und vor allem ausreichende Informationen, andererseits auf ein kostengünstiges einfaches, aber verläßliches Berichts- und Informationswesen. Unter dem Aspekt der fortschreitenden Automatisierung vieler Informationsprozesse ergeben sich hierbei neue Anforderungen an die Ausgestaltung des Management-Informationssystems, auf die im fünften Kapital näher eingegangen wird.

Fünftens treten bei Anwendung des *MbE* häufig auch Probleme in der Aktionsphase nach Erkenntnis des erforderlichen Eingreifens des Managements auf. Insbesondere geht es hierbei nach dem Erkennen der Abweichungen um die schnelle und exakte Ursachenforschung zur Ermittlung der Abweichungsgründe.

Nicht selten liegen die Gründe hierbei in mehreren Ursachenkomplexen und fällt eine einfache und unkomplizierte Zuordnung der Ausnahmesituationen schwer. Dementsprechend kommt der fundierten Beurteilung und Bewertung der Abweichungsursachen für die Einleitung korrigierender Maßnahmen große Bedeutung zu. Da derartige Probleme der Entscheidung für die jeweils einzuleitenden unterschiedlichen Aktionen fast immer unter Zeitdruck entstehen, liegt hier eine gefährliche Quelle für Fehldispositionen. Auf die Gefahr von Fehlentscheidungen wird auch in der bürgerlichen Managementliteratur kritisch hingewiesen, weil gerade die beim *MbE* vorherrschende Behebung von „Pannen“ bzw. Negativabweichungen oftmals unabdingbar zu Vernachlässigungen innovativer Aufgaben führen muß.

Faßt man die Anwendungsprobleme des *MbE* zusammen, ist nicht zu übersehen, daß auch eine der zentralen Grundannahmen verhaltenstheoretischer wie -praktischer Art, daß die Leistungsbereitschaft generell mit zunehmender Verantwortung wachse, noch heftig umstritten und empirisch nicht eindeutig abgesichert ist.[73] Außerdem wird richtigerweise immer wieder betont, daß sich die vorrangige oder gar ausschließliche Meldung von Mißerfolgen psychologisch negativ auswirken muß, besonders im Vorgesetzten-Untergebenen-Verhältnis, wie es beim *MbE* unterstellt werden muß.

Ungeachtet dieser Probleme und Anwendungshemmnisse werden als Vorteile des *MbE* genannt[74]:

[73] Vgl. Fuchs-Wegner, G., Management by . . ., in: Grochla, E. (Hrsg.), Management, a. a. O., S. 224.

[74] Vgl. Bittel, L. R., Management by Exception, a. a. O.

— Konzentration des Managements auf Schwerpunktaufgaben und Hauptprobleme,
— Zeitersparnis,
— Rationalisierung von Entscheidungsprozessen,
— effektivere Arbeitsmöglichkeit des Top-Managements,
— Veranschaulichung krisenhafter Entwicklungen,
— Erziehung der Mitarbeiter zu großer Leistungs- und Verantwortungsbereitschaft,
— Verbesserung der Bewertungsmöglichkeiten der Mitarbeiter.

Als wesentlicher Mangel bleibt allerdings die ungenügende Beachtung von innovativen Aufgaben durch die vorrangige Konzentration auf Ausnahmesituationen bestehen. Das *MbE* wird dementsprechend vor allem für die Befreiung von Routineaufgaben im Finanzbereich, in der Produktion, Marktarbeit usw. angewendet. Aus marxistischer Sicht ist unverkennbar, daß es sich auch bei dieser Managementtechnik letztlich nur um eine Spielart der scheinbaren Delegation von Verantwortung unter Einbeziehung bestimmter verhaltensorientierter Aspekte handelt. Die Unmündigkeit der Mitarbeiter wird bei diesem Prinzip zweifellos geschickter getarnt als bei anderen offenkundigeren Bevormundungsvarianten und Manipulationen vorgetäuschter Eigenverantwortlichkeiten. Gleichzeitig offenbart der kapitalistische Alltag, daß vermittels derartiger Hilfen durchaus eine bestimmte Rationalisierung der Leitungsarbeit gelingt und im Interesse des Kapitals liegende Entlastungen von Routinearbeiten zur Konzentration auf Engpässe aus strategischer Sicht gegeben sind.

Management by Decision Rules

Eine weitere, jedoch in der Praxis weit weniger verbreitete und genutzte Variante zur Lösung des Delegations- und Koordinationsproblems stellt das *Management by Decision Rules* dar.[75]

Das Konzept geht davon aus, daß die Regeln, nach denen die delegierten Entscheidungen zu treffen sind, exakt vorgegeben werden müssen.

Was dazu im einzelnen zu erfolgen hat, wird in der Literatur verallgemeinerungswürdig und analytisch nachvollziehbar anhand einzelmethodischer Hinweise und Regeln nur unzureichend erklärt, so daß unklar bleibt, für welche Entscheidungen und auf welcher Informationsbasis beispielsweise die Regeln gelten. Darüber hinaus unterstellt das Prinzip in grober Vereinfachung der Realität, daß übergeordnete Ziele allein dadurch erreichbar werden, daß die Entscheidungsregeln für die Zielbewertung vorgegeben werden. Dabei werden nicht allein statische Umwelt-Beziehungen des Unternehmens, sondern auch vollkommene Information über alle auftretende Entscheidungssituationen unterstellt. Das grenzt dieses Managementprinzip von Anfang an hinsichtlich der Anwendung auf weitestgehend strukturierte

[75] Beer, S., Decision and Control, London 1966.

Situationen und voraussehbare Entwicklungen ein, d. h. begrenzt es vorwiegend auf Routineentscheidungen.

Der dabei gewählte logisch-analytische Aufbau der Entscheidungsregeln unterschätzt als wichtigstes Problem auch die Möglichkeiten der Gruppenbildung und dadurch bedingter Defekte. Die schlagwortartige Propagierung des *Management by Decision Rules* steht daher in keinem Verhältnis zur realen Bedeutung als „Neuheit“ für alternative leitungsorganisatorische Lösungen.

Es handelt sich hier um eine typische Aufbauschung leitungsorganisatorischer Elementarprinzipien bezüglich der Vorbereitung und Realisierung von Entscheidungen. Der Unterschied zum vorher erläuterten *Management by Exception* besteht vor allem im logisch-analytischen Aufbau der Entscheidungsregeln, die auf die Vorgabe irgendwelcher Ermessensspielräume gänzlich verzichten. Von daher ist eine Anlehnung der mit dem *Management by Decision Rules* verbundenen Regeln an „klassische“ Organisationsprinzipien und Grundsätze, beispielsweise im Rahmen der Linienorganisation, typisch. Die prinzipiellen Mängel derartiger Organisationsstrukturen hinsichtlich der Mitwirkungsmöglichkeiten der Werktätigen, Hierarchiegliederung und Innovationsfreudigkeit gelten daher gleichermaßen.

Management by Systems

Das Konzept des *Management by Systems* (*MbS*) zielt auf eine rationelle Straffung und Systematisierung des gesamten Leitungsprozesses aus systemorientierter Sicht ab. Die Straffung des Managementprozesses muß mit einer systematischen Ordnung aller Geschäftstätigkeiten durch kontinuierliche Vereinfachung und Ausrichtung der Verfahrensweisen verbunden sein.[76]

Im allgemeinen besteht das *Management by Systems* daher aus einer systematischen Verknüpfung und rationellen Abstimmung der folgenden drei Elemente:

- Verfahrensordnungen zur Sicherung eines einheitlichen und rationellen Ablaufs aller Aufgaben der Leitung, Kontrolle und Verwaltung,
- Managementmethoden zur Rationalisierung der Durchführung einzelner Aufgaben,
- Vorschriften für die Koordinierung der Prozeßabläufe in den einzelnen Unternehmensbereichen.

Von den Ablaufschritten und der Einführung des *MbS* her handelt es sich folglich um die Erarbeitung von Ordnungen für

- die Planung und Festlegung der Unternehmenspolitik,
- die Durchführung und Kontrolle der festgelegten Aufgaben und
- die Koordinierung der Arbeiten in den Abteilungen und Funktionalgruppen.

Die Verfahrensordnung zur Sicherung eines einheitlichen und rationellen Ablaufs legen fest, welche Arbeiten von wem und wann durchzuführen sind.

[76] Neuschel, R. F., Management by System, New York 1960.

Hier sind bestimmte Analogien zu der bereits weiter oben erläuterten Stellenbeschreibung unverkennbar und die hiermit verbundenen Probleme auch bei der Anwendung des *MbS* nachweisbar. Dem Anliegen des *MbS* entsprechend, wird jedoch bei der Festlegung der Ablaufregeln in stärkerem Maße als bei anderen Ansätzen der Komplexität und Verflechtung einzelner Leitungsaufgaben Rechnung getragen. Beispielsweise wird der Systemcharakter der einzelnen Abläufe häufig netzwerkähnlich dargestellt und werden exakte methodische Hilfen für das „Wie" von Leitungs- und Verwaltungsarbeiten gegeben. Als besonders wichtig für den Erfolg des *MbS* gilt, daß die kritischen Faktoren im Leitungssystem und -ablauf richtig erkannt und so berücksichtigt werden, daß alle verborgenen Verbesserungsmöglichkeiten nutzbar gemacht werden können. Gegenwärtig wird das *MbS* insbesondere in Verbindung mit der Einführung von Management-Informationssystemen weiterentwickelt.[77]

Bei der Einführung des *MbS* geht es im wesentlichen um folgende Effekte, die zugleich als wichtigste Vorteile der Managementtechnik betrachtet werden:

— Reduzierung der Leitungs- und Verwaltungskosten im umfassenden Sinne,
— Verbesserung der Führungsleistung des Managements und der Leistungsfähigkeit der Führungskräfte aller Ebenen einschließlich des Außendienstes und des technischen Personals,
— Verbesserung der Zusammenarbeit und Kooperation der einzelnen Bereiche sowie des Betriebsklimas,
— Erhöhen der Flexibilität des Managements,
— Einsparung von Personal,
— Steigerung der Effektivität der gesamten Leitungsarbeit durch konsequente Ausrichtung auf die übergeordneten Unternehmensziele.

Um derartige Ergebnisse durch Einführung des *MbS* realisieren zu können, sind drei Voraussetzungen zu erfüllen. *Erstens* müssen die Zielsetzungen und Aufgaben der einzelnen Bereiche und Abteilungen klar umrissen sein, *zweitens* ist eine enge Zusammenarbeit zwischen Linien- und Stabsorganen erforderlich, und *drittens* müssen die Leiter der Funktionalorgane ergebnisorientiert entsprechend den zentralen Zielstellungen arbeiten.

Die Ausarbeitung bzw. Durchforschung eines Managementsystems umfaßt nach diesen Hauptkriterien weiterhin:

— aus der Definition der Zielsetzungen abgeleitete Arbeitsaufgaben, die hinsichtlich Kosten, Terminen und Qualität genau bestimmt sind;
— weitestgehend exakte Richtlinien für das Erreichen der Ziele, erforderliche Maßnahmen zu ihrer Absicherung usw.;
— klar definierte Verantwortungsbereiche für die Realisierung der Zielstellungen;
— die Ausarbeitung, Erläuterung und Realisierung verständlicher und akzeptierter Vorgehens- und Aktionspläne;

[77] Auf die mit der Einführung von computergestützten Informations- und Steuerungssystemen verbundenen Probleme wird detaillierter im V. Kapitel eingegangen.

— die Aufgabenzuordnung entsprechend den notwendigen technischen Fähigkeiten;
— eine Kontrollsystematik zur Messung des Erfolges.

Das *MbS* kann für jegliche Leitungsarbeit modifiziert werden und ist vom Anwendungsgegenstand sowohl für Linien- wie Stabsarbeit als auch Verwaltungstätigkeit im umfassenden Sinne geeignet.

Der Kerngedanke einer stärkeren Nutzung systemorientierter Grundlagen und Ansätze stellt nüchtern betrachtet keine wesentliche Neuerung dar. Objektiven Entwicklungsprozessen zur Beherrschung komplexer und zugleich komplizierter Leitungsaufgaben entsprechend, nutzt das *MbS* hierbei eine Reihe vor allem formaler technisch-organisatorischer Hilfsmittel zur Rationalisierung der Leitungs- und Verwaltungsarbeit. Die hierzu erforderlichen Systematisierungen von Ordnungsabläufen, Methoden und Bereichen entsprechen in vielem den durch die „klassischen“ Organisationslehren begründeten Grundsätzen und Prinzipien. Der indirekt bei der Konstruktion und Anwendung von *MbS* oft unterstellte Funktionsmechanismus der Leitung als selbstregulierendes, konfliktfreies System wird selbst von bürgerlichen Theoretikern als schlechthin „utopisch“ charakterisiert, da er das Wesen sozialer Prozesse völlig verkennt.

In der oftmals einseitig mechanistischen und technokratischen Ausrichtung der bisher erörterten Managementprinzipien liegt ein prinzipieller Mangel, der seitens der bürgerlichen Theoretiker durch eine verstärkte Hinwendung zu verhaltensorientierten Ansätzen und Prinzipien auszugleichen versucht wird. Gleichzeitig ist nicht zu übersehen, daß eine Integration verhaltenstheoretischer Erkenntnisse auch in den einseitig logisch-analytisch aufgebauten Konzeptionen versucht wird, wie beispielsweise bei der Entwicklung und Anwendung des partizipativen *Management by Objectives*. Bürgerliche Theoretiker erkennen dieses Dilemma durchaus, wenn sie feststellen: „Liegt der klassischen Managementlehre und davon abgeleiteten Vorstellungen das Bild einer ausschließlich zweckrational orientierten Organisation und eines entsprechend angepaßten und reduzierten ‚Organisationsmenschen‘ zugrunde, so betonen die Vertreter des individualpsychologischen Organisationsansatzes die Notwendigkeit maximaler individueller Zielverwirklichung. Die technizistischen Kriterien herkömmlicher Organisationsgestaltung werden als unvereinbar mit dem Streben des Individuums nach Selbstverwirklichung angesehen, eine Anpassung des Menschen an die Organisation wird deshalb nicht für möglich gehalten, vielmehr umgekehrt die Anpassung der Organisation an den Menschen gefordert.“[78]

Hier schießt die bürgerliche Theorie natürlich weit über die kapitalistische Praxis hinaus, wie der Alltag in jedem Unternehmen und in allen übrigen Organisationseinheiten angesichts der krisenbedingten Rationalisierungsmaßnahmen eindeutig belegt. Anstelle einer Leitungsorganisation, die dem Individuum als „Betätigungsfeld zur Erringung von Selbstachtung und Selbstverwirklichung“

[78] Vgl. Küppers, H., Innovation und Management, a. a. O., S. 281.

dient, sind eher Existenzangst, zunehmende Entfremdung durch Einsatz moderner Technik und Angst vor vollständigem Arbeitsplatzverlust durch Mikroelektronik usw. bei gleichzeitiger verstärkter hierarchischer Unterwürfigkeit und Selbstverleugnung im Interesse des Behaltens des Jobs bzw. eines erträglichen Arbeitsklimas typisch.

Management by Participation

Das *Management by Participation* ist durch die Mitwirkung der Mitarbeiter an sie betreffenden wichtigen Entscheidungen gekennzeichnet. Dabei wird von der These ausgegangen, daß die Identifikation mit den Unternehmerzielen um so größer ist, je stärker die Organisationsmitglieder an der Zielbestimmung mitarbeiten.

Unter „Partizipation" wird dabei im heutigen bürgerlichen Sprachgebrauch „Mitwirkung", „Mitsprache", „Mitgestaltung", aber auch „Mitbestimmung am Arbeitsplatz", „Erfolgs- bzw. Ertragsbeteiligung" u. a. m. verstanden.

Die zunehmende Diskussion um Partizipationsmöglichkeiten in kapitalistischen Unternehmen unterstreicht, daß die unübersehbare, völlig ungerechtfertigte Verteilung der Macht und Einflußchancen in Organisationen zu Konflikten führt, die durch die bisher erörterten Managementprinzipien, ungeachtet ihres diesbezüglichen Anspruchs, nicht gelöst werden konnten. Die bürgerlichen Theoretiker haben durchaus erkannt, daß eine wirkliche Lösung des „Machtausgleichproblems" oder „Machtgleichgewichts" im Unternehmen durch die traditionellen Ansätze nicht gelungen ist. Da eine wenigstens annähernd „demokratische" Einflußnahme auf unternehmensinterne Entscheidungen aber eine ganz entscheidende Voraussetzung der beabsichtigten Selbstverwirklichung des Menschen im Arbeitsprozeß darstellt, muß das Kapital zwangsläufig bestimmte Zugeständnisse in dieser Richtung machen.

Dazu ist das *Management by Participation* ein ideales Instrument. Suggeriert es doch echte Teilnahme an der Willensbildung im Unternehmen, obwohl jeder einigermaßen politökonomisch Denkende sofort erkennt, daß derartige „Partizipationen" über bestimmte Grenzen hinaus auf Grund der privatkapitalistischen Eigentumsverhältnisse immer objektiv begrenzt bleiben müssen. Leitungsorganisatorisch bzw. -methodisch lassen sich politökonomisch bedingte Defekte prinzipiell nicht ausräumen, sondern nur kaschieren. Letzteres wird zweifellos auch in vielen Bereichen der kapitalistischen Wirtschaft mit Geschick und teilweise beachtlichem Erfolg erreicht. Dabei werden in der Regel zwei unterschiedliche Wege beschritten, die sich jedoch nicht ausschließen und als „indirekte" bzw. „direkte Partizipation" bezeichnet werden.[79] Bei der „indirekten" oder auch „repräsentativen" Partizipation wird eine Mehrzahl von Organisationsmitgliedern von einem gewählten Interessenvertreter in einem bestimmten Organ repräsentiert. Unter

[79] Vgl. Hill, W./Fehlbaum, R./Ulrich, P., Konzeption einer modernen Organisationslehre, in: Zeitschrift für Organisation (Wiesbaden), 1/1974, S. 10.

direkter Partizipation wird dagegen die Beteiligung der Mitarbeiter an Entscheidungen der nächsthöheren Hierarchieebene der Organisation verstanden. „Sie kommt nicht durch hierarchische Differenzierungen von Kompetenzen (Delegation), sondern durch die Festlegung einer gemeinsamen Kompetenzausübung mehrerer Personen verschiedener hierarchischer Ebenen zustande."[80]

Hieraus ergibt sich auch ein gradueller Unterschied zum *Management by Delegation*, der in zweierlei Richtung ausgeprägt ist. *Erstens* werden die Managementfunktionen, wie Zielbestimmung, Entscheidung, Organisation, Stimulierung, Kontrolle, nicht hierarchisch bzw. bedeutungsmäßig nach wichtigeren und weniger entscheidenden Funktionen getrennt. Untergebene wie Vorgesetzte üben die Managementfunktionen vielmehr gemeinsam aus. Dementsprechend entfällt die für das Delegationsprinzip typische Abtrennung einzelner, delegierter Managementfunktionen mit der dazugehörigen Übertragung eigenverantwortlicher Kompetenzen. Dadurch kann es zweifellos zu größeren Leistungsanreizen kommen als bei anderen Motivationsformen, da Vorgesetzte wie Untergebene im Extremfall gleichberechtigt sind und weil die formale Trennung von Entscheidung und Ausführung im Interesse der Zielerreichung aufgehoben und damit die Arbeitsgliederung in vertikaler Richtung partiell rückgängig gemacht wird. *Zweitens* widerspiegelt sich das Partizipationsprinzip nicht direkt in einer konkreten formalen Organisationsstruktur, sondern sind variable, weitgehend alternative Lösungen denkbar. Unterschiedliche Partizipationsgrade werden maßgeblich durch das Verhalten des Vorgesetzten bestimmt, weniger oder gar nicht durch formale organisatorische Regelungen. In der Managmentpraxis wird ein derartig partizipativer Führungsstil auch teilweise als „kooperative" Führung bezeichnet, gegenüber dem mehr „autoritativen" Führungsstil.[81]

Von einem partizipativen oder kooperativen Führungsstil ist zu sprechen, „wenn der Einfluß der Mitarbeiter wesentlich ist"[82]. Je geringer die Einflußmöglichkeiten sind, um so stärker wird autoritär geleitet. Prinzipiell darf jedoch weder beim Management durch Partizipation noch durch Delegation übersehen werden, daß die Mitwirkung maßgeblich durch die prinzipiell im Unternehmen gültige Funktionalisierung und die Entscheidungsspielräume der einzelnen Leitungsebenen bzw. Bereiche begrenzt wird. Je stärker maßgebliche Leitungsentscheidungen zentralisiert werden, um so geringer ist die reale Einflußmöglichkeit aller nachgeordneten Bereiche, ganz unabhängig vom Führungsstil und durchaus weit entwickelten Partizipationsgrad innerhalb der einzelnen nachgeordneten Instanzen.

Hochentwickelte Partizipation in Einzelbereichen bedeutet also keineswegs schon wirklich volle Mitwirkungsmöglichkeit an gravierenden Entscheidungen. Dennoch fürchtet sich das Kapital nicht wenig vor zunehmenden Forderungen nach mehr Partizipation und kooperativem Führungsstil im Management. Deshalb

[80] Ebenda.

[81] Vgl. Zapf, G., Kooperativer Führungsstil und Organisation, Wiesbaden 1972.

[82] Ebenda, S. 27.

wird zur Apologetik des autoritativen Führungsstils und gleichzeitiger Herabsetzung der Partizipationsbewegung beispielsweise betont, daß die Partizipation „. . . generell ein zu hohes Maß an Kooperationswilligkeit und fachlicher Qualifikation voraussetzt, daß sie die Abschaffung oder doch sehr weitgehende Verflachung ranghierarchischer Strukturen impliziert, damit aber zu enttäuschten Karriere- und Aufstiegserwartungen führt und in deren Gefolge zu unkollegialem leistungshemmendem Konflikt- und Konkurrenzverhalten"[83]. Worum es im Kern bei dieser Kritik am „Macht-Ausgleichs-Konzept" geht, wird spätestens dann klar, wenn zur Beweisführung die Arbeitsergebnisse von Betriebsräten herangezogen werden und ihnen geringe Motivation, unzulängliche Kenntnisse sowie „Apathie" im Sinne der Funktionstüchtigkeit partizipativer Führung unterstellt werden.[84] Anstatt die Mängel der unzureichenden Verwirklichungsmöglichkeiten des *Management by Participation* im Klassencharakter der bürgerlichen Gesellschaftsordnung und in den ökonomischen Gesetzen der Profitproduktion zu suchen, werden subjektive menschliche Schwächen für das Nichtfunktionieren angeführt, wie überbetontes Streben nach Partizipation und Selbstverwirklichung. Insofern die Kritik der bürgerlichen Autoren an den Partizipationsmodellen lediglich auf dieser Argumentationsbasis fußt, bleibt sie unwissenschaftlich und abstrahiert von den wirklichen gesellschaftlichen Ursachen.

Andererseits beweist die berechtigte bürgerliche Kritik am „Macht-Ausgleichs-Konzept" hinsichtlich der völligen Abstraktion von notwendig zu berücksichtigenden Zusammenhängen, daß die bürgerlichen Theoretiker durchaus in der Lage sind, kardinale Schwächen alternativer Konzeptionen zu erkennen. Das betrifft auch die vorhandene Einsicht, daß eine Harmonie zwischen Unternehmens- und Individualzielen prinzipiell utopisch und außerordentlich realitätsfremd ist.

Dennoch gelingt es nicht, den nächsten Schritt zum Aufdecken der Ursachen dafür zu machen, sondern beschränkt sich die bürgerliche Diskussion auf die Abwägung von Vor- und Nachteilen, Möglichkeiten und Unmöglichkeiten der Erreichung von Zielidentifikation und höherer Produktivität durch Anwendung unterschiedlichster Managementkonzeptionen.

Das *Management by Participation* versucht, dieses Problem unter extrem umgekehrten Vorzeichen gegenüber den „klassischen" Managementprinzipien zu lösen, wozu eine Fülle verschiedenartiger „kooperativer Führungsmodelle entwickelt wurde und wird, die in Überwindung der autoritativen Ansätze eine partizipative Führung bis zu partieller oder ganzheitlicher Gruppenstruktur propagieren.[85]

Im Konkurrenzkampf der einzelnen Managementmethoden hinsichtlich größerer Wirksamkeit und mehr Produktivitätsgewinn im Interesse des Kapitals werden als Fakten, die zugunsten des kooperativen Führungsstils sprechen, genannt[86]:

[83] Küppers, H., Innovation und Management, a. a. O., S. 288.

[84] Ebenda, S. 289.

[85] Vgl. Burgin, U., Kooperativer Führungsstil, Bern—Stuttgart 1972.

[86] Zapf, G., Kooperativer Führungsstil und Organisation, a. a. O., S. 62.

— bessere Ausnutzung der Fähigkeiten,
— größere Entscheidungsbreite und -qualität durch intensivere Information und Zusammenarbeit,
— Anregung größer, Ideenfindung leichter,
— Fehler werden früher bemerkt,
— durchsetzenden Entscheidungen wird geringerer Widerstand entgegengesetzt.

Derartige Effekte veranlassen das Kapital zweifellos zu einer Aufnahme kooperativer Elemente in die Managementpraxis, helfen sie doch mit, die Verwertungsinteressen effektiver zu verfolgen und immer wieder offen aufbrechende Konflikte im kapitalistischen Herrschaftssystem einzudämmen.

Zusammenfassend muß noch einmal betont werden, daß die skizzierten „Management by"-Techniken in der Regel modifiziert und keineswegs isoliert angewendet werden. Die verschiedenartigen Ansätze und Techniken schließen sich nicht aus, sondern haben oftmals ergänzende Funktionen.

Vom sozialökonomischen Inhalt her helfen sie in spezifischer Weise mit, den Doppelcharakter der kapitalistischen Leitung gemäß dem zwieschlächtigen Charakter des Produktionsprozesses mehr oder weniger geschickt zu tarnen. Die Wirkungsrichtung zielt dabei auf eine direkte oder indirekte Beeinflussung der Handlungen der Werktätigen im Arbeitsprozeß zugunsten der Profitsicherung und -mehrung. Der Form nach münden die „Management by"-Techniken oft in leitungsorganisatorische Regelungen, die den Managementprozeß dadurch prägen.

Motivationstechniken

Werte und Motive im Wandel

In den letzten 25 Jahren, so wird in einer umfassenden Studie der *Havard Business Review* festgestellt, nahm die Unzufriedenheit der Beschäftigten in der US-Wirtschaft ständig zu. Das bezieht sich sowohl auf die Arbeit im Unternehmen als auch auf territoriale Probleme.[87]

Mit dem rapiden Eindringen neuer Technologien und der Automation wuchs die Unpersönlichkeit der Arbeit und die Instabilität der Arbeits- und Lebensbedingungen. Neu ist vor allem, daß sowohl die Unzufriedenheit der Beschäftigten in der unmittelbaren Produktion als auch der Büroarbeiter weiter wächst. Da die Studie auf Befragungen von über 75000 Beschäftigten aus Firmen mit unter 500 und mehr als 200000 Beschäftigten basiert, zeigt sie ein bedrohliches Bild für das Management, selbst wenn man gewisse Einstellungsänderungen auf Grund konjunktureller Schwankungen in Rechnung stellt.

[87] Vgl. Looper, M. R./Morgan, B. S./Foley, P. M./Kaplan, L. B., Changing Employee Values. Deepening Discontent, in: Harvard Business Review (Boston), 1/1979, S. 177ff.

Tabelle 3.9.
Ergebnisse von Mitarbeiterbefragungen im Vergleich 1976 und 1981

Frage an: Mitarbeiter (M) Vorgesetzte (V)		Kaufmännische Angestellte										Ungelernte/gelernte Arbeiter	
		Firma 1 340 Mitarbeiter 16 Vorgesetzte		Firma 2 136 Mitarbeiter 12 Vorgesetzte		Firma 3 211 Mitarbeiter 18 Vorgesetzte		Firma 4 25 Mitarbeiter 7 Vorgesetzte		Firma 5 84 Mitarbeiter 9 Vorgesetzte		8 versch. Firmen 1020 Mitarbeiter 38 Vorgesetzte	
		M	V	M	V	M	V	M	V	M	V	M	V
Interessante Aufgabe	1976	1	8	1	5	1	5	1	9	3	7		
	1981	3	4	2	3	2	4	1	3	1	2	7	4
Anerkennung der	1976	5	7	3	6	2	8	3	8	4	6		
Leistung	1981	5	5	4	5	4	5	4	6	4	4	5	5
Information	1976	2	9	2	8	3	10	2	7	2	5		
	1981	4	3	3	3	3	2	3	5	3	3	3	6
Arbeitsplatzsicherheit	1976	3	1	5	7	4	2	4	1	1	2		
	1981	1	2	1	1	1	1	2	2	2	1	1	2
Lohn und Gehalt	1976	4	2	4	1	5	1	5	2	5	1		
	1981	2	1	5	2	5	3	5	1	6	5	6	1
Aufstieg/	1976	8	3	6	2	6	3	6	4	8	3		
Vorwärtskommen	1981	9	9	9	6	6	6	9	8	9	10	10	11
Arbeitsplatzgestaltung,	1976	6	4	9	3	7	4	7	3	10	4		
-bedingungen	1981	8	6	7	9	9	9	8	4	8	8	2	3

Kommunikation mit Vorgesetzten	1976	7	6	8	4	8	7	9	5	7	9		
	1981	6	7	6	8	7	8	7	7	5	6	8	7
Zusammenarbeit mit Kollegen	1976	12	12	11	12	12	12	12	12	9	11		
	1981	11	11	10	12	11	11	12	12	11	11	4	8
Taktvolle Kritik	1976	10	11	10	11	10	9	12	10	11	12		
	1981	10	10	11	10	10	10	10	10	10	9	9	10
Hilfe bei persönlichen Problemen	1976	11	10	12	10	11	11	10	11	12	10		
	1981	12	12	12	11	12	12	11	11	12	12	11	9
Verantwortungs-bereitschaft	1976	9	5	7	9	9	8	8	6	6	8		
	1981	7	8	8	7	8	7	6	9	7	7	12	12

Quelle:
Fiedler, H., Die Führung prägt den Arbeitswillen, in: Fortschrittliche Betriebsführung und Industrial Engineering (Berlin(West)), 4/1981, S. 317.

Die Frage an die Mitarbeiter lautete:
„Damit Sie in Ihrem Arbeitsleben einen möglichst hohen Zufriedenheitsgrad erreichen, sind bestimmte Voraussetzungen mehr oder weniger für Sie wichtig. Bitte beziffern Sie die Wichtigkeit der folgenden Faktoren nach Ihren Vorstellungen in einer Rangfolge von 1 bis 12."
Die Frage an die Führungskräfte dieser Mitarbeiter lautete:
„Damit Ihre Mitarbeiter in ihrem Arbeitsleben einen möglichst hohen Zufriedenheitsgrad erreichen, sind bestimmte Voraussetzungen für diese mehr oder weniger wichtig. Für welche Rangfolge, glauben Sie, werden sich Ihre Mitarbeiter entscheiden?"

Welche Veränderungen in der Arbeitszufriedenheit aus einer Befragung von über 1000 Mitarbeitern aus BRD-Firmen zu ersehen sind, zeigt Tabelle 3.9.

Besonders bemerkenswert ist der gewachsene Rang der Arbeitsplatzsicherheit gegenüber fast allen anderen Kriterien, in denen sich gleichfalls Wertwandlungen widerspiegeln. Nicht zu übersehen ist dabei allerdings, daß die gegenseitige Hilfeleistung entsprechend den kapitalistischen Produktionsverhältnissen konstant an letzter Stelle rangiert.

Andere Repräsentativ-Erhebungen bestätigen, daß viele Werte im Zuge des kapitalistisch organisierten technischen Fortschritts nur sehr defizitär befriedigt werden (Vgl. Tabelle 3.10). Vor allem die Jugend, die 74 Prozent aller Wähler der *Grünen* umfaßt, empfindet die Vernachlässigung besonders drastisch und signalisiert, wie die BRD-Unternehmer-Zeitschrift *Der Arbeitgeber* Anfang 1985 darlegte, ernstzunehmende Wandlungen der Werte und Einstellungen.

Leistungswirksamer Ausdruck allgemeiner Unzufriedenheit mit den defizitären sozialen Fortschritten sind solche Erscheinungen wie:

- schlechte Arbeitsmoral,
- Flucht in Krankheiten,
- zunehmende Fluktuation,
- hohe Fehlerrate bzw. Ausschuß,
- abnehmende Freiwilligkeit für Überstunden,
- wachsender allgemeiner „Streß",
- hohe „Absicherungsmanöver",
- zunehmende Status- und Machtkämpfe,
- fehlgeleitete Energien.

Ganz im Sinne der Unternehmer konstatiert Vera F. Birkenbihl aus solchen Erscheinungen: „Die Arbeitsmoral leidet an Schwindsucht. Von Jahr zu Jahr wird es schwieriger, motivierte Leute zu finden: Mitarbeiter, die wirklich mitarbeiten und mitdenken; die bereit sind, sich einzusetzen für das Unternehmen ... Kein Wunder, daß die westdeutsche Wirtschaft international nicht mehr konkurrenzfähig ist!"[88] Aus solchen und vielen ähnlichen Einschätzungen angeblich veränderter Arbeitsmoral und tatsächlich nachlassender Arbeitszufriedenheit erwächst das Bemühen des Kapitals, durch neue Motivationskonzepte und -techniken die Arbeitsleistung zu vergrößern.

Das Grundkonzept des *Management by Motivation (MbM)* lenkt die Aufmerksamkeit der Manager auf verhaltensorientierte Aspekte der Leistungssteigerung. Die eigentlichen Grundlagen dafür liefert die Motivationspsychologie, die das Verhalten des menschlichen Individuums oder einer Gruppe von Individuen und die dem jeweiligen Verhalten zugrunde liegenden Vorgänge zu erklären versucht.[89]

[88] Vgl. Birkenbihl, V. F., Der Seppuko-Effekt, in: Fortschrittliche Betriebsführung und Industrial Engineering (Berlin(West)), 1/1982, S. 22.

[89] Vgl. Thomae, H., Motivation, Göttingen 1965; Heckhausen, H., Motivation und Handeln, Berlin (West)—Heidelberg—New York 1980.

Tabelle 3.10.
Grad der Wertverwirklichung laut Repräsentativerhebungen in der BRD

Wertstrukturen	Bevölkerung insgesamt				Anhänger der Grünen			
	zu-viel %	rich-tig %	zu-wenig %	Differenz zuviel ./. zuwenig	zu-viel %	rich-tig %	zu-wenig %	Differenz zuviel ./. zuwenig
Recht und Ordnung	13	59	26	−13	42	36	21	+21
Freundschaft	5	50	40	−35	5	33	61	−56
Fleiß	21	53	23	− 2	53	38	7	+46
Achtung vor der Ehe	6	39	51	−45	20	42	28	− 8
Freizeit	36	48	13	+23	20	37	42	−22
Pflichtbewußtsein	16	50	31	−15	44	37	17	+27
Zärtlichkeit	4	44	39	−35	2	23	68	−66
Wohlstand	55	38	5	+50	71	22	4	+67
Persönliche Freiheit	14	68	15	− 1	9	42	48	−39
Altersversorgung	5	66	27	−22	10	63	25	−15
Moral	8	40	48	−40	32	34	32	0
Politische Mitbestimmung	7	59	29	−22	6	33	59	−53
Persönliches Eigentum	26	62	9	+17	44	43	9	+35
Soziale Gerechtigkeit	5	47	45	−40	2	27	70	−68
Chancengleichheit	5	47	44	−39	3	26	70	−67
Selbstverwirklichung	12	54	23	−11	8	37	48	−40
Kinder	3	34	60	−57	3	29	65	−62
Solidarität	4	47	41	−37	3	26	69	−66
Gleichberechtigung der Frau	12	42	42	−30	8	20	68	−60
Bildung	13	64	20	− 7	11	54	33	−22
Familie	4	52	43	−39	11	44	43	−32
Gleichheit vor dem Gesetz	2	53	40	−38	2	34	63	−61
Dienst für die Allgemeinheit	4	49	41	−37	7	40	48	−41
Toleranz	3	46	44	−41	2	23	73	−71
Verantwortung für andere	2	38	55	−53	4	25	69	−65
Nationalbewußtsein	14	47	32	−18	34	45	17	+17

Quelle:
Sozialwissenschaftliches Forschungsinstitut der Konrad-Adenauer-Stiftung, Archiv-Nr. 8401.
(hier zitiert nach: Der Arbeitgeber (Köln) 1/1985, S. 25.)

Mit der Frage nach der Motivation der Mitarbeiter im Leitungsprozeß stehen daher nicht die Zielsetzung und die hierarchische Teilnahme an der Zielfindung, sondern die Frage nach dem „Warum“ und den Beweggründen menschlicher Tätigkeit im Mittelpunkt. Die bürgerliche Motivationstheorie versucht dazu, die Ursachen, Bedingungen und Gesetzmäßigkeiten menschlichen Verhaltens zu durchleuchten.

In der bürgerlichen Motivationstheorie werden dabei unterschiedliche Konzeptionen begründet, auf die im folgenden kurz eingegangen wird. Eine schematische Darstellung des Motivationsprozesses, wie er im Management lehrbuchmäßig verstanden wird, enthält Abbildung 3.12.[90]

Es braucht nicht besonders betont zu werden, daß mit derartigen Schemata die komplizierte Dialektik von Bedürfnisentwicklung, Interessen und Leistungsmotiven unter Beachtung spezifischer sozial-ökonomischer Gegebenheiten sowie der Ausprägung des kreativen Charakters der Arbeit zur Hervorbringung von Innovationen bzw. Spitzenleistungen nun sehr unzureichend erfaßt wird.

Von Theorie „X" und „Y" zu Theorie „Z"

Bereits relativ früh wurden seitens bürgerlicher Managementtheoretiker Erkenntnisse der Motivationstheorie in die Leitungspraxis integriert, wie sowohl die Ansätze der *Human-Relations*-Bewegung als auch die Vertreter der Schule der *sozialen Systeme* hinreichend unter Beweis gestellt haben.[91]

Unter methodischem Aspekt wurden die mechanistischen Managementprinzipien insbesondere von D. McGregor einer relativ umfassenden und berechtigten Kritik hinsichtlich falscher Vorstellungen und Grundlagen zur Begründung menschlichen Verhaltens unterzogen.[92] Dem von ihm in Theorie „X" kritisierten Ansatz lägen völlig vereinfachte Vorstellungen und Vorurteile über die menschliche Natur zugrunde, für die Stichworte wie „arbeitsscheu", „Ehrgeizmangel", „Verantwortungsflucht" usw. gängige Begriffe wären.[93] Bei Zugrundelegen derartiger vereinfachender Vorstellungen von der Natur des Menschen im Arbeitsprozeß müssen die darauf gegründeten Managementmethoden den Fragen des Zwanges und der Kontrolle größte Aufmerksamkeit widmen, wie das in der Tat die vorab erläuterten meisten Prinzipien auch tatsächlich verlangen, während das eigentliche Zentralproblem, die Entfremdung des Menschen im kapitalistischen Arbeitsprozeß, in keiner Weise berücksichtigt wird. Dieser Mangel kennzeichnet auch die in der bürgerlichen Fachliteratur allgemein unter dem Stichwort „Theorie Y" bekannt gewordene Konzeption.[94] Danach gehören Arbeitswille und Leistungsinteresse zu den natürlichen menschlichen Motiven, denen sich jedermann verpflichtet fühlt, wobei der Leistungswille zur Erreichung bestimmter Ziele unmittelbar mit dem hochentwickelten Bedürfnis nach Entfaltung individueller Anlagen und Fähigkeiten im Sinne der Selbstverwirklichung des Menschen korrespondiert, ohne daß jedoch zu den Ursachen der Entfremdung im Kapitalismus vorgedrungen wird.

[90] Vgl. Weinert, A. B., Lehrbuch der Organisationspsychologie, München 1981.

[91] Vgl. dazu ausführlicher: Gvišiani, D. M., Management. Eine Analyse bürgerlicher Theorien von Organisation und Leitung, Berlin 1974, Kapitel V und VII.

[92] Vgl. McGregor, D., Der Mensch im Unternehmen, Düsseldorf—Wien 1973.

[93] Vgl. ebenda, S. 47.

[94] Ebenda, S. 61.

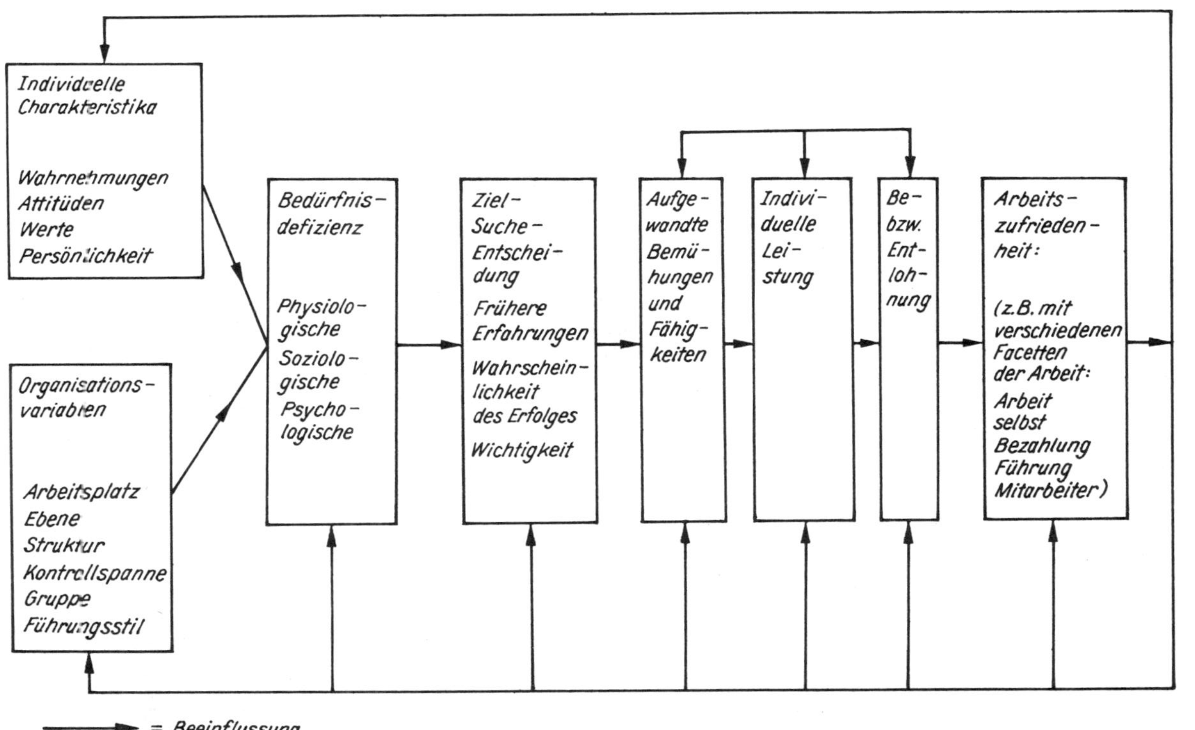

Abb. 3.12.
Schematische Darstellung des Motivationsprozesses nach Weinert

Tabelle 3.11.
Unterschiedliche Sichtweiten des Menschen in Theorie *X* und *Y* nach D. McGregor

Theorie *X*	Theorie *Y*
1. Arbeit ist den meisten Menschen verhaßt 2. Die meisten Menschen haben keine Ambitionen, geringstes Interesse an der Übernahme von Verantwortung und bevorzugen es, dirigiert zu werden 3. Die meisten Menschen haben eine geringe kreative Problemlösekapazität 4. Die Motivation wirkt nur im physiologischen Bereich und betreffs des überragenden Sicherheitsbedürfnisses 5. Die meisten Menschen müssen streng kontrolliert und angetrieben werden, um die Ziele der Organisation zu erreichen	1. Arbeit ist so natürlich wie Spiel und ein elementares Bedürfnis 2. Selbstkontrolle ist für das Erreichen der Organisationsziele unersetzbar und übertragene Verantwortung wird wahrgenommen. 3. Die kreative Problemlösekapazität der Menschen ist weit verteilt in allen Bevölkerungsschichten, jedoch wenig erschlossen 4. Die Motivation resultiert auch aus sozialen Faktoren, dem Anerkennungs- und Selbstverwirklichungsstreben 5. Menschen können bedeutend mehr leisten, wenn sie richtig motiviert und selbstgelenkt arbeiten. Je besser die Zielübereinstimmung und je mehr die Organisation den Menschen gibt, um so härter wird gearbeitet, um die Organisationsziele zu erreichen

Quelle:
McGregor, D., The Human Side of Enterprise, New York 1960, S. 47.

Die Unterschiede in den Auffassungen vom Menschen in Theorie „X" und „Y" sind Tabelle 3.11. zu entnehmen. Die aus derartig unterschiedlichen Sichtweisen des Menschen [95] resultierenden großen Differenzen im Führungsverhalten sowie den angewandten Managementtechniken liegen auf der Hand. Tabelle 3.12. zeigt sie nochmals in Relation zu wichtigen Managementfunktionen.

Hier werden auch deutlich die Grenzen der von McGregor entwickelten Theorie „Y" des menschlichen Verhaltens in Organisationen klar, weil offensichtlich eine optimale Lösung der Zielidentifikation und -integration allein dadurch, daß jeder Mitarbeiter ständig ermuntert wird, „seine Fähigkeiten, sein Wissen und seinen Scharfsinn aus freien Stücken zu fördern und auf eine Weise anzuwenden, die zum Erfolg des Unternehmens beiträgt"[96], praktisch nicht erreicht werden kann. Realistisch gesehen ist es einfach illusorisch, unter kapitalistischen Produktionsverhältnissen davon auszugehen, daß der Erfolg und die Entwicklung eines Un-

[95] Vgl. hierzu auch die umfassende Übersichtsdarstellung von: Lilge, H.-G., Menschenbilder als Führungsgrundlage, in: Zeitschrift für Organisation (Wiesbaden), 1/1981, S. 14ff. bzw. Weinert, A. B., Menschenbilder als Grundlagen von Führungstheorien, in: Zeitschrift Führung und Organisation (Baden-Baden), 2/1984, S. 117.
[96] McGregor, D., Der Mensch im Unternehmen, a. a. O., S. 70.

Tabelle 3.12.
Managementunterschiede gemäß Theorie *X* und *Y*

Management-funktionen	Managementtechniken gemäß Theorie *X*	Managementtechniken gemäß Theorie *Y*
Führungsstil	Autokratisch	Partizipativ
Ziele setzen	Manager setzt Ziele für die Unterstellten	Manager und Unterstellte legen gemeinsam Ziele fest
Entscheidungen fällen	Manager trifft Entscheidungen und teilt sie den Unterstellten mit	Es werden Richtlinien über die Entscheidungskompetenz aktiv genutzt
Kommunikation/ Organisation	Informationen fließen vom Manager zu den Unterstellten, und die Autorität und Organisation basieren auf Position und Titel mit exakt abgegrenzten Pflichten	Informationen fließen in alle Richtungen, Autorität und Organisation werden aufgabenorientiert festgelegt und basieren auf Wissen und Initiative
Motivation	Motivation basiert auf Drohungen, Angst und Druck bis zum Job-Verlust	Motivation basiert auf Hilfe und Unterstützung (Selbstverwirklichung im Job)
Kontrolle	Unterstellte werden nach begangenen Fehlern beurteilt und bestraft	Unterstellte werden anhand der Leistungen bewertet, und Fehler dienen zum Lernen

ternehmens dann am besten gewährleistet wird, wenn jedes Organisationsmitglied seine eigenen Ziele am besten erreicht.

Diese vollständige Unterschätzung der Bedeutung autoritärer Prinzipien als Steuerungsmittel erscheint selbst McGregor unhaltbar, weshalb von ihm zugestanden wird, daß auch Autorität unter „gewissen Umständen" ein geeignetes Steuerinstrument sein kann.[97] Allerdings bleibt McGregor eine Erklärung darüber, wann die gewissen Umstände vorliegen, d. h. also Organisations- und Individualziele nicht in der beschriebenen Weise übereinstimmen, schuldig, und es fehlt diese Erläuterung auch bei anderen Anhängern der einseitigen Bevorzugung des *Management by Motivation*.

Anknüpfend an die von McGregor gewählten Namen „X" und „Y" macht in jüngster Zeit ein Konzept von sich reden, das durch seine Benennung mit dem Buchstaben „Z" eine Art Schlußpunkt unter die Diskussion um das ideale Motivieren zu setzen sucht. Die Theorie „Z" stammt von dem in Japan geborenen, aber in den USA lebenden Theoretiker William G. Ouchi.[98] Der an sich bedeutungslose Buchstabe soll vor allem assoziieren, daß es sich um ein kaum noch

[97] Ebenda, S. 71.

[98] Ouchi, W. G., Theory Z. How American Business can meet the Japanese challenge, Reading (Mass.) 1981.

zu übertreffendes Managementkonzept handelt, das weit über McGregors Theorie „Y" hinausgehe.

In einer kritischen Rezension zu Ouchis Theorie „Z" wird betont, daß die Grundannahmen keineswegs neu sind und eigentlich nur bestimmte Verallgemeinerungen aus dem japanischen Management umfassen.[99] Die Kernaussagen Ouchis in Theorie „Z" und damit die Unterschiede im japanischen Herangehen zum vorherrschenden amerikanischen Management sind:

1. lebenslange Beschäftigung statt kurzzeitiger;
2. Gruppenentscheidungen statt Einzelentscheidungen;
3. kollektive Verantwortlichkeit statt individueller;
4. langsamer Aufstieg unter Berücksichtigung von Leistung und Dienstalter statt schneller Karrieren;
5. breitgefächerte Ausbildung statt Spezialistentum;
6. informelle Kontrolle statt formalisierter;
7. Vertrauen, Behutsamkeit und enge persönliche Beziehungen kennzeichnen die Unternehmenskultur statt kühler Organisationsregelungen.

Ohne im einzelnen an dieser Stelle ausführlich auf diese Leitgedanken einzugehen, ist kritisch anzumerken, daß sie in der Tat nicht viel mehr als Zusammenfassungen typischer japanischer Führungsgrundsätze bieten. Bei diesem Herangehen darf niemals übersehen werden, daß in Japan andere gesellschaftliche Normen und Strukturen das Zusammenleben prägen als in den meisten westlichen Ländern.[100]

Tabelle 3.13. faßt die Besonderheiten japanischer Managementprinzipien nochmals überblicksmäßig zusammen, wobei die Gemeinschaft der Verantwortung, die „familiäre" Integration in Unternehmen auf Lebenszeit, das Senioritätsprinzip des Karrieremachens und kollektive Entscheidungsprinzipien besonders wichtige Unterschiede zu anderen kapitalistischen Managementtechniken markieren.

In .der schon erwähnten Kritik der Theorie „Z" heißt es zusammenfassend: „Theorie Z — das ist ein zugkräftiges Schlagwort, aber auch nicht viel mehr. Sie ist nicht bloße Ausflucht, aber noch weniger Schlußpunkt, und ganz gewiß nicht ein letztes Wort, Körnchen der Wahrheit finden sich überall, aber es ist nachdrücklich davor zu warnen, solche Körnchen mit dem Ganzen zu verwechseln."[101]

[99] Vgl. Dederra, E., Theorie „Z". Schlußpunkt oder Ausflucht. Eine kritische Bilanz, in: Fortschrittliche Betriebsführung und Industrial Engineering (Berlin(West)), 5/1982, S. 378.

[100] Vgl. Japan-Handbuch. Politik und Ökonomie, Berlin 1985; Hartmann, W. D./Stock, W., Japans Wege in den Weltmarkt. Innovations- und Managementstrategien japanischer Konzerne, a. a. O.

[101] Dederra, E., Theorie „Z". Schlußpunkt oder Ausflucht, a. a. O., S. 382.

Maslows Bedürfnishierarchie

Hierarchische Motivationsmodelle gehen von der Frage aus, in welcher Wechselbeziehung die einzelnen Motive bzw. Faktoren stehen.

Zu den bekanntesten Motivationsmodellen dieser Art zählt die von A. H. Maslow[102] entwickelte „Bedürfnispyramide" (vgl. Abb. 3.13.).

Tabelle 3.13.
Besonderheiten japanischer Managementprinzipien

Gesellschaftliche Grundlagen	Arbeitseinstellungen der Beschäftigten	Bevorzugte Managementtechniken
• tiefverwurzeltes japanisches Traditionsbewußtsein und Gesellschaftssystem • Gruppeninteressen rangieren vor Eigeninteressen • gemeinsamer Wille, Japan zu einem High-Tech-Staat zu führen („Japan. Inc.") • Vorrang des Exports • Duales Wirtschaftssystem mit mächtigen Monopolen und zahlreichen Familienbetrieben	• relativ sichere Arbeitsplätze für die Dauerbeschäftigten • Denken und Handeln im Sinne des Unternehmensziels und Fürsorge des Unternehmens für Mitarbeiter • volle Anerkennung der Autorität von Managern und Akzeptanz des japanischen Aufstiegsweges • höchste Arbeitsdisziplin, Einsatzbereitschaft, Zuverlässigkeit der Arbeiter • „Freiwillige" Weiterarbeit auch bei Krankheit, Urlaub oder leichten Verletzungen • produktivitätsorientierte Arbeitsorganisation • hohe Umsetzungs- und schulungsbereitschaft	• Zusammenarbeit mit staatlichen Behörden • langfristige Unternehmensstrategien für Spitzenprodukte, Spitzenqualität und niedrige Preise • Priorität des Produktionsmanagement und Marketing • just-in-time bzw. Kanban-Management lagerloser Fertigung • Qualitätsarbeit durch hohes Qualitätsbewußtsein und Qualitätszirkel • ständige Produktivitätsvergleiche • Ringi-Entscheidungssystem, um „Konsens" statt Konflikte zu erreichen • flexible Automatisierung und Robotereinsatz • Miniaturisierung und Hochveredlung • Imitations- und Innovationsstrategien im High-Tech-Sektor • Diversifikation und excellentes Marketing

Siehe ausführlicher: Hartmann, W. D./Stock, W., Japans Wege in den Weltmarkt, Berlin 1984, S. 52ff. — Vgl. auch: Pascale, R. T./Athos, A. G., The Art of Japanese Management, New York 1981; Weiss, A., Simple Truths of Japanese Manufacturing, in: Havard Business Review (Boston), 4/1984, S. 119ff.

[102] Zuerst veröffentlicht in: Maslow, A. H., A Theory of Human Motivation, in: Psychological Review (Washington), July 1943, S. 370ff.; vgl. auch: Maslow, A. H., Motivation and Personality, New York 1954.

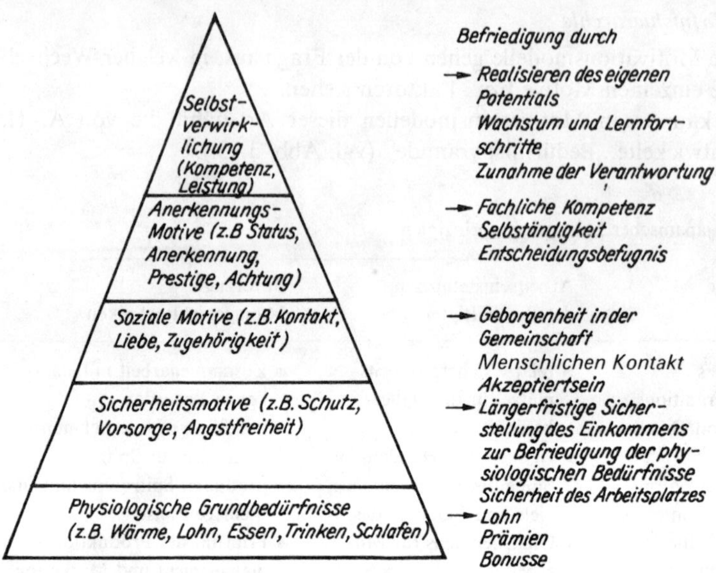

Abb. 3.13.
Bedürfnispyramide nach Maslow

Das Motivationsmodell Maslows nimmt ausschließlich auf die genannten fünf Bedürfnisklassen Bezug und zielt darauf ab, eine Erklärung für die Leistungs- bzw. Motivationswirksamkeit einer bestimmten Bedürfnisklasse zu geben. Dabei werden die ersten drei Bedürfnisklassen als Mangelbedürfnisse charakterisiert, während die Bedürfnisse nach Selbstachtung und Selbstverwirklichung als Wachstumsbedürfnisse bezeichnet werden.

Die Aufgabe des Managements besteht darin, sich der differenzierten, jedoch nicht gegenseitig ausschließenden Wirkung der Bedürfnisarten bewußt zu sein, also beispielsweise dafür Sorge zu tragen, daß nicht allein konventionelle Methoden der materiellen Belohnung bzw. Bestrafung durchgesetzt werden, die auch auf Statusansprüche, Prestigedenken, Kreativitätsentfaltungsmöglichkeiten usw. eingehen. Derartigen Einflußgrößen bei der Leistungsmotivation stärker Rechnung zu tragen, verlangt, in die differenzierte Wirkungsweise der von Maslow gruppierten „Mangel-“ und „Wachstumsbedürfnisse“ einzudringen.

Maslows Grundgedanke besteht darin, daß erst dann höhere Motive leistungswirksam werden, wenn eine Bedürfnisebene grundsätzlich befriedigt ist. Beispielsweise wirkt das Sicherheitsmotiv nach Maslows Konzept erst dann, wenn die physiologischen Bedürfnisse befriedigt sind. Dabei geht Maslow davon aus, daß keineswegs eine hundertprozentige Bedürfnisbefriedigung in einer Klasse erforderlich ist, um nächsthöhere Bedürfnisse verhaltenswirksam werden zu lassen. Maslow spricht vielmehr davon, daß die Menschen zum nächsthöheren

Mangelbedürfnisse
(Physiologische Bedürfnisse, Sicherheitsbedürfnis, Sozialer Kontakt)

1. Sie sind kurzfristig wirksam
2. Sie führen zu wechselhaftem und sich ständig in unterschiedlicher Intensität äußerndem Verhalten

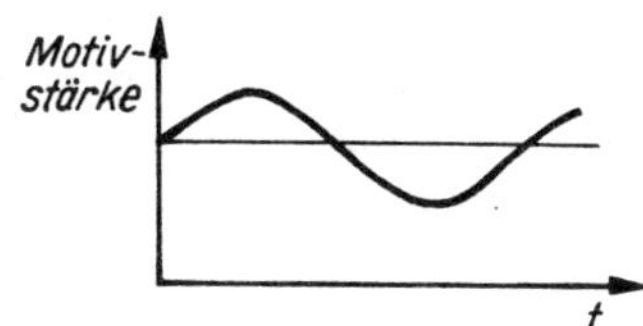

3. Es findet eine Spannungsrückführung auf ein optimales dynamisches Gleichgewicht statt
4. Extrinsische Motivation: Zielobjekt wird angestrebt
5. Es entsteht eher Erleichterung (satiation)
6. Ihre Befriedigung verhindert Krankheiten
7. Sie sind stärker von der Umgebung abhängig
8. Die individuellen Unterschiede sind geringer

Wachstumsbedürfnisse
(Selbstachtung und Selbstverwirklichung)

1. Sie sind langfristig wirksam
2. Sie führen zu stetiger Vorwärtsentwicklung (endloses Suchen)

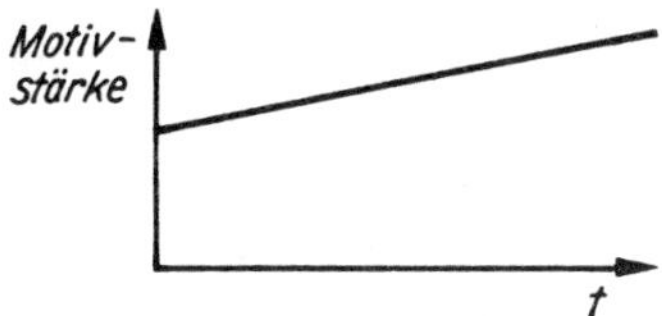

3. Es findet eine Verstärkung oder wachsende Zielaktivität statt
4. Intrinsische Motivation: Zielaktivität wird angestrebt
5. Es entsteht eher Funktionslust (satisfaction)
6. Sie erzeugen stabile Gesundheit
7. Sobald das Motiv personengebunden eigen ist, ist diese weniger umgebungsabhängig
8. Die individuellen Unterschiede sind stärker ausgeprägt

Abb. 3.14.
Vergleich leitungsmethodisch zu berücksichtigender Charakteristika von Mangel- und Wachstumsbedürfnissen

Niveau streben, wenn sie *basically* (im wesentlichen, hauptsächlich) auf dem gegenwärtigen befriedigt sind. Je höher sie dabei kommen, je geringer werden nach Maslow die Ansprüche. Während z. B. auf der physiologischen Ebene erst ein Befriedigungsniveau ab 85 Prozent zum Übergang zur nächsthöherliegenden Motivklasse bewegt, begnügen sich nach Maslow die meisten Menschen bei den sozialen Bedürfnissen mit 50 Prozent und bei dem Bedürfnis nach Selbstverwirklichung gar mit 10 Prozent.[103]

Das auf Maslow zurückgehende Konzept der Unterscheidung von Mangel- und Wachstumsbedürfnissen wurde von anderen Autoren aufgegriffen und weiterentwickelt (vgl. dazu Abb. 3.14.).

Obwohl mit dieser Differenzierung teilweise objektive Probleme der Bedürfnisentfaltung erfaßt und hinsichtlich ihrer Bedeutung für die Leitungstätigkeit

[103] Maslow, A. H., A Theory of Human Motivation, a. a. O., S. 388/389.

richtig eingeschätzt werden, wird damit der prinzipielle Mangel der ausschließlichen Eingrenzung des Motivationsansatzes auf die Bedürfnisproblematik nicht überwunden. So werden in der Konzeption von Maslow die Einflußfaktoren von Anreizen, subjektiver Erfolgsbeurteilung hinsichtlich des Risikos der Zielerreichung und die Möglichkeit bzw. das Vorhandensein von Anreizen im Sinne der Bedürfnisstimulierung nicht einbezogen.

Darüber hinaus ist die von der bürgerlichen Theorie vorgenommene Differenzierung der Bedürfnisse in die fünf Klassen und die weitere Gruppierung nach zwei Arten weder wissenschaftlich eindeutig noch empirisch fundiert. Das betrifft insbesondere folgende Schwächen der bürgerlichen inhaltlichen Gliederung und Strukturierung der individuellen Bedürfnisse.[104]

Erstens wird übersehen, daß Umfang und Struktur der individuellen Bedürfnisse in jeder Gesellschaftsordnung durch die Stellung der Klassen und Schichten der Bevölkerung entscheidend beeinflußt und daß primär durch sie der Inhalt der Bedürfnisse und ihre Befriedigung bestimmt werden.

Zweitens bleibt in der Konzeption Maslows unberücksichtigt, daß die Bedürfnisse der Menschen stets historisch determiniert sind.

Drittens wird nicht genügend beachtet, daß die Bedürfnisse in den Stufen vom Allgemeinen zum Besonderen tief gegliedert und gestaffelt sind. Unter Berücksichtigung dieser objektiven Schwächen der rein bedürfnisorientierten Konzeption Maslows ist auch bürgerlichen Kritikern zuzustimmen, die die Hypothesen Maslows für wenig gesichert halten und seine Ausführungen zur Motivation als metaphysisch charakterisieren, die empirisch nicht gesichert sind.[105]

Diese Schwächen des bürgerlichen individual-psychologischen Ansatzes zur Erklärung eines zielrationalen Verhaltens des Menschen im Leitungsprozeß wirken naturgemäß bei der praktischen Anwendung des *Management by Motivation* verstärkt. Daher gelingt es durch die metaphysische bedürfnisorientierte Konzeption allein nicht, das Hauptproblem der Integration individueller Leistungen und Ziele für die zentralen Zielstellungen der Organisation zu lösen, obwohl Teilerfolge hinsichtlich Verhaltensveränderungen zugunsten der Organisationsziele durch bestimmte Verbesserungen der Bedürfnisbefriedigung zweifellos erreicht werden. Am wirksamsten erwiesen sich hierbei, über Lohnerhöhungen hinausgehend, vor allem soziale Maßnahmen, die den Sicherheitsbedürfnissen (*security* oder *safety needs*) nachkommen. Bezogen auf die brennendste Frage, die Arbeitsplatzsicherung, erweisen sich hierbei die Sicherheitsbedürfnisse in Wahrheit als in die Zukunft projizierte physiologische Bedürfnisse, was sowohl die Haltlosigkeit als auch den Klassencharakter der Maslowschen Bedürfnishierarchie deutlich macht.

[104] Vgl. zur marxistischen Bedürfnisforschung: Haustein, H.-D./Manz, G., Bedürfnisse — Bedarf — Planung, Berlin 1976, S. 34ff.

[105] Vgl. Hillenbrand, R., Motivation und neuerungsorientierte Unternehmensführung, Berlin (West) 1977, S. 74.

Alderfers ERG-Konzept

Die von anderen bürgerlichen Autoren versuchte Verifizierung der erläuterten Bedürfnishierarchie kommt zu einer Gruppierung nach lediglich drei Bedürfnisklassen, die direkt oder indirekt mit den sogenannten drei Kardinaltrieben in Zusammenhang gebracht werden (vgl. Tabelle 3.14.).

Tabelle 3.14.
Die drei sogenannten Kardinaltriebe

Besitztrieb (Haben-Wollen)	Kontakttrieb (Gemeinschaft-Wollen)	Geltungstrieb (Sein-Wollen)
Nahrungstrieb Sammeltrieb Wissenstrieb (Informations-Bedürfnis) Bedürfnis nach Sicherheit Übersteigert: Habgier, Unersättlichkeit, Neid usw.	Geselligkeitsstreben Sexualtrieb, Fortpflanzung Hinwendung, Gruppenbildung Anlehnung Zugehörigkeit Übersteigert: Herdentrieb, Mitläufertum, Vergnügungssucht usw.	Freiheitsstreben Durchsetzung Streben nach Ansehen und Anerkennung Ehrgeiz soziale Stellung Übersteigert: Machtstreben, Egoismus, Herrschsucht, Angeberei usw.
Ziel: sich erhalten	Ziel: sich ergänzen	Ziel: sich entfalten

Vgl.: Durant, A. u. W., Die Lehren der Geschichte, Bern und München 1969, S. 34.

Alderfer formulierte von diesen Kardinaltrieben ausgehend seine *ERG*-Theorie für das Management, indem er von drei Bedürfnisklassen sprach[106]:

- *E*xistence needs (Existenz- oder Selbsterhaltungsbedürfnisse)
- *R*elatedness needs (Kontaktbedürfnisse bzw. Zugehörigkeitsbedürfnisse)
- *G*rowth needs (Selbstverwirklichungs- bzw. Entfaltungsbedürfnisse)

Nach Alderfers Konzept gilt, daß spärlich befriedigte materielle Existenzbedürfnisse und unbefriedigte zwischenmenschliche Beziehungen die Entstehung und dominante Ausprägung von Entfaltungsbedürfnissen verhindern und daß ferner jeder Anreiz, der motivationswirksam werden soll, eine solche Stärke aufweisen muß, daß eine Mindestbefriedigung des jeweiligen Bedürfnisses erreicht wird. Alderfer geht jedoch dabei grundsätzlich davon aus, daß sich die Bedürfnisse als Kontinuum entwickeln, weniger von Stufe zu Stufe, wie Maslow postulierte.

In ihren Wechselbeziehungen wirken die Bedürfnisse laut Alderfer wie in Abb. 3.15. dargestellt.

[106] Alderfer, C. P., Existence, Relatedness and Growth: Human Needs in Organization Settings, New York 1972.

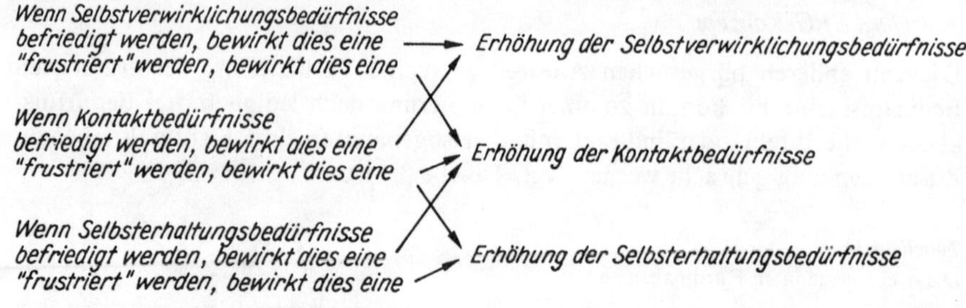

Abb. 3.15.
Wechselwirkung der ERG-Bedürfnisse nach Alderfer

Obwohl es keine weitergehenden empirischen Analysen zum *ERG*-Konzept gibt und seine nahe Verwandtschaft zu den altbekannten bürgerlichen Triebtheorien offenkundig ist, findet man Alderfers-Konzept ähnlich wie Maslows Bedürfnishierarchie oft unkritisch zitiert.

Bei kritischer Wertung fällt nicht allein auf, daß eine Antwort auf die Kardinalfrage fehlt, was passiert, wenn z. B. Beschäftigte arbeitslos werden, sondern daß auch die Arbeitsmotivation in der Komplexität viel zu vereinfacht gesehen wird. So fehlen beispielsweise Hinweise auf die Wechselwirkung von Fähigkeiten bzw. erworbenen Qualifikationen und Aufgabenstellung sowie Berücksichtigungen der jeweiligen Situation und des gesellschaftlichen Umfeldes. Völlig unzureichend werden auch die Probleme des Arbeitsinhalts bzw. der motivierenden Wirkung schöpferischer Ansprüche im Arbeitsprozeß überhaupt behandelt.

Nicht zuletzt muß darauf verwiesen werden, daß zur operationalen Umsetzung des Motivationskonzepts von Alderfer in der Managementpraxis keine Instrumentarien vorgeschlagen werden und damit der Ansatz auf dem Niveau der bürgerlichen individualistischen Triebtheorien ohne Sozialbezug stehenbleibt.

Herzbergs Zwei-Faktoren-Konzept

Um den Mangel an Praktikabilität der einseitig. orientierten Managementprinzipien auszugleichen, geht Herzberg einen wesentlich pragmatischen Weg, den er theoretisch zu seiner bekannten *Zwei-Faktoren-Theorie* verallgemeinerte.[107] Die vor allem empirisch wesentlich umfassender abgestützten Einsichten Herzbergs zum Motivationsproblem im Leitungsprozeß haben zu einer Reihe kritischer Aussagen zu üblichen Praktiken des *Management by Motivation* geführt, denen durchaus Beachtung gebührt.[108] So betont Herzberg, daß das Kapital und das in seinem Auftrag fungierende Management den arbeitenden Menschen in Wahrheit nicht motiviere, sondern manipuliere und antreibe. Indem er die Me-

[107] Herzberg, F., Work and the Nature of Man, Cleveland 1966.

[108] Vgl. Herzberg, F., Managers or Animal Trainers, in: Management Review (New York), 7/1971, S. 3.

thoden der Manager in scharfer Form als „Zuckerbrot-und-Peitschen-Motivatoren“ entlarvt, kritisiert er zugleich die Manager: „Es gehört nicht viel Grips dazu, ein Stück Zucker hochzuhalten und jemand dadurch zu bewegen, etwas zu tun. Jeder, der einen Hund abrichtet, kennt den Trick. Dagegen erfordert es eine Menge Talent, die Menschen unter Nutzung ihrer Fähigkeiten zu leiten. Da dies schwierig ist, haben wir keine Manager, was wir im großen und ganzen haben, sind Dompteure.“[109] Bildlich spricht Herzberg von den üblicherweise praktizierten Managementmethoden als „KITA's“, einem Akronym aus den Worten „Kick In The Ass“ (Tritt in den Hintern), das über das Wesen derartiger Antreibermethoden vieles sagt.

Herzberg stützt sich in seiner Polemik mit üblichen *Management by Motivation*-Praktiken auf umfangreiche empirische Untersuchungen, die auf der Methode des *self report* (Sich-Erzählen-Lassen) besonders gravierender Ereignisse, positiver wie negativer Art, beruhen.[110] Bei der Auswertung der Antworten nach der relativen Häufigkeit erkannte Herzberg, daß es Zielobjekte gibt, die stärker mit Zufriedenheit oder aber Unzufriedenheit verbunden erlebt werden und die dementsprechend unterschiedlich motivierend wirken. Herzberg nennt jene Faktoren, die in stärkerem Maße zu Arbeitszufriedenheit führen, „Motivatoren“. Diese Faktoren stehen in direkter Beziehung zu dem Bedürfnis nach Entfaltung der Persönlichkeit. Arbeitsunzufriedenheit hängt dagegen stärker mit Faktoren zusammen, die als *hygienic factors* (Hygienefaktoren) oder *dissatisfaction avoidance factors* (Unzufriedenheit-Vermeidungs-Faktoren) bzw. *maintenance* (Stabilisatoren) bezeichnet werden. Sie führen zu keiner besseren Leistung, helfen aber, Unzufriedenheiten zu vermeiden, und verhindern auch ungewöhnlich niedrige Leistungen.

Eine Übersicht zu wichtigen Faktoren, die als Stabilisatoren bzw. Motivatoren wirken, zeigt Abbildung 3.16.

Leistungsfördernd wirken sich danach Anreize aus, die in interessanter Arbeit mit vielseitigen und anspruchsvollen Aufgaben, in selbständiger und eigenverantwortlicher Aufgabenlösung, in sichtbar werdenden Ergebnissen, in der Leistungsanerkennung durch zunehmendes Einkommen, höherer Verantwortung und dem Schwierigkeitsgrad der Aufgaben bestehen. Diese Faktoren machen zugleich größere Zufriedenheit aus. Anreize, wie Beziehungen zu Arbeitskollegen und Vorgesetzten, die Arbeitsbedingungen, die Unternehmenspolitik usw., führen dagegen in der Mehrzahl zu Unzufriedenheit, wenn sie den Vorstellungen der Betroffenen nicht entsprechen. Während also das Entstehen von Zufriedenheit im Arbeitsprozeß von vorhandenen Motivatoren abhängig ist, hängt Unzufriedenheit stärker von nicht vorhandenen Stabilisatoren ab. Letztere können

[109] Ebenda, S. 8.

[110] Diese Interviewmethode wird auch als „Incident-Methode“ (Methode der kritischen Ereignisse) bezeichnet.

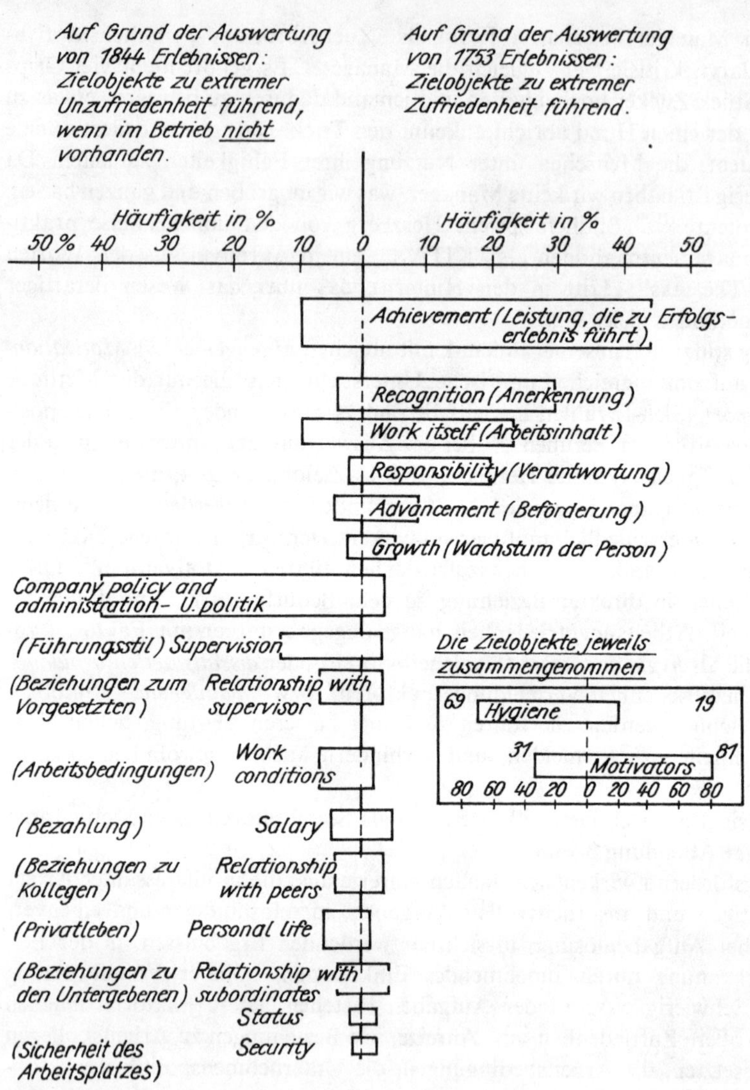

Abb. 3.16.
Häufigkeit von „Stabilisatoren" und „Motivatoren" nach Herzberg

also lediglich Unzufriedenheit abbauen, jedoch nicht das Leistungsverhalten fördern.

Gestützt auf diese Zwei-Faktoren-Theorie, entwickelt Herzberg dann sein System des *Management by Motivation*, das zu stärkerer Nutzung schöpferischer Fähigkeiten der Menschen im Arbeitsprozeß und mehr Befriedigung auf Grund veränderter Arbeitsinhalte und damit verbundener Befriedigung über gut geleistete Arbeit führen soll. Herzberg kritisiert an bisherigen Prinzipien eines Taylorschen Anreizsystems oder auch der *Human Relations Movement*, daß sie diesen Schritt der Schaffung besserer und anspruchsvollerer Arbeitsinhalte als Voraussetzung für bessere Arbeitsleistungen nicht gehen und so die menschlichen Fähigkeiten (*human resources*) völlig unausgeschöpft lassen.

Obwohl aus den Untersuchungen Herzbergs keine verallgemeinerungswürdigen Schlußfolgerungen für das Verhalten einzelner sozialer Gruppen und Schichten abzuleiten sind, sondern unterstellt wird, daß im Grundsatz die Motivstruktur aller Tätigkeitsgruppen gleich sei, aber unterschiedlich ausgeprägt, hat sie begrenzte Fortschritte im bürgerlichen Denken zur Leistungsmotivation erbracht. Das größte Verdienst besteht dabei sicher in der angestrebten Überwindung der im Rahmen der *Human Relations-Bewegung* entwickelten Methoden und Techniken bloßer „sozialer Geschicklichkeit" (*social engineering*) zugunsten realerer Bemühungen um Veränderung der Arbeitsinhalte bei gleichzeitiger Sicherung stabilisierend wirkender Faktoren. Herzberg sieht die Ursachen der bisher unzureichenden Entfaltung einer *Human Resources Movement* jedoch einseitig im Versagen des Managements, das sich „Dompteursaufgaben" statt wirklicher Leitungsaufgaben stelle.[111] Hier verkennt er als bürgerlicher Theoretiker Ursache und Wirkung und erkennt nicht die klassenbedingten Schranken, die einer wirklichen vollen Entfaltung menschlichen Schöpfertums und damit verbundener Selbstverwirklichung im kapitalistischen Arbeitsprozeß immer entgegenstehen.

Bei näherem Hinsehen sind durchaus Zweifel hinsichtlich der Differenzierung in „Hygienefaktoren" und „Motivatoren" angebracht, die nicht allein aus der sehr fragwürdigen „Methode der kritischen Ereignisse", d. h. des Schilderns von Situationen besonderer Zufriedenheit oder Unzufriedenheit, resultieren. Das betrifft nicht allein das Lohnproblem, sondern z. B. auch die Verantwortung, die ja nicht nur als stimulierend sondern auch belastend empfunden wird. Da „Beförderung" in aller Regel mit höherem Gehalt verknüpft ist, steht dieser Faktor als Motivator im Widerspruch zur Einordnung der bereits erwähnten Bezahlung als bloßem „Hygienefaktor". Das resultiert in Herzbergs Konzept aus der seiner Ansicht nach demotivierenden Wirkung der Formel: „Je mehr man hat, je mehr man will". Abgesehen davon, daß diese These unbegründet bleibt, kann nicht einfach geschlossen werden, daß aus höheren Gehältern demotivierende Wirkungen resultierten. Die Einordnung des Sicherheitsstrebens unter die letzten Faktoren und dann noch als „Unzufriedenmacher" widerspricht weiter oben erwähnten empirischen Erhebungen diametral (vgl. Tabelle 3.9.). Schließlich muß auch ernsthaft bezweifelt werden, daß der Führungsstil, die Beziehungen zum Vorgesetzten und zu Kollegen zu Recht als „Unzufriedenmacher" statt als „Zufriedenmacher" bezeichnet werden.[112]

[111] Herzberg, F., Managers or Animal Trainers, a. a. O.

[112] Vgl. auch ausführlicher zur Kritik an den Inhaltstheorien der Motivation: Böckmann, W., Wer Leistung fordert, muß Sinn bieten. Moderne Menschenführung in Wirtschaft und Gesellschaft, Düsseldorf—Wien 1984.

Es darf nicht übersehen werden, daß die im gegenwärtigen Kapitalismus erreichten Veränderungen im Arbeitsleben sowie hinsichtlich partieller Mitbestimmungsmöglichkeiten immer das Ergebnis zäher und äußerst langwieriger Arbeitskämpfe waren und bleiben. Das Management hat diesbezüglich keinerlei philanthropische Züge entwickelt, sondern reagiert stets unter dem Druck der Sicherung und des Ausbaus der Verwertungsinteressen in Übereinstimmung mit neu erkannten Möglichkeiten der Profiterhöhung.

So gesehen wirken die Forderungen der Arbeiterklasse nach sozialen Sicherungen sowie veränderten Arbeitsinhalten maßgeblich auf die Entwicklung neuer Managementtechniken. In diesem Kampf bisher erreichte Ergebnisse sind angesichts der instabilen Lage in hochentwickelten kapitalistischen Industriestaaten keineswegs so sicher, daß sie als bereits befriedigend bezeichnet werden können. Einschneidende Rezessionen und mit derartigen Krisenerscheinungen stets verknüpfte Abwälzungen der sozialen Lasten auf die Arbeiterklasse rücken darüber hinaus auch oftmals überraschend schnell wieder elementare Bedürfnisse und Menschenrechte, wie das Recht auf Arbeit, in den Mittelpunkt.

McClellands Leistungsmotivations-Konzept

Von besonderem Interesse für das Kapital ist und bleibt die Leistungsmotivation, d. h. die Frage, warum man einen bestimmten, selbstgesetzten oder von anderen übernommenen, Leistungssollwert erreicht oder übertrifft.

McClellands Konzept stellt drei Hauptbedürfnisse in den Mittelpunkt[113]:

1. das Leistungsbedürfnis,
2. das Machtbedürfnis und
3. das Kontaktbedürfnis.

Damit konzentriert er sich von Anfang an auf die höherwertigen Bedürfnisse und die Frage, wodurch Leistungserfolg bzw. Mißerfolg in Unternehmen beeinflußt werden.

Als *Leistungsbedürfnis* wird der Antrieb bezeichnet, Ziele oder bestimmte Dinge zu erreichen oder zu übertreffen. McClelland betont, daß folgende spezifisch individuelle Charakteristika in Beziehung zu hohem Leistungsbedürfnis stehen:

1. Mittleres Risikostreben. Es besagt, daß ein hochleistungsmotivierter Mensch weder ein sehr hohes noch ein niedriges Risiko anstrebt, sondern Aufgaben mit mittlerem Risiko und Schwierigkeitsgrad bevorzugt. Das hängt primär damit zusammen, daß Aufgaben hohen Risikogrades zu viel Glück erfordern, während Aufgaben mit niedrigem Risiko nicht befriedigen. Hoch- bzw. Erfolgsmotivierte bevorzugen demgemäß mittlere Risiken, bei denen sie sich auf Grund ihrer Fähigkeiten realistische Erfolgschancen ausrechnen. Ihre Motivation wird grundsätzlich von Hoffnung auf Erfolg getragen. Diejenigen dagegen, die durch Furcht

[113] Vgl. McClelland, D. C., The Achieving Society, Princeton, 1961; McClelland, D. C., Business Drive and National Achievement, in: Harvard Business Review (Boston), 4/1962, S. 99ff.

vor Mißerfolg motiviert sind, bevorzugen dagegen entweder sehr leichte Ziele (bei denen ein Mißerfolg nicht zu befürchten steht) oder sehr schwierige und überdurchschnittlich hohe Ziele (bei denen man einen Mißerfolg von Anfang an entschuldigen kann).

2. Persönliche Verantwortung. Ein Hochmotivierter möchte durch persönliche Anstrengungen erfolgreich sein, das heißt seinen persönlichen Anteil bei der Bewältigung von hohen Aufgaben kennen.

3. Ergebnisrückmeldungen. Hochleistungsbereite Beschäftigte möchten die Maßstäbe kennen und die erzielten Resultate, an denen sie gemessen werden. Häufig werden in diesem Zusammenhang Vergleiche mit Leistungssportlern gezogen, die nach jedem Training bzw. Einsatz anhand exakter Ergebnisvergleiche ihre Leistungen selbst beurteilen können, vor allem um Korrekturen vorzunehmen und Verbesserungen anzustreben.

4. Vollendung. Hochmotivierte möchten Aufgaben zu Ende bringen. Die Entlohnung ist dabei nicht unwichtig, jedoch meist nicht die wichtigste Sache. Häufig bestätigt sich, daß die innere Befriedigung, ein selbstgestelltes Ziel zu erreichen, wichtiger ist.

5. Aufgabenkonzentriert. Hochleistungsmotivierte neigen dazu, sich ganz auf eine Aufgabe bis zur Lösung zu konzentrieren, die im Rahmen einer überschaubaren Zeit erfolgreich lösbar ist. Gerade daher bringen sie Aufgaben häufig auch erfolgreicher zu Ende als Beschäftigte, die weniger konzentriert arbeiten.

Aus diesen Kriterien wird ersichtlich, daß Höchstleistungsmotivierte oftmals hervorragende „Einzelkämpfer" oder „Pfadfinder" sind. Bei ihrem Einsatz als Manager muß dagegen beachtet werden, daß sie oft zu sehr an den eigenen Zielen orientiert arbeiten und nur unzureichend auf die Arbeit anderer hilfreich einwirken.

Das *Machtbedürfnis* drückt sich im Drang nach Einflußnahme und Kontrolle aus. Es ist unterschiedlich entwickelt, sollte aber als großer Motivationsfaktor für gute Leistungen, insbesondere von Managern, keineswegs unterschätzt werden.[114] Mit Blick auf die Managementleistungen gilt, daß bei geringem Bedürfnis, andere zu beeinflussen, auch die Leistungsauswirkungen auf diese Menschen gering bleiben. Solange das Machtbedürfnis individuell, zum Beispiel auf intellektuelle Überlegenheit konzentriert bleibt, wirkt es vor allem persönlich anspornend. Erst hohes Machtbedürfnis, gekoppelt mit hoher Selbstkontrolle gilt als effektiv für das Erzielen höherer Leistungen anderer.

Hierbei gilt es zu beachten, daß das Machtbedürfnis sowohl daraus resultieren kann, andere zu beeinflussen aber auch daraus, erst einmal Einfluß auf andere zu gewinnen bzw. durch die Machtposition die Unterstützung anderer zu finden und nicht zuletzt auch daraus, durch die eigene Machtstellung andere talentierte Nachwuchsmanager richtig anleiten und führen zu können. McClelland

[114] McClelland, D. C./Burnham, D. H., Power is the Great Motivator, in: Harvard Business Review (Boston), 1/1976, S. 100.

spricht sich dafür aus, die eigenen inneren Darstellungen zur Macht zu überprüfen, um die motivierende Wirkung insbesondere auf Manager richtig beurteilen zu können.[115]

Auch das *Kontaktbedürfnis* spielt in McClellands Theorie der Leistungsmotivation eine Rolle, insbesondere in Verbindung mit dem Machtbedürfnis. Gemeinsam mit Burnham kam er zu dem Schluß, daß z. B. für Spitzenmanager das Machtbedürfnis eine größere Rolle spielen muß als das Bedürfnis, beliebt zu sein.[116] Von daher gilt es, insbesondere für Manager nüchtern die eigenen sozialen Kontakte zu prüfen und diesbezüglich hohe Selbstkontrolle zu üben. Personen mit zu hohen sozialen Bedürfnissen und Rücksichtnahmen eignen sich daher nach McClellands Theorie nicht für einflußreiche Managementfunktionen.

Zusammenfassend wird eingeschätzt, daß das Leistungsbedürfnis besonders von Unternehmern, Verkäufern etc. ausgeprägt werden muß. Machtbedürfnis brauchten insbesondere Manager in großen Organisationen, während soziale Kontaktbedürfnisse für Manager eine untergeordnete Rolle spielten.
McClellands Theorie wird besonders häufig benutzt, um Leistungsunterschiede zwischen Managern zu erklären und Ratschläge für die Entwicklung von Motivationsfaktoren zu geben. Wie alle Inhaltstheorien der Motivation gelingt es auch ihr nicht, das komplexe Phänomen der Leistungsentfaltung im Kapitalismus wirklich überzeugend zu erklären.

Die Leistungsmotivation ist eine Determinante der realen Leistung, die außerdem durch die jeweiligen Fähig- und Fertigkeiten der Person und die situativen Bedingungen geprägt wird.

Vrooms Erwartungs-Wert-Konzept

Im Gegensatz zu den Inhalts- bzw. Faktorentheorien der Motivation zielen die Prozeßtheorien darauf ab, den Verhaltensablauf in einer bestimmten Situation losgelöst von spezifischen Motiven zu erklären.

In der Überzeugung, daß die klassischen Faktorentheorien die Motivation nur unzureichend erklären, hat V. Vroom 1964 sein *Erwartungs-Wert-Konzept* der Motivation vorgestellt, das oftmals auch als „*VIE*"-Theorie bezeichnet wird.[117] Die Buchstaben „*VIE*" stehen für die drei Begriffe

— *V*alence (Wert),
— *I*nstrumentality (Instrumentalität) und
— *E*xpectancy (Erwartung).

[115] Vgl. McClelland, D. C., Power: The Inner Experience, New York 1975.
[116] Vgl. McClelland, D. C./Burnham, D. H., Power is the Great Motivator, a. a. O., S. 101.
[117] Vroom, V. H., Work and Motivation, New York 1964.

Die Grundannahme des Konzepts geht davon aus, daß jeder Mensch danach strebe, einen möglichst großen — natürlich individuellen — Nutzen aus einer Handlung zu erzielen. Dazu wird grundsätzlich folgende Formel benutzt:

$$MF = f\left\{\sum_{i=1}^{n} (E_{ij} \times V_{ij})\right\}$$

Darin bedeuten:

MF = *Motivationskraft*, die die Wahl zwischen dieser oder jener Handlungsalternative in Abhängigkeit von positiven oder negativen individuellen Einschätzungen der Ergebnisse bestimmt;

E_{ij} = subjektive Erwartungen hinsichtlich der Ausführbarkeit der Verhaltensweisen von 0 (keine Chance) bis 1 (Sicherheit);

V_{ij} = Wertigkeit oder Valenz der verschiedenen Motivziele in den Grenzen von +1 (sehr wünschenswert) bis —1 (sehr unerwünscht).

Vrooms Modell schließt die Einschätzung der Instrumentalität verschiedener Verhaltensweisen für die Erreichung der Motivziele ein, die wie die Erwartung von Null bis Eins schwanken kann und zu einer bestimmten Korrektur der Ergebniswertigkeiten führt (vgl. Abb. 3.17.).

Nach Vrooms Konzept hat damit jedes angestrebte Resultat, ob auf dem Erst- oder Zweitniveau, für die jeweilige Person eine damit verbundene Wertigkeit (Valenz) und eine damit verbundene Erwartung hinsichtlich der Ausführbarkeit, die die Instrumentalität im Sinne der Machbarkeit einschließt. Daher kommt Vroom zu der Auffassung, daß sich die Motivationskraft als das Produkt

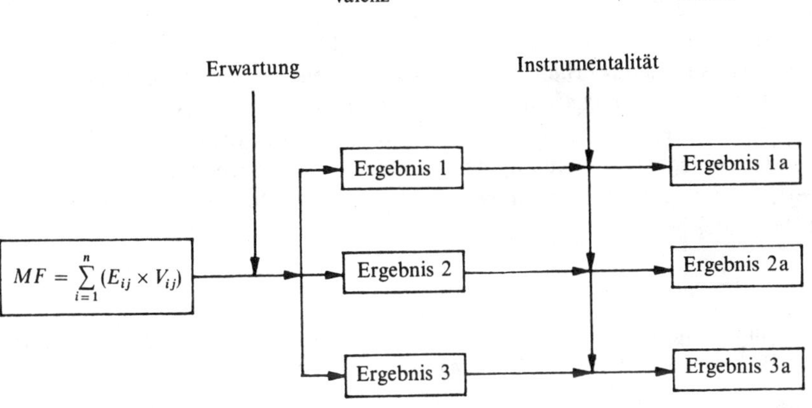

Abb. 3.17.
Vrooms Erwartungs-Wert-Modell der Motivation

von Erwartung mal Wert ergibt und die jeweilige Person sich für diejenige Handlungsalternative entschließt, mit der sie ein hochbewertetes Ziel am sichersten erreichen kann.

Da jede Person sehr unterschiedliche Erwartungen und Wertigkeiten mit einzelnen Handlungsalternativen verknüpft, erklärt sich auf diese Weise für Vroom zwangsläufig auch die unterschiedliche Motivationskraft. Wie allerdings praktisch mit dem *Erwartungs-Wert-Konzept* zu arbeiten ist, bleibt unklar, genauso wie die praktische Berechenbarkeit der Motivationskraft durch den jeweiligen Manager.[118] Hinzu kommt, daß in typisch individualistischem Grundkonnex bürgerlicher Motivationstheoretiker lediglich „Psychovalenzen" in das Modell einfließen. Über die Ego-Einschätzungen hinausgehende gesellschaftliche Wertigkeiten im Sinne von „Soziovalenzen" werden nicht berücksichtigt. Die Geschichte lehrt dagegen, daß herausragende persönliche Leistungen keineswegs allein aus egozentrischen Valenzen resultieren. Darüber hinaus bleibt bei Vrooms Konzept offen, wie vom individuellen Aufforderungscharakter einer zu erbringenden Leistung und von der subjektiven Eignungseinschätzung und persönlichen Lageeinschätzung, mit welcher Wahrscheinlichkeit eine Handlung individuell erfolgreich ausgeübt werden kann, auf die kollektive oder gemeinschaftliche Motivationskraft und Leistung geschlußfolgert werden kann.

Adams Austauschkonzept

Zu den Prozeßtheorien der Motivation zählen auch die sogenannten Austauschtheorien sozialer Beziehungen. Sie versuchen in typisch kapitalistischer Weise den Grundsatz „Gibst Du mir, so geb ich Dir" auf die Arbeit im Unternehmen zu übertragen.

Eine der grundlegenden Überlegungen hierzu wurde von J. Stacy Adams vorgelegt.[119]

Das theoretische Konzept geht von der These aus, daß jede Person danach strebe, ein für sie wahrnehmbares ausgeglichenes Verhältnis zwischen dem, was sie gibt, und dem, was sie dafür erhält, herzustellen. In typischer Weise werden etwa folgende „Einsätze" mit den erhaltenen „Resultaten" verglichen: (vgl. Tabelle 3.15.)

Solange laut dem Austauschkonzept Gleichgewicht zwischen der eigenen Leistung und der eigenen Belohnung bei direkten Tauschbeziehungen, wie beispielsweise in ehelicher Partnerschaft besteht, gebe es keinen Änderungsgrund, also kein treibendes Motiv.

[118] Das gilt auch für Erweiterungen des Erwartungs-Wert-Modells, wie z. B. durch Porter und Lawler. (Vgl. Porter, L. W./Lawler, E. E., Managerial Attitudes and Performance, Homewood, 1968.)

[119] Vgl. Adams, J. St., Inequity in Social Exchange, in: Berkowitz, L. (Ed.), Advances in Experimental Social Psychology, Bd. 2, New York 1965.

Tabelle 3.15.
„Einsatz"- und „Erhalt"-Vergleiche nach dem Austauschkonzept

Einsatz	Erhalt
Wissen	Gehalt
Erfahrung	Bonusse
Fleiß	Anerkennung
Disziplin	Kontakt
Fähigkeiten	Macht
Anpassung	Statussymbol
Aufgabe von Hobbys	Reisen
Anfahrt	Wissenszuwachs
Gesundheitliche Belastungen	Sicherheit

Einfach ausgedrückt gilt die Austauschbeziehung:

$$\frac{\text{eigene Leistung (was man dem Partner gibt)}}{\text{eigene Belohnung (was man vom Partner bekommt)}} = 1$$

Da im Unternehmen die direkten Austauschbeziehungen nicht bestehen, gilt nunmehr als Grundsatz:

$$\frac{\text{eigene Leistung}}{\text{eigene Belohnung}} = \frac{\text{Leistung anderer}}{\text{Belohnung anderer}}$$

Daraus folgt, daß das Verhältnis von eigener Leistung und eigener Belohnung solange als ausgewogen betrachtet bzw. erlebt wird, solange der Vergleich mit den Leistungen anderer und den dafür von anderen erhaltenen Belohnungen stimmt. Tatsächliche oder auch nur eingebildete Ungerechtigkeiten führen dagegen zu Bemühungen, das Gleichgewicht der Austauschbeziehungen wieder herzustellen.
Typische Wege dafür sind:

1. Die betreffende Person verändert den persönlichen Einsatz, z. B. durch mehr oder weniger Zeitaufwand, abhängig davon, ob sie sich unter- oder überbewertet fühlt.
2. Die betreffende Person versucht die eigene Belohnung zu verändern.
3. Die Person ändert den Standpunkt über die Austauschdifferenzen, in dem z. B. die realen Anspannungsdifferenzen unterschiedlicher Funktionen verglichen und akzeptiert werden.
4. Die Person vermeidet den Vergleich, es sei denn, es finden sich Vergleichsmöglichkeiten, bei der die Austauschrelation günstig aussieht.
5. Die Person agiert gegen Individuen oder Gruppen, um die Leistungen anderer zu erhöhen bzw. die Belohnungen zu verringern.

Die bürgerlichen Theoretiker kommen von diesen Überlegungen aus zu der Schlußfolgerung, daß dem Empfinden gerechter Austauschbeziehungen für eine defektlose Leistungsmotivation große Bedeutung zukommt.

Wie es um die Realität der „Austauschbeziehungen" bestellt ist, kann man am besten erkennen, wenn man die Gehaltsveränderungen führender Manager in den USA im Zeitraum 1971 bis 1981 mit dem Konsumpreisindex und der Mindestlohnentwicklung im gleichen Zeitraum vergleicht (vgl. Tabelle 3.16.).

Tabelle 3.16.
Executive-Gehälter im Vergleich 1971–1981

Industriezweig	Einkommenssteigerung der Chief Executives 1971–1981
Raumfahrt	1096,9 %
Nahrungsmittel	1001,1 %
Pharmazeutika	303,6 %
Druckerzeugnisse	212,0 %
Metallindustrie	173,8 %
Einzelhandel	161,2 %
Dienstleistungen	148,1 %
Büromaschinen	138,4 %
Handelsbanken	127,5 %
Petroleumindustrie	118,9 %
Konsum-Preis-Index (1967–1981)	124,6 %
Lohnminimum	109,4 %

Quelle:
Fortune (Chicago), July 1982, S. 45.

Absolut erhöhte sich das Einkommen der Petroleummanager beispielsweise von 1971 505100 Dollar auf 1105412 Dollar. Dem steht die Aufbesserung des Stundenlohnminimums von 1971 1,60 Dollar auf 3,35 Dollar 1981 gegenüber[120], was genug über die „motivierende" Wirkung der wirklichen Austauschbeziehungen aussagt.

Weitere Konzepte profitorientierter Arbeitsmotivation

Das Kapital hat zu einem relativ frühen Zeitpunkt erkannt, daß die Arbeitsmotivation nicht allein nach dem „Zuckerbrot-und-Peitsche-Prinzip" F. W.

[120] Vgl. Loomis, C. J., The Madness Executive Compensation, in: Fortune (Chicago), 1/1982, S. 45.

Taylors zu verändern ist, weil damit der Grundwiderspruch zwischen Kapital und Arbeit nur verschärft wird. Besonders im Zuge der Verwissenschaftlichung der Produktion wurde es für das Kapital immer zwingender, diesen Widerspruch mit Hilfe wissenschaftlicher Methoden zugunsten der verschärften Ausbeutung des Arbeiters zu beeinflussen. So entstand um die Jahrhundertwende die als *Taylorismus* in die Geschichte eingegangene erste historische Ausprägungsform einer Arbeitswissenschaft.[121] In diesem System wurden Normen entwickelt, die dem Arbeiter „bewiesen", was er tatsächlich leisten kann. Erfüllte der Arbeiter die Norm nicht, wurde dies als Ausdruck der Unwilligkeit oder mangelnder Tüchtigkeit interpretiert. Taylor, als der Begründer des nach ihm benannten Systems, negierte jedoch die Spezifik des Menschen, wie z. B. die Leistungsbereitschaft. Das dem System zugrunde liegende ökonomistische Menschenbild betrachtet den Menschen lediglich als „Leistungsmaschine".

Bereits die berühmten „Hawthorne Studien" unter Leitung von E. Mayo beweisen jedoch, daß die menschliche Seite eine weitaus größere Rolle spielt, als von Taylor angenommen.[122] Die Befragung ergab, daß es unumgänglich ist, auch menschliche Beziehungen im Arbeitsprozeß zu berücksichtigen.

Diese richtige Grunderkenntnis fand im Konzept der *Human Relations Movement* seinen Niederschlag, das darauf abzielt, durch raffiniertere Methoden und Techniken der Motivation und Manipulation zu höheren Arbeitsleistungen zu gelangen. Im Konzept des *Europäischen Verbandes für Produktivitätsförderung* nimmt deshalb neben den Rationalisierungsanstrengungen das Bemühen um die „Humanisierung der Arbeit" einen gleichwertigen Platz ein (vgl. Abb. 3.18.).

Die Arbeit wird dabei normengemäß[123] durch folgende sieben Elemente charakterisiert:

- Arbeitsaufgabe,
- Arbeitsmittel,
- Arbeitsplatz/-bereich,
- Arbeitsablauf,
- Arbeitsumgebung,
- Arbeitssicherheit,
- Arbeitszeit.

Obwohl durch Arbeitsvorschriften (Gesetze, Verordnungen, Tarifverträge usw.) die Bemühungen um verbesserte Arbeitsbedingungen auch in einem erweiterten rechtlichen Rahmen ihren Niederschlag finden, gibt es nach wie vor zahlreiche Verstöße, insbesondere im Bereich der besonders schweren, gefährlichen und gesundheitsschädigenden Arbeiten.

[121] Vgl. Taylor, F. W., Die Betriebsleitung, insbesondere der Werkstätten, Berlin 1914; ders., Die Grundsätze wissenschaftlicher Betriebsführung, München—Berlin 1922.

[122] Vgl. Mayo, E., The Human Problems of an Industrial Civilization, New York 1933; Roethlisberger, F. J./Dickson, W. J., Management and the Worker, Cambridge, 1939; Whitehead, T. N., The Industrial Worker, Cambridge 1938.

[123] Vgl. dazu: REFA-Nachrichten (Darmstadt), 4/1973; DIN 33400, Berlin(West) 1976.

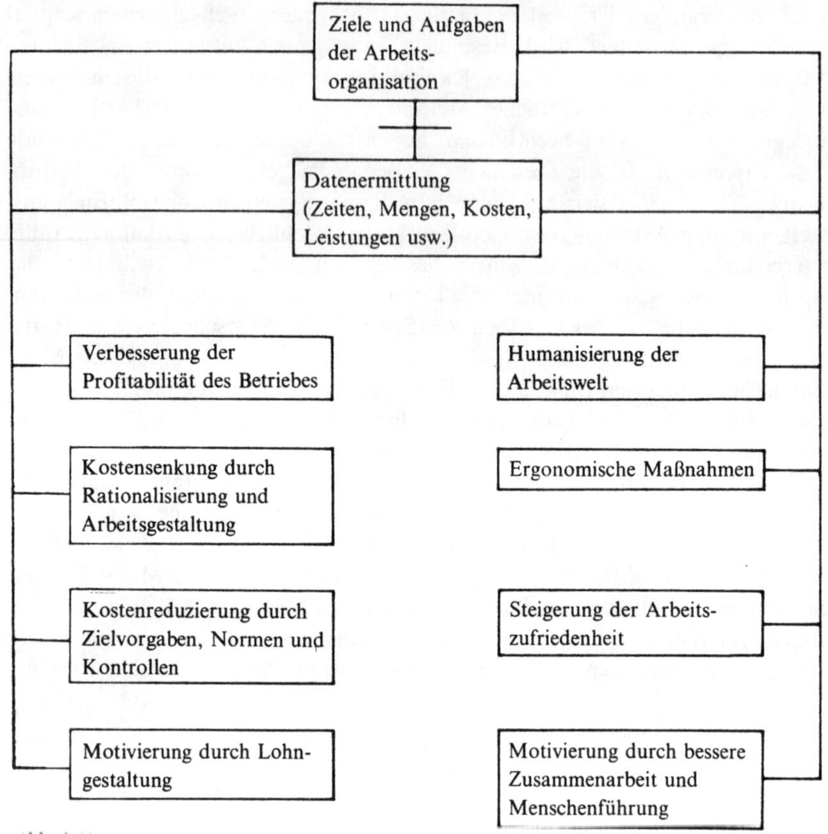

Abb. 3.18.
Ziele und Aufgaben der Arbeitsorganisation laut Konzept des *Europäischen Verbandes für Produktivitätsförderung*

Darüber können weder die Forschungsanstrengungen um die „Humanisierung" des Arbeitslebens noch Mitarbeiterbefragungen hinwegtäuschen. Tabelle 3.17. zeigt, welche Schwerpunkte im Programm „Forschung zur Humanisierung des Arbeitslebens" verankert sind.

Als besondere Projektschwerpunkte wurden herausgestellt:

- die Verbesserung der Arbeitsbedingungen im Bergbau (102 Vorhaben),
- der Abbau schädlicher Umgebungseinflüsse am Arbeitsplatz, wie Lärm, Erschütterungen, gefährliche Arbeitsstoffe, kombinierte Belastungen (148 Vorhaben),
- die ergonomische Gestaltung von Arbeitsplätzen und Arbeitsmitteln (33 Vorhaben),
- die arbeitsmedizinische Forschung, insbesondere zur Problematik des Streß im Berufsleben (41 Vorhaben),

Tabelle 3.17.
Schwerpunkte des Forschungsprogramms „Humanisierung des Arbeitslebens" in der BRD

	Vorhaben
Humanisierung	7
Entwicklung und Erprobung neuer Arbeitsstrukturen in der Produktion	160
Entwicklung und Erprobung neuer Arbeitsstrukturen im Verwaltungs- und Dienstleistungsbereich	51
Abbau schädlicher Umgebungseinflüsse am Arbeitsplatz	148
Verbesserung der Arbeitsbedingungen im Bergbau	102
Menschengerechte Gestaltung von Arbeitsplätzen und Arbeitsmitteln	33
Weiterentwicklung der Sicherheitstechnik	27
Menschengerechte Gestaltung der Arbeitsplätze für Behinderte	10
Arbeitsmedizinische Forschungen	41
Entwicklung und Erprobung technischer Hilfen für den Arbeitsprozeß	84
Entwicklung menschengerechter Fertigungsverfahren	36
Umsetzung arbeitswissenschaftlicher Erkenntnisse und Betriebserfahrungen in die Praxis	103
Übergreifende anwendungsorientierte Forschung	40
Sonstiges (innerhalb Humanisierung des Arbeitslebens)	21
Gesamt	863

Quelle:
Hassencamp, A., Humanisierung des Arbeitslebens — Entwicklung und Ergebnisse eines Forschungsprogramms, in: Fortschrittliche Betriebsführung und Industrial Engineering (Berlin(West)), 2/1982, S. 78.

- die menschengerechte Gestaltung von Arbeitsplätzen für Behinderte (10 Vorhaben) und
- die Entwicklung menschengerechter Arbeitstechnologien (120 Vorhaben).

Besonders der letzte Schwerpunkt gewinnt mit weiterer intensiver Einführung neuer Hochtechnologien zunehmendes Gewicht, da nach wie vor der Widerspruch zwischen kapitalistischer Rationalisierungspraxis und menschengerechten Arbeitsplätzen nicht gelöst ist, sondern sich im Gegenteil weiter verschärft hat. Ohne im einzelnen auf Ergebnisse der zahlreichen Studien und Analysen zur Arbeitszufriedenheit einzugehen,[124] beweist das anhaltende Bemühen des Kapitals, neue arbeitsorganisatorische Lösungen einzuführen, wie groß die Erwartungen zur Profitsteigerung auf diesem Gebiet sind.

Im Mittelpunkt stehen dabei seit eh und je vor allem der „Personalabbau" und die Produktivitätssteigerung.[125] Tabelle 3.18. gibt eine Übersicht darüber,

[124] Wiesner, H., Techniken des Personalmanagement, Wiesbaden 1980. — Vgl. Neuberger, O./Allerbeck, M., Messung und Analyse der Arbeitszufriedenheit, Bern—Stuttgart 1978; Bruggemann, A./Groskurth, P./Ulrich, E., Arbeitszufriedenheit, Bern—Stuttgart—Wien 1975; Neuberger, O., Theorien der Arbeitszufriedenheit, Stuttgart 1974.

[125] Vgl. Preiß, Ch., Humanisierung der Arbeitswelt. Entstehungsbedingungen, Konzepte, Modelle, Köln 1977.

Tabelle 3.18.
Übersicht über arbeitsorganisatorische Modelle zur „Humanisierung" der Arbeit

Formen der Arbeitsorganisation	Dimensionen der Arbeit	
	Veränderung des Arbeitsinhalts	Veränderung des Handlungsspielraums
Job Division	kleinste Arbeitselemente werden auf Einzelarbeiter verteilt	Eintönigkeit, Monotonie der Montage- und Fließbänder
Job Rotation	systematischer Aufgaben- bzw. Platzwechsel zwischen den Arbeitenden	Änderung des Tätigkeitsfeldes durch Positionswechsel
Job Enlargement	quantitative Arbeitserweiterung durch Zusammenfassung mehrerer Arbeitselemente	horizontal als Vermehrung des Tätigkeitsspielraums
Job Enrichment	qualitative Arbeitsbereicherung durch Einbeziehung von dispositiven Aufgaben	vertikal als Vergrößerung des Dispositionsspielraums, der Selbstkontrolle und Eigenverantwortung
Autonome Arbeitsgruppe	gleichzeitige Ausführung eines Aufgabenzusammenhangs durch mehrere Arbeitnehmer	Ausdehnung des Entscheidungs- und Kontrollspielraums
Job Sharing	zeitlich abgegrenzte Ausführung einer Vollzeitarbeitsaufgabe durch zwei oder mehrere Teilzeitarbeitnehmer	Ausdehnung der individuellen Dispositions- und Freiheitsspielräume bei der zeitlichen Einteilung der Arbeit und größere Flexibilität in der Aufgabenerledigung

welchen arbeitsorganisatorischen Modellen zur Leistungssteigerung seitens des Kapitals besondere Bedeutung beigemessen wird.

Als Gründe für Arbeitsneustrukturierungen gelten nach internationalen Erfahrungen[126]:

— mangelnde Flexibilität der Arbeitsorganisation,
— Störanfälligkeit der Produktionsprozesse,
— Arbeitsunzufriedenheit,

126 Vgl. dazu: Kaste, H., Arbeitgeber und Humanisierung der Arbeit. Eine exemplarische Analyse, in: Forschungstexte, Wirtschafts- und Sozialwissenschaften, Bd. 5, Opladen 1981, S. 170.

— Klagen über monotone Arbeit,
— Fehlzeiten,
— unrationelle Arbeitsabläufe,
— Verschlechterung der Produktqualität,
— negative Wirkungen des Lohnsystems u. a. Faktoren, wie mangelndes Arbeitsinteresse, Fluktuation usw.

Daher wird über die Einführung flexibler Automatisierungslösungen[127] hinaus vor allem auch nach flexiblen arbeitsorganisatorischen Lösungen als neuem Motivationsfaktor neben den Entgeltregelungen gesucht.

Bei den Lohnformen sind relativ wenig Veränderungen in den letzten Jahren feststellbar (vgl. Abb. 3.19.). Hier gelten die althergebrachten Praktiken der Produktivitätssteigerung[128] und Normierung der Leistung, wie sie besonders in den *MTM*-Verfahren fixiert wurden.[129]

Das *MTM*-Verfahren (*Methods Time Measurement*) ist eine Technik, die Bewegungsabläufe in ihre Grundfunktionen aufteilt und diese in kleinste Teilaktivitäten untergliedert (vgl. Abb. 3.20.). Die Teilaktivitäten werden in *TMU* (*Time Measurement Units*) dargestellt, wobei 1 TMU mit 0,036 Sekunden berechnet wurde! Das sagt alles über diese kapitalistische Normierungstechnik, auch ohne sie weiter zu erörtern.

Das Interesse an der rationellen Arbeitszeitausnutzung seitens des Kapitals widerspiegelt sich nicht allein in der *MTM*-Methode, sondern auch in den neuerdings immer lebhafter diskutierten „arbeitszeitflexibilisierenden Modellen“.[130] Die Abbildung 3.21. gibt dazu einen Überblick.

Gerade diese neue Form der Flexibilisierung reiht sich nahtlos in das Konzept ein, das bis zum *Teleworking* reicht und z. B. den Büroarbeiter, der am „Arbeitsbildschirm“ scheinbar „bequem“ Heimarbeit leistet, völlig der Willkür der Unternehmer und Manager ausliefert.[131]

Für wie wichtig die Unternehmer und Manager dabei gerade neue Formen flexibler Teilzeitarbeit halten, offenbarte das *Manager Magazin* unter dem Titel „Die Phantasie kennt keine Grenzen“ (vgl. Tabelle 3.19.).

[127] Vgl. hierzu die instruktive Übersicht über internationale Entwicklungstendenzen, in: Haustein, H. D. u. a., Flexible Automatisierung. Aufbruch einer Schlüsseltechnologie der Zukunft, Berlin 1985.

[128] Vgl. Baierl, F., Produktivitätssteigerung durch Lohnanreizsysteme, München 1956; Whyte, W. F., Lohn und Leistung, Köln—Opladen 1968; Wiesner, H., Techniken des Personalmanagements, Wiesbaden 1980.

[129] Vgl. Refa-Methodenlehre, Teile 1—6, Darmstadt—München 1974.

[130] Vgl. Pahlberg, K., Job Sharing — unüberwindbare Chance für Organisationen?, in: Zeitschrift Führung und Organisation (Baden-Baden), 1/1982, S. 5—10.

[131] Vgl. Sauer, W. (Hrsg.), Der dressierte Arbeiter. Geschichte und Gegenwart der industriellen Arbeitswelt, München 1984.

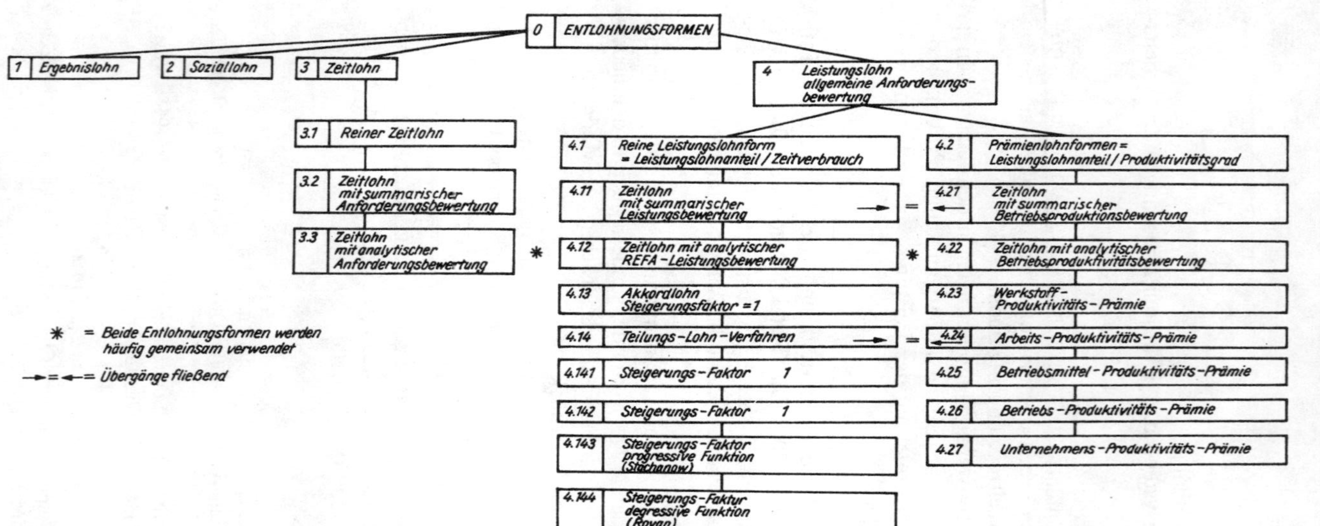

Abb. 3.19.
Entlohnungsformen

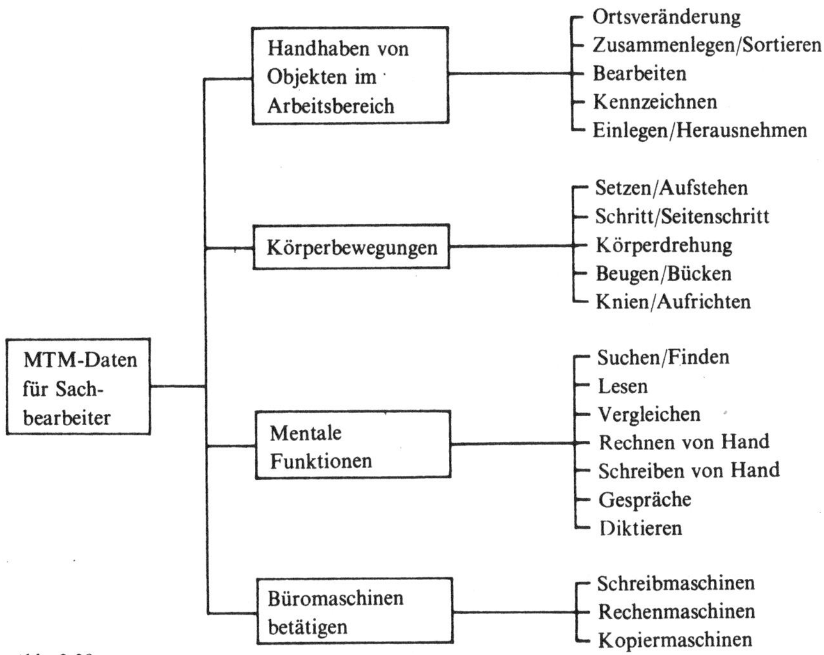

Abb. 3.20.
MTM-Sachbearbeiter-Daten

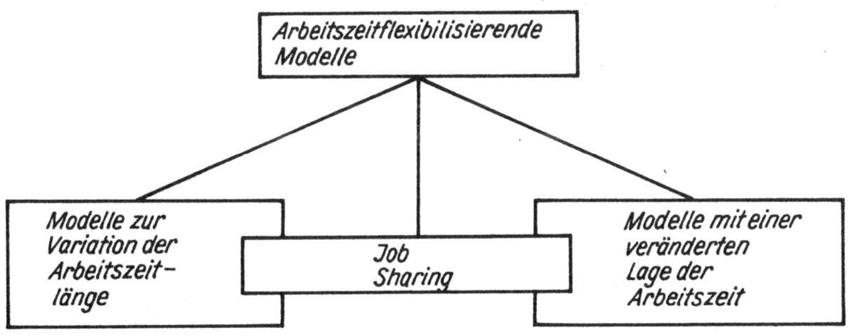

Abb. 3.21.
Modelle zur Flexibilisierung der Arbeitszeit

Die Grenzen für die Anwendung aller alten wie neuen Formen zur Steigerung der Arbeitsintensität und Ausbeutung sind spätestens dann erreicht, wenn die Produzenten nicht nur „so eine Art chemischer Verbrennungsmaschine auf zwei Beinen sind, sondern Menschen, die endlich eine Chance bekommen, ihr Wesen, ihre Bedürfnisse, ihre Phantasie zu entfalten“.[132]

[132] Birkwald, R., Über die gewerkschaftlichen Ideen zur Humanisierung, in: Arbeitsorganisation — Ende des Taylorismus?, Berlin(West) 1976, S. 59.

Tabelle 3.19.
Formen, Zweck und Anwendungsbereiche flexibler Teilzeitarbeit

Arbeitszeitform	Kurzbeschreibung	Anwendungszweck	Anwendungsbereiche	Verbreitungsgrad
Traditionelle Teilzeitarbeit (Halbtagsarbeit)	Täglich werden 4, 5 oder 6 Stunden entweder vormittags oder auch abends gearbeitet	Bewältigung eines geringeren Arbeitsanfalls bzw. von Arbeitsspitzen, Aufrechterhaltung bzw. Verlängerung der Betriebszeit, Arbeitskräftebeschaffung	Industrie (Produktion und Verwaltung) Handel Banken Gastgewerbe Reinigungsgewerbe	mittel groß groß groß groß
	An bestimmten Tagen in der Woche oder im Monat werden 4, 5 oder 6 Stunden gearbeitet	Bewältigung von Arbeitsspitzen	Handel Banken (Ultimokräfte)	groß gering
Teilzeitschichten	Die normale tägliche Betriebszeit wird in Teilzeitschichten aufgeteilt	Vermeidung von Entlassungen, Produktivitätsgründe	Industrie (Produktion und Verwaltung) Handel	gering/ausbaufähig groß
	Die normale tägliche Betriebszeit wird durch Teilzeitschichten unterschiedlicher Dauer und Lage verlängert	Bessere Auslastung vorhandener Kapazitäten, Arbeitskräftebeschaffung	Industrie (Produktion) Gastgewerbe Handel Banken	gering/ausbaufähig groß groß gering
Block-Teilzeitarbeit	Vollzeitarbeit an einigen Tagen in der Woche (z. B. $2^1/_2$ Tage i. d. W. oder 5 Tage innerhalb von 2 Wochen)	Arbeitskräftemotivation, Produktivitätsgründe	Industrie (Produktion und Verwaltung) Handel Banken	gering/ausbaufähig mittel mittel

	Wochenweiser Wechsel von Vollzeitarbeit und Freizeit (z. B. 1 Woche Vollzeitarbeit und 1 Woche Freizeit; 3 Wochen Vollzeitarbeit und 1 Woche Freizeit; (Zweischichtsystem)	Bessere Auslastung vorhandener Kapazitäten, Arbeitskräftemotivation	Industrie (Produktion)	gering/ausbaufähig
	Wochenweiser Wechsel von Vollzeitarbeit und Teilzeitarbeit (z. B. 1 Woche Vollzeitarbeit, 2 Wochen Teilzeitarbeit; Dreischichtsystem)	Bessere Auslastung vorhandener Kapazitäten, Arbeitskräftemotivation	Industrie (Produktion)	gering/ausbaufähig
Variable Arbeitszeit	Festlegung einer individuell bestimmten Soll-Arbeitszeit für einen längeren Zeitraum (Monat oder Jahr) mit der Möglichkeit des flexiblen Einsatzes in Anpassung an betriebliche und/oder persönliche Erfordernisse	Bessere Anpassung an Nachfrageschwankungen, Arbeitskräftemotivation	Industrie (Produktion) Handel Gastgewerbe Banken	gering/ausbaufähig mittel gering/ausbaufähig gering/ausbaufähig
Partner-Teilzeitarbeit (Job-Sharing)	Zwei oder mehr Mitarbeiter teilen sich einen Vollzeitarbeitsplatz, wobei sie ihre Arbeitszeit in gegenseitiger Abstimmung im Rahmen der normalen Betriebszeit selbst festlegen	Arbeitskräftemotivation, Produktivitätsgründe	Industrie (Produktion und Verwaltung) Banken Handel	gering/ausbaufähig gering/ausbaufähig gering

Quelle:
Bundesvereinigung der Deutschen Arbeitgeberverbände, hier zitiert nach: Manager Magazin (Hamburg), 8/1985, S. 146.

Im Kapitalismus von heute bestätigt sich damit, daß nach wie vor technisch-organisatorischer und sozialer Fortschritt unvereinbar sind und daß Solidarität der Arbeitenden für das Durchsetzen ihrer Forderungen unverzichtbar ist, auch und gerade in Zeiten der Hochtechnologien und des breiten Einzugs von Industrierobotern.

Die kapitalistischen Methoden der Arbeitsmotivation beweisen, daß gegenwärtig alle Produktivitätsfortschritte immer wieder mit wachsender Arbeitslosigkeit verknüpft sind, bei gleichzeitig steigender Arbeitsintensität. Daß dem nicht so sein müßte, liegt seit Marx' „Kapital" auf der Hand. „Allerdings", heißt es abschließend in dem Buch „Der dressierte Arbeiter", „würden solche Maßnahmen eine Umverteilung des gesellschaftlich produzierten Reichtums sowie eine gesamtgesellschaftliche Planung notwendig machen. Das widerspricht freilich den privatwirtschaftlichen Interessen, denen die automationsbedingte Produktivitätssteigerung dienen soll."[133]

Vertiefende Literaturhinweise zum dritten Kapitel

Albach, H. et al., Mitarbeiterführung, Wiesbaden 1977.

Allport, G. W./Vernon, Ph. E./Lindzey, G., Study of Values, Boston 1960.

Argyris, C., Personality and organization, New York 1957.

Argyris, C., Integrating the individual and the organization, New York 1964.

Argyris, C., Management and organizational development, New York 1971.

Argyris, C., Increasing Leadership Effectiveness, New York 1976.

Baumgarten, R., Führungsstile und Führungstechniken, Berlin(West)—New York 1977.

Beckerath, G. v., Führungsgrundsätze — ein Instrument zur Bewältigung von Führungsproblemen im Arbeitsprozeß?, in: Verwaltung und Fortbildung (Berlin(West)), 2/1976, S. 63—75.

Beer, S., The Heart of Enterprise, London 1980.

Bellebaum, A., Soziologische Grundbegriffe, 8., verb. Aufl., Stuttgart 1980.

Betriebswirtschaftliche Führungslehre. Grundlagen, Strategiemodelle. Ein entscheidungsorientierter Ansatz, hg. von E. Heinen, 2., verb. und erw. Aufl., Wiesbaden 1984.

Bittel, L. R., Management by Exception, New York 1974.

Bleicher, K./Meyer, E., Führung in der Unternehmung. Formen und Modelle, Reinbek b. Hamburg 1976.

Bordemann, G. H., Verhaltensregeln im Führungsalltag, Heidelberg 1978.

Braun, S./Fuhrmann, G., Angestelltenmentalität. Berufliche Position und gesellschaftliches Denken der Industrieangestellten, Neuwied 1970.

Brendl, E., Kompetenz — die innere Stärke Ihres Unternehmens, Landsberg am Lech 1985.

Burns, T./Stalker, G. M., The Management of Innovation, London—Tavistock 1961.

Büttgenbach, H., Die Einführung von Management by Objectives bei der 3M—Deutschland GmbH. in: Management by Objectives in Deutschland, Fallstudien, hg. von I. R. G. Ferguson, Frankfurt—New York 1973, S. 76—89.

Bunz, A. R. et al., Qualität des Arbeitslebens, Bonn—Bad Godesberg 1973.

[133] Sauer, W. (Hrsg.), Der dressierte Arbeiter, a. a. O., S. 202.

Campbell, J. P./Dunnette, M. D./Lawler, E. E./Weick, K. E., Managerial behavior, performance and effectiveness, New York 1970.
Corell, W., Pädagogische Verhaltenspsychologie, München 1974.
Cuvillier, R., The reduction of working time. Scope and implications in industrialised market economics, Geneva 1984.
Cvetkov, A. G./Potechin, A. V., Transnacional'nye korporacii, social'naja dejatel'nosti ekspluatacija trudjaščichsja, Kiev 1982.
Dachler, H. P./Wilpert, B., Dimensionen der Partizipation, in: Grunwald, W./Lilge, H. G. (Hrsg.), Partizipative Führung, Bern—Stuttgart 1980, S. 80—98.
Dale, E., Planning and Developing the Company Organization Structure, New York 1952.
Desmond, M., Der Mensch, mit dem wir leben. Ein Handbuch unseres Verhaltens, München 1978.
Deutsch, M., Konfliktregelung, München 1976.
Employee benefits in industry. A pilot survey, Washington 1980, (Report/U. S. Dep. of Labor, Bureau of Labor Statistics, 615).
Employment goals of the world plan of action, developments and issues in the United States, report for the World Conference on the United Nations Decade for Women 1976—1985, U. S. Dep. of Labor, Women's Bureau, Washington 1980.
Employment in the public sector, ed. by the Org. for Economic Co-Op. and Development, Paris 1982.
Engel, P./Riedmann, W., Die neuen Managementtechniken in Fällen, Bd. 2: 16 Fallstudien zur Motivation und Führung mit herausnehmbarem Lösungsteil, München 1973.
Erpenbeck, K., Motivation aus philosophischer Sicht, Berlin 1984.
Eschenbach, A., Job Enlargement und Job Enrichment. Methoden und Organisationsformen, Gerbrunn b. Würzburg 1977.
Eschenberg, Th., Über Autorität, Frankfurt/M. 1976.
Esser, W. M., Individuelles Konfliktverhalten in Organisationen, Stuttgart 1975.
Etzioni, A., Soziologie der Organisation, München 1967.
Euler, H. P., Konfliktpotential industrieller Arbeitsstrukturen, Wiesbaden 1977.
Fayol, H., Allgemeine und industrielle Verwaltung, Berlin 1929.
Fengler, J., Verhaltensänderungen in Gruppenprozessen, Heidelberg 1975.
Ferguson, I. R. G. (Hrsg.), Management by Objectives in Deutschland. Fallstudien, Frankfurt—New York 1973.
Fiedler, H., Führungsgrundsätze, in: Fortschrittliche Betriebsführung und Industrial Engineering (Berlin/West), 5/1976, S. 313—317.
Fiedler, H., Noch einmal: Motivation. Ausgewählte Beispiele aus verschiedenen Ebenen der Praxis, in: Fortschrittliche Betriebsführung und Industrial Engineering (Berlin(West)), 6/1977, S. 412—416.
Fiertz, A. L., Management by Objectives, in: Management Enzyklopädie, Bd. 6, München 1975.
Franke, J., Sozialpsychologie des Betriebes. Erkenntnisse und Ansätze zur Förderung der innerbetrieblichen Zusammenarbeit, Stuttgart 1980.
Frese, E., Führungsmodelle, in: RKW-Handbuch Führungstechnik und Organisation, hg. von E. Potthoff, Berlin(West) 1978ff., Bd. 1, Abschn. 1098.
Frese, E., Kontrolle, Organisation, in: Handwörterbuch der Organisation, hg. von E. Grochla, Stuttgart 1969, Sp. 873—881.
Frese, E., Management by Exception, in: Handwörterbuch der Organisation, hg. von E. Grochla, Stuttgart 1969, Sp. 956—959.

Frese, E., Zum Vergleich von Führungsmodellen, in: Unternehmungsführung. Festschrift für Erich Kosiol, hg. von J. Wild, Berlin(West) 1974, S. 221–249.

Fuchs-Wegner, G., Management-Prinzipien und -techniken, in: Betriebswirtschaftslehre. T. 2: Betriebsführung – Instrumente und Verfahren, hg. von E. Grochla, Stuttgart 1978, S. 80 bis 83.

Gabele, E./Liebel, H./Oechsler, W. A., Führungsgrundsätze und Führungsmodelle, Bamberg 1982.

Gabele, E./Kretschmer, H., Unternehmensgrundsätze als Instrument der Unternehmensführung, in: Schmalenbachs Zeitschrift für betriebswirtschaftliche Forschung (Köln), 8/1983, S. 716–726.

Gaugler, E., Handwörterbuch des Personalwesens, Stuttgart 1975.

Gaugler, E. u. a., Humanisierung der Arbeitswelt und Produktivität, 2. Aufl., Ludwigshafen 1977.

Gellermann, S. W., Motivation und Leistung, Düsseldorf–Wien 1972.

Geneen, H., Manager müssen managen, Landsberg am Lech 1985.

Gilhooly, K. J., Thinking, directed, undirected and creative, London 1982.

Gründer und Gelehrte, Wirtschaftswoche (Frankfurt/M.), 45/1983, S. 40–44.

Grunwald, W./Lilge, H.-G. (Hrsg.), Kooperation und Konkurrenz in Organisationen, Bern–Stuttgart 1981.

Grunwald, W./Lilge, H.-G. (Hrsg.), Partizipative Führung, Bern–Stuttgart 1980.

Guserl, R., Das Harzburger Modell. Idee und Wirklichkeit, Wiesbaden 1973.

Hacker, W./Volpert, W./Cranach, M. v. (Hrsg.), Kognitive und motivationale Aspekte der Handlungsregulation, Berlin(West) 1983.

Häussermann, E., Der Unternehmer, seine Funktion, seine Zielsetzung, sein Gewinn, Stuttgart 1932.

Haire, M. et al., Managerial thinking. An international study, New York 1966.

Handbook of human intelligence, Cambridge (Mass.) 1982.

Handbook of social science methods, Cambridge (Mass.) 1982ff.

Hartmann, H. et al., Leitende Angestellte, Neuwied–Berlin(West) 1973.

Heckhausen, H., Motivation und Handeln, Berlin(West) – Heidelberg–New York 1980.

Heller, R., Der Manager von morgen, Köln 1979.

Helm, J./Fritzheim, J., Beurteilen im Betrieb. Verfahren, Fehlerquellen, Perspektiven, Wiesbaden 1978.

Hewlett, W. R./Packard, D., The HP Way, Palo Alto 1980.

Hoefert, H. W., Psychologische und soziologische Grundlagen der Organisation, Gießen 1976.

Höhn, R., Führungsbrevier der Wirtschaft, 10. Aufl., Bad Harzburg 1980.

Höhn, R., Die innere Kündigung im Unternehmen, Bad Harzburg 1982.

Hoffmann, F., Führungsorganisation, Tübingen 1980.

Holzkamp-Osterkamp, U., Grundlagen der psychologischen Motivationsforschung, Berlin(West) 1981.

Hubermann, J., Management with Objectives – or by Reaction, in: Harvard Business Review (Boston), 6/1975, S. 10–12.

Humble, J. W. (Hrsg.), Management by Objectives in Action, London 1970.

International handbook of behavior modification and therapy, New York 1982.

Jay, A., Management and Machiavelli. An inquiry into the Politics of Corporate Life, New York 1967.

Kapeljušnikov, R. I., Sovremennye buržuaznye koncepcii formirovanija rabočej sily, Moskva 1981.

Karpuchin, N. D., Kapitalističeskaja ekspluatacija segodnja, Moskva 1982.

Kellog, M., Führungsgespräche mit Mitarbeitern, München 1974.

Kiricenko, E. V., Korporacii SŠA v bor'be za vnešnie rynki sbyta, Moskva 1981.

Knüpfel, H.-K., Die Beziehungen zwischen Chef und Mitarbeitern, Bern—Stuttgart 1979.

Kohl, H./Schuett, B./Jansen, U., Was erwarten die Arbeitnehmer?, Köln 1984.

Koontz, H./O'Donnell, C./Weihrich, H., Management, Tokio 1980.

Koontz, H./O'Donnell, C., Principles of Management, New York 1968.

Korff, E., Menschenführung als Aufgabe, 5., durchges. Aufl., Heidelberg 1976.

Kränzl., O., Management by Objectives in der Praxis, in: Führung mit Zielen, Arbeitsgemeinschaft für Rationalisierung des Landes Nordrhein-Westfalen, Heft 151, Dortmund 1974, S. 19—32.

Krieg, W., Kybernetische Grundlagen der Unternehmungsgestaltung, Bern—Stuttgart 1971.

Krüger, W., Konfliktsteuerung als Führungsaufgabe, München 1973.

Kruk, M., Die großen Unternehmer, Frankfurt 1972.

Krummennacher, F., Flexibles Management statt Bürokratie, Zürich 1985.

Küchle, E., Menschenkenntnis für Manager, München 1977.

Lattmann, Ch., Führung durch Zielsetzung, Bern—Stuttgart 1977.

Lattmann, Ch., Führungsstil und Führungsrichtlinien, Bern—Stuttgart 1975.

Lawler, E., Motivierung in Organisationen, Stuttgart 1977.

Leaders and managers. International perspectives on managerial behavior and leadership, ed. by James G. Hunt, New York 1984.

Leavitt, H., Grundlagen der Führungspsychologie, München 1979.

Leavitt, H. J., Managerial Psychology, 4rd ed., Chicago 1978.

Likert, R., New patterns of management, New York 1961.

Likert, R., The human organization: Its management and value, New York 1967.

Meinefeld, W., Einstellung und soziales Handeln, Reinbek bei Hamburg 1977.

Mellerowicz, K., Sozialorientierte Unternehmensführung, 2. Aufl., Freiburg 1976.

Mierke, K., Wille und Leistung, Göttingen 1955.

Mintzberg, H., The Nature of Managerial Work, New York 1973.

Neuberger, O., Das Mitarbeitergespräch, München 1973.

Neustadt, R. F., Presidential Power: The Politics of Leadership, New York 1960.

Nick, F. R., Management durch Motivation, Stuttgart 1974.

Nierenberg, J. S., Durchbruch zum Anderen. Produktive Überzeugung durch kontrollierten Dialog, München 1977.

Obostrenie obščego krizisa kapitalizma i rabočij klass v Zapadnoj Evrope, Social'no-ekonom., polit. i ideolog. problemy, Moskva 1981 (Akad. Nauk SSSR, Inst. Meždunar. Rabočego Dviženija, Akad. Obščestv. Nauk pri CK SEPG).

Odiorne, G. S., Management by Objectives, München 1980.

Oechsler, W. A., Konfliktmanagement, Wiesbaden 1979.

Oehme, W., Führung durch Motivation. Überzeugen statt Anweisen, Essen 1979.

Ogilvy, D., The Creative Chef, in: The Creative Organization, hg. von G. A. Steiner, Chicago 1965.

Ogilvy, D., Principles of Management, New York 1968.

Oswald, H., Ich bitte um Ihre schwererhältliche Aufmerksamkeit! Der zündende Funke für Manager aller Größen, Bern 1982.

Ouchi, W. G., Therory Z. How American Business Can Meet The Japanese Challenge, Reading 1981.

Ozaki, R. S., Groupism and Japanese economic growth: the 19. Edward Schann Memorial Lecture in Economics delivered at the Univ. of Western Australia, 14 Oct. 1980, Nedlands 1981. (Occasional paper/Univ. of Western Australia, Centre for East Asian Studies, 7).

Papin, J./Fitch, G. H., Participative Management by Objectives (PMBO), in: Management Internationale Review (Wiesbaden), 4/1977, S. 69—74.

Pascale, R. I./Athos, A. G., Geheimnis und Kunst des japanischen Managements, München 1982.

Perroux, F., Wirtschaft und Macht, Bern 1983 (Beiträge zur Wirtschaftspolitik, 38).

Peters, T. J./Waterman jr., R. H., Auf der Suche nach Spitzenleistungen, 7. Aufl., Landsberg am Lech 1984.

Peters, T. J., Management Systems: The language of organizational character and competence. Managing Behavior in Organizations, New York 1983.

Pross, H./Boetticher, K. W., Manager des Kapitalismus, Frankfurt/M. 1971.

Riedmann, W., Führen durch Management by . . ., München 1979.

Rischar, K., Erfolgreiche Mitarbeiterführung, München 1978.

Roethlisberger, F. J./Dickson, W. J., Management and the Worker, Cambridge (Mass.) 1939.

Rohleder, Ch., MBA-Studium und Business Schools in den USA, Köln 1983.

Rokeach, M., The nature of human values, New York 1973.

Rosenstiel, L. v., Die motivationalen Grundlagen des Verhaltens in Organisation, Leistungen und Zufriedenheit, Berlin (West) 1975.

Rosenstiel, L. v., Führung, in: Die Psychologie des 20. Jahrhunderts, Bd. 9, München 1981.

Rosenstiel, L. v., Grundlagen der Organisationspsychologie. Basiswissen und Anwendungshinweise, Stuttgart 1980

Sahm, A., Humanisierung der Arbeitswelt. Verhaltenstraining statt Verordnung, Freiburg 1976.

Schein, E. H., Das Bild des Menschen aus der Sicht des Managements, in: Grochla, E. (Hrsg.), Management, Düsseldorf—Wien 1974, S. 85.

Schein, E. H., Organizational psychology, New York 1980.

Schienstock, G., Industrielle Arbeitsbeziehungen. Eine vergleichende Analyse theoretischer Konzepte in der Industrial Relations—Forschung, Opladen 1982 (Forschungstexte Wirtschafts- und Sozialwissenschaften, 9).

Schneider, W., Mehr Zeit zum Führen durch gezieltes Delegieren und wirksames Kontrollieren, Kissing 1979.

Schneider, K., Motivation unter Erfolgsrisiko. Motivationsforschung, Bd. 1, Göttingen 1973.

Schweizer, W., Anforderungen der Praxis an die universitäre Ausbildung von Wirtschaftswissenschaftlern, Bern 1983.

Scott, D., Productive Partnerships. Coupling MbO and TA, in: Management Review (New York), 11/1976, S. 12—19.

Seidel, E., Betriebliche Führungsformen. Geschichte, Konzepte, Hypothesen, Forschung, Stuttgart 1978.

Seiwert, L. J., Mehr Zeit für das Wesentliche, Landsberg am Lech 1985.

Selznick, Ph., Leadership in Administration, New York 1957.

Speigner, H., Vom Motiv zum Handeln, Berlin 1980.

Staehle, W. H., Management — eine verhaltenswissenschaftliche Einführung, München 1980.

Stangel, A., Der erfolgreiche Vorgesetzte, überarb. u. erw. Neuaufl., Wien—Düsseldorf 1978.

Stewart, N., Moderne Führungstechniken, München 1974.

Steinle, C., Führung. Grundlagen, Prozesse und Modelle der Führung in der Unternehmung, Stuttgart 1978.

Stiefel, R. T., Erfolgreiche Managementschulung im Unternehmen, Königstein/Ts. 1978.

Stocker, K. G., Einflußfaktoren der Mitarbeitermotivationen in Kreditinstituten, Berlin(West) 1978.

Stroebe, G., Gezielte Verhaltensveränderung, Heidelberg 1978.

Stroebe, R. W./Stroebe, G.-H., Führungskraft, Mitarbeiter, Gruppe, Heidelberg 1978.

Stroebe, R. W./Stroebe, G.-H., Führungsstile, Heidelberg 1979.

Stückmann, G., Der Berufserfolg als Motivationsproblem, Berlin(West) 1968.

Taylor, B./Lippitt, G. I., Management Development and Training Handbook, London—New York 1975.

Thomae, H., Die Motivation menschlichen Handelns, Köln—Berlin(West) 1965.

Todt, E., Motivation, Stuttgart 1977.

Trud v kapitalističeskom proizvodstve. Problemy upravlenija, Akad. Nauk SSSR, Inst. mirovoj Ekonomike i Meždunar. Otnošenij, Otv. red. N. A. Klimov, Moskva 1984.

Tyrni, I., The rate of return, risk and the financial behaviour of the Japanese industrial firms, Helsinki 1984 (Commentationes scientiarum socialium, 26).

Urwick, L., The Golden Book of Management, London 1956.

Vroom, V. H./Yetton, P. W., Leadership and Decision Making, Pittsburgh 1973.

Vroom, V. H./Deci, E. L. (Eds.), Management and Motivation, Harmondsworth 1970.

Wagner, W., Autorität und Motivation im Industriebetrieb, Berlin(West) 1978.

Watson, C. M., Leadership management and the seven keys, in: The McKinsey Quarterly, Autumn 1983.

Weick, K. E., The Social Psychology of Organizing, 2nd ed., Reading (Mass.) 1979.

Weihrich, H., An uneasy Look at the MbO Jungle: Toward a Contingency Approach to MbO, in: Management International Review (Wiesbaden), 4/1976, S. 103—109.

Weiner, B., Theorien der Motivation, Stuttgart 1976.

Weinert, A. B., Lehrbuch der Organisationspsychologie. Menschliches Verhalten in Organisationen, München 1981.

Whyte, W. F., The Organization Man, New York 1956.

Wiese, G., Kreative Technologie — Management, Landsberg am Lech 1985.

Wilkes, G./Wilkes, M., Führungskräfte, München 1977.

Wirtschaftliche Aspekte der Schichtarbeit, hg. von der Europ. Stiftung zur Verbesserung d. Lebens- u. Arbeitsbedingungen, Dublin 1980.

Wistinghausen, J., Unternehmensgrundsätze — Entstehung, Form und Inhalt, in: Zeitschrift für Organisation (Wiesbaden), 2/1977, S. 61—66.

Wiswede, G., Motivation und Verbraucherverhalten, Grundlagen der Motivforschung, Basel 1965.

Witthauer, K. F., Menschen führen, 2. Aufl., Stuttgart 1977.

Workforce reductions in undertakings. Policies and measures for the protection of redundant workers in 7 industrialised market economy countries, ed. by Internat. Labour Off. Geneva 1982.

Working conditions and environment. A workers' education manual, ed. by Internat. Labour Off., Geneva 1983.

Wunderer, R./Grunwald, W., Führungslehre. Bd. 1: Grundlagen der Führung, Bd. 2: Kooperative Führung, Berlin (West) 1980.

Wurm, E., Leistung und Gesellschaft. Motivation im Wandel, Leverkusen 1977.

Zander, E., Führungssystem in der betrieblichen Praxis, in: Zander, E. et al. (Hrsg.), Führungsmodelle. Leitbilder zur Unternehmensführung, Zürich 1972.
Zander, E., Taschenbuch der Führungstechnik, 5. Aufl., Heidelberg 1977.
Zempeling, H. G., Leistung im Betrieb aus der Sicht betrieblicher Führungspraxis, Köln 1974.
Zepf, G., Kooperativer Führungsstil und Organisation, Wiesbaden 1972.
Zimmer, D. E., Unsere erste Natur. Die biologischen Ursprünge menschlichen Verhaltens, München 1979.
Zürn, P., Vom Geist und Stil des Hauses, Landsberg am Lech 1985.

KAPITEL IV

Situations- und innovationsorientierte Managementtechniken der strategischen Unternehmensführung

Situations- und innovationstheoretische Grundlagen der Managementtechniken

Die bürgerlichen Theoretiker bemühen sich verstärkt, die angewandten Forschungen auf leistungswissenschaftlichem Gebiet und daraus ableitbaren praktischen Empfehlungen wesentlich zu verstärken. Eine entscheidende innere Ursache dafür stellt die wachsende Enttäuschung über die Unwirksamkeit der praktizierten Antikrisenrezepte zur Lösung der dringlichsten Probleme der kapitalistischen Unternehmensführung dar. Verstärkt wird der Druck zu größerer Praxiswirksamkeit durch die seitens vieler Managementpraktiker immer offener erhobene Forderung nach „Handlungsanweisungen für konkrete Situationen".

Unter dem Aspekt der wachsenden Dynamik der äußeren Bedingungen für das kapitalistische Unternehmen im internationalen Konkurrenzkampf, der zunehmenden Kompliziertheit und Komplexität sowie wechselseitigen Abhängigkeit der gesamtwirtschaftlichen, sozialen und insbesondere wissenschaftlich-technischen Entwicklung entstehen ständig neue „Geschäftssituationen", „Entscheidungssituationen", „Konkurrenzsituationen" usw., für deren Bewältigung die geforderten „Rezepte" fehlen. Die seitens der traditionellen Managementschulen entwickelten Prinzipien vermögen aus zweierlei Gründen den Ansprüchen des Kapitals und seiner Manager in bezug auf die neuen Situationen nicht gerecht zu werden.

Erstens sind die „klassischen" Managementprinzipien primär für die Lösung firmeninterner allgemeiner leitungsorganisatorischer Probleme entwickelt worden, wie sie zum Beispiel im III. Kapitel anhand der „Management by"-Techniken behandelt wurden. Demzufolge erweisen sie sich oft als ungeeignet für inhaltliche Problemlösungen, die aus unterschiedlichen Situationen, Anforderungen bzw. inhaltlich übergeordneten Problemen im weitesten Sinne resultieren. Die Prinzipien geben lediglich allgemeine Empfehlungen für zu beachtende Aspekte der firmeninternen Leitungstätigkeit, jedoch keine inhaltlichen Hilfen für die Bestimmung der situationsbedingten Schwerpunkte der Unternehmensführung.

Zweitens sind die bisher entwickelten und praktizierten Managementprinzipien nicht oder nur partiell auf gesamtgesellschaftliche Fragestellungen ausgerichtet und demzufolge auch nicht für derartige Problemstellungen, die für die gegenwärtige Krise charakteristisch sind, übertragbar.

Ob beispielsweise nach Prinzipien des *Management by Participation* gearbeitet wird oder nicht, ist relativ unwichtig gegenüber dem inhaltlichen Problem, welche neuen Zielstellungen zur Stabilisierung des Profitwachstums angegangen werden sollen und welche nicht. Oder es leuchtet ein, daß die Motivation der Mitarbeiter noch so hoch eingeschätzt werden kann; wenn sie infolge allgemeiner Wirtschaftsflauten oder Überproduktionskrisen nicht entfaltet werden kann, bleiben alle diesbezüglichen Anstrengungen des Managements ergebnislos.

Es ist hervorzuheben, daß in der bürgerlichen Methodologie als Ganzes das Entstehen des situationsorientierten Herangehens bzw. des amerikanischen *Situational Approach* eine bestimmte Evolutionsrichtung darstellt, die in spezifischer Weise die Reaktion auf die Dynamisierung des Wirtschaftslebens widerspiegelt und dabei große ideologische wie pragmatische Bedeutung erlangt. Die pragmatische Seite des stärker situationsbezogenen Herangehens wurde Anfang der siebziger Jahre vor allem von dem US-amerikanischen Theoretiker Mockler auch in ideologischer Hinsicht geschickt genutzt, um eine „neue" Managementtheorie zu begründen. So schreibt er in kritischer Auseinandersetzung mit den traditionellen Schulen der Management-Prinzipien: „Für die alte Garde der Managementtheoretiker mag es wie Ketzerei klingen, aber die eigene Erfahrung hat mich gelehrt, daß es wenig (wenn überhaupt) ein für allemal feststehende ‚Prinzipien' des Management gibt, die für den allgemeinen Gebrauch bestimmt sind. Eben deshalb konnten die vielen Untersuchungen und Publikationen der Vergangenheit zu Managementfragen, die sich oft um die Ausarbeitung solcher Prinzipien bemühten, den Managern nicht genügend praktische Anleitung liefern."[1]

Hier spricht Mockler allen „Vertretern des Business" nicht nur aus dem Herzen, sondern stellt zugleich auch einen Ansatz dar, der ideologisch vorbereitet, worum es eigentlich geht: die Begründung der *Situationstheorie* des Managements. Diese *Situationstheorie* ist deshalb von so großer Bedeutung, weil sie in hervorragender Weise gestattet, die Schwächen der traditionellen Ansätze zu kaschieren und ein dadurch drohendes theoretisches Vakuum auszufüllen.

Abbildung 4.1. veranschaulicht das Grundschema der situationsorientierten Vorgehensweise.

Ohne daß es den bürgerlichen Theoretikern gelingt, die prinzipiellen Mängel des auf privatkapitalistischer Optimierung im weitesten Sinne konzentrierten Herangehens zu überwinden, enthalten die situationstheoretischen Ansätze pragmatische Versuche zur realeren Einschätzung der Lage und sind als ernst zu nehmende Bemühungen zu werten, die Managementtechniken stärker auf die unmittelbar praktischen Belange zu konzentrieren.

Grundsätzlich soll das dadurch erreicht werden, „. . . daß bedingte oder situationsgebundene Prinzipien entwickelt werden . . ., die in bestimmten, konkreten

[1] Mockler, R. J., Situational Theory of Management, in: Harvard Business Review (Boston), 3/1971, S. 151.

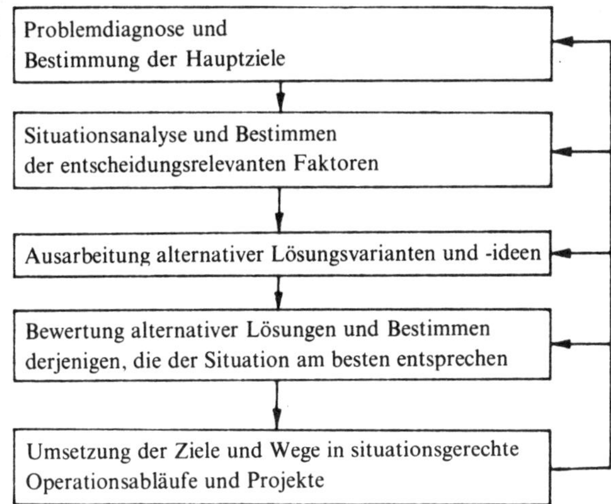

Abb. 4.1.
Grundschema des situationsorientierten Vorgehens

Geschäftssituationen nützlich sind".[2] Damit soll also über die bloße Erarbeitung von Leitungsprinzipien allgemeiner Gültigkeit hinaus versucht werden, „Rezepte" für die besten leitungsorganisatorischen Lösungen, zugeschnitten auf bestimmte typische Situationen, zu entwickeln und diese „theoretisch" abzustützen.

Es ist nicht zu übersehen, daß mit diesem Herangehen aus theoretischer Sicht keine schöpferische Verallgemeinerung von Leitungsprinzipien und -techniken möglich ist, sondern bestenfalls eine bloße Systematisierung praktischer Erfahrungen und Regelungen der Leitung. Dadurch wird zwar ein Plus hinsichtlich des Konkretheitsgrades und der Annäherung an praktische Situationen erreicht, aber letztlich über den Preis methodologischer Gemeinsamkeiten, die bei den traditionellen Ansätzen teilweise zweifellos vorhanden sind. Das situationstheoretische Herangehen stellt so gesehen hinsichtlich der aktiven wissenschaftlichen Durchdringung komplexer sozialökonomischer Probleme der gesellschaftlichen Leitung einen klaren Rückschritt dar, weil es lediglich für die passive Adaption an gegebene äußere Bedingungen des kapitalistischen Systems plädiert.

Um so erstaunlicher mutet die nicht selten wiederholte bürgerliche Auffassung an, daß die *Situationstheorie* aus gerade diesem Grunde das „einende Band" sei, das den konkurrierenden Managementtheorien einen neuen Ausweg aus dem „Theoriendschungel" eröffne.[3] Ob unter diesen Bedingungen überhaupt noch von einer Theorie gesprochen werden kann, ist ernsthaft zu fragen, da es sich in der Tat eher um eine bestimmte, ihrem Wesen nach durchaus nicht uninteressante Forschungs- bzw. Analysenmethode handelt, die keineswegs völlig neu ist, wie das

[2] Ebenda, S. 146.
[3] Ebenda, S. 151.

Herangehen vieler Vertreter der *empirischen Schule* der Managementlehre zeigt.[4] Gvišiani betont dagegen: „Neu sind die Versuche, die Situationstheorie als eine zusammenfassende Konzeption anzusehen, sie zum Grundprinzip des Leitungsdenkens zu machen, sowie der wachsende Einfluß dieser Theorie auf viele Gebiete der Forschung, der Ausbildung und der Weiterbildung von Leitungskadern."[5]

Eine analoge zentrale Rolle für die Ausbildung neuer Managementtechniken wie das situationstheoretische Denken spielen die innovationstheoretischen Strömungen.[6] Drei Schulen bzw. Richtungen sind hierbei von besonderem Interesse:

1. die Schumpetersche Innovationstheorie,
2. der Neoschumpeterianische Ansatz sowie
3. der Organisationssoziologische Ansatz.

Zum Schumpeterschen Innovationskonzept

Die ersten bürgerlichen Theoretiker, die sich gestützt auf Adam Smith und David Ricardo mit Fragen der Innovationen in der Wirtschaft explizit beschäftigten, waren Werner Sombart, Waldemar Mitscherlich und Joseph Alois Schumpeter. Kennzeichnend für ihre Gedanken war, daß sie diese im Rahmen von Entwicklungstheorien des Kapitalismus formulierten und somit wesentlich am Übergang des bürgerlichen ökonomischen Denkens zur Dynamik Anteil hatten. Es ist unumstritten, daß diese bürgerlichen Theoretiker mit ihren Betrachtungen zur „Entwicklung" und „Innovation" im Rahmen der bürgerlichen politischen Ökonomie eine gewisse Pionierleistung vollbracht haben. Dabei muß jedoch mit Nachdruck hervorgehoben werden, daß bereits Karl Marx und Friedrich Engels sechzig Jahre zuvor grundsätzliche Erkenntnisse zum technischen Fortschritt und zur Dynamik der kapitalistischen Entwicklung (einschließlich der daraus folgenden Konsequenzen) auf Grund ihrer materialistisch-dialektischen Herangehensweise formuliert hatten und das Verdienst von Sombart, Mitscherlich und Schumpeter sich somit darauf beschränkt, die bürgerliche Ökonomie auf eine bereits seit langem bekannte und analysierte Problematik aufmerksam gemacht zu haben. Kennzeichnend für die Orientierung, die Sombart, Mitscherlich und Schumpeter der Bourgeoisie gaben, ist die Verbindung von pragmatischen Hinweisen mit einer gezielten Apologetik des Unternehmers. Für sie stellt sich der Unternehmer als Träger des technischen Fortschritts und, weiter gefaßt, überhaupt des Fortschritts dar. Die von den Klassikern des Marxismus-Leninismus vorgenommene Analyse des kapitalistisch betrie-

[4] Vgl. Gvišiani, D. M., Management. Eine Analyse bürgerlicher Theorien von Organisation und Leitung, Berlin 1974, S. 215.

[5] Ebenda, S. 216.

[6] Vgl. zur Kritik bürgerlicher Innovationstheorien ausführlicher: Friedrich, G. D./Hartmann, W. D., Innovation contra Krise? Zur Kritik bürgerlicher Innovationstheorien, Berlin 1979 (Zur Kritik der bürgerlichen Ideologie, hg. von M. Buhr, 92).

benen technischen Fortschritts stellt daher den Ausgangspunkt für die kritische Auseinandersetzung mit bürgerlichen Innovationstheorien dar.

Sombarts Auffassungen zur Innovation schlugen sich, wenn auch in sehr allgemeiner Form, zum ersten Male in dem Artikel „Der kapitalistische Unternehmer"[7] nieder. Ausgangspunkt jeder Entwicklung ist für ihn die Tätigkeit des kapitalistischen Unternehmers. „Die ‚Zelle' des kapitalistischen Wirtschaftssystems ist die kapitalistische Unternehmung. Von ihr geht alles Leben aus, weil in ihr die treibende Kraft kapitalistischer Wirtschaft zur Bestätigung gelangt: Der kapitalistische Unternehmer."[8] Die weitere Argumentation Sombarts ist dann auf die genauere Bestimmung der Unternehmerfunktion gerichtet. Aufgabe des Unternehmers ist es, im Interesse der Profitrealisierung und der Erhaltung seiner Macht technisch Neues auf den Markt zu bringen und durchzusetzen. Sombart hebt diese Aufgabe explizit heraus, wobei besonders betont wird, daß der Unternehmer sich mit einer Erfindung allein nicht zufriedengibt, sondern es ihm vor allem um die Verbreitung (sprich „Vermarktung") dieser Erfindung geht. Hier zeichnet sich eindeutig ab, daß Sombart den Prozeßcharakter einer Innovation erkannt hat und ihr erstrangige Bedeutung im kapitalistischen System beimißt. In diesen noch sehr allgemein gehaltenen Auffassungen erschöpft sich Sombarts Beitrag zur bürgerlichen Innovationstheorie, die für die rationelle Leitungsorganisation im kapitalistischen Unternehmen insofern große Bedeutung hat, als sie die zentrale Stellung des Unternehmers im gesamten neuerungsorientierten Leitungssystem mitbegründet.

Die Verabsolutierung der Rolle des Unternehmers Sombartscher Prägung entbehrte zwar bereits unter den Bedingungen des Monopolkapitalismus objektiver Grundlagen, erlebt jedoch gerade gegenwärtig eine neue Hochkonjunktur. Bezeichnend für Sombarts Methode ist daher, daß er seine Auffassung dadurch zu beweisen sucht, daß er einige Unternehmer aus der Frühgeschichte des Monopolkapitalismus (wie Siemens u. a.) herausgreift und deren Charakteristik als allgemeingültig für den Unternehmertyp und die rationelle Leitung des beginnenden 20. Jahrhunderts auszugeben versucht. Der Unternehmer war jedoch zu dieser Zeit nur ein Glied in der langen Kette der Arbeit von Ingenieuren, Arbeitern, Forschern usw., deren rationelle Koordinierung entscheidend für Erfolg bzw. Mißerfolg unternehmerischer Aktivität wurde.

Etwa im gleichen Zeitraum erarbeitete Mitscherlich seine Auffassung zur wirtschaftlichen Entwicklung und darin eingeschlossen zur Innovation.[9] Auf Mitscherlichs Auffassungen soll hier nicht näher eingegangen werden, da sie in pragmatischer Hinsicht nicht über Sombart hinausgingen und lediglich eine Modifizierung und Abschwächung der Unternehmerverteidigung bieten mit dem Ziel,

[7] Sombart, W., Der kapitalistische Unternehmer, in: Archiv für Sozialwissenschaft und Sozialpolitik (Tübingen), Bd. 29, 1909, S. 689—758.

[8] Ebenda, S. 698.

[9] Mitscherlich, W., Der wirtschaftliche Fortschritt, Leipzig 1910.

eine scheinbar objektive Begründung der positiven Rolle des Unternehmers im Prozeß des technischen Fortschritts zu zeichnen.

Der Schritt über Sombart hinaus, sowohl in pragmatischer als auch in apologetischer Hinsicht, gelang erst Schumpeter mit seinen Auffassungen zur Innovation in seiner Arbeit „Theorie der wirtschaftlichen Entwicklung".[10] Ausgangspunkt seiner Überlegungen sind die ständigen „Konjunkturschwankungen", die nach seiner Auffassung durch den „dynamischen Unternehmer" hervorgerufen werden. Schumpeter beantwortete die Frage, wie es zu den Konjunkturschwankungen kommt, damit, daß er sie als Folge der „Durchsetzung neuer Kombinationen" der Produktionsfaktoren darstellt, darunter explizit der Schaffung einer Neuorganisation. Für ihn sind dabei fünf Fälle charakteristisch, in denen die neuen Kombinationen Realität werden[11]:

1. Herstellen eines neuen Gutes oder Herstellen eines bekannten Gutes in neuer Qualität;
2. Einführen einer neuen, in dem betreffenden Industriezweig noch nicht bekannten Produktionsmethode;
3. Erschließung eines neuen Absatzmarktes, egal ob dieser vorher bekannt war oder nicht;
4. Eroberung einer neuen Bezugsquelle von Rohstoffen oder Halbfabrikaten;
5. Durchführung einer Neuorganisation, etwa die Schaffung eines Monopols oder dessen Durchbrechen.

So unterschiedlich diese Fälle ihrem Inhalt nach sind, gemeinsam ist ihnen, daß sie den Gesichtspunkt der Neuheit enthalten und mehr oder weniger alle leitungsorganisatorische Neuerungen einschließen. Für Schumpeter war die Neuheit das entscheidende Kriterium zur Bestimmung einer Innovation. Mit dieser Klassifikation hat er als erster bürgerlicher Ökonom wie vor ihm bereits Karl Marx die fundamentale Bedeutung von Neuerungen für den gesamten wirtschaftlichen Ablauf durch den erzielbaren Extraprofit erkannt. Wenn das Primat seiner Klassifikation auch der Einführung neuer Güter und neuer Produktionsmethoden zukommt, hat er doch als erster theoretisch ebenfalls die Notwendigkeit leitungsorganisatorischer Neuerungen erkannt und eine klare Unterteilung in Produktinnovationen (Fall *1*) und Prozeßinnovationen (Fall *2*) vorgenommen. Auch die anderen Innovationsarten werden unter Zugrundelegung Schumpeterschen Gedankengutes auf Wirkungen des technischen Fortschritts zurückgeführt. Die Klassifikation der Innovation nach Schumpeter zeigt, daß die bürgerliche Ökonomie auf diesem Gebiet einen gewissen kontinuierlichen Erkenntniszuwachs zu verzeichnen hatte, der sich auch in der Folgezeit fortsetzte. Die Notwendigkeit dazu ergab sich aus dem Verlangen der Monopolbourgeoisie nach wirtschaftlichen Rezepten und Hinweisen, die ihren Profitinteressen dienten und damit der Kapitalverwertung, was Rationalisierungen der Leitungsorganisation von

[10] Schumpeter, J. A., Theorie der wirtschaftlichen Entwicklung, Berlin(West) 1952.
[11] Ebenda, S. 100/101.

jeher einschloß. Dieser Erkenntniszuwachs ist jedoch kein geradliniger Prozeß, sondern infolge des Wirkens der politisch-ideologischen Funktion der bürgerlichen Ökonomie sehr widerspruchsvoll und begrenzt.

So war es auch nicht das vorrangige Ziel Schumpeters, eine dem Kapital umfassende pragmatische Orientierungen gebende Innovationstheorie zu schaffen, etwa für die Rationalisierung der Leitungsorganisation. Es kam ihm vor allem darauf an, die Apologetik des Unternehmers möglichst überzeugend vorzutragen. Zu diesem Zweck hat Schumpeter auch seine nachfolgenden Werke auf den Grundlagen, die er in der „Theorie der wirtschaftlichen Entwicklung" gelegt hatte, aufgebaut, wie er überhaupt alle späteren Werke nur als Ergänzung seiner ursprünglichen Auffassung gesehen haben will. Insbesondere in den „Konjunkturzyklen" (1939) vertieft Schumpeter in einigen Richtungen seine Auffassungen zur Innovation, so daß dort bereits erste Ansätze der Unterscheidung in Basisinnovationen und Folgeinnovationen festzustellen sind. Grundtenor bleibt aber auch hier, daß der Unternehmer Träger von Innovationen einschließlich leitungsorganisatorischer Neuerungen und folglich jeden Fortschritts sei. Entscheidend für den wirtschaftlichen Fortschritt ist dabei nach Schumpeter nicht die Eigentümerfunktion, sondern sind besondere „Führereigenschaften".

Diese Argumentation war von besonderer Bedeutung für die Verteidigung des Unternehmers, und sie ist es bis heute in bezug auf die Rolle der Manager.[12] Hier liegt die wesentliche Grundlage für die Vorzugsstellung, die Schumpeters Unternehmerauffassung in der bürgerlichen Ökonomie und in der Argumentation der Unternehmerverbände einnahm und bis heute einnimmt, da seine Unternehmer „keine Klasse im Sinne der sozialen Erscheinung (sind), die man im Zusammenhang mit ‚Klassenbildung', ‚Klassenkampf' usw. meint"[13]. Der Schumpetersche Unternehmer ist demnach ein „klassenloses Wesen", das sich aus allen sozialen Klassen und Schichten rekrutiert und besonderes Interesse an der Vorbereitung, Realisierung und Verbreitung von Innovationen der genannten Arten hat. In weiterführenden Arbeiten hat Schumpeter seine „dynamische Unternehmerpersönlichkeit" zu einer dynamischen Monopolverteidigung ausgebaut, die seine Theorie für die B urgeoisie besonders wertvoll erscheinen läßt, wie gerade die gegenwärtige Verteidigung des Unternehmers bzw. Managers in den Ländern des Kapitals zeigt, insbesondere der sogenannten Pionierunternehmer im Hochtechnologiesektor.[14]

In jüngster Zeit hat selbst einer der bedeutendsten Managementtheoretiker der westlichen Welt, Peter F. Drucker, kritisch festgestellt: „Fast alle konventio-

[12] Vgl. Burnham, J., Das Regime der Manager, Stuttgart 1951. D. M. Gvišiani hat die Apologetik in der daraus entwickelten Theorie des Managements einer umfassenden marxistisch-leninistischen Kritik unterzogen. (Vgl. Gvišiani, D. M., Management. Eine Analyse bürgerlicher Theorien von Organisation und Leitung, a. a. O., S. 231ff. und 253ff.)

[13] Schumpeter, J. A., Theorie der wirtschaftlichen Entwicklung, a. a. O., S. 116.

[14] Vgl. dazu die Kritik bei Stock in: Stock, W., High Technology und imperiale Strategie der USA, Berlin 1985, S. 191.

nelle Weisheit über Unternehmerschaft ist totsicher falsch. Unternehmerschaft ist nicht mehr als eine Disziplin und kann, wie jede Disziplin, erlernt werden."[15] Damit wird die Entrepreneurs-Mystik etwas entlarvt, denn immer offensichtlicher reichen selbst bei den eifrigsten Verfechtern des „marktwirtschaftlichen Systems" die Argumente nicht aus, um die tiefgreifende Krise der gegenwärtigen westlichen Gesellschaft auf herkömmliche Weise auch nur zu erklären, geschweige denn konstruktive Lösungs- und Auswege aufzuzeigen.

Zum Neoschumpeterschen Innovationskonzept

Im bürgerlichen Theoriendschungel zur Erklärung der aktuellen Krisenerscheinungen, insbesondere auf wirtschaftlichem Gebiet, nehmen daher innovationstheoretische Interpretationen einer zweiten Schule, die vom Charakter her als *Neoschumpetersche* Ansätze zu bezeichnen sind, einen besonderen Platz ein. Deutlichster Beweis dafür ist die Tatsache, daß die Vertreter dieser Richtung mehr oder weniger direkt der These Schumpeters folgen: „Der fundamentale Antrieb, der die kapitalistische Maschine in Bewegung setzt und hält, kommt von den neuen Konsumgütern, den neuen Produktions- und Transportmethoden, den neuen Märkten, den neuen Formen der industriellen Organisation."[16] Dabei wird an die Schumpetersche Einschätzung angeknüpft, daß die Entwicklung der Wirtschaft eine komplexe, zyklische Bewegung darstelle, in der die stoßweise auftretenden Innovationen Ursache kultureller und längerfristiger Schwankungen von Krisen- und Prosperitätsphasen sind. Der Innovationsdynamik wird hier die Rolle des entscheidenden Faktors für den Zeitpunkt und Zeitraum sowie die Intensität von Konjunkturzyklen in der kapitalistischen Wirtschaft zugesprochen.

Zu den engagiertesten Vertretern dieser Theorie, die selbst unter bürgerlichen Ökonomen und Konjunkturtheoretikern recht umstritten ist, zählen S. Kuznets[17] und G. Mensch[18]. Um die Richtigkeit der nachweisbaren Konjunkturzyklen zu beweisen, werden umfangreiche technisch-historische Studien angeführt und hinsichtlich ihrer Übereinstimmung bzw. Phasenverschiebung mit den Depressionsphasen analysiert. Als Beweis für einerseits „Innovationsreichtum", andererseits „Innovationsmangel" dienen z. B. Analysen der Technikgeschichte von 1740 bis in die sechziger Jahre dieses Jahrhunderts. Dabei entwickeln die bürgerlichen Theoretiker eine bemerkenswerte Intensität. Allerdings fehlt die systematische Analyse der politökonomischen, sozialen und strukturellen Gesetzmäßigkeiten und Bedingungen von Innovationen hinsichtlich ihres Progressivitätsgrades für die gesellschaftliche Entwicklung insgesamt.

[15] Drucker, P. F., The Entrepreneurial Mystique, in: Inc. (New York), 10/1985, S. 34.

[16] Schumpeter, J. A., Kapitalismus, Sozialismus, Demokratie, Bern 1950, S. 137.

[17] Kuznets, S., Economic Change, New York 1953.

[18] Mensch, G., Das technologische Patt. Innovationen überwinden die Depression, Frankfurt/M. 1975.

Diese fehlende Wertung der politökonomischen Bedeutung von Basisinnovationen und ihrer gesellschaftlichen Konsequenzen ist die Achillesferse bürgerlicher Innovationsstudien, ungeachtet der Fülle analysierter Daten. A. Kleinknecht hat diesen Mangel nachdrücklich betont, indem er feststellte:

„Während Wissenschaftler aus sozialistischen Ländern bereits seit Jahren über den Zusammenhang von Innovation und langfristiger Wachstumsentwicklung forschen und publizieren, zeigen sich marxistisch orientierte Politökonomen in der Bundesrepublik hierzu noch immer erstaunlich unbedarft. Ähnlich wie die Repräsentanten der herrschenden Wirtschaftstheorien haben sich auch die Vertreter wirtschaftspolitischer Alternativkonzepte weitgehend in Endlos-Diskussionen über letztendlich verteilungstheoretische Krisenerklärungen verrannt. Es ist an der Zeit, daß die Problematik von Innovations- und Wachstumstrends in der Alternativ-Diskussion berücksichtigt wird. Das bietet die Chance, die Diskussionen über einen wichtigen Teil des theoretischen Erbes von *Karl Marx* wiederaufzunehmen, die Dialektik von Produktivkräften und Produktionsverhältnissen.

Diese steht im Zentrum des Marxschen Profitraten-Theorems. Akkumulation und Krise bei *Marx* ist mehr als nur Kreislauf-, Verteilungs- und Monopoltheorie! Ein *theoretischer* Innovationsschub bei den westdeutschen Politökonomen ist äußerst wünschenswert.“[19]

Wichtig ist daher die Herausarbeitung und Einordnung der entscheidenden politökonomischen Gesetzmäßigkeiten analog dem Marxschen Herangehen zur Analyse der Wechselwirkung zwischen der Entwicklung der Produktivkräfte und der Produktionsverhältnisse.

Ausgehend von einer technisch-historischen Analyse in Verbindung mit einer solchen wirtschaftlicher Krisen wird von G. Mensch eine Diskontinuitätshypothese entwickelt, die „einen dramatischen Wechsel zwischen Innovationsfülle und Innovationsmangel“ feststellt und zugleich die zyklischen Krisen des Kapitalismus bis zu den aktuellen besonderen Depressionserscheinungen der Gegenwart erklären soll. Im Klartext heißt das: „Die sich wandelnden Gezeiten, Innovationsfluten und -ebben erklären den Wirtschaftswandel, nämlich Wachstums- und

[19] Kleinknecht, A., Was bringen „neoschumpeterianische“ Kriseninterpretationen? Eine Replik, in: Marxistische Studien, Jahrbuch der ISMFS, Berlin(West) 1982, S. 3015/16. — Vgl. dazu die von Kleinknecht zitierte Literatur, ebenda, sowie Haustein, H.-D., Innovation and Industrial Strategy, Laxenburg 1981 (IIASA Working Paper 81-65); Kuczynski, T., Spectral Analysis and Cluster Analysis as Mathematical Methods for the Periodization of Historical Processes — a Comparison of Results Based on Data about the Development of Production and Innovation in the History of Capitalism. Kondratieff Cycles — Appearance or Reality?, in: Seventh Congress of the International Economic History Association, Edinburgh 1978; Hartmann, W.-D./Haustein, H.-D., Leitung industrieller Forschung und Entwicklung, Berlin 1979. Vgl. auch die neueren grundsätzlichen Arbeiten von Koziolek: Koziolek, H., Wissenschaftlich-technischer Fortschritt und Reproduktion des Nationaleinkommens, Berlin 1983; ders., Wissenschaftlich-technischer Fortschritt und ökonomische Kreisläufe, Berlin 1981 (Sitzungsberichte der Akademie der Wissenschaften der DDR, 5G/81).

Stagnationsphasen."[20] Die zyklischen Krisen in der Entwicklung des Kapitalismus, insbesondere die Krisenjahre um 1825, 1873 und 1929 sowie die gegenwärtigen lang andauernden Depressionserscheinungen besonderer Art in allen imperialistischen Ländern, werden daraus einseitig allein auf den Mangel an Basisinnovationen zurückgeführt. Die gesellschaftlichen Verhältnisse, die den nicht zu übersehenden Mangel an grundlegenden technologischen Innovationen sowie Produkten im Kapitalismus verursachen, werden mit keinem Wort erwähnt. Insbesondere fehlt eine differenzierte Einschätzung der manipulierenden Wirkungen des Monopols. Neben einem partiell schnellen Fortschreiten der Technik sind Tendenzen einer verlangsamten und ungleichmäßigen Einführung neuer Technik bzw. der Stagnation in der Nutzung des wissenschaftlich-technischen Fortschritts typisch. Diese bestätigt erneut Lenins Erkenntnis, daß im Imperialismus die Technik zwar durch die Monopole in einem früher nicht bekannten Ausmaß stimuliert wird, sie aber andererseits umfangreiche ökonomische Möglichkeiten besitzen, den technischen Fortschritt zu hemmen. Das drückt sich besonders in der hohen Anzahl von Innovationen aus, die kein anderes Ziel verfolgen, als neue wissenschaftlich-technische Lösungen in erster Linie militärpolitisch auszunutzen. Dadurch ist eine Drosselung der wirklichen qualitativen, sozialökonomischen Verbesserungen unvermeidlich.

Während also einerseits im Interesse des Profits beachtliche Fortschritte in bestimmten Bereichen, gegenwärtig beispielsweise auf dem Gebiet der Mikroelektronik, erreicht werden, verschärfen sich gleichzeitig die Widersprüche und Ungleichmäßigkeiten des technischen Fortschritts unter kapitalistischen Bedingungen, auch wenn manche bürgerlichen Theoretiker sich dieser Einsicht hartnäckig verschließen und nach verschiedenartigsten „neuen" Interpretationen der „Furienwirkung" kapitalistischer Rationalisierungsmaßnahmen, insbesondere hinsichtlich der Freisetzung von Arbeitskräften, suchen. Es bleibt daher: „Fortschritt von Technik und Wissenschaft bedeutet in der kapitalistischen Gesellschaft Fortschritt in der Kunst der Schweißauspressung"[21], infolge des unversöhnlichen Gegensatzes zwischen Rationalität und Humanität im kapitalistischen System, für den wachsende Arbeitslosigkeit, Dequalifizierung, frühzeitiges Ausscheiden aus dem Arbeitsprozeß nur einige der wichtigsten Indikatoren sind. Zwangsläufig resultiert hieraus eine keineswegs zu negierende Diskontinuität des wissenschaftlich-technischen Fortschritts. Vorrangig werden immer jene Bereiche rationalisiert, in denen der größte Profit erzielt werden kann. Die Verletzung der proportionalen Entwicklung der Technik und damit der technischen Basis, die im Sozialismus überwunden werden muß und kann,[22] ist geradezu unver-

[20] Mensch, G., Das technologische Patt, a. a. O., S. 149.

[21] Lenin, W. I., Ein „wissenschaftliches" System zur Schweißauspressung, in: Lenin, Werke, Bd. 18, Berlin 1962, S. 589.

[22] Vgl. Haustein, H.-D., Die Proportionalität der technischen Basis im Sozialismus, Berlin 1975.

meidlich. Daß es im Zuge der Genesis von Wissenschaft und Technik objektive, durch die differenzierten Schwierigkeiten im Erkenntnisprozeß in Verbindung mit dem jeweils entwickelten wissenschaftlich-technischen Potential bedingte, unterschiedliche Entwicklungsstufen der materiell-technischen Basis und damit der Leitungsorganisation einer Gesellschaftsordnung gibt, wird damit keineswegs bestritten.

Es ist auch nicht zu übersehen, daß das Kapital gerade in jüngster Zeit verstärkte Anstrengungen unternimmt, der Disproportionen im Innovationsaufkommen und dadurch bedingter Krisenerscheinungen Herr zu werden. Das widerspiegelt sich nicht allein im wachsenden Neuerungsdruck im internationalen Konkurrenzkampf, sondern auch in bestimmten Versuchen, durch neue staatliche Regulierungsmaßnahmen und rationellere Leitungsorganisationen, insbesondere neuartige „Innovationshilfen", Umorientierungen auf bisher wenig profitabel erscheinende Gebiete zu erreichen. Während G. Mensch in Erläuterung der Situation des „technologischen Patts" noch einfach formulierte: „Die Krisengefahr spitzt sich zu, die widerstreitenden Kräfte im Strukturwandel treffen härter aufeinander, und es werden die Neuerungen hervorgebracht, die einen Ausweg aus der Krise eröffnen"[23], glaubte er später selbst nicht mehr an die Funktionstüchtigkeit des so unterstellten Mechanismus. Zu eindeutig hat die andauernde Wirtschafts- und Gesellschaftskrise des Imperialismus der letzten Jahre bewiesen, daß ein „Krisenmanagement" der staatlichen Behörden eine kapitalistische Weltwirtschaftskrise nicht verhindern konnte. Daher gehen die jüngsten Anstrengungen dahin, das theoretische Fundament für die Begründung der Notwendigkeit einer sogenannten „gemischtwirtschaftlichen Innovationspraxis" zu liefern.

Darunter versteht einer ihrer exponiertesten Vertreter, G. Mensch, „jede Form des Zusammenwirkens privater und öffentlicher Aktivitäten bei der Vorbereitung, Durchführung und Vermarktung von Innovationen".[24] Um die „Milliardenfrage" — Wohin investieren? — im Interesse des Monopolkapitals richtig zu beantworten und zugleich Arbeitsplätze für wenigstens einen Teil der aus den durchrationalisierten und umsatzmäßig stagnierenden Industriezweigen Entlassenen zu schaffen, wird die Lösung in einer Verbesserung der staatlichen Innovationsförderung erwartet. Die Innovationstheorie wird in diesem Umfeld immer stärker als eine „Theorie der Innovationshindernisse" und wirtschaftlichen „Institutenlehre" im Sinne theoretischer Reflexionen zur Aufbau- und Ablauforganisation „innovativer Unternehmen". Die prononcierte Hervorhebung und Wiederentdeckung der Schumpeterschen These des schubweisen Durchbruchs von Innovationen und der Pausen zwischen den Innovationsschüben will G. Mensch anwendbar machen zur Überwindung der unübersehbaren Innovations-

[23] Mensch, G., Das technologische Patt. Innovationen überwinden die Depression, a. a. O., S. 14.

[24] Mensch, G., Gemischtwirtschaftliche Innovationspraxis. Alternative Organisationsformen der staatlichen Forschungs- und Technologiepolitik, Göttingen 1976, S. 1 (Schriften der Kommission für wirtschaftlichen und sozialen Wandel, 132).

hindernisse in Wirtschaft und Gesellschaft. Naturgemäß geht es im bürgerlichen Verständnis dabei stets nur um eine „marktkonforme Ergänzung der Globalsteuerung", etwa durch Risiko-Kapitalbeteiligung (*Venture Capital*) des Staates bei Innovationsprojekten. Dabei bleibt prinzipiell offen, „ob ein neuer oder renovierter Markt hinterher privatisiert, sozialisiert oder in gemischtwirtschaftlicher Weise betrieben wird."[25] Unter einem „neuen" Markt wird hier ein durch Basisinnovationen ins Leben gerufener, „endnachfrageerweiternder" Nachfragesog verstanden, während ein „renovierter Markt" Verbesserungsinnovationen im Rahmen bestehender Techniken oder Produkte erfaßt.

Vom theoretischen Hauptproblem her, der Erklärung des Innovationsmangels, handelt es sich im Prinzip um eine althergebrachte Keynesianische Fragestellung, nämlich die Erklärung der Investitionsschwächen als Schlüssel für die ökonomischen Probleme zu nutzen. Da die von Keynes empfohlenen Rezepte (Finanzierungshilfen des Staates) ihre Unzulänglichkeit hinreichend unter Beweis gestellt haben, muß nach neuen theoretischen Interpretationen und vor allem auch praktikablen Vorschlägen gesucht werden. Hier offenbart sich die Rückbesinnung auf Schumpeter im doppelten Sinne als eine wahre Fundgrube.

Zunächst wird realistischeren bürgerlichen Theoretikern die hemmende Wirkung des Monopols selbst bei gutwilliger Entschuldigung zahlreicher Negativposten immer offensichtlicher. Am deutlichsten offenbart sich das anhand der mangelnden Strukturflexibilität monopolistischer Märkte und der damit einhergehenden Eindämmung des Qualitätswettbewerbs bei zunehmender Standardisierung und überdurchschnittlicher Erhöhung der Prozeßfortschritte im Sinne von Rationalisierungsmaßnahmen mit allen negativen Begleiterscheinungen zuungunsten der Werktätigen und fehlender neuer Produkte für veränderten Bedarf. Da das Monopol die Rolle des Unternehmers als „Motor" und entscheidenden „Innovator" eindämmt, kann der Ruf nach „innovationsfreudigen Unternehmern" mit den alten Schumpeterschen Thesen nahezu nahtlos neu verknüpft werden, ohne sich in die Nähe der Kritik des kapitalistischen Gesamtsystems zu begeben. Die Notwendigkeit von Veränderungen oder Modifikationen wird folglich stets im „marktwirtschaftlichen Sinne" diskutiert, und die Rückversicherung auf Schumpeter hält eventuellen Verdächtigungen „von links" noch immer stand. Zum anderen kann, gestützt auf Schumpeter, der Platz der kleinen und mittleren Unternehmen im Marktmachtkampf neu bestimmt werden — nämlich im innovativen Bereich.

An der Schwelle zur „High-Tech-Zivilisation" starren viele Theoretiker dabei auf das sogenannte *Silicon-Valley-Syndrom* und suchen nach neuen Interpretationen,[26] während das amerikanische Wirtschaftsjournal *Business Week* bereits von der „High-Tech-Krise" spricht.[27]

[25] Ebenda, S. 7.

[26] Rogers, E. M./Larsen, J. K., Silicon-Valley-Fieber. An der Schwelle zur High-Tech-Zivilisation, Berlin(West) 1985.

Ähnlich widersprüchlich zeigt sich auch die Diskussion um die profitabelste Innovationsstrategie, da keines der entwickelten Konzepte letztendlich befriedigende langfristige Antworten auf dringliche Fragen gibt, sondern wie bereits einleitend betont, lediglich situationsbedingte.

Zum organisationssoziologischen Ansatz

Eine dritte innovationstheoretische Richtung ist eng mit der sozialpsychologisch und organisationssoziologisch orientierten *Human-Relations-Bewegung* in der modernen bürgerlichen Theorie der Organisation und Leitung im allgemeinen verbunden. Indem seitens des Kapital neue Vorstellungen von den menschlichen Verhaltensmotiven in Organisationen erarbeitet wurden, die von den simplifizierten Unterschätzungen des menschlichen Faktors abrückten und Probleme der „Gruppenbeziehungen", der „Gruppennormen", des „Konflikts und der Zusammenarbeit", der „Kommunikationsschranken" und „informalen Organisation" aufgriffen, rückten zugleich auch allgemeine Verhaltenselemente und sozialpsychologische wie organisationssoziologische Faktoren stärker in den Mittelpunkt innovationstheoretischer Überlegungen und damit auch in pragmatische Ansätze leitungsorganisatorischer Rationalisierungen.

Wie in die Managementtheorie und -praxis im allgemeinen[28], wurden demzufolge auch in innovationstheoretische Konzepte neue, auf das menschliche Verhalten orientierte Elemente integriert. Das findet seinen Niederschlag in einer mehr oder weniger direkt ablehnenden Haltung gegenüber dem nur auf das „Technisch-Ökonomische" ausgerichteten innovationstheoretischen Ansatz. Die bürgerliche Innovationsforschung bezeichnet diese Richtungen als „nicht auf den ökonomisch-technologischen Sektor verengte" Erklärung des Innovationsprozesses. In diesen Komplex sind auch die explizit formulierten „sozialpsychologischen" und „organisationssoziologischen" Innovationsauffassungen einzuordnen.

Einen besonderen Platz nehmen hier die *Marginalman-Theorie*, die *Randgruppentheorie*, die *Dissatisfaktionstheorie* und die *Promotorentheorie* ein. Zentrales Anliegen dieser „Theorien" ist die Frage nach den Ursachen, die zu Innovationen führen. Die sozialpsychologischen und organisationssoziologischen Innovationstheoretiker nehmen dabei die Frage nach den Personen, die innovatorisch tätig sind, sowie deren Beweggründe zum gemeinsamen Ausgangspunkt. Damit wendet sich die bürgerliche Forschung einer tatsächlich wichtigen Frage zu.

[27] Wilson, J.-W., America's High-Tech Crisis, in: Business Week (New York), 2884—214, 1985, S. 44.; vgl. auch: Stock, W., High Technology und imperiale Strategie der USA, a. a. O., S. 36.
[28] Gvišiani, D. M., Management. Eine Analyse bürgerlicher Theorien von Organisation und Leitung, a. a. O.

Bei den meisten soziologisch orientierten bürgerlichen Innovationsauffassungen zeigt sich, daß sie den Prozeß der Vergesellschaftung, insbesondere in Forschung und Entwicklung, unterschätzen und sich das Ziel setzen, immer eine bestimmte Gruppe von Menschen als die alleinigen Träger der Innovation zu bestimmen.

Analog zur *Human-Relations-Bewegung* wird die alte „Hypothese des Gesindels" durch die modernen sozialpsychologischen und organisationssoziologischen Theoretiker in eine „Hypothese der Herde" umfunktioniert, deren soziale Demagogie darin besteht, relativ willkürliche Gruppeneinteilungen vorzunehmen. Dabei gehen einige Vertreter sozialpsychologischer Theorien im wesentlichen von der These der Existenz einer Gruppe von *marginalmen* aus. Sie besagt, daß Innovationen infolge der Randstellung, eines gewissen gesellschaftlichen „Abseits" von Menschen, den zukünftigen oder potentiellen Innovatoren, entstehen. „Da der Begriff der Innovation per definitionem mit Änderung, Wandlung, d. h. Abgehen vom Gebräuchlichen, Herkömmlichen verbunden ist, sind die Personen, die Innovationen tragen, je nach dem Grad der Nichtsystemkonformität ‚Außenseiter', ‚Abweichler', so daß man in diesem Sinne innovatorisches Verhalten als Spezialfall von deviatem Verhalten bezeichnen kann."[29] Im Grunde genommen läßt sich daraus der Schluß ziehen, daß die *Marginalman-Theorie* die theoretische Grundlage der sozialpsychologischen Innovationsauffassungen ist. Wesentliche Vertreter dieser sozialpsychologischen „Theorien" sind Merton, Fürstenberg, Barnett und Hagen. Am besten lassen sich die sozialpsychologischen Innovationsauffassungen mit der Bemerkung Lenins über Schumpeters Unternehmerauffassung charakterisieren, der diesbezüglich feststellte: „Wie Durchsicht ergibt, nicht viel mehr als ‚soziologisches' Geschwätz."[30] Inhalt ist es, die Innovation als Ergebnis einer bestimmten Gruppe von Menschen zu charakterisieren, die aus den unterschiedlichsten Gründen außerhalb der Gesellschaft steht und somit eine kritischere Sicht hat als die „integrierten" Gesellschaftsmitglieder, beispielsweise zur Veränderung der Leitungsorganisation. Dabei unterscheiden sich die einzelnen Auffassungen von Merton bis Hagen nur durch die unterschiedliche Wahl bzw. Entwicklung „ihrer" Innovatoren.

Die Vertreter der sozialpsychologischen Richtung knüpfen an einzelne, individualpsychologisch durchaus interessante Gedanken an und versuchen, diese auf die Gesellschaft zu übertragen. Diese Methode ist alles andere als neu und wird in der bürgerlichen Ideologie seit mehr als einhundert Jahren angewandt. Sie mündet in pragmatischer Hinsicht in zahlreichen neuen Bemühungen um die profitabelste Nutzung menschlicher Kreativität im Innovationsprozeß.

[29] Pfetsch, F. R. (Red.), Zum Stand der Innovationsforschung, in: Innovationsforschung als multidisziplinare Aufgabe. Beiträge zur Theorie und Wirklichkeit von Innovationen im 19. Jahrhundert, Göttingen 1975, S. 16 (Studien zum Wandel von Gesellschaft und Bildung im neunzehnten Jahrhundert, 14).

[30] Vgl. Lenin, W. I., Der Imperialismus als höchstes Stadium des Kapitalismus, in: Lenin, Werke, Bd. 39, Berlin 1960, S. 52.

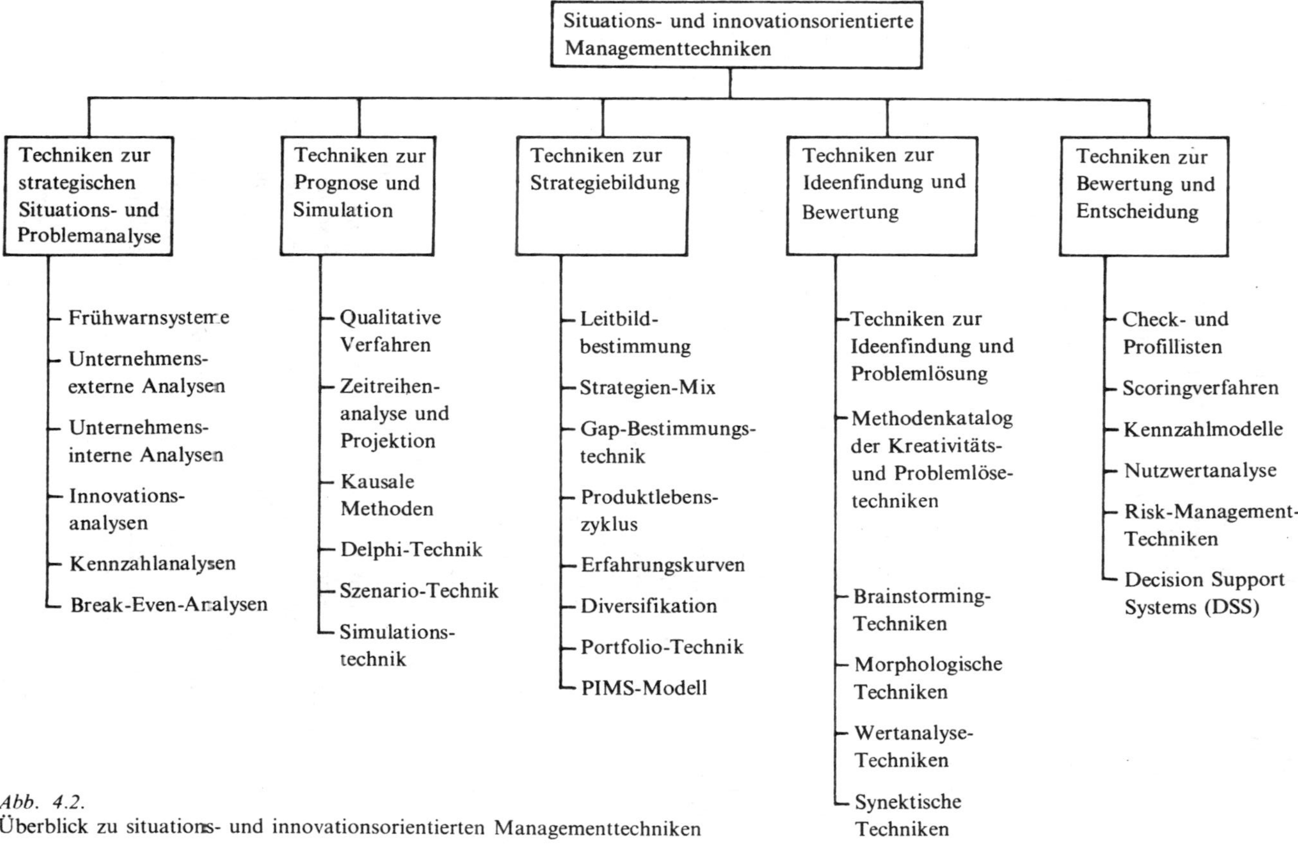
Situations- und innovationsorientierte Managementtechniken
Techniken zur strategischen Situations- und Problemanalyse
Frühwarnsysteme
Unternehmens-externe Analysen
Unternehmens-interne Analysen
Innovations-analysen
Kennzahlanalysen
Break-Even-Analysen
Techniken zur Prognose und Simulation
Qualitative Verfahren
Zeitreihen-analyse und Projektion
Kausale Methoden
Delphi-Technik
Szenario-Technik
Simulations-technik
Techniken zur Strategiebildung
Leitbild-bestimmung
Strategien-Mix
Gap-Bestimmungs-technik
Produktlebens-zyklus
Erfahrungskurven
Diversifikation
Portfolio-Technik
PIMS-Modell
Techniken zur Ideenfindung und Bewertung
Techniken zur Ideenfindung und Problemlösung
Methodenkatalog der Kreativitäts- und Problemlöse-techniken
Brainstorming-Techniken
Morphologische Techniken
Wertanalyse-Techniken
Synektische Techniken
Techniken zur Bewertung und Entscheidung
Check- und Profillisten
Scoringverfahren
Kennzahlmodelle
Nutzwertanalyse
Risk-Management-Techniken
Decision Support Systems (DSS)

Abb. 4.2.
Überblick zu situations- und innovationsorientierten Managementtechniken

Insgesamt ist einzuschätzen, daß im Rahmen des situations- und innovationstheoretischen Denkens das Bemühen anhält, neue Managementtechniken zu entwickeln und für die Profiterwirtschaftung zu nutzen.

Worauf hierbei in den folgenden Abschnitten näher eingegangen wird, zeigt überblicksmäßig Abbildung 4.2.

Techniken zur strategischen Situations- und Problemanalyse

Grundsätzliches zu Situations- und Problemanalysen

Entsprechend ihrer pragmatischen Grundhaltung gehen die meisten Vertreter eines situationsbezogenen Ansatzes zur Lösung konkreter Unternehmensprobleme davon aus, daß eine Typisierung oder Klassifizierung konkreter Situationen überflüssig sei, da ohnehin nur begrenzte Verallgemeinerungsmöglichkeiten unterstellt werden. So ist zu erklären, daß eine allgemein akzeptierte Differenzierung typischer Unternehmenssituationen in der bürgerlichen Literatur fehlt, sieht man einmal von speziellen Empfehlungen für die Überwindung von Krisensituationen oder für typische Konkurrenzsituationen ab. Tabelle 4.1. veranschaulicht beispielhaft, wie solche Situationsunterschiede zwischen dem traditionellen und sogenannten *High-Tech-Marketing* aussehen. (Vgl. Tabelle 4.1.)

Die hier gezeigte Situation wird noch dadurch aus der Sicht vor allem der Klein- und Mittelunternehmen verschärft, daß die sogenannten Drei-Säulen-Multis ihre *Triad Power* (Macht der Triade) in den drei imperialistischen Hauptzentren USA, Westeuropa und Japan gleichermaßen verstärken. Charakteristisch für die damit gegebene neue Situation ist, daß die „Drei-Säulen-Multis“ davon ausgehen,[31] daß

- die Bedürfnisse der rund 600 Millionen Verbraucher der genannten Ländergruppen zunehmend homogener werden;
- das Tempo des wissenschaftlich-technischen Fortschritts so hoch ist, daß Unternehmen mit dem Vorstoß auf Drittländer nicht mehr warten können, bis im Heimatland eine starke Position erreicht wurde sowie
- das riesige Nachfrage- und Technologiepotential neuartige Formen internationaler Partnerschaften erfordert, wie zum Beispiel *Joint Ventures* (Gemeinschaftsunternehmen), um zur Spitze vorzustoßen.

Angesichts dieser und einer Fülle anderer neuer Situationsmerkmale, auf die weiter unten eingegangen wird, gewinnen Instrumentarien an Bedeutung, die es gestatten, systematisch Probleme und Situationen zu beurteilen.

Einen dieser Maxime entsprechenden, 19 Schritte umfassenden Algorithmus stellt Abbildung 4.3. dar.[32]

[31] Ohmae, K., Macht und Triade. Die neue Form weltweiten Wettbewerbs, Wiesbaden 1985.

Tabelle 4.1.
Situationsunterschiede zwischen traditionellem und High-Tech-Marketing

Unterscheidungsmerkmale	Traditionelles Marketing	High-Tech-Marketing
Situationsunterschiede	„Business as usual"	„innovative Markteröffnung"
Triebkraft	Marktabdeckung für angestammte Geschäftsfelder	Nachfrageschöpfung anhand neuer Technologieoptionen
Wettbewerb	zwischen gleichartigen Produkten zu unterschiedlichen Konditionen	alte Produkte und Verfahren gegen neue Lösungen mit Systemcharakter
Märkte	eingeschwungen, hohe Transparenz, geringe Geschäftsrisiken für Marktteilnehmer	keine Markttransparenz und hohes Risiko bei Anbieter und Anwender
Marketing	bekanntes Marketing-Instrumentarium mit hohen Prognosesicherheiten	„experimentelles Marketing" im Feld mit hohen Anteilen von Querschnittswissen
Organisationsunterschiede	straffe, zentralistisch geführte, hierarchisch strukturierte Organisation, auf Durchsatz optimiert	kleine, dezentrale Geschäftseinheiten mit hoher unternehmerischer Selbständigkeit und starker horizontaler und vertikaler Verknüpfung, auf Innovationsstrukturierung optimiert
Zielsetzungsunterschiede	— Ergebnisorientierung — Marktanteil — Wachstum kurzfristig	Wissensentwicklung, Transparenz, Markterweiterung, Wachstum langfristig, Marktbedeutung
Mittel	— Rationalisierung — Wertanalysen usw.	Einzelfallerfolge beim Austesten von zunächst kleinen Marktsegmenten, neutrale Analyse der Anwenderwünsche, technologische und betriebswirtschaftliche Innovationsanalyse, verbunden mit Substitutionsanalyse

Quelle:
asw-report, in: Absatzwirtschaft (Düsseldorf), 4/1985, S. 34.

01 Problemfeld: Probleme in latenter Form aus Abweichungen von der Norm, aus menschlichem Problembewußtsein sowie aus Streben nach aktiver Zukunftsgestaltung.

02 Anstoß: Ingangsetzung des Problemlösungsprozesses durch Auftrag oder persönlichen Entschluß.

03 Formulieren: Kurz und präzis festhalten, worin das Problem im Prinzip besteht — das Wesentliche in Kürze.

04 Art des Problems: Gliederung der Probleme nach unterscheidbaren Verwendungsmerkmalen (z. B. Suchen, Entscheiden, Ordnen, Verbessern). Die Problemart ist wesentlich bei der Wahl der in Frage kommenden Problemlösungsmethoden.

05 Definition: Eindeutige objektive Sacherklärung, welche alle zur Abwicklung der folgenden Arbeitsschritte 06 bis 08 notwendigen Einzelheiten umfaßt.

06 Zielsetzung: Hier ist festzuhalten, was mit der Lösung des Problems praktisch erreicht werden soll und welche Termine dabei zu beachten sind. Durch Definition und Zielsetzung wird aus der allgemeinen persönlichen Vorstellung eine objektive Arbeitsgrundlage.

Bemerkung: In einfacheren Problemen können die Schritte 01 bis 06 zusammengefaßt werden.

07 Mittel: In größeren Problemen muß man sich Rechenschaft geben über den zu erwartenden Aufwand bzw. die verfügbaren Mittel (Kosten, Budget, Personal, Sachmittel), um die zur Problemlösung nötigen Voraussetzungen zu schaffen.

08 Informationsbasis: Sammeln der für die Problemlösung nötigen Daten und Nachrichten durch Dokumentation, Lernen und sonstiges Erschließen von Quellen für neue Ideen.

09 Neue Ideen: Zusammenstellen der auf Grund der Informationsbasis und sonstwie erzielten neuen Ideen, welche zur Lösung des Problems beitragen könnten — noch ohne Wertung!

10 Organisieren: Festlegen des Vorgehens bei der eigentlichen Problemlösung: Persönlicher Einsatz, Sachmitteleinsatz, Training, Zusammenarbeit, Terminplan und Sachplan.

11 Präzisieren: Ist auf Grund der bisher gewonnenen Erkenntnisse eine Ergänzung, Verbesserung oder Änderung in den Arbeitsschritten 05 bis 10 notwendig?

12 Prioritäten: Bilden von Schwerpunkten innerhalb der Problemlösung und des Sachplanes — nötigenfalls Prioritäten setzen für die Lösung von Teilbereichen.

13 Analyse: Dem Problem durch Zergliederung auf den Grund zu kommen suchen, indem Teilprobleme leichter zu verstehen und zu bearbeiten sind. Ferner Hypothesen über mögliche Lösungen bilden.

14 Synthese: Arbeitsmodelle bilden, bereits bekannte Lösungsansätze heranziehen sowie Analogien und Kombinationen mit ähnlichen Problemen suchen.

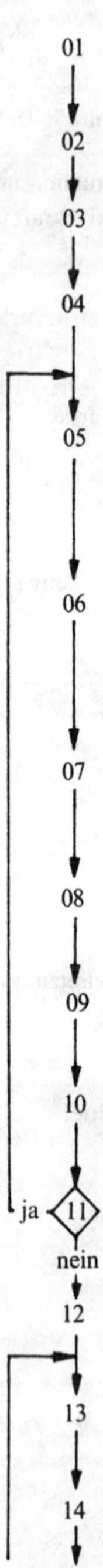

15 Inkubation: Das Erscheinen von brauchbaren Lösungen durch Intuition, meist ausgelöst durch die systematische Beschäftigung mit den Arbeitsschritten 14 und 15. Läßt sich nicht erzwingen.

16 Fixieren: Brauchbare Lösungen konkret, genau und detailliert festhalten — beispielsweise durch Beschreibung, mathematisches Modell, Schema usw.

17 Kritisieren: Ist die betreffende Lösung dem Problem angemessen?
realisierbar?
vollständig?
richtig und genau?
wirtschaftlich?
durchgetestet?

18 Verabschieden: Ausarbeiten der bereinigten und detaillierten Lösungen (Soll-Konzept). Nötigenfalls Entscheid zwischen mehreren brauchbaren Lösungen. Formelle Ausfertigung und Freigabe für die Realisierung.

19 Realisieren: Verwirklichung der Problemlösung in der Reihenfolge: Planen — Aufträge erteilen — Durchführen — Kontrollieren.

Abb. 4.3.
Detaillierte Arbeitsschritte zum Problemlösen

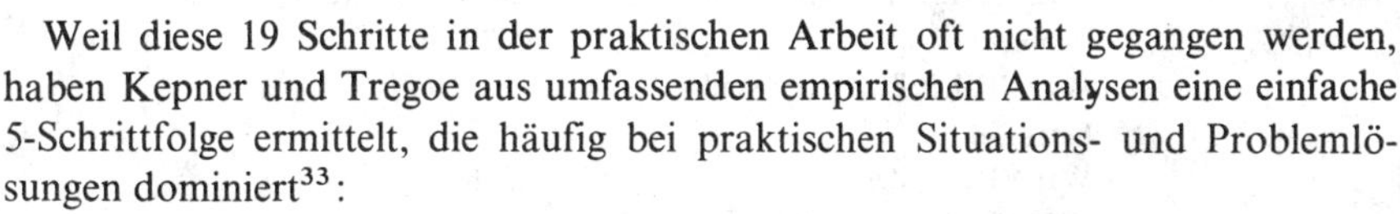

Weil diese 19 Schritte in der praktischen Arbeit oft nicht gegangen werden, haben Kepner und Tregoe aus umfassenden empirischen Analysen eine einfache 5-Schrittfolge ermittelt, die häufig bei praktischen Situations- und Problemlösungen dominiert[33]:

1. Definition des Problems,
2. Problembeschreibung in vier Dimensionen: Bezeichnung, Ort, Zeit und Ausmaß,
3. Einkreisung der Schlüsselinformationen aller vier Dimensionen zur Entwicklung möglicher Ursachen,
4. Test auf die wahrscheinlichste Ursache,
5. Beweis der tatsächlichen Ursache.

Ein Beispiel für die Anwendung dieser Analysentechnik enthält Tabelle 4.2.

Alle über ein Problem erhältlichen wichtigen Informationen sind einer dieser vier Dimensionen zuzuordnen. Zu jeder Rubrik werden ergänzende Fragen zur Beschreibung gestellt, die für die weitergehende Analyse das notwendige Informationsmaterial liefern. Ein Beispiel dafür enthält Tabelle 4.3.

Die hier an einem technischen Problem erklärte Verfahrensweise wird generell auch für das Vorgehen in beliebigen Unternehmenssituationen als vereinfachte Schrittfolge empfohlen (vgl. Abb. 4.4.).

[32] Hürlimann, W., Probleme lösen — wie? Für eine Erweiterung und Systematisierung des Problemlösungsverfahrens, in: Industrielle Organisation (Zürich), 2/1974, S. 91.

[33] Vgl. Kepner, Ch. H./Tregoe, B. B., Entscheidungen vorbereiten und richtig treffen, Landsberg am Lech 1982, S. 39.

Tabelle 4.2.
Problembeschreibung in vier Dimensionen

	Standardfragen	Beispiel
Bezeichnung	WAS funktioniert nicht? WAS ist die Fehlfunktion?	Filter Nr. 1 austretendes Öl
Ort	WO wurde die Fehlfunktion beobachtet? (geographisch) WO an der Einheit tritt sie in Erscheinung?	Nordoststrecke von Filterhaus an Reinigungsklappe
Zeit	WANN wurde die Fehlfunktion zum ersten Mal beobachtet? WANN wurde sie seitdem beobachtet? WANN im Arbeitszyklus wird sie zuerst beobachtet?	vor drei Tagen, bei Schichtbeginn ständig, in allen Schichten sobald Öl in den Filter läuft, bei Schichtbeginn
Ausmaß	WELCHES AUSMASS hat das Problem? WIEVIELE Einheiten sind betroffen? WIEVIEL jeder Einheit ist betroffen?	20 bis 40 Liter Ölverlust pro Schicht nur Nr. 1 (wie oben) nicht zutreffend

Quelle:
Kepner, Ch. H./Tregoe, B. B., Entscheidungen vorbereiten und richtig treffen, Landsberg a. Lech 1982, S. 43.

Kepner/Tregoe schätzen die Möglichkeiten und Grenzen wie folgt ein: „Tausende haben diese Methoden bei Problemen angewendet, die vorher unlösbar schienen oder nur mit großem Zeit- und Kostenaufwand gelöst werden konnten. Trotzdem mußten zuweilen Fehlschläge hingenommen werden, denn dem Prozeß sind auch Grenzen gesetzt. Die Problemanalyse bewährt sich beim systematischen Sammeln und Bewerten von Informationen über einschlägige Probleme."[34]

Wie sofort erkennbar wird, reicht diese Form der Situations- und Problemanalyse jedoch nicht aus, um erstrangige Probleme von zweit- und drittrangigen Problemen zu unterscheiden.

Einen Ansatz zur stärker strukturierten und systematischen Problemanalyse enthält Tabelle 4.4.[35]

[34] Ebenda, S. 55.

[35] Ausführliche Erläuterungen zu den Problemlösemethoden folgen im Abschnitt „Kreativitäts- und Problemlösetechniken".

Tabelle 4.3.
Problembeschreibung mit Test möglicher Ursachen

	Definition des Problems:		Filter Nr. 1 hatÖlleck	
	Fragen zur Beschreibung	Leistungsabweichung	Naheliegendster logischer Vergleich	Was ist besonders an . . .?
Bezeichnung	WAS funktioniert nicht? WAS ist die Fehlfunktion	IST Filter Nr. 1 IST austretendes Öl	KÖNNTE SEIN aber IST NICHT Nr. 2—5 (kein logischer Vergleich)	. . . Filter Nr. 1, verglichen mit Nr. 2—5 Nr. 1 hat eine rechteckige Dichtungsmanschette, die anderen sind rund.
Ort	WO wurde die Fehlfunktion beobachtet? (geographisch)	IST an Nordostecke von Filterhaus	KÖNNTE SEIN aber IST NICHT an anderen Filterstellen	. . . der Nordoststrecke vom Filterhaus verglichen mit anderen Filterstellen? Diese Stelle ist am nächsten zur Hauptwasserpumpe, so daß Filter Nr. 1 höherer Vibration ausgesetzt ist
	WO an der Einheit tritt sie in Erscheinung?	IST an Reinigungsklappe	KÖNNTE SEIN aber IST NICHT an Ventilen, Rohren und Verschlußmechanismus	als die restlichen vier Filter. . . . der Reinigungsklappe verglichen mit Ventilen, Rohren, Verschlußmechan.? Die Reinigungsklappe wird bei jeder Schicht geöffnet und wieder verschlossen

Tabelle 4.3. (Fortsetzung)

	Definition des Problems:		Filter Nr. 1 hat Ölleck	
	Fragen zur Beschreibung	Leistungsabweichung	Naheliegendster logischer Vergleich	Was ist besonders an . . .?
Zeit	WANN wurde die Fehlfunktion zum ersten Mal beobachtet?	IST zuerst vor drei Tagen	KÖNNTE SEIN aber IST NICHT vor den drei vorliegenden Tagen	. . . vor drei Tagen, bei Schichtbeginn verglichen mit vorher? Die monatliche Wartung, genau vor Schichtbeginn vor drei Tagen.
	WANN wurde sie seitdem beobachtet?	IST ständig, in allen Schichten	KÖNNTE SEIN aber IST NICHT wenn Einheit außer Betrieb	. . . ständigem Leck, in allen Schichten verglichen mit keinem Leck, wenn die Einheit außer Betrieb ist? Nur wenn Filter benutzt wird, fließt unter Druck Öl durch die Einheit.
	WANN im Arbeitszyklus wird sie zuerst beobachtet?	IST sobald Öl in den Filter läuft, bei Schichtbeginn	KÖNNTE SEIN aber IST NICHT zuerst beobachtet später während der Schicht	. . . Schichtbeginn verglichen mit später während der Schicht? Das erste Mal, wenn Öl unter Druck in den Filter dringt.
Ausmaß	WELCHES AUSMASS hat die Fehlfunktion?	IST 20—40 Liter Ölverlust pro Schicht.	KÖNNTE SEIN aber IST NICHT unter 20 oder über 40 Liter pro Schicht.	. . . 20—40 Liter Ölverlust pro Schicht verglichen mit weniger als 20 oder mehr als 40?
	WIEVIELE Einheiten sind betroffen?	IST nur Filter Nr. 1	KÖNNTE SEIN aber IST NICHT Filter Nr. 2—5	(keine neuen zusätzlichen Informationen)
	WIEVIEL jeder Einheit ist betroffen?	nicht zutreffend	nicht zutreffend	nicht zutreffend

Quelle:

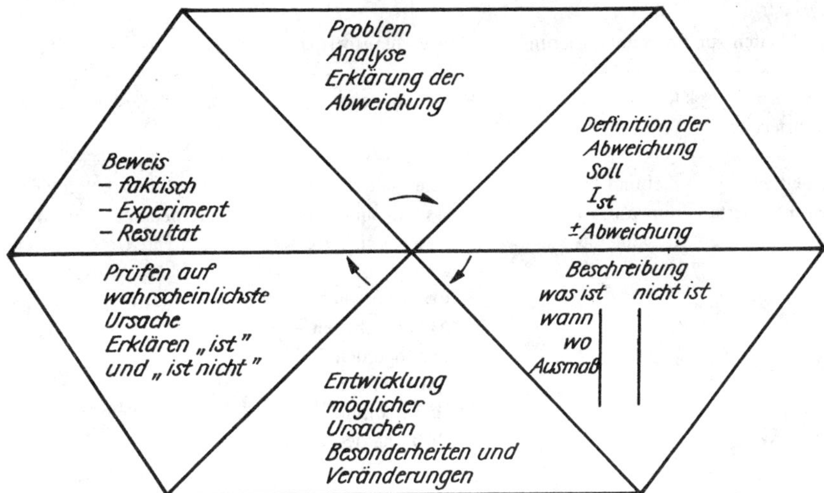

Abb. 4.4.
Praktische Schritte der Problemanalyse

Die Bedeutung derartiger Festlegungen zur Vorgehensweise für die Situationsanalyse durch Strukturierung liegt vor allem darin, daß eine detaillierte Untersuchung aller Analysefelder zur Charakteristik der Situation keineswegs immer zweckmäßig oder notwendig ist. Vielmehr wird auch schon unter Aufwand/Nutzen-Aspekt meistens eine konzentrierte, auf bestimmte Problemkreise oder Prozesse zugeschnittene Situationsanalyse vorgenommen.

Die jeweilige Zweckbestimmung der Situationsanalyse entscheidet weitestgehend über die auszuwählenden Analysenmerkmale. Prinzipiell können die zu analysierenden Probleme folgendermaßen gruppiert werden:

- aktuelle Probleme, die bereits wirken und bekannt sind,
- latente Probleme, die wirken, jedoch noch nicht erkannt sind,
- potentielle Probleme, die noch nicht wirken, jedoch im System vorhanden sind und jederzeit wirksam werden können, sowie
- zukünftige Probleme, die noch nicht wirken, aber schon erkannt werden können.

Analysiert man zusammenfassend die vielfältigen in der Praxis angewandten Methoden und organisatorischen Regelungen zur systematischen Situationsanalyse und ihrer Entwicklung, sind folgende Formen als typisch anzusprechen:

- Einsatz eines Sonderbeauftragten für die Problemfindung (*Problem Scout*) ohne direkte Aufgaben in der laufenden Geschäftstätigkeit bzw. Organisation von Stabsarbeit zur Problemerkenntnis;
- Einsatz von Vorstandsmitgliedern, insbesondere zur technisch orientierten Problemerkenntnis;

Tabelle 4.4.
Möglichkeiten zur Problemtypisierung und Anwendungsbeispiele

Art der Strukturierung	Kriterien für die Strukturierung	Vorgehensweise	Anwendungsbeispiele
Ganzheitliche systemorientierte Strukturierung	Ziel und Funktionen des Gesamtsystems	1. Analyse des Gesamtsystems und Festlegung der Systemgrenzen 2. Ermittlung der Abhängigkeiten zwischen den Teilsystemen 3. Hierarchische Ordnung des Systems (Ober-, Untersystem) 4. Definition der Schwerpunktprobleme	Gesamtuntersuchung des Unternehmens, Organisation von Unternehmen
Zeitliche Strukturierung	Ablauf- und zeitliche Ausführungsfolge	1. Analyse von Abläufen 2. Ermittlung der Entscheidungs- und Informationsabhängigkeiten 3. Festlegung der Stufen	Produktentwicklung und -innovation, Konzipierung, Planung und Durchführung von Investitionen, Gründung von Unternehmen
Strukturierung nach Komponenten	Kostenvolumen, Zeitrahmen, verfügbare Personen, Änderungsbereitschaft	1. Gruppierung der Probleme nach Kriterien 2. Bewertung der Teilprobleme nach den Kriterien 3. Festlegung der Untersuchungsschwerpunkte	Untersuchung spezifischer Funktionsbereiche (Marketing, Produktion, Finanz- und Rechnungswesen) Untersuchung von Kostenblöcken

Quelle:
Kienbaum, G. (Hrsg.), Strategische Unternehmensführung in 8 Bänden, Bd. I, a. a. O., S. 149.

— Einsatz von *Consulting-Unternehmungen* bzw. Beratern zur Situationsanalyse;
— Institutionalisierung der Problemerkenntnis und systematische Informationserarbeitung in speziellen Dienststellen, Informations- und Dokumentationsstellen usw. im Betrieb;
— Datenverarbeitungszentren und gemeinschaftliche Informationszentren über die Konzernebene hinaus, wie beispielsweise die *IDC* (*Internationale Doku-*

mentationsgesellschaft für Chemie), die als Modellfall für Fachinformationszentren auf nationaler Ebene in der BRD gilt;
- Kooperation mit Abnehmern;
- Nutzer- und Anwenderpartizipation aus zur Verfügung gestellten Informationen.

Eine für das strategische Management besonders wichtige Aufgabe besteht darin, so frühzeitig wie möglich strategische Probleme und Chancen zu erkennen, um rechtzeitig die erforderlichen Maßnahmen einleiten zu können.

Frühwarnsysteme

Mit wachsender Krisenanfälligkeit und zunehmender Dynamik des wissenschaftlich-technischen Fortschritts sowie sich häufenden technologischen Trendbrüchen im Rahmen der neuen Kombination der Produktivkräfte gewinnt ein Managementinstrumentarium an Gewicht, das dem militärstrategischen Denken entlehnt wurde: die *Frühwarnung*.[36]

Seit dem „Ölpreisschock" Anfang der 70er Jahre verstärkte sich der Bedarf nach einem *Frühwarnsystem*, dessen grundsätzliche Aufgaben in Abbildung 4.5. dargestellt sind.

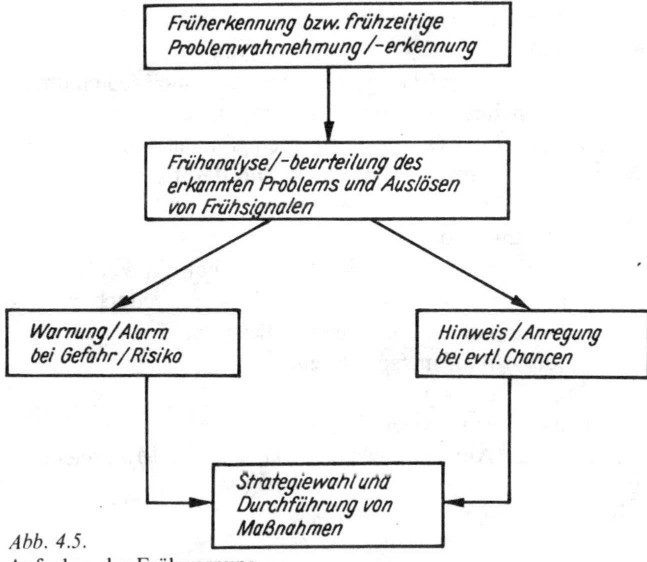

Abb. 4.5.
Aufgaben der Frühwarnung

[36] Vgl. Stopfkuchen, K., Neue Technologien zur Frühwarnung und Führung von Luftoperationen, in: Führungs- und Informationssysteme. Probleme, Erfahrungen und Technologien im militärischen Bereich, hg. von H. W. Hofmann, R. K. Huber und P. Molzberger, München 1982, S. 243—280.

Neu an diesem instrumentellen Ansatz ist vor allem, daß er zur *unternehmensinternen Frühwarnung* verwendet wird gegenüber der seit langem üblichen externen Beobachtung, speziell zum rechtzeitigen Erkennen von Insolvenzen, zum Beispiel durch Bankvertreter. Die *Frühwarnsysteme* werden nach drei Ansätzen unterschieden.

„Die *ersten Ansätze einer systematischen Frühwarnung* resultierten im wesentlichen aus der Weiterentwicklung der operativen Unternehmungsplanung, insbesondere auch der ergebnis- und liquiditätsorientierten Planungsrechnung. Kernpunkt dieser Frühwarnsysteme war die Überlegung, mit der Durchführung von Abweichungs- und Ursachenanalysen nicht bis zur tatsächlichen Realisierung von Maßnahmen und der Meldung der daraus resultierenden Ist-Werte zu warten, sondern einen permanenten Vergleich zwischen Plan und hochgerechnetem bzw. voraussichtlichem Ist vorzuschalten. Statt echter Rückkopplungsinformationen (feed-back) durch Plan-/Ist-Vergleich wurden praktisch schon Vorkoppelungsinformationen (feed-forward) durch einen Vergleich zwischen Soll zum Planperiodenende und voraussichtlichem Ist zum Planperiodenende erstellt, welche man als Frühwarnungen interpretierte."[37]

Damit diente diese erste Form von *Frühwarnsystemen* vor allem zur unternehmensinternen jährlichen Hochrechnung von Planüber- oder -untererfüllungen.[38] Naturgemäß stellt eine solche Hochrechnung nur eine sehr begrenzte reale „Frühwarnung" dar, weil sie lediglich auf Hochrechnungen bereits bestätigter Pläne bzw. Produktionsprogramme abzielt.

„*Frühwarnsysteme der zweiten Entwicklungsstufe* beruhen auf sogenannten Indikatoren, die für die Unternehmung interessante interne und/oder externe Entwicklungen vorauseilend anzeigen (z. B. Auftragseingang im Hinblick auf späteren Umsatz; Gesetzesänderungen im Hinblick auf daraus resultierende Kostensteigerungen oder Absatzbeschränkungen; steigende Fluktuationsraten mit daraus folgenden Qualitäts- und Kostenproblemen."[39]

Derartige *Frühwarnindikatoren* weisen mit zeitlichem Vorhaltewinkel auf allgemein im jeweiligen Unternehmen noch nicht wahrnehmbare, jedoch bereits im Umfeld sichtbare neue Erscheinungen hin, wie zum Beispiel:

— Inflationsraten und veränderte Währungsparitäten,
— Rohstoffpreisänderungen,
— ökologische Diskussionen und neue Gesetze,
— Basisinnovationen mit hohem Anwendungspotential, wie die Mikroelektronik,

[37] Hahn, D./Klausmann, W., Frühwarnsysteme und strategische Unternehmensplanung, in: Strategische Unternehmensplanung — Stand und Entwicklungstendenzen, hg. von D. Hahn und B. Taylor, 3. durchges. Aufl., Würzburg—Wien—Zürich 1984, S. 252.

[38] Ebenda.

[39] Vgl. RKW-Handbuch Führungstechnik und Organisation, hg. von E. Potthoff, Loseblattausg., Berlin(West) 1978ff., Bd. 2, Abschn. 5642, S. 3.

— technologische Trendbrüche bzw. Qualitätssprünge,
— Qualifikationsprobleme der Mitarbeiter.

Erschwerend wirkt sich aus, daß sich oft die Reaktionsgeschwindigkeit für das Erkennen von Bedrohungen bzw. Chancen verlängert hat. Ausdruck dafür ist unter anderem, daß

— die Einführung neuer Produkte längere Vorlaufzeiten benötigt;
— die Sachinvestitionen kapitalintensiver und mit längeren Lernphasen in der Einführung (z. B. EDV in Konstruktion und Arbeitsvorbereitung) verbunden sind;
— die Projektdauer bei Basisinnovationen steigt;
— die Manager überlastet sind;
— organisatorische Schwerfälligkeit besteht;

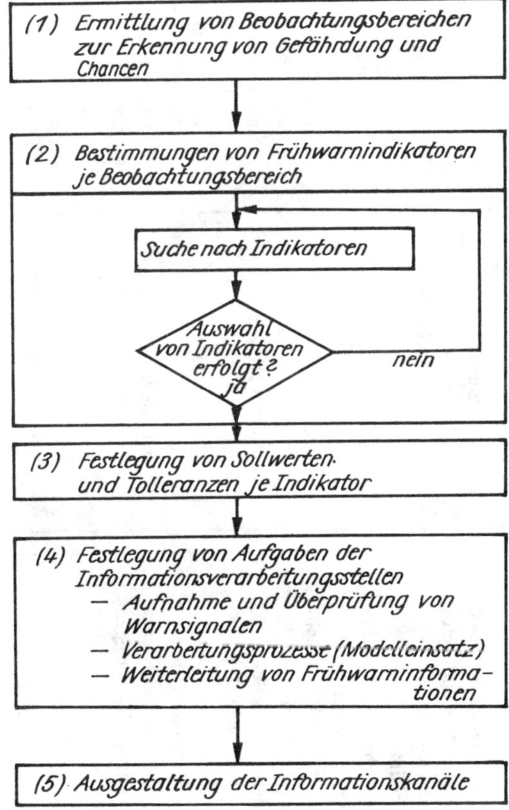

Abb. 4.6.
Entwicklungsstufen
eines betrieblichen Frühwarnsystems

1 UNTERNEHMENSFÜHRUNG allgemein (einschl. Stabsstellen)

1.1 Sicherung der Mindestrentabilität
1.2 Erhaltung von Wirtschaftlichkeit und Produktivität
1.3 Gewährleistung von Bestand und Unabhängigkeit des Unternehmens (Kapitalverhältnisse)
1.4 Beschäftigung und Weiterentwicklung des Unternehmens sicherstellen
1.5 Marktanteil halten bzw. ausbauen
1.6 Markt- (und fertigungs)gerechte Gestaltung des Angebotsprogramms
1.7 A) Aufbau und Sicherung eines positiven Firmen-Images*
B) Aufbau und Sicherung eines positiven Produkt-Images**
1.8 Bestimmung markt- und unternehmensgerechter Preise

2 KONSTRUKTION UND ENTWICKLUNG	3 FERTIGUNG (einschl. AV = Arbeitsvorbereitung, Hilfsbetriebe, Anlagen)	4 MATERIAL, LAGERWESEN, EINKAUF	5 VERTRIEB (einschl. Projektierung)
2.1 Entwicklung technisch ausgereifter und wettbewerbsfähiger Produkte (einschl. neuer Produkte) 2.2 Fertigungsgerechte technische Vereinfachung der Produkte (Normierung, Baukastensystem, Wertanalyse) 2.3 Entwicklungs- und Konstruktionsleistungen mit möglichst geringem Aufwand erbringen	3.1 Kostengünstige Fertigung 3.2 Fertigung in geforderter Qualität 3.3 Termingerechte Fertigung ausreichender Mengen 3.4 Fertigungsauslastung (einschl. optimale Maschinenbelegung) 3.5 Sicherstellung der ständigen Einsatzbereitschaft aller Betriebsmittel und Anlagen (Rahmenbedingungen) 3.6 Kurze Durchlaufzeit	4.1 Termingerechte Bereitstellung des betriebsnotwendigen Materials in geforderter Quantität und Qualität 4.2 Kostengünstige Bereitstellung des betriebsnotwendigen Materials in geforderter Quantität und Qualität 4.3 Möglichst geringe Kapitalbindung, d. h. u. a. hohe Umschlagshäufigkeit	5.1 Sicherung des vorgegebenen Auftragseingangs 5.2 A) Erschließung neuer Märkte (Umsatzsteigerung)* B) Erschließung neuer Märkte (Marktanteil und Umsatzsteigerung)** 5.3 Ausweitung und Intensivierung der Kundenbetreuung 5.4 Angebotswirksamkeit verbessern 5.5 Effizienz der Vertriebstätigkeit

			5.6 Sicherung eines optimalen Lagerumschlags (bei Ersatzteilen, Halb- und Fertigungsfabrikaten, d. h. möglichst geringe Kapitalbindung unter Aufrechterhaltung der Lieferbereitschaft

6 PERSONAL	7 FINANZ- und RECHNUNGSWESEN (einschl. Betriebsw. und allgemeiner Verwaltung)
6.1 Bereitstellung des notwendigen Personals in geforderter Zahl und Qualifikation 6.2 Schaffung einer ausgewogenen Personalstruktur 6.3 Schaffung und Sicherung eines guten Betriebsklimas und einer ausgewogenen Sozialstruktur	7.1 Überwachung und Absicherung der Liquidität 7.2 Rechtzeitige Bereitstellung von Daten für die Steuerung des Unternehmens (einschl. Controlling) 7.3 Zinsgünstige Kreditbeschaffung (Zahlungsverkehr, Debitorenüberwachung, Anzahlungen) 7.4 Innerbetriebliche Dienstleistungen kostengünstig und termingerecht bereitstellen

* A = Maschinen- und Anlagenbau mit Auftragsfertigung (Einzelfertigung)
** B = Maschinenbau mit Lagerfertigung (Serienfertigung)

Abb. 4.7.
Frühwarnkennzahlen laut Zielkatalog des Maschinen- und Anlagenbaus der BRD

— anhaltende Wachstumserfolge der Vergangenheit oft „blind" hinsichtlich neuer Trends machen.

Die Entwicklungsstufen zum Aufbau eines *Frühwarnsystems* für das strategische Management umfassen nach Hahn/Klausmann[40]: (vgl. Abb. 4.6.)

Als besonderes Problem erweist sich die richtige Bestimmung der auszuwählenden *Frühwarnindikatoren,* die folgenden Bedingungen entsprechen müssen[41]:

— die Wirkung eindeutig charakterisieren;
— die Entwicklung frühzeitig anzeigen, möglichst den Situationseintritt quantifizieren;
— den Umfang der Gefährdungen möglichst vollständig erfassen;
— die Information rechtzeitig zur Verfügung stellen;
— die Anwendung des Indikators muß unter ökonomischen Gesichtspunkten vertretbar sein.

Aus der Fülle möglicher *Frühwarnindikatoren,* die von vielen Autoren kontrovers bestimmt werden,[42] gelten folgende als brauchbare Einzelindikatoren:

— amtliche Auftragseingangsdaten bzw. offizielle Konjunktureinschätzungen,
— eigene Preis-, Qualitäts- und Programmpolitik der Konkurrenz,
— Qualifikationsanforderungen und „Arbeitsmarktentwicklung" einschließlich Forderungen der Gewerkschaften,
— Steuer- und andere Gesetzgebungen,
— Umsatzstruktur, Marktattraktivität, Marktwachstum, Marktgröße, Konkurrenzdruck
sowie insbesondere
— Patentdaten nach Branchen, Technologien, Produkten, Ländern usw. als sicheres Frühwarnsignal der technologischen Position
— Forschungsstrategien und -richtungen wissenschaftlicher Einrichtungen.

Neben solchen allgemeingültigen *Frühwarnindikatoren* werden zahlreiche unternehmensspezifische genutzt. Abbildung 4.7. zeigt mögliche *Frühwarnindikatoren* für den Maschinen- und Anlagenbau.[43]

Ziel bleibt, durch ein spezielles Informationssystem im Rahmen der Planung und Kontrolle unvorhergesehene, von den Plänen abweichende reale Entwicklungen rechtzeitig zu erkennen. Wie weit verbreitet derartige betriebliche *Frühwarnsysteme* bereits Anfang der 80er Jahre in der BRD waren, zeigt Tabelle 4.5.

[40] Vgl. Hahn, D./Klausmann, W., Frühwarnsysteme und strategische Unternehmensplanung, in: Strategische Unternehmensplanung, a. a. O., S. 253.

[41] Vgl. RKW-Handbuch Führungstechnik und Organisation, a. a. O., S. 7.

[42] Vgl. Hahn, D./Klausmann, W., Indikatoren im Rahmen betrieblicher Frühwarnsysteme, Schwerpunktheft „Konjunkturindikatoren" des Ifo-Schnelldienst, Berlin(West)—München 1979, S. 63 (Ifo-Institut für Wirtschaftsforschung, 35/36).

[43] Vgl. Verband Deutscher Maschinen- und Anlagenbau e. V. (Hrsg.), Unternehmenssteuerung mit Branchenkennzahlen, Frankfurt/M. o. J., S. 7.

Tabelle 4.5.
Verbreitung von Frühwarnsystemen in 283 Unternehmen der BRD-Industrie

Existiert in Ihrem Unternehmen in Zusammenhang mit der Planung und Kontrolle ein Frühwarnsystem?

nein	ja	ja, teilweise	ja, vollständig
24 (33,3%)	48 (66,7%)	41 (56,9%)	7 (9,7%)
keine Angaben	wenn ja, mit EDV		
0 (0,0%)	16 (22,2%)		
bezogen auf die Ja-Antworten			
ja	ja, teilweise	ja, vollständig	wenn ja, mit EDV
48 (66,7%)	41 (85,4%)	7 (14,6%)	16 (33,3%)

(auf der Grundlage statistisch signifikanter Abweichungen bei der jeweiligen Anzahl von Unternehmen mit einem bestimmten Führungsmodell im Vergleich zum repräsentativen Durchschnitt von 283 Unternehmen mit über 1000 Beschäftigten auf einem Signifikanzniveau von 95%)

Quelle:
Töpfer, A., Managementprobleme mittelständischer Unternehmen, Teil 2: Die Institutionalisierung spezieller Steuerungssysteme, in: Fortschrittliche Betriebsführung und Industrial Engineering, 2/1981, S. 115.

Zu berücksichtigen ist hier allerdings, daß der Begriff „Frühwarnsysteme" auf betrieblicher Ebene sehr unterschiedlich interpretiert wird.

Eine vom Institut für Unternehmungsplanung in Gießen durchgeführte Analyse bestätigte, daß auch bei den 250 umsatzstärksten Unternehmen der BRD *Frühwarnindikatoren* genutzt werden.[44] Da *Frühwarnung* vor allem im Exportgeschäft eine große Rolle spielt, werden gerade hier spezielle Kriterien-Kataloge genutzt, wie zum Beispiel der *Business Environment Risk Index* (*Beri-Index*) (vgl. Tabelle 4.6.).
In der aktuellen Diskussion um die Möglichkeiten und Grenzen der *Frühwarnung* geht es insbesondere um den Ausbau zu einem regelrechten „strategischen Radar".[45] Hier geht es weniger um Einzelindikatoren-Analysen als vielmehr um das gezielte Erfassen strategisch wirklich relevanter Informationen.

Dieser, zum Teil als *Frühwarnsystem der dritten Generation* angesprochene Ansatz, zielt damit statt auf primär quantitative Analysen auf das Werten qualitativer, vor allem neuer Signale. „Das Hauptinteresse der Wirtschaftspraxis galt diesbezüglich — wie Befragungen amerikanischer Industrieunter-

[44] Klausmann, W., Betriebliche Frühwarnsysteme im Wandel, in: Zeitschrift Führung und Organisation (Baden-Baden), 1/1983, S. 43.

[45] Vgl. Battelle-Institut (Hrsg.), Frühwarnsysteme für die strategische Unternehmensführung. Ein Radar zur Erkennung von technologischen, wirtschaftlichen, politischen und sozialen Veränderungen im Umfeld der Unternehmung, Frankfurt/M. 1980.

nehmungen nachwiesen — mit erster Priorität technologischen Entwicklungen und Substitutionen; dann erst interessierten Wirtschafts- und Marktveränderungen, Gesetzesvorbereitungen, andere politische und internationale Einflüsse, demographische und gesellschaftliche Trendbrüche.“[46]

Hieraus wird der hohe Rang wissenschaftlich-technischer Informationen ersichtlich und damit die Orientierung auf wissenschaftliche Informationsquellen

Tabelle 4.6.
Frühwarnsystem für das Exportgeschäft auf Basis des Beri-Index

	Gewicht
Politische Stabilität: bewertet die Wahrscheinlichkeit eines ungeplanten politischen Umschwungs und auch dessen Auswirkung auf den Geschäftsbetrieb	12%
Einstellung gegenüber ausländischen Investitionen und Gewinnen: allgemeine Befürwortung der Prinzipien des Kapitalismus sowie das Ausmaß, in dem die Kosten der sozialen Errungenschaften der Privatindustrie „aufgebürdet“ werden	6%
Verstaatlichung: Die Spannbreite zwischen entschädigungsloser Enteignung und bevorzugter Behandlung von Einheimischen	6%
Geldentwertung: die Auswirkung der Geldentwertung sowie die Wirksamkeit von Methoden, die Auswirkung auf den Geschäftsbetrieb zu vermindern	6%
Zahlungsbilanz: die Zahlungsbilanz der laufenden Konten und der Kapitalkonten sowie Tendenzen, die den Ertrag ausländischer Investoren beeinflussen	6%
Bürokratie: Tempo und Effizienz der öffentlichen Verwaltung, auch bei der Bearbeitung von Zollformalitäten, Devisenüberweisungen und ähnlichen Aufträgen	4%
Wirtschaftswachstum: langjähriges Wachstum des realen BSP in den Stufen bis 3%, 3–6%, 6–10% und über 10%	10%
Währungskonvertibilität: die Einfachheit, mit der die einheimische Währung in Devisen umgetauscht werden kann, sowie die Beurteilung dieser Währung auf dem Devisenmarkt, soweit dieses den Geschäftsbetrieb beeinflußt	10%
Durchsetzbarkeit von Verträgen: das Ausmaß, in dem Verträge honoriert werden, sowie eventuell Schwierigkeiten durch Unterschiede in Sprache und Mentalität	6%
Lohnkosten und Produktivität: Stückkosten gemessen an Löhnen, Lohnnebenkosten sowie Arbeitsproduktivität und Einstellung zur Arbeit	
Verfügbarkeit von Experten und Dienstleistungen: die Unterstützung, die eine Unternehmung erwarten kann auf den Gebieten Buchhaltung, Rechtsberatung, Marketingberatung, Technologie und Bauausführung	2%

[46] Vgl. Klausmann, W., Betriebliche Frühwarnsysteme im Wandel, a. a. O., S. 44.

Tabelle 4.6. (Fortsetzung)

	Gewicht
Nachrichtenwesen und Transport: Einrichtungen und Bequemlichkeit im Gebrauch der Verkehrs- und Nachrichtenverbindungen zwischen Stammwerk und Zweigbetrieb sowie innerhalb des Landes. Ebenfalls Bewertung der Verkehrsinfrastruktur	4%
Örtliches Management und Partner: Qualität und Zahl der Einheimischen, die Eigenkapital zur Verfügung stellen können und bei Führungsaufgaben auf der oberen Ebene mitwirken können	4%
Kurzfristiger Kredit: allgemeine Verfügbarkeit von kurzfristigen Krediten an Betriebe in ausländischem Besitz und die Möglichkeiten für die Anlage kurzfristiger Gelder	8%
Langfristige Kredite und Eigenkapital: allgemeine Verfügbarkeit und Konditionen für langfristiges Kapital in der örtlichen Währung als Darlehen und als Eigenkapital	8%

Quelle:
Hake, B., Der Beri-Index — Ein Frühwarnsystem für Auslandsinvestoren, in: Industrielle Organisation (Zürich), 6/1979, S. 283.

bzw. Medien, auf wissenschaftlich-technisch kompetente Schlüsselpersonen sowie nicht zuletzt Träger neuer Ideen. Damit werden die bisherigen Ansätze zur Entwicklung von *Frühwarnsystemen* ergänzt. Tabelle 4.7. zeigt, wie pragmatisch an die Aufgabenverteilung für strategische *Frühwarnung* in Unternehmen herangegangen wird. Häufig wird dabei auch zwischen *Frühwarninformationen* aus einerseits dem Umfeld, andererseits dem Unternehmen selbst unterschieden.

Insgesamt ist einzuschätzen, daß die *Frühwarnsysteme* als neues strategisches Instrumentarium im Krisenmanagement zweifellos praktische Bedeutung besitzen. Allerdings decken auch die raffiniertesten *Frühwarntechniken* die eigentlichen Krisenursachen der kapitalistischen Wirtschaftsordnung nicht auf, wie die hohe Zahl von Insolvenzen, aber auch das anhaltende Bemühen im weiteren Ausbau der *Frühwarnsysteme* sowohl im unternehmensexternen wie -internen Sinne beweisen.

Unternehmensexterne Analysen

Bei den *unternehmensexternen Analysen* geht es darum,
- die wichtigsten Umfeldfaktoren zu bestimmen,
- die Einflußfaktoren in das Spannungsfeld des jeweiligen Unternehmens einzuordnen und sie zu bewerten sowie
- strategische Schlußfolgerungen aus beeinflußbaren Umweltveränderungen abzuleiten.

Tabelle 4.7.
Beispielhafte Aufgabenverteilung bei der strategischen Frühwarnung

Tätigkeit	Stelle	Termine	monatl. Zeitaufwand (Schätzwerte)
Dezentrale Informationserfassung — Verkäuferberichte — Fachzeitschriften — Messen, Tagungen, Seminare — Kontaktpflege — etc.	— Außendienst — jeder Betroffene	mindestens 1 × monatlich	unterschiedlich Auswertungen ca. 1—2 Std.
Zentrale Informationsauswertung — Verdichtung — Analyse des Informationsstandes	Frühwarnverantwortlicher (temporär)	monatlich	ca. 5—6 Std.
— Entscheidungsvorbereitung von Maßnahmen — Veranlassung weiterer Informationssuche — Entscheidungsantrag	Frühwarngremium (temporär)	monatlich	ca. 4 Std.
Entscheid über Markt- und Entwicklungsverhalten	Geschäftsleitung	aperiodisch	

Quelle:
zitiert nach: RKW-Handbuch Führungstechnik und Organisation, hg. von E. Potthoff, Berlin (West) 1983, Abschn. 5642, S. 11.

Abbildung 4.8. veranschaulicht, wie weit dabei das Umfeld eines Unternehmens im globalen Sinne verstanden wird.[47]

Es leuchtet ein, daß ein derartig breit gefächerter Ansatz für das Ableiten strategischer Konsequenzen zu weit reicht, weshalb oft eine Eingrenzung auf sogenannte innere Umweltzonen bzw. die aufgabenspezifische Umwelt (*Operating-* bzw. *Task-Environment*) erfolgt.

Während es bei der globalen Umfeldanalyse meist um Einschätzungen
— der gesellschaftspolitischen bzw. sozio-kulturellen Entwicklung,

[47] Vgl. RKW-Handbuch Führungstechnik und Organisation, hg. von E. Potthoff, Loseblattausg., Berlin(West) 1978ff., Bd. 2, Abschn. 5155, S. 4.

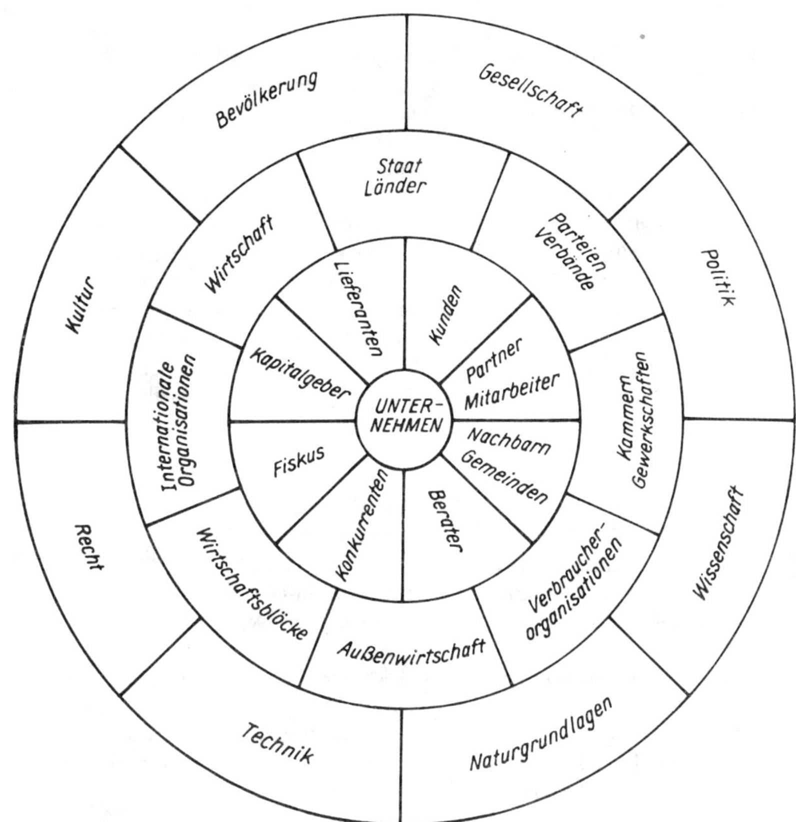

Abb. 4.8.
Umwelt eines kapitalistischen Unternehmens aus globaler Sicht

— der rechtlichen Entwicklungen,
— der gesamtwirtschaftlichen Entwicklungstendenzen sowie
— der wissenschaftlich-technischen Entwicklung und grundlegende technisch-technologische Tendenzen (allgemeine Schlüsseltechnologien)

geht, umfaßt die Analyse unmittelbar unternehmensrelevanter externer Einflußfaktoren stärker die in Tabelle 4.8. dargestellten Analysefelder und Methoden.

Analysiert man die dabei zur Diskussion stehenden Faktoren näher, zeigen sich deutlich Schwachstellen hinsichtlich der Erfassung situationsbestimmender Einflußfaktoren. Ohne im einzelnen auf alle Faktoren einzugehen, wird beispielsweise anhand der externen Analysefelder die grobe Unterschätzung einer Reihe entwicklungsbestimmender Einflußfaktoren, wie die Analyse objektiver Tendenzen der internationalen Politik, der Ressourceninanspruchnahme sowie der zentralen, steuernden Eingriffe des Staates zur Konjunkturbelebung deutlich.

Tabelle 4.8.
Externe Analysefelder zur Charakteristik der Situation und typische Analysenmethoden

Art des Analysefeldes	Analyseschwerpunkte	Mögliche strategische Auswirkungen bzw. Erkenntnisse	Methoden
Gesamtwirtschaft	— Bevölkerungsentwicklung — Wirtschaftswachstum — Einkommensentwicklung — Investitionen — Verbrauchsausgaben	— Konkurrenzsituation — Nachfrageverschiebungen — Veränderungen des Marktvolumens und der Wachstumsraten — Kostenentwicklung	— Daten und Gutachten wirtschaftswissenschaftlicher Institute, OECD, Sachverständigenrat etc.
Konjunktur	— Bruttosozialprodukt — Beschäftigung — Auftragseingang Ausrüstungsgüter — Inflationsrate	— Konjunkturelle Abhängigkeit — Dimensionierung von Anpassungsstrategien (Investition, Bestände, Personal)	
Branchen	— Wachstumsrate Branche — Export — Produktivitätsentwicklung — Kapazitäten	— Wachstumschancen Sortiment — Spezialisierungstendenzen — Konzentrationen — Export- und Importintensität	— Trendanalysen und -prognosen — Korrelationsuntersuchungen — Daten der Wirtschaftsverbände
Politisches und Soziales Umfeld	— Unternehmensverfassung — Sozialgesetzgebung — Sicherheits- und Prüfvorschriften — Steuergesetzgebung	— Mitbestimmung bei Unternehmensentscheidungen — Programm- und Fertigungsbeschränkungen — Gesetzliche Auflagen	— Daten und Untersuchungen der Regierung, Gewerkschaften, Wirtschaftsverbände
Absatzmarkt	— Marktvolumen — Marktanteil — Marktpotential — Marktwachstum — Import/Exportanteile — internationale Standortkosten — Vertriebswege	— Preis- und Konditionenpolitik — Marktlücken — Marktsegmente — Aktualität Leistungsprogramm	— Marktanalysen — Marktprognosen — Kundenbefragung — Konkurrenzvergleiche — Standortvergleiche

Tabelle 4.8. (Fortsetzung)

Art des Analysefeldes	Analyseschwerpunkte	Mögliche strategische Auswirkungen bzw. Erkenntnisse	Methoden
Technologie	— Produkt-Technologie — Verfahrens-Technologie — Umweltschutz	— Produktsubstitutionen — Entwicklung Technischer Fortschritt	— Methoden des Technological Forecasting (Delhi, Methode 66, Scenario-Writing)
Arbeitsmarkt	— Arbeitsangebot — Wanderungsbewegungen — Lohn- und Gehaltsentwicklung	— Veränderungen des Arbeitsangebotes — Personalkostenentwicklung — Ausmaß der Personalentwicklung — Personalbeschaffungspolitik	— Arbeitsmarktanalysen
Beschaffungsmarkt	— Anbieterstruktur — Preisprognosen — Technologische Trends — Beschaffungsrisiken	— Preisentwicklung — Eigenfertigung/Fremdbezug — Beschaffungspolitik	— Rohstoff- und Anlagenmarktanalysen
Geld- und Kapitalmarkt	— in- und ausländischer Kapitalmarkt — Kapitalvolumen	— Finanzierungskosten — Finanzierungsmöglichkeiten	— Geld- und Kapitalmarktanalysen

Quelle:
Kienbaum, G., (Hrsg.), Strategische Unternehmensführung in 8 Bänden, Bd. I., München 1975.

Hinsichtlich der Analyse des „politischen und sozialen Umfeldes" eines Unternehmens werden beispielsweise in typisch kapitalistischer Selbstherrlichkeit und fiskalischer Orientierung Probleme der „Unternehmensverfassung" sowie „Steuergesetzgebung" für wichtiger erachtet als Probleme der Bewältigung der Arbeitslosigkeit und Entschärfung von immer offensichtlicheren Klassenwidersprüchen, wie sie beispielsweise aus den sozial negativen Folgen kapitalistischer Rationalisierungsstrategien resultieren.

Dagegen wird externen „Länderbewertungen" allergrößte Bedeutung beigemessen. Tabelle 4.9. gibt eine Übersicht, welchen Faktoren seitens des *Manager Magazins* der BRD und des Hamburger *Instituts zur Erforschung technolo-*

Tabelle 4.9.
Qualitative und quantitative Faktoren der Länderbewertung

Politische und wirtschaftliche Rahmenbedingungen	Binnenwirtschaft	Außenwirtschaft
• Stabilität des politischen Systems, • Gefahr innerer Konflikte, • Bedrohung der Stabilität von außen, • Wirtschaftsordnung, • Staat als Wirtschaftspartner, • Rechtssicherheit, • Funktionsfähigkeit der Verwaltung, • Arbeitsklima/sozialer Friede.	• Bevölkerungsentwicklung, • Kaufkraft, • bisherige Wirtschaftsentwicklung, • Wachstumsperspektiven, • Inflation, • inländischer Kapitalmarkt, • Arbeitskräftepotential, • Beschäftigungsmöglichkeit für Ausländer, • Energieverfügbarkeit, • Umweltschutzauflagen, • Verkehrs-/Kommunikationssystem.	• Importpolitik, • Exportmöglichkeiten, • Begrenzungen für Auslandsinvestoren, • Marken- und Produktschutz, • Beteiligungsauflagen, • Kapitalverkehr, • Währungspolitik, • Zahlungsbilanz, • Abhängigkeit von Energieimporten, • internationale Zahlungsfähigkeit, • Währungskonvertibilität.

Quelle:
Manager Magazin (Hamburg), 1/1983, S. 23.

gischer Entwicklungslinien (*ITE*) besondere Bedeutung für das sogenannte *Country Rating* beigemessen wird.

Neben der Bewertung ökonomischer, rechtlicher und sozialer Rahmenbedingungen wird vorrangig die politische Lage analysiert. Führungskräfte und Spezialisten aus der Industrie, den Banken, Kammern und Instituten „benoteten" die Länder der Welt nach den genannten qualitativen und quantitativen Kriterien, wie sie in Tabelle 4.9. enthalten sind. Die einzelnen Kriterien werden gemäß ihrer Bedeutung für Export- und Auslandsinvestitions-Entscheidungen unterschiedlich gewichtet. Die möglichen Punktzahlen variieren zwischen 0 und 15. Jedes Land wird von mindestens drei, meistens von fünf bis acht Experten beurteilt. Das gerundete Mittel ihrer „Noten" ergibt die Gesamteinstufung eines Landes. Je höher die Punktzahl (maximal 100 für jede der drei Kriterienblöcke) als desto profitabler wird der Standort eingeschätzt.

Unternehmensinterne Analysen

Die Analyse des Unternehmens-Potentials konzentriert sich inhaltlich auf[48]:
— das technische Potential (Betriebsmittel, Gebäude und Know-how),

[48] Vgl. Kramer, F./Appelt, H. G., Die neuen Techniken der Produktinnovation, a. a. O.

- das ökonomische Potential (Finanzen, Reserven, Kreditwürdigkeit),
- das Markt-Potential (Aufnahmefähigkeit des Marktes, Marktstellung, Markttendenzen, Wettbewerbssituation),
- das menschliche Potential (Personal, Qualifikation für derzeitige bzw. für zukünftige Aufgaben),
- das Management-Potential (Beherrschung moderner Führungsmethoden, Risikofreudigkeit, Flexibilität, Streßstabilität, Zukunftsorientierung, Qualifikation) und
- das organisatorische Potential (Organisationsstruktur für derzeitige und zukünftige Aufgaben, divisionale bzw. multinationale Gliederung, Produktmanagement, Gewinnzentren).

Nimmt man die Reihenfolge als einen gewissen Indikator für das zumindest im Ansatz von Kramer und Appelt entwickelte Konzept zur Analyse des Unternehmens-Potentials, fällt einerseits die hohe Wertschätzung des technologischen Potentials, andererseits der monetären und marktbezogenen Möglichkeiten auf. Unterschätzt wird offensichtlich das Ressourcen-Problem im weitesten Sinne, einschließlich des schöpferischen Potentials der Werktätigen. Hinterhuber hält folgende Fragen bei der *unternehmensinternen Analyse* für besonders wichtig[49]:

- Produktlinien,
- Marketingkonzept,
- Absatzmärkte,
- Finanzsituation,
- Forschung und Entwicklung,
- Produktion,
- Rohstoff- und Energieversorgung,
- Standort,
- Kostensituation,
- Qualität der Führungskräfte,
- Führungssysteme sowie
- Produktivitätslage.

Die Tabelle 4.10. zeigt, welche internen Analysefelder und Methoden von einer der renommiertesten Managementberatungsfirmen der BRD empfohlen wird.

Hinterhuber untersetzt die von ihm als „kritische Erfolgsfaktoren" charakterisierten internen Analyseschwerpunkte weiter durch Fragenkataloge, wobei es besonders die Stärken bzw. Schwächen herauszuarbeiten gilt.

Einen zusammenfassenden Überblick über Aufgaben der *externen* sowie *internen Analyse* in ihrer Bedeutung für die strategische Unternehmensführung gibt Tabelle 4.11.

Sowohl die Umwelt als auch die Unternehmensanalysen werden sehr oft mit *Stärken-Schwächen-Analysen* verknüpft.

[49] Vgl. Hinterhuber, H. H., Strategische Unternehmensführung, 2. durchges. u. erw. Aufl., Berlin (West)—New York 1980, S. 40.

Tabelle 4.10.
Interne Analysefelder zur Charakteristik der Situation und typische Analysenmethoden

Analysebereich	Art des Analysefeldes	Analyseschwerpunkt	Mögliche strategische Auswirkungen bzw. Erkenntnisse	Methoden
Programm und Markt	Leistungsprogramm	— Programmstruktur nach Umsatz und Ergebnis — Produkteigenschaften	— Sortimentsstärken und -schwächen — Produktverbesserungen — Produktinnovation — Programmbereinigung — Programmergänzung	— Programmbilanz — Produktlebenszyklusanalyse — Produktvergleiche — Wertanalysen
	Markt	— Nachfrageanforderungen — Umsatzstruktur der Absatzwege — Deckungsbeiträge der Kunden — Außendienstleistungen	— Marktbegrenzung — Markterweiterung — Marktsegmentierung — Änderung der Absatzwege	— Marktbilanz — Anforderungsanalysen — Vertriebsanalysen
	Personal	— Altersstruktur — Firmenzugehörigkeit — Fluktuation — Befähigung	— Schulung und Weiterbildungsbedarf — Anreiz- und Vergütungssystem — Personalkostenentwicklung	— Personalplanung — Kennzahlen
Potential	Standort	— Standortkosten — Exportaktivitäten — Importe von Rohstoffen, Anlagen, Betriebsmitteln	— Standortverlagerung — Stillegung von Betrieben — Dezentralisierung	— Standortanalysen — Standortvergleiche
	Technologisches Wissen	— Produkt-Know-How — Verfahrens-Know-How	— Entwicklungsbedarf — Rationalisierungsmöglichkeiten	— Wertanalyse — Verfahrensvergleiche

	Finanzen	— Kapitalstruktur — Finanzierungsbedarf — Kapitalquellen — Cash-Flow	— Veränderung Finanz- und Kapitalstruktur — Aufnahme Kapitalgeber	— Bewegungsbilanzen — Kapitalflußrechnungen
	Einsätze (Betriebsmittel, Anlagen, Rohstoffe)	— Art der Einsatzstoffe (Roh- und Hilfsstoffe, Halbfertigungsteile) — Lebensalter — Maschinenpark — Modernität — Kapazitätsauslastung — Reparaturanfälligkeit — Bestände	— Investitionsbedarf — optimale Betriebsgrößen — quantitative und qualitative Fertigungsgegebenheiten — Beschaffungsrichtlinien	— Produktionsstatistiken — Instandhaltungsstatistiken — ABC-Analysen
	Organisation	— Zentralisation/Dezentralisation — Aufgabenverteilung — Strukturorganisation von Funktionsbereichen — Aufgabenzerlegung — Durchlaufzeiten — Zentrale Abläufe (Auftragsabwicklung, Materialfluß etc.)	— Organisationsform — Zweckmäßigkeit der Ablaufgestaltung — Hilfsmitteleinsatz und Investitionsbedarf — Standardisierungsmöglichkeiten	— Ist-Erhebungsbogen — Funktionsdiagramme — Ablaufuntersuchungen
Instrumente	Führungsinformation	— Ausmaß der Partizipation — Informationssystem — System der Kostenrechnung — Planungsverfahren	— Führungsstil — Differenzierung des Rechnungswesens — Informationsbedarf	— Ist-Erhebungsbogen

Tabelle 4.10. (Fortsetzung)

Analysebereich	Art des Analysefeldes	Analyseschwerpunkt	Mögliche strategische Auswirkungen bzw. Erkenntnisse	Methoden
	Rechtsform	— Analyse der Rechtsformen	— Umwandlung der Rechtsform — Grad der Selbständigkeit — Bildung von Gremien	— BGB, HGB, — Geschäftsordnung
Ergebnisse		— Kostenstruktur — Kosten- und Ergebnisentwicklung — Rendite (ROI)	— Preispolitik — Betriebsgröße und Leistungsprogramm — Eignung des Standorts — Faktorkombination	— Kostenvergleiche und -analysen

Quelle:
Kienbaum, G. (Hrsg.), Strategische Unternehmensführung in 8 Bänden, Bd. 1, a. a. O., S. 145.

Stärken- bzw. Schwächenanalysen

Mit besonderer Aufmerksamkeit werden seitens des Kapitals Erfolgsgeheimnisse und Keimpunkte der Krisen untersucht. Ein dazu entwickeltes Instrumentarium sind die *Stärken- bzw. Schwächenanalysen.*

Vom Konzept her wird dabei das Ziel verfolgt, vorhandene bzw. sich abzeichnende Stärken zielstrebig auszubauen und Schwächen zu minimieren. Meist wird dabei ausdrücklich als Strategie empfohlen, dem Ausbau der Stärken größere Aufmerksamkeit zu schenken als dem Bemühen, Schwächen zu überwinden. Maxime dafür ist, daß es profitabler sei, über die Stärken zu wirklichen Spitzenleistungen vorzustoßen als vom Schwachen zum Mittelmäßigen. Dementsprechend gilt Analysen und Einschätzungen der Erfolgsfaktoren großes Augenmerk.

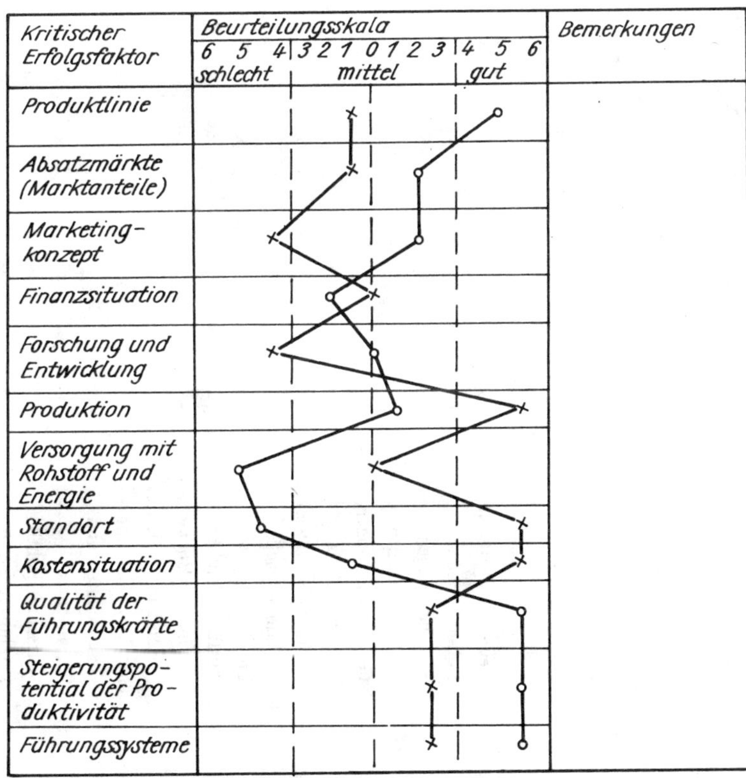

Abb. 4.9.
Stärken/Schwächen-Profil nach Hinterhuber

Tabelle 4.11.

Aufgaben der Umwelt- und Unternehmens-Potential-Analyse in ihrer Bedeutung für die strategische Unternehmensführung

	Situations-Analyse	Die Information hat besondere Bedeutung für die Unternehmensaufgaben												
		Unternehmens-Zweck/Ziel (1)	Wachstum (2)	Konjunktur-Entwicklung (3)	Verbraucher-verhalten (4)	Struktur-änderung (5)	Prognose (6)	Techn. Entwicklung (7)	Produkt-Chancen (8)	Sortiments-Risiken (9)	Stärken, Schwächen (10)	Beschaffungs-markt (11)	Gesellsch. Entwicklung (12)	Rationalisierung (13)
	1. Bevölkerungs-Bewegung	×	×	×	×	×	×		×	×	×	×	×	×
	2. Löhne, Gehälter, Sozialleistungen	×	×	×	×	×	×		×	×	×		×	
	3. Volkswirtschaftliche Gesamtrechnungen, Zahlungsbilanz	×	×	×	×	×	×		×	×	×			
	4. Industrielle Entwicklung	×	×	×	×	×	×	×	×	×	×	×	×	×
	5. Nichtindustrielle Entwicklung	×		×	×	×	×	×	×	×	×	×	×	×
	6. Ausfuhr, Einfuhr	×	×		×	×	×		×	×	×	×		×
	7. Technische Entwicklung (besondere Produkte)	×	×	×			×		×	×	×			
Umwelt-Analyse	8. Marktentwicklung	×	×	×	×	×	×	×	×	×	×	×	×	
	9. Gesellschafts- und Sozialpolitik	×	×			×	×		×	×	×		×	
	10. Wirtschaftspolitik, Konjunkturpolitik	×	×	×			×		×	×	×			

	11. Außenpolitik	×	×	×	×	×		×	×	×	×		
	12. Entwicklungspolitik	×	×	×		×		×	×	×	×		
	13. Allgemeine Politik	×	×	×	×	×				×		×	
	14. Konkurrenzanalyse	×	×		×			×	×	×			
	1. Material-Bereich	×	×			×				×	×		×
	2. Maschinen-Bereich	×	×			×	×	×	×	×			×
	3. Personal-Bereich	×	×			×		×	×	×	×	×	×
	4. Produkt-Sortiment	×	×			×		×	×	×			×
	5. Methoden-Bereich												
Unternehmens-	5.1. Unternehmenspolitik	×	×							×			×
Potential-	5.2. Vertrieb	×	×					×	×	×			×
Analyse	5.3. Entwicklung und Gestaltung der Erzeugnisse	×	×				×	×	×	×			×
	5.4. Arbeitsvorber.	×	×							×	×		×
	5.5. Einkauf	×	×							×	×		×
	5.6. Lagerung	×	×							×	×		×
	5.7. Fertigung und Kontrolle	×	×							×	×		×
	5.8. Finanzwesen	×	×							×			×
	5.9. Rechnungswesen, Kostenrechnung	×	×							×			×
	5.10. Personalwesen	×	×							×	×		×
	5.11. Rationalisierung	×	×					×	×	×			×

Quelle:
Kramer, F./Appelt, H. G., Die neuen Techniken der Produktinnovation, München 1974, S. 54.

Tabelle 4.12.
Stärken-Schwächen-Analyse im Marketing eines Werkzeugherstellers

Kriterien	Mögliche Stärken-Schwächen-Beispiele
1. Kundensegmente	• A/B/C-Kunden, Schlüsselkunden und Kleinabnehmer, Stützpunktsysteme, potentielle und bestehende Kunden • Großhandel, Großverteiler, Fachhandel, Endverbraucher • Heimwerker, Gewerbegruppen, Industrie-Anwendungen, Handwerkergruppen • differenzierte Marktsegmente (Do it yourself-Kundentypen usw.)
2. geographische Märkte	• regional, national, international (Export) differenziert • neue und bestehende geographische Märkte
3. Produktegruppen und Dienstleistungen	• Gartenwerkzeuge, Metallverarbeitung, Holzbearbeitung, Werkstatteinrichtungen, Sanitärwerkzeuge, Bau, Werkstoffe und -material, Elektrowerkzeuge, Beschläge usw. • Beratungen, Unterstützung bei Neugründungen von Geschäften, Informationssysteme (Videotext, Computernetzwerke) usw. • Massengüter, Spezialitäten mit besonderen Beratungs- und Anpassungsleistungen • Eigenherstellung und ergänzende Handelsprodukte • Investitionsgüter, Verbrauchsmaterialien, Konsumgüter • Sortiments- und Dienstleistungspakete • Neuprodukte und Dienstleistungen, bestehende Produkte
4. Verkaufssystem	• Direktverkauf mit Außendienst, Versand, eigene Filialen, allgemeiner Handel, Franchisesysteme • Telefonverkauf • Tochtergesellschaften, Agenten usw.
5. Partner und Konkurrenten	• vertikale und horizontale Konkurrenz (Konkurrenz der Fachhandelskunden durch Großverteiler, Herstellerkonkurrenz, Konflikte bei unterschiedlichen Distributionskanälen usw. • Import-, Inlandkonkurrenz • Verbände, Absprachen, Kartelle, Machtgruppen
6. interne Organisation	• interne Partnerschaft für Marktleistungen (Produktion, Produktmanagement, Anwendungstechnik, Marketing, Verkauf) • Spezialisierungen nach Funktionen, Produkten, Märkten • Aufgabenteilung der Hierarchiestufen: Geschäftsleitung, Marketingleitung, Verkaufsleitung, Verkäufer usw. • Marketing-Arbeitsabläufe und Kundenprojektablauf

Quelle:
Industrielle Organisation (Zürich), 12/1984, S. 557.

Ein typisches Beispiel enthalten die von Hinterhuber empfohlenen „kritischen Erfolgsvariablen" zur Erarbeitung eines *Stärken/Schwächen-Profils.*[51] (Vgl. Abb. 4.9.)

Da mit derartigen Übersichten viele Informationen verloren gehen können, wird oft empfohlen, die *Stärken/Schwächen-Analysen* für jeweilige strategisch bedeutsame Geschäftsfelder aufzubauen. Ein Beispiel dafür ist in Tabelle 4.12. dargestellt, wobei die Analysen bis zu Produktgruppen, dem Verkaufssystem usw. gehen. Typische Ergebnisse einer verallgemeinerten *Schwächenanalyse* im Marketing enthält Tabelle 4.13.

Derartige einfache *Schwächenanalysen* werden oftmals noch durch quantitative Bewertungen ergänzt, wie in Tabelle 4.14. dargelegt.

Analog zu den Schwachstellenanalysen sind auch die Analysen zur Erkenntnis der Stärken bzw. Vorgabe von Zielstellungen aufgebaut. Ein Beispiel dafür enthält Tabelle 4.15.

Im Sinne der Entwicklung von Stärken wird auch oft empfohlen, engpaßkonzentriert vorzugehen und jenen Segmenten bzw. Aufgaben die größte Bedeutung beizumessen, die sich immer wieder als „neuralgische Punkte" erweisen und von denen die größten Impulse auf die Belebung des Gesamtgeschäfts ausgehen.

Tabelle 4.13.
Ergebnisse einer Schwachstellenanalyse des Marketing

- Veränderung, Verschiebung der Nachfrage nicht gesehen, nicht beachtet
- Änderung der Kaufgewohnheiten unterschätzt
- Sortiment zu einseitig oder zu zersplittert
- Preise nicht marktgerecht
- Falsche Diversifikation (viele Sparten mit hohen Fixkosten)
- Expansion „um jeden Preis"
- Inländische Konkurrenz verfolgt, aber von ausländischer Konkurrenz überrascht
- Schlechter Mix von Qualitäts- und Billigprodukt
- Zu wenig flexibel in der Produktentwicklung (Produkt bereits überholt, als es auf den Markt kam)
- Einseitige Abnehmerstruktur/Distribution
- Ungenügende Absatzprognosen
- Zu spät in einen Markt eingestiegen
- Mangelnde Innovation
- Marktlücke, Randmärkte nicht erfaßt und entwickelt
- Überkapazität (Produktion, Lager)
- Erst neuerdings laufende Überprüfung der Situation
- Keine Wert- und keine Overhead-Value-Analyse

Quelle:
Industrielle Organisation (Zürich), 10/1975, S. 453.

[51] Ebenda, S. 48.

Tabelle 4.14.
Schwachstellenanalyse mit quantitativer Schwächenbewertung

Lfd. Nr.	Schwächen — Katalog	G	B	T	P	R	Bemerkung
1	Kapazitätsmangel						
2	überalterte Anlagen						
3	keine/wenige Spezialarbeiter						
4	keine/unzureichende Entwicklungsabteilung						
5	schlechte Anwendungstechnik						
6	Kapitalmangel						
7	unqualifiziertes Personal						
8	Schwerfälligkeit						
9	Mangelnde Koordination zwischen Technik und Verkauf						
10	Einzweckmaschinen						

Erläuterungen
G = Gewichtsfaktor, um die Bedeutung jeder Schwäche zu berücksichtigen
B = Beeinflußbarkeit im Sinne der Abstellung
T = Tragweite der Ausweitung der Schwäche
P = Bedrohungsumfang der Schwäche (je höher dieser Wert ist, um so geringer wird die Chance der Einführbarkeit des neuen Produkts = $G \times B \times T$)
R = Reihenfolge der Schwächenbeseitigung

Quelle:
Kramer, F./Appelt, H. G., Die neuen Techniken der Produktinnovation, a. a. O., S. 63.

Hierbei knüpfen Empfehlungen zum Ausbau von Stärken bzw. Ausgleich von Schwächen auch an kybernetische Erkenntnisse an und wird empfohlen, sich sowohl im persönlichen Leben als auch im Geschäftsleben besonders jenen Problemlösungen zuzuwenden, die den zentralen „Engpaß" überwinden helfen.

Insgesamt dienen gerade die quantitativen Einschätzungen von Stärken bzw. Schwächen auch diesem Ziel, um so die Konzentration auf die strategisch profitabelsten Verwertungsfelder sicherer zu machen.

Innovationsanalysen

Der international verschärfte Konkurrenzkampf um Innovationen unterstreicht, daß Hoch- oder Schlüsseltechnologien mit strategischem Charakter, die wie die Mikroelektronik und flexible Automatisierung, die Produktivkräfte auf lange Sicht und volkswirtschaftlich breitenwirksam revolutionieren, vorrangige Bedeutung erlangen.

Einen entscheidenden Beitrag zur Beherrschung dieser Prozesse muß das Management von Innovationsprozessen liefern, und entsprechend große Bedeutung wird in jüngster Zeit gerade Analysen dieser Prozesse geschenkt.

Tabelle 4.15.
Stärkenanalyse mit quantitativer Stärkenbewertung

Lfd. Nr.	Stärken — Katalog	G	E	A	P	R	Bemerkung
1	Entwicklungs-Know-how						
2	Selbständigkeit						
3	Mut zu Neuem						
4	Verkaufsorganisation						
5	Kundendienst, Service, Lieferzeit						
6	Eigenkapital						
7	hoher Marktanteil						
8	persönlicher Einsatz der Mitarbeiter						
9	Betriebseinrichtung modern und umfassend						
10	Expansionsfreudigkeit						
11	schnelle Reaktion auf Marktbedürfnisse						
12	moderne Betriebsorganisation						
13	rationelle Fertigung						
14	besserer psychologischer Nutzen als Konkurrenzprodukt						

Erläuterungen
G = Gewichtsfaktor, um die Bedeutung jeder Stärke angemessen zu berücksichtigen
E = Einbringungsumfang
A = Auswirkung auf das Ziel
P = Nutzen = $G \times E \times A$
R = Reihenfolge des Einsatzes

Quelle:
Kramer, F./Appelt, H. G., Die neuen Techniken der Produktinnovation, a. a. O., S. 63.

Im internationalen Konkurrenzkampf wird unter einer Innovation sowohl der Gesamtprozeß des Anregens, Durchsetzens und wirtschaftlich erfolgreichen Realisierens von technischen, gebrauchswertmäßigen oder auch gestalterischen *qualitativen Neuerungen* verstanden als auch das Resultat dieses Neuerungsprozesses, etwa das qualitativ neue Produkt, Verfahren, Material usw. Wichtigstes Kriterium einer Innovation ist bei aller Unterschiedlichkeit im Detail die durch die qualitative Neuheit bzw. strukturelle Veränderung und die Erstmaligkeit der Industrieeinführung sowie die erfolgreiche kommerzielle Realisierung und Anwendungsbreite ermöglichte Neuwertschöpfung, die über dem Durchschnitt liegt. Je einschneidender und weitreichender die qualitativen und quantitativen Folgen einer Innovation, wie beispielsweise die der Industrieroboter oder Computer sind, um so revolutionärere Perspektiven und größere strukturelle, kommerzielle, soziale aber auch qualifikationsseitige Konsequenzen haben die Innovationen. Man spricht hier von *Basisinnovationen* im Unterschied zu weniger tiefgreifenden *Verbesserungsinnovationen* im Rahmen der bisherigen Prinziplösungen.

Ihre „ausnahmsweise Produktivkraft" (Marx) ist mit hohen überdurchschnittlichen Profiten verknüpft.

Durch die wichtigste Basisinnovation unserer Zeit, die Mikroelektronik, hat sich beispielsweise in wenigen Jahren die Technik der Informationsverarbeitung grundlegend verändert, wurden ganz neue Industriezweige ins Leben gerufen und entstanden vom Design her neue Produkte, wie z. B. anhand der elektronischen Uhren, der Heimcomputer, der Hifi- und Videotechnik, der neuen elektronischen Steuerungsgeräte usw. ersichtlich ist.

Durch die Mikroelektronik verbesserten sich sowohl die technischen Leistungsparameter von Produkten und Technologien quantitativ in sprunghaftem Ausmaß als auch qualitativ, indem ganze Erzeugnisgruppen aber auch Berufsbilder neu- oder umgestaltet wurden, z. B. für die Programmierung und die Anwendung der Mikroelektronik in allen Bereichen.

Derartig tiefgreifende sozialökonomische Wirkungen in vielen Bereichen und in relativ kurzer Zeit sind typisch für die neue Kombination der Produktivkräfte, die in den kapitalistischen Industriestaaten seit dem Durchbruch der Mikroelektronik 1970/71 entstand und entsteht. Nach Schätzungen sind gegenwärtig international erst fünf Prozent der Anwendungsmöglichkeiten erschlossen, die die Mikroelektronik in den nächsten 15 Jahren bietet.

Das rechtzeitige Erkennen und Prognostizieren solcher Basisinnovationen mit fundamentaler Bedeutung für strukturelle Veränderungen bleibt objektiv ein schwieriges methodologisches Problem, für das keineswegs eine Universallösung zu erwarten ist. Ansoff stellt vielmehr sogar eine sinkende Vorhersagbarkeit von Innovationen bei wachsender Dynamik des technischen Fortschritts fest. Vereinfacht bewertet er die sinkende Vorhersagbarkeit nach dem in Abbildung 4.10. dargestellten Verfahren, wobei die Zahlen auf der Abszisse folgenden sieben Wissensstadien entsprechen[52]:

(1) Gefühl einer aufkommenden Neuerung
(2) die Quelle der Veränderung kann erkannt werden
(3) die Auswirkungen der Veränderung werden abschätzbar
(4) eine Reaktion der Unternehmung kann erarbeitet werden
(5) die Konsequenzen und Nebeneffekte der Reaktion werden abschätzbar
(6) die Veränderung setzt sich auf den Märkten erstmals durch
(7) die Neuerung wird zum Standard

Die Zeitspannen (t_v) zwischen dem von Ansoff unscharf als „Gefühl" einer aufkommenden Neuerung bezeichneten Punkt und den abschätzbaren Auswirkungen sowie Durchsetzen der Neuheit als Standard verringerten sich im Vergleich der in Abbildung 4.10. dargestellten Spannen erheblich. Entsprechend kürzere Zeiträume verbleiben nach Ansoffs Analysen für Reaktionsstrategien. Ansoff plädiert deshalb dafür, stärker den Neuheitsgrad von Veränderungen einzuschätzen in bezug auf die Anwendbarkeit bzw. Nichtanwendbarkeit vorhandener

[52] Vgl. Ansoff, H. I., Strategic Management, London 1979, S. 49.

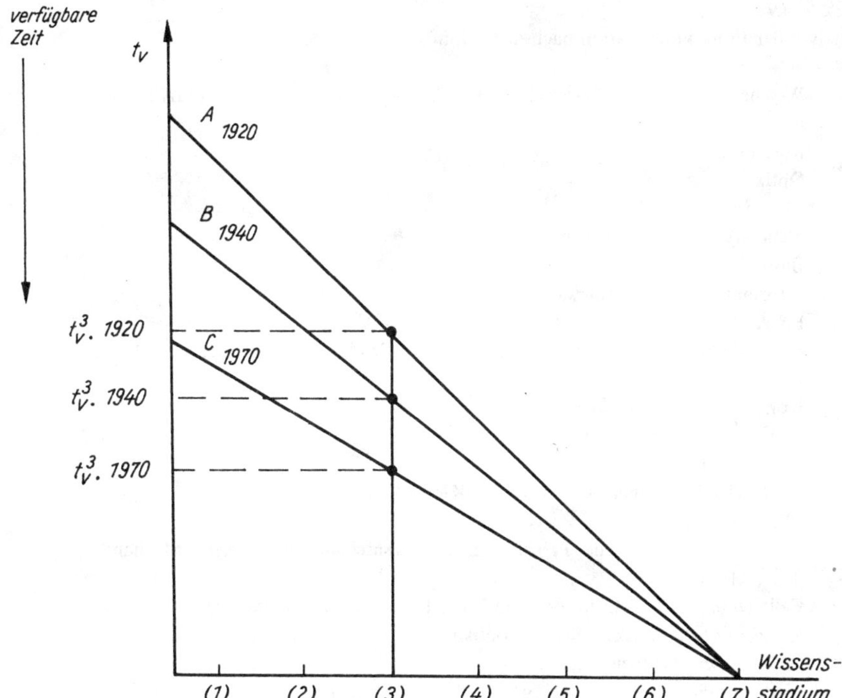

Abb. 4.10.
Schematische Darstellung der sinkenden Analysierbarkeit von Innovationen nach Ansoff

Potentiale zur Bewältigung von Innovationsprozessen.[53] Solche Potentialanalysen betreffen:

— die Fähigkeiten bzw. Qualifikationen,
— die Kapazitäten,
— die Technologien,
— die Methoden,
— die Instrumente und
— die Mittel

des jeweiligen Unternehmens.

Der Neuheitsgrad einer Innovation ist nach Ansoff um so größer, je weniger das vorhandene Potential mit den neuen Aufgaben bzw. Anforderungen übereinstimmt. Pragmatisch werden solche Ansätze zu regelrechten „Innovationstests" ausgebaut.

Da die Bewertung der eigenen Innovationskraft dem Management oft schwer fällt, wurden z. B. von der *Prognos AG* in Basel und der *Koblenzer Industrie- und*

[53] Vgl. ebenda, S. 53.

Tabelle 4.16.
Analyse der Produktinnovation nach dem „Innovationstest '85"

1.1. Welche der folgenden Basistechnologien werden *in* Ihren *Produkten* (als Produktbestandteile) *verwendet?*
Mechanik
Optik
Elektrik/Elektronik
Neue Werkstoffe/Oberflächentechnik
Biotechnologie
Informationstechnik/Software
Energietechnik

1.2. Falls *Mechanik* als Basistechnologie in Ihren Produkten verwendet wird, handelt es sich um:
Konventionelle Mechanik
(z. B. Drehteile, Frästeile)
Feinmechanik
(z. B. Kleinstgetriebeteile, Uhrenteile, Kleinstfedern)
Mikromechanik
(z. B. Mikrostrukturteile, Feinstsiebe, Membrantechnik, hochpräzise Mechanik, Sensorelemente

1.3. Falls *Optik* als Basistechnologie in Ihren Produkten verwendet wird, handelt es sich um:
Konventionelle Optik = Strahlenoptik
(z. B. Linsen, Prismen, Gitter)
Elektrooptik
(z. B. Fotodioden, Speziallichtquellen)
hochtechnologische Optik
(z. B. Optoelektronik wie Laser, Lichtleitfasern, Flüssigkristallanzeigen, Infrarot-/Röntgenoptik, Optische Holografie)

1.4. Falls *Elektrik/Elektronik* als Basistechnologie in Ihren Produkten verwendet wird, handelt es sich um:
Konventionelle Elektrik
(z. B. Elektromechanik, Relaistechnik)
Diskrete Elektronik
(z. B. Dioden, Transistoren, Leiterplattentechnik, Thyristoren)
Integrierte Elektronik
(z. B. ICs, Mikroprozessoren, Speicherchips)

1.5. Falls *Werkstoffe/Oberflächentechnik* als Basistechnologie in Ihren Produkten verwendet wird, handelt es sich um:
Konventionelle Werkstoffe
(z. B. Verbundwerkstoffe, galvanisierte Oberflächen)
Neue Werkstoffe
(z. B. Kohlenstoffaser, Siliziumkarbidfasern, Leichtmetallegierungen, spezielle Klebetechniken, Polymerwerkstoffe mit speziellen Eigenschaften)
Hochspezielle Werkstoffe
(z. B. Werkstoffe mit speziellen elektrischen, magnetischen, optischen Eigenschaften, Oberflächenbeschichtung, Sputtern, Aufdampfen, Superleichtmetallegierungen)

Tabelle 4.16. (Fortsetzung)

1.6. Falls *Biotechnologie* als Basistechnologie in Ihren Produkten verwendet wird, handelt es sich um:
Konventionelle Biotechnologie
(z. B. Gärung, Fermentierung)
Neue Biotechnologie ohne Genmanipulation
(z. B. Pheromone, synthetische Eiweißgewinnung, monoklonare Antikörper, Elektrophorese)
Neue Biotechnologie auf der Grundlage der Gentechnik
(z. B. gentechnologisch manipulierte Pflanzensorten, Insulin, Interferon)

1.7. Falls *Informationstechnik/Software* als Basistechnologie in Ihren Produkten verwendet wird, handelt es sich um:
Konventionelle Informationstechnik
(z. B. einfache Anzeigentechnik, wie Temperatur, Druck)
Neuere Informationstechnik
(z. B. komplexe Anzeigentechnik, Sensortechnik, elektronische Steuerungstechnik)
Komplexe Informationstechnik
(z. B. komplexe elektronische Steuerungstechnik, computerintegrierte Systeme, Software-Technologie)

1.8. Falls *Energietechnik* als Basistechnologie in Ihren Produkten verwendet wird, handelt es sich um:
Konventionelle Energietechnik
(z. B. konventionelle Isoliermaterialien)
Neuere Energietechnik
(z. B. elektronisch gesteuerte Energiesysteme)
Modernste Energietechnik
(z. B. Solarzellen, Miniaturenergiespeicher)

1.9. Mit welcher technischen Zielsetzung beabsichtigen Sie künftige *Produktinnovationen* durchzuführen? (Mehrfachnennungen möglich)
höhere Produkt-Intelligenz
mehr Bedienungskomfort
Miniaturisierung
Umweltschonung
besseres Design/Dekor
Verschleißschutz
Korrosionsschutz
Energieeinsparung
sonstige Ziele

1.10. Führen Ihre künftigen *Produktinnovationen* zu einer höheren technologischen Stufe?
nein
ja
noch nicht entschieden

1.11. Wie schätzen Sie den Stand Ihrer Produkttechnologien ein?
erheblich verbesserungsfähig
nahezu ausgereift
ausgereift

Tabelle 4.16. (Fortsetzung)

1.12. Welche *für Sie neuen* Basistechnologien werden Sie bei künftigen *Produktinnovationen* verwenden?
Mechanik
Optik
Elektrik/Elektronik
Neue Werkstoffe
Biotechnologie
Informationstechnik/Software
Energietechnik

1.13. Bitte kennzeichnen Sie die geplante technologische Stufe:

	konventionell	höhere Technologie	Tech-technologie
Mechanik			
Optik			
Elektrik/ Elektronik			
Neue Werkstoffe			
Biotechnologie			
Informationstechnik/ Software			
Energietechnik			

Handelskammer gemeinsam mit dem *Industriemagazin* der BRD Standardfragebögen für die Analyse entwickelt.[54]

Der „Innovationstest '85" enthält beispielsweise

— 13 Fragenkomplexe zur Produktinnovation,
— 12 Fragenkomplexe zur Verfahrensinnovation,
— 19 Fragenkomplexe zur Ideenfindung,
— 12 Fragenkomplexe zur Projektorganisation und -kontrolle,
— 13 Fragenkomplexe zum Innovationsklima,
— 17 Fragen zu Innovationsbarrieren mit Skalenbewertung sowie
— 10 Strukturdaten und Angaben zum Betrieb.

Einen Ausschnitt daraus für die Analyse von Produktinnovationen enthält Tabelle 4.16.

Welchen Barrieren bei diesem großangelegten Test nach Aussagen von knapp 200 Betrieben der mittelständischen Industrie aus dem Maschinenbau, der Elektrotechnik und Metallverarbeitung besondere Bedeutung zukommt, zeigt Tabelle 4.17.

[54] Vgl. Innovationstest '85, in: Industriemagazin (München) 6/1985, S. 107.

Tabelle 4.17.
Ergebnisse der Analyse von Innovationsbarrieren im „Innovationstest '85"

Behinderung in Prozent	
zu hohe Kosten	(64)
mangelnde Qualifikation der Mitarbeiter	(43)
Angst vor künftigen Flops	(37)
unzureichende Unterstützung der Mitarbeiter	(34)
mangelnde Qualifikation der Führungskräfte	(33)
Zielkonflikte zwischen Abteilungen	(30)
unzureichende Förderung durch öffentliche Hand	(30)
frühere Mißerfolge	(26)
schlechte Ertragslage	(24)
Fehler einer Unternehmensstrategie	(22)
gute Ertragslage	(24)
zu geringe Eigenkapitalbasis	(17)
Widerstand gegen technologische Änderungen durch Arbeitnehmervertretung	(13)
Umweltauflagen	(12)
zu große Distanz zwischen Mitarbeitern und Unternehmensleitung	(12)
technische Ohnmacht gegenüber Konkurrenz	(8)

Quelle:
Industriemagazin (München), Juni 1985, S. 142.

Daß auch solche *Innovationsanalysen* zu unterschiedlichen Ergebnissen führen, beweist Tabelle 4.18., die auf früheren Analysen über typische Innovationshemmnisse beruht. Zweifellos spielen verwertungsbedingte Anreize bzw. unzureichende Profitaussichten von Innovationen nach wie vor eine ausschlaggebende Rolle. Ob Innovationsprozesse eingeleitet werden oder nicht, hängt damit letztendlich wie jede unternehmerische Aktivität mit der Entwicklung der Wirtschaftlichkeit des Unternehmens insgesamt zusammen.

Kennzahlenanalysen

Da weder Checklisten noch Problemstrukturierungen naturgemäß allein ausreichen, die Situation hinreichend zu charakterisieren, nutzt das Kapital alle Möglichkeiten der systematischen Informationsgewinnung und -verarbeitung zur Einschätzung der Geschäftssituation und ihrer Entwicklung unter Zuhilfenahme modernster Technik und statistischer Methoden.

Besonderes Gewicht wird hierbei *Kennzahlenanalysen* und sogenannten *Comparative Studies* (Betriebsvergleichen) zugemessen. *Kennzahlenanalysen* dienen sehr unterschiedlichen Zwecken und sind dementsprechend differenziert aufgebaut.[55]

[55] Vgl. Staehle, W. H., Kennzahlen und Kennzahlensysteme, Wiesbaden 1969; Berschin, H. H., Kennzahlen für betriebliche Praxis, Wiesbaden 1980.

Tabelle 4.18.
Innovationshemmnisse* ausgedrückt in Rangziffern** in der BRD-Industrie laut Grefermann/Sprenger

Innovationshemmnisse	Größenklassen			
	bis 199	200–4999 Beschäftigte	5000 und mehr	Alle Größenklassen
Unlösbare technische Probleme	5	6	6	6
Benötigte Vorleistungen nicht erhältlich	9	10	10	10
Staatliche Auflagen machen das Vorhaben in seiner ursprünglichen Form unmöglich	8	8	7	8
Eigene Arbeiten überholen das ursprüngliche Projekt	7	5	5	5
Die Konkurrenz kommt dem eigenen Projekt zuvor	6	7	7	7
Aufwand wurde unterschätzt	3	3	4	4
Absatzaussichten wurden falsch eingeschätzt	4	2	2	2
Andere Projekte erhalten Vorrang	2	1	1	1
Allgemeine Sparmaßnahmen im Unternehmen	1	4	3	3
Sonstige Gründe	10	9	9	9
Zahl der antwortenden Unternehmen	547	728	59	1334

* Die Frage an die Unternehmen lautete: Viele Forschungs- und Entwicklungs(F/E-)Vorhaben führen nicht zu einem marktreifen Produkt oder Verfahren. Nach unserer Erfahrung sind häufige Gründe dafür . . .
** Meistgenanntes Hemmnis mit Rangziffer 1
Quelle:
Grefermann, K./Sprenger, R. U./Rothlingshöfer, K. Ch., Probleme der Innovationspraxis in der Industrie, Berlin(West)–München 1977, Tab. 13

Grundsätzlich werden im Management drei Kennzahlenarten unterschieden:

1. *Gliederungszahlen*, die meist Anteilwerte darstellen bzw. das Verhältnis eines Teils zum Ganzen; sie ergeben Gliederungen des Gesamtbetrages in Prozentanteilen einzelner Positionen, wie zum Beispiel die Gliederung einer Bilanz nach Einzelgrößen;
2. *Indexzahlen*, die als Verhältnis zweier gleichartiger Größen gebildet werden, die zu verschiedenen Zeitpunkten entstanden bzw. Geltung haben, wobei meist eine der beiden Größen dem Wert 100 gleichgesetzt wird (Index = 100); die andere Zahl mißt man an diesem Index, wie zum Beispiel die Umsatzentwicklung ausgehend von einem bestimmten Jahr mit der Basis 100;

3. *Beziehungszahlen*, die den Großteil aller verwendeten Kennzahlen darstellen, wobei im Zähler und Nenner begrifflich verschiedene Merkmale in Beziehung gesetzt werden, soweit eine sinnvolle Relation zwischen den beiden Größen des Quotienten besteht; ein Beispiel wäre der Umsatz je Beschäftigten.

Zu den wichtigsten zentralen Kennzahlen im Management gehören die der Liquidität, Rentabilität und Produktivität.[56] Unter absoluter Liquidität versteht man den Schwierigkeitsgrad, mit dem sich Vermögensbestände in Bargeld umwandeln lassen. Die *relative Liquidität* betrifft dagegen die Fähigkeit eines Unternehmens, seinen fälligen Zahlungsverpflichtungen fristgemäß nachzukommen.

Die Liquidität wird zum Beispiel durch folgende Kennzahl charakterisiert:

$$\text{Liquidität} = \frac{\text{kurzfristige Mittel} \times 100}{\text{kurzfristige Verbindlichkeiten}}$$

Immer wieder wird betont, täglich die Liquidität zu berechnen,[57] wobei nicht zu übersehen ist, daß die Bestimmung der Fälligkeit bzw. Fristigkeit der zugrundegelegten Werte problematisch ist. Häufig wird mit Erfahrungswerten sowie Branchennormen gerechnet. Meist werden neben dieser kurzfristigen Tagesliquidität auch noch weitere Liquiditätsgrade berechnet, wie zum Beispiel:

Liquidität 1. Grades = Barmittel + Bankguthaben + Schecks +
Wechsel
minus
kurzfristige Verbindlichkeiten

Längerfristige Liquiditätsanalysen dienen vor allem der Sicherung der Zahlungsfähigkeit, zum Beispiel durch forcierte Auslieferungen und Verkäufe.

In diesem Zusammenhang werden auch noch andere Kennzahlen genutzt,[58] wie das

Working Capital = Umlaufvermögen ./. kurzfristige Verbindlichkeiten.

Aus der Kenngröße „*Working Capital*" wird geschlußfolgert, daß die zukünftige Liquiditätslage um so gesicherter ist, je höher das „*Working Capital*" ist.

Bei der Effektivverschuldung werden aus der Gegenüberstellung von Aktiv- und Passivteilen Rückschlüsse auf die Liquidität gezogen.

Über die genannten Bestandsgrößen hinaus wird die Liquidität auch auf Basis von Flußgrößen gebildet. Am häufigsten wird hierbei die Kennzahl „*Cash Flow*" genutzt.[59]

[56] Vgl. auch ausführlicher „Kennziffern" im Abschnitt über Bewertungs- und Entscheidungstechniken.

[57] Management-Lexikon, hg. von F. Neske und M. Wiener, Bd. 1, Gernsbach 1985, S. 363.

[58] Ebenda, S. 219.

[59] Vgl. Büschgen, H. E. (Hrsg.), Handwörterbuch der Finanzwirtschaft, Stuttgart 1976, XXII, 1990 Sp. (Enzyklopaedie der Betriebswirtschaftslehre/6).

Obwohl der Begriff nicht völlig einheitlich gehandhabt wird, versteht man unter „*Cash Flow*" meist den Nettozugang an flüssigen Mitteln innerhalb eines bestimmten Zeitraums, in der Regel eines Geschäftsjahres. Er resultiert damit aus der normalen Umsatztätigkeit und sonstigen laufenden Operationen.

Der *Cash Flow* wird ausgehend vom Jahresüberschuß (Bilanzgewinn + Nettozuführungen zu den Rücklagen) dadurch ermittelt, daß zum Jahresüberschuß alle Aufwendungen addiert werden, die nicht zu Auszahlungen führen. Das Grundschema der Berechnung des *Cash Flow* lautet demzufolge:

Jahresüberschuß
\+ Abschreibungen auf Anlagevermögen
\+ Nettozuführungen zu langfristigen Rückstellungen
\+ Wertberichtigung auf Umlaufvermögen
\+ außerordentlicher Aufwand
./. außerordentliche Erträge

= *Cash Flow*

Die *Rentabilität* gilt als zentrale Kennzahl im Management überhaupt. Sie wird mit der Ertragskraft des eingesetzten Kapitals gleichgesetzt und als entscheidend für die Konkurrenzfähigkeit betrachtet. Folgerichtig nehmen Rentabilitätsanalysen oft einen zentralen Raum in der analytischen Gesamtarbeit ein.

$$\text{Rentabilität} = \frac{\text{Gewinn}}{\text{Kapitaleinsatz}} \times 100 \text{ in Prozent}$$

oder Rentabilität = Gewinnrate × Kapitalumschlag

$$= \frac{\text{Gewinn}}{\text{Umsatz}} = \frac{\text{Umsatz}}{\text{Kapitaleinsatz}} \times 100 \text{ in Prozent}$$

Die Rentabilität des betriebsnotwendigen Kapitals (Anlagekapital zu Tageswerten + Umlaufkapital) ergibt sich aus dem Verhältnis Betriebsergebnis/betriebsnotwendiges Kapital × 100 in Prozent.

Teilweise wird auch noch weiter differenziert, so zum Beispiel

$$\text{Eigenkapitalrentabilität} = \frac{\text{Reingewinn} \times 100}{\text{Eigenkapital}}$$

bzw.

$$\text{Gesamtkapitalrentabilität} = \frac{(\text{Reingewinn} + \text{Fremdkapitalzinsen}) \times 100}{\text{Gesamtkapital}}$$

Bei beiden Formeln ist dem Jahresgewinn das Durchschnittskapital während des Geschäftsjahres bzw. Analysenzeitraums gegenüberzustellen.

Die Rentabilität ist häufig Ausgangspunkt für den Aufbau eines regelrechten Kennzahlensystems, wie zum Beispiel in Abbildung 4.11. gezeigt wird.

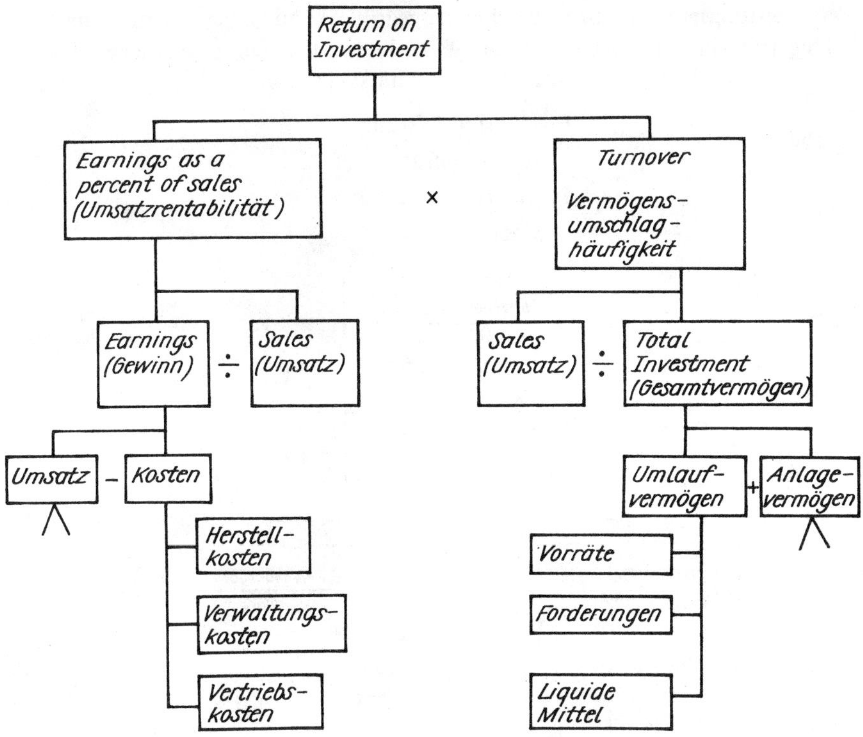

Abb. 4.11.
Kennzahlensystem nach dem Du Pont-Muster

Die hier verwendete Größe „*Return on Investment*" (*RoI*) (Gewinn: Gesamtvermögen) findet man häufig als Analysen- wie Zielgröße im Management.

Die zentrale Grundgleichung dafür lautet:

$$\text{RoI} = \frac{\text{Gewinn}}{\text{Vermögen}} = \frac{\text{Gewinn}}{\text{Umsatz}} \times \frac{\text{Umsatz}}{\text{Vermögen}}$$

$$= \begin{pmatrix}\text{Umsatz-}\\ \text{rentabilität}\end{pmatrix} \times \begin{pmatrix}\text{Vermögensumschlags-}\\ \text{häufigkeit}\end{pmatrix}$$

Bei der Produktivitätsanalyse geht es meist um die Messung der Produktionsleistung eines Unternehmens im Verhältnis zu den in diesem Zeitraum eingesetzten Produktionsfaktoren:

$$\text{Produktivität} = \frac{\text{Leistungsergebnis}}{\text{Leistungseinsatz}}$$

[60] Management-Lexikon, hg. von F. Neske und M. Wiener, Bd. 1, a. a. O., S. 264. Vgl. auch: Christians, F. W. (Hrsg.), Finanzierungshandbuch, Wiesbaden 1980.

Das Leistungsergebnis bzw. die Leistungsgröße kann dabei technisch-mengenmäßig bzw. in Naturaleinheiten ausgedrückt werden. Die bürgerlichen Theoretiker unterscheiden drei zentrale Produktivitätskenngrößen:

$$\text{„Arbeitsproduktivität"} = \frac{\text{Produktionsleistung}}{\text{Arbeitseinsatz}}$$

$$\text{„Materialergiebigkeit"} = \frac{\text{Produktionsleistung}}{\text{Materialeinsatz}}$$

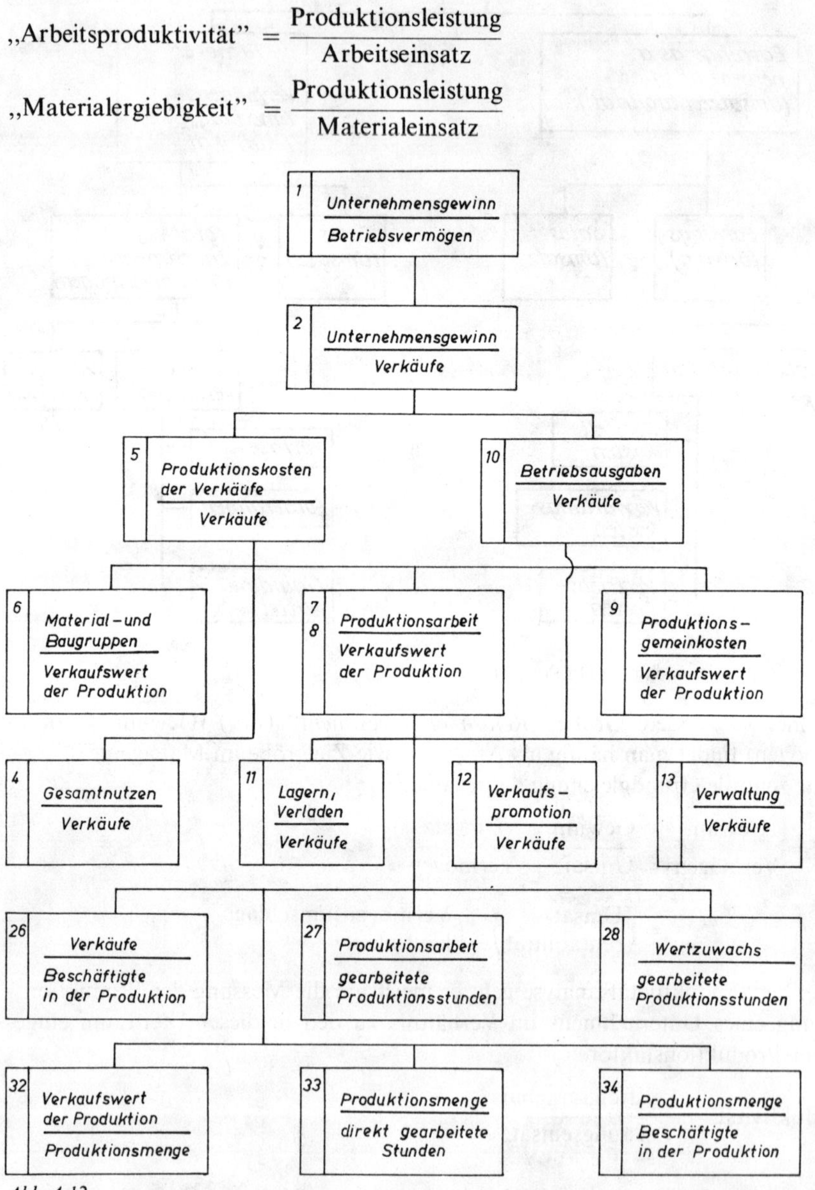

Abb. 4.12.
System ausgewählter Management-Kennzahlen (siehe auch Fortsetzung S. 237)

$$„Kapitalproduktivität" = \frac{\text{Produktionsleistung}}{\text{Kapitaleinsatz}}$$

Die Gesamtproduktivität wird analog dazu folgendermaßen berechnet:

$$\text{Gesamtproduktivität} = \frac{\text{Produktionsleistung eines Betriebes}}{\text{Arbeitseinsatz + Materialeinsatz + Vermögenseinsatz}}$$

Ohne näher auf die damit verbundenen Probleme der realen Produktivitätsanalyse einzugehen, sei darauf verwiesen, daß Rentabilität und Produktivität nicht

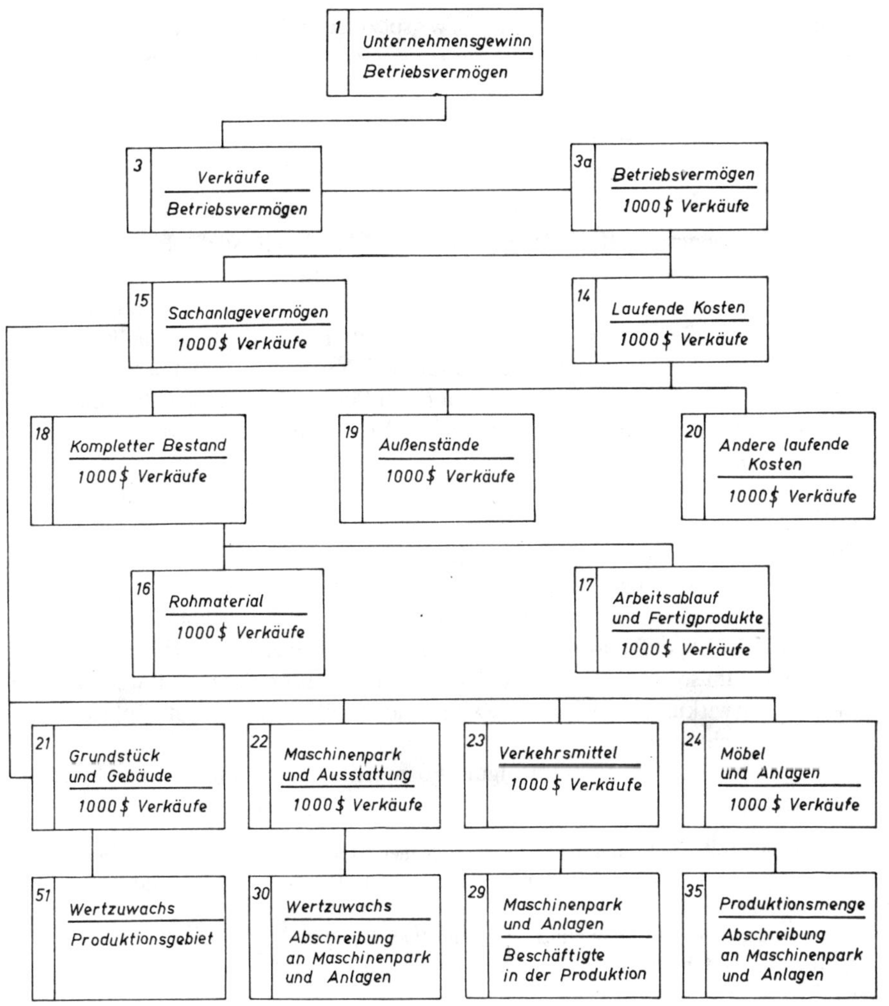

übereinzustimmen brauchen. Bekanntlich reicht höchste Produktivität längst nicht aus, wenn sich auch noch so rationell hergestellte Produkte nicht verkaufen lassen.

Die hier kurz charakterisierten drei Hauptkennzahlen Liquidität, Rentabilität und Produktivität bilden häufig auch den Ausgangspunkt für betriebsvergleichende Analysen.

Neben Bilanzvergleichen auf finanzwirtschaftlicher Basis dominieren Rentabilitäts- und Produktivitätsvergleiche zum Aufdecken von Schwachstellen und Möglichkeiten der Produktivitätssteigerung.

Wie dabei ausgewählte Management-Kennzahlen komplex zusammenwirken, zeigt Abbildung 4.12.[61]

Insgesamt wird durch allgemeine bzw. spezifische *Kennzahlenanalysen* seitens des Managements der Verwertungsprozeß des Kapitals kontrolliert und gesteuert, wobei neben den genannten Hauptkenngrößen weitere unternehmensintern festgelegt werden.

Break-Even-Analysen

Eine der besonders häufig angewandten Spezialanalysen ist die Ermittlung von Nutzensschwellen einzelner Produkte oder Investitionen.

Hierbei geht es speziell darum, jenen Punkt zu bestimmen, an dem die Schwelle zum Gewinn erreicht wird. Dieser Punkt wird als *Break-Even-Point* (auch Freisetzungspunkt, kritischer Punkt oder Nutzensschwelle) bezeichnet.[62] Vereinfacht ausgedrückt geht es also um jenen Punkt, ab dem die Erlöse einzelner Produkte bzw. Investitionen gerade die zum Erreichen dieser Erlöse notwendigen Kosten decken.

Natürlich setzen sich die meisten Firmen über das Erreichen des *Break-Even-Points* hinausgehende Ziele des oben bereits erläuterten *Return on Investment*. *Break-Even-Analysen* erfordern, sowohl die *Fixkosten* als auch die *variablen* Kosten für eine erreichbare Umsatzgröße zu ermitteln.

Die eigentliche Ermittlung des *Break-Even-Points* kann sowohl auf mathematischem als auch auf graphischem Weg erfolgen, wobei in der Praxis meist die Darstellung im sogenannten *Break-Even*-Diagramm bevorzugt wird, weil dadurch leichter Auswirkungen auf den Gewinn und darüber hinaus auf Teildeckungsziele ermöglicht werden.

Die graphische Darstellung erfolgt in Form eines Diagramms, wie in Abbildung 4.13. gezeigt.[63]

[61] Vgl. Göltenboth, H., Produktivität in einer humanen Arbeitswelt. Berichte und Gedanken vom Weltproduktivitätskongreß vom 17. bis 20. Mai 1981 in Detroit, in: Fortschrittliche Betriebsführung und Industrial Engineering (Berlin(West)), 4/1981, S. 241.

[62] Vgl. Hodgetts, R. M., Management, Orlando 1985, S. 471ff.

[63] Hier nach: Management-Lexikon, hg. von F. Neske und M. Wiener, Bd. 1, a. a. O., S. 227.

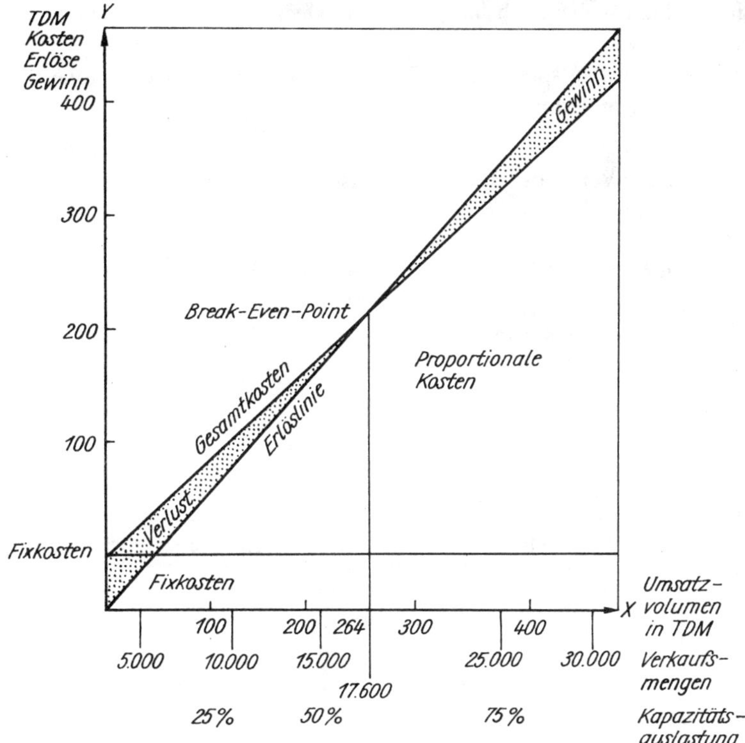

Abb. 4.13.
Grafische Darstellung der Break-Even-Analyse

Grundlage für die graphische Ermittlung sind

— die Höhe der Fixkosten,
— die Höhe der variablen Kosten je Mengeneinheit sowie
— die Höhe des Verkaufspreises.

Zu beachten ist, daß aus Übersichtlichkeitsgründen für die *x*- und *y*-Achse der gleiche Maßstab gewählt werden sollte. Die Fixkosten werden durch eine parallel zur Abszisse verlaufende Gerade dargestellt, da sie unabhängig von der Verkaufsmenge anfallen. Die Gesamtkostenlinie beginnt auf der Ordinate beim Fixkostenpunkt und läuft bis zur Kapazitätsgrenze. Die Erlöslinie beginnt im Nullpunkt und durchläuft bei dem gewählten Maßstab das Diagramm als Winkelhalbierende bis zum Endpunkt, der durch die Kapazitätsauslastung bestimmt ist (im Beispiel 100%). Wo sich Erlöslinie und Gesamtkostenlinie schneiden, liegt der *Break-Even-Point*, von dem ausgehend auch das Verlustdreieck sowie die Gewinnfläche erkennbar sind. Die *Break Even-Analyse* wird häufig als ein spezielles Hilfsmittel der Festlegung der Unternehmensstrategie und Gewinnplanung genutzt, wobei auch häufig nur die Deckungsbeitragsrechnung angewendet wird.[64]

Ausgehend vom Verkaufspreis eines Produkts errechnet sich die Höhe des *Deckungsbeitrages* folgendermaßen:

Bruttoverkaufspreis
./.Sonderkosten des Vertriebs (Rabatte, Provisionen, Prämien)

= Nettoverkaufspreis
./. Materialkosten
./. Lohnkosten
./. sonstige proportionale Kosten

= Deckungsbetrag

Aus *Break-Even-Analysen* und Berechnungen der Deckungsbeiträge einzelner Produkte sind Schlußfolgerungen für profitorientierte strategische Programmbereinigungen abzuleiten. Hierbei geht man bezüglich der Deckungsbeiträge in der Regel so vor, daß alle Produkte darauf verglichen werden, wie sie zur Deckung

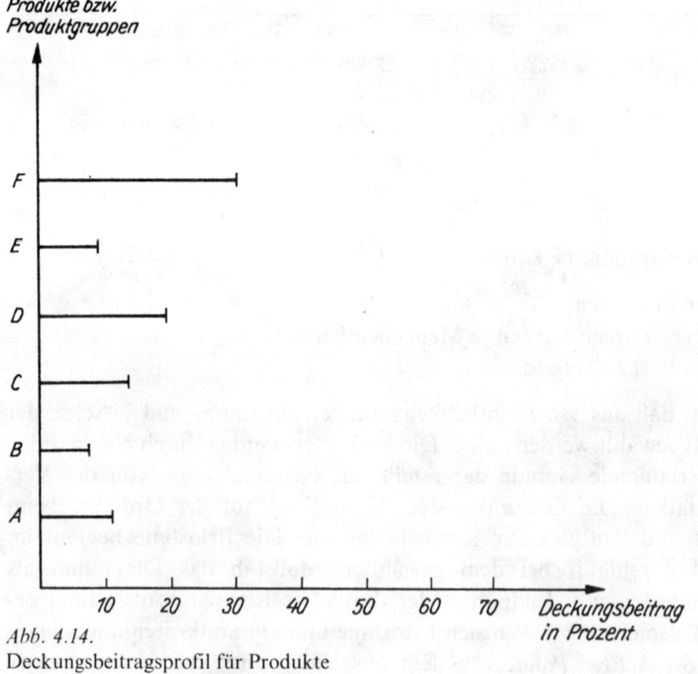

Abb. 4.14.
Deckungsbeitragsprofil für Produkte

[64] Vgl. Böhm, H./Wille, F., Deckungsbeitragsrechnung und Optimierung, 4. Aufl., München 1970.

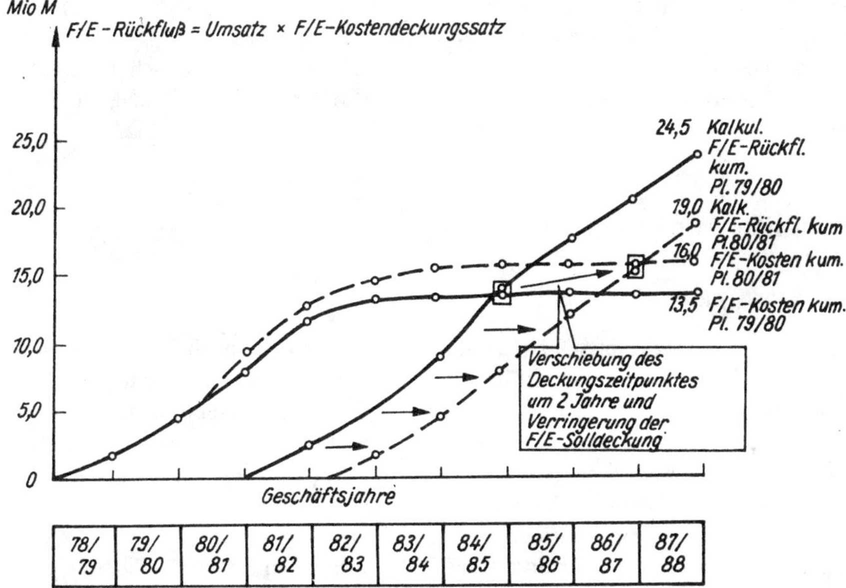

Abb. 4.15.
F/E-Projektdeckungsrechnung (Prinzipdarstellung)

der Fixkosten eines Unternehmens beitragen. Ein Hilfsmittel dazu stellt die Analyse des Deckungsbeitragsprofils dar, wie in Abbildung 4.14. gezeigt.

Aus strategischer Sicht gilt die Regel, den Produkten mit dem größten Deckungsbeitrag auch seitens des Managements die größte Aufmerksamkeit zu widmen.

Häufig werden derartige Deckungsrechnungen nicht allein für Produkte, sondern auch für Forschungs- und Entwicklungsvorhaben erstellt (F/E-Projektdeckungsrechnung). Sie dienen besonders dazu, die Ergebniswirkung von zeitlichen Verzögerungen und Verteuerungen im F/E-Prozeß zu untersuchen.[65] Abbildung 4.15. veranschaulicht, wie die F/E-Projektdeckungsrechnung grundsätzlich aufgebaut ist.[66]

Nach gleicher Quelle widerspiegelt die hier graphisch dargestellte Planverschiebung um ein Jahr einerseits die steigenden F/E-Kosten um 2,5 Mio DM und andererseits durch Verzögerung der Lieferbarkeit um ein Geschäftsjahr die dadurch bedingten verminderten F/E-Rückflüsse um 5,5 Mio DM. Dadurch verschieben sich die F/E-Kostendeckungszeitpunkte um zwei Jahre (von 84/85

[65] Vgl. Ziegler, H., Immaterielle Leistungen — eine Herausforderung für Theorie und Praxis, in: Betriebswirtschaftliche Forschung und Praxis (Berlin(West)), 9/1982, S. 816ff.

[66] Commes, M. Th./Limert, R., Controlling im F- u. E-Bereich, in: Zeitschrift Führung und Organisation (Baden-Baden), 7/1983, S. 352.

im Bild 4.15. auf 86/87) und besteht die Gefahr, daß höhere Kosten nicht mehr amortisiert werden bzw. nicht zum erwarteten Erfolg führen.

Derartige quantitative Analysen unterstreichen die große Wertschätzung des Kapitals für exakte Kalküle und Prognosen der Profitabilität von Geschäften bzw. Leistungen aller Art.

Techniken zur Prognose

Nutzung von Prognosetechniken

Die Analyse der Geschäfts- bzw. Problemsituation kann für eine aktive, strategisch orientierte Unternehmensführung nicht nur bei der mehr oder weniger tiefgehenden Charakteristik der gegenwärtigen Lage zur Erkenntnis der Schwerpunkte stehenbleiben. Das Kapital hat längst erkannt, daß die Analyse zukünftiger Entwicklungen mit dem Ziel, mögliche künftige Widersprüche zwischen Sollvorstellungen und Istentwicklungen zu erkennen, von elementarer Bedeutung für Profitwachstum und Zukunftsicherung für das ganze System ist. So wird auch den Gegnern zukunftsorientierter Situationsanalysen mehr und mehr aktiv entgegengetreten. „Das Argument der Gegner der Zukunftsforschung, man solle sich um die Lösung der zahlreichen unbewältigten Gegenwartsprobleme bemühen und sich nicht die Köpfe über mögliche zukünftige Probleme zerbrechen, zeugt von einem gewissen Fatalismus hinsichtlich der Möglichkeit, den technischen und sozialen Wandel aktiv zu gestalten."[67]

Es ist hier nicht beabsichtigt, sich umfassend mit den Grundlagen der bürgerlichen Futurologie auseinanderzusetzen[68], vielmehr soll gezeigt werden, welche Methoden bei der strategischen Analyse der Situation und Prognose ihrer möglichen Entwicklung die größte Bedeutung erlangt haben.

Von besonderem Interesse ist zunächst die Frage, in welchem Maße zukunftsorientierte Situationsanalysen und Prognosen prinzipiell in den kapitalistischen Unternehmen eine Rolle spielen. Befragungen des Battelle-Instituts[69] in 86 Unternehmen verschiedener Branchen haben gezeigt, daß lediglich in

[67] Coenen, R., Technologische Prognose. Vorhandene Techniken und ihre Anwendungsmöglichkeiten in der Forschungs- und Entwicklungsplanung, in: Methoden und Probleme der Forschungs- und Entwicklungsplanung, hg. von H. Paschen und H. Krauch, München—Wien—Oldenbourg 1972, S. 149.

[68] Vgl. dazu die marxistischen Analysen, in: Bönisch, A., Futurologie. Eine kritische Analyse bürgerlicher Zukunftsforschung, Berlin 1971; Kuczynski, J., Propheten der Wirtschaft, Berlin 1970; Klein, D. (Hrsg.), Futurologie und Zukunftsforschung — untaugliches Mittel einer überlebten Gesellschaft, Berlin 1972.

[69] Vgl. hierzu und zu den folgenden Aussagen: RKW-Handbuch, Forschung, Entwicklung, Konstruktion, hg. von H. H. Moll und H. J. Warnecke, Loseblattausg., Berlin(West) 1976, Bd. 1, Abschn. 2400, S. 5ff.

10 Prozent der Unternehmen systematisch Analysen und Prognosen künftiger struktureller Veränderungen vorgenommen werden, wobei eindeutig die großen Unternehmen dominieren. Größeres Interesse besteht dagegen am kostengünstigen Erwerb von Studien. Befragungen des gleichen Instituts in 62 sogenannten innovationsbewußten Unternehmen zeigten dagegen, daß in 41 der 62 befragten Unternehmen spezielle Stellen für Zukunftsforschung vorhanden sind, wobei allerdings gleichfalls zu berücksichtigen ist, daß bei Unternehmen unter 1000 Beschäftigten derartige Stellen seltener sind (6 von 10 Fällen), dafür aber mehr mit Prognose-Arbeitsgruppen gerechnet wird.

Die Prognoseabteilungen sind in der Regel kleine, leistungsfähige Einheiten mit einem Mitarbeiter oder bis zu drei Mann in kleinen und mittelgroßen Unternehmen, in Großunternehmen zwischen fünf und zehn Kräfte umfassend. Häufig wird die Zukunftsforschung auch nur als zeitweilige Aufgabe festgelegt.

Analysiert man anhand der Zahl der Nennungen, wie Informationen über zukünftige Situationen und Strukturen in den analysierten Unternehmen gewonnen werden, ergibt sich das in Tabelle 4.19. dargelegte Ergebnis.[70]

Tabelle 4.19.
Informationsbeschaffung über zukünftige Situationen und Strukturveränderungen in 62 innovationsaktiven Unternehmen

Form der Informationsbeschaffung	häufig	selten
Übernahme von Prognosen aus Veröffentlichungen und Berichten	40	21
Interne bzw. externe Fachkontakte	58	3
Eigene Analysen und Prognosen	39	23
Vergabe von Auftragsforschung und Berechnungen	3	54

Prüft man ferner die inhaltliche Konzentration der zukunftsorientierten Analysen, ergibt sich die in Tabelle 4.20. dargelegte Reihenfolge.[71]

Befragungen im Rahmen des „Innovationstests '85" bestätigen die überragende Rolle der bedarfsorientierten Analyse und Prognose, da die Innovationsideen primär folgenden Quellen entstammen[72]:

— Konkurrenzbeobachtung,
— Kundenwünsche,
— Messen, Ausstellungen, Symposien,

[70] Vgl. ebenda, S. 6.
[71] Vgl. ebenda.
[72] Vgl. Innovationstest '85, in: Industriemagazin (München), 6/1985, S. 140.

Tabelle 4.20.
Gegenstand der Zukunftsanalysen in 62 innovationsaktiven Unternehmen

Zukunftsanalysen beziehen sich auf	häufig	selten
Veränderungen der Nachfrage oder Erkennen eines Neubedarfs	58	3
Veränderungen aus technologischem und naturwissenschaftlichem Wissen	49	13
Veränderungen aus dem Bereich der Ressourcen	17	37
Veränderungen rechtlich-institutioneller Einflüsse	8	40

— laufende betriebliche Arbeit,
— eigene planmäßige Forschung und Entwicklung,
— Zeitschriften und Literatur,
— Reklamationen von Kunden.

Analysiert man hiervon ausgehend, welche Prognosemethoden die weiteste praktische Bedeutung in der kapitalistischen Unternehmensführung gefunden haben, stößt man zunächst auf die für die kapitalistische Methodologie allgemein übliche Fülle von Ansätzen, bei denen oftmals nur schwer erkennbar ist, worin die Unterschiede liegen.[73] Pragmatisch ist dabei interessant, daß die komplizierten Methoden weit weniger angewendet werden, als man angesichts der häufigen Diskussion um die Verfahren erwarten könnte.[74] Relativ häufig sind auch Überschneidungen in der Anwendung von Prognose- und kreativen Problemlösetechniken nachweisbar, was ihre formale Zuordnung erschwert.

Auf die in der bürgerlichen Literatur vielfach geführten Diskussionen zu „exploratorischen Prognosen“ „*Exploratory Forecasts*“ und „normativen Prognosen“ „*Normative Forecasts*“ soll hier nicht näher eingegangen werden, zumal für die sozialistische Wirtschaftsprognose eigenständige und inhaltlich weitaus logischere Verfahrensvorschläge vorliegen.[75]

Alle auf Unternehmensebene erfolgreich praktizierten Prognosemethoden können naturgemäß objektiv bedingte Grenzen der Prognostik nicht überspringen, sondern lediglich helfen, rechtzeitig Krisensituationen zu erkennen. Von daher sind Risiken wie Chancen der Entwicklung immer nur mit hohen Unsicherheiten behaftet voraussagbar, insbesondere wenn sie über technologische Probleme im engeren Sinne hinausgehende Problemkreise der gesellschaftlichen Gesamtentwicklung betreffen.

[73] Vgl. Frerichs, W./Kübler, K., Gesamtwirtschaftliche Prognoseverfahren, München 1980; Mertens, P. (Hrsg.), Prognoserechnung, Würzburg—Wien 1978; Henschel, H., Wirtschaftsprognosen, München 1979.
[74] Vgl. ebenda.
[75] Vgl. Haustein, H. D., Prognoseverfahren, Berlin 1970; Dobrov, G. M., Prognostik in Wissenschaft und Technik, Berlin 1971.

Katalog der Prognosetechniken

Eine für praktische Zwecke gut aufbereitete Gliederung von Prognosemethoden liegt der im *Handbuch für Manager* (1974) vorgenommenen Differenzierung zugrunde, die von folgenden, oftmals bei anderen Arbeiten keineswegs so vollständig beantworteten Fragen ausgeht[76]:

- Kurzcharakteristik des Verfahrens und der wichtigsten Schritte der Anwendung,
- Genauigkeit für kurzfristige Monatsprognosen, mittelfristige und langfristige Prognosen,
- Erkennbarkeit von Trendwendepunkten,
- typische Anwendungsbereiche,
- erforderliche Daten,
- Prognosekosten bei EDV-Einsatz und Berechnungsmöglichkeiten ohne Computertechnik,
- erforderlicher Zeitaufwand der Prognosearbeit.

Die im *Handbuch* befindliche Übersicht ist in Tabelle 4.21. wiedergegeben. Obwohl unter den hier ausgewählten 18 Prognosemethoden 13 auf mathematisch-statistischen und damit im Grunde genommen quantitativen Voraussetzungen beruhen, täuscht diese Präferenz über die in der Praxis am häufigsten benutzten Verfahren, die zweifellos im Bereich der qualitativen „Expertenbefragungen“ anzusiedeln sind, d. h. unter den ersten fünf erläuterten liegen. Coenen schätzt diese Lage richtig ein, wenn er betont: „Die hier als ‚Expertenverfahren‘ bezeichneten Methoden sind die derzeit gebräuchlichsten Verfahren der technologischen Prognose, in erster Linie wohl deshalb, weil bei diesen Verfahren die Datenerfordernisse minimal sind.“[77]

Zu den populärsten qualitativen Prognosemethoden für technologische Voraussagen zählt dabei nach amerikanischen Einschätzungen[78] die *Delphi*-Technik, auf die aus diesem Grunde ausführlicher eingegangen wird.

Delphi-Technik

Die Technik verdankt ihren Namen dem berühmten Orakel Griechenlands. Zu Beginn der 50er Jahre wurde die Technik von der *Rand Corporation* für langfristige Prognosen im technischen Bereich entwickelt.[79] Seit dieser Zeit wurde die Methode als spezielles Verfahren der Expertenbefragung vielfältig

[76] Vgl. Handbuch für Manager, hg. von B. Folkertsma, Berlin(West) 1974, Abschnitt 6.1.

[77] Coenen, R., Technologische Prognosen: Vorhandene Techniken und ihre Anwendungsmöglichkeiten in der Forschungs- und Entwicklungsplanung, a. a. O., S. 158.

[78] Vgl. Hodgetts, R. M., Management, Orlando 1985, S. 102.

[79] Vgl. Tersine, R. J./Riggs, W. E., The Delphi-Technique. A Long Rang Planning Tool, in: Business Horizons (Bloomington), 2/1976; Becker, D., Analyse der Delphi-Methode und Ansätze zu ihrer optimalen Gestaltung, Frankfurt/M. 1974.

Tabelle 4.21.
Übersicht zu angewandten Prognosemethoden auf Unternehmensebene

A. Quantitative Verfahren					
Verfahren	1. Delphi-Verfahren	2. Marktforschung	3. Panel-Konsensus-Verfahren	4. „Visionäre Prognosen" (Prophezeiungen)	5. Historische Analogie
Beschreibung	Ein Panel von Experten wird mit Fragebogen befragt; dabei werden die Antworten dazu verwendet, einen nächsten Fragebogen auszuarbeiten. Jeder nur einigen Experten verfügbare Informationssatz wird an die anderen weitergegeben, wodurch alle Experten alle Informationen für die Prognose erhalten. Durch dieses Verfahren wird der sogenannte „Bandwagon"-Effekt der Mehrheitsmeinung vermieden (d. h. die Beeinflussung abwei-	Systematische Verfahren zur Entwicklung und Prüfung von Hypothesen über reale Märkte.	Das Verfahren beruht auf der Annahme, daß mehrere Experten eine bessere Prognose erarbeiten können als ein einzelner. Hier bestehen keinerlei gegenseitige „Geheimnisse", Kommunikation wird gefördert. Die Prognosen können allerdings durch gesellschaftliche Faktoren beeinflußt werden und widerspiegeln dann nicht einen echten „Konsensus" der Meinungen.	Eine Prophezeiung, die persönliche Einsichten, Werturteile und, sofern möglich, Tatsachen über die verschiedenen Umweltbedingungen der Zukunft benutzt. Gekennzeichnet durch subjektives „Raten", durch Hypothesen und persönliche Vorstellungskraft im allgemeinen, sind die hier angewandten Verfahren nicht wissenschaftlich.	Es handelt sich hier um eine komparative Analyse der Einführung und des Wachstums gleicher neuer Produkte; Die Prognose beruht auf dem Vergleich von ähnlichen Strukturen.

	chender Minderheitenmeinungen durch vorherrschende Mehrheitsmeinung).				
Genauigkeit:					
Kurzfristige Prognosen (0—3 Mon.)	Befriedigend bis sehr gut	Ausgezeichnet	Schlecht bis befriedigend	Schlecht	Schlecht
Mittelfristige Prognosen (3 Monate bis 2 Jahre)	Befriedigend bis sehr gut	Gut	Schlecht bis befriedigend	Schlecht	Gut bis befriedigend
Langfristige Prognosen (2 Jahre und darüber)	Befriedigend bis sehr gut	Befriedigend bis gut	Schlecht	Schlecht	Gut bis befriedigend
Erkennung der Trendwendepunkte	Befriedigend bis gut	Befriedigend bis gut	Schlecht bis befriedigend	Schlecht	Schlecht bis befriedigend
Typische Anwendungen	Langfristige Absatzprognose, Absatz neuer Produkte; Prognosen von Gewinnspannen	Prognosen langfristiger Absatzentwicklung, der Absatzentwicklung neuer Produkte, Prognosen von Gewinnspannen	Prognosen von langfristigen Entwicklungen und der Entwicklung neuer Produkte, Prognosen für Gewinnspannen	Prognosen langfristiger Absatzentwicklungen neuer Produkte; Prognosen von Gewinnspannen	Prognosen langfristiger Absatzentwicklungen und des Absatzes von Prognosen von Gewinnspannen
Erforderliche Daten	Ein Koordinator gibt die Fragebogen heraus, bearbeitet und stellt die Antworten zusammen	Mindestens zwei Berichtsbände für den bestimmten Zeitraum. Man braucht eine beträchtliche Samm-	Die Informationen werden einem Expertenpanel offen in Gruppenzusammenkünften vorgelegt.	Wenige Experten entwerfen ein Bild möglicher Umweltbedingungen in der Zukunft unter	Mehrjährige Geschichte eines oder mehrerer Produkte

Tabelle 4.21. (Fortsetzung)

A. Qualitative Verfahren					
Verfahren	1. Delphi-Verfahren	2. Marktforschung	3. Panel-Konsensus-Verfahren	4. „Visionäre Prognosen“ (Prophezeiungen)	5. Historische Analogie
		lung von Marktdaten aus Fragebogen, Erhebungen, Marktuntersuchungen und Zeitreihenanalysen von Marktvariablen.	Die Experten erarbeiten eine gemeinsame Meinung (Konsensus) für die Prognose. Auch hier sind mindestens zwei verschiedene Berichte für die Planung erforderlich.	Berücksichtigung vergangener Ereignisse.	
Kosten der Prognose mit Computer (in DM)	4000 und mehr	15000 und mehr	5000 und mehr	2000 und mehr	2000 und mehr
Berechnung ohne Computer möglich?	Ja	Ja	Ja	Ja	Ja
Zur Vorbereitung der Prognose erforderliche Zeit	2 Monate und mehr	3 Monate und mehr	2 Wochen und mehr	1 Woche und mehr	1 Monat und mehr

Beschreibung	Jeder Punkt des gleitenden Durchschnitts einer Zeitreihe ist das arithmetische oder gewichtete Mittel einer Anzahl konsekutiver Punkte der Reihe, wobei die Anzahl Datenpunkte so gewählt wird, daß die Auswirkungen saisonaler Schwankungen oder Unregelmäßigkeiten (oder beides) eliminiert werden.	Dieses Verfahren ist dem des gleitenden Durchschnitts gleich, allerdings werden Datenpunkte jüngeren Ursprungs stärker gewichtet. Es gibt viele Varianten der exponentiellen Glättungsmethode: Manche sind vielseitiger als andere, manche im Rechenaufwand sehr komplex; manche brauchen viel Computerzeit.	Dieses Verfahren exponentieller Glättung ist ein Spezialfall der Box-Jenkins-Methode. Hierbei werden Zeitreihen an ein mathematisches Modell angepaßt, das kleinere Fehler den historischen Daten besser zuordnet als jedes andere Modell. Dies ist die zur Zeit genaueste statistische Routinemethode; sie ist aber auch eine der kostspieligsten und langwierigsten, Spezialinformationen notwendig	Das Verfahren wurde von Julius Shiskin im (US) Census Bureau entwickelt; das Verfahren zerlegt eine Zeitreihe in saisonale Faktoren und filtert Zyklen und unregelmäßige Elemente heraus. Das Verfahren wird im wesentlichen für detaillierte Zeitreihenanalysen (einschließlich der Schätzung von saisonalen Faktoren) verwendet. Bei Einsatz von Spezialinformationen ist es die effizienteste Technik für mittelfristige Prognosen, d. h. für Prognosehorizonte von drei Monaten bis zu einem Jahr, und gestattet die Voraussage von Wendepunkten sowie die richtige Zeitwahl für Sonderaktionen.	Dieses Verfahren paßt Trendkurven an mathematische Gleichungen an und projiziert sie dann in die Zukunft.

Tabelle 4.21. (Fortsetzung)

A. Qualitative Verfahren					
Verfahren	1. Delphi-Verfahren	2. Marktforschung	3. Panel-Konsensus-Verfahren	4. „Visionäre Prognosen“ (Prophezeiungen)	5. Historische Analogie
Genauigkeit:					
Kurzfristige Prognosen (0 bis 3 Monate)	Schlecht bis gut	Befriedigend bis sehr gut	Sehr gut bis ausgezeichnet	Sehr gut bis ausgezeichnet	Sehr gut
Mittelfristige Prognosen (3 Monate bis 2 Jahre)	Schlecht	Schlecht bis gut	Schlecht bis gut	Gut	Gut
Langfristige Prognosen (2 Jahre und darüber)	Sehr schlecht	Sehr schlecht	Sehr schlecht	Sehr schlecht	Gut
Erkennung der Trendwendepunkte	Schlecht	Schlecht	Befriedigend	Sehr schlecht	Schlecht
Typische Anwendung	Lagerbestandskontrolle für Artikel mit geringem Umsatzvolumen	Produktions- und Lagerbestandskontrollen, Projektion von Gewinnspannen und anderen Finanzdaten	Produktions- und Lagerbestandskontrolle für Artikel mit großem Mengenumsatz; Prognosen für Bar-Bestandsmengen und Cash-flow	Tracking, d. h. Soll/Ist Vergleich zur Kontrolle und Warnung (vor Wendepunkten), Prognosen von Absätzen eines Gesamtkonzerns oder von Unternehmensbereichen und Einzelabteilungen	Prognosen für neue Produkte (insbesondere für den mittel- und langfristigen Prognosebereich)

Erforderliche Daten	Mindestens zwei Jahre der Verkaufsgeschichte, falls saisonale Schwankungen und Störungen auftreten. Sonst auch mit weniger Daten möglich (je mehr historische Daten, um so besser). Der gleitende Durchschritt muß genau spezifiziert werden.	Wie für das Verfahren mit gleitendem Durchschnitt	Wie für das Verfahren mit gleitendem Durchschnitt, jedoch sind in diesem Fall historische Daten bei der Modellerarbeitung von Vorteil.	Zu Beginn sind historische Daten aus mindestens drei Jahren erforderlich. Danach die gesamte Geschichte des Artikels, der Gegenstand der Prognose ist.	Variiert je nach angewandter Technik. In der Regel müssen Jahresdaten für mindestens·fünf Jahre verfügbar sein. Danach die gesamte Geschichte des Objekts, das Gegenstand der Prognose ist.
Kosten der Prognose mit Computer	Sehr gering	Sehr gering	DM 6000 und mehr	DM 4000 und mehr	Schwankt je nach Anwendungsaufgabe
Berechnung ohne Computer möglich?	Ja	Ja	Ja	Nein	Ja
Zur Vorbereitung der Prognose erforderliche Zeit	1 Tag und weniger	1 Tag und weniger	1 bis 2 Tage	1 Tag	1 Tag und weniger
Bibliographische Hinweise	Hadley, Introduction to Business Statistics, San Francisco 1968.	Brown, Less Risk in Inventoy Estimates, in: Harvard Business Review, Juli—August 1959, S. 104.	Box-Jenkins, Time series Analysis, Forecasting & Control San Francisco 1970.	McLaughlin/Boyle, Shortterm Forecasting AMA, Association ciation Booklet, 1968.	Hadley, Introduction to Business Statistics, San Francisco 1968 und Oliver/Boyd, Techniques of Production Control, Imperial Chemical Industries, 1964.

Tabelle 4.21. (Fortsetzung)

C. Kausale Methoden

Verfahren	1. Regressions-Modell	2. Ökonometrisches Modell	3. Erhebungen über Kaufabsichten und Kaufpläne	4. Input/Output-Modell
1	2	3	4	5
Beschreibung	Dieses Verfahren bezieht Absatzzahlen auf andere wirtschaftliche, konjunkturelle, wettbewerbliche oder interne Variable und arbeitet mit Gleichungen unter Verwendung des Verfahrens des kleinsten Quadrats. Die Korrelationen werden im wesentlichen statistisch analysiert.	Ein ökonometrisches Modell ist ein System aus voneinander wechselseitig abhängigen Regressionsgleichungen, die einen bestimmten Sektor der Wirtschaft nach Verkauf/Absatz oder Gewinnaktivität beschreiben. In der Regel sind diese Modelle relativ aufwendig in der Entwicklung, kosten zwischen DM 10000 und DM 20000. Jedoch sind sie durch die in einem solchen System eingebauten Gleichungen besser geeignet, die auftretenden Kausalitäten auszudrücken als normale Regressionsgleichungen; daher lassen sich mit diesem Verfahren Trend-Wendepunkte genauer vorhersagen.	Solche Erhebungen in der Öffentlichkeit bestimmen (a) die Absichten zum Kauf bestimmter Produkte oder (b) leiten einen Index ab, mit dem die Vorstellungen der Öffentlichkeit über Gegenwart und Zukunft gemessen werden; das System schätzt ab, wie diese Erwartungen die Einkaufsgewohnheiten der Verbraucher beeinflussen werden. Diese Verfahren sind bei der Prognose nutzbringender für Ist/Soll-Vergleiche („Trakking") und Wendepunkt-Vorwarnungen („Warning") als normale Prognoseverfahren. Das Grundproblem beim Einsatz dieses Verfahrens ist es, daß Wendepunkte angezeigt werden, die in Wirklichkeit vielleicht	Ein Verfahren, das den Firmenumsatz in Konzernen (zwischen Tochtergesellschaften oder in Unternehmensbereichen) und Branchen analysiert. Beträchtliche Anstrengungen sind zum richtigen Einsatz der Modelle erforderlich. Normalerweise nicht verfügbare zusätzliche Daten müssen erst erfaßt und an das spezifische Unternehmen angepaßt werden.

Genauigkeit:				
Kurzfristige Prognosen (0 bis 3 Monate)	Gut bis sehr gut	Gut bis sehr gut	Schlecht bis gut	Nicht zutreffend
Mittelfristige Prognosen (3 Monaten bis 2 Jahre)	Gut bis sehr gut	Sehr gut bis ausgezeichnet	Schlecht bis gut	Gut bis sehr gut
Langfristige Prognosen (2 Jahre und darüber)	Schlecht	Gut	Sehr schlecht	Gut bis sehr gut
Erkennung der Trendwendepunkte	Sehr gut	Ausgezeichnet	Gut	Befriedigend
Typische Anwendungen	Prognosen von Absatzzahlen nach Produktgruppen, Prognose von Handelsspannen	Prognose von Umsätzen und Absätzen nach Produktklassen, Prognosen von Handelsspannen	Prognose von Absatzzahlen nach Produktklasse	Umsatzprognosen für Konzerne, Unternehmen, Unternehmensbereiche, Branchen, Industriesektoren und deren Untergruppierungen
Erforderliche Daten	Historische Quartalsdaten für mehrere Jahre, um gute Korrelationen zu bestimmen	Wie bei Regressionsgleichungs-Verfahren	Normalerweise Daten für mehrere Jahre, um solche Indikatoren mit den Umsatzbewegungen des Unternehmens zu korrigieren.	Geschichtliche Daten für 10 bis 15 Jahre; beträchtliche Informationsmengen über Produkt- und Dienstleistungsströme innerhalb des Konzerns (oder der Gesamtwirtschaft) (Jahreszahlen) erforderlich.

Tabelle 4.21. (Fortsetzung)

C. Kausale Methoden

Verfahren	1. Regressions-Modell	2. Ökonometrisches Modell	3. Erhebungen über Kaufabsichten und Kaufpläne	4. Input/Output-Modell
1	2	3	4	5
Kosten der Prognose mit Computer (in DM)	800 und mehr	10000 und mehr	20000	40000 und mehr
Zur Vorbereitung der Prognose erforderliche Zeit	Hängt von der Fähigkeit zur Erkennung der Korrelation ab.	2 Monate und mehr	Mehrere Wochen	6 Monate und mehr
Bibliographische Hinweise	Chelland/de Cani/Brown/Bush/Murray: Basic Statistics with Business Applications, New York 1966.	Evans, Macroeconomic Activity: Theory, Forecasting & Control, New York 1969.		Leontief, Input-Output Economics, New York 1966.
Beschreibung	Ökonometrische Modelle und Input/Output-Modelle werden gelegentlich für Prognosezwecke miteinander kombiniert. Das Input/Output-Modell dient dabei zur Erstellung langfristiger Trendangaben für das ökonometrische Modell; dadurch wird das ökonometrische Modell stabilisiert.	Es wird der Prozentsatz einer Gruppe ökonomischer Indikatoren verwendet, die sich nach oben oder unten bewegen; der Prozentsatz wird dann als Index benutzt.	Dieses Zeitreihenverfahren dient als Leitindikator ökonomischer Aktivitäten, deren Bewegung in einer gegebenen Richtung der Bewegung einer anderen bestimmten Zeitreihe vorausläuft.	Hierbei handelt es sich um Analyse und Prognose der Wachstumsraten neuer Produkte aufgrund der Verfahren mit S-Kurven. Die Phase der Produktaufnahme auf dem Markt durch verschiedene Gruppen, wie z. B. Neuerer (innovators), Frühanwender und Anpasser (early adapters), der frühen

				Mehrheit (early majority), der späten Mehrheitskäufer (late majority) und der Zögerer (laggards), bildet den zentralen Faktor dieser Analyse.
Genauigkeit:				
Kurzfristige Prognosen (0 bis 3 Monate)	Nicht zutreffend	Schlecht bis gut	Schlecht bis gut	Schlecht
Mittelfristige Prognosen (3 Monate bis 2 Jahre)	Gut bis sehr gut	Schlecht bis gut	Schlecht bis gut	Schlecht bis gut
Langfristige Prognosen (2 Jahre und darüber)	Gut bis ausgezeichnet	Sehr schlecht	Sehr schlecht	Schlecht bis gut
Erkennung der Trendwendepunkte	Gut	Gut	Gut	Schlecht bis gut
Typische Anwendungen	Konzernabsätze für industrielle Sektoren, Branchen und deren Untergruppierungen	Prognosen von Umsatzzahlen nach Produktklassen	Prognosen von Absatzzahlen nach Produktklassen	Prognosen der Absatzbewegung neuer Produkte
Erforderliche Daten	Wie für Verfahren mit gleitendem Durchschnitt und Methode X-11	Wie bei Erhebungen über Kaufabsichten	Wie bei Erhebungen über Verkaufsabsichten, historische Daten für mehr als 5 Jahre	Als Minimum die Jahresumsätze des zu untersuchenden Produkts oder eines ähnlichen Produkts, hierzu müssen oft Markterhebungen durchgeführt werden.

C. Kausale Methoden

Verfahren	1. Regressions-Modell	2. Ökonometrisches Modell	3. Erhebungen über Kaufabsichten und Kaufpläne	4. Input/Output-Modell
1	2	3	4	5
Kosten der Prognose mit Computer (in DM)	50000 und mehr	2000 und mehr	2000 und mehr	3000 und mehr
Berechnung ohne Computer möglich?	Nein	Ja	Ja	Ja
Zur Vorbereitung der Prognose erforderliche Zeit	6 Monate und mehr	1 Monat und mehr	1 Monat und mehr	1 Monat und mehr
Bibliographische Hinweise:	Evans/Preston, Discussion Paper no. 138, Pennsylvania o. J.	Evans, Macroeconomic Activity: Theory, Forecasting & Control, New York 1969.	Evans, Macroeconomic Activity: „Theory, Forecasting & Control, New York 1969.	Bass, A New Product Growth . Model for Consumer Durables, in: Management Science, Januar 1969.

angewendet und weiterentwickelt. Die bekanntesten Anwendungsfälle betrafen Expertenbefragungen, die zum Beispiel von Gordon, Helmer, Kahn und Wiener vorgelegt wurden.[80]

Die *Delphi*-Technik wird sehr vielfältig angewendet. Ihr Hauptanliegen besteht darin, durch Befragung von Experten, die eine direkte Konfrontation vermeidet, dennoch eine Einigung der Befragten auf möglichst ein Ergebnis zu erreichen. Der generelle Ablauf der *Delphi*-Technik ist in Abbildung 4.16. dargestellt. Durch die charakterisierten Schritte wird gesichert, daß die Experten anonym, durch Information über die Meinung anderer ihre eigenen Urteile korrigieren können.

Damit soll erreicht werden, daß möglichst ein einheitlicher Konsens über qualitative bzw. quantitative Entwicklungstendenzen, Zeitpunkte bzw. Zeiträume des Eintretens neuer Ereignisse usw. erreicht wird. Ein zusammenfassender Zwischenbericht hebt deshalb vom Mittelwert abweichende Meinungen hervor und wird den Experten zur Stellungnahme zugeschickt. Damit wird den Befragten einerseits eine Korrekturmöglichkeit, andererseits die Begründung ihres abweichenden Standpunkts ermöglicht.

Da diese Begründungen alle Experten erhalten, soll in einem iterativen Prozeß versucht werden, dennoch einen Konsens der Meinungen durch präzisierte Fragebogen zu finden.

Oftmals nutzt man bei der *Delphi*-Technik auch spezifische statistische Verfahren, um die Gruppenurteile beliebigen Einzelurteilen überlegen zu gestalten. Besonderes Augenmerk mißt man dabei dem ersten, sogenannten unabhängigen Gruppenurteil, das heißt dem Median nach der ersten Fragerunde gegenüber den abhängigen Gruppenurteilen der folgenden Runden zu, weil hier bereits revidierte Einzelurteile unter Benutzung vorangegangener Frageergebnisse zugrundeliegen.

Als Hauptvorteile der *Delphi*-Methode gelten:

— zunächst unabhängige Urteilsbildung bei sorgfältiger Begründung;
— Einbeziehung anderer bzw. abweichender Meinungen in die eigene Urteilsfindung und eventuelle Korrektur;
— unabhängige Urteilsfindung unter Vermeidung von sogenannten gruppendynamischen Effekten, durch emotionelles gegenseitiges Beeindrucken;
— Vermeidung der Beeinflussung durch anerkannte Autoritäten, deren „Heiligenschein" („Halo-Effekt") bei persönlichem Kontakt alle beeindruckt;
— Vermeiden des „Bandwagon-Effekts", das heißt des typischen sich Anschließens an die Meinung der Mehrheit;
— intensive Beschäftigung mit den zur Debatte stehenden Problemen durch Rückinformation über die Meinung anderer;

[80] Helmer, O., 50 Jahre Zukunft. Bericht über eine Langfrist-Vorhersage für die Welt der nächsten fünf Jahrzehnte, Hamburg 1967; Kahn, H./Wiener, A. J., Ihr werdet es erleben — Voraussagen der Wissenschaft bis zum Jahre 2000, Wien—München—Zürich 1968.

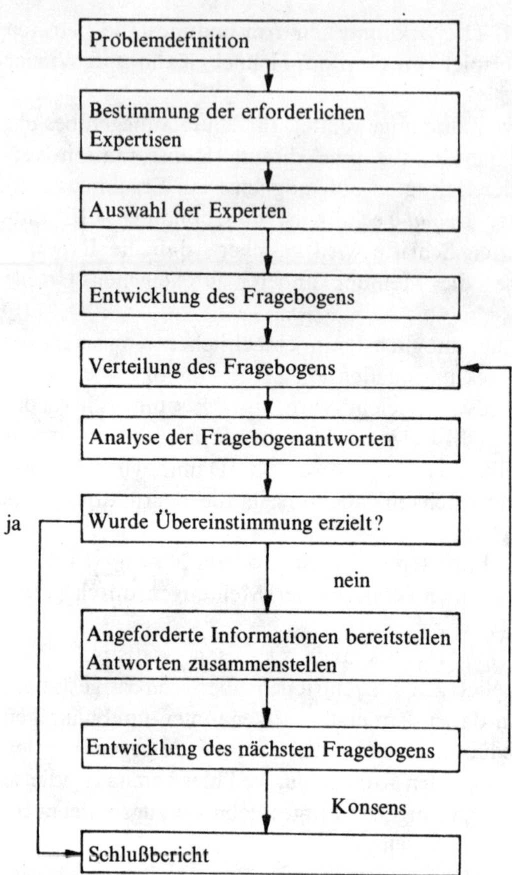

Abb. 4.16.
Ablauf der Delphi-Technik

— freie Hand bei der Auswahl der Experten durch schriftliche Befragung ohne Beschränkung der Zahl der Teilnehmer, auch ohne die bei Konferenzen etc. typischen Terminschwierigkeiten;
— Möglichkeit der Einbeziehung von Praktikern, Wissenschaftlern und sonst kontrovers gegenüberstehenden Experten in einer Spannbreite von minimal 10 bis 15, maximal ca. 400 Experten.

Kritische Punkte der *Delphi*-Methode[81]:

[81] Zellmer hat eine detaillierte marxistische Kritik der Methoden der Expertenbefragung für die Ableitung strategischer Schlußfolgerungen vorgelegt (vgl. Zellmer, G., Methoden der Expertenbefragung und Möglichkeiten ihrer Nutzung in der strategischen Arbeit, Studie, Hochschule für Ökonomie „Bruno Leuschner", Berlin 1982). Vgl. auch: Beselov, S. D./Gurvič, F. G., Ekspertnyje očenki, Moskva 1973.

1. Die Auswahl der Experten bzw. Festlegung der Kriterien, nach denen jemand als Experte gilt, ist hier zu nennen. Der häufig geforderte Grundsatz, die Kreativität zum entscheidenden Maßstab zu nehmen, scheitert daran, daß diese selbst nicht meßbar ist. Als Ergebnis umfassender Literaturstudien werden die in Tabelle 4.22. gegebenen Eigenschaften als für kreative Persönlichkeiten besonders wichtig angesehen.[82]

Die Überprüfung der aus der Literatur ermittelten Ergebnisse durch 267 Manager anhand eines Fragebogens mit 33 Verhaltensbeschreibungen, deren Wichtigkeit auf 5-stufiger Skala von „Stimme völlig zu" bis „Stimme gar nicht zu" reichte, ergab dagegen die in Tabelle 4.23. enthaltene Reihenfolge der Wichtigkeit kreativer Eigenschaften (unter Eliminierung der kaum meßbaren Persönlichkeitsmerkmale).[83]

Allein aus diesem Vergleich wird deutlich, wie schwierig es in der Praxis fällt, eine einheitliche Meinung darüber zu erreichen, wer tatsächlich als kreative Persönlichkeit bzw. Experte anzusehen ist.

2. Die Motivation und Einstellung der Experten zur *Delphi*-Technik selbst gilt als ein weiterer kritischer Punkt. Hierbei geht es einerseits um den Willen der Befragten, verantwortungsvoll am Programm mitzuarbeiten, andererseits um den Erhalt der Bereitschaft über die gesamte Dauer der *Delphi*-Befragung, die durchschnittlich drei Runden umfaßt und meist mehrere Wochen dauert. Erfahrungsgemäß ändert sich in der Zeit oftmals die Bereitschaft der Experten oder wird durch Zwischenberichte die Motivation verändert.

3. Die statistische Ermittlung von Mittelwerten bzw. die Bestimmung des Konsens wird gleichermaßen kritisiert. Hierbei geht es insbesondere um die Frage, daß Anpassungen an den Median keineswegs allein aus Überzeugung, sondern auch aus Bequemlichkeiten resultieren können. Schließlich muß unbedingt beachtet werden, daß wirklich kompetente Expertenurteile und weniger kompetente zu einem „Mittelwert" zusammengefaßt werden, der zu einem untauglichen Konsens führen kann.

4. Bei der *Delphi*-Technik ist nicht auszuschließen, daß die wirklichen Experten die Fragebogen nicht selber ausfüllen, sondern die Aufgabe an Mitarbeiter übertragen und

5. können relativ unabhängige Experten ihrer Phantasie bei den Urteilen die Zügel schießen lassen, weil sie allermeist für die Realisierung nicht verantwortlich sind.

Zur Überwindung dieser Mängel wurden Modifikationen der *Delphi*-Technik vorgeschlagen, die stärker die gegenseitige Beeinflussung und Wahrscheinlichkeiten der vorhergesagten Ereignisse untersuchen (*Cross-Impact-Analysis*).

[82] Vgl. die Zusammenfassung neuerer Innovations-Management-Forschungsergebnisse, in: absatzwirtschaft (Düsseldorf), 5/1985, S. 26ff.

[83] Ebenda.

Tabelle 4.22.
Ergebnisse von Literaturdurchsichten für kreative Persönlichkeiten

kreative Fähigkeiten	begleitende Intellektuelle Fähigkeiten	begleitende Persönlichkeitsmerkmale
— Gedankenflüssigkeit — reicher Wortschatz — divergentes Denken — Originalität — Elaboration — Penetration — Redefinition — unkonventionelles statt kompulsives Denken	— Flexibilität im Denken — Problemaufspüren — Realitätskontrolle — Organisationsfähigkeit — Konzentrationsfähigkeit	— Nonkonformismus — Offenheit gegenüber neuen Erfahrungen — intrinsische Motivation — optimistische Grundhaltung — Expression innerer Prozesse — Verhinderung von Stereotypien — Konfliktverarbeitung — Risikobereitschaft — Toleranz gegenüber Mehrdeutigkeit — Vorliebe für Schwierigkeiten — Ausdauer — Selbstbewußtsein

Tabelle 4.23.
Managerbefragung zur Wichtigkeit kreativer Eigenschaften

Reihenfolge der Wichtigkeit	Mittelwert der Noten
1. divergentes Denken (Suche nach mehreren Lösungen)	3,28
2. unkonventionelles statt kompulsives Denken (Begeisterung für Neuerungen)	3,20
3. Gedankenflüssigkeit (Einfallsreichtum)	3,03
4. Originalität (ungewöhnliche Ideen)	2,99
5. Problemaufspüren (Chancen frühzeitig erkennen)	2,66
6. Elaboration (exaktes Ausarbeiten von Ideen)	2,62
7. reicher Wortschatz (passende Ausdrucksweise)	2,60
8. Konzentrationsfähigkeit (gegenüber Sachen und Personen)	2,45
9. Redefinition (das Wesentliche herausfinden)	2,43
10. Realitätskontrolle (kritisches Prüfen)	2,27
11. Organisationsfähigkeit (reibungsloses Funktionieren von Arbeitsabläufen)	2,22

Eine weitere Modifikation stellt die sogenannte *SEER*-Methode dar (abgeleitet von: System for *E*vent *E*valuation and *R*eview).[84] Eine nach dieser Form organisierten Expertenbefragung besteht aus zwei Runden. In der ersten Runde wird zunächst eine Liste möglicher zukünftiger Ereignisse aus vorhandenen Prognosen aufgestellt, die das zu lösende Problem betreffen. Die Experten werden dann gebeten, Aussagen darüber zu machen, ob und wann der Eintritt der Ereignisse möglich und inwieweit das Ereignis wünschenswert ist. Die Auswertung der Befragungsergebnisse erfolgt analog zur *Delphi*-Technik, wobei auf Grund der einmaligen Urteilsabgabe jedoch keine Meinungskorrektur vorgenommen und damit der Gesamtprozeß der Expertenbefragung wesentlich verkürzt wird. Im Ergebnis der Befragung entsteht ein sogenannter *SEER*-Baum, der die für die Erreichung lang-, mittel- und kurzfristiger Ziele notwendigen und erwünschten Bedingungen widerspiegelt.

Weitere Modifikationen der *Delphi*-Technik zielen sowohl darauf, den Aufwand der Befragungen zu verringern, als auch auf die Erhöhung der Zuverlässigkeit der Expertenurteile, in dem zum Beispiel auch Ausschreibungen zur Leitung von Forschungsprojekten bzw. zur Finanzierung entsprechender Vorhaben mit den Befragungen verknüpft werden.

Insgesamt gilt die *Delphi*-Technik als eine brauchbare Prognosetechnik, wenn man die genannten Grenzen der Aussagefähigkeit beachtet.[85]

Szenario-Technik

Die *Szenario*-Technik wurde durch die Arbeit von Kahn und Wiener[86] populär. Kahn und Wiener verstehen unter einem *Szenario* eine Folge ausführlicher Bilder von alternativen Zuständen der zukünftigen Umweltentwicklung bzw. externen Entwicklungsbedingungen eines Unternehmens. Mit dem *Szenario* soll dabei nicht allein die mögliche zukünftige Situation umrissen werden, sondern auch der Verlauf der Entwicklung, der zu dieser Zukunftssituation führt. Die Zukunftsbilder beschreiben folglich nicht allein eine hypothetische Situation sondern zugleich Möglichkeiten zur Beeinflussung der Prozesse.

Charakteristisch für die *Szenario*-Technik ist, daß sie von verschiedenen Optionen und alternativen Situationen ausgehend Annahmen über Haupteinflußfaktoren auf den Untersuchungsbereich trifft und daraus alternative Zukunftsbilder (Szenarien) entwickelt.[87] Hervorzuheben ist, daß

— Störgrößen und Trendbrüche mit der *Szenario*-Technik verarbeitet werden können und damit Diskontinuitäten und qualitativ neue Entwicklungsimpulse mit erfaßt werden,

[84] Vgl. Tersine, R. J./Riggs, W. E., The Delphi-Technique, a. a. O.

[85] Saliger, E./Künz, Ch., Zum Nachweis der Effizienz der Delphi-Methode, in: Zeitschrift für Betriebswirtschaft (Wiesbaden), 5/1981, S. 470ff.

[86] Kahn, H./Wiener, A., Ihr werdet es erleben, Wien—München—Zürich 1968.

[87] Vgl. Oberkampf, V., Szenario-Technik. Darstellung der Methode, Frankfurt/M. 1976.

— wirkliche Alternativen der Zukunft, jedoch jeweils „in sich stimmige" Szenarien entwickelt werden und
— die Vorgehensweise nachvollziehbar ist, um denkbare „Pfade in die Zukunft" zu beschreiben.

Für die Vorgehensweise wurden unterschiedliche Schrittfolgen vorgeschlagen, die jedoch auf folgende acht in Abbildung 4.17. dargestellten hinauslaufen[88].

Typisch für die einzelnen in Abbildung 4.17. gezeigten Schritte sind folgende Aktivitäten:

1. Schritt. Experten durchleuchten das Untersuchungsfeld aus verschiedenen Blickrichtungen und arbeiten die wichtigsten Aspekte des Themas heraus. Die Ergebnisse werden hierbei systematisch strukturiert, wodurch oft eine Modifizierung des Untersuchungsthemas erforderlich wird. Als Untersuchungsfeld kann dabei zum Beispiel ein Geschäftsbereich, ein Marktsektor oder eine Technologie bestimmt werden. Soweit möglich sind auch Kenngrößen (Deskriptoren) sowie strategische Variable (Gestaltungs- oder Handlungsparameter) zu ermitteln und im gegenwärtigen Zustand zu beschreiben.

2. Schritt. Alle Einflußfaktoren, die auf das Untersuchungsfeld wirken, werden zusammengetragen. Zunächst werden dabei alle Ideen wertungsfrei gesammelt, dann erfolgt eine Bewertung und Strukturierung. Die bewerteten Einflußfaktoren gilt es dann zu Einflußbereichen (Umfeldern) zusammenzufassen, wobei eine Konzentration auf vier bis sechs Umfelder zweckmäßig ist.

3. Schritt. Die Umfelder werden ihrerseits durch bestimmte Deskriptoren gekennzeichnet, dann die Ist-Situation der ermittelten Deskriptoren analysiert und versucht, die zukünftige Entwicklung zu prognostizieren. Hierbei ist zwischen quantifizierbaren Kenngrößen und nicht quantifizierbaren Deskriptoren zu unterscheiden. Soweit für die Deskriptoren klare, eindeutige Prognosen möglich sind, werden die Trends ermittelt. Für diejenigen Größen bzw. Einflußfaktoren, bei denen sehr verschiedene Entwicklungen möglich sind (kritische Deskriptoren), werden alternative Annahmen aufgestellt. Sowohl für die exakten Prognosen als auch die alternativen Annahmen sind plausible Begründungen unter Beachtung der gegenwärtigen Situation abzugeben.

4. Schritt. Da die verschiedenen Ausprägungen der kritischen Deskriptoren meistens nicht alle miteinander verträglich (konsistent) sind, muß eingeschätzt werden, welche Ausprägungen sich gegenseitig begünstigen und verstärken, welche neutral zueinander sind und welche sich gegenseitig stören bzw. ausschließen. Die Konsistenzeinschätzungen ermöglichen mit Hilfe eines Algorithmus die Bildung mehrerer konsistenter Annahmebündel.[89] Daraus wählt man drei bis fünf

[88] Vgl. Geschka, H./v. Reibnitz, U., Die Szenario-Technik. Ein Instrument der Zukunftsanalyse und der strategischen Planung, in: Töpfer, A./Alheld, H. (Hrsg.), Praxis der strategischen Unternehmensplanung, Frankfurt/M. 1983.

[89] Für die Einschätzung der Konsistenz wird eine Matrix empfohlen, für die ein Rechenprogramm SAR (Sets of Assumptions Ranking) angewandt werden sollte.

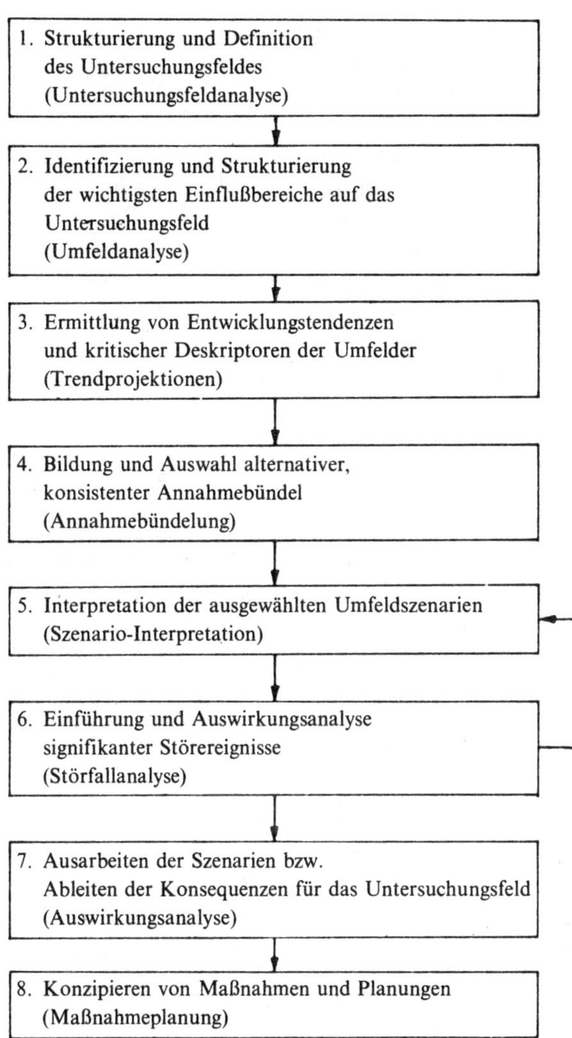

Abb. 4.17.
Schrittfolge der Szenario-Technik nach Geschka/v. Reibnitz

Sätze nach den Kriterien ‚hohe Konsistenz', ‚hohe Unterschiedlichkeit' und ‚hohe Wahrscheinlichkeit' aus. Sie bilden das Gerüst für die im nächsten Schritt zu formulierenden Szenarien.

5. Schritt. Zu den ausgewählten Annahmebündeln werden die in Schritt *3* ermittelten Prognosen der unkritischen Deskriptoren hinzugefügt, wobei auf realitätsnahe Szenarienerarbeitung durch schrittweises Vorgehen zu achten ist.

Mit der Hinzufügung der unkritischen Deskriptoren zu den Annahmesätzen kann an die Erarbeitung der Szenarien für einzelne Zeitschritte herangegangen werden, wobei meist Fünf- bzw. Zehnjahresabschnitte (z. B. 1990, 1995) angestrebt werden.

6. Schritt. In die Szenarien werden unerwartete Ereignisse eingeführt, die trendmäßige Entwicklungen in unvorhergesehene Entwicklungen lenken können. Die einzelnen positiv wie negativ wirkenden Störgrößen müssen dann hinsichtlich ihres Einflusses auf die Szenarien bewertet werden. Die Störereignisse mit dem stärksten Einfluß und der größten Wahrscheinlichkeit werden interpretiert und auf die Auswirkungen in den einzelnen Szenarien hin interpretiert. Damit ist eine Möglichkeit gegeben, zu überprüfen, wie stabil sich die Trendeinschätzungen erweisen und gegebenenfalls Korrekturen der Szenarien unter Beachtung der Störgrößen vorzunehmen.

7. Schritt. Hierbei steht das Ableiten von Konsequenzen im Mittelpunkt, wobei zwei Vorgehensweisen typisch sind. Wenn die Aufgabenstellung bereits sehr konkret formuliert ist, genügt es in der Regel, aus den Umfeldszenarien direkt Konsequenzen (zum Beispiel für die Forschung) abzuleiten. Bei Aufgaben mit Orientierungscharakter (z. B. Erstellen eines Unternehmens- oder Produktleitbildes) ist es dagegen zweckmäßig, auch Szenarien für das Untersuchungsfeld abzuleiten.

8. Schritt. Im eigentlichen Sinne gehört dieser Schritt nicht mehr zur *Szenario*-Technik, da es sich um die Umsetzung der Szenarien in Strategien bzw. Pläne handelt. Das Ableiten von konkreten Maßnahmevorschlägen bestimmt jedoch maßgeblich den Gesamterfolg der *Szenario*-Technik mit.

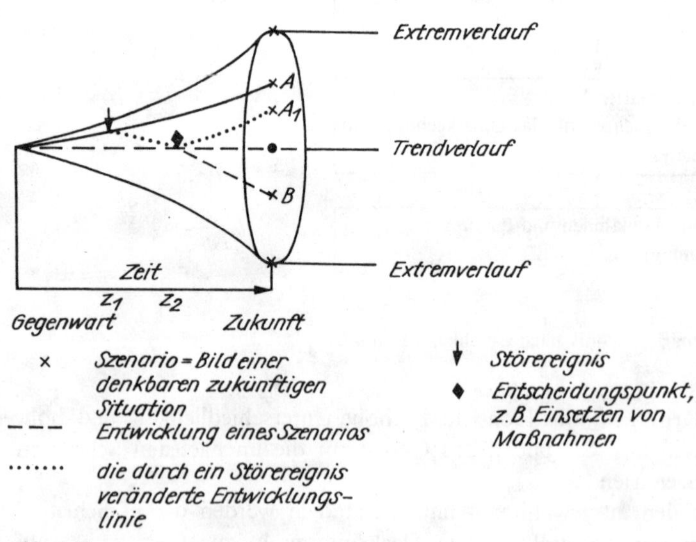

Abb. 4.18.
Denkmodell zur Darstellung von Szenarien nach Geschka/v. Reibnitz

Das in Abbildung 4.18. dargestellte Modell von Geschka und v. Reibnitz verdeutlicht die *Szenario*-Denkweise.[90]

Die Abbildung macht deutlich, daß bei gleichbleibendem Trendverlauf kaum Abweichungen zu erwarten sind. Unterliegen relevante Einflußgrößen dagegen Veränderungen, wird das *Szenario A* erreicht. Wird zum Zeitpunkt Z_1 eine Störung angenommen, auf die nicht reagiert wird, könnte *Szenario B* Wirklichkeit werden. Reagiert man dagegen zum Zeitpunkt Z_2 auf die angenommene Störung, ergebe sich das Zukunftsbild A_1. Je größer der bildlich dargestellte „Trichter" ist, um so größer ist die Spannbreite möglicher Extremszenarien.

Meist bemüht man sich neben positiven Extremszenarien auch negative zu entwickeln, um ein möglichst großes Alternativspektrum der künftigen Entwicklung in die Strategienbildung einzubeziehen. Szenarien werden häufig als Basis für Langfristplanungen bzw. zur strategischen Unternehmensführung genutzt. Bewährt hat sich der Einsatz von *Szenarioteams* unter Einbeziehung der maßgeblichen Entscheidungsträger.

Die Einbettung der *Szenario*-Technik in den Planungsprozeß eines Unternehmens zeigt Abbildung 4.19.[91]

Geschka und Hammer wiesen nach, daß etwa 40 Prozent der *Szenario*-Anwender in Westeuropa Szenarien für sechs bis zehn Jahre im voraus erstellen, weitere 40 Prozent betrachten längere Zeiträume als zehn Jahre, und 15 Prozent wählten *Szenario*-Zeiträume von fünf Jahren oder weniger.[92] Zugleich wurde betont, daß einfache Arbeitstechniken gegenüber komplexeren ökonometrischen Modellen, Simulationsprogrammen und anderen komplexen Methoden bevorzugt angewendet werden.

In den USA nutzt man Szenarien nach gleicher Quelle wie folgt[93]:

- in experimenteller Form 6%,
- gelegentlich, aber nicht regelmäßig 35%,
- oft, aber nicht voll in die Planung integriert 34%,
- regelmäßig und voll in die Planung integriert 25% der Anwortenden.

Seitens Unternehmensberater und Theoretiker des Managements wird mit einer zunehmenden Anwendung der *Szenario*-Technik gerechnet, jedoch gleichzeitig darauf verwiesen, daß auch nach wie vor erhebliche Akzeptanzprobleme bestehen, da das Denken in Alternativen und der Verzicht auf exakte Kalküle vielen Managern schwerfällt.

[90] Vgl. Geschka, H./v. Reibnitz, U., Die Szenario-Technik, a. a. O., S. 129.

[91] Vgl. Geschka, H./Hammer, R., Szenario-Technik in der strategischen Unternehmensplanung, in: Strategische Unternehmensplanung. Stand und Entwicklungstendenzen, hg. von D. Hahn/B. Taylor, 3. durchges. Aufl., Würzburg—Wien—Zürich 1984, S. 239.

[92] Vgl. Geschka, H./Hammer, R., Szenario-Technik in der strategischen Unternehmensplanung, a. a. O., S. 246.

[93] Ebenda.

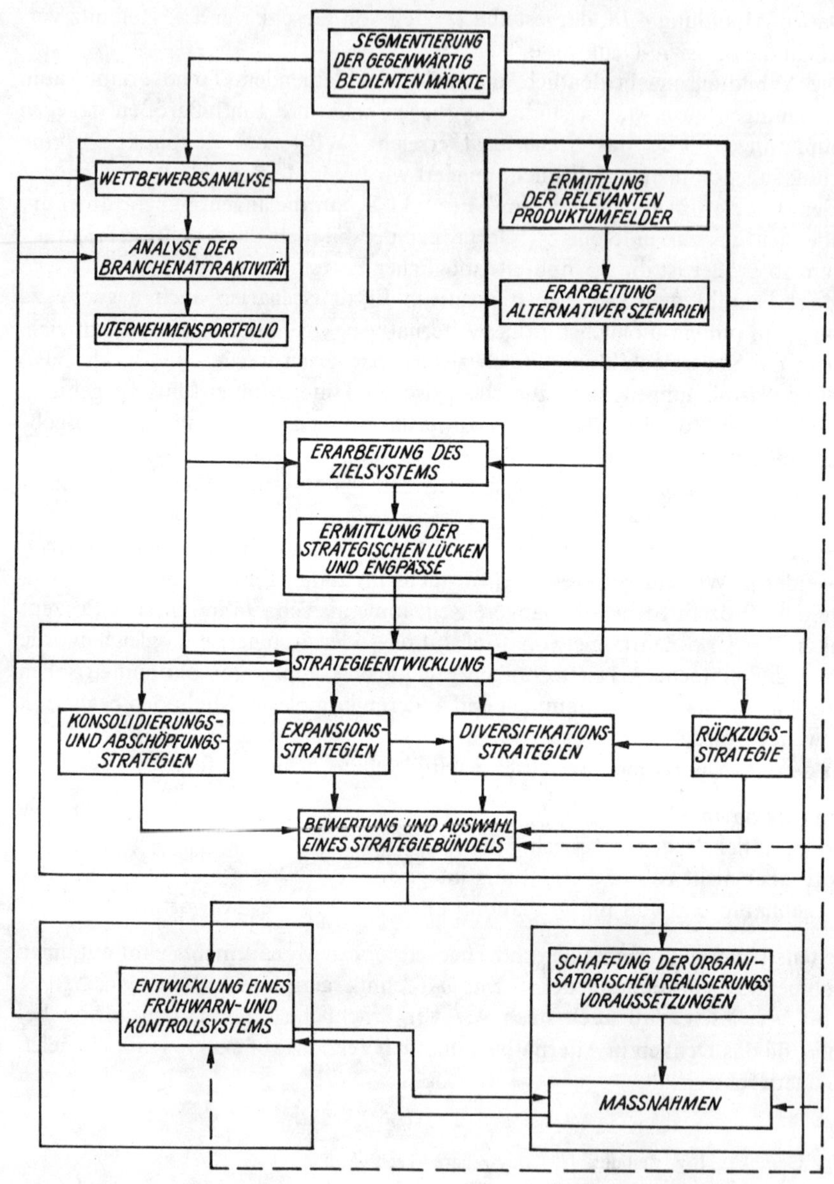

Abb. 4.19.
Einbettung der Szenario-Technik in die strategische Unternehmensplanung nach Geschka/Hammer

Simulationstechnik

In der Managementliteratur wird der Simulationstechnik als einer speziellen *Szenario*-Technik wachsende Bedeutung zuerkannt.[94]

Das steht nicht zuletzt in engem Zusammenhang mit dem besonders in den letzten Jahren erfolgten raschen Anstieg des arbeitsplatzorientierten Computereinsatzes und den wesentlich gestiegenen Möglichkeiten der Nutzung von Informations- und Datenbanken durch Direktzugriff.

Unter Simulation versteht man das Durchspielen möglicher realer Sachverhalte anhand eines Modells.

Je nach dem Charakter der Modelle unterscheidet man:

- *Analogsimulationen*, bei der direkte Analogien am Modell überprüft werden (z. B. beim Test von Auto- oder Flugzeugmodellen im Windkanal);
- *Computersimulationen*, bei denen rechnergestützte Modelle zum Abbilden der Sachverhalte in formalisierter Form genutzt werden;
- Ferner werden *stochastische Simulationen*, die den stochastischen Komponenten vieler Prozesse Rechnung tragen (wie zum Beispiel bei der *Monte-Carlo-Simulation*);
- *determinierte Simulationen* für deterministische Prozesse.

Generell bemüht man sich bei der Simulation, komplexen Zusammenhängen Rechnung zu tragen und insbesondere die Wirkung bestimmter dynamischer Systemzusammenhänge zu analysieren.

Der generelle Ablauf einer Simulationsuntersuchung ist in Abbildung 4.20. dargestellt.[95]

Einen entscheidenden Anteil am Erfolg bzw. Mißerfolg der Anwendung der Simulationstechnik haben damit die Systemanalyse und der darauf begründete Aufbau des mathematischen Modells einschließlich der Erstellung des entsprechenden Computerprogramms. Bei befriedigender Abbildung der Realität (Validierung) wird festgelegt, wieviele „Simulationsläufe" durchzuführen und in welcher Weise das Modell abzuändern bzw. Veränderungen zu beurteilen sind. Praktisch erfolgen Simulationsrechnungen dabei fast ausschließlich mittels Computertechnik.

Die Interpretation der Simulationsergebnisse erfolgt dabei sowohl in inhaltlicher Richtung als auch unter dem Aspekt der statistischen Sicherheit bzw. Aussagefähigkeit der Simulation generell. Bei stochastischen Simulationen sind dabei häufig rechnerintern die erforderlichen Zufallszahlen zu erzeugen, für die bei größeren Computeranlagen, aber auch bereits für Personalcomputer Standardprogramme vorliegen.

Das Systemmodell muß der Struktur des Unternehmens, für das die Simu-

[94] Vgl. Geitner, U. W. Integrierte Unternehmensplanung durch Simulation, Wiesbaden 1984.

[95] Vgl. ausführlicher: Krüger, S., Simulation. Grundlagen, Techniken, Anwendungen, Berlin 1975; Ludwig, J., Simulationsmodelle ganzer Unternehmungen, Wiesbaden 1975.

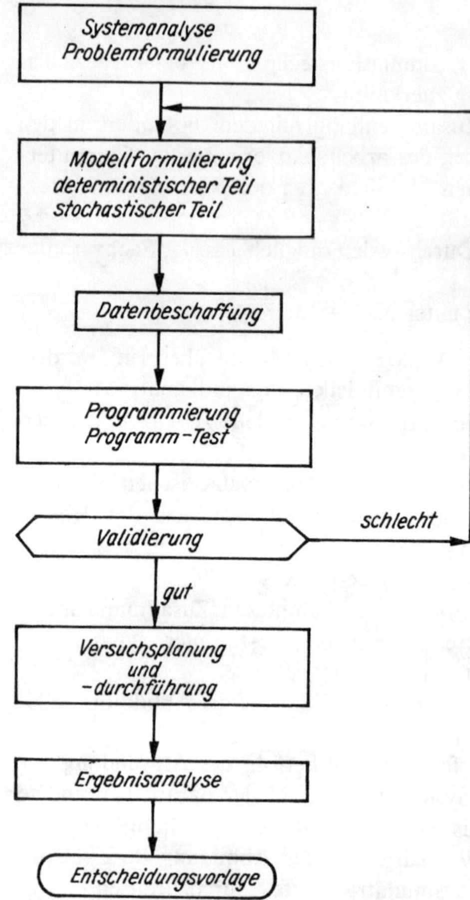

Abb. 4.20.
Aufbau der Simulationstechnik

lation durchgeführt wird, angepaßt sein. Pragmatisch werden hierzu oft besondere Modelle erstellt, wie zum Beispiel bei Geitner[96]:

- das Marketingmodell,
- das Fertigungsmodell,
- das Konstruktionsmodell,
- das Verwaltungsmodell,
- das Personalmodell und
- das Kostenrechnungsmodell.

[96] Vgl. Geitner, U. W., Integrierte Unternehmensplanung durch Simulation, a. a. O., S. 14.

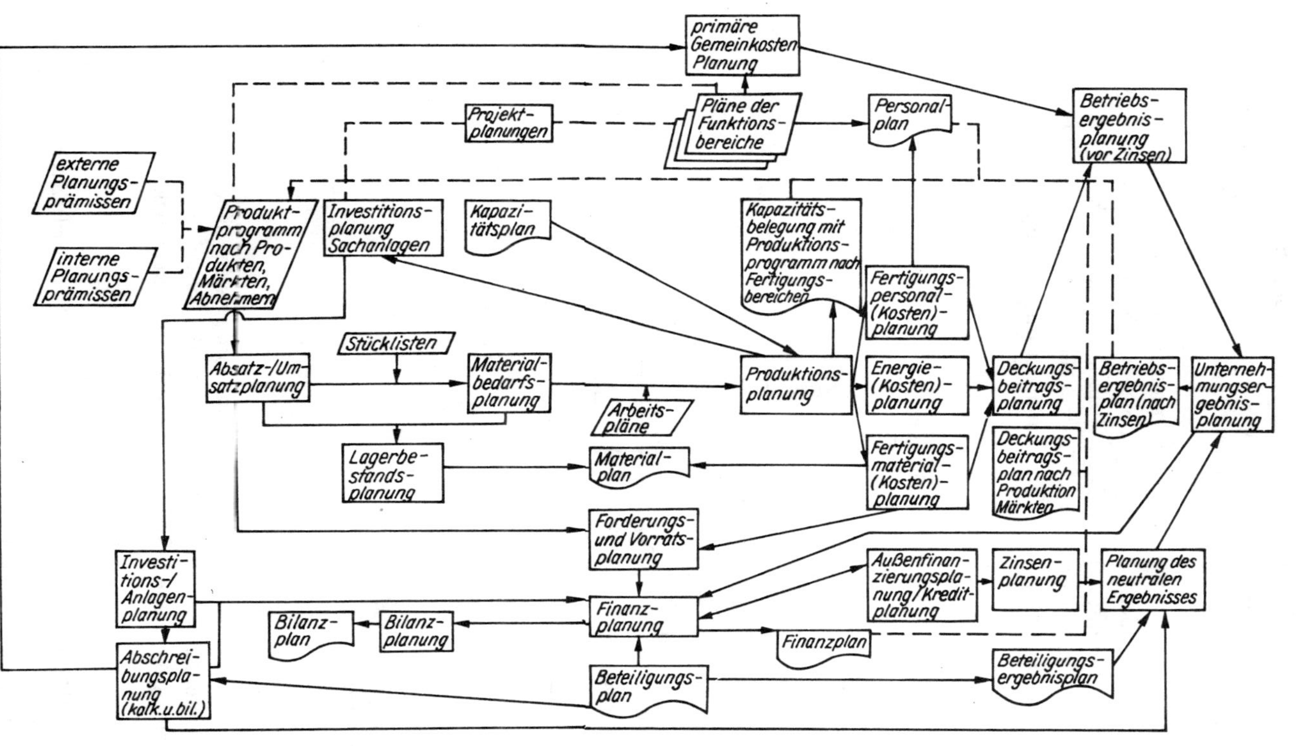

Abb. 4.21.
Prinzipieller Aufbau eines Langfrist-Gesamtunternehmungs-Simulationsmodells

Einen Überblick zum prinzipiellen Aufbau eines Gesamtsimulationsmodells unter Berücksichtigung der einzelnen Pläne zeigt Abbildung 4.21.

Um die Zahl der Dateien und Programme zu beschränken, werden die Modelle in Kleinbetrieben stärker zusammengefaßt, in Großbetrieben sind dagegen umgekehrt auch noch stärkere Aufgliederungen möglich.

Bei der Modellaufstellung sowie programmtechnischen Abarbeitung sind auch unter Nutzung vorhandener Detailprogramme für einzelne betriebswirtschaftliche Abläufe Spezialkenntnisse erforderlich. Großes Gewicht hat hierbei die richtige Anwendung der Systemtechnik bzw. Systemanalyse. Abbildung 4.22. zeigt das grundsätzliche systemanalytische Vorgehen in der Entscheidungsfindung.[98]

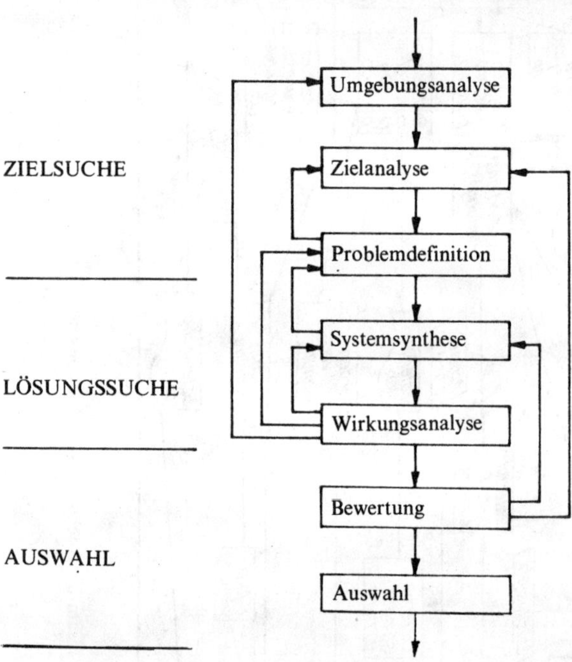

Abb. 4.22.
Systemanalytischer Problemlösungszyklus

Die mathematischen Ansätze der Systemtheorie zielen dabei meist auf die Analyse dynamischer Modelle. In diesen wird die Systemdynamik durch Differentialgleichungen bzw. ein System gekoppelter Differentialgleichungen dargestellt.

[97] Vgl. Strategische Unternehmensplanung — Stand und Entwicklungstendenzen, hg. von D. Hahn und B. Taylor, a. a. O., S. 338.

[98] Daenzer, W. F. (Hrsg.), Systems Engineering, Köln—Zürich, 1976.

Forrester hat einen Modelltyp zur formalen Beschreibung komplexer Systeme mit vielen sich gegenseitig beeinflussenden Regelkreisen vorgeschlagen, der die methodischen Voraussetzungen für zahlreiche weitere systemtheoretische Modelle lieferte.[99]

Für viele Simulationsuntersuchungen wurden spezielle „Simulationssprachen" (Software-Lösungen) entwickelt, die zum Beispiel zur diskreten Ereignissimulation intensiv genutzt werden. Für die Simulation von zeitkontinuierlichen *System Dynamics*-Modellen wird beispielsweise die Sprache *DYNAMO* genutzt. Diese Sprachen setzen Modellierungen der Realität unter Verwendung von Simulationskonzepten voraus, wodurch der Anwender jedoch häufig so eingeschränkt wird, daß ein Rückgriff auf höhere Programmiersprachen unumgänglich ist.

Insgesamt hat die Simulationstechnik nur Erfolg, wenn die systemtheoretischen Grundlagen sowie die simulationstheoretischen Spezifika durch Fachleute beachtet werden.

Techniken zur Strategienbildung

Veränderte strategische Bedingungen

Einen hervorragenden Platz zum Ausbau der internationalen Konkurrenzfähigkeit nehmen die forcierten Anstrengungen zur Entfaltung einer stärker strategisch orientierten Unternehmensführung ein. Das widerspiegelt sich nicht allein anhand der wachsenden Literaturfülle zum Problemkreis des „strategischen Managements", sondern auch in einer schärferen Gliederung operativ und strategisch zu beeinflussender Probleme.

Zu einer Trennung von operativen und strategischen Problemen ist das Kapital aus folgenden drei Gründen gezwungen:

Erstens sind für die Lösung der beiden Problemtypen oft unterschiedliche Managementebenen zuständig. Allgemein gilt dabei die Regel, daß das „Linienmanagement" in stärkerem Maße verantwortlich ist für den optimalen Ressourceneinsatz, z. B. für Produktion bestätigter Produkte für festgelegte Märkte. Das „Top-Management" konzentriert sich dagegen auf die strategisch bedeutsame Frage, ob beispielsweise die profitabelsten Produkte und Märkte bearbeitet werden.

Zweitens sind für strategische Problemstellungen andersartige Entscheidungen als bei operativen Fragen erforderlich. Bei strategischen Problemen geht es um die Beantwortung solcher Fragen, wie:

- Welche neuen Ziele der Innovation, Qualitätsproduktion, Marktarbeit usw. sollen angegangen werden?

[99] Vgl. Forrester, J. W., Industrial Dynamics, Cambridge (Mass.) 1961; ders., Urban Dynamics, Cambridge (Mass.) 1969; ders., World Dynamics, Cambridge (Mass.) 1971.

— Welche bisher gefertigten Erzeugnisse oder verwendeten Technologien sollten eingestellt werden?
— Welche prinzipiell neuen Aktivitäten sollten aufgenommen werden, z. B. zur Mitlieferung von Software, Know-how oder Dienstleistungen?
— Welche Strategie soll auf organisatorischem Gebiet verfolgt werden (beispielsweise Kauf konkurrierender Unternehmen oder internes Organisationswachstum, Einrichtung von Filialen bzw. Divisionalbereichen usw.)?
— Wie kann der Ressourcenbedarf in Zukunft gesichert werden und wie sollen die Kräfte zwischen bisherigen Produkten und neuen verteilt werden?
— Welche Innovationsstrategie (Eigenentwicklung, Kooperation, Patent- oder Lizenznahme usw.) soll verfolgt werden?

Bei operativen Entscheidungen geht es dagegen um unmittelbare Tagesfragen im Konkurrenzkampf, preispolitische Fragen, Effektivitätsfragen von Produkten, Vertrieb und Gesamtorganisation, Fragen der Qualitätssicherung, Höhe der Lagerbestände usw.

Drittens zwingt die Erfahrungstatsache der fast in allen Konzernen bevorzugten Konzentration des Managements auf Tagesfragen, auf bereits vertraute und bekannte Problem- und Fragestellungen dazu, den strategischen Zielproblemen größere Aufmerksamkeit zu widmen, gerade weil die jüngsten Erfahrungen immer eindeutiger beweisen, daß bestmögliche Lösungen operativer Probleme keinerlei Gewähr für das langfristige Unternehmenswachstum geben. Ein nunmehr schon klassisches Beispiel hierfür sind die anfänglichen Fehlbewertungen der strategischen Bedeutung der Mikroelektronik für die Uhrenindustrie. Auch noch so große Anstrengungen zur rationelleren Fertigung mechanischer Uhrwerke, verstärkte Werbekampagnen usw. haben nicht verhindern können, daß die elektronischen Uhrwerke immer größere strategische Vorteile erlangten. Zahlreiche analoge Entwicklungen in anderen Bereichen unterstreichen den wachsenden Wert strategischer Neuorientierungen, systematischerer Situationsanalysen und Prognosen der Geschäftsentwicklung.

Mit der weiteren beschleunigten Entfaltung der wissenschaftlich-technischen Revolution vollziehen sich in den kapitalistischen Hauptländern zahlreiche außerordentlich vielfältige und widersprüchliche Prozesse, die umfassend zu analysieren sind. So zeigt sich beispielsweise eine neue Stufe im Monopolisierungsprozeß, in der Konzentration und Zentralisation des Kapitals im nationalen wie internationalen Rahmen. Rund 50 Prozent der kapitalistischen Industrieproduktion, 60 Prozent des kapitalistischen Außenhandels und 80 Prozent der technologischen Innovationen kommen von den 11000 transnationalen Monopolen und ihren ca. 82000 Töchtern und Filialen.[100] Die vom Monopolkapital im Rahmen der anhaltenden allgemeinen Krise unternommenen Anstrengungen zur profitorientierten Nutzung der hochvergesellschafteten Produktion geben ins-

[100] Vgl. Schmidt, M., Ein neuer Abschnitt der allgemeinen Krise des Kapitalismus, in: Einheit (Berlin), 7/1983, S. 643.

besondere der Forschungs-, Technologie- und Innovationspolitik neue Richtungen. Im Mittelpunkt stehen dabei in allen kapitalistischen Industrieländern:

- die anhaltende beschleunigte Einführung neuer Technik (Produkte, Verfahren, Materialien usw.) und damit die Verschärfung des Innovationskonkurrenzkampfes in Verbindung mit umfassenden Rationalisierungsanstrengungen in allen Bereichen, von der Fertigungsvorbereitung bis zur Produktion und dem Management unter besonderer Berücksichtigung der neuen Möglichkeiten computergestützter Arbeit und der gesamten neuen Informations- und Kommunikationstechnologie im weltweiten Maßstab;
- die Verschärfung der zwischenimperialistischen Konkurrenz in der anhaltenden kapitalistischen Weltwirtschaftskrise mit eingeschränkten extensiven Wachstumsmöglichkeiten und daraus resultierendem Zwang zur Erschließung neuer Profitquellen durch intensive Ressourcenausbeute, Höherveredlung und Orientierung auf Spitzenleistungen in Qualität, Design, Service und Preis;
- der Ausbau des monopolistischen Technologietransfers und der internationalen Arbeitsteilung im Rahmen multilateraler Konzerne (*Triad Power*) mit Konzentration der hochentwickelten kapitalistischen Länder auf intelligenz- bzw. technologieintensive, hochproduktive Qualitätsprodukte und Leistungen gegenüber lohn- und materialintensiven bzw. ökologisch belastenden Fertigungen bei flexibler Automatisierung;
- die Nutzung von Diversifikationsstrategien zur Risikostreuung und bestmöglichen Kapital- sowie Know-how-Verwertung, verbunden mit konsequenter Bereinigung der Produktion von veralteten bzw. unprofitablen Erzeugnissen oder Technologien und Ausbau flexibler Spezialisierung sowie nicht zuletzt
- die militärtechnische Okkupation aller Errungenschaften von Wissenschaft und Technik zum Ausbau der aggressiven Militärstrategien und anhaltenden Bemühungen, die organische Verbindung der Vorzüge des Sozialismus mit den Errungenschaften der wissenschaftlich-technischen Revolution zu untergraben.

Die Forschungs-, Technologie- und Innovationspolitik und damit verbundene theoretische wie praktische Probleme der Strategienbildung und -realisierung nehmen dementsprechend in der staatsmonopolistischen Regulierung sowie im Management auf Unternehmensebene einen zentralen Platz ein. Die hierfür im einzelnen empfohlenen Veränderungen der Managementprinzipien und methoden umspannen ein außerordentlich weites Feld und sind angesichts ihrer vielschichtigen neuen Namen in der Gegenwart hinsichtlich des wirklichen Neuheitsgrades nur schwer zu beurteilen. Ein Hauptgrund hierfür liegt zweifellos in der immer wieder nachweisbar angestrebten bestmöglichen Vermarktung derartiger Methoden selbst.

Die zahlreichen Bemühungen mehr oder weniger ernst zu nehmender bürgerlicher Theoretiker, neue Managementmethoden und -techniken gemäß den veränderten Bedingungen des kapitalistischen Reproduktionsprozesses einzuführen, unterstreichen, wie nüchtern seitens des Kapitals die weltwirtschaftliche Gesamtlage und die „Multikrise" bewertet wird.

Bisher bevorzugte Wachstumsstrategien und darauf zugeschnittene Managementmethoden werden aus diesem Blickwinkel kritisch beleuchtet und daraufhin getestet, wie sie in der veränderten inneren und äußeren Situation am profitabelsten zu modifizieren sind.

Die Versuche zur Entwicklung und praktischen Durchsetzung neuer Anti-Krisen-Rezepte im Rahmen der staatsmonopolistischen Regulierungspolitik und ihrer Einordnung in das privatkapitalistische Konzernmanagement führten insgesamt zu aggressiveren Methoden und Praktiken, die als Instrumentarien einer starken „strategisch" orientierten Unternehmensführung getarnt werden. Dabei ist charakteristisch, daß die staatlichen Regulierungshilfen in kapitalistischen Ländern vor allem dann Erfolg haben, wenn die Realisierung der mit staatlicher Hilfe angestrebten strategischen Ziele komplexer Programme im industriellen Sektor und unter der Regie des betreffenden Konzern-Management verbleibt.

Die Unterschiede des strategischen Managements zum traditionellen Herangehen bestehen vor allem in folgenden Punkten:

- strategische Arbeit ist qualitativer Natur und läßt dementsprechend nur wenige quantitative Vorhersagen zu;
- strategische Arbeit konzentriert sich auf bestimmte, für das Unternehmen besonders relevante Entwicklungen, daher erfolgt sie häufig projektorientiert;
- strategische Arbeit führt zu einem Leitbild für die Bewältigung spezieller Aufgaben, aber zu keinem integrierenden Zahlenwerk für die Gesamtentwicklung des Unternehmens;
- strategische Arbeit ist von der Gesamtanlage und Haltung her auf Änderungen, Störfaktoren, Wandlungen eingestellt. Sie analysiert alternativ Risiken und Chancen, die daraus resultieren.

Die Strategie ist nach amerikanischen Managementtheoretikern „ein allgemeines Programm des Handelns und der implizierten Entwicklung der Schwerpunkte und Ressourcen, um Gesamtziele zu erreichen".[101]

Im neuesten *Management-Lexikon* der BRD heißt es: „Letztlich soll strategische Planung nicht als eine mechanische Garnitur von Formeln und Prozeduren verstanden werden, obwohl jedes Unternehmen einige formale Vorgehensweisen für seine Planung übernehmen wird. Strategische Planung ist in Wirklichkeit ein Ansatz und eine Perspektive, um mit einer recht unstrukturierten Ansammlung von Problemen umgehen zu können. Es ist ein organisierter, rationaler Ansatz für die vielen Unsicherheiten und Zweideutigkeiten der Zukunft."[102]

Die methodisch unterschiedlichen Anforderungen eines traditionellen Managements gegenüber dem strategisch auf Innovationen orientierten Management sind Tabelle 4.24. zu entnehmen.

[101] Koontz, H./O'Donell, C./Weihrich, H., Management, 7th ed., New York 1980, S. 163.

[102] Management-Lexikon, hg. von F. Neske und M. Wiener, Bd. 4, a. a. O., S. 1457.

Tabelle 4.24.
Unterschiede der Vorgehensweise im traditionellen und strategisch orientierten Management

Traditionell orientiertes „Adaptions-Management“	Strategisch orientiertes „Innovations-Management“
sieht Erfolg kurzfristig in der Höhe des Umsatz-Zuwachses und der Realisierung von Verbesserungsinnovationen	sieht Erfolg langfristig in der Bewältigung des Strukturwandels und der Realisierung von Basisinnovationen
plant auf der Grundlage extrapolierter Daten und unter Fortschreibung der Aufwandsparameter	plant auf der Grundlage antizipierter Änderungen der Aufwandsstruktur und der wirtschaftlichen, technischen Umwelt usw.
faßt unerwartete Änderungen in den Planungsdaten als Störung auf, die durch Krisenmanagement beseitigt werden müssen	sieht in jeder Änderung die Chance, mit neuen Ideen und Lösungen Vorteile zu erzielen und stellt sich aktiv auf die notwendige größere Flexibilität und Trendbrüche ein.
versucht Probleme zu lösen, indem auf eine Norm simplifiziert und routinemäßig an die Problemlösung herangegangen wird	sieht Informationsmangel, Ideenmangel als Hauptgrund für Probleme und bereitet Problemlösung durch Verarbeiten neuer Vorschläge, neuer Informationen vor
hat Qualifikation in den Fähigkeiten und Kenntnissen der Ausbildung bzw. Erfahrungen	hat Qualifikation in der permanenten Lernfähigkeit und kann Erfahrungen sowie Kenntnisse, die nicht mehr in die neue Umwelt passen, abschreiben
richtet Führungsstil, Methoden und Organisation sowie die persönliche Arbeitsumwelt nach konstanten Ordnungskriterien aus	sieht neue Lösungen und geht davon aus, daß Änderungen und Widersprüche in den Umweltbedingungen sowie im Zusammenspiel strenge Ordnungsschemata illusorisch machen
Denken, Handeln, Methoden, menschliche Beziehungen sind auf Stabilität ausgerichtet	dynamische, komplexe konfliktbehaftete Situationen werden akzeptiert

Quelle:
Modifiziert nach: Schwab, K., Chancenmanagement, Düsseldorf 1976, S. 66/67.

Zweifellos wird mit derartigen Konzeptionen versucht, den ständig komplizierter werdenden Verwertungsbedingungen des Kapitals durch neue Methoden zu begegnen und gleichzeitig aus der ideologischen Defensive herauszukommen. Bevorzugtes Mittel hierzu ist die Rückbesinnung auf Schumpeters „dynamischen Unternehmer“, der durch Innovationen die Investitionsaktivität und die Kaufaktivität beleben soll. Dazu wird empfohlen, „die unternehmerische Umwelt in attraktive Tätigkeitsbereiche einzuteilen und gleichzeitig das Potential zu beurteilen, das nötig ist, um eine Chance erfolgreich ausnutzen zu können."[103] Man braucht lediglich Attraktivität durch Profitabilität zu ersetzen, um des Pudels Kern zu sehen.

Zu einem der gravierendsten Merkmale der weitreichenden und differenzierten inhaltlich-methodischen Neuorientierungen des Kapitals, den objektiven Entwicklungsprozessen der Vergesellschaftung der wissenschaftlich-technischen Arbeit und ihrer produktiven Nutzung im Interesse des Profits rationeller Rechnung zu tragen, zählt die Tendenz zur Finalisierung, zum Übergang zu einer unmittelbar praxisrelevanten Forschungs-, Technologie- und Innovationspolitik. In dieser Ausrichtung der Anstrengungen des Kapitals auf Innovationen, d. h. auf neue, kommerziell verwertbare Produkte und Dienstleistungen, neue Fertigungsverfahren und Organisationslösungen usw. äußert sich am klarsten die Verschmelzung von Wissenschaft und Technik mit dem kapitalistischen Reproduktionsprozeß und sehen zahlreiche bürgerliche Theoretiker den wichtigsten Schlüssel für das Überleben im international verschärften Konkurrenzkampf. Damit liegt gerade hier ein zentraler Ansatzpunkt für die kritische Analyse des entscheidenden strategischen Faktors im imperialistischen System, der von ausschlaggebender Bedeutung für das Verständnis der Veränderungen in den gesamten Managementtechniken zur Sicherung und zum Ausbau der Verwertungsinteressen des Kapitals ist. Besonders wichtig ist, die Anstrengungen realistisch zu werten, die das Kapital unternimmt, um offensichtliche Schwachstellen bei der Forcierung des wissenschaftlich-technischen Fortschritts zur Überwindung der Krise durch neue inhaltliche Orientierungen und veränderte Methoden der Organisation und Leitung auf staatlicher wie unmittelbar industrieller Ebene zu nivellieren.

Die wichtigsten Veränderungen, die sich seit Ende der sechziger Jahre im Bereich der staatlichen Aktivitäten zur Regulierung des wissenschaftlich-technischen Fortschritts abzeichnen, betreffen vor allem neue Anstrengungen zur Erhöhung ihrer Wirksamkeit.

Diese Entwicklung, durch objektive Anforderungen der wachsenden Komplexität und Langfristwirkungen neuer Technologien erzwungen, führt dazu, daß methodisch gesehen der Übergang von einer partiellen Regulierung des wissenschaftlich-technischen Fortschritts zu einer größeren Breitenförderung (unter besonderer Berücksichtigung der wachsenden Militarisierung der Forschungs- und Entwicklungs-Politik) im wesentlichen vollzogen ist und heute z. B. alle für die Verwertungsinteressen der BRD-Monopole relevanten Gebiete durch entsprechende staatliche Programme abgedeckt sind. Hierbei entspricht die sich in den staatlichen Programmen niederschlagende Differenzierung den objektiv widersprüchlichen monopolistischen Konkurrenzbeziehungen.

Dabei ist charakteristisch, daß die staatlichen Regulierungshilfen in kapitalistischen Ländern vor allem dann Erfolg haben, wenn die Abwicklung der mit staatlichen Mitteln gestützten Forschungs- und Entwicklungs-Projekte komplexer

Programme im industriellen Sektor und unterhalb der Regie des betreffenden Konzern-Managements verbleibt. Dementsprechend werden die Anstrengungen forciert, die gesamte kapitalistische Unternehmensführung methodisch stärker zur Vorbereitung, Realisierung und Vermarktung von Innovationen zu integrieren und neue Instrumentarien und Methoden des Innovationsmanagements praxiswirksam zu machen.

Immer stärker kennzeichnet hierbei die aggressiven Bemühungen des Monopolkapitals das Bestreben, auf breiter Front technologische Vorherrschaft nicht nur gegenüber den sozialistischen Staaten, sondern auch im Rahmen des zwischenimperialistischen Konkurrenzkampfes zu erreichen.[104] Mehr denn je prägt daher heute auch der Ausbau des Wissenschafts- und Technologiepotentials jenes Konzept, das auf die radikale Stärkung und den Ausbau der Hochtechnologiesektoren als wichtigste Träger des Fortschritts der Produktivkräfte hinausläuft und zugleich das tiefere Eindringen anderer Staaten in Schlüsseltechnologien zu verhindern sucht.

Hierbei wird insbesondere auf das neue *High-Tech*-Unternehmertum gesetzt, auch wenn vereinzelt vor überzogenen Hoffnungen gewarnt wird:

„Es gibt einen subtilen, aber gewichtigen Grund, warum das High-Tech-Unternehmertum nur in einer breitgefächerten Unternehmerwirtschaft funktioniert. Das High-Tech-Unternehmertum ist der Berggipfel; es muß sich auf ein Bergmassiv stützen — Middle-Tech-, Low-Tech-, No-Tech-Unternehmen, die Wirtschaft und Gesellschaft vollständig durchdringen.

In den USA werden jetzt jedes Jahr 600000 Firmen gegründet — etwa siebenmal so viele wie in den 50er und 60er Jahren der Hochkonjunktur. Aber nicht mehr als 1,5 Prozent davon — etwa 10000 im Jahr — sind High-Tech-Firmen. Die restlichen 590000 neuen Unternehmen reichen von No-Tech-Betrieben — etwa neuen Spezialitätenrestaurants oder Müllabfuhr- und -beseitigungsdiensten — bis zu Middle-Tech-Betrieben wie der mit Robotern ausgestatteten Gießerei für Nichteisen-Gußteile."[105]

Dennoch ist nicht zu übersehen, daß sowohl staatliche Regulierungsmaßnahmen als auch Bankhilfen vor allem für Spitzentechnologien und innovative Firmen gewährt werden und daß sich der Konkurrenzkampf vor allem bei kreativen energie- und rohstoffsparenden und umweltfreundlichen Innovationen sowie weitreichenden technologischen Durchbrüchen mit Hilfe der „Computer der fünften Generation" weiter zuspitzen wird.

[103] Schwab, K., Chancenmanagement, Düsseldorf 1976, S. 15.

[104] Vgl. Artemev, O. E., Amerikanskij kapitalism i peredača technologii, Moskva 1980, sowie: Hartmann, W. D./Stock, W., Internationaler Technologieaustausch — Kooperation oder Konfrontation. Mythos und Realität US-amerikanischer Konzeptionen des Technologietransfers in den Ost-West-Wirtschaftsbeziehungen, Berlin 1984.

[105] Drucker, P. F., Die Illusionen der Technik, in: Manager Magazin (Hamburg), 4/1985, S. 199.

Die Bedeutung dieser Art neuer ressourcensparender und umweltschonender Kombination der Produktivkräfte wurde im umfassenden Maße vor allem durch die spektakulär aufbereiteten Arbeiten des *Club of Rome* deutlich.[106] Mit diesen Arbeiten wurden erstmalig und umfassend aus bürgerlicher Sicht die „Grenzen des Wachstums" aufgezeigt und vor allem die begrenzten Möglichkeiten quantitativer Wachstumskurven dokumentiert, was logisch in einem prinzipiellen Widerspruch zum Wesen des Kapitalismus steht. Parallel dazu stießen zahlreiche Firmen in immer mehr traditionellen Bereichen auf partielle Marktsättigungen, primär in den hochentwickelten Industrieländern. Derartige quantitative Marktsättigungen in den veralteten Technologien, stagnierende Einkommenszuwächse bzw. real rückläufige Löhne, überlagert von wachsender Existenzangst, Arbeitslosigkeit und zweistelligen Inflationsraten, haben in gravierender Weise die durch die objektive Entwicklung der Produktivkräfte erzwungenen Veränderungen kapitalistischer Unternehmensstrategien in drastischer Weise beschleunigt. Der Umweltschutz wurde dabei ein gleichwertiges strategisches Problem wie die Energie- und Rohstoffversorgung.[107]

Verbunden mit diesem strategischen Konzept wird die Zauberformel vom „qualitativen Wachstum" nunmehr in den Vordergrund gestellt, obwohl bis vor wenigen Jahren noch einem ungezügelten Mengenfetischismus das Wort geredet wurde, ganz abgesehen von den schon bald im bürgerlichen Lager selbst als Bumerang erkannten Theorien vom „Nullwachstum". Gerade diese Veränderungen kapitalistischer Unternehmensstrategien sind von maßgeblicher Bedeutung für situationsbedingte Präferierung dieser oder jener Methoden und Techniken. In der Gegenwart sind nicht zuletzt besonders auch unter diesem Aspekt Methoden des Innovationsmanagements außergewöhnlich „en vogue" und werden mit prinzipiell gleicher Funktion ständig neue Methoden zur Sicherung von Qualität und Image, ökologischer Unbedenklichkeit, neuer Marktwirksamkeit usw. offeriert.

Dabei werden mit neuen Instrumentarien teilweise ernst zu nehmende Probleme aufgegriffen, wie etwa im Falle der sich stürmisch entwickelnden Methoden des *Technology Assessment* (Technologie-Folgenbewertung) oder der neuartigen Qualitätssicherungssysteme, von der Vorbereitung der Produktion angefangen bis zum Absatz, sowie nicht zuletzt jener Methoden, die auf die Erschließung qualitativer Wachstumsfaktoren im Unternehmensinneren abzielen, wie die neuen Methoden der Qualifizierung, Aus- und Weiterbildung der Führungskräfte sowie Mitarbeiter oder die immer neue Anwendungsgebiete findende Methode der Wertanalyse.

Natürlich fehlt es nicht an romantischen Versuchen, durch Schlagworte wie „Small is beautiful" neue strategische Konzepte anzubieten, während die Gegner derartiger Theorien mit Losungen auftrumpfen wie „Big is excellent".

[106] Vgl. Meadows, D. u. a., The Limits to Growth, New York 1972.

[107] Vgl. Management-Lexikon, hg. von F. Neske und M. Wiener, Bd. 4, a. a. O., S. 1522.

Je nach politisch-ideologischem Standort werden nach derartigen Konzepten „Alternativtechnologien" vorgeschlagen, die hinsichtlich technisch-organisatorischer wie ökonomischer Parameter durchaus erheblich differieren, aber am privatkapitalistischen Grundzug des Systems meist wenig Änderungen für notwendig erachten. Im Grunde genommen offenbaren damit viele der für Umweltschutz und Ressourcenerhaltung plädierenden Kräfte, daß sie die Ursachen der kapitalistisch deformierten Technikentwicklung nicht von den Wurzeln her durchschauen und die Schadwirkungen einseitig technizistisch bzw. ökologisch determiniert sehen. Damit begeben sich selbst progressive bürgerliche Kräfte oft in gefährliche Nähe des Technizismus bzw. Malthusianismus oder Neomalthusianismus. Zugleich beweisen die nach wie vor unbefriedigenden Lösungen dringlicher sozialökonomischer Probleme, daß es im Kapitalismus nicht gelingen kann, über sektorale steuernde Eingriffe hinaus in die privatmonopolistische Unternehmenspolitik einzugreifen und damit zu einer den realen Bedürfnissen und Erfordernissen der werktätigen Massen entsprechenden Ausrichtung der Wirtschaftspolitik zu gelangen.

Weitere bestimmende Faktoren, die die kapitalistischen Unternehmensstrategien in der Gegenwart stark verändern, sind die galoppierende Inflation, die fortschreitenden Währungskrisen und Spekulationen auf kapitalistischen Devisenmärkten und die dadurch frei werdenden Bankkapitale. Das internationale Finanzkapital gewinnt großen Einfluß auf Veränderungen traditioneller Industriezweige und bei der Gründung neuer Industrien. Ein typisches Beispiel hierfür ist die Entwicklung neuer Finanzierungsmodelle durch *Venture Capital.*[108] Hier zeigt sich eine veränderte Rolle des internationalen Finanzkapitals, die auch dazu führt, daß teilweise gegen die Interessen führender Monopole vorgegangen wird, um brachliegendes Geld wiederum zur Akkumulation zu bringen und damit Zusatzprofite in wahrhaft schwindelerregender Höhe realisieren zu können.[109]

Gerade die wachsende Bedeutung der Finanzpolitik als entscheidendes Kettenglied strategischer Konzeptionen beweist die nach wie vor dominierende Profitorientierung aller Aktivitäten des Kapitals, in zunehmendem Maße auch im internationalen Maßstab. „Ziel der Finanzstrategie ist es, durch Zentralisation von Eigentum und Verfügungsgewalt über Kapital im internationalen Maßstab die entscheidenden Märkte, Kapitalanlagesphären und Rohstoffquellen zu monopolisieren, um die den heutigen Akkumulationserfordernissen entsprechenden Monopolprofite zu realisieren".[110]

[108] Das Wort „Venture" stammt vom lateinischen „venturus", das etwa soviel wie „das Kommende" besagt. Ins Deutsche übertragen bedeutet der englische Begriff „venture" am ehesten „Geschäftsprojekt". Häufig wird „Venture Capital" gegenwärtig einfach als „Risikö-Kapital" für neue Unternehmen verstanden.

[109] Vgl. Wyss, H. F., Ein neues Finanzierungsmodell: Venture Capital, in: Industrielle Organisation (Zürich), 6/1985, S. 292.

[110] Nehls, K., Internationale Konzerne, Monopolmacht, Klassenkampf, Berlin 1973, S. 65 (IPW-Forschungshefte, 1/73).

Da ausnahmslos alle Fragen im kapitalistischen Unternehmen letztendlich Budgetierungsprobleme einschließen, gewinnen Möglichkeiten und Probleme der Kreditaufnahme, Finanzierungsmodalitäten und -bedingungen, Kapitalmobilisierungsfaktoren usw. größte Bedeutung im Rahmen des Managements. Besonders im Rahmen des Finanz- und Budgetierungsmanagements wurde eine Reihe typisch kapitalistischer Spekulations- und Plusmacherei-Techniken entwickelt, die dem sozialistischen Wirtschaftskalkül wesensfremd sind, obwohl die dahinter steckenden kapitalistischen Geschäftspraktiken dessen ungeachtet nicht unterschätzt werden dürfen. Sorgfältig sind in diesem Zusammenhang alle neuen Methoden und Entwicklungstendenzen zu analysieren und systematisch hinsichtlich ihres realen Gehalts auszuwerten, um auf internationalen Devisenmärkten und bei kapitalistischen Börsenspekulationen bzw. Kreditgeschäften keine Verluste zum Nachteil unseres sozialistischen Vaterlandes hinnehmen zu müssen.[111] Beispielsweise spielen für erfolgreiche Innovationen im kapitalistischen Wirtschaftsmechanismus neuartige Wagnisfinanzierungsgesellschaften und -methoden eine beachtliche Rolle. Ihre Aufgabe besteht darin, Risikokapital (*Venture Capital*) in jener Phase des Innovationsprozesses bereitzustellen, in der sich die Banken auf Grund eines riskanten und neuen unternehmerischen Vorhabens noch nicht beteiligen können und wollen, also frühestens nach Beendigung der Forschungs- und Entwicklungsphase, möglichst nach Vorliegen eines Prototyps. Der Geschäftszweck einer *Venture-Capital-Gesellschaft* liegt also nicht im laufenden Ertrag, sondern im Kapitalgewinn, der dann erzielt wird, wenn die Neuheit erfolgreich auf dem Markt eingeführt wurde. Die Gründungsunternehmen erhalten eine Option zum Rücklauf der Beteiligung, natürlich nicht zu einem vorher festgelegten Preis, so daß nach Konsolidierung des neuen Unternehmens das ursprünglich bereitgestellte Risikokapital um ein Vielfaches vergrößert zurückfließt. Bevorzugt wird Risikokapital für Innovationsprojekte kleiner, adaptiver und flexibler, wissenschaftsintensiver Unternehmen, die, besonders in den USA in Nähe der großen Universitäten und forschungsintensiven Konzerne angesiedelt, eine maßgebliche Rolle beim Entwickeln von Neuheiten spielen.

Gleichzeitig werden die Anstrengungen forciert, die gesamte kapitalistische Unternehmensführung stärker zur Vorbereitung, Realisierung und Verbreitung konjunkturfördernder, Finanzkraft absorbierender Neuerungen aller Art zu integrieren. Hierbei wirkt besonders die sogenannte „multinationale Dimension“ vieler großer Konzerne maßgeblich auf die Unternehmensstrategie ein, da der zunehmende internationale Verflechtungs- und Vergesellschaftungsgrad von Innovations-, Produktions-, Kapital-, Distributions- und Konsumtionspolitik sämtliche Managementmethoden in spezifischer Weise beeinflußt.[112] Hierfür gewinnen die globalen Strategien zur Durchsetzung von Vormachtstellungen auf den Gebieten Technologie, Finanzierung und Vermarktung der Produktion überra-

[111] Vgl. Rohde, E., Banken, Börsen, Währungen im gegenwärtigen Kapitalismus, Berlin 1984.
[112] Vgl. Ohmae, K., Macht der Triade — Die neue Form weltweiten Wettbewerbs, a. a. O.

gendes Gewicht. Während die Geschäftspolitik von einer oft Hunderte oder gar Tausende Kilometer weit entfernten Muttergesellschaft diktiert werden kann und Töchter oft sogar gegeneinander konkurrieren, bleibt in der Strategie multinationaler Imperien für das Management der Töchterunternehmen nur ein dispositiv eng auf den jeweiligen Markt eingegrenzter Bereich. Wirkliche Entscheidungsmacht und -befugnisse besitzen bei ungebremstem Fortschreiten dieser Entwicklung lediglich die sogenannten Weltmanager, d. h. jene multinationalen Spitzenaktionäre, die ihre politische Legitimation über alle nur denkbaren Wege und mit aller Macht, die seit dem Mord an Präsident Allende in Chile hinreichend bekannt ist, durchzusetzen suchen.

Die Karriere dieser Managertypen[113] beginnt nicht selten im Finanzwesen, und ihre Methoden zielen nach wie vor auf antisoziale Wachstumspolitik sowie Zementierung hierarchischer Managementstrukturen zur Sicherung der Gefolgschaft ab. Ihre Hauptsorge und diesbezügliche hypertrophiert entwickelte Managementtechniken zielen auf die Entwicklung einer ihren multinationalen Konzerninteressen gemäßen „Konsumentenmoral" ab, die Entfaltung von Konzernloyalität und „Konsumentendemokratie" statt sozialpolitischer Aktivität. Selbst bürgerlichen Analytikern dieser beängstigenden Szenerie werden die von vielen multinationalen Konzernen wiederentdeckten und raffiniert praktizierten Freibeutermethoden nach *ITT*-Rezepten unheimlich[114] und geben Anlaß, darüber nachzudenken, in welche Richtung bei skrupelloser Fortsetzung der waltenden Tendenzen die Entwicklung der Managementmethoden im weitesten Sinne treibt.

Schließlich darf bei der Analyse jener Faktoren, die verändernd auf kapitalistische Unternehmensstrategien und Managementmethoden wirken, die tiefgreifende Rationalisierung der gesamten kapitalistischen Leitungspraxis nicht übersehen werden. Diese Rationalisierung wird nicht allein durch Einsatz neuer rationeller Managementtechniken und -methoden durchgesetzt, sondern auch durch eine Reihe indirekt rationalisierend wirkender Maßnahmen der psychologischen und soziologischen Beeinflussung des Managements, wie im V. Kapitel noch ausführlicher gezeigt wird.

Zweifellos müssen die umfassenden und differenzierten Anstrengungen des Kapitals zu einer Anpassung der Unternehmensstrategie und Managementtechniken an die sich dynamisch verändernde Umwelt ernst genommen werden. Das betrifft zusammenfassend besonders folgende Probleme, auf die Naisbitt durch die Analyse sogenannter Megatrends in den USA aufmerksam machte[115]:

113 Vgl. Hartmann, W. D., Kapitale Karrieren. Mythos und Realität profitabler Geschäfte, Berlin 1986.

114 Vgl. Barnet, R. J./Müller, R. E., Die Krisenmacher. Die Multinationalen und die Verwandlung des Kapitalismus, Reinbek bei Hamburg 1975, S. 75.

115 Naisbitt, J., Megatrends. Ten New Directions Transforming Our Lives, New York 1984.

— den prognostizierten Übergang von der „Industriegesellschaft" zur „Informationsgesellschaft" (womit vom Grundwiderspruch des Kapitalismus und seinen realen Eigentumsverhältnissen an den Produktionsmitteln sowie monopolisierten Informationen abgelenkt werden soll);
— den behaupteten rückläufigen Tendenzen der (real zunehmenden) Entfremdung von Mensch und Technik unter kapitalistischer Regie;
— den antizipierten Übergang von der Volkswirtschaft zur Weltwirtschaft (mit der dominierenden Rolle internationaler Monopole);
— den Übergang von der kurzfristigen zur langfristigen Orientierung (soweit das überhaupt möglich ist);
— den Trend von der Zentralisierung zur Dezentralisierung (dem nachweisbar vermehrte computergestützte Kontrolle gegenübersteht);
— den (durch realen Sozialabbau tatsächlich notwendigen) Übergang von der institutionalisierten Hilfe zur Selbsthilfe;
— den Übergang von der „repräsentativen" zur „partizipatorischen" Demokratie (was nichts an der nachgewiesenen Verfilzung von großem Geld und Politikern ändert, wie z. B. der Flickskandal in der BRD bewies);
— den organisatorischen Wandel von Hierarchien zu vernetzten Systemen (wodurch die Entscheidungskompetenzen im kapitalistischen Unternehmen in wirklich strategischen Angelegenheiten keineswegs verändert werden);
— den spezifischen amerikanischen demografischen Trend einer sogenannten Nord-Südbewegung (im Sinne der arbeitsplatzbedingten Veränderung der Wohnung) sowie
— den allgemeinen Trend zu größerer Mannigfaltigkeit (zum Beispiel im Sinne der Wahlmöglichkeit unter über 750 verschiedenen Automodellen in den USA.)

Ohne im einzelnen auf diese Megatrends einzugehen, ist augenscheinlich, daß viele von Naisbitt prognostizierte Entwicklungstendenzen an den realen politökonomischen wie sozialen Widersprüchen vorbeigehen. Das wird nicht zuletzt auch dadurch deutlich, daß andere Autoren ganz andere Schlußfolgerungen ziehen, wie z. B. der Wirtschaftler M. J. Piore und der Politikwissenschaftler Ch. F. Sabel, die sich zum Beispiel für größere staatliche Regulierung und zugleich „flexible Spezialisierung" aussprechen.[116]

Letztlich zielen alle Anstrengungen des strategischen Managements direkt oder indirekt auf
— die Entwicklung und praktische Durchsetzung neuer Anti-Krisen-Rezepte im Rahmen der staatlichen Regulierungspolitik und ihre Einordnung in den privatkapitalistischen Wirtschaftsmechanismus im Rahmen des Innovationsmanagements;
— die Intensivierung des internationalen Konkurrenzkampfes bei einer verstärkten Hinwendung zu Know-how- und F/E-intensiven Produktion bzw. Verfahren

[116] Vgl. Piore, M. J./Sabel, Ch. F., The Second Industrial Divide, New York 1983.

in den führenden kapitalistischen Industriestaaten sowie die dadurch bedingte flexible Spezialisierung exportintensiver Branchen und gleichzeitige Kooperation im Rahmen der *Triad-Power-Multis*;
- die bessere Beherrschung der Qualitäts- und Innovationskonkurrenz gegenüber einseitiger Preis- bzw. Kostenkonkurrenz vor allem in partiell (wiederum in den hochentwickelten kapitalistischen Staaten) gesättigten traditionellen Nachfragemärkten;
- die Bewältigung von Strukturkrisen in wenig innovativen Branchen, die durch Konkurse bzw. Technologietransfer in sogenannte „Billiglohnländer", rohstoffreiche Länder und wenig umweltbelastete Gebiete gekennzeichnet sind;
- die Beherrschung der künstlich durch die multinationalen Konzerne verschärften Rohstoff- und Energiekrisen bei gleichzeitig wachsenden Anstrengungen zur Bestandsminimierung und Erhöhung des strategischen Logistikmanagements;
- die Beachtung von Gesetzgebungen auf Gebieten des Umweltschutzes und dadurch bedingte Anwendung umweltfreundlicher Technologien;
- die qualitative Verschärfung des Rüstungswettlaufs und den Übergang zu aggressiveren Unternehmensstrategien und Managementmethoden im allgemeinen.

Wie unter Beachtung der hier skizzierten Entwicklungstendenzen die strategischen Aktivitäten auf Unternehmensebene zusammenwirken, veranschaulicht Abbildung 4.23. (siehe Beilage).

Unbedingt ist auch vor der nicht selten in der Managementliteratur anzutreffenden Euphorie für die strategische Unternehmensführung zu warnen. Nach wie vor spielt die operative Führungstätigkeit für die Realisierung festgelegter Ziele eine entscheidende Rolle und beweisen Studien immer wieder, daß Innovationen und Spitzenleistungen keineswegs allein Ergebnis erfolgreicher strategischer Arbeit sind, sondern nur aus der Einheit von zielstrebiger Führungstätigkeit, richtiger Wahl der strategischen Schwerpunktaufgaben sowie handlungsfähiger und effektiver Organisation aller Unternehmensbereiche bis hin zum Einkauf, Handel und Verkauf resultieren.

Bestimmung des Unternehmensleitbildes

In der strategischen Arbeit steht die Bestimmung des Leitbildes im Sinne der „Unternehmungsphilosophie" an der Spitze.

„Unter Unternehmungsphilosophie versteht man nicht nur ethische, sondern allgemein die Summe der obersten Leitsätze, welche die Führung einer Unternehmung bestimmen und ihre strategischen Stoßrichtungen umschreiben, schriftlich niedergelegt, fügen sie sich zu einem Unternehmungsleitbild zusammen."[117]

[117] Hinterhuber, H. H., Strategische Unternehmensführung, Berlin(West)—New York 1980, S. 78.

Die Unternehmungsphilosophie legt zu verfolgende Ziele, Strategien und zu beachtende Restriktionen fest, deren Zeithorizont weit ist.[118]

Mit derartigen Leitbildern wird daher eine Art „Charta" des Unternehmens festgeschrieben, so daß alle Geschäftsbereiche und Mitarbeiter auf diese Grundsätze eingeschworen und von ihnen regelrecht „beseelt" werden.

Es gibt regelrechte „Legenden" über derartige Leitbilder in der Vergangenheit wie Gegenwart.

Sobel hat einige der größten Computerhersteller der Welt kritisch analysiert. Neben dem überall aufgeschriebenen *IBM*-Grundsatz „THINK" lauteten und lauten die Leitlinien bis heute[119]: „Es gibt nichts schlimmeres als Stillstand!" oder „Wir dürfen uns niemals zufrieden geben!"

Thomas J. Watson sen. propagierte schon früh seinen bis heute von den *IBM*-Nachfolgern befolgten Grundsatz: „Du kannst in keinem Geschäft erfolgreich sein, ohne zu glauben, daß es das größte Unternehmen der Welt ist" oder „Immer vorwärts!" bzw. „Wir sind groß, aber noch größer werden wir sein!"[120]

Wenn auch die Leitbilder nicht immer in Firmensongs wie ursprünglich bei *IBM* oder heute noch bei vielen japanischen Firmen münden, gehört das Propagieren der Unternehmensphilosophie dennoch bis heute zur Geschäftsstrategie.

In den „Siemens-Blickpunkten" heißt es beispielsweise: „Unser Ziel bleibt, stärker zu wachsen als der Weltelektromarkt."[121]

Zu den in den „Siemens-Blickpunkten" herausgestellten Leitsätzen zählen:
— „Auf Innovationen setzen!"
— „Die Qualität sichern!"
— „Überall in der Nähe des Kunden!"
— „Problemlösungen, nicht nur Produkte!"
— „Elektrotechnik und Elektronik von A bis Z!"
— „Erfolg durch Qualifizierung!"

Das Spektrum der Aktivitäten eines der größten Elektrotechnik/Elektronikkonzerne der Welt umfaßt nach Informationen über die Forschung und Entwicklung des Konzerns alle wichtigen Bereiche vom kleinsten elektronischen Chip bis zum digitalen Vermittlungssystem, vom einfachen Relais bis zur komplexen Prozeßsteuerung, vom Elektromotor bis zum vollständigen Kraftwerk. In allen Hochtechnologie-Gebieten wie Mikroelektronik, Kommunikationstechnik, Informationsverarbeitung, Automatisierung und Energietechnik ist der Konzern engagiert.[122]

[118] Vgl. hierzu im einzelnen: Brauchlin, E., Unternehmensphilosophie, in: Industrielle Organisation (Zürich), 1/1979, S. 42ff.

[119] Sobel, R., IBM-Colossus in Transition, New York 1981, S. 58.

[120] Ebenda, S. 59.

[121] Vgl. Siemens-Blickpunkte 1984, hg. von der Siemens-AG, München 1984, S. 2.

[122] Vgl. ebenda, sowie: Siemens-Impulse, hg. von der Siemens-AG, München 1984, S. 4.

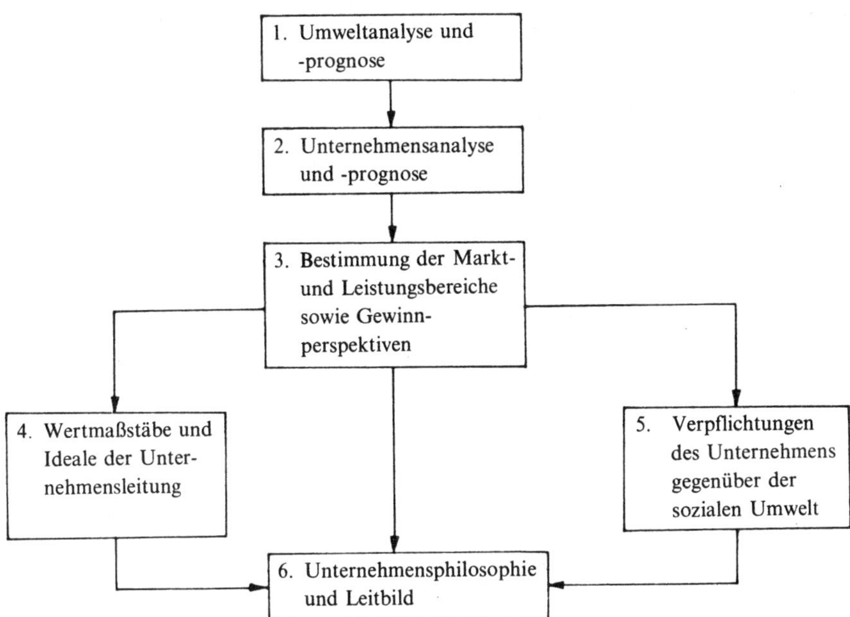

Abb. 4.24.
Schritte bei der Erarbeitung eines Unternehmensleitbildes

Es braucht kaum betont zu werden, daß sich das Leitbild eines solchen Konzerns wie *Siemens* erheblich von dem Leitbild unterscheidet, das sich zum Beispiel „Newcomer“ im lukrativen Informations- und Kommunikationsgeschäft, wie etwa die US-amerikanische Computerfirma *Apple Computer Inc.* stellt.

Das Unternehmensleitbild resultiert nach Hinterhuber aus den in Abbildung 4.24. dargestellten Schritten.[123]

Mit dem Unternehmensleitbild wird ein komplexer strategischer Ausblick zur Stellung des jeweiligen Unternehmens in der Zukunft gegeben. Wichtige Entscheidungskomplexe zur Bestimmung eines Unternehmensleitbildes sind in Tabelle 4.25. zusammengefaßt.

Das Kernproblem der Leitbildarbeit besteht darin, wirklich die entscheidenden Konturen zu bestimmen, die weder zu allgemein und daher inhaltlos noch umgekehrt zu präzise und damit begrenzend wirken. „Rezepte“ gibt es für die Erarbeitung von Leitbildern nicht.

Zweifellos ist immer wieder erkennbar, daß sich die meisten Firmen um das Herausarbeiten eines besonders für sie typischen Grundsatzes bzw. Konturenrahmens bemühen, der sich dann in den Wertgrundsätzen, den Marketingaktivitäten, der Innovationspolitik bis hin zur bevorzugten Technologie nieder-

[123] Vgl. Hinterhuber, H. H., Strategische Unternehmensführung, a. a. O., S. 76.

Tabelle 4.25.
Entscheidungsschwerpunkte für ein Unternehmungsleitbild

1. Leistungsbereich
   1. Anzubietende Problemlösungen
   2. Zu bearbeitende Märkte (geographisch, Kundengruppen)
   3. Anzustrebende Marktstellung
   4. Produktionsstandorte und produktionstechnische Grundüberlegungen (Automatisierungsgrad, Flexibilität usw.)
   5. Innovationstempo und -richtungen (mit Bezug auf anzubietende Leistungen, zu benutzende Produktionsverfahren, das Marketing usw.)
   6. Verhalten auf dem Markt (Sortimentsbildung, Qualität, Preise, Absatzkanäle).
2. Finanzbereich
   1. Gewinnziele und -verwendung
   2. Investitionsgrundsätze
   3. Risikoüberlegungen
   4. Bilanzstruktur
   5. Zusammensetzung des Eigenkapitals
   6. Quellen des Fremdkapitals
3. Führungs-, Organisations- und Personalbereich
   1. Allgemeine Grundsätze der Unternehmungsführung
   2. Organisationsgrundsätze
   3. Stellung der Mitarbeiter und Führungsprinzipien
   4. Weitere zentrale Fragen der Personalpolitik
4. Weitere Umwelt der Unternehmung
   1. Beziehungen zu Gewerkschaften
   2. Beziehungen zum (zu den) Staat(en), evtl. unter besonderer Berücksichtigung der Länder der Dritten Welt
   3. Beziehungen zur und Berücksichtigung von Anliegen der allgemeinen Öffentlichkeit
   4. Berücksichtigung ökologischer Fragen

Quelle:
Brauchlin, E., Schaffen auch Sie ein Unternehmungsleitbild, in: Industrielle Organisation (Zürich), 7—8/1984, S. 314.

schlägt. Soweit möglich, bemühen sich hierbei die meisten Konzerne, an *Tradition und Innovation* anzuknüpfen, wie beispielsweise gerade beim *Siemens*-Konzern sehr deutlich zu erkennen ist, der seine Innovationsleistungen in der Elektrotechnik bis in das Jahr der Firmengründung 1847 zurückführt.

Die Gegenwart beweist zugleich, daß durch die wachsende Dynamik des wissenschaftlich-technischen Fortschritts und bei zunehmender Krisenanfälligkeit viele Konzerne gezwungen sind, zum Teil jahrelang oder sogar jahrzehntelang verteidigte Leitsätze ändern zu müssen. Das betrifft insbesondere den notwendigen neuen Blick aus globaler Sicht und die Erfordernisse, auch unter den Bedingungen verschärfter internationaler Konkurrenz neue Kooperationsformen einzugehen, um als sogenanntes Triade-Unternehmen mit weltweiten Standorten in den USA, Westeuropa und Japan agieren zu können.[124]

Insgesamt unterstreicht die durch veränderte Verwertungsbedingungen des Kapitals erzwungene Revision ehemals unumstößlicher Geschäftsgrundsätze, daß seitens des Kapitals den Fragen der Strategiewahl erhöhte Aufmerksamkeit im Interesse des Profits geschenkt werden muß.

Strategien-Mix

In der strategischen Arbeit der Konzerne bzw. Geschäftseinheiten werden sehr unterschiedliche Ansatzpunkte genutzt. Je nach den strategiebestimmenden Faktoren ist dabei ein bestimmter „Strategien-Mix" feststellbar, der die Kombination bestimmter Teilstrategien charakterisiert.

Tabelle 4.26. gibt einen Überblick über strategiebestimmende Faktoren und daraus abgeleitete Strategietypen.

Wie aus Tabelle 4.26. erkennbar ist, unterscheiden sich verschiedene Strategietypen oft lediglich dem Namen nach, charakterisieren jedoch prinzipiell das gleiche Vorgehen bei unterschiedlichen Konzentrationsschwerpunkten, zum Beispiel in Beziehung auf die Forschung, das Produkt oder die Technik.

Dem Charakter kapitalistischer Produktionsverhältnisse entsprechend konzentrieren sich besonders viele Strategie-Kombinationen auf die Markt-Produkt-Beziehungen. Abbildung 4.25. veranschaulicht, worum es bei dem daraus abgeleiteten „Strategien-Mix" grundsätzlich geht.[125]

Ohne im einzelnen auf daraus ableitbare Kombinationen der neun hier gezeigten Strategietypen einzugehen, wird deutlich, daß in der Regel eine Strategie allein selten verwendet wird. So eignet sich zum Beispiel für Kostenreduktionen je hergestelltes Produkt vor allem die erste Strategie, mit der jedoch in der Regel attraktiven Neuprodukten allein nicht entsprochen werden kann. Neuproduktergänzungen verlangen eine Ergänzung der Stragien durch die Strategietypen drei, sechs und neun.

Welche konkrete Strategienkombination zeitweilig oder relativ lange andauernd dominiert, kann allgemein nur schwer eingeschätzt werden, da häufig sogar im Rahmen einer strategischen Geschäftseinheit mehrere Strategietypen angewendet werden.

Tabelle 4.27. beweist anhand der Gegenüberstellung von leistungsbestimmenden Komponenten und der jeweiligen Marktstellung des Unternehmens, wie unterschiedlich dabei die Anforderungen für Marktführer, nachrangige Anbieter und Grenzanbieter sind.

[124] Vgl. Ohmae, K., Macht der Triade, a. a. O., S. 50.

[125] Vgl. Daniels, J. D., Combining Strategic and International Business. Approaches Through Growth Vector Analysis, in: Management International Review (Wiesbaden), 3/1983, S. 5.

Tabelle 4.26.
Übersicht zu strategiebestimmenden Faktoren und daraus abgeleiteten Strategietypen

Strategiebestimmende Faktoren	Strategietypen
Forschungsaktivitäten	Offensive Forschungsstrategie Defensive Forschungsstrategie Absorptive Forschungsstrategie Patentstrategie Lizenzstrategie
Innovation	Basisinnovationsstrategie Verbesserungsinnovationsstrategie Pseudoinnovationsstrategie Imitationsstrategie Diffusions-/Transferstrategie
Verhalten gegenüber der Konkurrenz	Aggressionsstrategie Defensivstrategie Adaptionsstrategie
Wachstum	Expansionsstrategie Haltestrategie Konsolidierungsstrategie
Markt- und Sortimentsbreite	Engpaßorientierte Strategie Qualitätsstrategie Konzentrationsstrategie Diversifikationsstrategie Marktdurchdringungsstrategie Produktentwicklungsstrategie Selektionsstrategie Veredlungsstrategie Markteroberungsstrategie Ex-/Importstrategie
Integration/Logistik Kooperation	Unabhängigkeitsstrategie Beteiligungsstrategie Kooperationsstrategie Erwerbungsstrategie Bestandssenkungsstrategie Vorwärtsintegration (zum Endprodukt) Rückwärtsintegration (zur Vorstufe)

Tabelle 4.26.

Strategiebestimmende Faktoren	Strategietypen
Technik	Investitionsstrategie Deinvestitionsstrategie Modernisierungsstrategie Substitutionsstrategie High-Technology-Strategy

Markt-bedingungen	Produktalternative		
	Gegenwärtige Produkte	Verbesserte Produkte	Neue Produkte
Bestehender Markt	Strategie 1 Gewinn von Marktanteilen, z. B. durch Preisreduzierungen oder Markentreue	Strategie 2 Verkaufsvorteile durch Produktvorteile gegenüber Konkurrenten	Strategie 3 Ersetzen oder Addition von Produkten, die durch das existierende Vertriebssystem absetzbar sind
Markt-erweiterung	Strategie 4 Erhöhung des Produktverbrauchs durch Werbung, Preisreduktion, neue Vertriebswege und neue Verbraucher	Strategie 5 Ergänzung des Sortiments durch Produktvariationen, um differenzierten Verbraucherwünschen zu entsprechen	Strategie 6 Ergänzung verwandter Produkte durch vertikale oder horizontale Integration und Verkauf durch neue Kanäle
Neuer Markt	Strategie 7 Ausdehnung in neue Länder	Strategie 8 Herstellen von Produktvariationen entsprechend differenzierten Exportanforderungen	Strategie 9 Angebot neuer Produkte für neue Märkte

Abb. 4.25.
Markt-Produkt-Strategien-Kombination

Tabelle 4.27.
Marktstellung und Leistungsart als Grundlagen für die Strategienbildung

Marktstellung Leistungsart	Marktführer (MF) im Teilmarkt	Nachrangiger Anbieter (NA) im Teilmarkt	Grenzanbieter (GA) im Teilmarkt
	Typ 1	Typ 2	Typ 3
Individuelle Leistungen	1. Auftragsorientierte Problemlösungen	1. Auftragsorientierte Problemlösungen	1. Auftragsorientierte Problemlösungen
	2. Spezialprogramm	2. Spezialprogramm	2. Spezialprogramm
	3. Kleines Teilmarktvolumen	3. Kleines Teilmarktvolumen	3. Kleines Teilmarktvolumen
	4. Meist direkter Absatzweg	4. Meist direkter Absatzweg	4. Meist direkter Absatzweg
	5. Höchster relativer Marktanteil	5. Mittlerer relativer Marktanteil	5. Kleiner absoluter Marktanteil
	6. Geringste Stückkosten	6. Höhere Stückkosten als MF	6. Höchste Stückkosten
	7. Preisführer	7. Geringere Erlöse als MF	7. Verkauft über Niedrigpreise
	8. Höchster Bekanntheitsgrad	8. Mittlerer Bekanntheitsgrad	8. Geringster Bekanntheitsgrad
	9. Geringste Vertriebskosten	9. Erhöhte Vertriebskosten	9. Höchste Vertriebskosten
	10. Höchste Rendite	10. Mittlere Rendite	10. Geringste Rendite
	11. Größte Marktmacht im Teilmarkt	11. Erhöhter Aufwand in Marktbearbeitung	11. Meist nur im lokalen Markt präsent
	12. Hohe Innovationsrate bei Produkten, Dienstleistungen und Verfahren	12. Anpassung an Verhalten des MF	12. Anpassung an Verhalten der NA
	13. Kann neue Wettbewerber und nachrangige Anbieter durch Niedrigpreise abwehren	13. Innovation in Marktlücken/ Spezialisierung	13. Imitator von NA und MF
		14. Wartet auf Fehler des MF und muß diese für sich nutzen	14. Wartet auf Fehler des NA und muß diese für sich nutzen
	Typ 4	Typ 5	Typ 6
Systematisierte Leistungen	1. Angebot von systematisierten Problemlösungen	1. Angebot von systematisierten Problemlösungen	1. Angebot an systematisierten Problemlösungen
	2. Serienprogramme	2. Serienprogramme	2. Serienprogramme
	3. Mittelgroßes Teilmarktvolumen	3. Mittelgroßes Teilmarktvolumen	3. Mittelgroßes Teilmarktvolumen

4 Meist indirekter Absatzweg	4. Meist indirekter Absatzweg	4. Meist indirekter Absatzweg
5 Höchster relativer Marktanteil	5. Mittlerer relativer Marktanteil	5. Kleiner absoluter Marktanteil
6 Geringste Stückkosten	6. Höhere Stückkosten als MF	6. Höchste Stückkosten
7 Preisführer	7. Geringere Erlöse als MF	7. Verkauft über Niedrigpreise
8 Höchster Bekanntheitsgrad	8. Mittlerer Bekanntheitsgrad	8. Geringer Bekanntheitsgrad
9 Geringste Vertriebskosten in Prozent	9. Höhere Vertriebskosten in Prozent als MF	9. Höchste Vertriebskosten in Prozent
10. Höchste Rendite	10. Mittlere Rendite	10. Geringste Rendite
11. Größte Marktmacht im Teilmarkt	11. Erhöhter Aufwand in Marktabarbeitung	11. Meist nur in lokalem Markt präsent
12. Hohe Innovationsrate bei Produkten und Dienstleistungen	12. Anpassung an Verhalten der MF	12. Anpassung an Verhalten der NA
13. Kann neue Wettbewerber und nachrangige Anbieter durch Niedrigpreise abwehren	13. Innovation in Marktlücken/ Spezialisierung	13. Imitator von NA und MF
	14. Wartet auf Fehler des MF und muß diese für sich nutzen	14. Wartet auf Fehler des NA und muß diese für sich nutzen
	15. Beschränkung auf Leistungsvarianten	15. Gerät bei Marktschwankungen schnell in die Verlustzone
	16. Gute Chancen bei hoher Service- und Lieferbereitschaft	

Tabelle 4.27. (Fortsetzung)

	Typ 7	Typ 8	Typ 9
Standard-Leistungen	1. Angebot von standardisierten Leistungen	1. Angebot von standardisierten Leistungen	1. Angebot von standardisierten Leistungen
	2. Massenprogramm	2. Massenprogramm	2. Massenprogramm
	3. Großes Teilmarktvolumen	3. Großes Teilmarktvolumen	3. Großes Teilmarktvolumen
	4. Meist indirekter Absatzweg	4. Meist indirekter Absatzweg	4. Meist indirekter Absatzweg
	5. Abhängigkeit von der Rohstoffversorgung	5. Abhängig von der Rohstoffversorgung	5. Abhängig von der Rohstoffversorgung
	6. Höchster relativer Marktanteil	6. Mittlerer relativer Marktanteil	6. Kleiner absoluter Marktanteil
	7. Geringste Stückkosten	7. Höhere Stückkosten als MF	7. Höchste Stückkosten
	8. Preisführer	8. Geringere Erlöse als MF	8. Verkauft über Niedrigpreis
	9. Höchster Bekanntheitsgrad	9. Mittlerer Bekanntheitsgrad	9. Geringer Bekanntheitsgrad
	10. Geringste Vertriebskosten in Prozent	10. Höhere Vertriebskosten in Prozent als MF	10. Höchste Vertriebskosten in Prozent
	11. Höchste Rendite	11. Mittlere Rendite	11. Geringe Rendite
	12. Größte Marktmacht auf seinem Absatz- und Beschaffungsmarkt	12. Erhöhter Aufwand in der Marktbearbeitung	12. Meist nur in lokalem Markt präsent
	13. Hohe Innovationsrate bei Produkten und Dienstleistungen	13. Anpassung an Verhalten des MF	13. Anpassung an Verhalten der NA
	14. Kann neue Wettbewerber und nachrangige Anbieter durch Niedrigpreise abwehren	14. Innovation in Marktlücken/Spezialisierung	14. Imitator von NA und MF
		15. Wartet auf Fehler des MF und muß diese für sich nutzen	15. Wartet auf Fehler des NA und muß diese für sich nutzen
		16. Beschränkung auf Leistungsvarianten	16. Befriedigende Auslastung und Erträge nur in Boomphasen
		17. Gute Chancen bei hoher Service- und Lieferbereitschaft	

Quelle:

Die Probleme des „Strategien-Mix" widerspiegeln sich in der Realisierungsphase auf dem Markt in der keineswegs weniger komplizierten Bestimmung des „Marketing-Mix". Dahinter verbirgt sich die nach Einschätzung vieler Managementstheoretiker wie -praktiker allgemeingültig nicht lösbare Frage nach der optimalen Kombination der verschiedensten Methoden, Techniken und Instrumente des Marketings.[126] Sie beginnen bei der Frage nach dem Produkt, der Werbung und Verpackung, der Vertriebsart und enden beim Preis und der Berücksichtigung spezifischer Klimagegebenheiten bzw. landestypischer Charakteristika für das Erzielen von Geschäftserfolgen.

Tabelle 4.28. veranschaulicht, welche Kriterien und Einflußfaktoren situationsbedingt bei der Strategienwahl aus der Sicht der Marktarbeit für die Ermittlung von Auftragschancen zu berücksichtigen sind.

Tabelle 4.28.
Kriterien zur Beurteilung von Marktstrategien und Auftragschancen

Untersuchungen bzw. auszuwertende Informationen:
1. Über die eigene Vertriebstätigkeit
— Kaufmännische/technische Qualifikation der Vertriebsmannschaft
— Erfüllungsgrad von Vertriebsfunktionen (auch für Tochtergesellschaften, Vertreter usw.)
— Wirksamkeit der eigenen Vertriebskonzeption und Vertriebsorganisation
— Wirksamkeit der eigenen Werbemaßnahmen (Kommunikationsmaßnahmen)
— Historie von Kundenbeziehungen
— Besuchshäufigkeiten
— Gründe für erfolglos bearbeitete Angebote bzw. Projekte
— Entwicklung der Vertriebsgemeinkosten
— Außerplanmäßige Vertriebskosten
— Intensität der Nachbetreuung gebauter Anlagen
2. Über die Konkurrenz
— Marktvolumen und Marktanteile der Konkurrenz
— Allgemeine Stärken und Schwächen der Wettbewerber
— Vertriebskonzeptionen und Vertriebsorganisationen der Wettbewerber
— Angebotene Technik und Innovation der Konkurrenz
— Lieferzeiten der Konkurrenz
— Schutzrechte, Patente und Lizenzen der Konkurrenten
— Preisbildung der Wettbewerber
— Präsentation der Konkurrenz auf Messen und Ausstellungen
— Besonderheiten von Konkurrenzangeboten und Verhandlungsverhalten
— Images der Wettbewerber
— Kooperationsmöglichkeiten mit Konkurrenzfirmen

[126] Vgl. Bidlingmaier, J., Marketing, Bd. 1 und 2, Reinbek bei Hamburg 1973; Böker, F./v. Eckardstein, D. u. a., Grundzüge des Marketing, 3. Aufl., München 1976; Kotler, P., Marketing Management, Stuttgart 1974; Niederschlag, R./Dichtl, E./Hörschgen, E., Marketing, 8. Aufl., Berlin(West) 1975; Rosenberg, L. J., Marketing, Englewood Cliffs (N.J.) 1977.

Tabelle 4.28. (Fortsetzung)

Untersuchungen bzw. auszuwertende Informationen

3. Über die Kunden
   - Geplante Investitionen
   - Bonität und Finanzkraft des Kunden
   - Leistungsprogramm des Kunden
   - Konjunkturelle Abhängigkeit des Kunden
   - Aktuelle Bedürfnisse und Probleme des Kunden in bezug auf Produkt- und Vertriebsfunktionen, Finanzierung, Beratung und sonstigen Service
   - Lizenzsituation, vom Kunden genutzte Lizenzen
   - Eingeschaltete Drittparteien (Consultants, Banken, staatl. Stellen)
   - Von administrativer und politischer Ebene ausgehende Rahmenbedingungen für Verhandlungen
   - Management- und Führungsstruktur des Kunden
   - Qualifikation und Flexibilität der Verhandlungspartner
   - Aufgeschlossenheit und Integrität der Verhandlungspartner
   - Besonderes Verhalten des Kunden bei Auftragsverhandlungen und Auftragsvergabe
   - Auslegung früherer Verträge mit befreundeten Unternehmen oder Tochtergesellschaften
   - Technischer Wissensstand des Kunden und Engineering-Kapazitäten
   - Art, Qualität und Altersstruktur der bestehenden Produktionsanlagen
   - Voraussichtlicher Ersatzbedarf bei den Produktionsanlagen
   - Besondere technische Probleme beim Betreiben vorhandener Anlagen
   - Frühere Kundenreklamationen
   - Personal-, Rohstoff- und Materialsituation des Kunden
   - Arbeitsschutz-Bestimmungen des Kunden
   - Sabotage-Gefahren

Abklärungen in Zusammenarbeit mit zentraler Marktforschung und -beobachtung:

4. Über die im eigenen Land geltenden Rahmenbedingungen für Exporte
   - Außenpolitische Ausrichtungen
   - Gesetzliche Ausfuhrbestimmungen für Know-how und Ausrüstungen
   - Staatliche Exportförderung
   - Möglichkeiten der Export-/Projektfinanzierung durch Banken und Spezialinstitute (Hermes -Bürgschaften)

5. Über das sozio-kulturelle Umfeld des Auslandskunden
   - Stabilität der innenpolitischen Verhältnisse, spezielle politische Risiken
   - Außenpolitische Orientierungen, Zugehörigkeit zu politischen und wirtschaftlichen Gemeinschaften
   - Einstellung gegenüber Fremden
   - Bevölkerungsentwicklung
   - Bildungs- und Ausbildungssystem
   - Arbeitnehmerorganisation
   - Umwelt- und Arbeitsschutz
   - Informations- und Werbemedien im Kundenland

6. Über die geographischen Daten am Sitz des Kunden
   - Klima
   - Bodenschätze
   - Rohstofflage und Energieversorgung
   - Infrastruktur-Gegebenheiten
7. Über wirtschaftliche Entwicklungsdaten
   - Staatliche Wirtschaftsordnung und -planung
   - Organisation des Außenhandels
   - Staatliche Forschungs- und Entwicklungspolitik
   - Gesetzgebung, insbesondere Investitionsgesetzgebung
   - Import-Bestimmungen, Zoll- und Devisenvorschriften
   - Geltendes Recht für Know-how-Schutz
   - Zahlungsbilanz, Export- und Devisensituation des Kundenlandes
   - Konjunkturlage und -aussichten
   - Geldentwicklung, Inflation
   - Kapitalmarkt-Situation
   - Lebensstandard
   - Arbeitsmarktlage
   - Arbeitsqualität und Arbeitskostenniveau
   - Bedarfsentwicklung
   - Stand und Entwicklung der tragenden Industriezweige
   - Besondere Wettbewerbsbedingungen

Quelle:
Winkelmann, P., Zukunftsgerichtetes Auftragscontrolling, in: Industrielle Organisation (Zürich), 11/1984, S. 471.

Damit wird ein weiteres Mal unterstrichen, warum in der Managementtheorie wie -praxis dem situationsorientierten Herangehen so große Aufmerksamkeit geschenkt wird.

Gap-Bestimmungstechnik

Ein Standardinstrument der strategischen Arbeit im Management stellt die Bestimmung von Lücken (*Gaps*) dar. Die *Gap-Technik* soll zeigen, welche Lücken zum Beispiel hinsichtlich der gewünschten Profitziele und der tatsächlich zu erwartenden bzw. erreichten Ergebnisse bestehen.
Abbildung 4.26. vermittelt einen Überblick zum grundsätzlichen Vorgehen bei Anwendung der *Gap-Technik*.[127]

Die Anwendung dieser Technik zur Strategienbildung zielt darauf ab, für jede strategische Geschäftseinheit die Differenz zwischen gewünschter und vorausgeschätzter, bzw. errechneter Entwicklung von Zielgrößen durch geeignete strategische Maßnahmen zu beseitigen. Häufig benutzte Zielkriterien sind dabei[128]:

[127] Vgl. Hodgetts, R. M., Management, a. a. O., S. 97.
[128] Vgl. Bircher, B., Langfristige Unternehmensplanung, Bern—Stuttgart 1976.

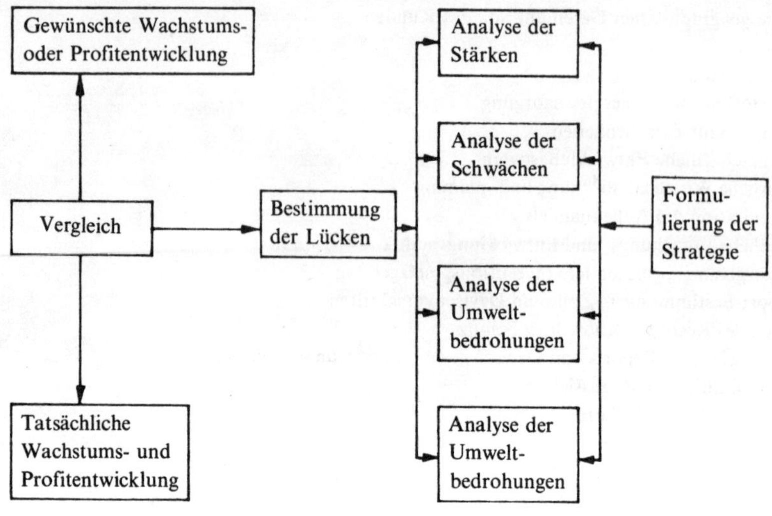

Abb. 4.26.
Gap-Bestimmungstechnik für die Strategienformulierung

— Umsatz,
— Gewinn,
— Absatzmenge,
— *Return on Investment* (Rückflußdauer),
— *Cash Flow* (Barmittelfluß).

Die Lücken werden bei der *Gap-Technik* auf erwartete Verkaufsrückgänge mit zunehmendem Alter einzelner Produkte zurückgeführt. Um die Lücken zu schließen, werden deshalb verschiedene Strategien empfohlen, die sowohl auf Intensivierungs- bzw. Rationalisierungsmaßnahmen in bestehenden Programmen abzielen als auch auf die rechtzeitige Vorbereitung und Einführung neuer Produkte (vgl. Abb. 4.27.).

Durch die *Gap-Technik* sollen die einzelnen Geschäftsbereiche angehalten werden, neue strategische Projekte einzuleiten, um die vorgesehenen Zielprojektionen zu erreichen. Welche Grundsatzfragen dabei für profitable Projektentwicklungen gestellt werden sollten, zeigt beispielhaft Tabelle 4.29.

Insgesamt liegt der Hauptvorteil der *Gap-Analysen* darin, auf ungedeckte strategische Lücken aufmerksam zu machen und dadurch die Suche nach Neuproduktideen zu beschleunigen.

Es darf jedoch nicht übersehen werden, daß die *Gap-Analyse* keine direkten Schlußfolgerungen für konkrete Alternativen liefert, sondern eben lediglich auf zu erwartende Lücken bei Umsatzrückgängen aufmerksam macht.

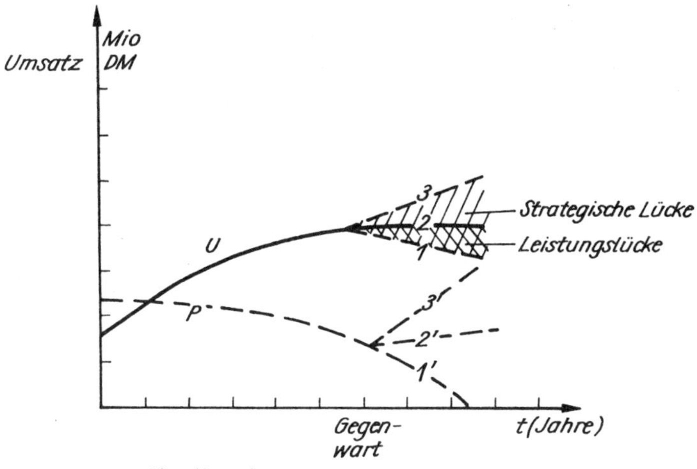

U = Umsatz
P = Profit

3 – Notwendiges Umsatzziel, um Planprofit zu erreichen; zu erfüllen durch neue Produkte;
2 – Möglicher Ertrag durch Maßnahmen auf dem Vertriebssektor (Umsatz in derzeitigen Produkten intensivieren)
1 – Umsatz bei passivem Marktverhalten (in derzeitigen Produkten)
3' – Planprofitverlauf
2' – Gewinne durch Umsatzintensivierung in derzeitigen Produkten
1' – Gewinn bei passivem Marktverhalten

Abb. 4.27.
Beispiel für die Gap-Technik

Produktlebenszyklus-Konzept

Zur exakteren Berechnung der voraussichtlichen Umsatzentwicklung einzelner Produkte wurde die *Gap-Technik* durch das *Produktlebenszyklus-Konzept* ergänzt.[129]

Für die Ableitung von Innovationsstrategien spielt die Ermittlung von Produktlebenszyklen oder auch Technologiezyklen eine besondere Rolle, insbesondere für die Berechnung der Effektivitätsentwicklung. Das erklärt sich daraus, daß im Verlaufe eines Innovationszyklus unterschiedliche Strategien und Maßnahmen in

[129] Vgl. Bischof, P., Produktlebenszyklen im Investitionsgüterbereich, Göttingen 1976; Cox, W. E., Product Life Cycles as Marketing Models, in: The Journal of Business (Chicago), 4/1963; Levitt, Th., Exploit the Product Life Cycle, in: Harvard Business Review (Boston), 6/1965; Pfeiffer, E./Bischof, P., Produktlebenszyklen als Basis der Unternehmensplanung, in: Zeitschrift für Betriebswirtschaft (Wiesbaden), 10/1974, S. 635.

Tabelle 4.29.
Grundfragen zur Schließung von strategischen Lücken durch Produktentwicklung

---

1. Ist die Produktentwicklung die vordringlichste Aufgabe für die Zukunftssicherung des Unternehmens?
(Vielleicht gibt es dringendere Aufgaben in den Bereichen Finanzen, Marketing, Verkauf oder Produktion zum Schließen von Leistungslücken.)

---

2. Welcher Produktbereich, welche Problemlösung ist für die Zukunft langfristig am wichtigsten?
(Nur durch Konzentration der Kräfte entstehen führende Produkte, entstehen langfristige Erfolge.)

---

3. Reichen die Marktkenntnisse für das Produkt? Sind die Wünsche der Kunden, die Stärken und Schwächen der Konkurrenzprodukte, die Ursachen der strategischen Lücke bekannt?
(Erst die Kenntnis der heutigen Situation läßt das richtige Ziel, den richtigen Weg finden und alte Fehler vermeiden.)

---

4. Ist eine grundsätzliche Neuentwicklung zwingend, ist das Potential der heutigen Grundprodukte erschöpft?
(Vielleicht bringt eine Modifikation, ein anderes Marketing vorhandenen Grundprodukten eine neue Blüte.)

---

5. Steht der Kunde im Zentrum der Überlegungen, ist die Optik der Zielgruppen genau bekannt?
(Vielleicht sind zukünftigen Kunden andere Merkmale wichtig als angenommen.)

---

6. Welches wäre das Idealprodukt der Zukunft, welches ist das strategische Entwicklungsziel?
(Alle Einzelschritte und Teillösungen sollten auf dem Weg zum Fernziel liegen.)

---

7. Welche Entwicklungsarbeiten sind nicht nur auf ein Einzelprodukt, sondern auf ganze Produktefamilien anwendbar, – welche können für mehrere Produktegenerationen nutzbar sein?
(Entwicklungsarbeit ist wirtschaftlicher bei breiter und langfristiger Nutzanwendung!)

---

8. Bestehen die menschlichen, finanziellen und technischen Voraussetzungen für eine anspruchsvolle, seriöse, kompetente Entwicklungsarbeit?
(Resultiert aus Sparsamkeit am falschen Ort ein Mißerfolg, sind auch kleine Entwicklungskosten zu hoch.)

---

9. Wo sind die besten Voraussetzungen für bestimmte Entwicklungen vorhanden?
(Vielleicht ist es sinnvoll, ein fremdes Labor oder Institut einzuschalten, mit Partnern eine Gemeinschaftsentwicklung zu machen oder vorhandene Lösungen in Lizenz anzuwenden.)

---

10. Können während der Entwicklung neue Gesichtspunkte auftauchen, die eine Überprüfung der Zielsetzung erforderlich machen?
(Ein Entwicklungsprogramm darf nicht blind durchgepaukt werden. Nach jeder Etappe muß die neue Situation überprüft und für den weiteren Weg vielleicht eine neue Richtung eingeschlagen werden.)

Quelle:
Walther, J., So entwickelt man mit beschränkten Mitteln erfolgreichere Produkte, in: Industrielle Organisation (Zürich), 6/1984, S. 281.

Abhängigkeit von der Wettbewerbsposition angewendet werden, wie aus Abbildung 4.28. hervorgeht.[130]
Das in der Abbildung dargestellte Vierphasenmodell von Innovationsprozessen wird häufig durch das Fünfphasenmodell mit den Phasen
— Einführung
— Wachstum
— Reife
— Sättigung
— Rückgang
wie in Abb. 4.29. gezeigt, erweitert. Prinzipielle Unterschiede ergeben sich daraus jedoch nicht.

Typisch für die fünf Phasen sind vereinfacht dargestellt folgende Unterschiede:

In der *Einführungsphase* steigt der Absatz nur langsam bei hohem Kapitalbedarf und typischen Akzeptanzproblemen des neuen Produkts.

In der Phase des *schnellen Wachstums* steigt der Absatz rasch bei gleichfalls steigendem Kapitalbedarf durch Erweiterungsinvestitionen zum Erringen hoher Marktanteile gegenüber Konkurrenten.

Dagegen sinken die Zuwachsraten des Absatzes in der *Reifephase* bei gleichzeitigem maximalen Anstieg des Gewinns. Oft werden bereits in der Reifephase Produktvariationen angeboten und Substitutionsprodukte entwickelt.

In der *Sättigungsphase* überschreiten die Umsätze das Maximum und wirken in der Regel Rationalisierungsmaßnahmen weiter kostensenkend.

Mit fortschreitender Alterung oder *Degeneration* schrumpfen Absatz, Kapitalbedarf und der Gewinn bis das betreffende Produkt aufgegeben oder eine solche Veränderung wirksam wird, daß ein neuer „Lebenszyklus" einsetzt.

Daraus resultierende typische Unterschiede in den strategischen Verhaltensweisen sind in Kurzform in Tabelle 4.30. zusammengefaßt.

Die für internationale Markterfolge wichtigste Frage besteht darin, rechtzeitig die Einführung neuer Produkte einzuleiten und hierbei realistisch einzuschätzen, ab wann die Neuheit veralteten Produkten den Boden entzieht.

[130] Vgl. Thanheiser, H./Patel, P., Strategische Planung in diversifizierten deutschen Unternehmen, o. O. 1977, S. 65.

Wett-bewerbs-position	Lebenszyklusphase: Entstehung	Wachstum	Reife	Degeneration
Dominant	Marktanteile hinzugewinnen oder mindestens halten	Position halten Anteil halten	Position halten Wachstum mit der Branche	Position halten
Stark	Investieren, um Position zu verbessern Marktanteilgewinnung (intensiv)	Investieren, um Position zu verbessern. Marktanteilgewinnung	Position halten Wachstum mit der Branche	Position halten oder "ernten".
Günstig	Selektive oder volle Marktanteilgewinnung. Selektive Verbesserung der Wettbewerbsposition	Versuchsweise Position verbessern. Selektive Marktanteilgewinnung	Minimale Investitionen zur "Erstandhaltung" Aufsuchen einer Nische	"Ernten" oder stufenweise Reduzierung des Engagements
Haltbar	Selektive Verbesserung der Wettbewerbsposition	Aufsuchen und Erhaltung einer Nische	Aufsuchen einer Nische oder stufenweise Reduzierung des Engagements	Stufenweise Reduzierung des Engagements oder liquidieren
Schwach	Starke Verbesserung oder aufhören	Starke Verbesserung oder Liquidierung	Stufenweise Reduzierung des Engagements	Liquidieren

Abb. 4.28.
Mögliche Strategien in der Gegenüberstellung von Produktlebenszyklus und Wettbewerbsposition

Zweifellos besteht auf diesem Gebiet noch das größte Problem, denn obwohl die Mehrheit der erfolgreichen Innovationen von der Bedarfsseite ausgeht, sind Analysen und Prognosen auf diesem Gebiet besonders schwierig. Mit dem *Produktlebenszyklus-Konzept* wird versucht, den „Lebensweg" eines Produkts vorherzubestimmen. Die Erfahrungen zeigen jedoch, daß der reale Lebens- bzw. Marktzyklus von einer Vielzahl von Faktoren abhängt, die sowohl mit der Dynamik von

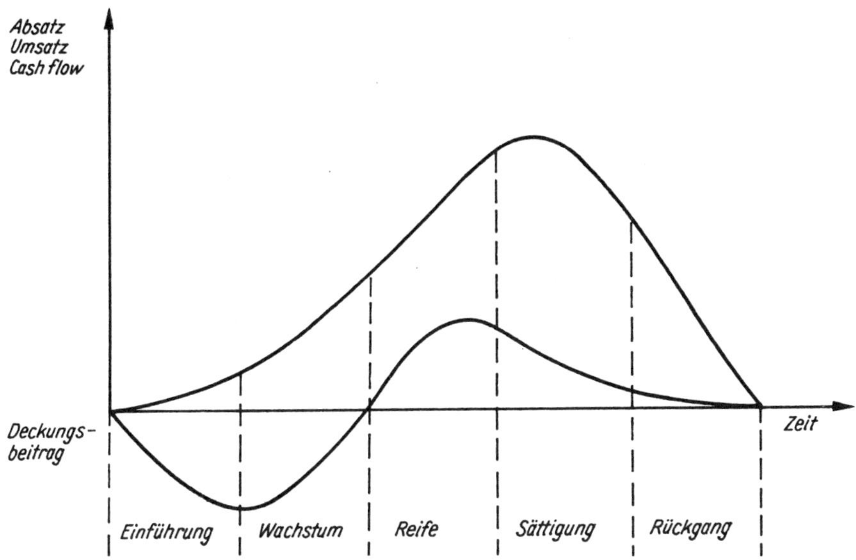

Abb. 4.29.
Typischer Verlauf des Lebens(Markt)-Zyklus von Produktinnovationen

Tabelle 4.30.
Unterschiede in strategischen Verhaltensweisen in einzelnen Phasen des Produktlebenszyklus

Parameter	Einführung	Wachstum	Reife	Sättigung
Preis	niedrig	folgt den Kosten	differenziert	differenziert
Sortiment	eng	eng/breiter	differenziert	enger
Markt	Testmarkt	national/ international	multinational	differenziert
Technologie	differenziert	standardisiert	standardisiert	standardisiert
Kapazität	langsam wachsend	schnell wachsend	stagnierend	schrumpfend
Werbung	intensiv	weniger intensiv	intensiv	wenig/keine

Quelle.
Hammer, R., Unternehmensplanung, München und Wien 1982, S. 158.

Innovationsprozessen, insbesondere dem Zeitfaktor, dem Konkurrenzkampf als auch dem Käuferverhalten zusammenhängen, so daß vereinfachte Modelle oftmals versagen. Allgemeingültige strategische Empfehlungen (sogenannte Normstrategien) sind daher aus Produktlebenszyklen nur insofern ableitbar, als es erwiesenermaßen oft im internationalen Konkurrenzkampf unter wachsendem Zeitdruck notwendig ist, in rasch wachsenden Märkten noch während der Phase des schnellen Wachstums Fuß zu fassen. Das dennoch immer wieder feststellbare Konzentrieren auf absatzpolitische Maßnahmen für veraltete Erzeugnisse (Preisreduzierungen, „Facelifting", Werbekampagnen usw.) erweist sich oftmals als wenig effektiv.

In der praktischen Arbeit werden häufig auch weniger Einzellebenszyklen ermittelt als vielmehr Einschätzungen der Altersstruktur des gesamten Erzeugnisprogramms vorgenommen. Tabelle 4.31. zeigt ein praktisches Beispiel für solche Analysen aus der *Siemens*-Aktiengesellschaft.

Tabelle 4.31.
Altersstruktur der von *Siemens* umgesetzten Produkte

	1977/78	1982/83
	(Angaben in Prozent)	
Neuentwickelt in den letzten 5 Jahren	45	53
Entwickelt vor 6 bis 10 Jahren	30	28
Entwickelt vor mehr als 10 Jahren	25	19

Quelle:
Impulse-Forschung und Entwicklung bei Siemens, hg. von der Siemens AG, München 1984, S. 5.

Die für derartige Analysen im Rahmen des strategischen Managements entwickelten Methoden entsprechen den für die Planung und Leitung von Innovationsprozessen objektiv notwendigen Vorgehensweisen.[132]

Eine künftig an Bedeutung gewinnende Problematik der Strategienentwicklung aus dem *Produktlebenszyklus-Konzept* betrifft das Problem der Reinnovation und des Recycling[133] sowie der Schaffung langlebiger Produkte, was bisher noch oft den Verwertungsinteressen des Kapitals widerspricht und daher im kapitalistischen strategischen Denken unterentwickelt ist.[134]
Welche Fragen bei recyclinggerechter Produktgestaltung für die strategische Arbeit wichtig sind, zeigt beispielhaft Tabelle 4.32.

[131] Eine wesentlich tiefergehende Darstellung aus marxistischer Sicht ist den Studientexten „Probleme der Ökonomie, Leitung und Planung volkswirtschaftlich bedeutsamer Neuerungsprozesse", hg. von der Hochschule für Ökonomie „Bruno Leuschner", Berlin 1982, zu entnehmen.

[132] Vgl. Garscha, J., Zeitfaktor und Produktionsstruktur, Berlin 1969, sowie: Hartmann, W. D./Haustein, H.-D., Leitung industrieller Forschung und Entwicklung. Theoretische und praktische Probleme von Innovationen, Berlin 1979, S. 89ff.

[133] „Recycling" wird hier sowohl im Sinne der Wieder- bzw. Weiterverwendung als auch der Wieder- und Weiterverwertung verstanden.

[134] Vgl. Weege, R. D., Recyclinggerechtes Konstruieren, Düsseldorf 1981.

Tabelle 4.32.
Beispielaufgaben recyclinggerechter Produktgestaltung

Produkte nach Möglichkeit wiederverwendbar gestalten!
- Nichtverschleißteile für lange Lebensdauer auslegen und vor Umgebungseinflüssen schützen.
- Verschleißteile demontagefreundlich plazieren.
- Demontagefreundliche Verbindungstechnik verwenden.

Die Möglichkeit einer Anpassung an den Stand der Technik vorsehen!
- Raum für Erweiterungen vorsehen, integrierte Bauweise vermeiden.
- Technische Vorkehrungen für Erweiterungen (Leistungsreserven, Zusatzanschlüsse) vorsehen.

Die Möglichkeit eines weiteren Verwendungszwecks bei irreparabler technischer Veralterung vorsehen!
- Äußere Gestaltung dem weiteren Verwendungszweck anpassen.
- Vorgaben für Umwandlungen vorsehen.

Bei Nichtverwendungsfähigkeit der Erzeugnisse den erneuten Einsatz von Baugruppen und Bauteilen gewährleisten!
- Zusammenfassung von Bauteilen zu demontage- und verwendungsfähigen Funktionseinheiten.
- Standardisierung von Bauteilen.
- Demontageerleichterung verwendbarer Bauteile.
- Kennzeichnung verwendbarer Bauteile.

Zusatznutzen berücksichtigen!
Verwertung der Produktrohstoffe berücksichtigen!
Entweder nur einen Werkstoff verwenden oder eine geringe Anzahl an Werkstoffen!
Eine einfache Wiederverwertung der Werkstoffe planen!
- Ausschließliche Verwendung untereinander verträglicher Werkstoffe.
- Herabsetzung der Fremdanteile unverträglicher Werkstoffe unter die Grenzen der zulässigen Anteile.
- Hohe Anteile unverträglicher Werkstoffe demontagefreundlich gestalten.
- Zuverlässige Kennzeichnung der im Produkt befindlichen Werkstoffarten.

Die Verwendung nur beschränkt oder gar nicht wiederverwertbarer Werkstoffe planen!
- Substitution durch häufig wiederverwertbare Stoffe.
- Einsatz nach Möglichkeit nur in langlebigen Gütern.
- Erhöhung der Verwendungszyklenzahl beschränkt wiederverwertbarer Stoffe durch Qualitätsverbesserung.

Quelle:
Industrielle Organisation (Zürich); 11/1984.

Zweifellos wird das strategische Gewicht einer wiederverwendungsorientierten Produktentwicklung an Bedeutung gewinnen und die Diskussion um die künstlich beschleunigte Obsoleszenz (Veralterung) beeinflussen. Gleichzeitig läßt sich auch gerade aus der Ressourcenintensität vieler klassischer Konsumgüter und dem verkürzten Lebenszyklus erklären, daß sich der Konkurrenzkampf besonders auf dem Gebiet der Informations- und Kommunikationstechnik auf Grund der damit gegebenen Möglichkeiten des intensiven Ausbaus von Software-Komponenten im Leistungsangebot weiter zuspitzt.

Erfahrungskurven-Konzept

Ein besonders zur Ermittlung der Kostensenkungspotentiale in der strategischen Arbeit seit längerem häufig benutztes Konzept geht von den empirisch in jedem Arbeitsprozeß nachweisbaren Lerneffekten durch Erfahrung aus.[135] Das Ziel besteht darin, mit Hilfe von Erfahrungskurven die mögliche Entwicklung der Gesamtstückkosten eines Erzeugnisses in Abhängigkeit von der Steigerung der Mengenleistung und Rationalisierungsmaßnahmen vorauszubestimmen.

Seit der empirischen Entdeckung des Lern- oder Erfahrungseffekts infolge von Verbesserungs- und Rationalisierungsneuerungen wurde für die Serienproduktion daraus der Schluß abgeleitet, daß nach Beginn der Fertigung von neu entwickelten Produkten oder neuen Modellen Kostensenkungen mit zunehmender Stückzahl durchzusetzen sind.

Selbstverständlich löste die Bestimmung der möglichen Höhe der Kostensenkungen lebhaftes Interesse aus, weil sich das Kapital damit in der Lage sah, Kostensenkungsarten normativ vorzugeben. Wie hoch die wachstumsabhängigen Kostensenkungsmöglichkeiten in Prozent pro Jahr empirisch bei Serienfertigung nachgewiesen wurden, kann Tabelle 4.33. entnommen werden.

Ausgehend von umfassenden Studien zum Lerneffekt und in der Serienproduktion bei einer Fülle US-amerikanischer Firmen ermittelte die *Boston Consulting*

Tabelle 4.33.
Wachstumsabhängige Kostensenkungspotentiale bei Serienfertigung

Bei einem Wachstum d. Gesamtvolumens	Verdopplungszeit in Jahren	Mögliche Kostensenkung (% pro Jahr)
a	b	c
1	70	0,3— 0,4
5	14	1,5— 2,0
7	10	2,0— 3,0
10	7	2,7— 4,0
15	5	4,0— 6,0
20	4	5,3— 8,0
25	3	6,5—10,0
30	$2^1/_2$	7,7—11,5
40	2	9,5—14,3
50	$1^3/_4$	12,0—18,0

Quelle:
Gälweiler, Strategische Unternehmensplanung, Stand und Entwicklungstendenzen, Würzburg—Wien—Zürich 1984, S. 29.

[135] Vgl. Henderson, B. D., Die Erfahrungskurve in der Unternehmensstrategie, Frankfurt/M. 1974.

Group in den 60er Jahren folgende Grundregel[136]: Bei jeder Verdoppelung der kumulierten Menge sinken die Stückkosten um 20 bis 30 Prozent bezogen auf konstante Geldwerte (vgl. dazu Abb. 4.30.).

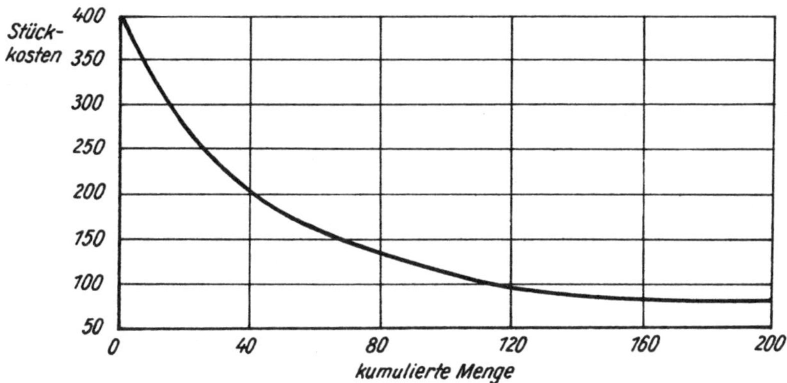

Abb. 4.30.
Stückkostensenkungskurve nach der Grundregel der *Boston Consulting Group*

In der Abbildung liegen die Anfangsstückkosten bei 400 und fallen mit erhöhter Mengenleistung. Bei einer Verdoppelung der kumulierten Menge fallen sie um 20 bis 30 Prozent.

Die Realisierung dieses Kosteneinsparungspotentials hängt allerdings in entscheidendem Maße davon ab, ob die Potentiale der Rationalisierung auch tatsächlich systematisch ausgeschöpft werden. Eines der überzeugendsten Beispiele hierfür liefert die Kostensenkung der Chipproduktion.

Tabelle 4.34. gibt einen Überblick über wichtige Anwendungsmöglichkeiten des Konzepts der Erfahrungskurven in der strategischen Arbeit.

Bei der Einschätzung des Konzepts der Erfahrungskurven ist zu berücksichtigen, daß in der Regel die tatsächlichen Kostensparmöglichkeiten nicht unmittelbar über den Preis an den Verbraucher weitergegeben werden, gerade weil die damit verbundenen Möglichkeiten der Erwirtschaftung von Extraprofiten das eigentliche Ziel sind. Man spricht vom Errichten eines „Preisschirms" und beobachtet häufig in monopolistischen Märken, daß die damit verbundenen Möglichkeiten des Preisdiktats voll ausgeschöpft werden. Preissenkungen entsprechend den Kostensenkungspotentialen erfolgen meist erst unter massivem Druck von Konkurrenten.[137] (Vgl. Abb. 4.31.)

Die unterschiedlichen Kosten in den Phasen der Markteinführung, des Marktwachstums und Ausbaus des Marktanteils spielen insbesondere bei strategischen Entscheidungen für oder gegen den Eintritt in ein expandierendes Geschäft eine

[136] Ebenda, S. 19.
[137] Ebenda, S. 31.

Tabelle 4.34.
Anwendungsmöglichkeiten des Konzepts der Erfahrungskurven in der strategischen Arbeit

- Prognose der langfristigen Kosten- und Preisentwicklung
- Bewertung der möglichen Kostensituation von Konkurrenten
- Quantifizierung der Auswirkungen von Marktanteilsveränderungen auf Kosten und Gewinnpotentiale
- Beurteilung der strategischen Ausgangsposition für den Markteinstieg
- Ermittlung produktbezogener Rationalisierungspotentiale
- Rechtzeitige Anpassung an technologische produktspezifische Änderungen
- Instrument für komplexe Kostenreduktionen im gesamten Reproduktionsprozeß
- Entscheidungshilfe für Fremdbezug oder Eigenfertigung
- Hilfsmittel zur Strategieentwicklung von Konkurrenten
- Erkennen technologisch-organisatorischer Innovationspotentiale und Modernisierungsmöglichkeiten
- Entwickeln von Spezialisierungs- und Standardisierungskonzepten
- Grundlage für arbeitsorganisatorische Verbesserungen
- Grundlage für das Erarbeiten von Lern- und Schulungsprogrammen
- Grundlage für Programme der Materialsubstitution.

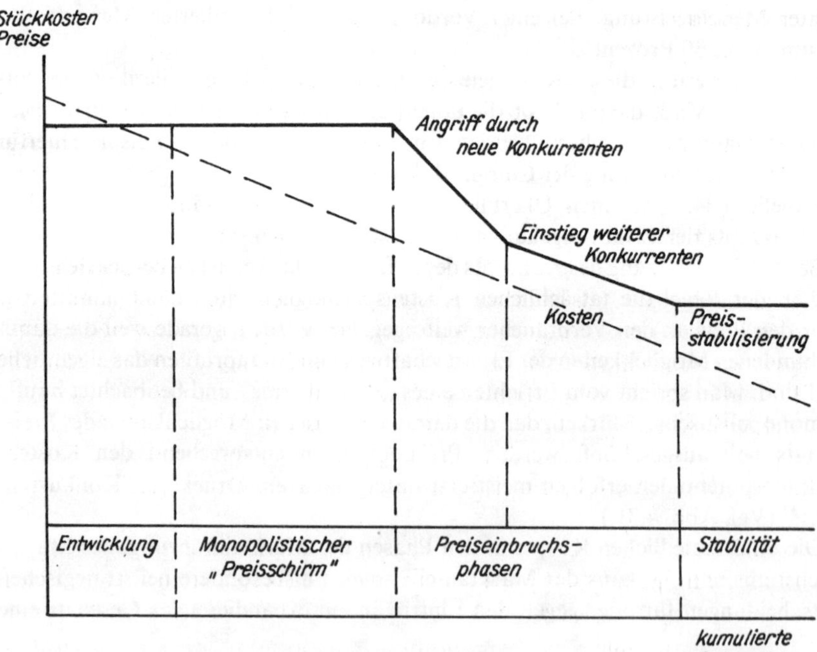

Abb. 4.31.
Monopolistische Ausnutzung der Kostensenkungspotentiale

große Rolle. Seitens der bürgerlichen Theorie wird hierbei den Möglichkeiten des Marktwachstums und den Marktanteilen allergrößte Aufmerksamkeit geschenkt. Marktführer können in der Regel durch Konkurrenten erzwungene Preisrückgänge auf Grund der hohen kumulierten Produktionsmengen und der damit verknüpften Einsparmöglichkeiten am längsten verlustlos verkraften. Die damit verknüpften strategischen Fragen hängen mit dem Zeitfaktor der Produktionsaufnahme und der Entscheidung „Erster" oder „Nachfolgender" zusammen.[138]

In Verknüpfung von strategischen Überlegungen aus Analysen der Lebenszyklen und Kosteneinsparungspotentiale anhand der Erfahrungskurven wird oft entschieden, wie profitabel es ist, die Produktion eines Neuprodukts selbst aufzunehmen oder nicht. Allgemein gilt, daß der Erste die Vorteile einer zeitweiligen Monopolposition über rasche Steigerungen seines Marktanteils auszubauen trachtet. Nachfolger müssen in der Regel analog hohe Anlaufkosten mit geringeren Absatzmengen zu amortisieren versuchen, das heißt den Zeitfaktor viel schärfer kalkulieren. Je weniger der Erstanbieter den monopolistischen „Preisschirm" nutzt, um so schwieriger wird für Nachfolger der Markteintritt auf Grund der objektiv bedingten Kostendifferenzen. Strategisch wird hieraus meist die Schlußfolgerung abgeleitet, daß der *Follower* (Nachfolgende) gegenüber dem *First* (Ersten) die Chancen eigener Erfahrungskurven durch qualitative und technologische Veränderungen am Produkt nutzen sollte.

Nicht zuletzt liegt hierin eine der Ursachen dafür, daß in lukrativen Märkten, zum Beispiel der Heimelektronik oder der Personalcomputer, oftmals Nachfolger mit ausstattungsmäßigen Verbesserungen und Variationen eines Grundprodukts versuchen, eigene Marktanteile aufzubauen. Dennoch haben viele *Newcomer* gegenüber den Monopolen oft nur geringe Chancen.

Diversifikations-Konzept

Um in umkämpften Märkten bei insgesamt krisenhaften Entwicklungen bestehen zu können, bemühen sich viele Unternehmen, strategische Lücken bzw. sich verkürzende Lebens- und Marktzyklen von Erzeugnissen dadurch abzufangen, daß das Leistungsprogramm zielstrebig erweitert wird. Vereinfacht wird *Diversifikation* daher auch oft als „das Schaffen eines weiteren Beines, auf dem das Unternehmen stehen soll", bezeichnet,[139] das heißt die Diversifikation stellt gleichfalls ein Innovationsproblem dar. Welche Vorgehensweise für eine systematische Diversifikationsplanung typisch ist, zeigt Abbildung 4.32.

Zunächst wird der Suchraum für die mögliche Erweiterung des Produktionsprogrammes abgegrenzt, wobei die bereits weiter oben erläuterten Analyseinstru-

[138] Vgl. Pfeiffer, W./Bischoff, P., Produktlebenszyklen — Instrument jeder strategischen Produktplanung, in: Steinmann, H. (Hrsg.), Planung und Kontrolle, München 1981, S. 133ff.
[139] Management-Lexikon, hg. von F. Neske und M. Wiener, Bd. I, a. a. O., S. 297.

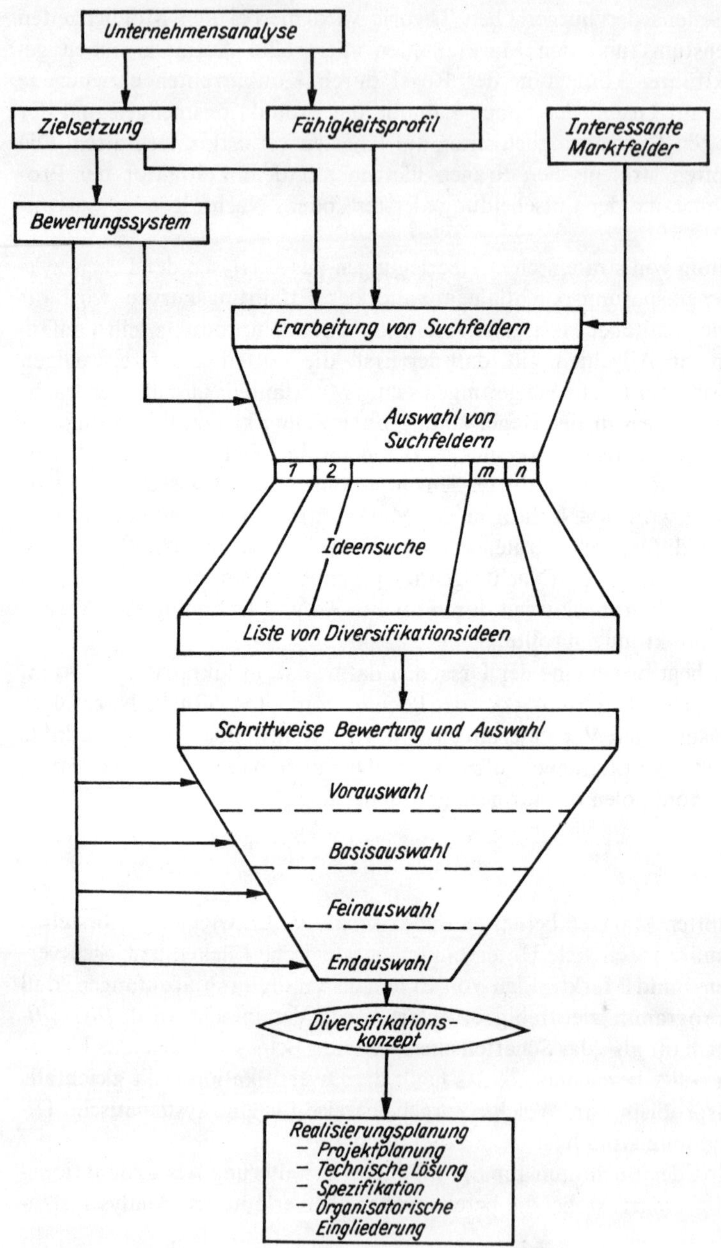

Abb. 4.32.
Vorgehensweise zur Diversifikation

mentarien eingesetzt werden. Im Mittelpunkt steht die Entwicklung konkreter Diversifikationsideen, wobei differenzierte Aufgaben entsprechend der grundsätzlichen strategischen Orientierung des Unternehmens gestellt sind:

1. Vertikale Diversifikationsstrategien zielen auf die Erweiterung des Produktionsprogramms um vor- oder nachgelagerte Produkte bzw. Dienstleistungen im Zuge der sogenannten Rückwärtsintegration bis zum Rohstofflieferanten bzw. der sogenannten Vorwärtsintegration bis zum Finalproduzenten.

2. Horizontale Diversifikationsstrategien dienen zur Erweiterung des Angebotsprogramms um gebrauchswertmäßig eng verwandte Produkte oder Dienstleistungen eines Bedarfs- bzw. Marktkomplexes.

3. Konzentrische Diversifikationsstrategien stellen die Erweiterung des Angebotsprogramms um neue Produkte oder Dienstleistungen mit geringer marktlicher oder technischer Verwandtschaft zum bisherigen Marktkomplex in den Mittelpunkt.

4. Konglomerats- oder *Portfoliodiversifikationsstrategien* zielen auf die Aufnahme neuer Produkte oder Dienstleistungen in das bisherige Angebotsprogramm, ohne weder in marktlicher noch technischer Hinsicht verwandt mit bisherigen Produkten und Dienstleistungen zu sein.

Beispiele für Diversifikationen verschiedener Art stellen insbesondere die Konsumgüterprogramme vieler Konzerne dar. So stellt der *Philips*-Konzern beispielsweise in der Hauptproduktion Kommunikations-, Nachrichten- und Übertragungstechnik sowie Halbleiter her. Als Konsumgüter werden beispielsweise Beleuchtungskörper, Haushaltsgeräte sowie Erzeugnisse für die Körperpflege, Fernsehgeräte, Stereoanlagen usw. produziert. Der elektronische Rüstungsgüter-Produzent *Thomson-Brandt* beliefert den westeuropäischen Markt mit Unterhaltungselektronik, insbesondere Farbfernseh- und Videorecorderproduktion. Der *Matsushiba*-Konzern, der sich vor allem auf die Büro- und Industrieelektronik spezialisiert, realisiert einen hohen Anteil seines Umsatzes durch „konsumentennahe" Elektronik. Zum Programm gehören in erster Linie Fernseher, ferner Radios, Stereoanlagen, Videorecorder, Büromaschinen u. a. Die *Farbwerke Hoechst AG* produzieren hauptsächlich anorganische und organische Chemikalien, Düngemittel, Farben, Kunstharze und Lacke, Folien, Pharmaka — insgesamt 45000 chemische Erzeugnisse. Seit Jahren verbucht *Hoechst* parallel dazu hohe Gewinne für Erzeugnisse auf dem Gebiet von Sport und Freizeit (Zulieferungen für Sportbekleidung, Freizeit- und Sportartikel wie Anoraks, Trikots, Zelte). Neuerdings hat die Kommunikationstechnik ein größeres Gewicht erhalten. Die *Bayer AG*, Hauptproduzent von Kunststoffen, Fasern, Pharmaka und Pflanzenschutzmitteln verfügt über langjährige Erfahrungen in der Produktion von Siliconen für Kabelisolierungen, Kosmetikcremes, Poliermittel, Kühlwasserschläuche, Imprägnierungen, Fensterdichtungen, Autolacke, Folien-Trägerpapiere, Fassadenimprägnierung, Korrosionsschutzlacke, Walzenbeschichtungen u. a.

Die Beispiele ließen sich beliebig erweitern. Sie reichen bis zur Rinderzucht des *VW*-Konzerns in Brasilien, zum Betreiben hauseigener Weinkeltereien der *BASF* oder Karpfenzucht von Stromlieferanten.

Die Realisierung der Strategien erfolgt auf mehrere Arten:

— interne Rationalisierungen bzw. Erweiterungsinvestitionen entsprechend den Diversifikationszielen,
— Internationalisierung der Unternehmungen,
— Produktneuentwicklung durch eigene Forschung und Entwicklung,
— Produktneuentwicklung durch Auftragsforschung und Beraterfirmen,
— Know-how-Einkauf durch Fusionen oder Kooperationen.

Weder in Theorie noch Praxis herrscht hierbei eindeutige Klarkeit, auf welchem Wege und mittels welcher Methoden die einzelnen Strategien den größten Erfolg erbringen.[140] Vielfach wird betont, daß der *Diversifikationserfolg* um so größer ist, je besser es gelingt, die spezifischen Fähigkeiten und Stärken auszunutzen. Andererseits beweisen Studien, daß vor allem in den großen wachstumsintensiven Konzernen radikalere *Diversifikationsstrategien* dominieren.

Tabelle 4.35.
Bevorzugte Diversionsfikationsstrategien in den größten USA- und BRD-Konzernen

Jahr	Von den 500 größten USA-Konzernen betrieben		Jahr	Von den 100 größten BRD-Unternehmen betrieben	
	konzentrische Diversifikation	Konglomeratsdiversifikation		konzentrische Diversifikation	Konglomeratsdiversifikation
1949	27,6	3,4	1950	32	7
1959	42,6	6,5	1960	40	9
1969	46,1	19,4	1970	38	18

Quelle:
Kieser, A. u. a., Empirische Theorie des Unternehmens-Wachstums, in: Management International Review, 1/1977, S. 47ff.

Analoge Ergebnisse wurden in anderen hochentwickelten Industriestaaten wie Großbritannien, Frankreich und Italien ermittelt. Hinsichtlich der prinzipiellen Vorgehensweise der Konzerne bei Anpassungen an neue Situationen ist festzustellen, daß Sprünge sehr selten sind und in der Regel ein schrittweiser Übergang

[140] Vgl. dazu: Chandler, A. D., Strategy and Structure, Cambridge 1962; Ansoff, H. J., Management-Strategie, München 1966; Kieser, A., Unternehmenswachstum und Produktinnovation, Berlin(West) 1970; Bünschgen, H., Das Unternehmen im Konjunkturwandel. Strukturgestaltung und Geschäftspolitik zur Unternehmenssicherung, Berlin(West) 1971; Lerchne, H., Zielforschung in Unternehmungen, Wiesbaden 1975; Rumelt, R. P., Strategy, Structure and Economic Performance, Boston 1974.

von einer *Diversifikationsart* zur anderen erfolgt. Faßt man die zahlreichen empirischen Untersuchungen zur Herausarbeitung einiger grundlegender Tendenzen zusammen, sind folgende Verallgemeinerungen möglich[141]:

1. Höhere bzw. radikalere *Diversifikationsarten* werden um so wahrscheinlicher angegangen, je sicherer die davor liegende Stufe gemeistert wurde und je höher der bereits erreichte *Diversifikationsgrad* ist.

2. Vertikale Diversifikationen werden in der Regel von Unternehmen bevorzugt, die sich in starker Abhängigkeit von Lieferanten bzw. Abnehmern befinden. Diese Abhängigkeit wächst mit steigendem Wert des angelegten Kapitals und der Starrheit der wichtigsten Produktionstechnologie. Daher bevorzugen kapitalintensive Branchen mit großen optimalen Betriebsgrößen und starrer Technologie *vertikale Diversifikation.*

3. Je weitreichender *vertikale Diversifikation* verwirklicht ist und je mehr fixes Kapital dadurch gebunden ist, um so stärker werden die Managementmethoden auf die Kapitalauslastung zur Sicherung der Verwertungsbedingungen konzentriert. Umorientierungen zugunsten alternativer, *nichtvertikaler Diversifikationen* und dementsprechender Managementmethoden werden um so schwieriger, je mehr das bisherige Produktions-Programm Probleme aufwirft und die Problemlösungskapazität des Managements davon in Anspruch genommen ist. Hieran wird der unmittelbare Zusammenhang von Verwertungsinteressen und praktizierten Managementmethoden deutlich, denn je länger in einem Angebotsprogramm ein Produkt dominiert (mehr als 70 Prozent des Umsatzes entfallen auf ein Produkt), um so geringer wird die Neigung des Managements, eine *Diversifikationsstrategie* zu verfolgen, die den Anteil des dominierenden Produkts reduziert.

4. Konzentrische Diversifikationen, die eine Übertragung technischen bzw. marktseitigen Know-hows auf andere Produkte bzw. Leistungen anstreben, erfolgen um so wahrscheinlicher, je niedriger die Rentabilität und Profitrate sowie das technologische Potential (organische Zusammensetzung des Kapitals) in der originären Branche sind. *Konglomerats-Diversifikationen* zielen dagegen auf die Rationalisierung von Finanzierungsvorteilen durch Fusionen, auf die Schaffung mächtiger Kartelle mit allen Konsequenzen hinsichtlich der monopolistischen Profite ab.

Hinsichtlich der Auswirkungen auf die Sicherung eines stabilen Unternehmenswachstums und damit Profitwachstums kann davon ausgegangen werden,

- daß die hierfür erfolgreichste Strategie in der Regel eine *Diversifikationsstrategie* ist, die auf einer zentralen Stärke, auf einem hohen Niveau des technischen und marktlichen Know-hows aufbaut;
- daß unternehmensintern vorangetriebene *horizontale* oder *konzentrische Diversifikationen* zu höherer Rentabilität und Profitabilität führen, gegenüber externen, mit denen sich jedoch höhere Wachstumsraten erzielen lassen;

141 Vgl. Kieser, A. u. a., Auf dem Weg zu einer empirisch fundierten Theorie des Unternehmungswachstums, Konzeption eines Forschungsprojektes, in: Management International Review (Wiesbaden), 1/1977, S. 47ff.

— daß externe *Konglomeratsdiversifikationen* höhere Profitabilität als andere Formen externer *Diversifikation* erlangen und
— daß eine *Diversifikationsstrategie*, die auf einem bestimmten technischen oder marktlichen Know-how aufbaut, zu höherer Stabilität als breit gefächerte *Diversifikationen* führt.
sowie
— daß die erfolgreiche Durchsetzung von *Diversifikationsstrategien* mit der Einführung dementsprechender divisionaler Strukturen bzw. strategischer Geschäftseinheiten einhergeht.

Ein praktisches Beispiel für die *Diversifikation* und Bildung eingenständiger Geschäftsbereiche im *Siemens*-Konzern enthält Tabelle 4.36.

Augenfällig ist hierbei, daß die Aktivitäten für die Rüstungsproduktion, wie in vielen Konzernen, nicht sonderlich hervorgehoben werden, obwohl sie gerade in

Tabelle 4.36.
Diversifikation nach Geschäftsbereichen am Beispiel der Siemens AG

Bauelemente	Energie- und Automatisierungstechnik	Installationstechnik
Integrierte Schaltungen • Diskrete Halbleiter • Passive Bauelemente • Röhren	• Energieversorgung • Verkehr und öffentl. Auftraggeber • Meß- und Prozeßtechnik • Grundstoffindustrie • Verarbeitende Industrie • Standarderzeugnisse • Produktionsautomatisierungssysteme	• Starkstromkabel und -leitungen • Installationsgeräte, Beleuchtungstechnik, Autoelektronik • Installationsanlagen und -systeme • Zähler- und Klimatechnik
Kommunikations- und Datentechnik	**Medizinische Technik**	**Nachrichten- und Sicherungstechnik**
• Kommunikationsendgeräte • Privat- und Sonderkommunikationstechnik • Datentechnik	• Röntgen-Diagnostik • Schnittbildverfahren und Therapie • Elektromedizin • Dental-Technik • Audiologische Technik • Gemeinsame technische Aufgaben	• Öffentliche Kommunikationsnetze • Sicherungssysteme

Quelle:
Siemens-Blickpunkte 1984. Informationsschrift über wesentliche Aspekte des Unternehmens, hg. vom Siemens AG-Infoservice, Fürth 1984.

jüngster Zeit eine bevorzugte *Diversifikationsrichtung* von sowohl im zivilen als auch militär-technischen Bereich tätigen Konzernen darstellen.

Portfolio-Technik

Die Grundidee der *Portfolio*-Technik geht davon aus, daß die Produkt-Markt-Strategien so aufeinander abgestimmt sind, daß aus den vorhandenen Produkt-Markt-Kombinationen jederzeit genügend finanzielle Mittel fließen, um künftig erfolgversprechende Produkt-Markt-Lösungen zu erreichen.[148]

Damit liefert die *Portfolio*-Technik ergänzend zu den bisher erläuterten strategischen Techniken der Lebenszyklusbestimmung ein Instrumentarium, das eine Zusammensetzung der Gesamtheit aller Produkt-Markt-Kombinationen in ihren finanziellen Auswirkungen ermöglicht.

Mit der *Portfolio*-Technik soll eine ertragsoptimale Kombination von strategischen Geschäftsfelder (*Portfolio*-Geschäftsbereich) unter Beachtung von Risikoaspekten und finanziellen Konsequenzen erreicht werden.

Dazu wird eine zweidimensionale Matrix aufgebaut, auf deren Achsen verschiedene Meßgrößen eingetragen werden.

Marktwachstum-Marktanteil-Portfolio

Am bekanntesten und häufigsten angewendet ist das *Marktwachstum-Marktanteil-Portfolio*, dessen Grundaufbau in Abbildung 4.33. dargestellt ist.[143]

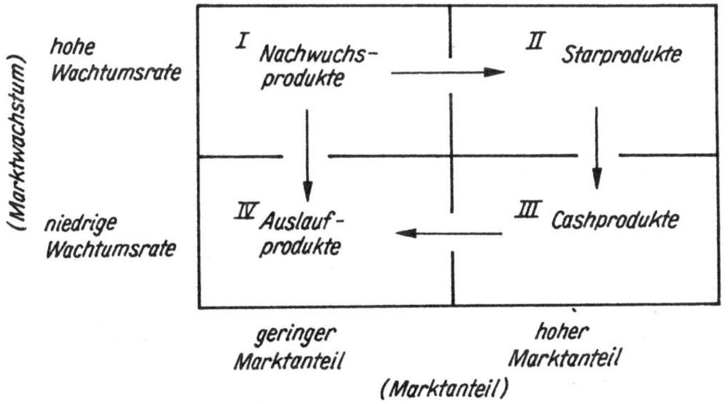

Abb. 4.33.
Marktwachstum-Marktanteil-Portfolio

[142] Vgl. Markowitz, H. M., Portfolio Selection, in: Journal of Finance (New York), 7/1952, S. 77, bzw.: ders., Portfolio Selection. Efficient diversification of investments, New York—London—Sydney 1959; Dunst, K. H., Portfolio-Management. Konzeption für eine strategische Unternehmensplanung, Berlin(West)—New York 1979.

[143] Vgl. Hedley, B., Strategy and the „Business Portfolio", in: Long Range Planning (Oxford), Vol. 10, Febr. 1977, S. 9ff.

Die vier Felder der Matrix werden in englischsprachigen Veröffentlichungen häufig als *Question Marks* (Fragezeichen), Feld *I*, *Stars* (Sterne), Feld *II*, *Cash Cows* (Melkkühe), Feld *III*, sowie *Dogs* (Hunde), Feld *IV*, bezeichnet.

Nachwuchsprodukte versprechen hohes Wachstum, haben (zunächst) geringen Marktanteil, benötigen große finanzielle Mittel und lassen überdurchschnittliche Profite erwarten.

Starprodukte weisen hohes Wachstum und führende Marktpositionen aus, benötigen noch finanzielle Mittel zum Ausbau der Marktposition und erwirtschaften überdurchschnittliche Gewinne.

Cashprodukte weisen mäßige Wachstumsraten bis hin zur Stagnation auf und erwirtschaften hohen Finanzmittelüberschuß bei geringen Investitionen.

Auslaufprodukte operieren in stagnierenden und schrumpfenden Märkten, haben eine mäßige bis geringe Marktposition, verursachen Verluste und keinen finanziellen Überschuß.

Die oft benutzten englischsprachigen Bezeichnungen veranschaulichen den Profitbeitrag noch deutlicher. So sollen *Cash Cows* beispielsweise ohne weitere Investitionen „gemolken" werden, um mit dem daraus erzielten *Cash Flow* andere Geschäftsfelder zu fördern.

Damit geht es bei Anwendung des *Marktwachstum-Marktanteil-Portfolio*

1. um die Sicherung hoher Marktanteile, wobei gilt:

$$\text{relativer Marktanteil} = \frac{\text{Marktanteil des Unternehmens}}{\text{Marktanteil des stärksten Konkurrenten}}$$

2. um die Erhöhung von Marktanteilen in Märkten mit hohen Wachstumsraten sowie
3. um die Sicherung der Ausgewogenheit von Finanzmittelbedarf und Finanzmittelfluß durch eine entsprechende Mischung des *Portfolio*.

Portfolio-Management heißt dementsprechend (nach Gälweiler): „Nicht mehr Aktivitäten zu beginnen und/oder aufrechtzuerhalten, als man auf die Dauer Geld hat, um sie mit Erfolg in gute Marktpositionen führen und darin halten zu können. Es heißt, in einem langfristigen Ansatz alle strategischen Geschäftsgebiete so zu ‚mischen', daß die in einer geschäftsgebietsweise erarbeiteten Strategie langfristig orientierte Sicherung der einzelnen Erfolgspotentiale nicht durch fehlende Finanzmittel behindert oder gefährdet wird."[144]

Wie eine solche Gegenüberstellung von Ist- und Soll-*Portfolio* aussehen könnte, zeigt Abbildung 4.34.

Produkt-Markt-Strategien sind hierbei eine Voraussetzung für die Anwendung der *Portfolio*-Technik.

[144] Gälweiler, A., Portfolio-Management, in: Zeitschrift für Organisation (Wiesbaden), 4/1980, S. 186.

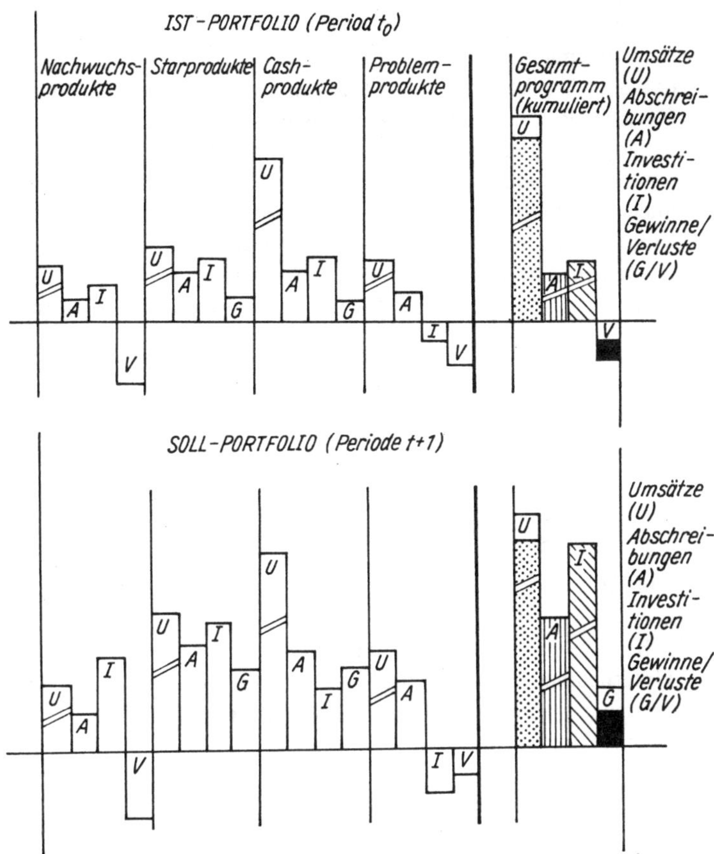

Abb. 4.34.
Gegenüberstellung von Ist-Portfolio und Soll-Portfolio auf der Basis monetärer Größen

Die zweckmäßigste Produkt-Markt-Strategie kann jedoch *nicht* aus der *Portfolio*-Matrix abgeleitet werden, weil:

- durch die *Portfolio*-Matrix keine Ursachenanalyse, beispielsweise für Problemprodukte ermöglicht wird;
- keine „Marktnischen" oder völlig neuen Marktanforderungen aus bloßen Vergleichen des Marktwachstums/Marktanteils hervorgehen;
- die gegenseitigen Abhängigkeiten und Ergänzungsforderungen einer geschlossenen Sortimentspolitik nicht ignoriert werden können bzw. problemlos gestatten, alle „armen Hunde" einzustellen;
- die Wahl der Maßstäbe für die Achsen selbst mit Unsicherheiten behaftet ist und oft willkürliche Grenzziehungen nach Maßstäben wie „hoch" oder „niedrig" erfolgen und schließlich

— die Integration des *Portfolio*-Konzepts in die gesamte Unternehmensplanung oftmals nicht unproblematisch ist.

Die Praxis zeigt, daß das „Marktwachstum" allein genauso wenig wie der „Marktanteil" als strategische Beurteilungskriterien ausreichen, wie etwa kleinere Anbieter mit flexibler Spezialisierung und hoher Rentabilität beweisen. Gleiches trifft auf die stets subjektive Definition von Marktwachstum und Marktanteil zu. Schließlich muß auch bezweifelt werden, ob sich die *Cash-Flow*-Größen unmittelbar einzelnen Produkt-Markt-Kombinationen zuordnen lassen.

Solche und weitere kritische Wertungen des Marktwachstums-Marktanteils-Konzepts führten zu Bestrebungen, die *Portfolio*-Technik weiter zu verbessern.

Marktattraktivitäts-Wettbewerbsvorteil-Portfolio

Zu den am meisten präferierten Ansätzen zählt das *Marktattraktivitäts-Wettbewerbsvorteil-Portfolio* (vgl. Abb. 4.35.).

Die Feder *2*, *3* und *6* kennzeichnen Zonen der Mittelbindung, das heißt hier sind Investitions- und Wachstumsstrategien erforderlich.

In den Feldern *1*, *5* und *9* sind dagegen selektive Strategien angeraten, während die Bereiche *4*, *7* und *8* durch Abschöpfungs- und Desinvestitionsstrategien gekennzeichnet sind.

Hinterhuber hat für eine umfassendere Beschreibung der Position Marktattraktivität durch das Unternehmen nicht beeinflußbare Größen vorgeschlagen, die zu folgenden vier Faktorengruppen zusammengefaßt werden können:

— Marktwachstum und Marktgröße,
— Marktqualität,

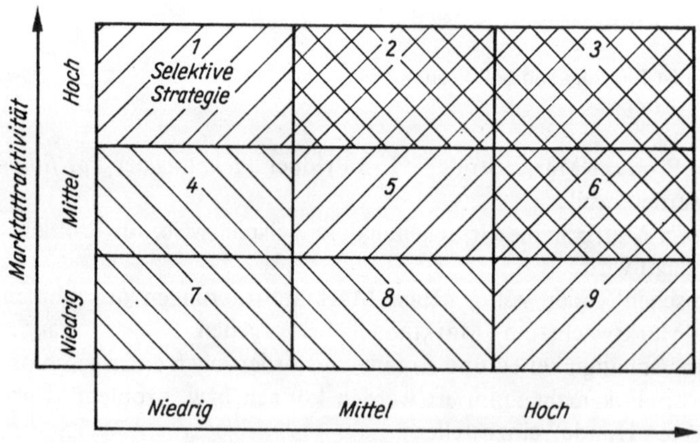

Abb. 4.35.
Marktattraktivitäts-Wettbewerbsvorteil-Portfolio

— Versorgung mit Energie und Rohstoffen sowie
— Umweltsituation
(vgl. Tabelle 4.37.).

Tabelle 4.37.
Einflußfaktoren zur Bewertung der Marktattraktivität

1. Marktwachstum und Marktgröße
2. Marktqualität:
   — Rentabilität der Branche („Deckungsbeitrag, Umsatzrendite, Kapitalumschlag)
   — Stellung im Markt-Lebenszyklus
   — Spielraum für die Preispolitik
   — Technologisches Niveau und Innovationspotential
   — Schutzfähigkeit des technischen Know-how
   — Investitionsintensität
   — Wettbewerbsintensität und -struktur
   — Anzahl und Struktur potentieller Abnehmer
   — Verhaltensstabilität der Abnehmer
   — Eintrittsbarrieren für neue Anbieter
   — Anforderungen an Distribution und Service
   — Variabilität der Wettbewerbsbedingungen
   — Substitutionsmöglichkeiten und andere.
3. Energie- und Rohstoffversorgung:
   — Störanfälligkeit in der Versorgung von Energie und Rohstoffen
   — Beeinträchtigung der Wirtschaftlichkeit durch Preiserhöhungen
   — Existenz alternativer Rohstoffe und Energieträger und andere
4. Umweltsituation:
   — Konjunkturabhängigkeit
   — Inflationsauswirkungen
   — Abhängigkeit von Gesetzgebungen
   — Abhängigkeit von öffentlichen Einstellungen
   — Risiko staatlicher Eingriffe und andere Faktoren.

Während diese Dimension des *Portfolio* durch unbeeinflußbare Erfolgsfaktoren gekennzeichnet ist, charakterisiert die Abszisse in Abbildung 4.35. folgende Erfolgsfaktoren, die durch das Management beeinflußbar sind:
— relative Marktposition,
— relatives Produktionspotential,
— relatives Forschungs- und Entwicklungspotential sowie
— relative Qualifikation der Führungskräfte und Mitarbeiter
(vgl. Tabelle 4.38.).

Die Relativität bezieht sich hierbei wie beim Marktanteil stets auf den Vergleich zum stärksten Konkurrenten.

Die Ausprägungen der ausgewählten Erfolgsfaktoren müssen für einzelne Produkt-Markt-Einheiten geschätzt und entsprechend ihrer relativen Bedeutung ge-

Tabelle 4.38.
Einflußfaktoren zur Bewertung der relativen Wettbewerbsvorteile

1. Relative Marktposition
   - Marktanteil und seine Entwicklung
   - Größe und Finanzkraft der Unternehmung
   - Wachstumsrate der Unternehmung
   - Rentabilität (Deckungsbeitrag, Umsatzrendite, Kapitalumschlag)
   - Risiko (Grad der Etabliertheit im Markt)
   - Marketingpotential (Image des Unternehmens und daraus resultierende Abnehmerbeziehungen, Preisvorteile auf Grund von Qualität, Lieferzeiten, Service, Technik, Sortimentsbreite usw.) und andere.
2. Relatives Produktionspotential
   2.1. Prozeßwirtschaftlichkeit
   - Kostenvorteile auf Grund der Modernität der Produktionsprozesse, der Kapazitätsausnutzung, Produktionsbedingungen, Größe der Produktionseinheiten usw.
   - Innovationsfähigkeit und technisches Know-how
   - Lizenzbeziehungen und andere

   2.2. Hardware
   Erhaltung der Marktanteile mit den gegenwärtigen oder in Bau befindlichen Kapazitäten
   - Standortvorteile
   - Steigerungspotential der Produktivität
   - Umweltfreundlichkeit der Produktionsprozesse
   - Lieferbedingungen, Kundendienst usw.

   2.3. Energie- und Rohstoffversorgung
   - Erhaltung der gegenwärtigen Marktanteile unter den voraussichtlichen Versorgungsbedingungen
   - Kostensituation der Energie- und Rohstoffversorgung und andere Faktoren.
3. Relatives Forschungs- und Entwicklungspotential
   Stand der orientierten Grundlagenforschung, angewandten Forschung, experimentellen Entwicklung und anwendungstechnischen Entwicklung im Vergleich zur Marktposition des Unternehmens
   - Innovationspotential und -kontinuität und andere Faktoren.
4. Relative Qualifikation der Führungskräfte und Mitarbeiter
   - Professionalität und Urteilsfähigkeit
   - Einsatz und Kultur der Führungskräfte
   - Innovationsklima
   - Qualität der Führungssysteme
   - Gewinnkapazität des Unternehmens und andere Faktoren.

Quelle:
Hinterhuber, H. H., Strategische Unternehmensführung, a. a. O., S. 81.

genüber anderen Faktoren gewichtet werden. Meist dienen hierzu Punktbewertungs- und Gewichtungsmethoden, aus denen der Gesamtwert auf der Achse „relativer Wettbewerbsvorteil" ermittelt wird. Dem Vorteil, damit sowohl quantitative als auch qualitative Faktoren beurteilen zu können, steht der Nachteil subjektiver Bewertungen gegenüber. Andererseits erlaubt die damit gegebene einfache Verfahrensweise, einzelne Produkt-Markt-Einheiten von verschiedenen Bewertern einschätzen zu lassen.

Insgesamt wird diesem weiterentwickelten *Portfolio*-Ansatz größere Bedeutung beigemessen als dem bloßen Vergleich im *Marktwachstum-Marktanteil-Portfolio*.

Dennoch zeigen sich auch bei dem Konzept des Vergleichs von Marktattraktivität und Wettbewerbsvorteil Probleme, insbesondere hinsichtlich der unternehmensspezifischen Bewertung, beginnend bei der Kriterienwahl und endend bei den subjektiv beeinflußbaren Einschätzungen.

Schließlich ist nicht zu übersehen, daß auch bei diesem Typ der *Portfolio*-Technik erst in Vorbereitung befindliche Neuprodukte nicht einbezogen werden können und keine Hinweise auf neue lukrative zusätzliche Produkt-Markt-Kombinationen möglich sind.

Technologie-Ressourcen-Portfolio

Weitere Ansätze der *Portfolio*-Technik schließen Fragen der Technologie- und F/E-Ressourcenbewertung ein. Abbildung 4.36. zeigt, wie das *Technologie-Ressourcens-Portfolio* grundsätzlich aufgebaut ist.[146]

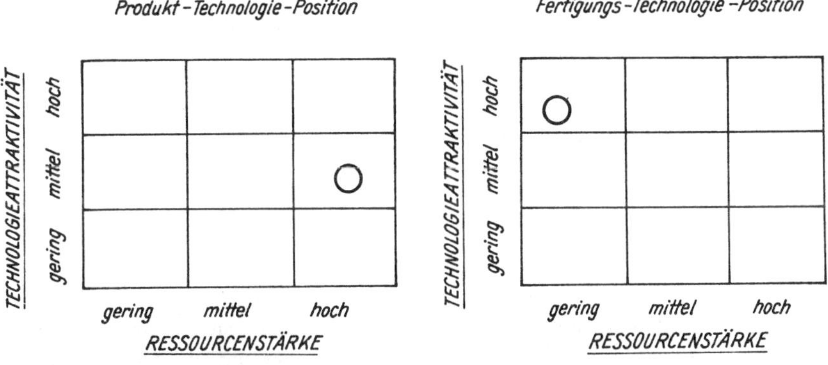

Abb. 4.36.
Technologie-Ressourcen-Portfolio zur Steuerung von Forschung und Entwicklung

Die *Technologie-Portfolio-Methode* gestattet nach Einschätzung der Autoren, zu überprüfen, ob in Abhängigkeit von der technischen Entwicklung eigene Anstrengungen gesteigert, reduziert oder gehalten werden sollten. Zugleich kön-

[145] Vgl. Hahn, D., Zweck und Standort des Portfolio-Konzeptes, in: Strategische Unternehmensplanung — Stand und Entwicklungstendenzen, hg. von D. Hahn und B. Taylor, a. a. O., S. 161.

[146] Vgl. Pfeiffer, W./Metze, G./Schneider, W./Amler, R., Technologie-Portfolio zum Management strategischer Zukunftsgeschäftsfelder, Göttingen 1982.

nen Doppelforschungen und Möglichkeiten des Technologietransfers aufgedeckt werden. Besonders eignet sich das *Technologie-Portfolio* zum Aufdecken eventuell gegenläufiger Tendenzen in den Bereichen Produkttechnik und Fertigungstechnologie.

Geringe technologische Attraktivität in Abbildung 4.36. bedeutet, daß es sich um eine ausgereifte Technologie handelt, von hoher Attraktivität spricht man dagegen beim Aufdecken ständig neuer Einsatzmöglichkeiten noch wenig angewandter Technologien. Die Beurteilung der technologischen Attraktivität sollte nach Pfeiffer u. a. anhand der in Abbildung 4.37. zusammengestellten Kriterien erfolgen.[147]

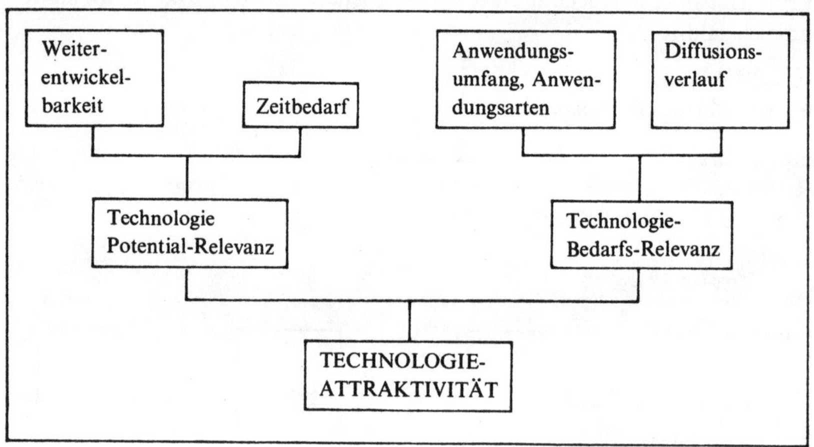

Abb. 4.37.
Ermittlung der Technologieattraktivität

Hohe Attraktivität wird danach dynamischen neuen Technologien (zum Beispiel den Hoch-Technologien) beigemessen, reife Technologien sind dagegen im definierten Sinne unattraktiv. Die Einschätzung erfolgt über einfache Nominalskalen mit qualitativ-verbalen Dimensionen von gering bis hoch. Die Attraktivität der Technologie wird den im eigenen Unternehmen vorhandenen Ressourcen gegenübergestellt, deren Ermittlung anhand der in Abbildung 4.38. dargestellten Kriterien erfolgt.[148]

Geringe Ressourcenstärke bedeutet, daß bestehende Technologielücken selbst durch hohen Finanzeinsatz nicht zu schließen sind und das eigene Know-how unzureichend ist, von hoher Ressourcenstärke spricht man bei günstigen Voraussetzungen vom Know-how und der Finanzkraft her.

[147] Ebenda, S. 88.
[148] Ebenda, S. 91.

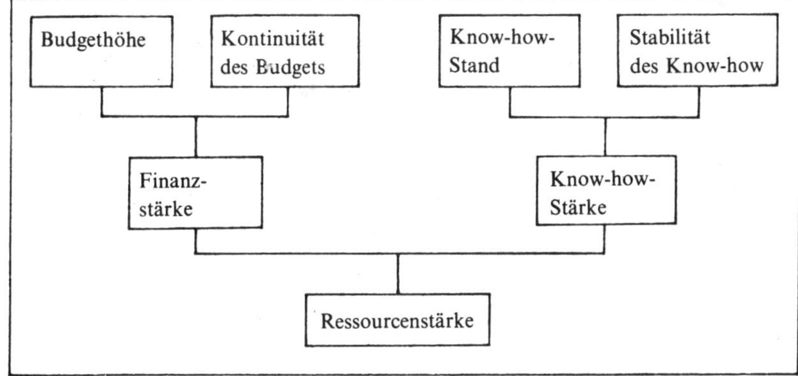

Abb. 4.38.
Ermittlung der Ressourcenstärke

Im *Technologie-Ressourcen-Portfolio* sind sowohl Positionen vorhandener als auch künftiger Produkttechniken bzw. Verfahrenstechnologien einzuzeichen. Zweckmäßigerweise sollten dazu unterschiedliche Symbole verwendet werden.

Die Empfehlungen aus dem *Technologie-Portfolio* gehen analog zu den bisher erörterten auf Investitions-, Selektions- und Desinvestitionsempfehlungen hinaus.

Zweifellos zeigen gerade die mit der *Technologie-Portfolio*-Methode erreichbaren Ergebnisse[149], daß seitens des Kapitals neue Wege zum Ausbau des strategischen Innovationsmanagements gegangen werden, die es auch künftig aufmerksam zu verfolgen gilt.

Das PIMS-Modell

PIMS bedeutet *P*rofit *I*mpact of *M*arket *S*trategies (Profit-Auswirkungen von Markt-Strategien) und stellt ein spezielles Forschungsprogramm auf dem Gebiet der strategischen Unternehmensführung dar. Es wurde in den frühen 60er Jahren durch den damaligen Präsidenten von *General Electric* in Auftrag gegeben, um das hochdiversifizierte Unternehmen besser managen zu können. Insbesondere ging es darum, Determinanten von Gewinn und *Cash flow* zu identifizieren, die „Gesetze des Marktes" widerspiegeln.[150]

Das Programm wurde von der *Harvard Business School* aufgegriffen und von einem eigens dafür gegründeten Institut, dem *Strategic Planning Institute* (*SPI*) in Cambridge (Massachusetts) fortgeführt.

[149] Vgl. Pfeiffer, W./Amler, R./Schäffner, G. J./Schneider, W., Technologie-Portfolio-Methode des strategischen Innovationsmanagements, in: Zeitschrift Führung und Organisation (Baden-Baden), 5/6/1983, S. 252.

[150] Vgl. Schoeffler, S./Buzzell, R. D./Heany, D. F., Impact of Strategic Planning on Profit Performance, in: Harvard Business Review (Boston), 2/1974, S. 137ff.

Das Ziel des *PIMS*-Modells besteht darin, die für einen strategischen Erfolg eines Unternehmens maßgeblichen Faktoren zu isolieren und deren Einfluß auf die Rentabilität (*Return on Investment*) und *Cash Flow* vorherzusagen. Dazu wurde eine branchenübergreifende Studie über Erfolge bzw. Mißerfolge einzelner Produkt-Markt-Einheiten über einen mehrjährigen Zeitraum durchgeführt. Die Studie ergab, daß die Kennziffer *Return on Investment* als abhängige Variable des Modells mit 37 unabhängigen Variablen in Verbindung gebracht werden konnte. Für die Kenngröße *Cash Flow* wurden dagegen 19 Erfolgsfaktoren ermittelt.

Grundlage für die ermittelten Ergebnisse ist eine sehr große Datenbank, die mittlerweile von rund 250 Mitgliederfirmen (darunter ca. 30 westeuropäischen) mit über 2000 Geschäftsbereichen bzw. Produktgruppen zur Verfügung gestellt werden.[151]

Diese Datenbank enthält für jedes *Business* (homogener Geschäftsbereich oder Produktgruppe) mehr als 200 quantifizierte Angaben über Größen wie

- die spezifischen Charakteristiken der Umfelder, in denen die Planungseinheit wirkt,
- die Wettbewerbsposition,
- die Struktur des Produktionsprozesses,
- Forschungs- und Entwicklungsanstrengungen,
- Marketing-Aufwendungen,
- die finanziellen Ergebnisse in der Vergangenheit (Gewinn, *Cash Flow*) und ähnliche Daten.

Der grundsätzliche Aufbau des *PIMS*-Modells ist Abbildung 4.39. zu entnehmen.

Das wichtigste Ergebnis des *PIMS*-Programms besteht darin, daß festgestellt wurde, alle untersuchten Unternehmen unterliegen — trotz offensichtlicher Unterschiede im Produktionsprogramm — den gleichen „Gesetzen des Marktes". Bei annähernd gleicher Konfiguration der Determinanten verschiedener Geschäftseinheiten sind daher auch gleiche Ergebnisse zu erwarten, unabhängig davon, welcher Branche sie angehören bzw. welche Produkte die Geschäftseinheiten herstellen.[152]

Unter den gefundenen Faktoren erklärt der *Marktanteil* die Varianz von Erfolgsgrößen wie *Return on Investment* oder *Cash Flow* am besten, jedoch insgesamt nur zu etwa 20 Prozent. Ein hoher Marktanteil (absolut und relativ zu den drei größten Konkurrenten) hat deutlich positiven Einfluß auf den Gewinn und *Cash Flow*.

Weitere wichtige Erfolgsfaktoren sind[153]:

1. Die *Investitionsintensität*. Sie ist definiert als das Verhältnis von Anlagevermögen (zu Buchwerten) plus *Working Capital* (Umlaufvermögen minus kurz-

[151] Vgl. Neubauer, F. F., Das PIMS-Programm und Portfolio-Management, in: Strategische Unternehmensplanung — Stand und Entwicklungstendenzen, hg. von D. Hahn und B. Taylor, a. a. O., S. 167.

[152] Vgl. Schoeffler, S., Nine Basic Findings on Business Strategy, Cambridge (Mass.) 1977.

[153] Vgl. Neubauer, F. F., Das PIMS-Programm und Portfolio-Management, a. a. O., S. 170.

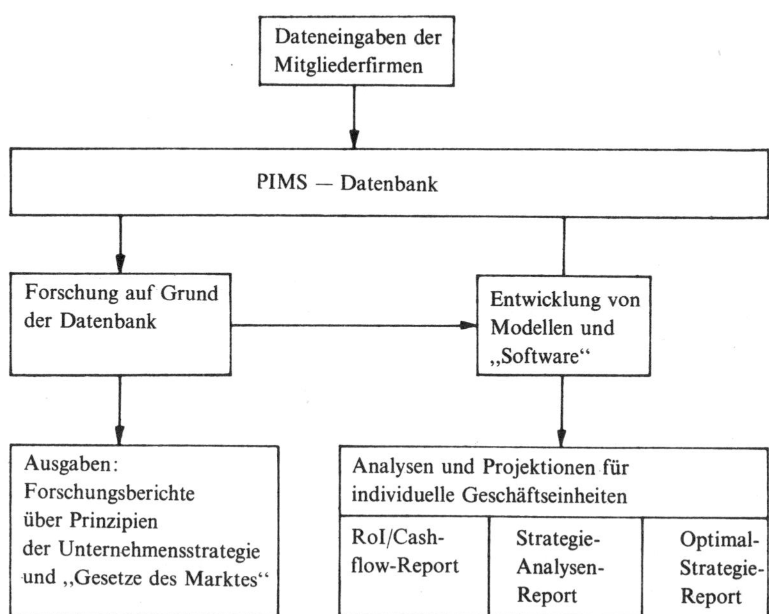

Abb. 4.39.
PIMS-Modell im Überblick

fristige Verbindlichkeiten) zu Umsatz. In der Regel ist die Investitionsintensität deutlich negativ korreliert mit *RoI* und *Cash Flow*, d. h., Unternehmen mit hoher Investitionsintensität weisen in der Regel einen niedrigen *RoI* sowie einen niedrigeren *Cash Flow* auf als weniger investitionsintensive, wobei allerdings zu beachten ist, daß die Kapitalintensität selbst Bestandteil der Erfolgsgröße *RoI* ist.[154]

2. Produktivität. Unternehmen mit höherer Wertschöpfung je Beschäftigtem haben einen höheren *RoI* und *Cash Flow* als diejenigen mit einer niedrigeren Kennzahl dieser Art, was keiner besonderen Erklärung bedarf. Sind Maßnahmen zur Erhöhung der Produktivität jedoch mit einer Erhöhung der Investitionsintensität verbunden, so ist die negative Auswirkung der höheren Investitionsintensität auf *RoI* und *Cash Flow* in der Regel größer als die positiven Auswirkungen der höheren Produktivität.

3. Marktwachstum. Dieser Faktor hat im allgemeinen einen positiven Einfluß auf den Gewinn in absoluten Zahlen und einen negativen Einfluß auf den *Cash Flow.*

4. Qualität von Produkten oder Dienstleistungen. Dieser Faktor ist definiert als die Einschätzung der Qualität der Produkte und/oder Dienstleistungen der Geschäftseinheit im Verhältnis zur Konkurrenz; sie wird angestellt aus der Sicht des Kunden. Dieser Faktor ist generell positiv mit *RoI* und *Cash Flow* korreliert.

[154] Kapitalintensität hier definiert als: investiertes Kapital dividiert durch Umsatz.

5. Innovation/Differenzierung von Mitwettbewerbern. Maßnahmen eines Unternehmens, die dazu dienen, Innovationen einzuführen und sich von Mitwettbewerbern zu differenzieren (z. B. in der Form von neuen Produkten oder durch Qualitätsunterschiede) haben einen positiven Einfluß auf *RoI* und *Cash Flow*, wenn das Unternehmen diese Anstrengungen von einer starken Marktposition aus unternimmt (anderenfalls nicht).

6. Vertikale Integration. In Unternehmen in ausgereiften oder stabilen Märkten hat ein hoher vertikaler Integrationsgrad in der Regel positive Auswirkungen auf *RoI* und *Cash Flow.* In rasch wachsenden Märkten oder auch Märkten, die im Niedergang begriffen sind, sowie in oszillierenden Märkten ist das Gegenteil wahr.

Wichtig ist, daß beachtet werden muß, daß keiner der genannten Faktoren isoliert wirkt. Hier liegt ohnehin das zentrale Problem des *PIMS*-Programms überhaupt: Die 37 bzw. 19 Erklärungsfaktoren, auf die hier aus Raumgründen nicht im einzelnen eingegangen werden kann, sind statistisch voneinander abhängig. Dennoch wurden die Ergebnisse der *PIMS*-Studie vor allem für Aussagen über die Zusammenhänge von *Return on Investment* und relativem Marktanteil sowie weiteren Einflußfaktoren, wie Produktqualität, F/E-Aufwand in Prozent zum Umsatz, Unternehmensgröße, in Beziehung zum Marktanteil genutzt. Abbildung

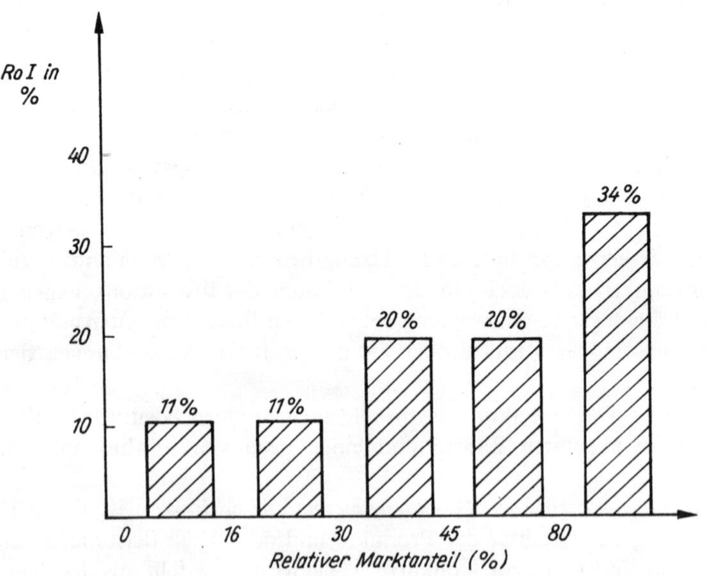

Abb. 4.40.
Beziehungszusammenhang zwischen relativem Marktanteil und Return on Investment laut PIMS-Programm

4.40. zeigt die Zusammenhänge von relativem Marktanteil (hier gemessen an den drei größten Konkurrenten) und dem *Return on Investment*.[155]

Obwohl gegen das *PIMS*-Programm Einwände erhoben wurden, die sowohl die Datenbasis (primär US-amerikanische Unternehmen) als auch die branchenübergreifende Analysenmethode selbst und die Korrelationen zwischen den Einflußgrößen sowie nicht zuletzt den bisher hohen Aufwand für das Modell betreffen, kann kaum ein Zweifel daran bestehen, daß mit weiteren Fortschritten der Informations- und Kommunikationstechnik auch strategische Instrumentarien wie das *PIMS*-Modell weiter ausgebaut und verfeinert werden. Auch wenn dabei bisher nur Rückschlüsse für abgelaufene Perioden und darauf beruhende Vorhersagen möglich sind, gewinnen analoge Ansätze an Gewicht und verlangen tiefergehende Spezialstudien.

Techniken zur Ideenfindung und Problemlösung

Konkurrenzkampf um menschliche und „künstliche" Intelligenz

In jüngster Zeit mehren sich die Anstrengungen des Kapitals, die „Kreativität" zum Dreh- und Angelpunkt individueller wie gesellschaftlicher Bewährung zu machen. Der Begriff „kreativ" ist zu einem der häufigst benutzten Termini in Kombination mit Denken, Gestalten, Disponieren, Verhalten usw. geworden und wird längst nicht mehr nur auf Bereiche der kapitalistischen Unternehmensführung eingegrenzt verwendet. Vielmehr ist „kreativ" mehr denn je in allen nur denkbaren gesellschaftlichen Bereichen, von der Verwaltung bis zur Schulpolitik und Kunst, zum meist benutzten Adjektiv avanciert. Den entsprechenden theoretischen Hintergrund liefern zahlreiche, oftmals in heftiger Fehde liegende bürgerliche Kreativitätstheorien, die von G. und H. G. Mehlhorn einer marxistischen Analyse und Kritik unterzogen wurden.[156]

Spätestens seitdem durch eine Fülle empirischer Analysen die Bedeutung des Ideenüberschusses für das Hervorbringen von Erfolgsprodukten bewiesen wurde, wird in nahezu allen Bereichen der kapitalistischen Unternehmensführung mit größter Intensität an der Schaffung und ständigen Sicherung von Ideenüberschuß gearbeitet. Abbildung 4.41. zeigt eine typische, oft anzutreffende Ausfallkurve von Produktideen mit einigen quantitativen Angaben, die in unterschiedlichen Quellen hinsichtlich der Zahl notwendiger Ideen je Erfolgsprodukt schwanken, aber tendenziell stets übereinstimmen.[157]

[155] Vgl. Schoeffler, S., Nine Basic Findings on Business Strategy, a. a. O., S. 11.

[156] Vgl. Mehlhorn, G./Mehlhorn, H. G., Zur Kritik der bürgerlichen Kreativitätsforschung, Berlin 1977, sowie: dieselben, Begabung, Schöpfertum, Persönlichkeit. Zur Psychologie und Soziologie des Schöpfertums, Berlin 1985.

[157] Vgl. Kramer, F./Appelt, H. G., Die neuen Techniken der Produktinnovation, a. a. O., S. 151.

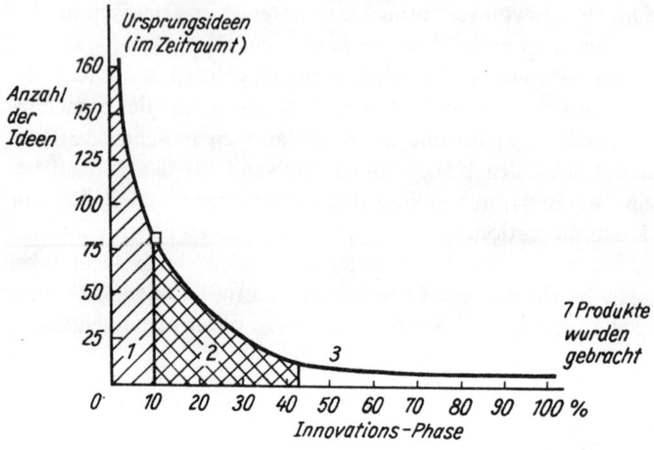

Erläuterung:

	Anzahl der ausgeschiedenen Ideen von 160	
	absolut	in Prozent
IDEENPHASE (bis Ende 1)	80	50
BEWERTUNGS- U. ENTWICKLUNGSPHASE (2)	55	34
KONKRET-PHASE (Einführung in den Markt)	18	11

7 Produkte, also etwa 5 Prozent aller Produktideen, wurden in den Markt eingeführt; davon werden wahrscheinlich 1–2 Produkte erfolgreich sein.

Abb. 4.41.
Ausfallkurve von Produktideen mit quantitativen Angaben in einzelnen Entwicklungsstadien

Bei der marxistischen Wertung der Bemühungen des Kapitals um die Einführung und Verbreitung neuer Ideengenerierungs- und Problemlösungsmethoden sowie der Ideenbewertung darf jedoch keinen Augenblick vergessen werden, daß die Managementtechniken stets im Interesse des Kapitals entwickelt und genutzt werden. Hierbei sind widersprüchliche Interessen im gegenwärtigen Kapitalismus unverkennbar. Einerseits kann das Kapital an dieser bewußten Entfaltung des Schöpferischen im Sinne von Massenschöpfertum bekanntlich im Interesse der Sicherung der herrschenden Machtverhältnisse nur verwertungsbedingt Interesse haben. Gefordert und durch zahlreiche Techniken unterstützt wird daher jede im Profitinteresse liegende Kreativitätsstimulierung, wie sie sich beispielsweise in der Schaffung ständig neuer Waffensysteme niederschlägt.

Das ist, wie bürgerliche Theoretiker gezwungen sind zuzugeben, seit den von Guilford angeregten[158] zahlreichen Projekten zur Erforschung des „göttlichen Funkens" ein unübersehbarer Mangel sämtlicher bürgerlicher Kreativitätstechniken. „Ihre Ziele: Herstellung neuartiger nuklearer Sprengköpfe, Plastikgeschosse, die der Röntgenarzt nicht finden kann, elektronischer Kriegsroboter, von Chemikalien zur Entlaubung des Dschungels und die Herstellung ‚harmloser' Gase, die zur Bekämpfung von Demonstrationen eingesetzt werden können. Gewünscht: ein zuverlässiger jährlicher Ausstoß von genügend Edisons, Langmuirs und Oppenheimers."[159]

Andererseits dürfen die großen Anstregungen des Kapitals zur Entwicklung von Computern der fünften Generation und Schaffung der technischen Voraussetzungen für „künstliche Intelligenz" (*KI*) auf gar keinen Fall unterschätzt werden.[160]

Das Interesse an der sogenannten *KI*-Technologie nimmt rasant zu.[161] Im April 1982 wurde zum Beispiel in Tokio das *Institute for New Generation Computer Technology* (*ICOT*) gegründet, ein Gemeinschaftsprojekt von Regierung und Industrie, an dem neben verschiedenen regierungseigenen Forschungsinstituten und dem (damals noch staatlichen) Fernmeldemonoplisten *NTT* die acht Elektro- und Elektronikkonzerne *Fujitsu*, *Hitachi*, *NEC*, *Masushita*, *Mitsubishi*, *Oki*, *Sharp* und *Toshiba* beteiligt wurden.[162]

Das Ziel heißt, bis 1992 erste Prototypen der Computer der „künstlichen Intelligenz" zu entwickeln. Der damit angestrebte Übergang von der reinen Daten- zur Wissensverarbeitung erweist sich zwar als schwierig als ursprünglich von vielen Computerherstellern eingeschätzt, bleibt aber erklärtes Ziel der führenden Computerhersteller. Zweifellos beginnt der eigentliche Kampf um die *KI*-Technologie auch erst.

Charakteristisch für die *KI*-Technologie ist, daß die Manipulation von Wissen und die Imitation typisch menschlichen Problemlöseverhaltens eine gänzlich neue Computerbauweise verlangt. Konventionelle Rechner verarbeiten Daten „seriell", das heißt in einer strengen Abfolge einzelner kleiner Schritte. Mit steigender Problemkomplexität droht diese Methode aber bald an technisch-naturgesetzliche Grenzen zu stoßen, wie bekannt ist. Mit Computern der fünften Generation werden hochkomplexe Aufgaben in viele Teilaufgaben aufgespalten, die alle gleich-

158 Guilford, J. P., Some new looks at the nature of the creative processes, Gulliksen 1964.

159 Jungk, R., Der Jahrtausendmensch, München 1973, S. 117.

160 Vgl. Winston, P. H., Artificial Intelligence, Reading (Mass.) 1977; Barr, A./Feigenbaum, E. H. (Hrsg.), The Handbook of Artificial Intelligence, Vol. I, London 1981, Vol. II, London 1982, Vol. III, London 1983; Feigenbaum, E. A./McCordduck, P., The fifth Generation, London 1984.

161 Vgl. Forsyth, R., Expert Systems. Principles and case studies, London—New York 1984.

162 Vgl. Heismann, G., Krieg der Computer, in: Manager Magazin (Hamburg), 11/1985, S. 258.

zeitig bearbeitet werden müssen. Gerade deshalb muß die bislang typische singuläre Prozessor-Speicher-Kombination durch eine entsprechend hohe Zahl von Mikroprozessoren und zugeschalteten Speicherkomponenten ersetzt werden.

Die *KI*-Technologie bzw. die Rechner der fünften Generation unterscheiden sich daher hauptsächlich durch die Software, ja werden zum Teil überhaupt als Software-Produkt bezeichnet. Wenn auch der Konkurrenzkampf zu schärfster Geheimhaltung neuer Erkenntnisse zwingt, so entstehen dennoch bedingt durch die enorm großen Aufwendungen für die *KI*-Technologie auch in den USA und Westeuropa neue Kooperationsformen. Als Antwort auf die Herausforderung aus dem Fernen Osten schlossen sich in den USA 20 führende Elektronikfirmen zur *Microelectronic and Computer Corporation* zusammen, die Grundlagenforschung in fortgeschrittener Computertechnologie betreiben will; nach anfänglichem Zögern nimmt hieran nun auch der Elektronikriese *IBM* teil.[163]

Ähnliche Wege werden auch von den großen Elektronikkonzernen in Westeuropa gegangen. Sie unterstreichen, daß der Druck zur Intensivierung und Beschleunigung der schöpferischen Arbeit und Problemlöseprozesse weiter zunimmt.

Zweifellos hat der Drang nach Rationalisierung erfinderischer Tätigkeit seit jeher zu großem Interesse an rationellen Methoden der Problemlösung geführt. So werden Descartes' „Regeln zur Leitung des Verstandes" oft als ein wesentlicher Vorläufer auf dem Weg zur Entwicklung rationeller Problemlösetechniken betrachtet.[164] Sie sind z. B. auf folgende vier Hauptfragen einzugrenzen:

— Vermeidung von Vorurteilen,
— genaue Analyse des Problems,
— schrittweises Vorgehen,
— vollständige Aufzählung aller Möglichkeiten.

Ähnliche Bemühungen, den kreativen Prozeß in einzelne, besser durchschau- und rationalisierbare Phasen zu zerlegen, führten zu folgender Unterscheidung:

— Vorbereitung (insbesondere Datenbereitstellung),
— Inkubation (Brüten über dem Problem),
— Erleuchtung (Moment der großen Idee),
— Überprüfen der Lösung.

Derartige Vorschläge zu systematischem Vorgehen werden in der bürgerlichen Literatur mannigfach und in unterschiedlicher Detailliertheit vorgenommen. Leitlinie ist dabei fast immer die Einsicht, daß man mit einem ersten Einfall oder raschen Entschluß kaum auf die beste Lösung eines gegebenen Problems kommt, sondern eben nur eine, die längst nicht die beste sein muß. Besondere Beachtung finden Kreativitäts- und Problemlösetechniken naturgemäß im technischen Bereich.

Unzufrieden mit der erreichten Kapitalverwertung in Forschung und Entwicklung bei insgesamt steigenden Aufwendungen für Forschung, Technologie und

[163] Ebenda, S. 263.

[164] Vgl. Descartes, R., Regeln zur Leitung des Geistes, Hamburg 1966.

Innovation, fordern Manager kapitalistischer Unternehmen immer nachdrücklicher wirksamere Methoden, um den Leistungsdruck auf das ingenieurtechnische Personal zu erhöhen. Bei insgesamt zunehmender Forderung nach Kosteneinsparungen in allen Unternehmensbereichen macht das Kapital auch vor den F/E-Abteilungen nicht halt. Der Leistungszwang beginnt daher bereits bei der Festlegung des globalen Forschungs- und Entwicklungsbudgets, dem in allen kapitalistischen Unternehmen hoher Stellenwert zukommt, da naturgemäß entsprechend den kapitalistischen Produktionsverhältnissen auch die Forschungs- und Entwicklungsaktivitäten finanzorientiert gesteuert werden. Die F/E-Bereiche kapitatalistischer Unternehmen müssen sich — ungeachtet ihrer strategisch entscheidenden Funktion — in ihren finanziellen Ansprüchen gegen die Interessen anderer Bereiche, zum Beispiel Produktion oder Vertrieb, durchsetzen. Im Kampf um die Budgetanteile zählen dabei primär wirtschaftliche Argumente der erwarteten Profitraten aus Forschungs- und Entwicklungsinvestitionen. Da in der Regel mehr als die Hälfte der F/E-Aufwendungen Personalkosten sind, wird das Gesamtbudget in hohem Maße von der personellen F/E-Kapazität bestimmt. Gerade hier setzt dann auch der Leistungsdruck auf das wissenschaftlich-technische Personal an, der unmittelbar mit der Existenzangst verknüpft wird.

Der ständig höher werdende Anteil der Arbeitslosen mit Hoch- und Fachschulausbildung bestätigt das sehr anschaulich. Zugleich widerspiegelt die alltägliche Praxis kapitalistischer Staaten, daß systembedingt und massenhaft „menschliches Leistungsvermögen" (*Human Capital*) brach liegt, zerstört wird oder gar nicht erst wirksam wird, wie die zahllosen jugendlichen Arbeitslosen bzw. stellungsuchenden Absolventen von Hoch- und Fachschulen beweisen. Wachsende Unsicherheit des Arbeitsplatzes und beschleunigte Rationalisierung sind mit einer enormen Intensivierung der Ausbeutung und des sozialen Abbaus verbunden.

Immer klarer zeigt sich, daß diese Einschätzung voll und ganz auch auf die Beschäftigten in den F/E-Bereichen zutrifft, gerade im Zuge des Übergangs zum *Computer Aided Design* (CAD) — Computergestützten Konstruieren bzw. Entwickeln.[165]

Unabhängig davon, ob mit oder ohne Computer an der Lösung kreativer Probleme gearbeitet wird, sind die wichtigsten Ziele der Leistungssteigerung durch Anwendung von Kreativitäts- und Problemlösetechniken:

- meßbare Rationalisierungserfolge durch normative Arbeitsplanung und -vorbereitung,
- Verbesserungen der analytischen Grundlagen für die Ermittlung von Projektkosten,
- Leistungsermittlung und -überwachung der in Forschung und Entwicklung Beschäftigten,
- systematische Kostensenkung in allen Phasen des F/E-Prozesses,

[165] Ausführlicher wird im V. Kapitel auf die CAD/CAM-Technik eingegangen.

— beschleunigte Entwicklung neuer und alternativer Ideen bzw. Problemlösungen,
— Gewinnung von Planungsunterlagen für das Arbeitsvolumen und den Personalbedarf,
— Personalbewertung und gezielterer Personaleinsatz,
— Arbeits- und Methodentraining sowie schnellere Unterweisung in neue Aufgaben.

Obwohl die meisten entwickelten Kreativitätstechniken darauf abzielen, die individuelle Problemlösekapazität zu vergrößern, darf nicht geschlußfolgert werden, daß sich das Kapital der Leistungssteigerung durch „Teamwork" und richtige Koordinierung individueller Leistung nicht bewußt wäre. Die Erfahrungen vieler Konzerne besagen jedoch, daß gerade bei der Konzentration von F/E-Personal in großen Kollektiven neben den potenzierend wirkenden Faktoren auch gefährliche Hemmnisse entstehen können. Sie liegen vor allem darin, daß in zu großen F/E-Kollektiven die Aufgabenzersplitterung zu Arbeitsunzufriedenheit, zu fehlenden Erfolgserlebnissen, zu Verselbständigungen und teilweise sogar Verbürokratisierungen, zu mangelndem Informationsfluß und ungenügender Paßfähigkeit führen kann. Gerade deshalb sprechen sich viele Manager energisch dafür aus, die individuelle schöpferische Leistungsfähigkeit zu erhöhen, um daraus Gesamtleistungssteigerungen zu erzwingen.

Zu den zahlreichen Experimenten, den Leistungsdruck in Forschung und Entwicklung zu erhöhen, zählt der Versuch, hochqualifizierten und kreativen Spezialisten einen bestimmten Teil ihrer Arbeitszeit für das Durchdenken neuer Ideen einzuräumen, Tagesfreistellungen zu gewähren oder „Arbeitsurlaub" für eigene Erkundungen einzuräumen. Stets erwartet das Kapital jedoch, daß derartige Großzügigkeiten, wie auch Teilnahmemöglichkeiten an internationalen Kongressen, wissenschaftlicher Korrespondenz und Publizität unter Wahrung der

Tabelle 4.39.
Rezeptive Methoden der Problemlösung

Allgemeine Charakteristik:
Die rezeptiven Methoden werden als von Natur aus gegeben, durch Lernen und Erfahrung erworben, durch die Umgebung geprägt oder dokumentarisch festgehaltene Methoden charakterisiert.

Rezeptive Methoden der Problemlösung sind im einzelnen:

Reagieren	Autorität(en)
Zwangsweise handeln	Strukturen, Konstitutionen
Reflexhandlung	Umwelt, Umgebung
Instinkthandlung	Soziale Stellung, Prestige
Fertigkeit	
Gefühlsmäßiges Handeln	Eigenschaften
Reaktives Verhalten	Intelligenz
	Kreativität

Tabelle 4.39. (Fortsetzung)

Kontrolliertes Handeln
Erfahrungshandlung
Kontrollierte Handlung
Lernen, Lernmodelle
Trial und error (zufällig)
Zufallserfolg
Reproduktion aus Erfahrung
Einprägen, Auswendiglernen
Drill
Nachahmen
Verhaltensmuster
Gewohnheit, Präjudiz
Status, soziale Norm
Glaube, Tabu
Motivation, Manipulation
Einstellung, Meinung
Routine, Erfahrung
Tradition, Erziehung
Erwartungen, Hoffnung
Rhythmus, Takt

Persönliches Wissen und Können
Wissen, Gelerntes
Können, Know-how
Verstehen, Urteilsvermögen
Regeln kennen
Mode, Boom
Grundwissen, allgemeine Bildung
Beispiele, Vorbilder
Formeln, Konventionen
Rahmenbedingungen

Zielsetzung, Führung, Plan
Organisation
Vorschrift, Weisung, Gesetz
Sachzwänge

Flexibilität
Persönlichkeit
Standfestigkeit
Willenskraft, Energie
Ausdrucksfähigkeit
Phantasie
Assoziationsfähigkeit

Kollektives Wissen und Können
Information, Dokumentation
Speicher, Gedächtnisinhalte
Erfahrungsaustausch
Berater, Experten
Quellenforschung
Mythen
Faustregeln, Grundsätze
Wissensspeicher

Rezeptive Tätigkeiten
Bewahren, Konservieren
Mängel suchen
Sichern
Hören, Zuhören
Referieren, Redigieren
Fördern
Registrieren
Popularisieren
Unterstützen

Verschiedene rezeptive Methoden
Wissen vermehren, Weiterbildung
Intelligenzkapital pflegen
Fragetechnik
Erkenntnistheorie
Programme (fixiertes Vorgehen)
Fixierte Muster, Klischees

Geheimhaltungsvorschriften zu profitablen Ergebnissen im Konzerninteresse führen.

Philanthropische Züge sind dem Kapital von jeher fremd. Deutlich offenbart sich das bei der Einführung von Computern in der Forschung und Entwicklung sowie in der gesamten technischen Produktionsvorbereitung, deren Konsequenzen auf Leistungsdruck und Effektivitätssteigerung kaum zu überschätzen sind.

Der Computereinsatz in Entwicklung und Konstruktion soll einen enormen Produktivitätsschub im gesamten Unternehmen auslösen. Schon heute geht daher das Schreckenswort vom „Wegwerfingenieur“ in vielen Bereichen um: Ausdruck für die Horrorvision des wertlos gewordenen Wissens, sobald es einmal in „Software“ verankert ist.

Methodenkatalog der Kreativitäts- und Problemlösetechniken und realer Anwendungsgrad

In der Managementtheorie werden verschiedene Methoden empfohlen, um die kreativen Schritte bei Problemlösungen und zur Ideengenerierung zu begünstigen. Die Schwerpunkte des Vorgehens sind dabei unterschiedlich gelagert, ohne Sicherheiten bzw. Garantien für Lösungen geben zu können.

Tabelle 4.40.
Assoziative Methoden der Problemlösung

Allgemeine Charakteristik:
Die assoziativen Methoden stehen in einem relativ scharfen Gegensatz zu den rezeptiven Methoden. Während dort die „Weisung“ oder der gegebene Stoff herrscht — welche zwar oft schon zur Lösung eines Problems beitragen —, appellieren die assoziativen Methoden an das ungebundene Denken, an die Phantasie, an die menschliche Neugierde oder an die Freude am Dialog und Gespräch. Sie gehen darauf aus, neue Ideen hervorzubringen — sei es allein oder im Zusammenwirken mit anderen Menschen. Die Intuition steht im Zentrum aller dieser Bemühungen.
Assoziative Methoden der Problemlösung sind im einzelnen:

Assoziation allgemein

Assoziatives Problemlösen
Freie Assoziation
Intuition, Idee, Spontanität
Rückbesinnung (auf Gedächtnis)
Probieren, Basteln (unsystematisch)
Trial and error (bewußt)
Experimentieren (als Übung)
Reflexion
Irrationale Denkvorgänge

Besondere Ideenförderung

Spontane Ideensuche
Karikatur, Satire
Nichtfachleute befragen
Jetzt-und-hier, antihistorisch
Detektiv-Methode
Detektiv-Methode
Symbole, Gedankenfiguren

Latentes Wissen
Impulshandlung

Kreativität fördern
Pragmatismus, initiativ handeln
Vorurteile abbauen
Flexibilität, Aufgeschlossenheit
Denkblockaden lösen
Objektivität, Ehrlichkeit
Wegdenken, unbewußtes Denken
Creative Center
Kreativitätsplatz
Aufnahmebereitschaft, Stimmung
Beharrungsvermögen

Brainstorming

Brainstorming (Grundmethoden)
Anonymes Brainstorming
Didaktisches Brainstorming

Tabelle 4.40. (Fortsetzung)

Methaphern, Gleichnisse	Solo-Brainstorming
Beobachten	Destruktiv-konstruktives
	Brainstorming
Äußere Analogie	And-also-Methode
Beobachten und Schließen	Stop and go
Vergleichen	
Informationen prüfen	
Gedankenbilder (festhalten)	Brainstormähnliche Methoden
Wahrnehmen, Erkennen	Creative Collaboration
Gefühlsbetontes Denken	Buzz Session, Methode 66
Vorstellungsvermögen	Erzwungene Assoziation
	Sukzessive Integration
Besonders Denkrichtungen	Langfristiges Stop and go
	Skizzieren, Entwerfen
Kreatives Denken	Podiumsdiskussion, Paneelgespräch
Vorausschauen	
Utopie, Spekulation	
Fiktion, Als-ob	Brainwriting
Schöpferische Phantasie	Methode 635, Brainwriting i.e.S.
Konzentration, Meditation	Brainwriting Pool
Überdenken	Delphi-Methode, Ideen-Delphi
Verschiedene assoziative Methoden	Szenario-Writing
	Idea-Engineering
Umfragen (unformelle)	Ideenkartei, Ideenliste
Umfragen (formalisierte)	Collective-Notebook-Methode
Gedankenexperiment	
Gedankenspiel	
Humor (als Ideenzünder)	
Palaver	
Autogenes Training	
Verhaltenstherapie	

In einem der umfassendsten Kataloge von Problemlösungsverfahren wurden 600 Methoden systematisiert.[166] Mit dieser außerordentlich großen Menge legt der Autor einen Katalog von Methoden vor, der weit über die im allgemeinen in der Managementliteratur erörterten Verfahren hinausgeht und gegenüber real angewandten Methoden etwa das 100fache Methodenangebot darstellt, wenn davon ausgegangen wird, daß im Schnitt sechs verschiedenartige Ideengenerierungsmethoden tatsächlich praktisch benutzt werden. Bevor diesem Problem der praktischen Anwendung näher nachgegangen wird, soll der umfassende Katalog an Problemlösungsmethoden kurz vorgestellt werden, um einen Eindruck von der

[166] Vgl. Hürlimann, M., Probleme lösen — wie? Für eine Erweiterung und Systematisierung des Problemlösungsverfahrens, a. a. O., S. 93ff.

Vielfalt zu geben. Geordnet werden die Methoden anhand folgender übergeordneter Kriterien[167]:

1. rezeptive Methoden,
2. assoziative Methoden,
3. Sammeln und Ordnen,
4. Kombinationsmethoden,
5. deduktive Methoden,
6. Modell-Methoden,
7. Gesamtlösungen und induktive Methoden,
8. integrierte und kombinierte Methoden.

Tabelle 4.41.
Sammeln und Ordnen als Problemlösungsmethode

Allgemeine Charakteristik:
Beim Sammeln und Ordnen liegt der Übergang vom freien Denken zur Systematik. Vieles erinnert noch an das assoziative Denken, aber es beginnt bereits eine gewisse Stützung durch Strukturen, Rangordnungen oder Begriffe, ohne bereits an die strengen Regeln des logischen Denkens oder gar der zahlenmäßigen Aufbereitung und Modellbildung gebunden zu sein.
Im einzelnen sind zum Sammeln und Ordnen zu zählen:

Heuristische Methoden	Ordnen
Auflisten	Subsummieren
Frageliste	Maßstab bilden
Gezieltes Fragen, digitales Fragen	Polarisierung
Fragen mit gebundener Antwort	Rangbildung
Problemlösungsbaum	Ranganalyse
Entscheidungsbaum	Klassenbegriffe bilden
Hypothesenbaum	Klassifizieren
Relevanzbaum	Ordnen (im weitesten Sinne)
Heuristische Methoden (Fortsetzung)	Sammeln
PATTERN	Sammeln (Informationen, Facts)
PPBS	Dokumentieren
PROFILE	Automatische Dokumentation
Objektives Network	Sammeln aller Einzelheiten
Horizontal relevance tree concept	Datenerfassung
	Fallsammlung
Semantische Methoden	Vorschlagswesen
Etymologie, Wortbildung	Gruppenarbeit
Übersetzen, u. U. Rückübersetzen	
Semantische Umformung	Gruppenarbeit allgemein
Syntaktische Umformung	Gruppenverhalten (biologisch)
Synonyme finden	Gruppenexperiment
Durch Fachfremde erklären lassen	Gruppentheorie

[167] Vgl. ebenda.

Bedeutungslehre, Semantik allgemein	Gruppendynamik
	Kontaktgruppen
Semantische Analyse	Arbeitsgruppe, Team
Inhaltsanalyse	Konferenz, Besprechung
	Forschungsgruppe
Verschiedene Formen	
	Zusammenarbeit (allgemein)
Suchfeld-Auflockerung	Koordination
Ansatzpunkt weiterverfolgen	Gruppenentscheid
Aufmerksamkeitsbereich	Gruppen-Lerndynamik
Evolution, Entwicklung**	Lerngruppen
Bionik, Biotechnik**	Paarbildung
Ökologie**	Delegieren*
Verhaltensforschung**	Lehren, Instruieren*
	Verhaltensforschung*

* Unter besonderer Berücksichtigung des Gruppenaspekts

** Diese problemorientierten Methoden eignen sich zur sinngemäßen Anwendung auf andere zusammenhängende Sachgebiete, weshalb sie hier aufgeführt sind.

In den Tabellen 4.39. bis 4.46. sind die Methoden auszugsweise nach der von Hürlimann gegebenen Systematik zusammengestellt.[168] (Tabellen 4.39 bis 4.46.)

Für die praktische Nutzung dieser zahlreichen Einzelmethoden der Tabellen 4.39. bis 4.46. empfiehlt Hürlimann eine „Metamorphologie", die als folgerichtige Anwendung der von Zwicky entwickelten morphologischen Methodik auf den Problemlösungsprozeß selbst definiert wird.[169]

Im Kern geht es hierbei um die einzelnen Stufen des Problemlösungsprozesses angemessene systematische Auswahl der treffendsten Problemlösetechnik, auf die hier jedoch unter dem Blickwinkel der Praktikabilität von Managementmethoden nicht näher eingegangen werden soll, da sie für praktische Zwecke zu kompliziert ist. Einen bemerkenswerten Einblick in den realen Nutzungsgrad von Problemlöse- bzw. Ideengenerierungsmethoden gibt eine Analyse des *Battelle-Instituts* Frankfurt/Main, die Geschka auf Grund ihres Gehalts auch relativ ausführlich in der amerikanischen wissenschaftlichen Zeitschrift „*Research Management*" vorstellte.[170]

168 Vgl. ebenda. — Es sind jeweils die in der bürgerlichen Fachliteratur meistverwendeten Begriffe aufgeführt. Wo noch kein deutschsprachiger Ausdruck allgemein gebräuchlich ist, wurde der entsprechende fremdsprachige Terminus verwendet.

169 Vgl. ebenda. S. 96, sowie: Zwicky, F., Entdecken, Erfinden, Forschen im morphologischen Weltbild, München—Zürich 1966.

170 Vgl. Geschka, H., Introduction and Use of Idea-Generating Methods, in: Research Management (New York), 3/1978, S. 25.

Auf der Grundlage einer Befragung von 500 Firmen, von denen 126 antworteten, wurden die in Tabelle 4.47. zusammengefaßten Ergebnisse zum realen Wissensstand über Ideengenerierungsmethoden ermittelt. Bemerkenswert ist hierbei, daß von den 126 Firmen nur 73, das sind 58 Prozent, erklärten, daß sie bereits Ideengenerierungsmethoden anwenden. Detailfragen hinsichtlich der Kenntnisse über einzelne Problemlöse-Methoden zeigten, daß lediglich über das *Brainstorm-*

Tabelle 4.42.
Kombinationsmethoden der Problemlösung

Allgemeine Charakteristik:
Das Kombinieren gehört mit zu den fruchtbarsten Methoden des schöpferischen Denkens und des Problemlösens. Das Assoziieren spielt dabei eine wesentliche Rolle — gewissermaßen auf einer höheren Ebene, in einer komplizierten Form.
Dabei spielen das Vorstellungsvermögen und die schöpferische Phantasie eine nicht weniger wichtige Rolle als bei den einfacheren assoziativen Methoden. Zugleich gewinnt das Sammeln und Ordnen Gewicht.
Im einzelnen gehören zu den Kombinationsmethoden:

Kombinieren	Historische Methoden
	Rückwirkung zeigen
Bisoziation, Kombinieren allgemein	Retrogrades Denken
	Kausalketten
Theorien kombinieren	Faktor verfolgen
Revision einzelner Grundlagen	Unerklärlichen Rest erforschen
Revision von Theorien	
Substitution	Abweichungsanalyse
Begriffe übertragen	
Methoden/Theorien übertragen	Verschiedene
Analogien (auswerten)	Kombinationsmethoden
Analogien erleben	
	Semantische Intuitionen
Negation und Konstruktion	Reizwortanalyse
	Spornfragen
Negation und Konstruktion i.e.S.	Wortspiele
Einpendeln, These-Antithese-Synthese	Force-Fit-Spiel
	Katalogtechnik
Dialog, Diskussion	Kollektivstimulation im Dialog
Abwarten, Urteil aufschieben	Methode des neuen Geräts
Break-through-Denktechnik	Alternativen entwickeln
Anpassen, Verändern	Synektik (allgemein)
Kritik, Zweifel	Synektische Konfrontation
Umstrukturieren, Umgruppieren	Visuelle Synektik
Verfremden	
	Operational Creativity
Andere Dimension	Wissenschaftliches Domino
	(„Glasperlenspiel")

Andere Ebene	Technology transfer space
Neuer Standpunkt, neuer Aspekt	Umformen
Zielsetzung ändern	Projektionen
Sich versetzen	Neubeginn an anderer Stelle
Identifikation mit Objekt	Bilanzmethode (rein verbal)
Reziprozität, Bumerangeffekt	Ablenkung
Katagoriell denken	Gedankensprung
Mythos bilden, Stilisieren	Revolution, Umsturz
	Problem neu formulieren
Ursachen finden	Neue Nutzanwendung finden
Ursachen suchen, Symptomologie	

ing hinreichend gute Kenntnisse vorliegen, gefolgt von den Kenntnissen über *morphologische Methoden* (39 Prozent), *Synektik* (25 Prozent), *Methode 635* (19 Prozent), *Ideen-Delphi* (18 Prozent) und *Progressive Abstraktion* (7 Prozent). Andere Methoden, schätzt Geschka ein, sind nur auf einem indiskutablen Niveau bekannt. Hinsichtlich der Häufigkeit der Anwendung von Ideengenerierungsmethoden wurde ein analoges Ergebnis erzielt[176] (vgl. Tabelle 4.48.).

Demzufolge wandten nur 23 Prozent der befragten 126 Firmen das *Brainstorming* oft an, während nur 8 Prozent die nächstfolgende Methode (*Morphologie*) häufig anwenden. Geschka wies bei der Wertung dieser Ergebnisse darauf hin, daß diese empirischen Befunde aussagekräftig wären, da beispielsweise häufig einfache Problemdiskussionen bereits als *Brainstorming*-Anwendung gewertet werden.[172]

Neuere Untersuchungen im Rahmen des bereits erwähnten „Innovationstests '85" von ca. 200 BRD-Firmen ergaben, daß nur 7 Prozent ständig und 50 Prozent der Befragten gelegentlich Methoden der Ideenfindung einsetzen; 21 Prozent der Befragten sind die Methoden lediglich bekannt, 5 Prozent kennen sie nicht.[173]

Diese Ergebnisse unterstreichen anschaulich, wie groß die Variationsbreite der Problemlösemethoden und der praktischen Anwendung ist. Das ist um so bemerkenswerter, als das Grundrezept gerade der aus der *Battelle*-Analyse hervorgegangenen Methoden oftmals außerordentlich einfach anwendbar ist.

Angesichts der großen Zahl von Ideengenerierungs- und Problemlösungsmethoden stellt sich die Frage, welche Hauptschwierigkeiten der breiteren und erfolgreicheren Anwendung dieser Methoden entgegenstehen. Geschka hebt ausgehend von der bereits zitierten umfassenden Studie folgende Hauptgründe hervor[174]:

171 Vgl. Geschka, H., Introduction and Use of Idea-Generating Methods, a. a. O., S. 26.

172 Ebenda.

173 „Innovationstest '85", in: Industriemagazin (München), 6/1985, S. 140.

174 Geschka, H., Introduction and Use of Idea-Generating Methods, a. a. O., S. 27.

Tabelle 4.43.
Deduktive Methoden der Problemlösung

Allgemeine Charakteristik:

Bei den deduktiven Methoden beginnt der Bereich des folgerichtigen oder sogar zwangsläufig geordneten Denkens. Im Mittelpunkt steht das strenge Definieren, Analysieren, Abstrahieren oder Formulieren. Da diese Verfahren zu geordnetem Denken zwingen, vermögen sie immer wieder neue Einsichten und Anregungen zu geben — das gilt ebenso für das Arbeiten mit Grenzbegriffen verschiedener Art.

Einzelmethoden der deduktiven Problemlösung sind:

Deduktion
Definieren, Begriffe bilden
Unterschiede (finden)
Urteil bilden
Logik allgemein
Formale Logik, Wahrheitstafeln
Indirekte Aussage, Implizieren
Praktisches Überlegen
Begriffsbeziehungen

Analytische Methoden

Analyse (allgemein)
Zerlegen in Teilprobleme
Subprobleme lösen
Teilziele formulieren
Vereinfachen (neu formulieren)
Recodifizieren (aus Abstraktion)
Abstimmen, in Einklang bringen
Systemtechnik, Systems Engineering

Abstrahieren

Abstrahieren (allgemein)
Progressive Abstraktion
Formulieren
Reduzieren (auf Wesentliches)
Filtrieren
Schema, Diagramm, graphische Darstellung
Normieren, Typisieren
Formale Sprache, Schrift, Code
Karikieren, Satire

Andere deduktive Methoden
Epistemologische Analyse
Dichotomie
Entscheidungstabellen
Systemanalyse
Schwerpunkte bilden
Metainformation

Mit Grenzen arbeiten

Grenzen setzen
Grenzen erweitern
Grenzen suchen, Grenzen erkennen
Grenzen überschreiten
Extremwerte verwenden
Extremfälle, Schockmethode
Empfindlichkeitsanalysen
Kontingenzanalyse
Einschränken, Opfer bringen
Schwellenwert, Schwelleneffekt
Area-Thinking
Zero-Defects
Kontrollkarten, Schranken
Fehlergrenzen
Abbruchkriterien
Anspruchsniveau

Lösungsbereich

Nebenbedingungen, Verbote
Prioritäten (ermitteln)
Andere deduktive Methoden

Tabelle 4.44.
Modellmethoden der Problemlösung

Allgemeine Charakteristik:
Bei den Modellen geht die strenge Betrachtungsweise noch einen Schritt weiter, bis zur Meßbarkeit oder maßstäblichen Nachbildung zu untersuchender Vorgänge unter Nutzung mathematischer Hilfsmittel, um äußerst komplexe, undurchschaubare oder ungewisse Probleme in den Griff zu bekommen, optimale Lösungen zu finden oder sogar die Ungewißheit künftiger Vorgänge zu mildern.
Nichtzahlengebundene Modelle verhelfen zu einem Verständnis schwieriger Tatbestände oder führen eine Arbeitsvereinfachung herbei.
Einzelmethoden zur Problemlösung mittels Modellmethoden sind:

Quantifizieren	Andere Methoden des Operations-Research
Quantifizieren, Messen, Berechnen	Lagerhaltung, Materialbewirtschaftung
Black Box	
Simulation	Investitionsrechnungen
Extrapolation, Trendextrapolation	Risikoanalyse
	Standortanalyse
Korrelation und Regression	Monte-Carlo-Methode
Wachstumsmodelle, Wachstumskurven	Spieltheorie
	Ökonometrische Modelle
Graphische Induktion	Andere OR-Modelle
Soziometrie	
Input-Output-Modelle	Andere numerische Modelle
	Differentialrechnung
Mathematisches Optimieren	Prognosemethoden
	Wahrscheinlichkeitsrechnung
Lineare Programmierung	Konfliktmodelle,
Simplexmodelle	Konfliktlösung
Transportmodelle	Nichtnumerische Modelle
Zuordnungsmodelle	Sachdarstellung,
Reihenfolgemodelle	Beschreibung
Ganzzahlige Modelle	Stellungnahme, Visum
Stochastische Modelle	Textergänzung, Substitution
Zeitplanmodelle	Gebundene Darstellung
Andere Modelle der linearen Programmierung	Schematext, Textbaustein
	Präsentation (allgemein)
	Beschreibungstechnik

— Widerstand gegen die Methoden,
— niedriger praktischer Anwendungsstand,
— Zeit-, Daten- und Personalprobleme,
— negative Reaktionen des Managements,
— interpersonelle Konflikte sowie sonstige Gründe.

Hierbei sind die Unterschiede in den Ursachen für Schwierigkeiten zwischen bereits angewandten und noch nicht angewandten Ideengenerierungsmethoden

Tabelle 4.45.
Gesamtlösungen und induktive Methoden der Problemlösung

Allgemeine Charakteristik:
Gesamtlösungen, induktive Methoden sowie kombinierte Methoden betreffen ungleich größere Bereiche sowohl des Problemumfangs als auch des Denkens.
Die große Wirksamkeit der Gesamtlösungen liegt darin, daß sie zu einem Überdenken vieler Einzelheiten in breiter Front zwingen sowie zum Ausfüllen von Lücken oder zum Arbeiten mit Strukturen. Diese vertiefende Einsicht in das zu lösende Problem kann auf vielfältige Weise zum Ideenzünder werden.
Im einzelnen gehören dazu folgende Methoden:

Morphologische Methoden

Morphologie, i.e.S.
Ideengitter, Ideenschema
Forschungsmatrix, Entdeckungsmatrix
Hypothesenmatrix
Mehrdimensionale Morphologie

Feldüberdeckung

Systematische Feldüberdeckung
Niemandslandmethode
Funktionsanalyse
Attribute Listing
Problemfeld-Darstellung
Kreiskonzept, Circept
Problemkreisanalyse
Lücken schließen
Verbessern, Therapien

Strukturprobleme

Beziehung (finden)
Lücken (erkennen)
Struktur (erkennen)
Strukturieren, Struktur geben
Unwesentliches ausscheiden
Hierarchie bilden
Gruppieren
Sondern, Separieren
Zentrieren
Graphen, Graphentheorie
Netzplan, PERT, CPM usw.
Ablaufanalyse
Dichotomie

Dimensionalisieren
Strukturmodelle (allgemein)

Empirische Methoden
Wissenschaftliche Fragestellung

Beobachtungslehre
Empirisches Problemstudium
Induktion
Experimente (empirisch)
Probieren
Situationstest
Stichprobenverfahren
Hypothesen, Theorie ableiten
Kritischer Empirismus

Versuche und Tests

Modellvorstellungen
(ohne mathematisches Modell)
Planspiele
Probebetrieb
Realversuche
Tests
Schwachstellenforschung
Gespräche (empirische)

Andere induktive Methoden

Korrelation zwischen Tatsachen
Faktorenanalyse, Raumanalyse
Entscheidungsmodelle
Imponderabilien (behandeln)
Entwicklungstendenz
Multifaktorenmethode
Andere induktive Methoden

Tabelle 4.46.
Integrierte und kombinierte Methoden der Problemlösung

Allgemeine Charakteristik:

Mit den integrierten und kombinierten Methoden wird endgültig der Bereich einzelner Problemlösungsmethoden verlassen, sei es durch gesamtheitliche Betrachtungsweise (Integration) oder durch einen nacheinander bzw. parallel erfolgenden Einsatz mehrerer Problemlösungsmethoden. Im einzelnen sind hierbei zu nennen:

Integration

Integrieren (allgemein)
Integrierte Denktechnik
Integrierender Faktor
Integrierte Datenverarbeitung
Informationssysteme
Gesamtlösung suchen
Ganzheitliches Denken (allgemein)

Iteration
Iteration (allgemein)
Vorwärtsschreiten
Rückwärtsschreiten
Sukzessive Approximation
Durchwursteln
Andere Iterationsmethoden

Denkmodelle

Problemlösungsmodelle,
Methodologie
Turingmaschine
Funktionale Denktechnik
Selektive Denktechnik
Zyklische Denktechnik
Kybernetische Modelle
Laterales Denken

Management-Modelle*

Kostenmodelle
Wirtschaftlichkeitsanalyse
Wertanalyse
Kosten-Nutzen-Analyse
Konkurrenzanalyse
Industrial Dynamics
Organisationsentwicklung
Handeln unter Zeitnot
Krisenmanagement

Forschung und Entwicklung*
Descartes-Methodologien
forecasting on the aggregated level
Projektmanagement
Braintrust
Forschungsplanung
Konstruktionsmethodik
Systematisches Design
Systematik für Versuche
Anlagentechnik
Verketten (von Vorgängen)
Mittel-Zweck-Analyse
Prüfprogramme, Diagnosetechnik
Suchprozesse, Suchprogramme
Gesamtuntersuchung, Totaldiagnose

Andere kombinierte Methoden*

Universalisieren
Spezialisieren
Künstlerisches Schaffen
Fallmethode, Fallstudien

---

* Viele dieser Methoden sind zwar im Prinzip problemorientiert, können aber in Anbetracht ihrer vielfältigen Ausprägung auch auf sachfremde Gebiete angewendet werden.

Tabelle 4.47.
Wissensstand über Ideengenerierungsmethoden in 126 Firmen

Methode	Wissensstand (Angaben in Prozent)					
	absolut unbekannt	nur namentlich bekannt	vage Vorstellungen	gutes Wissen	umfassendes Wissen	Summe 4+5
Brainstorming	1	2	17	63	17	80
Morphologie	36	10	17	32	7	39
Synektik	36	14	25	22	3	25
Methode 635	52	17	12	14	5	19
Ideen-Delphi	33	18	31	16	2	18
Progressive Abstraktion	68	15	11	5	2	7

Tabelle 4.48.
Häufigkeit der Anwendung von Ideengenerierungsmethoden

Methode	Niemals	Manchmal	Häufig
Brainstorming	17	60	23
Morphologie	72	20	8
Synektik	79	18	3
Methode 635	89	9	2
Ideen-Delphi	88	10	2
Progressive Abstraktion	95	3	2

besonders interessant. Während bei bereits angewandten eindeutig praktische Schwierigkeiten dominieren, wirkt dieser Faktor bei noch nicht angewandten Methoden mit nur 5 Prozent bremsend. Umgekehrt verhält es sich dagegen bei der Bewertung des Widerstands des Managements gegen neue, noch nicht bekannte Ideengenerierungsmethoden, worin 19 Prozent der Befragten einen wesentlichen Hemmungsfaktor sehen, während bei bereits angewandten Methoden dieser Faktor die geringsten Probleme bereitet. Vergleicht man schließlich Ergebnisse der Befragung zur Erfolgseinschätzung der angewandten Ideengenerierungsmethoden, wird die eigentliche Achillesferse deutlich sichtbar. Der Anwendungserfolg wird danach außerordentlich differenziert bewertet, wobei keine der angewandten Methoden von mehr als 50 Prozent der Anwender als voll erfolgreich charakterisiert wird, mit Spitzenwerten bei *Brainstorming* und den *morphologischen Methoden*.

Diese Ergebnisse, so betont Geschka, stehen in deutlichem Widerspruch zu eigenen Erfahrungen und Erfolgseinschätzungen anderer Firmen und sprechen dafür, daß ein unmittelbarer Zusammenhang zwischen Wissensstand über Ideengenerierungsmethoden und ihrem praktischen Erfolg besteht, was anhand signifikanter Unterschiede zwischen einzelnen Industriezweigen und Branchen bewiesen wird.[175]

Brainstorming-Techniken

Die Methode des *Brainstorming* hat in den vergangenen Jahrzehnten immer mehr Anhänger in den Ländern des Kapitals gewonnen. Dadurch wurde auch das ursprüngliche Konzept in mannigfacher Weise abgewandelt.

Die *Brainstormingtechnik* gehört wie das *Brainwriting* zur Methodengruppe der *freien Assoziation* und zu den generell am meisten genutzten Techniken der Ideenfindung.

Durch „Gedankensturm" sollen beim *Brainstorming* Ideen „sprudeln" und oft auftauchende negative Erscheinungen bei der Ideensuche wie destruktive Kritik, Verzetteln oder Ratlosigkeit in der Gruppe überwinden helfen.[176]

Charakteristisch für das *Brainstorming* sind vier Grundregeln:

- freies und ungehemmtes Aussprechen aller Ideen und Gedanken, einschließlich zunächst sinnlos oder gar „verrückt" erscheinender Ideen, um andere vielleicht zu brauchbareren Vorschlägen anzuregen;
- innerliche Offenheit für andere Ideen und Bereitschaft, sie aufzugreifen und weiterzuentwickeln;
- eisernes Verbot jeder Kritik, insbesondere in Form oft zu hörender „Killerphrasen" wie „Unsinn!", „Lächerlich!", „Viel zu teuer!" usw.;
- Ideenmenge geht zunächst vor Ideenqualität, da mit steigender Ideenzahl zwangsläufig auch mehr treffende darunter sein müssen.

Als Hauptproblem des *Brainstorming* gilt das Unterdrücken jeglicher Kritik während der meist nur kurzen Phasen der Ideenkonferenz.

Der grundsätzliche Ablauf des *Brainstorming* ist Abbildung 4.42. zu entnehmen.[177]

Eine Übersicht zu den Abwandlungen des *Brainstorming* im Vergleich zu der „klassischen" Technik gibt Tabelle 4.49. (Tabelle 4.49.)

[175] Ebenda, S. 26.

[176] Die Grundlagen des Brainstorming gehen auf Osborn zurück. (Vgl. Osborn, A. F., Applied imagination — principles and procedures of creative problem-solving, New York 1953.) Seine große Popularität begründete Ch. H. Clark: ders., Brainstorming. Methoden der Zusammenarbeit und Ideenforschung, München 1966.

[177] Vgl. Kramer, F./Appelt, H. G., Die neuen Techniken der Produktinnovation, München 1974, S. 125.

BRAINSTORMING (Gedankensturm)

Grundgedanke: Mitmenschen ermutigen, frei und ungehemmt eine große Anzahl von Ideen zu produzieren, wobei Assoziationen zu einer qualitativen Steigerung der Vorschläge führen.

Eignung: Brainstorming ist zur Lösung von Problemstellungen geeignet, die nicht sehr komplex sind und sich klar definieren lassen.

Regeln	
1	Positive Einstellung gegenüber eigenen und fremden Ideen; — auch nicht die am weitesten hergeholten Problemlösungen kritisieren
2	Die Betonung liegt zunächst nur in der Quantität der zu produzierenden Ideen.
3	Die Problemlösungen sollen möglichst orginell, neuartig sein. (Vernunft und Logik sind zunächst nicht gefragt.)
4	Alle Lösungsvorschläge visualisieren.
5	Durch Offenheit gegenüber anderen Lösungsvorschlägen sich zur Weiterentwicklung offenbarter Gedanken anregen lassen.

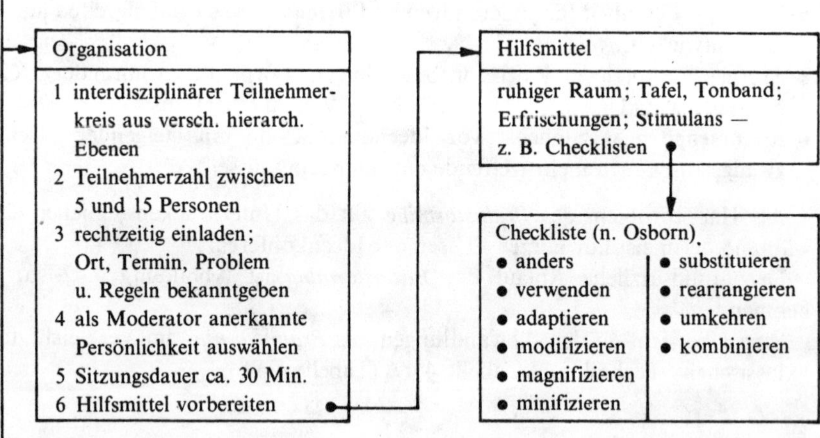

Organisation
1 interdisziplinärer Teilnehmerkreis aus versch. hierarch. Ebenen
2 Teilnehmerzahl zwischen 5 und 15 Personen
3 rechtzeitig einladen; Ort, Termin, Problem u. Regeln bekanntgeben
4 als Moderator anerkannte Persönlichkeit auswählen
5 Sitzungsdauer ca. 30 Min.
6 Hilfsmittel vorbereiten
Hilfsmittel
ruhiger Raum; Tafel, Tonband; Erfrischungen; Stimulans — z. B. Checklisten
Checkliste (n. Osborn)
• anders
• verwenden
• adaptieren
• modifizieren
• magnifizieren
• minifizieren
• substituieren
• rearrangieren
• umkehren
• kombinieren

Auswertung:

telefonische oder mündliche Ergänzungen zu Lösungsvorschlägen einholen,
Lösungsvorschläge bewerten und klassifizieren,
Sitzungsteilnehmern Ergebnis mitteilen

Abb. 4.42.
Übersicht zur Brainstorming-Technik

Tabelle 4.49.
Übersicht zu Brainstorming-Techniken mit Anwendungsschwerpunkten und -bedingungen

Methodenabwandlung	Kurzcharakteristik	Anwendungsschwerpunkt	Teilnahmebedingungen
Anonymes Brainstorming	Das Sammeln von Lösungsansätzen findet vor der Problemlösungskonferenz statt. Die Teilnehmer müssen alle Einfälle auf Zettel schreiben. Der Sitzungsleiter trägt dann eine Idee nach der anderen vor und versucht, mit der Gruppe die Lösungsansätze zu brauchbaren Vorschlägen weiterzuentwickeln.	Konstellationsprobleme	vier bis sieben Teilnehmer; Dauer 50 Minuten
Didaktisches Brainstorming (Little-Technik)	Nur der Sitzungsleiter kennt die Problemstellung. Er führt die Teilnehmer schrittweise an das Problem heran, indem er in mehreren Brainstorming-Sitzungen immer mehr Informationen mitteilt. Dadurch soll verhindert werden, daß die Teilnehmer sich voreilig auf Lösungen festlegen.	Analyse-, Konstellations- und nicht eindeutig definierte Probleme	vier bis sieben Teilnehmer
Destruktiv-konstruktives Brainstorming	In der ersten Phase werden durch Brainstorming alle Schwächen eines Problems, beispielsweise bei einer Produktentwicklung, zusammengetragen. In der zweiten Phase werden dann durch Brainstorming für alle Schwächen Lösungen gesucht.	Analyse- und nicht klar definierte Probleme	vier bis sieben Teilnehmer; Dauer etwa 50 Minuten
„And also"-Methode	Jede vorgebrachte Idee wird von den Gruppenmitgliedern gründlich diskutiert, bevor neue Ideen vorgebracht werden.	Analyse- und Konstellations-Probleme	vier bis sieben Teilnehmer"; Dauer 30 Minuten
Creative Collaboration Technique	Nach einem kurzen Brainstorming gehen die Teilnehmer auseinander, um noch zehn Minuten allein nachzudenken und Ideen aufzuschreiben.	Suchprobleme	vier bis sieben Teilnehmer; Dauer insgesamt 30 Minuten
Buzz Session (Discussion 66)	Ein größeres Gremium wird in Gruppen zu sechs Personen unterteilt, die getrennt Lösungen erarbeiten. Nach etwa sechs Minuten sammeln sich alle Gruppen im Plenum, und Sprecher der Gruppen tragen die Lösungen vor. Wenn die	vielseitig einsetzbar für Such-, Analyse- und komplexe, nicht eindeutig definierte Probleme	Teilnehmerzahl nahezu beliebig

Tabelle 4.49. (Fortsetzung)

Methodenabwandlung	Kurzcharakteristik	Anwendungsschwerpunkt	Teilnahmebedingungen
	Ergebnisse im Plenum diskutiert worden sind, wird ein neuer Problemgesichtspunkt aufgegriffen, der wiederum von den Sechsergruppen kurze Zeit bearbeitet wird. Durch Aufspaltung in kleine Gruppen kann sich jeder aktiv an der Lösung eines Problems beteiligen.		
Imaginäres Brainstorming	Einige Bedingungen des zu lösenden Problems werden radikal geändert, um die Teilnehmer von festgefahrenen Vorstellungen frei zumachen. So kann gefragt werden, wie die Problemlösung nach Aufhebung der Schwerkraft oder bei extremen Temperaturen aussehen könnte.	Analyse-, Konstellations- und nicht eindeutig definierte Probleme	vier bis sieben Teilnehmer; Dauer 50 Minuten
SIL-Methode (Sukzessive Integration von Lösungselementen)	Die Gruppenmitglieder notieren zunächst eine Zeitlang ihre Lösungsansätze. Ein Teilnehmer beginnt mit dem Vortrag seiner Lösungsidee. Dann erläutert der nächste seine Lösung. Aus beiden Lösungen wird in der Gruppe eine neue Version entwickelt, die möglichst die Vorzüge von beiden enthält. Mit dem Lösungsvorschlag des dritten Teilnehmers wird ebenso verfahren. Eine nachfolgende Lösung braucht nicht integriert zu werden, wenn sie in allen Punkten schlechter ist. Ist eine Lösung in allen Punkten besser, dann wird sie voll übernommen.	Konstellations-Probleme	vier bis sieben Teilnehmer, Dauer 45 Minuten; Tafel oder Flip-Chart ist notwendig, um die Lösungen für alle sichtbar aufschreiben zu können.

Brainwriting-Techniken

Beim *Brainwriting* (Gedankenschreiben) wird der mündliche Ideenfluß durch schriftliche Verfahren ersetzt. Die Methoden wurden aus dem *Brainstorming* abgeleitet und zielen darauf, auch weniger kommunikativen Mitarbeitern Artikulationsmöglichkeiten zu geben. Die dadurch eingeschränkte Spontaneität soll durch etwas gründlicheres individuelles Nachdenken ausgeglichen werden.

Zu den am häufigsten angewandten *Brainwriting-Methoden* zählt die *Brainwriting-Technik 635*, deren Ablauf in Abbildung 4.43. dargestellt ist.[178] (Abb. 4.43.)

Ihren Namen erhielt die Methode dadurch, daß 6 Teilnehmer je 3 Lösungsvorschläge in 5 Minuten eintragen. Dann gibt jeder sein Formular (vgl. Abb. 4.44.)[179] an den nächsten weiter, der nach Kenntnisnahme weitere 3 Lösungsvorschläge einträgt.

Um die Assoziation unter einzelnen Ideen gezielter herstellen zu können und vor allem auch eine eindeutige Zuordnung von Ideen und Erfindern zu sichern, wurde das *Brainwriting* in verschiedenen Varianten entwickelt. Tabelle 4.50. enthält für die hierbei am häufigsten angewandten Methoden eine Übersicht, wobei die bekanntesten und am häufigsten angewandten die Methoden *635* und *Ideen-Delphi* sind.[180] (Tabelle 4.50.)

Morphologische Techniken

Gegenüber den *Brainstorming-* oder *Brainwriting-Techniken* liegt der Akzent bei der *morphologischen Methode* und anderen Varianten der systematischen Strukturierung klar auf der angestrebten Vollständigkeit der Information. Bei Anwendung dieser Techniken wird davon ausgegangen, daß durch die systematische und umfassende Durchdringung eines Problemfeldes bisher unbekannte Aspekte und Kombinationen entdeckt werden.

Zwicky unterscheidet einerseits die Methode der systematischen Feldüberdeckung, wenn von sogenannten Stützpunkten des Wissens unter Anwendung verschiedener Denkprinzipien, wie Zählen, Messen usw., Analogien gebildet werden, um neue Tatsachen aufzudecken, oder andererseits den „Morphologischen Kasten", welcher in einem mehrdimensionalen Schema die Beziehungen zwischen den bestimmenden Parametern und ihren möglichen Komponenten aufzuzeigen sucht.[181]

Während sich die *morphologische Matrix* auf die Ideensuche im Rahmen von zwei Parametern bewegt, geht die mehrdimensionale Technik darüber hinaus.

[178] Appelt, J. und H. G., Mit Kreativitätstechniken neue Produkte finden, in: Fortschrittliche Betriebsführung und Industrial Engineering (Berlin(West)), 6/1984, S. 334—343.

[179] Ebenda.

[180] Hier zusammengestellt aus: Handbuch für Manager, hg. von B. Folkertsma, a. a. O., Abschnitt 6.4., S. 202ff.

[181] Vgl. Zwicky, F., Entdecken, Erfinden, Forschen im morphologischen Weltbild, a. a. O.

Brainwriting-Methode 635

Grundgedanke:
Aufbauend auf drei Ausgangsideen eines jeden Team-Mitgliedes sollen diese von den anderen Teammitgliedern sukzessive verfeinert und weiterentwickelt werden, um zu einer qualitativen Steigerung zu kommen. Logik und Intuition (Kreativität) werden optimal verbunden.

Eignung:
Die Methode 635 ist zur Lösung von Problemstellungen geeignet, die nicht allzu komplex sind und sich klar definieren lassen. Für gute Lösungsansätze sind oftmals gute Realisierungsmöglichkeiten bei extrem guter Zeitausbeute gegeben.

Regeln
- 6 Teilnehmer visualisieren 3 Lösungsvorschläge innerhalb von 5 Minuten, die von den übrigen Teilnehmern aufgegriffen, verfeinert und weiterentwickelt werden
- heterogener Teilnehmerkreis
- Moderator; Hilfestellung bei Verfahrensablauf
- mit Bleistift schreiben, sauber schreiben
- keine Telefongespräche durchstellen
- präzise formulieren
- schweigen und schreiben

Hilfsmittel
- wichtigstes Hilfsmittel ist ein vorbereitetes Formblatt
- ruhiger, störungsfreier Raum
- gelöste Atmosphäre
- Bleistifte, Radiergummi bereitstellen

Organisation
- zur Einstimmung auf das Problem rechtzeitig einladen: Ort, Termin bekanntgeben
- heterogener Arbeitskreis, 6 Teilnehmer
- Sitzungsdauer ca. 30 Minuten

Vorteile
- extrem hohe Zeitausbeute (108 Vorschläge in ca. 30 Minuten)
- Ruhe führt zur Konzentration
- keine Kritik während des Verfahrensablaufs
- Ergebnisse sind schriftlich fixiert (Protokoll)
- „heilsamer" Zwang zur Beteiligung und Ideenproduktion
- Gesetze der Assoziation werden in hohem Maße berücksichtigt
- vorteilhaft für Redeschwache
- Verbesserung der Gruppensituation

Auswertung: Sehr häufig unterbreitete Vorschläge können auf besondere Dringlichkeit hinweisen. Gegebenenfalls gemeinsam mit der Gruppe auswerten.

Brainwriting-Methode 635 — Formblatt			
	Problemdefinition (Problemdefinition möglichst genau angeben; bitte deutlich schreiben)		Datum
Teilnehmerzahl	Wichtige Hinweise: Identifizieren Sie sich mit dem Vorschlag Ihres Vorgängers; lassen Sie sich vom Vorschlag Ihres Vorgängers anregen, entwickeln Sie weiter; bitte schreiben Sie deutlich!		
	Vorschlag 1	Vorschlag 2	Vorschlag 3
1			
2			
3			
4			
5			
6			

Abb. 4.44.
Formblatt zur Brainwriting-Technik 635

Ein *mehrdimensionales morphologisches System* wird in Form eines Tableaus so aufgebaut, daß in der Vorspalte alle wesentlichen Teilaspekte (Parameter) des Oberbegriffs bzw. Problems angeordnet und in den Zeilen alle Erscheinungsformen (Ausprägungen) aufgelistet werden.

Bei der *mehrdimensionalen Morphologie* unterscheidet man drei Erscheinungsformen[182]:

— die *konzeptionelle Morphologie* (die Parameter werden so ausgewählt, daß sie eine Grundkonzeption bilden),
— die *sequentielle Morphologie* (sie ist als stufenweise vorgehende *konzeptionelle Morphologie* zu verstehen),

[182] Vgl. Management-Lexikon, hg. von F. Neske und M. Wiener, a. a. O., Bd. 3, S. 877.

Abb. 4.43.
Übersicht zur Brainwriting-Technik 635 nach Rohrbach

Tabelle 4.50.
Übersicht zu Brainwriting-Techniken mit Anwendungsschwerpunkten und -bedingungen

Methodenabwandlung	Kurzcharakteristik	Anwendungsschwerpunkt	Anwendungsbedingungen
Methode 635	Jeder Teilnehmer trägt in ein Formular drei Lösungsvorschläge ein; hierfür sind fünf Minuten vorgesehen. Dann gibt er sein Formular an seinen Nachbarn weiter. Dieser nimmt die Lösungsansätze seines Vorgängers zur Kenntnis und trägt drei weitere Lösungen ein. Nach weiteren fünf Minuten werden die Formulare wieder ausgetauscht. Das Verfahren ist beendet, wenn jeder Teilnehmer jedes Formular bearbeitet hat.	Such-, Analyse- und Konstellations-Problem	normalerweise sechs Teilnehmer, Dauer etwa 40 Minuten; Lösungs-Formulare müssen vorbereitet werden
Ideen-Delphi	Die Prinzipien der Delphi-Prognosemethoden werden auf das Finden von Lösungsansätzen übertragen. Die Befragung läuft nach folgendem Frage-Schema ab: 1. Runde: Welche Lösungsansätze zur Bewältigung des angegebenen Problems sehen Sie? Geben Sie spontan Lösungsansätze an! 2. Runde: Sie erhalten eine Liste von verschiedenen Lösungsansätzen zu dem angegebenen Problem! Bitte gehen Sie diese Liste durch und nennen Sie dann weitere Vorschläge, die Ihnen neu einfallen oder durch die Liste angeregt wurden. 3. Runde: Sie erhalten die Endauswertung der beiden Ideen-Befragungsrunden. Bitte gehen Sie diese Liste durch und schreiben Sie die Vorschläge nieder, die Sie im Hinblick auf die Realisierung für die besten halten.	Such- und Analyse-Probleme	Die Teilnehmerzahl ist beliebig; es sollten nur Fachleute sein, die das Problem genau kennen.
Brainwriting-Pool	Bereits zu Beginn der Sitzung liegt in der Mitte des Tisches (im „Pool“) ein Formular mit mehreren Lösungsvorschlägen.	Such-, Analyse- und Konstellations-Probleme	vier bis acht Teilnehmer, Dauer

	Jeder Teilnehmer trägt in ein Formular wie bei Methode 635 Lösungsansätze ein, wobei er nicht unter Zeitdruck steht. Bemerkt ein Teilnehmer, daß ihm zum Problem nicht mehr einfällt, dann tauscht er sein Lösungsblatt mit dem Formular im Pool aus und kann sich so durch die neuen Vorschläge zu weiteren Ideen anregen lassen. Im Laufe der Sitzung sammeln sich immer mehr ausgefüllte Formulare im Pool, so daß die Möglichkeit zum Austausch in immer kürzeren Abständen gegeben ist.		40 Minuten; Lösungs-Formulare sind vorzubereiten.
Kärtchen-Befragung	Die Teilnehmer notieren Ideen zum Problem auf Kärtchen. Die Niederschriften bleiben anonym. Die Kärtchen werden nach der Befragung zunächst grob nach den verschiedenen Grundideen und dann innerhalb der einzelnen Gruppen nach Zusammenhängen geordnet.	Such-, Analyse- und nicht eindeutig definierte Probleme	vier bis zehn Teilnehmer, Dauer 40 Min.; Kärtchen für Notizen sind vorzubereiten.
Idea-Engineering	Zunächst werden die Ursachen der Problemstellung genau analysiert. Das geschieht durch Niederschreiben von Argumenten auf kleinen Kärtchen. Alle wesentlichen Erkenntnisse der Analyse werden dann zu Fragestellungen umformuliert und zu lösen versucht. Die Lösungsvorschläge werden wiederum auf Kärtchen festgehalten. Die Lösungsideen werden anschließend von Fachleuten geprüft und ausgewertet.	Analyse-, Konstallations- und komplexe nicht eindeutig definierte Probleme	vier bis sechs Teilnehmer, auch individuell anwendbar, Kärtchen werden gebraucht.

Tabelle 4.50. (Fortsetzung)

Methodenabwandlung	Kurzcharakteristik	Anwendungsschwerpunkt	Anwendungsbedingungen
Collective-Notebook-Methode	Allen Teilnehmern werden Ideen-Bücher ausgehändigt, die eine genaue Beschreibung des Problems enthalten. Jeder wird aufgefordert, täglich alle Einfälle zum Problem in sein Buch einzutragen.	Such- und Konstellations-Probleme	individuell anwendbar Notizbücher sind notwendig.
Trigger-Technik	Jedes Gruppenmitglied hat einige Minuten Zeit, um seine Problemlösung in Stichworten aufzulisten. Dann tragen die Teilnehmer der Reihe nach ihre Listen mit Ideen vor. Gleiche Ideen dürfen dabei nicht zweimal vorgetragen werden. Die Teilnehmer notieren sich neue Lösungsvorschläge, die ihnen während der Verlesung der Ideen einfallen. Die zweite Runde der Ideen-Lesung beginnt, wenn die Vorschläge der ersten Liste bekanntgegeben wurden. Erfahrene Gruppen können in einer Sitzung vier bis fünf solcher Runden absolvieren.	Such- und Analyse-Probleme	fünf bis acht Teilnehmer; Dauer eine Stunde

— die *modifizierende Morphologie* (für eine bestehende Grundkonzeption werden dabei Varianten gebildet, auch als *Attribute Listing* bezeichnet).

Eine Übersicht zum grundsätzlichen Vorgehen bei Anwendung der *morphologischen Technik* enthält Abbildung 4.45.[183] (siehe Beilage).

Bei der *konzeptionellen Morphologie* wird ein Problem in Elemente, Subprobleme oder Teilfunktionen aufgegliedert, für die jeweils Lösungen gesucht werden. Zu diesen Parametern werden Ausprägungen (Teillösungen) gesucht und in einem Tableau zusammengestellt; es stellt das Gesamtlösungsfeld des Problems dar.

Die Ausarbeitung einer *konzeptionellen Morphologie* wird in folgenden Arbeitsschritten nach Geschka und v. Reibnitz durchgeführt[184]:

— Aufstellen des Parametersatzes
  - Sammlung von Parametervorschlägen aus Einflußfaktoren, Funktions- und Ablaufanalyse,
  - Überprüfung der Parameter auf Eigenschaften (es müssen mehr als drei alternative Ausprägungen pro Parameter möglich sein!), auf inhaltliche Überschneidung, auf Unabhängigkeit der Parameter voneinander,
  - Restriktionen und Forderungen sind keine Parameter und müssen in die Aufgabenstellung übernommen werden,
  - Modifizierende Parameter sind zu eliminieren,
  - der Parameteransatz sollte auf 7 beschränkt werden;

— Suche nach Ausprägungen
  - die Ausprägungen müssen alternativ und möglichst konkret sein;

— Auswahl der besten Lösungsmöglichkeiten
  - Gedankliches Durchmustern des Tableaus auf innovative Lösungen,
  - Auswahl der besten Ausprägungen pro Parameter und Kombination dieser Ausprägungen,
  - Systematische Bewertung aller Ausprägungs-Kombinationen und Bildung der besten Gesamtlösungen durch ein EDV-Programm.

Geschka und v. Reibnitz führen an gleicher Stelle das in Abbildung 4.46. gezeigte Beispiel an. (Abb. 4.46.)

Bei der Auswertung sollte eine überschaubare Zahl interessanter Lösungen durch Kombination verschiedener Parameterausprägungen erarbeitet werden, die in weiteren Schritten kreativ auszugestalten sind.

Die *konzeptionelle Morphologie* führt damit unterschiedliche Elemente zu einer Gesamtlösung zusammen, was sie sowohl für Produktentwicklungen als auch Konstruktionen aller Art besonders geeignet macht. Kesselring schlägt deshalb besonders die *morphologische Technik* zur effizierten Problemlösung in technischen Bereichen vor.[185]

[183] Vgl. Kramer, F., Die neuen Techniken der Produktinnovation, a. a. O., S. 205.

[184] Vgl. Management-Lexikon, hg. von F. Neske und M. Wiener, a. a. O., Bd. 3, S. 878.

[185] Vgl. Kesselring, F., Morphologisch-analytische Konstruktionsmethode, in: VDI-Z (Düsseldorf), 11/12/1955, S. 327ff.

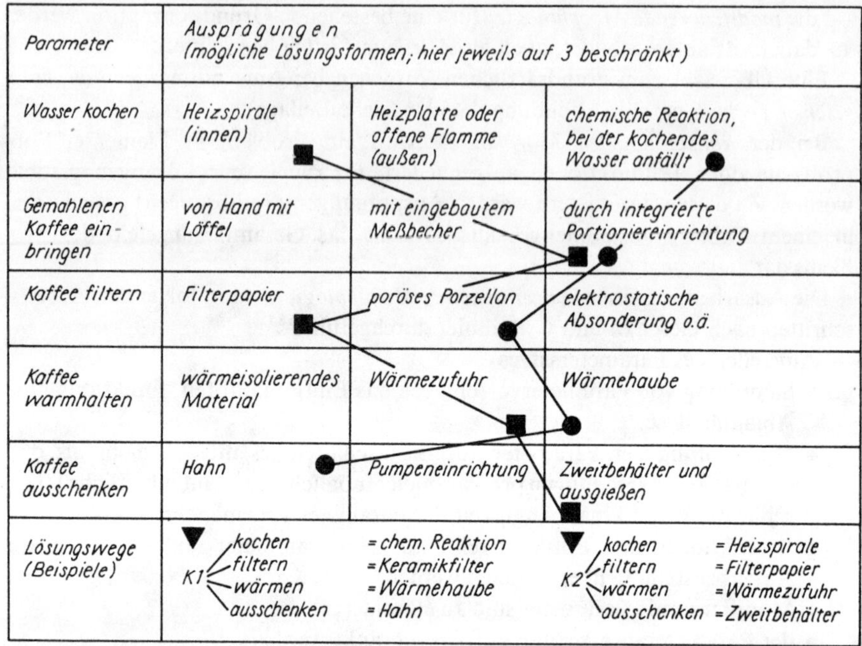

Parameter	Ausprägungen (mögliche Lösungsformen; hier jeweils auf 3 beschränkt)		
Wasser kochen	Heizspirale (innen)	Heizplatte oder offene Flamme (außen)	chemische Reaktion, bei der kochendes Wasser anfällt
Gemahlenen Kaffee einbringen	von Hand mit Löffel	mit eingebautem Meßbecher	durch integrierte Portioniereinrichtung
Kaffee filtern	Filterpapier	poröses Porzellan	elektrostatische Absonderung o.ä.
Kaffee warmhalten	wärmeisolierendes Material	Wärmezufuhr	Wärmehaube
Kaffee ausschenken	Hahn	Pumpeneinrichtung	Zweitbehälter und ausgießen
Lösungswege (Beispiele)	▼ K1: kochen = chem. Reaktion; filtern = Keramikfilter; wärmen = Wärmehaube; ausschenken = Hahn		▼ K2: kochen = Heizspirale; filtern = Filterpapier; wärmen = Wärmezufuhr; ausschenken = Zweitbehälter

Abb. 4.46.
Beispiel eines morphologischen Tableaus

Um Unübersichtlichkeiten bei der Auswertung *morphologischer Tableaus* zu vermeiden, wurde die schrittweise Auswertung populär (*sequentielle Morphologie*). Hierbei werden zunächst mit den zwei wichtigsten Parametern einige Grundlösungen gesucht, die dann schrittweise durch weitere Parameter ergänzt werden.

Allerdings ist hierbei zu bedenken, daß man sich bereits zu einem zu frühen Zeitpunkt auf bestimmte Ausprägungen festlegen kann, wodurch originellere Lösungen verloren gehen können.

Die *modifizierende mehrdimensionale Morphologie* oder das *Attribute Listing* (Merkmals-Auflistung) geht von bestehenden Gegenständen, Strukturen bzw. Abläufen aus, um aus bekannten Lösungen systematisch Abwandlungen zu produzieren. Ein Beispiel für diese Kreativitätstechnik enthält Abbildung 4.47.[186] (Abb. 4.47.)

Das Merkmals-Auflisten eignet sich besonders gut, wenn für bestehende Grundkonzeptionen Modifizierungen gesucht werden, weniger dagegen für das Finden völlig neuer Konzeptionen.

[186] Vgl. RKW-Handwörterbuch Führungs- und Organisationstechnik, hg. von E. Potthoff, Loseblattausg., Berlin(West) 1978ff., Bd. 2, Abschn. 2622, S. 13.

Service-Ziel	Handlungsalternativen			
kürzere und sichere Lieferzeiten	leistungsfähigerer Lieferant	schnellere Fracht	Planung und Kontrolle von Durchlaufzeiten	weitere Lagerstandorte
höhere Produktverfügbarkeit	größeres Sortiment	bessere Prognoseverfahren	statistische Kontrolle des Sicherheitsbestandes	automatisierte Datenerfassung und -fortschreibung
mehr Flexibilität	Schulung des Personals	On-line-Auftragsabwicklung	Notdienst	verstärkter Fremdzukauf
weniger Mängel bei der Abwicklung	eindeutige Vertretungsregelung	sichere Verpackung	übersichtlichere Formulare	Warenausgang besser kontrollieren

Abb. 4.47.
Beispiel zum Attribute Listing

Vom Grundschema der systematischen Strukturierung ausgehende weitere Problemlösetechniken enthält Tabelle 4.51.

Wertanalyse-Techniken

Am häufigsten praktisch angewandt wird unter den strukturierten Problemlösetechniken zweifellos die Wertanalyse, insbesondere zur Erreichung kostengünstigerer Konstruktionen bei gleichzeitiger funktionsorientierter Gebrauchswertentwicklung.

Wegen der großen praktischen Bedeutung der *Methode der Wertanalyse* ist ihr grundsätzlicher Ablauf in Abbildung 4.48. dargestellt.

Hervorzuheben ist dabei, daß diese Methode nicht mehr lediglich beim Entwerfen neuer technischer Systemlösungen breiteste Anwendung findet, sondern insbesondere auch bei der Rationalisierung von Organisations- und Leitungsstrukturen, der Analyse von Geschäftsabläufen usw. Tabelle 4.52. gibt eine Übersicht über das normengemäße Vorgehen in der BRD.[187]

Wie die *Wertanalyse* im besonders wichtigen Bereich der Funktionsanalyse für Produktinnovationen angewendet wird, zeigen Abbildung 4.49.[188] sowie Tabelle 4.53. (Abb. 4.49. und Tabelle 4.53.)

[187] Vgl. VDI (Hrsg.), Handbuch Wertanalyse (nach DIN 69910), bearbeitet durch S. Ständel, Mündelheim 1976.

[188] Nach Appelt, H. G., Suchfelder-Orientierungshilfen bei der Suche nach neuen Produkten, in: Fortschrittliche Betriebsführung und Industrial Engineering (Berlin(West)), 6/1980, S. 425.

Tabelle 4.51.
Übersicht zu systematischen Strukturierungsmethoden mit Anwendungsschwerpunkten und -bedingungen

Methodenabwandlung	Kurzcharakteristik	Anwendungsschwerpunkt	Anwendungs-bedingungen
Funktionsanalyse	Das Problem (Beispiel: neuer Staubsauger) wird funktional formuliert (Beispiel: Staub lösen, Staub entfernen, Staub sammeln, Staub vernichten). Für jede Einzelfunktion werden Listen mit allen denkbaren und bekannten Funktionsträgern in einer Art Morphologischen Kastens zusammengestellt und für eine optimale Lösung kombiniert.	Analyse- und Konstellations-Probleme	in der Gruppe und individuell anwendbar
Attribute-Listing	Alle wichtigen Eigenschaften einer bekannten Problemlösung werden aufgelistet und modifiziert, um Anregungen für Lösungsverbesserungen zu erhalten. Literatur: Walter Gröll, „Kreativität im Marketing", Congena Texte, Nr. 2, 1971.	Analyse- und Konstellations-Probleme	in einer Gruppe und individuell anwendbar
Sequenzielle Morphologie	Um die Auswertung des Morphologischen Kastens zu vereinfachen, wird von vornherein mit Bewertungs-Kriterien für Detail-Lösungen gearbeitet.	Konstellations-Probleme	in der Gruppe und individuell anwendbar
Problemlösungsbaum	Das Problem wird stufenweise nach Alternativen zerlegt, wobei jeweils vom übergeordneten Lösungsaspekt zum untergeordneten Aspekt fortgeschritten wird.	Analyseprobleme	individuell anwendbar
Ablaufanalyse	Für ein Problem werden die Verfahrensabläufe und der Informationsfluß analysiert, um Lösungen für Schwachstellen und Mängel entwickeln zu können.	Analyse- und komplexe, nicht eindeutig definierte Probleme	individuell anwendbar

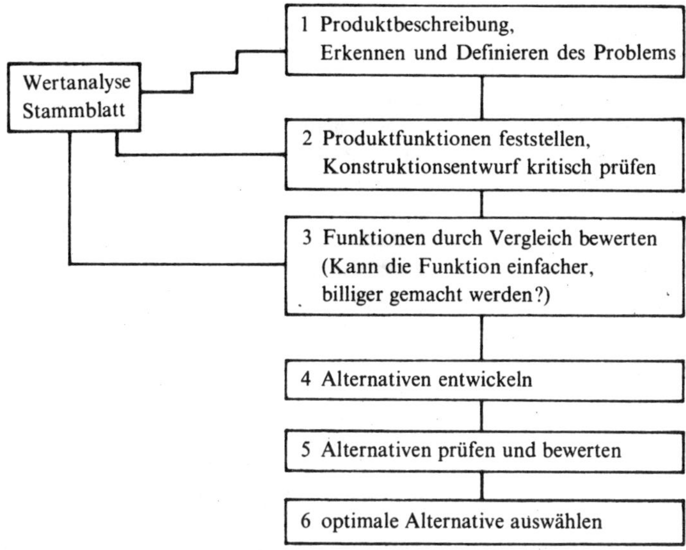

Regeln zur Durchführung der Wertanalyse:

1 Nicht verallgemeinern
2 Kosten ermitteln und überprüfen
3 Informationen von der besten Stelle
4 Zerlegen, erfinden, verfeinern
5 Schöpferische Phantasie entwickeln
6 Widerstände erkennen und überwinden
7 Berater/Spezialisten fragen
8 Kosten für Toleranz ermitteln
9 Funktionale Produkte der Ziellieferanten verwenden
10 Lieferanten-Erfahrung nutzen
11 Spezielle Herstellverfahren prüfen
12 Normen anwenden
13 Geld nur wie das eigene ausgeben

Abb. 4.48.
Ablauf der Wertanalyse nach Miles

Dabei wird *Wertanalyse* immer stärker in der Einheit folgender drei Bestandteile entwickelt:
— Wertplanung (Suche nach neuen Objekten),
— Wertgestaltung (Entwickeln neuer Objekte) sowie
— Wertverbesserung (Vervollkommnen von Objekten).

Mit diesem Ansatz soll vor allem die Anwendung der *Wertanalyse* durch Wertgestaltung in der Phase der schöpferischen Ideenentwicklung intensiviert werden.[189]

[189] Vgl. Bronner, A., Produkterfolg durch Wertgestaltung, in: Fortschrittliche Betriebsführung und Industrial Engineering (Berlin(West)), 1/1979, S. 31.

Tabelle 4.52.
Wertanalyse-Arbeitsplan nach DIN 69910

Grundschritt 1 Vorbereitende Maßnahmen	Teilschritt 1 Auswählen des WA-Objekts und Stellen der Aufgabe Teilschritt 2 Festlegen des quantifizierten Ziels Teilschritt 3 Bilden der Arbeitsgruppe Teilschritt 4 Planen des Ablaufs
Grundschritt 2 Ermitteln des Ist-Zustandes	Teilschritt 1 Informationen beschaffen und Beschreiben des WA-Objekts Teilschritt 2 Beschreiben der Funktion Teilschritt 3 Ermitteln der Funktionskosten
Grundschritt 3 Prüfen des Ist-Zustands	Teilschritt 1 Prüfen der Funktionserfüllung Teilschritt 2 Prüfen der Kosten
Grundschritt 4 Ermitteln von Lösungen	Suche nach allen denkbaren Lösungen
Grundschritt 5 Prüfen der Lösungen	Teilschritt 1 Prüfen der sachlichen Durchführbarkeit Teilschritt 2 Prüfen der Wirtschaftlichkeit
Grundschritt 6 Vorschlag und Verwirklichung einer Lösung	Teilschritt 1 Auswählen der Lösung(en) Teilschritt 2 Empfehlen einer Lösung Teilschritt 3 Verwirklichung der Lösung

Über diesen konstruktiven Anwendungsbereich hinaus werden prinzipiell alle Funktionsabläufe stärker *wertanalytisch* durchdrungen, um noch unerschlossenes Rationalisierungspotential aufzudecken. Tabelle 4.54. zeigt dafür typische Fragestellungen. (Tab. 4.54.)

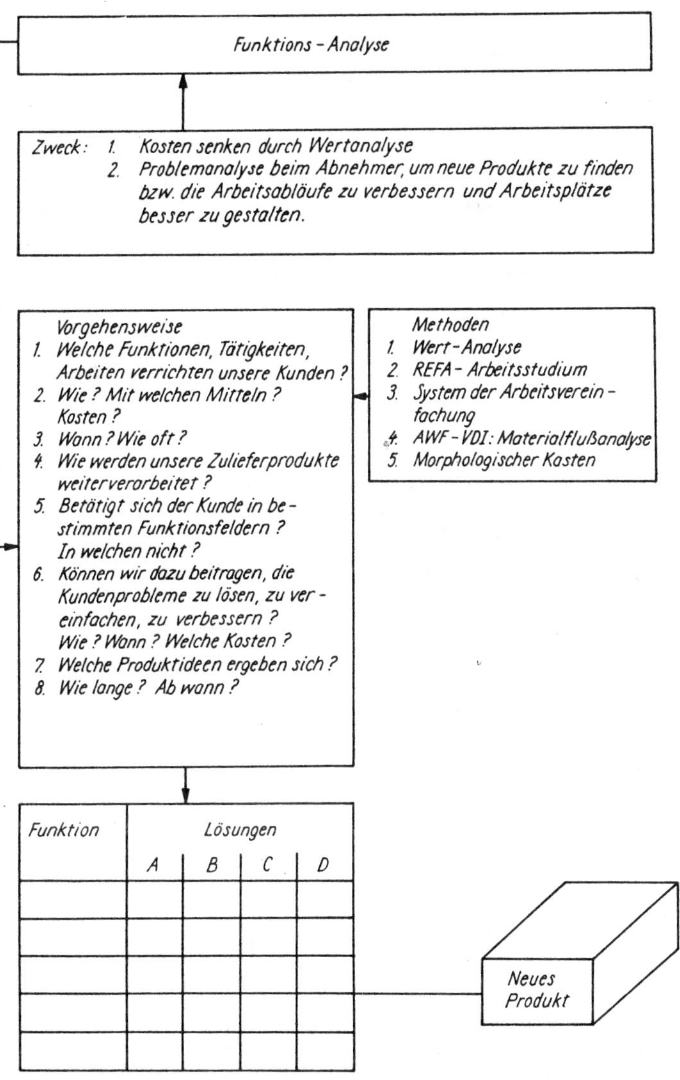

Abb. 4.49.
Methode der Funktionsanalyse und -synthese zur Produktinnovation

Synektische Techniken

Der *Synektik* liegt der Ansatz zugrunde, durch systematische Verfremdung des ursprünglichen Problems Denk- und Arbeitsweisen von Erfindern und schöpferisch Tätigen für alle nutzbar zu machen. So gesehen versuchen diese Techniken den kreativen Prozeß nachzuahmen, wobei die „intuitive Konfrontation“ das eigentliche ideengenerierende Element ausmacht.

Tabelle 4.53.
Wertanalyse als Instrument zur Produktinnovation

Grundschritte	Teilschritte	Modifizierte Schritte für Innovationen
1. Projekt-bearbeitung vorbereiten	— Aufgabe stellen — Ziel setzen — Projektablauf planen — Projektorganisation planen	— Unternehmensleitbild und Unternehmensstrategie definieren — organisatorische Voraussetzungen schaffen — Team bilden
2. Informationen beschaffen	— Projekt- und Umfeld-informationen beschaffen — Funktionsstruktur beschaffen — Kosteninformationen beschaffen — Kosten den Funktionen zuordnen	Analysen: — der Aktionsfelder — des Absatz- und Beschaffungs-marktes — des Wettbewerbs — der Produktsortimente — Ermitteln von Suchfeldern — Umwelt und gesellsch. Ver-änderungen ermitteln — Stand der Technik — Unternehmenspotential — Lebensdauer der Produkte
3. Soll-Größen festlegen	— Informationen auswerten — Soll-Funktionenstruktur festlegen — Ziele ggf. abändern — Soll-Größen mit Aufgabensteller abstimmen — Aufgabenrahmen festlegen	Stärken und Schwächen bezügl. — eigener Produktion — Vertrieb und Entwicklung — Finanzen — Chancen und Risiken — Definition von Funktionen und Suchfeldern — Bewertungskriterien festlegen — Übereinstimmung mit Unter-nehmensziel prüfen
4. Lösungs-ideen entwickeln	— Kreativitätstechnik anwenden — Kreativitätsregeln beachten — Kreativitätshilfen geben	— Kreativitätstechniken anwenden — Kreativitätsregeln beachten — Kreativitätshilfen geben
5. Lösung auswählen	— Lösungsideen bewerten — Ideen zu Lösungsansätzen verdichten — Lösung(en) ermitteln — Entscheidungsvorlage erstellen — Entscheidung herbeiführen	Bewertungstechniken — Entscheidungsmatrix — Entscheidungsanalyse — Prüfen anhand der Kriterien aus Schritt 3 — sachliche Durchführbarkeit — wirtsch. Durchführbarkeit

6. Lösung verwirklichen	— im Detail planen — Ergebnis sicherstellen — Projekt abschließen	— Entscheidungsvorlage (z. B. Ergebn., Invest., Amort., Term.) — Produktidee empfehlen — Entscheidung herbeiführen — Produktentwickl. weiterführen (nächster Durchlauf der Systematik ab Schritt 1.)

Quelle:
Krehl, H., Wertanalyse-Instrument zur Produktinnovation, in Rationalisierung (Hamburg), 5/6/1982, S. 137.

Tabelle 4.54.
Checkliste zum Entwickeln von Alternativen bei Anwendung der Wertanalyse

Funktion
— Kann die Funktion durch ein anderes Teil mit übernommen werden?
— Kann auf einzelne Teilfunktionen verzichtet werden?
— Kann die Funktion durch andere Verfahren oder mit anderen Mitteln erfüllt werden?
— Ist die Funktion für die Mehrzahl von Kunden notwendig?

Konstruktive Gestaltung
— Können durch Änderung der Formgebung Materialkosten oder Bearbeitungskosten eingespart werden?
— Können einzelne Bauteile von Zulieferanten bezogen werden?
— Können Teile von anderen selbstgefertigten Erzeugnissen verwendet bzw. verwendbar gemacht werden?
— Können an Stelle von Bauteilen Normteile verwendet werden?
— Zeigt das Teil Übergröße bei Nachkalkulation, bei Vergleich mit ähnlichen Teilen oder technischen Tests?

Funktionsbedingte Eigenschaften
— Ist Entfeinerung bezüglich Toleranzen oder Passungen zulässig?
— Können sonstige funktionsbedingte Anforderungen herabgesetzt werden?
— Ist eine andere Oberflächenbeschaffenheit zulässig?
— Ist eine andere Oberflächenbehandlung möglich?

Normung
— Kann das Teil durch ein Normteil ersetzt werden?
— Kann das Rohmaterial genormt werden?
— Kann das Teil von einem Normteil-Lieferanten vorteilhafter bezogen werden?
— Ist es vorteilhafter, ein Normteil als Rohteil zu verwenden?

Material
— Ist Umstellung auf anderes Material oder eine andere Güteklasse des gleichen Materials möglich?
— Kann der Materialverbrauch durch kleinere Abmessungen des Fertigteiles verringert werden?
— Kann der Abfall durch andere Bearbeitungsverfahren oder andere Form des Fertigteiles verringert werden?
— Kann Abfall anderweitig verwendet werden?

Tabelle 4.54. (Fortsetzung)

Einkauf
- Kann der Einkaufspreis durch andere Konditionen gesenkt werden?
- Kann ein günstigerer Lieferant gefunden werden?
- Kennt der Lieferant die Funktion des Teiles?
- Kann der Lieferant Vorschläge zur Kostensenkung machen?
- Ist der Lieferant bereit, Wertanalyse anzuwenden?
- Ist der Einkaufspreis gerechtfertigt im Vergleich zu ähnlichen Einkaufsteilen, zu den geschätzten Kosten im Werke des Lieferanten, zur Eigenfertigung?
- Ist Eigenfertigung wirtschaftlicher?

Fertigung
- Gibt es für das Teil andere Fertigungsverfahren oder Produktionsmittel?
- Entspricht die technologische Auslastung des verwendeten Produktionsmittels dessen Leistungsvermögen?
- Können Rüstzeiten oder sonstige Stillstandzeiten des Produktionsmittels herabgesetzt werden?
- Können Fertigungskosten durch Einsatz anderer Werkzeuge oder Vorrichtungen verringert werden?
- Können Operationen entfallen oder gekürzt werden?
- Sind Einsparungen durch Work-Factor-Analysen möglich?
- Können Kosten durch Mechanisierung oder Automatisierung gemindert werden?
- Können die anteiligen Kosten für Energie-Verbrauch, Raumkosten, Transportkosten gemindert werden?

Quelle:
Kramer, F./Apelt, H. G., Die neuen Techniken der Produktinnovation, a. a. O., S. 205.

Die *Synektik-Methode* versucht damit, den unbewußt ablaufenden kreativen Prozeß bewußt zu simulieren. Der Begriff „Synectics" kommt aus dem Griechischen und bedeutet etwa: Zusammenfügen scheinbar unzusammenhängender Tatbestände.

Die *Synektik* wird in ihrer klassischen Form in drei Hauptschritten angewendet[190]:

1. Das Problem wird bekanntgemacht durch Klärung des Problemsachverhaltes und Neuformulierung des Problems.
2. Der Problemsachverhalt wird verfremdet durch Analogiebildungen.
3. Das Problem wird gelöst durch die am Ende des Verfremdungsprozesses vorliegenden Begriffe, die mit der Problemstellung konfrontiert werden (*Force-Fit*). Daraus werden Lösungsideen entwickelt.

[190] Vgl. Gordon, W. J. J., Synectics. The development of creative capacity, New York 1961. Vgl. auch: Gitter, D. L./Gordon, W. J. J./Prince, G. M., The Operational Mechanism of Synectics, Cambridge (Mass.) 1964.

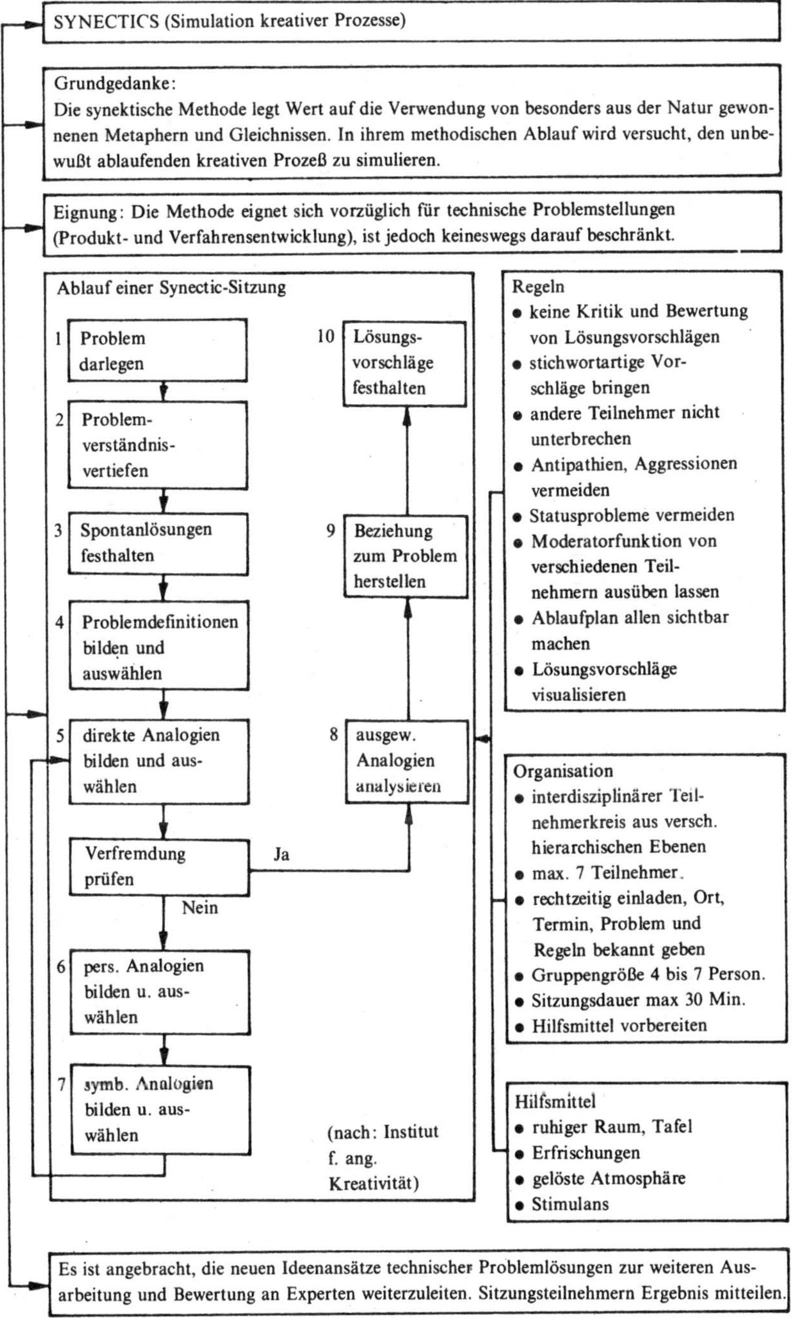

Abb. 4.50.
Ablauf der Synektik

Tabelle 4.55.
Übersicht zu Methoden der schöpferischen Konfrontation mit Anwendungsschwerpunkten und -bedingungen

Methodenabwandlung	Kurzcharakteristik	Anwendungsschwerpunkte	Anwendungsbedingungen
Synektische Konferenz	Im freien Gespräch wird ein Diskussionsstil praktiziert, der die Lösungsfindung über Analogien besonders betont.	Analyse-, Konstellations-Problem	fünf bis sieben Teilnehmer
Visuelle Synektik	Den Teilnehmern werden beliebige Dias vorgeführt. Jedes Bild wird zuerst von der Gruppe gemeinsam beschrieben und analysiert (Verfremdung). Dann werden aus Elementen des betrachteten Bildes (im Force-Fit) Lösungsideen abgeleitet	Analyse- und Konstellations-Probleme	fünf bis sieben Teilnehmer, aber auch individuell anwendbar; Dauer eine Stunde
Reizwortanalyse	Die Gruppe produziert etwa zehn konkrete Begriffe, die als Reizworte für eine schöpferische Konfrontation dienen. Nacheinander werden sie im Zusammenhang mit dem Problem diskutiert.	Analyse-, Konstellations- und nicht eindeutig definierte Probleme	fünf bis sieben Teilnehmer, auch individuell anwendbar, Dauer 45 Minuten
BBB-Methode (Battelle-Bildmappen-Brainwriting)	Den Teilnehmern werden Bildmappen mit Bildmotiven vorgelegt, durch die sie sich zur Lösungsfindung anregen lassen sollen. Erfolgversprechend ist folgender Ablauf: 15 Minuten Brainstorming, in dem die bekannten und naheliegenden Lösungsideen vorgebracht werden. 30 Minuten Brainwriting, in dem jeder Teilnehmer für sich der ihm vorliegenden Bildmappe Anregungen entnimmt. 45 Minuten Diskussion, wobei jeder Teilnehmer der Reihe nach seine Vorschläge vorliest.	Such- und Konstellations-Probleme	vier bis sechs Teilnehmer, Dauer etwa zwei Stunden, Bildmappen mit unterschiedlichen Bildern
Force-Fit-Spiel	Zwischen zwei und acht Personen bilden zwei Mannschaften, ein weiterer Teilnehmer fungiert als Schiedsrichter und Protokollant. Eine Mannschaft nennt einen gegenständlichen Begriff, der möglichst weit vom Problem entfernt liegen soll. Die andere Mannschaft versucht, aus diesem Begriff einen Lösungsansatz abzuleiten. Dafür hat sie zwei Minuten Zeit.	Konstellations- und nicht klar definierte Probleme	fünf bis 17 Teilnehmer, Dauer etwa eine Stunde

	Gelingt ihr eine Lösungsentwicklung aus dem genannten Reizwort, so erhält sie einen Punkt und darf selbst einen vom Problem weit entfernten Begriff nennen. Findet die angesprochene Mannschaft in der vorgegebenen Zeit keinen Lösungsvorschlag, dann erhält die fragende Mannschaft einen Punkt, die dann auch das Spiel mit einem neuen Reizwort fortsetzt.		
Tilmag-Methode	Es wird der Versuch unternommen, Elemente einer Lösung schon während des synektischen Verfremdungsprozesses festzuhalten. Die Anwendung der Methode erfolgt nach einem komplizierten Ablaufschema, bei dem mit verschiedenen Matrix-Formen gearbeitet wird.	Analyse-, Konstellations- und abgegrenzte komplexe Probleme	fünf bis sieben Teilnehmer, auch individuell anwendbar; Dauer zwei Stunden
Methode der Nebenfeld-integration	Die Methode geht davon aus, daß die Struktur des Umfeldes sowohl das Problem als auch dessen Lösung beeinflußt. Sie umfaßt folgende Schritte: Bestimmung der sogenannten Nebenfelder des Problems (Nebenfelder zu Kleidung sind Möbel, Schuhe, Wetter, also Gegebenheiten, die in Wechselwirkung mit Kleidung stehen), Suche einer beliebigen Zahl von Elementen aus den Nebenfeldern durch freie Assoziation, Rückschluß von den frei assoziierten Elementen auf die Gestaltung der Lösung.	Analyse- und Konstellations-Probleme	fünf bis sieben Teilnehmer und individuell anwendbar, Dauer 50 Minuten
Semantische Intuition	Die semantische Intuition kehrt den Ablauf „Erfindung machen und der Erfindung einen Namen geben" um: Es wird zuerst ein Name gesucht und daraus eine Erfindung abgeleitet. Die Namen werden durch Kombination typischer Elemente des Problembereichs gefunden	Konstellations- und nicht eindeutig definierte Probleme	fünf bis sieben Teilnehmer und individuell anwendbar, Dauer 40 Minuten
Forced Relationship	Technisch ähnliche Produkte werden aufgelistet und dann beliebig kombiniert. Die Kombination kann als Ansatzpunkt für neuartige Produktideen betrachtet werden (Beispiel: Photo-Apparat und Transistor-Radio ergeben „Photo-Transistor").	Konstellations- und nicht eindeutig definierte Probleme	in der Gruppe und individuell anwendbar

Tabelle 4.55. (Fortsetzung)

Methodenabwandlung	Kurzcharakteristik	Anwendungsschwerpunkte	Anwendungsbedingungen
Katalog-Technik	Aus einem Versandhaus-Katalog werden zufällig zwei oder mehr Objekte ausgewählt und auf ihre Gemeinsamkeiten untersucht. Die gefundenen Beziehungen werden zum Ausgangspunkt für die Entwicklung neuer Ideen.	Such-, Konstellations- und nicht eindeutig definierte Probleme	in der Gruppe und individuell anwendbar
Bionik	Für die gesellschaftlichen und technischen Probleme werden Lösungsbeispiele in der Natur gesucht. Aus gefundenen Analogiefällen lassen sich oft unmittelbar Lösungsansätze ableiten.	Analyse- und Konstellations-Probleme	individuell anwendbar
Lösungssuche nach heuristischen Prinzipien	Problemlösungen lassen sich leicht mit Checkfragen eingrenzen. Fragestellungen dieser Art lauten beispielsweise: Läßt sich eine Lösung finden durch Weglassen, Hinzufügen, Umkehren, Verkleinern, Vergrößern, Ersatz, Kombination? Für die Lösung bestimmter Probleme in Konstruktion und Entwicklung lassen sich spezielle Check-Listen dieser Art zusammenstellen.	Konstellations-Probleme	individuell anwendbar
Suchfeld-Auflockerung	Möglichkeiten zu neuen Lösungsansätzen ergeben sich, wenn der Fragesteller das Problem semantisch oder syntaktisch umformuliert, synonyme Ausdrücke sucht, von einer Person in fremde Sprachen übersetzen und von einer anderen zurückübersetzen läßt, fachfremden Personen darlegt und es sie wiedererzählen läßt, bewußt aus der Sicht verschiedener Funktionsbereiche betrachtet (zum Beispiel Produktion, Lagerung, Verbraucher), symbolisch oder graphisch dargestellt (zum Beispiel Flußdiagramm, Schaltplan)	Analyse- und nicht eindeutig definierte Probleme	individuell anwendbar

Fünf bis sieben Teilnehmer gelten als hinreichend, der Zeitbedarf der Anwendung einschließlich Schulung wird als erheblich eingeschätzt. Einen Überblick zum Ablauf vermittelt Abbildung 4.50.[191] (Abb. 4.50.)

Das Grundprinzip der *Synektik* besteht darin, sich z. B. durch Analogbildungen möglichst weit vom ursprünglichen Problem zu entfernen und das Denken in „üblichen" Mustern und Erfahrungen zu überwinden. Ausgehend von den dann gefundenen Begriffen oder Objekten erfolgt schließlich im *Force-Fit* die z. T. gewaltsame Herstellung einer Verbindung (Konfrontation) zwischen diesen Begriffen bzw. Objekten und dem ursprünglichen Problem, wodurch völlig unerwartete Lösungen erreicht werden können.

Im *Handwörterbuch der Führungs- und Organisationstechniken* wird eingeschätzt, daß die hier nur in Grundzügen dargestellte *Synektik-Technik* die aufwendigste, anspruchsvollste, aber auch erfolgversprechendste Methode der Ideensuche in einer Gruppe sei.[192] Die Ausschöpfung dieser Methode erfordert nach gleicher Quelle fundierte Schulung (bis zu einem Jahr) und intensives Training (ein Jahr) der Team-Mitglieder. Ein *Synektik-Team* besteht aus drei bis vier Mitgliedern. Während *Brainstorming* und *Brainwriting* für alle Arten von Problemen eingesetzt werden können, ist die *Synektik* für andere Problemstellungen wie beispielsweise die Suche nach geeigneten Führungs- oder Ablauforganisationen weniger geeignet. Eine Übersicht zu abgewandelten *synektischen Methoden* enthält Tabelle 4.55.

Eine relativ einfache *synektische Technik* stellt hierbei die *semantische Intuition* dar, die auch als *Reizwortanalyse* (*Stimulating Word Analysis*) bezeichnet wird.

Dazu werden im wesentlichen zwei Arbeitsschritte genutzt:

1. Erstellen einer möglichst weit gefaßten Begriffsliste;
2. zwei oder drei bzw. noch mehr Begriffe werden zufällig aus der Liste herausgegriffen und in unterschiedlicher Folge verknüpft, bis sich intuitiv eine neue Idee ergibt.

Ein Beispiel dafür ist in Tabelle 4.56. dargestellt.[193] (Tabelle 4.56.)

Ungeachtet der Fülle entwickelter Kreativitätstechniken und ihres sehr unterschiedlichen Anwendungsgrades ist zu erwarten, daß insbesondere teamorientierte schöpferische Arbeitsprozesse und die Einführung moderner Informations- und Kommunikationstechniken einschließlich der CAD/CAM-Technik die bisher dominanten Kreativitäts- und Problemlösetechniken rasch weiterentwickeln werden.

Dennoch sind die Möglichkeiten der Nutzung der hier vorgestellten Kreativitätstechniken keinesfalls zu unterschätzen, wie insbesondere ihre zunehmende Anwendung im Rahmen des Innovationsmanagements unterstreicht.

[191] Vgl. Appelt, J. und H. G., Mit Kreativitätstechniken neue Produkte finden, a. a. O., S. 340.

[192] Vgl. RKW-Handbuch Führungs- und Organisationstechniken, hg. von E. Potthoff, a. a. O., Bd. 2, Abschn. 2622, S. 15.

[193] Ebenda, S. 16.

Tabelle 4.56.
Beispiel zur semantischen Intuitionstechnik

Aufgabenstellung: Auffinden von Möglichkeiten zur Nutzung natürlicher Energiequellen

Liste von Begriffen aus dem Betrachtungsbereich

Wind	Druck	Bewegungsenergie
Sonne	Speicher	Transformator
Wasser	Gefälle	Blitze
Eisberg	Leitung	Transport
Vulkan	Diffusion	Dampf
Geysir	Strahlung	Magnet
Pumpe	Berg	Strömung
Saugen	Reibung	Federspannung
Temperatur	Lageenergie	Fäulnis
		Differenz

Aus Begriffskombinationen abgeleitete Ideen

Wasser-Temperatur-Differenz-Pumpe	— Wärmepumpe
Wind-Bewegungsenergie-Transformator	— Windkraftwerk
Idee außerhalb der Aufgabenstellung	
Blitz-Magnet	— Blitzableiter

Techniken zur Bewertung und Entscheidung

Charakteristische Entscheidungsprozesse

Um im Kapitalinteresse richtig zu bewerten und zu entscheiden, sind zahlreiche Theorien und Techniken entwickelt worden,[194] auf die hier nicht näher eingegangen werden kann. Im Sinne der Zielstellung dieser Arbeit steht die Frage im Mittelpunkt, welche Bewertungs- und Entscheidungstechniken im Management am häufigsten praktisch angewendet werden.

Dabei wird davon ausgegangen, daß Entscheiden die Wahl unter Alternativen bei
— Sicherheit,
— Risiko oder
— Unsicherheit
betrifft. Da eine solche Entscheidung immer mit dem Bewerten von Handlungsalternativen verknüpft ist und häufig sowohl von „Bewertungstechniken" als

[194] Vgl. zum Beispiel die Übersichten mit zahlreichen Literaturhinweisen, in: Laux, H., Entscheidungstheorie. Grundlagen, Berlin(West)—Heidelberg—New York 1982; ders., Entscheidungstheorie II, Erweiterung und Vertiefung, Berlin(West)—Heidelberg—New York 1982, sowie: Pfohl, H. Chr./Braun, G. E., Entscheidungstheorie. Normative und deskriptive Grundlagen des Entscheidens, Landsberg am Lech 1981.

auch „Entscheidungstechniken“ gesprochen wird, werden beide Begriffe synonym verwendet. Diese Verfahrensweise ist auch dadurch gerechtfertigt, daß zum Beispiel in der angelsächischen Literatur häufig die Begriffe „Entscheiden“ und „Problemlösen“ gleichgesetzt werden, wobei es im Sinne des Entscheidens dann fast immer um Bewertungen verschiedener Ideen, Projekte, Alternativen, Maßnahmen usw. geht.

Naturgemäß wirkt sich diese Vieldeutigkeit des Bewertens und Entscheidens auch auf die Gliederung der Entscheidungsmethoden aus. Häufig werden im Management Kreativitäts- und Problemlösetechniken z. B. zu den Entscheidungsmethoden gezählt, wie etwa in dem 1985 in der BRD erschienenen *Management-Lexikon.*

In einer dort enthaltenen Übersicht zur praktischen Anwendung verschiedener Methoden dominieren die relativ einfachen und in vielen Problemsituationen anwendbaren Techniken (vgl. Tabelle 4.57.). Die in dieser Zusammenstellung gegebenen Techniken repräsentieren primär Problemlöseverfahren und nur einen

Tabelle 4.57.
Verwendung von Entscheidungsmethoden

Methode	Unternehmensgröße (Mitarbeiter)			
	100–199 n_1 = 91	200–499 n_2 = 120	500–999 n_3 = 57	1000 n_4 = 84
Systems Engineering	16 =18%	37 =31%	20 =35%	47 =56%
Wertanalyse	36 =40%	74 =62%	42 =74%	68 =81%
Projekt-Management	55 =60%	92 =77%	49 =86%	79 =94%
Operations Research (inkl. Netzplantechnik)	14 =15%	25 =21%	19 =33%	47 =56%
Brainstorming	66 =73%	98 =82%	53 =93%	79 =94%
Morphologie	8 = 9%	36 =30%	23 =40%	37 =44%
Punktebewertungsverfahren	24 =26%	40 =33%	26 =46%	49 =58%
— Int. Ertragssatz	37 =41%	43 =36%	30 =53%	48 =57%
— Gegenwartswert	32 =35%	51 =43%	29 =51%	58 =69%

Quelle:
Management-Lexikon hg. von Neske, F. und Wiener, M., Gernsbach 1985, S. 342.

Ausschnitt aus der wesentlich größeren Fülle von Methoden, wie sie seitens der Bewertungs- und Entscheidungstheorie entwickelt wurden.

In der Managementpraxis bestimmen mehrere Faktoren die Wahl der jeweiligen Bewertungs- oder Entscheidungstechnik. Häufig werden hierbei seitens der Entscheidungstheoretiker vor allem die formalen Anforderungen in den Vordergrund gerückt, wie zum Beispiel

- die Berücksichtigung der Risikofaktoren,
- die Erfaßbarkeit quantitativer und qualitativer Kriterien,
- die Berücksichtigung der Interdependenzen von Entscheidungen und multipler Kriterien,
- die Logik des sequentiellen Charakters von Bewertungen und Entscheidungen bei komplexen Problemen bzw. Entscheidungen, zum Beispiel in Innovationsprozessen,
- die Erfaßbarkeit und Vergleichbarkeit verschiedener Projektalternativen,
- die Möglichkeit der Einbeziehung verschiedener Ressourcen sowie
- die Datenbeschaffbarkeit, Handhabbarkeit und Übersichtlichkeit der Methoden.

Dagegen wird die bereits 1945 von Herbert A. Simon (Nobelpreisträger für Wirtschaftswissenschaften 1978) aufgedeckte Verflechtung von Entscheidungsabläufen in Organisationen und menschlichem Verhalten nach wie vor viel zu wenig berücksichtigt.[195] Daraus resultiert unter anderem, daß viele Anstrengungen zur Erhöhung der Treffsicherheit und Rationalität von Entscheidungen auf noch ausgefeiltere Methoden zur möglichst umfassenderen Informationsverarbeitung und Berücksichtigung einer Vielzahl von Variablen und Kriterien hinzielen, einschließlich ihrer Einbringung in häufig komplizierte mathematische Modelle.

Simon empfiehlt: „Dic Gcsamtheit aller Entscheidungsprobleme muß so zerlegt werden, daß die Interdependenzen zwischen den Komponenten minimiert werden, und das ganze System muß so strukturiert werden, daß mit der knappen Ressource Aufmerksamkeit (der Manager — W. D. H.) sparsam umgegangen wird."[196]

Im praktischen Management haben sich daher für viele spezifische Fragen spezielle Entscheidungstechniken bewährt und spielt insbesondere der Zeitdruck bei den Entscheidungen eine ausschlaggebende Rolle. Abbildung 4.51. vermittelt einen Eindruck, welche Grundlagen die Entscheidungsfindung mitbestimmen.[197]

Ähnlich wie für Führungsstile kann auch für verschiedene Probleme bzw. Entscheidungssituationen ein Kontinuum des Entscheidens aufgebaut werden.

[195] Vgl. Simon, H. A., A Study of Decision-Making Processes in Administrative Organization, New York 1945 (deutsch: Entscheidungsverhalten in Organisationen, Landsberg am Lech 1981).

[196] Ebenda, S. 306.

[197] Weiterentwicklung eines Ansatzes aus: Bronner, R., Grundlagen der Entscheidungsfindung, München 1980, S. 48.

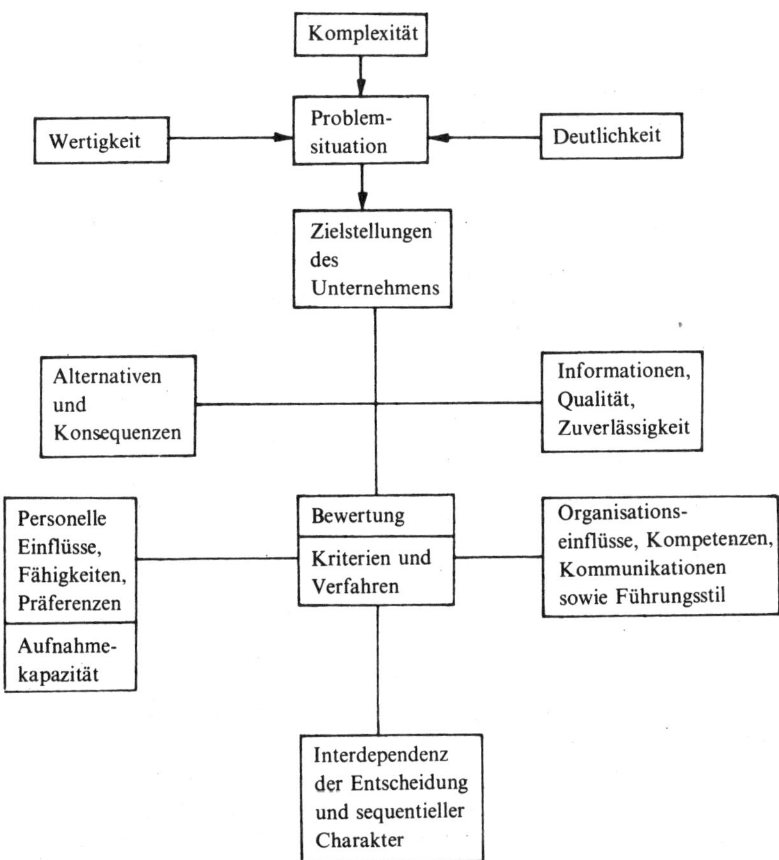

Abb. 4.51.
Grundlagen der Entscheidungsfindung

Hierbei steigen, wie in Abbildung 4.52 gezeigt, die Anforderungen an die Bewertung und Entscheidung mit wachsender Komplexität der Probleme und zunehmender Unsicherheit.

Um die adäquate Methode anzuwenden, muß der Manager wenigstens:
— die Entscheidungssituation richtig beurteilen können,
— die differenzierten Entscheidungstypen verstehen,
— die Bedingungen kennen, unter denen zu entscheiden ist sowie
— Grundkenntnisse über Entscheidungstechniken besitzen.[198]

Zur Charakteristik der Entscheidungssituation zählen nach gleicher Quelle vor allem drei Fragen:

[198] Hodgetts, R. M., Management, a. a. O., S. 140.

Sicherheit (alles benötigte Wissen liegt vor)	*Risiko* (Kenntnis von Wahrscheinlichkeiten)	*Unsicherheit* (kein Wissen)
Einfache Regeln, Grundsätze, Bewertungs- und Entscheidungsprinzipien auf guter analytischer Basis	Intuition und Urteilskraft, gepaart mit methodischen Hilfsmitteln zur Verbesserung der analytischen Basis	Sequentielle Entscheidung und Aufbau von anspruchsvollen Entscheidungsmodellen Simulation
Geringes methodisches Anspruchsniveau	mittleres methodisches Anspruchsniveau	Hohes methodisches Anspruchsniveau

Abb. 4.52
Kontinuum der Entscheidungen

1. Muß überhaupt entschieden werden, oder löst sich das Problem von selbst?
2. Erfordert der Fall eine persönliche Entscheidung?
3. Wie sollte das Problem behandelt werden, falls Frage zwei bejaht wurde?

Interessant ist in diesem Zusammenhang, daß immer wieder in der Managementliteratur davor gewarnt wird, Verantwortungen bzw. Entscheidungsbefugnisse „von oben" zu untergraben. Viel wichtiger sei es, jeden zu voller Entscheidungskompetenz zu erziehen.

Häufig werden die zu treffenden Entscheidungen lediglich in Strukturwerte bzw. programmierte und umstrukturierte bzw. nichtprogrammierte unterschieden.[199] Typische Merkmale dieser Entscheidungstypen sowie traditionellen bzw. modernen Techniken der Entscheidung sind aus Abbildung 4.53. zu entnehmen.

Simon schätzt ein, daß die programmierten Entscheidungen am leichtesten vom Management zu handhaben sind, da es hierfür feststehende Regeln und Programme gibt. Für schwach strukturierte Entscheidungen mit einmaligem Charakter reichten traditionellerweise Urteilskraft und Intuition, während gegenwärtig viele Management-Trainingskurse dazu dienten, das logische Herangehen und die Nutzung von Heuristiken sowie Computertechnik zum Entscheiden zu trainieren.

[199] Hier nach: Hodgetts, R. M., Management, a. a. O., S. 145.

Entscheidungstypen	Entscheidungstechniken Traditionelle Techniken	 Moderne Techniken
Programmiert: • Routine, sich wiederholende Entscheidungen • Organisation entwickelt spezifische Handlungsvorschriften	1. Gewohnheit 2. Büroroutine (Standardvorschriften) 3. Organisationsstruktur: normale Erwartung System von Unterzielen; gut definierte Informationskanäle	1. Operationsforschung: mathematische Analysen Modelle Computer-Simulation 2. EDV
Nichtprogrammiert: • einmalig schwach strukturiert, neuartige Grundsatzentscheidungen • behandelt als allgemeine Problemlösungen	1. Urteilskraft, Intuition und Kreativität 2. Daumenregeln 3. Auswahl und Training der Führungskräfte	heuristische Problemlösetechniken, angewendet zum: 1. Training menschlicher Entscheidungsträger 2. Aufbau heuristischer Computerprogramme

Abb. 4.53.
Entscheidungstypen und -techniken nach Simon

Wie bereits gezeigt, steigen dabei die Anforderungen an die anzuwendenden Entscheidungsmethoden mit wachsendem Risiko bis zur Unsicherheit. Pragmatisch wird dabei meist „Unsicherheit" im strengen Sinne als einfach nicht existent betrachtet, sondern meist mit Risiko gerechnet, selbst wenn sich die Manager außerstande sehen, es tatsächlich zu beurteilen.

Die grundsätzlichen Schritte eines Entscheidungsprozesses sind in Abbildung 4.54. dargestellt.[200]

Der erste Schritt, das Aufdecken von Symptomen, wird in vielen sonstigen Entscheidungsmodellen nicht berücksichtigt.[201] Da sich die meisten Probleme jedoch anhand bestimmter Symptome weit vor ihrer Verschärfung offenbaren, kommt dieser ersten Bewertungsstufe im Entscheidungsprozeß zweifellos große Bedeutung zu.

Bei der Problemdefinition werden meist die eingangs des Kapitels IV erörterten Techniken angewendet. Große Bedeutung für den gesamten Entscheidungsprozeß besitzt aus methodischer Sicht die Frage, welchen Charakter die

[200] Vgl. Simon, H. A., The New Science of Management Decision, New York 1977, S. 48.

[201] Vgl. z. B.: Pfohl, H. Chr./Braun, G. E., Entscheidungstheorie, a. a. O., S. 105.

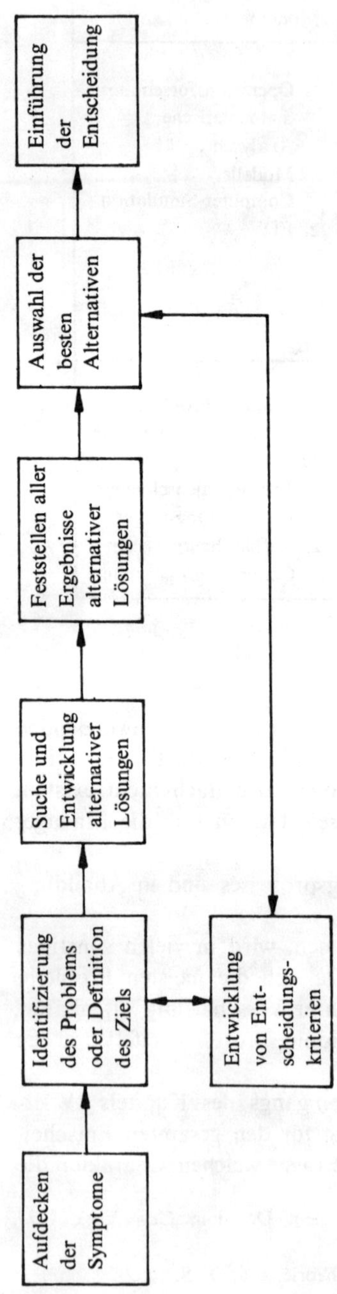

Abb. 4.54.
Schritte des Entscheidungsprozesses

Strategische Entscheidungen:

1. basieren auf unternehmerischen Entscheidungen;
2. betreffen das Unternehmen als Ganzes;
3. können auch für Geschäftsbereiche Gültigkeit haben;
4. können auch für Funktionsbereiche allein gelten;
5. sind stets marktorientiert;
6. sind stets produktorientiert;
7. werden grundsätzlich nur von der Unternehmensleitung gefällt;
8. können auch von Geschäftsbereichsleitungen getroffen werden;
9. haben grundsätzlich langfristigen Charakter;
10. sind mit dem Prozeß der Formulierung von Unternehmenszielen verknüpft;
11. haben auch Ziele für Geschäfts- oder Funktionsbereiche zum Inhalt;
12. setzen eine Analyse der internen Stärken und Schwächen voraus;
13. umschließen eine Risikoanalyse von Handlungsalternativen;
14. basieren auf einer Analyse und Prognose des Verhaltens der wichtigsten Konkurrenten;
15. setzen Informationen über die Entwicklung nachstehender Größen voraus:

Nachfrage
Konkurrenz
technischer Fortschritt
Gesetzgebung

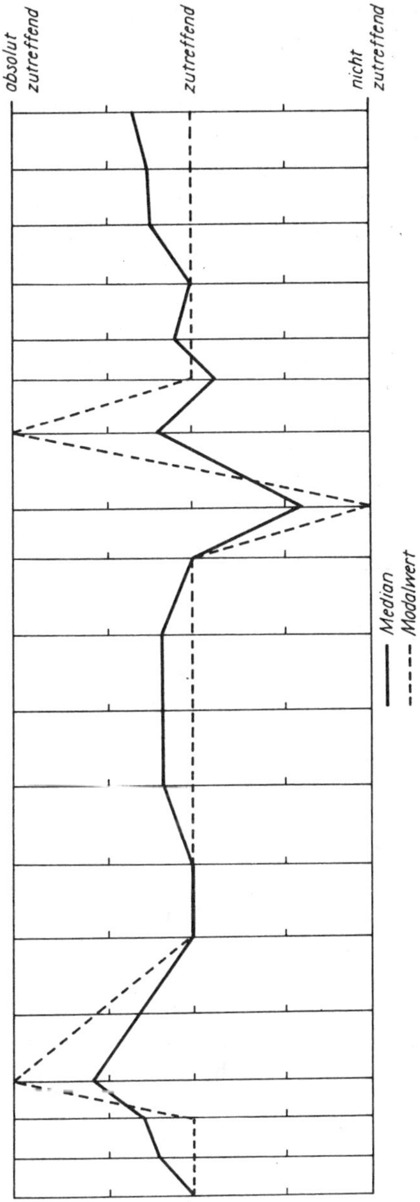

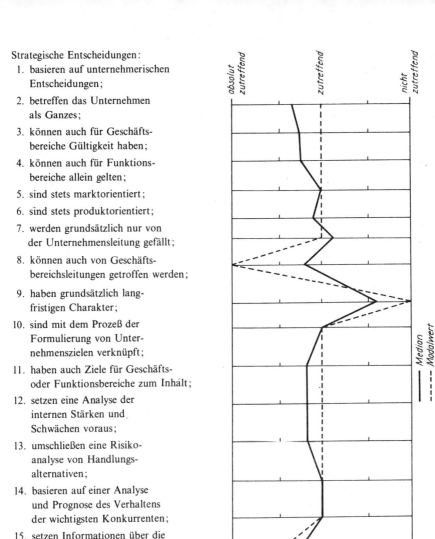

Abb. 4.55.
Merkmale strategischer Entscheidungen im Urteil von Managern

Entscheidung selbst trägt, ob strategischen oder stärker routinemäßigen. Merkmale strategischer Entscheidungen, die empirisch begründet sind, zeigt Abbildung 4.55.[202]

Aus dieser Charakteristik ist ableitbar, daß die Kriterienwahl im Entscheidungsprozeß eine zentrale Stellung einnimmt, denn naturgemäß werden für strategische Entscheidungen andere Kriterien benötigt als für Routineentscheidungen, zum Beispiel über den Einkauf qualitativ differenzierter Materialien. Demzufolge werden im Entscheidungsablauf der Abbildung 4.54. oft auch besondere Techniken zur Begründung der Entscheidungskriterien und ihrer Rangfolge bzw. ihres Gewichts eingesetzt.

Die im Entscheidungsprozeß folgenden Schritte des Entwickelns möglichst vieler alternativer Lösungen machen deutlich, warum teilweise Bewertungs- und Entscheidungsmethoden unmittelbar mit den bereits behandelten Problemlöse- und Kreativitätstechniken gleichgesetzt werden, wobei gegenüber der bloßen Ideenentwicklung nunmehr das Hauptaugenmerk auf die Ideenbewertung selbst gerichtet wird. Nachweisbar gehen die meisten Manager hierbei abweichend von den entscheidungstheoretischen Erkenntnissen vereinfacht vor, so daß sich der tatsächliche Entscheidungsprozeß oft erheblich vom idealen unterscheidet. Simon beschreibt diesen Sachverhalt so: „Während der homo oeconomicus (original „economic man" — W. D. H.) maximiert — die beste Alternative aus der Menge aller ihm verfügbaren Alternativen auswählt, sucht sein Vetter, der homo organisans (Original „administrative man" — W. D. H.), befriedigende Lösungen — er sucht nach einer Handlungsalternative, die befriedigend oder gut genug ist."[203]

Zweifellos gebührt diesem Problem Aufmerksamkeit bei der marxistischen Wertung neuer Entscheidungsmethoden und -techniken des Managements, zumal seitens des Kapitals nicht selten versucht wird, die Thesen von den sogenannten befriedigenden Gewinnen dem alt eingesessenen Streben nach Maximalprofiten entgegenzustellen. Tatsächlich erweist sich gerade anhand dieser These der apolegetische Charakter derartiger Argumentationen: Weil den „Füchsen" der Kapitalverwertung die „Trauben" der theoretisch möglichen Profite zu hoch hängen, werden die real erreichbaren Profite als „befriedigende" Lösungen charakterisiert, um so den Anschein freiwilligen Verzichts auf lukrativere Verwertungsmöglichkeiten zu erwecken!

Der kapitalistische Alltag, insbesondere die Insolvenzen und die Arbeitslosigkeit, aber auch und besonders die Profitschneiderei im Rüstungsgeschäft beweisen täglich, daß weder von „fairen Profiten" noch Preisen die Rede sein kann.

[202] Vgl. Krukebaum, H./Grimm, U., Unternehmensplanung in der BRD, in: Strategische Unternehmensplanung — Stand und Entwicklungstendenzen, hg. von D. Hahn und B. Taylor, a. a. O., S. 632.

[203] Simon, H. A., Administrative Behavior, 3rd ed., New York 1976, S. XXIX, bzw.: ders., Entscheidungsverhalten in Organisationen, a. a. O., S. 31.

Damit soll keineswegs gesagt werden, daß jeder Entscheidungsprozeß in kapitalistischen Unternehmen die theoretisch möglichen Maximalergebnisse ergibt, sondern die in der jeweiligen Situation und unter Leitung der jeweiligen Manager mögliche und insofern zweifellos nicht ideale Lösung. Das liegt jedoch weniger an „bewußtem" Profitverzicht als vielmehr an der Art und Weise des Entscheidungsvorbereitens und -fällens: überhaupt, einschließlich der nachgewiesenen Neigung vieler Manager zu simplen Entscheidungstechniken, des bevorzugten Verlassens auf die Intuition, der subjektiven Wertschätzungen und Urteile sowie der auch empirisch nachgewiesenen Neigung, Erstentscheidungen zu bevorzugen.[204]

Die subjektiv bedingte begrenzte Rationalität von Entscheidungsprozessen im kapitalistischen Unternehmen ändert daher an politökonomischen Grundgesetzen und Bedingungen der Profitwirtschaft nichts.

Check- und Profillisten

Eine der einfachsten Entscheidungstechniken zur Grobauswahl von Alternativen oder zur allgemeinen Bewertung stellen *Checklisten* dar.

Tabelle 4.58.
Checkliste für den Kundendienst/Service

Geeignete Organisation	*Planung und Kontrolle*
1. Organigramm vorhanden?	1. Ist die Einsatzplanung von Servicetechnikern optimal?
2. Abgrenzung von Aufgaben, Kompetenzen und Verantwortung mittels Funktionendiagramm geregelt?	2. % von produktiven Kunden verrechenbaren Servicestunden zufriedenstellend?
3. Pflichtenhefte eingeführt?	3. Leergänge und Fehlzeiten in % der Anzahl erledigter Montagen, Instandstellung oder Reparaturen
4. Informations-Diagramm festgelegt?	4. Höhe der Kulanzkosten in % vom Geräteverkaufsumsatz?
5. Koordinations-Sitzungen regelmäßig durchgeführt?	5. Planung der Neugeschäftsanbahnungen dank Hinweisen von Servicemonteuren erfolgt? Resultate zufriedenstellend?
6. Richtlinien erlassen für: — Beschwichtigung aufgebrachter Kunden — Wie nutzt man Chancen für Zusatzaufträge? — Behandlung von Transportschäden — Inbetriebnahme und Umbau von Geräten	6. Wieviele Wartungs- und Serviceabonnemente „verkauft" Ihr Serviceteam?

[204] Vgl. Hodgetts, R. M./Altmann, St., Organizational Behavior, Philadelphia 1979, S. 287.

Tabelle 4.58. (Fortsetzung)

7. Organisation des Werkzeug- und Ersatzteillagers effizient?
8. Materialnachschub zeit- und kostengünstig?
9. Wie lange dauert der Service-bereitschaftsgrad von der Störungsmeldung bis zur Behebung?
10. Organisationsgrad von Service-Administration und Einsatz der Hilfsmitteln genügend?

Maßnahmen zur Leistungssteigerung

1. Gedankliche Einstellung der Servicemitarbeiterinnen und -mitarbeiter zur Leistung vorhanden?
2. Optimales Material, Ausrüstung, Meßgeräte, Ersatzteile, Auto usw. vorhanden?
3. Verbesserte Telefonerkennung und Telefondiagnosen trainieren
4. Leistungssteigerung durch Vorgabezeiten (wo möglich)
5. Verbesserung der Zusammenarbeit zwischen Verkauf und Kundendienst
6. Geeignete Gebietseinteilung
7. Begrenzung der Sortimentsbreite
8. Ausbildung von Spezialisten pro Produktgruppe im internen Dienst zur Unterstützung vom Frontservice
9. Reduzierung der 2. Gänge und Leergänge durch bessere technische Schulung
10. Bessere Ausnutzung von Chancen für die Anbahnung von Neugeräteverkäufen
11. Verkauf von Reparatur- und Serviceabonnementen intensivieren
12. Überprüfung von Spesenregelung, Prämien- und Provisionsauszahlung sowie der Überzeitregelung

7. Ist die Planung und die Realisation von Servicerapporten und deren Auswertung zufriedenstellend?
8. Werden Ihre Servicemonteure in der Argumentationstechnik im Umgang mit Kunden trainiert?
9. Sind Servicetechniker gut ausgerüstet mit Meßgeräten, Ersatzteilmaterial?
10. Hat sich das Fahrzeugreglement bewährt?
11. Planung der Bearbeitung des Ersatzgerätemarktes realisiert und kontrolliert?
13. Zukunftsgerichtete Servicestrategien und „neue Dienstleistungen entwickeln"
14. Optimale Reklamationserledigung

Maßnahmen zur Kostensenkung

1. Das Kostenbewußtsein bei den Technikern/Monteuren vertiefen.
2. Das „unternehmerische Denken und Handeln" schulen
3. Klares Garantie/Kulanz-Reglement
4. Eingangskontrolle von Zulieferteilen und Ersatzteilen einführen
5. Optimaler Ersatzteilnachschub und Ersatzteil Lagerbewirtschaftung
6. Kulanzkosten begrenzen
7. Kontrolle und Begründung der unproduktiven Servicestunden straffen
8. Serviceadministration rationalisieren

Quelle:
Industrielle Organisation (Zürich), 3/1985, S. 122.

Das Vorgehen wurde aus der Flugtechnik abgeleitet, wo Checklisten exakt die Kontrollaktivitäten für die Besatzung für jede Tätigkeit vor dem Start, im Flug und bei der Landung festlegen. Analog zur Flugtechnik, wo für jeden Flugzeugtyp gesonderte Checklisten entwickelt werden, sind die *Management-Checklisten* situationsbezogen aufgebaut.

Ein Beispiel einer *Checkliste* für den Kundendienst/Service enthält Tabelle 4.58.

In Tabelle 4.58. sind sowohl Fragen der Organisation, Planung und Kontrolle als auch Maßnahmen der Leistungssteigerung und Kostensenkung enthalten. Die Bewertung und Entscheidung zielt hier sowohl darauf, festzustellen, welche Verbesserungsmöglichkeiten in der Kundendienstorganisation möglich sind als auch welche Maßnahmen konkret einzuleiten sind.

Andere *Checklisten* zielen lediglich darauf, eine Gedankenstütze für die Bewertung bzw. Beurteilung einer bestimmten Leistung zu geben. Abbildung 4.56. demonstriert das am Beispiel einer *Checkliste* für Vertragsverhandlungen.[205]

Besonders oft werden *Checklisten* bei wichtigen Entscheidungen im Personalbereich eingesetzt. Einen Ausschnitt zu dafür typischen Fragestellungen mit graphischem Profil enthält Abbildung 4.57.[206] Häufig werden *Profillisten* auch bei der Beurteilung von Stärken und Schwächen, wie bereits gezeigt, angewendet, wobei die Profile natürlich auch als Polarkoordinaten, wie in Abbildung 4.57., dargestellt werden können.

Ungeachtet der beschränkten Empirie aller angewandten *Checklisten* zählen sie zu den mit am weitesten verbreiteten Managementmethoden überhaupt. Zweifellos liegt ein wesentlicher Grund darin, daß derartige *Checklisten* für zahlreiche mehr oder weniger komplizierte Situationen schnell und relativ umfassend Entscheidungen ermöglichen. Häufig werden sie nach den persönlichen Erfahrungen der Manager systematisch ergänzt, so daß für eine große Zahl von Kontrollaktivitäten bei geschlossenem Aufbau (z. B. durch Vorgabe von Toleranzbereichen, Antwortalternativen usw.) auch unkompliziert vergleichbare Bewertungen getroffen werden können.

Obwohl *Check-* und *Profillisten* große praktische Bedeutung erlangt haben, darf man nicht übersehen, daß ihre Eignung als Entscheidungsinstrument begrenzt ist. Das resultiert nicht allein aus den subjektiven Einschätzungen der Kriterienerfüllung, sondern dem meist fehlenden quantitativen Nutzensnachweis. Auch bei Entscheidungen, die schrittweise erfolgen, erweisen sich *Checklisten* als nur begrenzt aussagefähig, obwohl es Versuche gibt, sie für das Erfassen möglichst aller Faktoren und deren Wechselwirkung für aufeinanderfolgende Entscheidungsschritte aufzubauen.

Meist werden *Check-* und *Profillisten* für Sofortentscheidungen eingesetzt und in jenen Fällen, wo Daten für den Einsatz anspruchsvollerer Entscheidungs-

205 Vgl. Dulfter, E. (Hrsg.), Projektmanagement International, Stuttgart 1982, S. 50.

206 Seiwert, L. J./Elser, F., Eine sichere Methode bei der Personalauswahl und Mitarbeiterentwicklung, in: Industrielle Organisation (Zürich), 2/1984, S. 97.

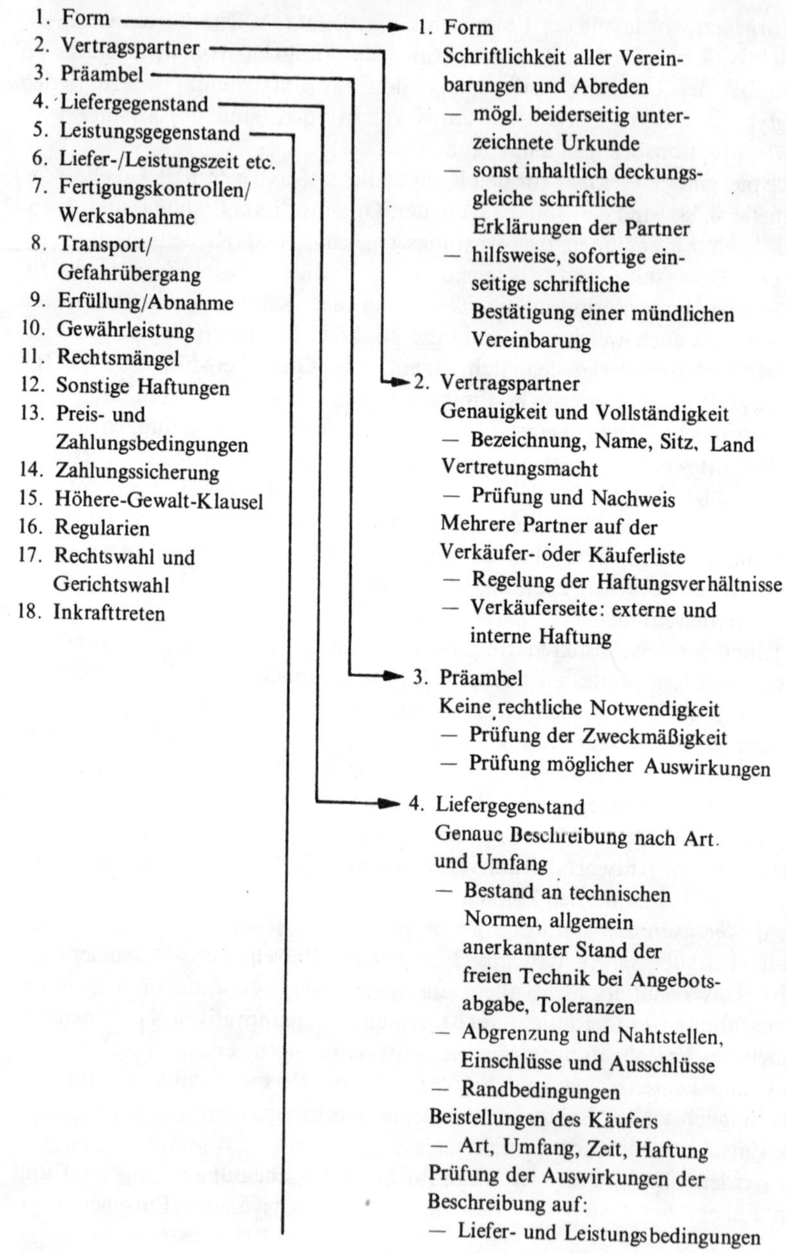

1. Form
2. Vertragspartner
3. Präambel
4. Liefergegenstand
5. Leistungsgegenstand
6. Liefer-/Leistungszeit etc.
7. Fertigungskontrollen/ Werksabnahme
8. Transport/ Gefahrübergang
9. Erfüllung/Abnahme
10. Gewährleistung
11. Rechtsmängel
12. Sonstige Haftungen
13. Preis- und Zahlungsbedingungen
14. Zahlungssicherung
15. Höhere-Gewalt-Klausel
16. Regularien
17. Rechtswahl und Gerichtswahl
18. Inkrafttreten
1. Form
Schriftlichkeit aller Vereinbarungen und Abreden
— mögl. beiderseitig unterzeichnete Urkunde
— sonst inhaltlich deckungsgleiche schriftliche Erklärungen der Partner
— hilfsweise, sofortige einseitige schriftliche Bestätigung einer mündlichen Vereinbarung
2. Vertragspartner
Genauigkeit und Vollständigkeit
— Bezeichnung, Name, Sitz, Land
Vertretungsmacht
— Prüfung und Nachweis
Mehrere Partner auf der Verkäufer- oder Käuferliste
— Regelung der Haftungsverhältnisse
— Verkäuferseite: externe und interne Haftung
3. Präambel
Keine rechtliche Notwendigkeit
— Prüfung der Zweckmäßigkeit
— Prüfung möglicher Auswirkungen
4. Liefergegenstand
Genauc Beschreibung nach Art. und Umfang
— Bestand an technischen Normen, allgemein anerkannter Stand der freien Technik bei Angebotsabgabe, Toleranzen
— Abgrenzung und Nahtstellen, Einschlüsse und Ausschlüsse
— Randbedingungen
Beistellungen des Käufers
— Art, Umfang, Zeit, Haftung
Prüfung der Auswirkungen der Beschreibung auf:
— Liefer- und Leistungsbedingungen

Abb. 4.56.
Checkliste für Vertragsverhandlungen mit Kunden

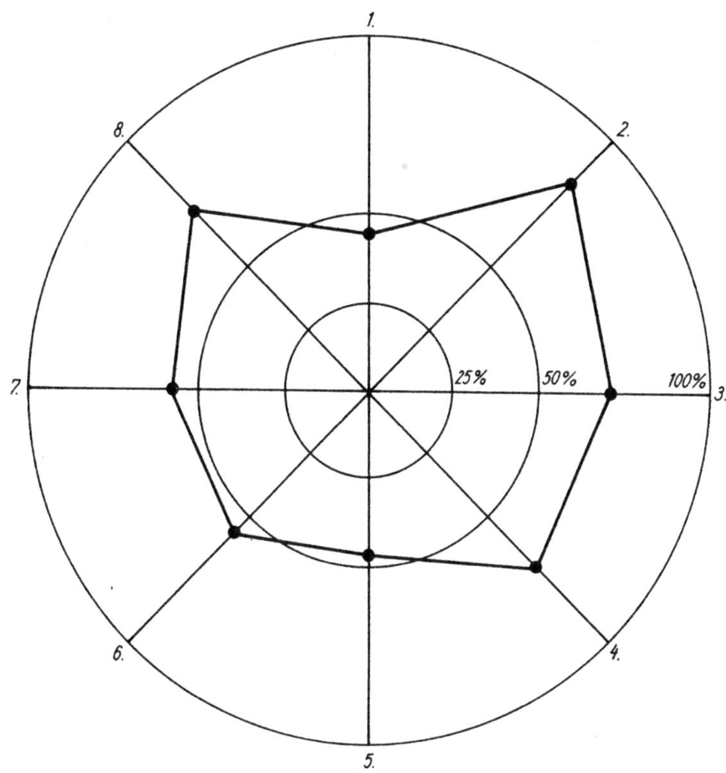

wobei:
1. Entscheidungsfähigkeit
2. Intelligenz
3. Kooperationsfähigkeit
4. Fähigkeit zum Organisieren
5. Delegationsbereitschaft
6. Flexibilität
7. Ausdrucksfähigkeit
8. Belastbarkeit

Abb. 4.57.
Persönliches Anforderungs- und Eignungsprofil (Ausschnitt)

techniken ohnehin fehlen. Der aus der Sicht der Entscheidungstheorie begrenzten Einsatzfähigkeit steht in der Praxis dennoch eine hohe Verbreitung und bevorzugte Anwendung für zahlreiche Managementaufgaben gegenüber.

Scoringverfahren

Charakteristisch für Punktebewertungsverfahren ist die Einstufung von Kriterien anhand geeigneter Skalen, die meist von *1* bis *5* reichen. Die Skalenabschnitte können sowohl verbal als auch numerisch umschrieben werden. Die Unterschiede der Einzelmethoden liegen sowohl im Skalentyp als auch der Aggregationsform der Kriterienausprägungen. Tabelle 4.59. zeigt als Übersicht, wie verschiedene Meß- bzw. Skalenniveaus des Nutzens aufgebaut und welche Transformationen damit erlaubt sind sowie welcher sinnvoller Einsatz der jeweiligen Skale für Entscheidungen möglich ist.

Bei nominaler Nutzensbewertung werden einander äquivalente Ergebnisgrößen zusammengefaßt. Um Rangordnungen zwischen den Ergebnisgrößen auszudrükken, werden ordinale Skalen verwendet. Sollen darüber hinaus Nutzensdifferenzen zwischen den einzelnen Rängen sichtbar gemacht werden, wendet man

Tabelle 4.59.
Skalentypen für Bewertungen und Entscheidungen zur Nutzensermittlung

1. Art der Skala	Form der Präferenzäußerung	Erlaubte Transformationsform, um Nutzen ineinander zu überführen	Sinnvoller Einsatz in der Entscheidungstheorie
2. Nominalskala	qualitative Klassenbildung, z. B. Ereignisklassen gleichen Nutzens	nicht sinnvoll	—
3. Ordinalskala	Rangordnungen (qualitative Klassenbildung ohnehin)	streng monoton steigend mit $f(n_1) > f(n_2)$ wenn $n_1 > n_2$	Individuelle Entscheidungstheorie unter Sicherheit bzw. Unsicherheit, besonders klassische Mikroökonomie
4. Kardinalskala 4.1. Intervallskala	Verhältnisse von Nutzendifferenzen (Qualitative Klassenbildung und Rangordnungen ohnehin)	positiv linear steigend: mit $f(n) = a \cdot u + b$ $a > 0$, b ist beliebig.	— Individuelle Entscheidungstheorie unter Unsicherheit — Individuelle Entscheidungstheorie unter Risiko unter Verwendung der Risikonutzentheorie
4.2. Verhältnisskala	Verhältnisse von Nutzen (Qualitative Klassenbildung, Rangordnungen und Verhältnisse von Nutzendifferenzen ohnehin)	multiplikativ: $f(n) = a \cdot n$ $a > 0$	— Individuelle Entscheidungstheorie mit mehreren, vor allem nicht monetären Zielen

4.3. Differenz-skala	Nutzendifferenzen (qualitative Klassenbildung, Rangordnungen und Verhältnisse von Nutzendifferenzen ohnehin)	additiv $f(n) = n + b$	— Kollektive Entscheidungstheorie mit Zielen mehrerer Individuen
4.4. absolute Skala	einzelne Nutzenszahlen (qualitative Klassenbildung, Rangordnungen, Verhältnisse von Nutzendifferenzen, Verhältnisse von Nutzen und Nutzendifferenzen ohnehin)	keine $f(n) = n$	

Quelle: Pfohl, H. Chr., Braun, G. E., Entscheidungstheorie. Normative und deskriptive Grundlagen des Entscheidens, Landsberg am Lech 1981, S. 246.

kardinale Skalen an, wobei letztere in Intervall-, Verhältnis-, Differenz- und absolute Skalen unterteilt werden. Tabelle 4.60. zeigt ein Beispiel für die Punktebewertung von Produktideen, wobei zusätzlich zur Punktebewertung noch eine Gewichtung des jeweiligen Kriteriums erfolgt, wie im Beispiel der Tabelle gezeigt.

In ähnlicher Weise werden Punktbewertungsverfahren auch zur Bewertung alternativer Strategien genutzt, wie anhand von Abbildung 4.58. gezeigt wird.

Im genannten Beispiel erfolgt die Bewertung anhand folgender Kriterien[207]:

- *Marktziele.* Gefragt ist, mit welcher Vertriebsstrategie Marktanteile, Image, Distributionsquote etc. am besten erreicht werden können.
- *Kosten.* Hierunter fallen alle Kosten, die für die Errichtung und Unterhaltung des Vertriebssystems langfristig anfallen.
- *Deckungsbeiträge/Vertriebsergebnis.* Hier wird die Frage analysiert, welche Vertriebsstrategie den höchsten Gewinnbeitrag erwirtschaftet.
- *Risiko* gilt deshalb als wichtiger Einflußfaktor, weil durch verändertes Verbraucherverhalten, Wettbewerbsverhalten, verstärkte Macht der Handelsunternehmen und Strukturwandel im Handel der Absatz häufig nicht langfristig gesichert ist. Es muß also eine Strategie entwickelt werden, die sich an die veränderten Umweltbedingungen flexibel anpassen läßt.
- *Kontrolle.* Die Vertriebsstrategie muß gewährleisten, daß erkannte Mißstände auf dem Absatzweg schnell aufgedeckt und korrigiert werden können.
- *Geschwindigkeit* des Warenflusses. Dieses Kriterium bezieht sich auf die Liefer- und Leistungsbereitschaft des Distributionssystems. Die Schnelligkeit, mit der eine nachgefragte Ware abgesetzt werden kann, beeinflußt entscheidend Erlöse und Kosten des Produzenten.

[207] Vgl. Management-Lexikon, hg. von F. Neske und M. Wiener, a. a. O., Bd. 4, S. 1572.

Tabelle 4.60.
Bewertung von Produktideen (Beispiel)

Produktbeschreibung . . . z. B. HEIMWERKER-SPANNVORRICHTUNG

FORMULAR E

1. Aufstellung aller Kriterien, die für den Erfolg einer Produktinnovation von Bedeutung sind, nach dieser Richtlinie
2. Bewertung und Gewichtung (Festlegung von Gewichten für einzelne Kriterien)

	KRITERIEN FÜR DEN PRODUKTERFOLG	Bewertung ×	Gewichtung =	Summe
		1–5 P.	1–3 P.	1–15 P.
1.	GEBRAUCHSFUNKTIONEN			Σ 35
1.1	Praktischer Nutzen für ein konkr. Problem	4	3	12
1.2.1	Ökonomischer Vorteil für Käufer, Preis	2	3	6
2	Folgekosteneinsparung, z. B. Lohnkosten	1	1	1
1.3	Psychologisch, soziale Vorteile			
1	Handhabungskomfort, Bequemlichkeit	3	2	6
2	Mehr Sicherheit als bisher	2	2	4
3	Prestigegewinn durch Neuheit	3	2	6
2.	VERTRIEB			Σ 30
2.1	Nachfragevolumen/Käufermenge	4	3	12
2.2	Akzeptanz des vorl. kalkulierten Preises	5	2	10
2.3	Eignung für vorhandenen Vertriebsweg	2	2	4
2.4	Passend zum Firmenimage	2	2	4
3.	TECHNIK			Σ 26
3.1	Idee paßt zum technischen Know how	5	2	10
3.2	Erfüllung direkter techn. Forderungen	4	2	8
3.3	Erfüllung indirekter techn. Forderungen	4	2	8

4.	HERSTELLUNG			Σ 27
4.1	Vorh. Produktionsmittel sind nutzbar	5	3	15
4.2	Beschaffungssituation/Lieferanten	4	1	4
4.3	Produktionsbereitschaft/Kapazitäten	4	2	8
5.	BETRIEB			Σ 31
5.1	Mittel			
	1 Paßt in den Investitionsrahmen	3	2	6
	2 Schätzung des Ertrags/Gewinns	3	3	9
5.2	Personal			
	1 Führung steht hinter der Innovation	2	2	4
	2 Personalqualität + Zahl, intern/extern	4	1	4
5.3	Methode			
	1 Integration organisatorisch möglich	2	1	2
	2 Übereinstimmung mit Untern.-Ziel	3	2	6
6.	UMWELT			Σ 20
6.1	Rahmen gesetzlicher Bestimmungen	5	2	10
6.2	Beseitigung, Vernichtung, Recycling	5	1	5
6.3	Widerstände in der Öffentlichkeit	5	1	5
6.4	usw.			

In diesem Beispiel sind 250 Punkte möglich.
25 Kriterien × max. 5 Bewertungspunkte = 125 P
125 P × Gewicht der Kriterien (ca. 2) = 250 P
Die Gesamtsumme von 169 Punkten ist überdurchschnittlich, die Idee ist positiv zu bewerten.

Quelle:
RKW-Handbuch Führungstechnik und Organisation, hg. von E. Potthoff, Bd. 1, Berlin (West), Abschnitt 2632, S. 26.

Kriterien	Gewicht	Strategiealternativen					
		A		B		C	
		Bewertung	Multiplikation	Bewertung	Multiplikation	Bewertung	Multiplikation
Marktziele							
Kosten	2	1	2				
Deckungsbeitrag	3	2	6				
Risiko	1	2	2	...	...	...	...
Kontrolle	1	3	3				
Geschwindigkeit	3	1	3				
Σ			16				

Bewertungsschema: a) Gewichtung: 3 = sehr wichtig, 2 = wichtig, 1 = weniger wichtig
b) Bewertung: 3 = sehr positiv, 2 = relativ gut, 1 = negativ

Abb. 4.58.
Bewertungsmatrix für alternative Vertriebsstrategien

Tabelle 4.61.
Produkt-Profil-Bewertungstabelle

		Gleichgewichtsfaktoren				
		−2	−1	0	+1	+2
Marketing						
geschätzte jährliche Umsätze	×4					
Profitabilitätsanalyse	×4					
Wettbewerb/Konkurrenz	×3					
Produkt-Vorteile	×3					
Lebensdauer des Produkts	×3					
Zeitbedarf zur Erreichung eines befriedigenden Marktvolumens	×2					
Effekte auf gegenwärtige Produkte	×2					
Zyklische und Saisonanforderungen	×1					
Gemeinsamkeit mit gegenwärtigen Produkten	×1					
Technischer Service	×1					
F/E und Herstellbarkeit						
Unternehmenskapazität	×4					
Patentstatus	×3					
Kapitalausrüstungen	×3					
Rohmaterial-Grenzen	×3					
Technologische Grenzen	×3					
F/E-Know how	×3					
Geschätzte F/E-Laborzeit	×2					
Qualitätskontrolle	×2					
Ökologie und Sicherheit	×2					
Total Minus						
Total Plus						
Bewertung						

Quelle:
Frech, E. B., Scorecard for New Products: How to Pick a Winner, in: Management Review (New York) 2/1977, S. 7.

An gleicher Stelle heißt es hinsichtlich der Beurteilung des Verfahrens: „Bei der Anwendung dieser Matrix werden im ersten Schritt die einzelnen Kriterien entsprechend ihrer Bedeutung gewichtet. Je wichtiger ein Kriterium ist, desto höher der ihm zugeordnete Punktwert. Anschließend wird für jede der alternativen Strategien analysiert, wie sich das Kriterium in dem speziellen Fall auswirkt. Sehr niedrige Kosten bedeuten hier beispielsweise eine sehr positive Auswirkung. Entsprechend werden die Kriterien für die einzelnen Strategien getrennt bewertet. Durch die Multiplikation der Gewichtungs- und Bewertungsziffern und die anschließende Addition dieser Einzelergebnisse erhält man einen Gesamtpunktwert der Strategie. Ausgewählt wird dann diejenige Alternative, die den höchsten Punktwert aufweist.

Durch diese Gewichtungstechnik hat das Vertriebsmanagement die Möglichkeit, quantitativ eindeutig vergleichbare und qualitative Kriterien im Entscheidungsprozeß zusammenzufassen. Unabhängig von der Bewertung der Vertriebsstrategie ist diese Gewichtungstechnik auch überall dort anwendbar, wo man alternative Lösungsansätze anhand von einzelnen Kriterien bewerten muß."[208]

Ähnliche *Scorecards* zur Auswahl von Erfolgsprodukten werden immer wieder unter Zugrundelegung verschiedener Kriterien und Gewichtsvorschriften vorgeschlagen, wie die in Tabelle 4.61. dargestellte *Produkt-Profil-Tabelle*.

Für die einzelnen Fragen der *Profil-Tabelle* werden jeweils detaillierte Erläuterungen gegeben zur Ermittlung der Punktzahl, wie etwa zur Bewertung des voraussichtlichen jährlichen Umsatzes die Bewertungsvorschläge:

—2 = 25000 ... 100000 $
—1 = 100000 ... 250000 $
+1 = 250000 ... 500000 $
+2 = 500000 $ und darüber

Tabelle 4.62.
Ideenbewertung anhand von Faktoren des Innovationspotentials

Wichtige Faktoren für die Innovation	Ideale Gewichtung	
Kommunikation		
zwischen Technik — Markt	10	
zwischen Technik — Kunden	5	20
zwischen Technik — Technik	5	
Wissenschaftliche und technologische Kompetenz	20	
F/E-Spitzenkräfte (Champion)	15	
Marktbedingungen	15	
Technische Bedingungen	10	
Top-Management Interesse	10	
Wettbewerbsfaktoren	5	
Zeitfaktor (Timing)	5	
	100	

Quelle:
Paolini, A., jr./Glaser, A. M., Project Selection Methods that Pick Winners, in: Research Management, 3/1977, S. 28.

[208] Ebenda.

oder zur Bewertung der Profitabilität, berechnet als Prozentsatz an Gewinn von den Gesamtoperationen des Vorhabens:

—2 entspricht 10 Prozent Profit
—1 entspricht 15 Prozent Profit
+1 entspricht 20 Prozent Profit
+2 entspricht 30 Prozent Profit und mehr.

Diese Einzelvorschriften demonstrieren hinreichend, wie an die Bewertung herangegangen wird und welchen Kriterien hierbei das größte Gewicht beigemessen wird.

Über derartige Punktebewertungsvorschriften hinausgehend, wurden auch Vorschläge erarbeitet, die Ideenbewertungen anhand des zu ihrer Realisierung notwendigen Innovationspotentials vornehmen. Ein typischer Vorschlag zur Ideenbewertung anhand charakteristischer Faktoren des Innovationspotentials ist in Tabelle 4.62. dargestellt.

Eine Idee gilt dann als weiter prüfenswert, wenn anhand der Bewertung des Innovationspotentials mindestens 70 von 100 möglichen Punkten erreicht wurden. Danach können auch kompliziertere Nutzen-Kosten-Analysen und Bewertungen des kommerziellen wie technischen Risikos erfolgen.

Ein spezielles *Scoring-Verfahren* stellt die *Multifaktorenrechnung* dar.

Die *Multifaktoren-Methode* ist ein empirisches Verfahren zur subjektiven Beurteilung nicht quantifizierbarer Größen, das sich besonders als Entscheidungshilfe für den rationellsten Einsatz von Informations- und Kommunikationstechnik bewährt hat.[209] Ein Beispiel für die Bewertung der Einführung von Bildschirmtext-Systemen ist in Tabelle 4.63. dargelegt.

Bei der Anwendung der *Multifaktoren-Methode* werden zunächst alle Faktoren (Vor- oder Nachteile) der neuen Lösung gegenüber der bisherigen aufgelistet. Dann erfolgt die Bewertung anhand der in Tabelle 4.63. gegebenen Skala. Die Einzelfaktoren werden anschließend gewichtet (Spalte *B* in Tabelle 4.63.) und dann die Bewertungen (Spalte *A* in Tabelle 4.63.) mit dem Gewicht multipliziert und in Spalte *C* eingetragen sowie die Produkte summiert. Durch Division der Produktsumme von Spalte *C* durch die Summe der Gewichte von Spalte *B* erhält man einen Indikator, der als Nutzkoeffizient interpretierbar ist. Als Faustregel gilt, daß die Verbesserung durch das Neue gegenüber dem Bisherigen um so größer ist, je größer der Koeffizient ist.

Auch mit diesem Verfahren werden natürlich die subjektiven Schätzungen nicht eliminiert, ebenfalls nicht die Risiken bzw. Überschneidungen einzelner Indikatoren. Auch die verschiedenen möglichen Formen der Punkteaggregation sind theoretisch umstritten.

[209] Vgl. Eder, Th. Bildschirmtext als betriebliches Informations- und Kommunikationssystem. Einsatzmöglichkeiten und Wirtschaftlichkeit, Heidelberg 1984, S. 37, sowie: Günther, F., Rationalisierungsfaktor Telefon. Betriebswirtschaftliche Aspekte zur Investitionsentscheidung, in: Siemens-Zeitschrift (Berlin(West)), 4/1977, S. 204.

Tabelle 4.63.
Multifaktorenbewertung am Beispiel eines Bildschirmtext-Systems

Bewertungsfaktoren:

0 = keine Veränderung
± 1 = geringe Verbesserung/Verschlechterung
± 2 = deutliche Verbesserung/Verschlechterung
± 3 = erhebliche Verbesserung/Verschlechterung
jeweils gegenüber dem Istzustand

Gewichtungsfaktoren

1 = geringe Bedeutung
2 = mittlere Bedeutung
3 = große Bedeutung
des einzelnen Kriteriums

Kriterien	Bewertung A	Gewichtung B	Bewertung × Gewichtung C
1. Abhängigkeit vom Fachpersonal	0	1	0
2. Zeitliche Belastung des einzelnen	+1	2	2
3. Physische Belastung des einzelnen	−1	1	− 1
4. Psychische Belastung der Mitarbeiter	−1	2	− 2
5. Arbeitsplatzrisiko	0	2	0
6. Image der Organisationseinheit	+2	2	+ 4
7. Effektivität der Ablauforganisation	+3	3	+ 9
8. Effektivität der Aufbauorganisation	+1	2	+ 2
9. Dauer von Entscheidungsprozessen	+2	2	+ 4
10. Qualität der Entscheidungsergebnisse	+2	3	+ 6
11. Schnelligkeit der Informationsweitergabe	+1	2	+ 2
12. Umfang der erreichbaren Informationen	+2	2	+ 4
13. Schnelligkeit des Informationszugriffs	+2	2	+ 4
14. Problemlösungsprozeß orientierter Informationszugriffe	+2	2	+ 4
15. Aktualität der erreichbaren Informationen	+2	3	+ 6
16. Exaktheit der abrufbaren Informationen	+1	3	+ 3
Summe	×	34	+47

Wirtschaftlichkeitskoeffizient: $\frac{C}{B} = \underline{\underline{1,38}}$

Ergebniswertung: eine positive, mittlere Veränderung ist zu erwarten.

Quelle:
Eder, Th., Bildschirmtext als betriebliches Informations- und Kommunikationssystem. Einsatzmöglichkeiten und Wirtschaftlichkeit, Heidelberg 1984, S. 38/39.

Zur Erhöhung der Aussagekraft wird oft empfohlen, möglichst viele Beteiligte in die *Multifaktorenbewertung* einzuschließen, um so zur größeren Sicherheit zu gelangen. Zusätzlich werden Kennzahlenvergleiche, etwa im Sinne klassischer Investitionsrechnungen, vorgeschlagen.

Kennzahlmodelle

Wie bereits im Abschnitt *Kennzahlenanalysen* gezeigt wurde, spielt im Management die zielorientierte Kennziffernarbeit insbesondere für operative Entscheidungen eine bedeutende Rolle. Die grundsätzlichen Aufgaben von *Kennzahlenmodellen* als Bewertungs- und Entscheidungsinstrument sind Abbildung 4.59. zu entnehmen.

<table>
<tr><td colspan="5">Kennzahlen als
Bewertungs- und Entscheidungsinstrument</td></tr>
<tr><td colspan="2">Bewertende Aufgaben</td><td colspan="3">Entscheidungsaufgaben</td></tr>
<tr><td>Betriebs-
vergleiche</td><td>Betriebs-
kontrolle</td><td>Zielkoor-
dinierung</td><td>Plan-
vorgaben</td><td>Kontrollen</td></tr>
</table>

Abb. 4.59.
Aufgaben von Kennzahlenmodellen

Gegenüber den bisher erläuterten Bewertungs- und Entscheidungshilfen unterscheiden sich die *Kennziffernmodelle* vor allem dadurch, daß alle lediglich qualitativ erfaßbaren Zielelemente ausgesondert werden und auf eine eindimensionale (meist finanzielle) Größe reduziert werden.

Der daraus resultierende grundsätzliche Informations- und Entscheidungsfluß ist in Abbildung 4.60. dargestellt. Bei *Kennzahlenentscheiden* wird im Sinne der Entscheidungslogik streng rational vorgegangen, wobei der Entscheidende dem oben genannten „homo oeconomicus“ entspricht. Problemidentifikation, Informationsverarbeitung und Alternativermittlung erfolgen quantifiziert, die eigentliche Entscheidung erfolgt auf Basis einer Bewertung, die durch Entscheidungsregeln normiert ist.

Häufig werden zum Beispiel Investitionsentscheidungen mit Hilfe der Renditekennzahl als wichtigstem Entscheidungskriterium vorbereitet. Hierbei haben sich für die Ermittlung der Rendite einzelner Investitionsobjekte statische und dynamische Rechenverfahren herausgebildet.[210] Die einfache statische Kennzahl-

[210] Vgl. Blohm, H./Lüder, K., Investition, München 1978; Lücke, W. (Hrsg.), Investitionslexikon, München 1975; Schneider, D., Investition und Finanzierung, 4. Aufl., Opladen 1975.

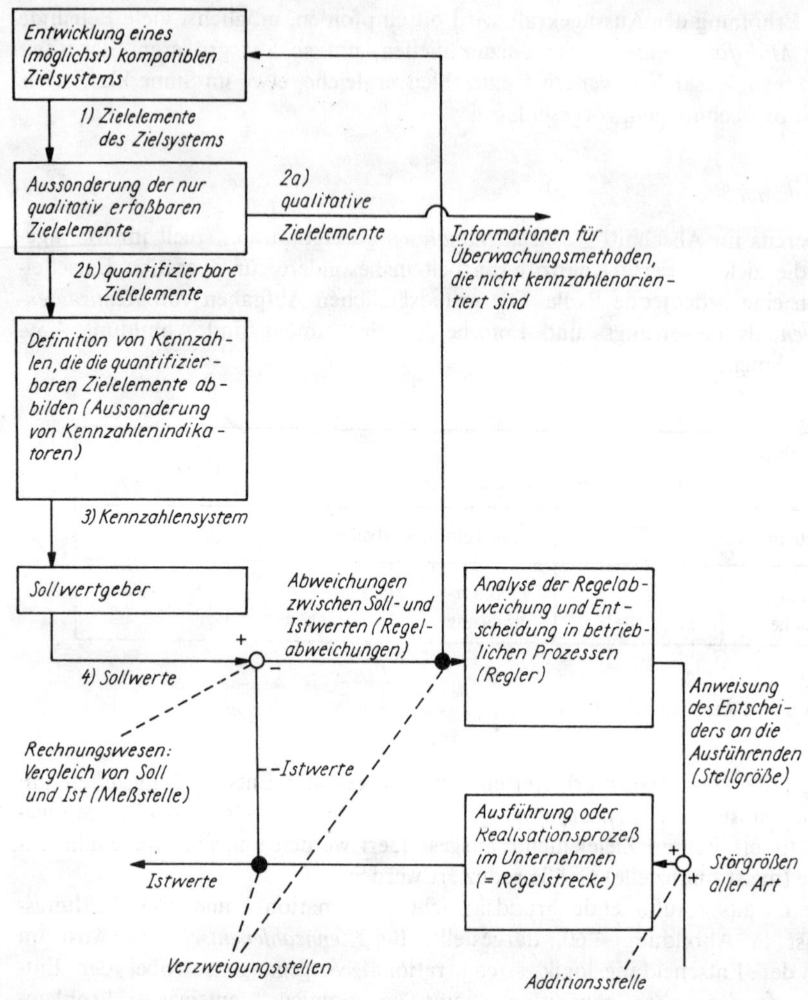

Abb. 4.60.
Stellung von Kennzahlen als Bewertungs- und Entscheidungshilfe nach Baetge

bildung geht davon aus, daß sich die wertbestimmende Größe einer Investition über deren Lebensdauer nicht verändert. Damit wird unterstellt, daß die Einnahmen (c) für jedes Investitionsjahr identisch sind, d. h. der Zeitfaktor wird aus der Rechnung eliminiert.

Man bestimmt bei diesem Verfahren, das wegen seiner Einfachheit oft auch als „Praktikerverfahren" bezeichnet wird, die vorzuziehende Investitionsvariante aus dem Verhältnis von Kapitaleinsatz K und Einnahmenüberschuß c bzw.

durch Vergleich von Aufwand und Ertrag. Die Renditekennzahl, die z. B. oft bei kleinen bis mittleren Investitionen angewendet wird, lautet[211]:

$$\text{Rendite} = \frac{(\text{Jahresertrag} - \text{Jahreskosten}) \times 100}{\text{Kapitaleinsatz } K}$$

Für Erweiterungsinvestitionen rechnet man oft vereinfacht mit folgender Kennzahl:

$$\text{Rendite} = \frac{(\text{Zusatzertrag} - \text{Zusatzkosten}) \times 100}{\text{Zusatzkapitaleinsatz } K}$$

Für Entscheidungen zum Ersatz von alten Anlagen durch neue kann die Kostenvergleichsrechnung dienen:

$$\text{Rendite} = \frac{(\text{Jahreskosten alte Anlage} - \text{Jahreskosten neue Anlage}) \times 100}{\text{Kapitaleinsatz } K}$$

Der Hauptmangel dieser statischen Kennzahlen besteht darin, daß die Gewinne der Einzeljahre nicht nach ihrem zeitlichen Anfall gewichtet werden. Ein Gewinn des ersten Jahres ist jedoch auf Grund der Wiederverwendungsfähigkeit für das Kapital wichtiger als der Gewinn späterer Jahre. Daher wurden dynamische Kennzahlmodelle entwickelt, die die zeitliche Differenzierung berücksichtigen. Das Zeitmoment wird hierbei über die Zinsrechnung berücksichtigt, wobei die bekannte Zinseszinsgleichung den Ausgangspunkt bildet:

$$K_0(1 + i)^t = K_t$$

mit
Ko = zum Zeitpunkt t_0 auf ein Konto eingezahlter Kapitalbetrag
i = Zinssatz (in Prozent)
t = Dauer der Kapitalbindung
K_t = Kapitalbetrag, der zum Zeitpunkt t zur Verfügung steht

Als gebräuchlichste dynamische Verfahren werden

— das Aufzinsungsverfahren,
— das Abzinsungsverfahren (Kapitalwert und internes Zinsfußverfahren) sowie
— das Annuitätsverfahren

eingeschätzt.[212]

Beispielsweise wird beim Aufzinsungsverfahren jeder Einnahmeüberschuß c_k, der zu einem Zeitpunkt anfällt, mit dem festen Zinsfuß i_R auf das Ende des

[211] Es wurde bereits gezeigt, daß im amerikanischen Management die Rendite als „Return on Investment" (RoI) bezeichnet wird und eine beachtliche Rolle bei strategischen Entscheidungen spielt.

[212] Vgl. Management-Lexikon, hg. von F. Neske und M. Wiener, Bd. 2, a. a. O., S. 607.

Produktionsprozesses aufgezinst, so daß die Summe aller aufgezinsten Einnahmeüberschüsse c_k sich folgendermaßen ergibt:

$$M = \sum_{t_1}^{t_n} c_{kt}(1 + i_R)^{n-t}$$

Der Quotient M dividiert durch k wird als aufgezinstes Nettoverhältnis bezeichnet.

Ohne im einzelnen weiter auf diese Form der *Kennzahlenmodelle* als Entscheidungsgrundlage einzugehen, wird deutlich, daß sie primär monetäre Größen berücksichtigen.

Die Popularität derartiger Entscheidungshilfen resultiert aus der Verwendung von Zinsgrößen, die in der Wirtschaft ein allgemein weit verbreitetes zentrales Entscheidungskriterium darstellen.

Die ausführliche Auseinandersetzung mit den Vor- und Nachteilen verschiedener Kennzahlen und ihrer Einbettung in komplexere Entscheidungsmodelle ist eine spezielle Aufgabe, die im Rahmen dieser Übersichtsdarstellung nicht zu lösen ist.[213]

Nutzwertanalyse

Um ausgehend von sowohl monetären als auch nicht monetären Zielgrößen eine optimale Entscheidung ableiten zu können, sind Operationen durchzuführen, die eine Entscheidung auf Grund *multidimensionaler* Kriterien bzw. Zielgrößen ermöglichen.

Zangemeister versteht unter einer *Nutzwertanalyse* „die Analyse einer Menge komplexer Handlungsalternativen mit dem Zweck, die Elemente dieser Menge entsprechend den Präferenzen des Entscheidungsträgers bezüglich eines multidimensionalen Zielsystems zu ordnen. Die Abbildung dieser Ordnung erfolgt durch die Angabe der Nutzwerte (Gesamtwerte) der Alternativen".[214] Die Logik des Vorgehens ist Abbildung 4.61. zu entnehmen.[215] Mit den in Abbildung 4.61. gezeigten drei Schritten wird erstens eine Ergebnismatrix mit mehreren monetären sowie nichtmonetären Zielgrößen aufgestellt.

Zweitens wird die Ergebnismatrix in eine Entscheidungsmatrix überführt, um den Gesamtnutzen einzelner Alternativen ermitteln zu können. Hierzu werden so viele Teilbewertungen erforderlich, wie Zielgrößen bzw. Kriterien (Spalten in Abbildung 4.61.) vorhanden sind. Die Teilbewertungen erfolgen kriterienweise, zum Beispiel durch Wertung an den jeweiligen nächsten Nutzenswerten der Zielerreichung. Die Alternativen werden damit schrittweise, für jedes der n

[213] Vgl. ausführlicher: Pfohl, H. Chr./Braun, G. E., Entscheidungstheorie. Normative und deskriptive Grundlagen des Entscheidens, Landsberg am Lech 1981, S. 150ff.

[214] Zangemeister, C., Nutzwertanalyse in der Systemtechnik, 4. Aufl., München 1976, S. 45.

[215] Vgl. Pfohl, H. Chr./Braun, E. C., Entscheidungstheorie, a. a. O., S. 276.

1. Ergebnismatrix (e_{ij})

Alternativen	Zielgrößen					
	Z_1	Z_2	...	Z_j	...	Z_n
a_1	e_{11}	e_{12}	...	e_{1j}	...	e_{1n}
.						
.						
a_2	e_{21}	e_{22}	...	e_{1j}	...	e_{2n}
.						
.						
.						
a_i	e_{i1}	e_{i2}	...	e_{ij}	...	e_{in}
.						
.						
.						
a_n	e_{m1}	e_{m2}	...	e_{mj}	...	e_{mn}

Bewertung

2. Entscheidungsmatrix (U_{ij})

Alternativen	Zielgrößen					
	Z_1	Z_2	...	Z_j	...	Z_n
a_1	u_{11}	u_{12}	.	u_{1j}	.	u_{1n}
a_2	u_{21}	u_{22}	.	u_{2j}	.	u_{2n}
.						
.						
a_i	u_{i1}	u_{i2}	.	u_{ij}	.	u_{in}
.	.	.	.	.	.	.
.	.	.	.	.	.	.
a_m	u_{m1}	u_{m2}	.	u_{mj}	.	u_{mn}

Wertsynthese von n Präferenzordnungen mit Hilfe einer Zielfunktion

3. Nutzwertmatrix (N_j)

Alternativen	Nutzwerte
a_1	N_1
a_2	N_2
.	.
.	.
a_1	N_i
.	.
.	.
a_m	N_m

Abb. 4.61.
Logik der Nutzwertanalyse

Ziele gesondert, gegeneinander abgewogen und geordnet. Durch die n eindimensionalen Bewertungen bzw. Präferenzordnungen wird so jedem e_{ij} ein (dimensionsloser) Nutzen u_{ij} zugeordnet. Diese eindimensionalen Teilurteile sind dabei nach Zangemeister nur zuverlässig, wenn die Zuordnung eines Teilnutzens u_{ij} auf Grund eines Ergebniswertes e_{ij} unabhängig von den übrigen Ergebnissen der Alternativen a_i vorgenommen werden kann. Folglich muß jeder Ergebniswert e_{ij} für sich allein und nicht erst in Verbindung mit anderen Ergebniswerten einen Beitrag zum Gesamtnutzwert der Alternative liefern.[216]

Drittens erfolgt die Zusammenfassung der einzelnen Nutzen zu einem die betreffende Aktion kennzeichnenden Nutzwert (Wertsynthese). Dadurch können Rangordnungen der einzelnen Alternativen ermittelt werden, womit eine n-dimensionale Präferenzordnung entsteht. Hierbei werden verschiedene Zielfunktionen angewendet, um die optimale Alternative auszusondern.

Die Entscheidungsmatrix liefert also noch nicht die eigentliche Entscheidung, sondern erst die Synthese der einzelnen Nutzwerte von „Präferenzordnungen" mit Hilfe verschiedener Zielfunktionen, auf die hier nicht im einzelnen eingegangen wird.[217] Bei sicheren Konsequenzen ist keine besondere Entscheidungsregel zur Entscheidungsfindung notwendig, da die Alternative mit dem höchsten Nutzen präferiert wird. Bei Unsicherheit helfen Entscheidungsregeln, wie zum Beispiel die *Maximax-Regel* („Optimistenregel"). Letztere schreibt die Wahl der Alternative mit dem höchsten möglichen Nutzwert vor, die *Minimax-Regel* („Pessimisten-Regel") dagegen die Wahl der Alternative, deren niedrigst möglicher Nutzen höher ist als der aller anderen Alternativen.

Risk-Management-Techniken

In der Entscheidungstheorie und Praxis spielt die Risikobewertung besonders seit der tiefgehenden Krise zu Beginn der 70er Jahre eine besondere Rolle.

Der Begriff *Risk Management* wurde zuerst in den USA speziell für den Aufgabenbereich von Versicherungsaktivitäten in Unternehmen (*Insurance Manager*) geprägt, dann jedoch rasch auf alle risikobeeinflußten Planungs- und Entscheidungsprozesse übertragen.[218] Je unsicherer sich im Gefolge der allgemeinen Krisenerscheinungen die wirtschaftlichen Gesamtgegebenheiten entfalteten, um so größere Bedeutung erlangten Probleme des *Risk Management* auch in Westeuropa.[219]

[216] Vgl. Zangemeister, C., Nutzwertanalyse in der Systemtechnik, a. a. O., S. 77.

[217] Vgl. ausführlicher: Pfohl, H. Chr./Braun, G. E., Entscheidungstheorie, a. a. O., S. 278 ff.

[218] Vgl. Goetzke, W./Sieben, G. (Hrsg.), Risk Management-Strategien zur Risikobeherrschung, Köln 1979.

[219] Vgl. Damary, R., Das Risk Management in Westeuropa, in: Betriebswirtschaftliche Forschung und Praxis (Berlin(West)), 3/1978, S. 277.

Das Ziel besteht darin, durch verbesserte Berechnung und Gestaltung des Risikos die Unternehmensziele sicherer zu erreichen. Zu den bevorzugten risikopolitischen Maßnahmen gehören[220]:

— Risikomeidung,
— Risikoverhütung,
— Risikobegrenzung durch
  • Risikoabwälzung,
  • Risikostreuung,
  • Risikoteilung,
  • Risikoausgleich sowie
  • Risikokompensation,
— Finanzielle Vorsorge durch Rücklagenbildung sowie
— Versicherung.

Unter Berücksichtigung dieser grundsätzlichen Möglichkeiten entwickeln „Risikomanager" jene Alternativen bzw. Maßnahmen, die zur Bewältigung risikovoller Situationen am besten geeignet sind. Besondere Beachtung finden Risikoanalysen naturgemäß bei langfristig wirkenden Investitionsentscheidungen, da Fehleinschätzungen und darauf begründete verzögerte oder ganz ausbleibende Einnahmen negative Konsequenzen für die Kapitalverwertung haben, weil das Kapital ganz oder teilweise verloren gehen kann oder sich nur ungenügend verzinst. Der Risikomaßstab zum Zeitpunkt der Entscheidung reflektiert damit die Unschärfe der zu erwartenden Profitabilität alternativer Maßnahmen.

Bei der Bewertung von Risiken spielen stets subjektive Faktoren eine beachtliche Rolle und ist es objektiv unmöglich, sämtliche Einflußfaktoren zu berücksichtigen. Immer wieder beweisen z. B. auch Investitionen großer Unternehmen, daß Fehlbewertungen der Verwertungschancen nicht auszuschließen sind. Brachliegende Kapazitäten der Eisen- und Stahlindustrie, des Schiffbaus oder des Bauwesens sind dafür Standardbeispiele.

Bei Investitions- bzw. Projektberechnungen werden deshalb häufig Unsicherheiten der Einzelgrößen durch Sicherheitszuschläge bei Renditeberechnungen ausgeglichen oder das Umfeld besonders kritischer Werte eingegrenzt.

Bei *Sicherheitszuschlägen* erhöht man entweder in den oben genannten Renditekennzahlen den Kalkulationszinssatz i oder verringert die Einnahmeüberschüsse c_k. Die dadurch verringerte Vorteilhaftigkeit der Maßnahme kann mit anderen verglichen werden, um so die Auswirkungen gegenüber den tatsächlich erwarteten Renditen alternativ abschätzen zu können.

Eine weitere gebräuchliche Methode besteht darin, in einem Simulationsmodell einzelne Eingabevariablen — zu variieren bis die Renditen einen gutgelegenen Mindestwert erreichen. Damit kann indirekt das Risiko anhand besonders kriti-

[220] Karten, W., Aspekte des Risk Managements, in: Betriebswirtschaftliche Forschung und Praxis (Berlin(West)), 4/1978, S. 308 ff.

scher Größen, wie z. B. erheblich geringerer Bedarfsentwicklung als vermutet, eingeschätzt werden.

Zu den empirisch am häufigsten genutzten Simulationskriterien für die Risikobewertung zählen[221]

— die Amortisationsdauer,
— die kritischen Absatzmengen sowie
— die kritischen Absatzpreise.

Für die Berechnung der Amortisationsdauer auf statischer Basis gilt:

$$t_{pas} = \frac{k_A}{c}$$

wobei im einzelnen bedeuten:

t_{pas} = Amortisationsdauer (auch *pay-out-* oder *pay-off-time*)
k_A = Investitionsausgaben
c = jährliche gleichbleibend angenommene Einnahmeüberschüsse

Da das Risiko zeitabhängig in der Regel wächst, bedeuten kurze Amortisationszeiten in der Regel geringere Risiken als lange, woraus auch die große Popularität des Gesamtverfahrens erklärt werden kann. Das Verfahren versagt, wenn unregelmäßige Zahlungsströme zu erwarten sind und erst eine lange Amortisationsdauer den eigentlichen Effekt ergibt.

Bei dynamischen Berechnungen der Investitionsdauer werden Verzinsungen berücksichtigt.

Neuerdings werden auch verstärkt *Sensitivitätsanalysen* durchgeführt. Hierbei werden nicht nur Auswirkungen der Veränderung einer kritischen Größe geprüft, sondern parallel mehrere Eingabevariablen geändert. *Sensitivitätsanalysen* erfolgen in der Regel rechnergestützt und als Teil komplexerer Bewertungen und Entscheidungen.

Strukturierte sequentielle Entscheidungstechniken

Dem situativen Grundkonzept vieler Managementtechniken entsprechend wurden auch für das Entscheiden als eine der wichtigsten Managementfunktionen typische situative Unterschiede festgestellt. Vroom unterscheidet danach beispielsweise folgende fünf Management-Entscheidungsstile[222]:

1. Der Manager löst die Probleme bzw. trifft die Entscheidung persönlich auf Grund der ihm zum jeweiligen Zeitpunkt verfügbaren Informationen.

2. Der Manager kann die notwendigen Informationen von den Unterstellten erhalten und dann über die Problemlösung entscheiden. Die Mitarbeiter sind in den Prozeß der Entscheidung meist nur durch das Zurverfügungstellen der notwendigen Informationen eingeschaltet.

[221] Vgl. Management-Lexikon, hg. von F. Neske und M. Wiener, a. a. O., S. 613.

[222] Vroom, V. H., A New Look at Managerial Decision Making. Organizational Dynamics, New York 1973, S. 67.

3. Der Manager kann das Problem relevanten Unterstellten auf individueller Basis mitteilen, um ihre Ideen und Vorschläge in die Entscheidung einzubeziehen, jedoch ohne sie zu einer Gruppe zusammenzuführen. Dann kann eine Entscheidung getroffen werden, die die Argumente der Unterstellten berücksichtigen mag oder auch nicht.

4. Der Manager kann das Problem einer Gruppe von Unterstellten mitteilen und erhält ihre kollektive Meinung. Unabhängig davon entscheidet er allein, ob sich in der späteren Entscheidung die Teammeinung widerspiegelt oder nicht.

5. Der Manager geht mit einer Gruppe an die Problemlösung heran und versucht, gemeinsame Alternativen und Problemlösungen zu entwickeln, um Konsens für die Entscheidung zu erreichen. Der Manager wirkt als Vorsitzender, ohne zu versuchen, die Gruppe zu beeinflussen, sondern jene Lösung zu akzeptieren, die von der gesamten Gruppe auch befürwortet wird.

Um zu entscheiden, welcher dieser Entscheidungsstile der Situation am besten entspricht, schlägt Vroom folgende sieben Strukturierungsfragen vor:

— Gibt es ein Qualitätserfordernis, so daß vermutlich eine Lösung rationaler als andere ist?
— Habe ich ausreichend Information, um eine qualitativ hochwertige Entscheidung zu treffen?
— Ist das Problem strukturiert?
— Ist die Akzeptanz der Entscheidung durch die Mitarbeiter entscheidend für die effektive Ausführung?
— Würde die Entscheidung von den Mitarbeitern akzeptiert, wenn ich sie selbst treffe?
— Teilen die Mitarbeiter die Organisationsziele, die durch eine Lösung des Problems erreicht werden sollen?
— Werden die bevorzugten Lösungen vermutlich zu Konflikten unter den Mitarbeitern führen?

Vroom versucht damit, entscheidende Verhaltensaspekte in den Entscheidungsprozeß einzubeziehen.

Je nach Beantwortung der Fragen gelangt man bei dessen situativen Ansatz in verschiedene Äste eines *Entscheidungsbaumes*, wie er in Abbildung 4.62. dargelegt ist[223].

An den Spitzen der hier gezeigten Äste sind jene Nummern eingetragen, die im Sinne der eingangs genannten Entscheidungsstile angeben, wie entschieden werden sollte.

Derartige situative Strukturierungen werden auch für den Aufbau anderer Strukturmodelle in Entscheidungsprozessen genutzt. Besonders bewährt haben sich hierbei *Entscheidungsbäume*.[224] „Ein Entscheidungsbaum ist die grafische Darstellung der Interaktion von Entscheidungsvariablen mit unbestimmten Para-

[223] Ebenda, S. 70.

[224] Vgl. Hodgetts, R. M., Management, a. a. O., S. 152.

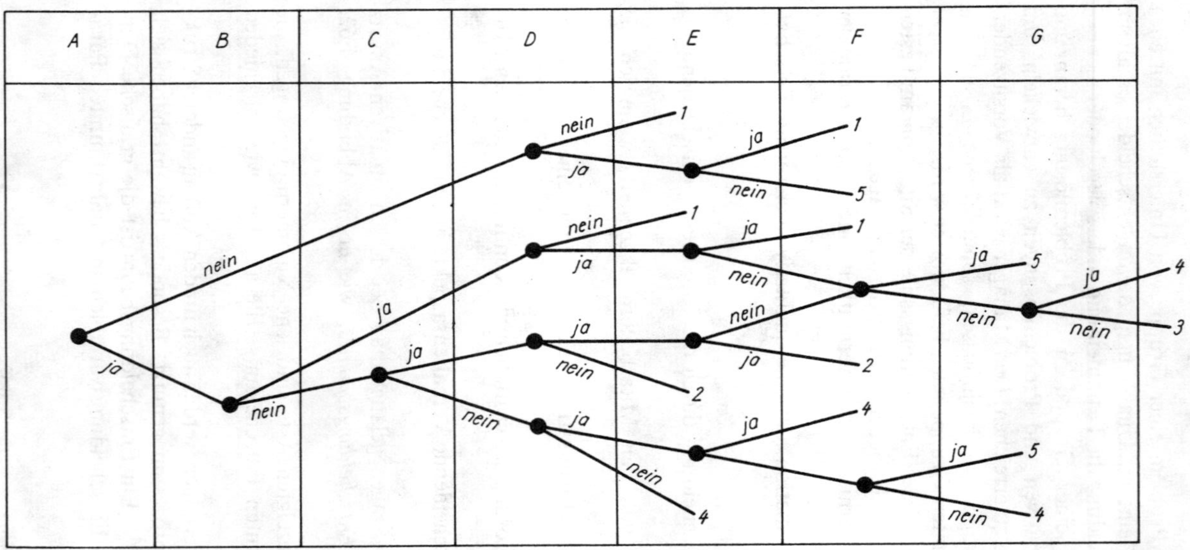

Abb. 4.62.
Entscheidungsbaum zur Festlegung des Entscheidungsstils nach Vroom

metern (oder Ereignissen). Die Interaktionen werden sequentiell über die Zeit, die vom Planungshorizont erfaßt wird, und in der Reihenfolge dargestellt, in der die Entscheidungsvariablen durch den Entscheidungsträger ausgewählt werden und ihm unbestimmte Parameter zur Kenntnis gelangen."[225] Ein vereinfachtes Beispiel eines *Entscheidungsbaumes* enthält Abbildung 4.63.

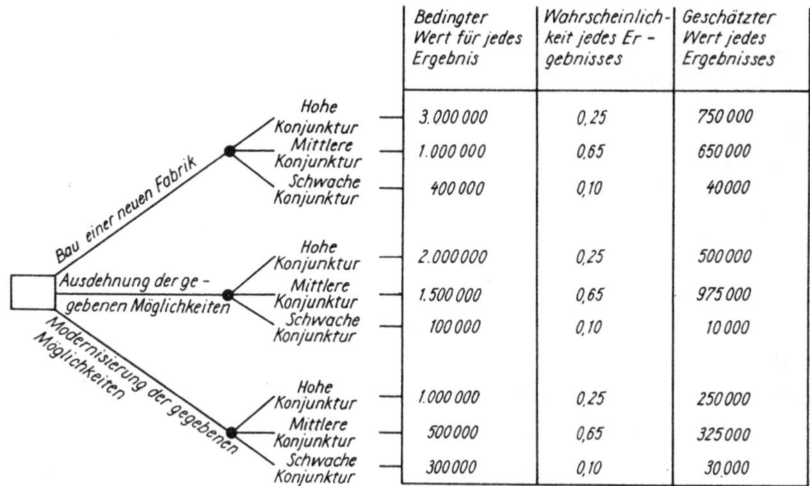

Abb. 4.63.
Beispiel eines einfachen Entscheidungsbaums

Der *Entscheidungsbaum* wird von links nach rechts aufgebaut. Zunächst müssen die Alternativen ermittelt und dann Einschätzungen der bedingten Ergebnisse jeder Alternative getroffen werden. Danach erfolgen Abschätzungen der Wahrscheinlichkeit in Abhängigkeit von konjunkturellen Faktoren und werden die Ergebniseinschätzungen mit den Wahrscheinlichkeitsarten multipliziert. Im gegebenen Beispiel wäre der Ausbau der vorhandenen Möglichkeiten am günstigsten.

Generell eignen sich *Entscheidungsbäume* vor allem aus folgenden Gründen für Entscheidungen in der strategischen Unternehmensführung und speziell in Innovationsprozessen:

— Berücksichtigung der Komplexität von Entscheidungsprozessen, insbesondere der wechselseitigen Abhängigkeit einzelner Projekte und Ereignisse im Strukturmodell (*Entscheidungsbaum*);

[225] Hax, A. C./Wiig, K. M., The Use of Decision Analysis in Capital Investment Problems, in: Bell, D. E./Keeney, R. L./Raiffo, H. (Hrsg.), Conflicting Objectives in Decisions, New York 1977, S. 277.

— Vorgehen entsprechend der Logik des Entscheidungsprozesses und Berücksichtigung des oft sequentiellen Charakters komplexer Entscheidungen sowie der Entscheidungsfindung unter mehreren Zielgrößen;
— Gewährleistung teamorientierter Arbeitsweisen unter Berücksichtigung quantitativer Aufwands-Nutzenskalküle und qualitativer Einschätzungen;
— Anwendbarkeit für schwachstrukturierte und risikobehaftete Entscheidungsprobleme sowie Berücksichtigung unterschiedlicher Realisierungswahrscheinlichkeiten;
— Kombinierfähigkeit mit anderen Instrumentarien des strategischen Managements sowie
— Möglichkeiten der rechnergestützten Arbeitsweise.

Einschränkend muß gesagt werden, daß sowohl *Entscheidungsbäume* als auch andere Formen der stochastischen Programmierung nach Einschätzung im *Management-Lexikon* der BRD aus dem Jahr 1985 in der Praxis nicht reüssierten.[226] Darüber hinaus ist auch aus entscheidungstheoretischer Sicht zu bedenken, daß
— *Entscheidungsbäume* wie jede andere Methodik nur objektiv begrenzte Widerspiegelungen der realen Situation und Komplexität liefern;
— die Konstruktion der *Entscheidungsbäume* hohen Aufwand und spezielle Qualifikation verlangt sowie den Einsatz systemanalytischer Instrumentarien und der *Szenario*-Technik mit den damit verbundenen Einschränkungen aus sozialökonomischer Sicht;
- strategische Trendbrüche im Rahmen eines *Entscheidungsbaums* wie andere qualitative Aspekte nur schwer erfaßbar sind.

Decision Support Systems (DSS)

Einer der neuesten Trends in der Entwicklung der Theorie und Praxis der Bewertung und Entscheidung betrifft die sogenannten *Decision Support Systems* (Entscheidungs-Unterstützungs-Systeme).[227]

DSS gilt als Sammelbegriff für die Einführung von Computer-Systemen in der Entscheidungsfindung, speziell zur Verbindung von Analysen, Fakten, Daten und Modellen zur Lösung schwach-strukturierter Probleme.

Insbesondere die Einführung der *Personal Computer* (*PC*) trägt international dazu bei, daß sich diese neue Entscheidungstechnik rasch entwickelt. Hervorgehoben wird die Möglichkeit der Verbindung von *PC* und Großrechnern bzw. Datenbanken.

Mit den *DSS* entsteht nach Einschätzung von Hodgetts eine neue Stufe der Interaktion von Manager- und Computertechnik.[228] Sie ermöglicht die Kombi-

[226] Vgl. Management-Lexikon, hg. von F. Neske und M. Wiener, a. a. O., S. 615.
[227] Vgl. Keen, P. G. W., Decision Support Systems: Translating Analytic Techniques into Useful Tools, in: Sloan Management Review (Cambridge), Spring 1980, S. 33—44.
[228] Hodgetts, R. M., Management, a. a. O., S. 483.

nation der Vorzüge umfassender Datenverarbeitung und fortgeschrittener Entscheidungstechniken mit subjektiven Bewertungen und Einschätzungen der Manager.

Mit der Einführung von *DSS* als interaktive Computersysteme mit Zugriffsmöglichkeiten zu Daten und Modellen werden neue Stufen des Mensch-Maschine-Dialogs erreicht. Gleichzeitig kann regelrecht von einem Lernprozeß beim Entscheiden gesprochen werden. Durch den Einsatz von *PC* erhalten die Manager neue Möglichkeiten, „Wenn — Dann"-Überlegungen und Simulationen durchzuführen, die das Vorbereiten und Treffen von Entscheidungen auf qualitativ höherem Niveau ermöglichen. *DSS* werden für die Zukunft als bedeutsamer eingeschätzt als die in den 60er und 70er Jahren im Vordergrund stehenden *Management-Informations-Systeme* (*MIS*).[229] Bewährt haben sich *DSS* vor allem auch in der Vorbereitung computergestützter Innovationsentscheidungen.[230]

Insgesamt ist einzuschätzen, daß durch Einführung vielfältiger moderner Techniken und neuer entscheidungstheoretischer Überlegungen die Möglichkeiten zum Fällen stärker rationaler Entscheidungen durch das Management erhöht wurden. Die systembedingten Grenzen einer vordergründig profitorientierten Bewertungs- und Entscheidungspraxis werden dadurch jedoch nicht aufgehoben.

Vertiefende Literaturhinweise zum vierten Kapitel

Agthe, K., Strategie und Wachstum der Unternehmung. Praxis der langfristigen Planung, Baden-Baden—Bad Homburg v. d. H. 1972.

Ahlert, D., Grundzüge des Marketing, (VDI-Taschenbuch T 44). Düsseldorf 1980

Albach, H., Strategische Unternehmungsplanung bei erhöhter Unsicherheit, in: Zeitschrift für Betriebswirtschaft (Wiesbaden), 8/1978, S. 702—715.

Alexis, M./Wilson, Ch. Z., Organizational Decision Making, New York 1967.

Amler, R. W., Analyse und Gestaltung strategischer Informationssysteme der Unternehmung, Göttingen 1983.

Anderson, C. R./Paine, F. T., PIMS: A Reexamination, in: The Academy of Management Review (Mississippi State), July 1978, 602—612.

Ansoff, H. J./Declerck, R. P./Hayes, R. L. (Hrsg.), From Strategie Planning to Strategic Management, London 1976.

Ansoff, H. J., Managing Surprise and Discontinuity — Strategic Response of Weak Signals, in: California Management Review, (Berkeley), 2/1975, S. 21—33.

Ansoff, H. J., Strategic Management, London 1979.

Argenti, J., Systematic Corporate Planning, Sunbury-on-Thames 1974.

Argyris, Ch., Interpersonal Barriers to Decision Making, in: Harvard Business Review (Boston), 2/1966, S. 84—97.

[229] Vgl. Simon, H. A., Entscheidungsverhalten in Organisationen, Landsberg am Lech 1981, S. 301 ff.

[230] Vgl. ausführlicher hierzu: Haustein, H.-D./Weber, M., Selection and Evaluation of Innovation Projects, Laxenburg 1980, S. 13 (IIASA Working Paper, 80—151).

Arping, H./Lakenbrink, K./Schmitz, A., Entscheidungsnetzplantechnik bei der Auftragsabwicklung in Industriebetrieben mit Einzel- und Kleinserienfertigung, in: Fortschrittliche Betriebsführung und Industrial Engineering (Berlin(West)), 1/1974, S. 3—15.

Assessing the impacts of technology on society, ed. by the Org. for Economic Coop. and Development, Paris 1983.

Babcock, R./Sorensen jr., F., A Long-Range Approach to MbO, in: Management Review (New York), 6/1976, S. 24—32.

Baetge, J., Erfolgskontrolle mit Kennzahlen, in: Fortschrittliche Betriebsführung und Industrial Engineering (Berlin(West)), 1/1980, S. 13—17.

Bamberger, I./Mair, L., Die Delphi-Methode in der Praxis. Ergebnisse einer exploratorischen Untersuchung zu Einsatzbereichen und Anwendererfahrungen, in: Management International Review (Wiesbaden), 2/1976, S. 81ff.

Barret, F. D., Creativity Techniques: Yesterday, Today and Tomorrow, in: Advanced Management Journal (New York), 1/1978, S. 25—35.

Barret, F. D., Tips and Tactics for more creative Management, in: The Business Quarterly (London), 3/1977, S. 78—85.

Bartussek, W., Drei Klassen von Entscheidungen für den Systementwurf, in: Angewandte Informatik (Braunschweig), 12/1977, S. 515—521.

Baumann, U., Innovation, Qualität, Service und flexibles Management, in: Industrielle Organisation (Zürich), 2/1981, S. 72—74.

Becker, H., Organisationsentwicklung, in: Zeitschrift für Arbeitswissenschaft (Frechen), 4/1977, S. 203—208.

Bendixen, P., Kreativität und Unternehmensorganisation, Köln 1976.

Bendixen, W./Kemmler, H., Planung, Organisation und Methodik innovativer Entscheidungsprozesse, Berlin(West) 1972.

Berekoven, L., Internationales Marketing, Wiesbaden 1978.

Berg, C. C., Theoretische Grundlagen und praktische Ansatzpunkte zum Aufbau von Frühwarnsystemen im Bereich der Materialwirtschaft, in: Albach, H. u. a. (Hrsg.), Frühwarnsysteme, in: Zeitschrift für Betriebswirtschaft (Wiesbaden), Erg.heft 2/1979, S. 135—144.

Berthel, J., Zielorientierte Unternehmungssteuerung. Die Formulierung operationaler Zielsysteme, Stuttgart 1973.

Berthel, J., PATTERN — eine Technik zur rationellen Entscheidungsfindung, in: Zeitschrift für Organisation (Wiesbaden), 2/1976, S. 89—96.

Berthel, J., Personal-Management, Stuttgart 1979.

Betriebliche Innovation als interdisziplinäres Problem, hg. von J. Franke, Stuttgart 1985.

Beyer, J., Innovationsmanagement, in: Management heute (Bad Harzburg), 1/1983, S. 13—16.

Biehl, W., Bestimmungsgründe der Innovationsbereitschaft und des Innovationserfolges. Eine empirische Untersuchung von Investitionsentscheidungen mittelständischer Maschinenbauunternehmen, Berlin(West) 1981 (Beiträge zur Verhaltensforschung, 24).

Biehl, W., Investition und Innovation, Wiesbaden 1982 (Abhandlungen der Geistes- u. Sozialwissenschaftlichen Klasse, 5).

Bircher, B., Langfristige Unternehmensplanung. Konzepte, Erkenntnisse und Modelle auf systemtheoretischer Grundlage, Bern—Stuttgart 1976.

Bischof, P., Produktlebenszyklen — Instrument jeder strategischen Produktplanung, in: Steinmann, H. (Hrsg.), Planung und Kontrolle, München 1981.

Bitz, M., Die Strukturierung ökonomischer Entscheidungsmodelle, Wiesbaden 1977.

Blank, W., Organisation komplexer Entscheidungen, Wiesbaden 1978.

Bleicher, K., Entscheidungsprozesse an Unternehmungsspielen, Bd. 1: Die Darstellung von Unternehmenspolitik und -planung an Idealmodellen, 3. Aufl., Baden-Baden—Bad Homburg v. d. H. 1974.

Bleicher, K., Management von Spitzentechnologien, in: Zeitschrift Führung und Organisation (Wiesbaden), 7/1983, S. 340—346.

Blohm, H., Innovation als betriebswirtschaftliche Aufgabe, in: Innovation — Anwendungsgebiete, Perspektiven, Randprobleme, hg. von der Deutschen Gesellschaft für Betriebswirtschaft, Berlin(West) 1973.

Bock, W., Kreativität im Unternehmen, in: Office Management (Baden-Baden), 5/1984, S. 458 bis 463.

Boisot, M., Intangible factors in Japanese corporate strategy, Paris 1983 (The Atlantic papers, 50).

Bolli, J. J., Änderungen im Entscheidungsprozeß und das Führungsverhalten, in: Industrielle Organisation (Zürich), 2/1976, S. 61—66.

Brambach, H., Zielorientierte Führung. Management by Objectives und seine Problematik, (Diss.) Würzburg 1976.

Bramson, R./Parlette, N., Methods of Data Collecting for Decision Making, in: Personnel Journal (Santa Monica), 5/1978, S. 243—246.

Brauchlin, E., Brevier der betriebswirtschaftlichen Entscheidungslehre, Bern—Stuttgart 1977.

Brauchlin, E., Problemlösungs- und Entscheidungsmethodik. Eine Einführung, Bern—Stuttgart 1978.

Brem, D., Die Verwendung von Prognosen in der Unternehmungsplanung, in: Industrielle Organisation (Zürich), 4/1976, S. 131—135.

Brendl, E., Wie man Innovationschancen nutzt, Wiesbaden 1978.

Brockhoff, K., Prognoseplanung für die Unternehmensplanung, Wiesbaden 1977.

Brockhoff, K., Produktionspolitik, Stuttgart—New York 1981 (UNI-Taschenbücher, 1079).

Bruce jr., J. W., Management Reporting System: A new Marriage between Financial Data through Management Science, in: Interfaces (Baltimore), 1/1975, S. 54—63.

Bruhm, M., Konsumentenzufriedenheit und Beschwerden, Frankfurt/M. 1982.

Buckley, P. J., The with and wisdom of japanese management. An iconoclastic analysis, in: Management International Review (Wiesbaden), 3/1985, S. 16—32.

Bürkler, A., Kennzahlensysteme als Führungsinstrument, (Diss.) Zürich 1977.

Bussiek, J., Unternehmensgröße—Flexibilität—Überlebenschancen, in: Industrielle Organisation (Zürich), 4/1979, S. 175ff.

Buzzell, R. D./B. Gale, Market share — a key to profitability, in: Harvard Business Review (Boston), 1/1975, 97—106.

Camra, J. J., Die kreative Fach- und Führungsarbeit. Ein Stiefkind der Arbeitsqualität, in: Fortschrittliche Betriebsführung und Industrial Engineering (Berlin(West)), 3/1976, S. 133 bis 136.

Carlson, E. D., Decision Support Systems: Personal Computing for Managers, in: Management Review (New York), 1/1977, S. 4—11.

Cenoobrazovanie na mirovom kapitalističeskom rynke, Inst. Mirovoj Ekonomiki i Meždunar. Otnošenij AN SSSR, otv. red.: S. M. Nikitin, Moskva 1982.

Chandler, A. D., Strategy and Structure: Chapters in the History of the American Industrial Enterprise, Cambridge (Mass.) 1962.

Christopher, W. F., Achievement Reporting — Controlling Performance against Objectives, in: Long Range Planning (Oxford), Okt. 1977, S. 14—24.

Clausewitz, C. von, Vom Kriege, 19. Aufl., Bonn 1980.

Competition policy and the professions, ed. by the Org. for Economic Co-Op. and Dvelopment, Paris 1985.

Coquet, M. A., Creativity „Fashion or Necessity", in: EIRMA (Ed.), Creativity and Motivation in Industrial R & D, Paris 1976, S. 55—60.

Corporate strategy & structure. Japan and the USA, publ. by the Chicago Council on Foreign Relations, ed. by John Vandenbrink, Chicago 1983.

Dichter, E., Strategie im Reich der Wünsche, Düsseldorf 1961.

Dinkelbach, W., Entscheidungsmodelle, Berlin(West)—New York 1982.

Dinner, G., Die Organisation des Wissens in der Unternehmung, in: Industrielle Organisation (Zürich), 6/1975, S. 286—290.

Diversifizieren ohne Schaden, in: Absatzwirtschaft (Düsseldorf), 10/1983, S. 106—116.

Döhl, W., Akzeptanz innovativer Technologien in Büro und Verwaltung, Göttingen 1983.

Donnelly, R. M., Strategic Planning for Better Management, in: Managerial Planning (Oxford), 6/1981, 3—6 und 41.

Drucker, P. F., The Age of Discontinuity: Guidelines to Our Changing Society, New York 1969, S. 56—57.

Drucker, P., Die gewaltige Macht unscheinbarer Ideen, in: Fortschrittliche Betriebsführung, Bd. 17, hg. vom Kurt-Hegner-Institut für Arbeitswissenschaft des Verbandes für Arbeitsstudien — REFA-e. V., Darmstadt—Berlin(West)—Köln—Frankfurt/M., o. J.

Drucker, P., Die unsichtbare Revolution, Düsseldorf 1977.

Drucker, P., Die Zukunft bewältigen, Düsseldorf 1977.

Dunst, H. H., Portfolio-Management. Konzeption für eine strategische Unternehmensplanung, Berlin(West) 1979.

Eickhof, N., Strukturkrisenbekämpfung durch Innovation und Kooperation, Tübingen 1982.

Einführung und Anwendung der Methoden der Ideenfindung in Unternehmen. Bericht, hg. vom Batelle-Institut, Frankfurt/M. 1975.

Ekspertnye očenki v zadačach uprovlenija, sbornik trudov, Inst. Problem Upravl., Moskva 1982.

Ellwein, T./Bruder, W., Innovationsorientierte Regionalpolitik, Opladen 1982 (Beiträge zur sozialwissenschaftlichen Forschung, 31).

Engeleiter, H.-J., Die Portfolio-Technik als Instrument der strategischen Planung, in: Betriebswirtschaftliche Forschung und Praxis (Herne), 1981, 407—420.

Entscheidungen in Industrieunternehmungen — Führungstraining durch Entscheidungsfälle aus der Wirtschaftspraxis, München 1977.

Ewinger, D., Innovation als unternehmerische Aufgabe, in: Zeitschrift für Organisation (Wiesbaden), 5/1974, S. 241—242.

Fabrycki, W. J./Ghare, P. M./Torgersen, P. E., Applied operations research and management science, Englewood Cliffs (N. J.) 1984.

Fiedler, H., Information — eine Führungsaufgabe, in: Fortschrittliche Betriebsführung und Industrial Engineering (Berlin(West)), 5/1978, S. 343—348.

Fischbach, F./Ott, W./Gross, J., Entscheidungstabellen — Hilfsmittel zur Entscheidungsfindung, Dokumentation und Programmierung, Köln 1975.

Fischer, A. J., Erfolgreiche Techniken im Export-Marketing, München 1973.

Fleck, V., Mehr Zeit für strategische Führung, in: Office Management (Baden-Baden), 7-8/1985, S. 726—732.

Fleischmann, G., Wettbewerb und Innovation, in: Hamburger Jahrbuch für Wirtschaftspolitik (Tübingen), 1/1972, S. 31 ff.

Franke, J. (Hrsg.), Betriebliche Innovation als interdisziplinäres Problem, Stuttgart 1985.

French, H. W., Engineering technicians. Some problems of nomenclature and classification, Paris 1981 (Studies in engineering education, 7).

French, W. L./Bell jr., C. H., Organisationsentwicklung, Berlin(West)—Stuttgart 1977.

Frese, E., Die Unternehmungsorganisation im Spannungsfeld zwischen Produkt und Markt, in: Unternehmung (Bern), 1981, S. 209—228.

Frese, E., Ziele als Führungsinstrumente. Kritische Anmerkungen zum „Management by Objectives", in: Zeitschrift für Organisation (Wiesbaden), 5/1971, S. 227—238.

Freudenthaler, B./Maier, B., Die Entwicklung eines Datenmodells aus Informationsbedarfsanalyse — ein Klassifikationsproblem, in: Angewandte Informatik (Braunschweig), 19/1977, S. 522—532.

Frey, D., Informationssuche und Informationsbewertung bei Entscheidungen, Bern 1981.

Frey, H., Technischer Fortschritt zwischen Mythos und Aufklärung. Ein interdisziplinärer Ansatz zur individuellen und sozialen Bewältigung des technischen Wandels, Düsseldorf 1984.

Freyend, E. von, Zur Innovationsfähigkeit mittlerer und kleiner Unternehmen, in: Zeitschrift für Betriebswirtschaft (Wiesbaden), 1/1979, S. 79—83.

Friedmann, J./Whellwright, T./Connell, J., Development strategics in the eighties, Sydney 1980.

Frühwarnsysteme. Gestaltung und Nutzen von Frühwarnsystemen, hg. von der Gesellschaft für Management und Technologie, München 1984.

Fuzzy sets and decision analysis, ed. by H.-J. Zimmermann, L. A. Zadeh, B. R. Gaines, Amsterdam 1984 (Studies in the management sciences, 20).

Gabele, E./Börsig, C., Grobplanung und Detailplanung. Zwei Strategien der Divisionalisierung von Betriebswirtschaften, in: Zeitschrift für Organisation (Wiesbaden), 4/1977, S. 205—217.

Gabele, E./Finkbeiner Th., Innovative Veränderungen der Organisationsstruktur, in: Schmalenbachs Zeitschrift für betriebswirtschaftliche Forschung (Wiesbaden), 8/1977, S. 145—152.

Gabele, E., Das Management von Neuerungen. Eine empirische Studie zum Verhalten, zur Struktur, zur Bedeutung und zur Veränderung von Managementgruppen bei tiefgreifenden Neuerungsprozessen in Unternehmen, in: Schmalenbachs Zeitschrift für betriebswirtschaftliche Forschung (Wiesbaden), 9/1978, S. 194—226.

Gälweiler, A., Portfolio-Management — Produktmarktstrategien als Voraussetzung, in: Zeitschrift für Organisation (Wiesbaden), 4/1980, S. 183—190.

Gälweiler, A., Unternehmensplanung. Grundlagen und Praxis, Frankfurt/M.—New York 1974.

Gaitanides, M., Praktische Probleme der Verwendung von Kennzahlen für Entscheidungen, in: Zeitschrift für Betriebswirtschaft (Wiesbaden), 1/1979, S. 57—64.

Gaitanides, M./Staehle, W. H./Trebesch, K., Reorganisationsprobleme bei der Einführung formalisierter Informationsverarbeitungs- und Entscheidungssysteme. Zur Neotaylorismuskritik, in: Zeitschrift für Organisation (Wiesbaden), 2/1978, S. 61—73.

Gebert, D., Zur Erarbeitung und Einführung einer neuen Führungskonzeption, Berlin(West) 1976.

Geiger, S./Heyn, W., Innovation, in: Management-Enzyklopädie. Das Managementwissen unserer Zeit, Bd. 5, München 1975.

Geschka, H., Innovationsideen: Ihre Herkunft und die Techniken ihrer gezielten Hervorbringung. Management technologischer Innovationen, Pullach b. München 1974.

Geyer, E., Produktinnovation zwischen System und Motivation, in: Fortschrittliche Betriebsführung und Industrial Engineering Berlin(West), 1/1976, S. 19—23.

Gomez, P., So verwenden wir Szenarien für Strategieplanung und Frühwarnsystem, in: Industrielle Organisation (Zürich), 9/1982, S. 9—13.

Gomez, P., Frühwarnung in der Unternehmung, in: Zeitschrift für Betriebswirtschaft (Wiesbaden), 2/1985, S. 198.

Graber, P., Computergestützte Informationssysteme in kleineren und mittleren Unternehmen, (Diss.) Zürich 1978.

Grochla, E., Unternehmensorganisation, Reinbek bei Hamburg 1972, S. 178ff.

Grochla, E./Szyperski, H. (Hrsg.), Modell- und computergestützte Unternehmensplanung, Wiesbaden 1973.

Gromball, P., Dynamik und Strategie in ökonomischen Konfliktsituationen, (Diss.) Karlsruhe 1982.

Grosse, P., Führungsfunktionen in der Informationsverarbeitung, in: IBM-Nachrichten (Stuttgart), 263/1983, S. 39—44.

Hadaschik, M., Einflußfaktoren, Organisation und Alternativen formaler Unternehmungsplanung, in: Unternehmung (Bern), 1982, 149—166.

Hahn, D./Klausmann, W., Frühwarnsysteme und strategische Unternehmungsplanung, in: Strategische Unternehmungsplanung, 2. Aufl., hg. v. Hahn, D. und Taylor, B., Würzburg—Wien—Zürich 1983, S. 250—266.

Hahn, D./Klausmann, W., Indikatoren im Rahmen betrieblicher Frühwarnsysteme, in: Ifo-Schnelldienst (Berlin(West)), 35/36/1979, S. 63—69.

Hahn, D., Konzepte und Beispiele zur Organisation des Controlling in der Industrie, in: Zeitschrift für Organisation (Wiesbaden), 1/1979, S. 4—24.

Hahn, D., Planungs- und Kontrollrechnung (PuK) als Führungsinstrument, Wiesbaden 1974, S. 43ff.

Haidekker, D./Langosch, J., Betriebswirtschaftliche Organisationsentwicklung, in: Zeitschrift für Organisation (Wiesbaden), 6/1975, S. 331—341.

Hammer, R. M., Unternehmensplanung, München—Oldenburg 1982, S. 87—90.

Haner, F. T., An index measure relative business risk in countries around the world, Newark (Del.) 1973.

Hansen, H. R./Wahl, M. P. (Hrsg.), Probleme beim Aufbau betrieblicher Informationssysteme, München 1973.

Hanssmann, F., Jenseits von Portfolio, in: Wirtschaftswoche (Düsseldorf), 14/1981, S. 52—56.

Harrison, E. F., The managerial decision-making process. 2nd ed., Boston 1981.

Hartmann, W. D., Stock, W., KANBAN — minutiöses Management. Kein Wechsel auf die Zukunft, in: Neuerer (Berlin), 10/1984, S. 137—138.

Hayhurst, G., A Proposal for a Corporate Control System, in: Management International Review (Wiesbaden), 2/1976, S. 93—103.

Hedley, B., Strategie and the „Business-Portfolio", in: Long Range Planning (Oxford), Feb. 1977, S. 9—15.

Hegi, O., So fördern wir den dauernden Innovationsprozeß, in: Industrielle Organisation (Zürich), 1/1978, S. 13—16.

Heinen, E., Grundlagen betriebswirtschaftlicher Entscheidungen. Das Zielsystem der Unternehmung, 3. Aufl., Wiesbaden 1976.

Heinrich, L. J., Systemplanung, Bd. 1: Analyse und Grobprojektierung von Informationssystemen; Bd. 2: Feinprojektierung. Einführung und Pflege von Informationssystemen, Berlin-(West)—New York 1976.

Heinzelbecker, K., Ausbaustufen eines EDV-Marketing-Informationssystems. Eine Wegleitung, in: Industrielle Organisation (Zürich), 9/1978, S. 403—408.

Hemberger, U./Heuer, R., Wissenschaft und Technik in der Profitstrategie des BRD-Mono-

polkapitals, in: Wissenschaftliche Beiträge der Parteihochschule „Karl Marx" beim ZK der SED (Berlin), 2/1985, S. 98—104.
Higgins, J. C., Strategic and operational planning systems, principles and practics, London 1980.
Hinterhuber, H. H., Innovationsdynamik und Unternehmensführung, Wien—New York 1979.
Hinterhuber, H. H. Strategische Unternehmensführung. Berlin(West)—New York 1980.
Hinterhuber, H. H., Strategieorientierte Innovationsplanung in industriellen Unternehmen, in: Wissenschaftliche Zeitschrift der Humboldt-Universität zu Berlin, Reihe Gesell.-Wiss. (Berlin), 5/1983, S. 547—554.
Hirzel, M./Miketta, E., Planung integrierter Organisationsstrukturen, in: Zeitschrift für Organisation (Wiesbaden), 1/1977, S. 29—32.
Hoffmann, F., Organisation der Unternehmungsplanung, in: Unternehmungsplanung, hrsg. v. H. Ulrich, Wiesbaden 1975, S. 29—48.
Holt, K., Creativity. A New Challenge to the Industrial Engineer, in: International Journal of Production Research (London), 15/1977, S. 411—421.
Horn, E.-J., Technologische Neuerungen und internationale Arbeitsteilung, Tübingen 1976.
Horvath, P., Controlling in der Unternehmung. Aufgaben und Formen, Controlling-Forschungsbericht 1977/1 des Instituts für Betriebswirtschaftslehre der TH Darmstadt.
Horvath, P./Kargl, H./Müller-Merbach, H. (Hrsg.): Controlling und automatisierte Datenverarbeitung, Wiesbaden 1975.
Horvarth, P./Gaydoul, P./Hagen, W., Planung, Kontrolle und Rechnungswesen. Auswertung einer empirischen Untersuchung, Frankfurt 1978 (RKW-Schriftenreihe).
Huber, O., Entscheiden als Problemlösen, Bern—Stuttgart—Wien 1982.
Huehnel, W., Zur Bestimmung des F/E-Budgets in kapitalistischen Unternehmen, Berlin 1984, S. 161—171 (Forschungsinformation sozialistischer Betriebswirtschaft, hg. von der Hochschule für Ökonomie Berlin).
Hughes, J. S., Optimal Internal Audit Timing, in: Accounting Review (Sarasota, Fla.), 1/1977, S. 56—68.
Hussey, D. E., Portfolio Analysis: Practical Experience with the Directional Policy Matrix, in: Long Range Planning (Oxford), Aug. 1978, 2—8.
Huysmans, J., The Implementation of Operations Research, New York—London 1970.
Innovation und Forcierung der Forschung unter den Bedingungen verschärften Konkurrenzkampfes, in: Außenwirtschaft (Berlin), 14/1983, S. 12.
Innovation und Technologietransfer. Gesamtwirtschaftliche und einzelwirtschaftliche Probleme. Festschrift zum sechzigsten Geburtstag von Herbert Wilhelm, hg. von H. J. Engeleiter, Berlin(West) 1982.
Innovationsförderung bei kleinen und mittleren Unternehmen. Wirkungsanalyse von Zuschüssen für Personal in Forschung und Entwicklung, Frankfurt/M. 1982 (Campus-Forschung, 299).
Jacob, H./Leber, W., Bernouilli-Prinzip und rationale Entscheidung bei Unsicherheit, in: Zeitschrift für Betriebswirtschaft (Wiesbaden), 3/1976, S. 177—204.
Jacob, H./Leber, W., Bernouilli-Prinzip und rationale Entscheidung bei Unsicherheit. Ergänzung und Weiterführung, in: Zeitschrift für Betriebswirtschaft (Wiesbaden), 11/1978, S. 979—993.
Jacob, H., Die Planung des Produktions- und Absatzprogramms, in: ders. (Hrsg.): Industriebetriebslehre in programmierter Form, Wiesbaden 1972, S. 99—108.
Jäger, Ph. K., Die Datenbank im System Produktionsplanung und -steuerung, Berlin(West) 1975.
Jaggi, B. L./Görlitz, R., Handbuch der betrieblichen Informationssysteme, München 1975.

Johansson, B., Kreativität und Marketing. Die Anwendung von Kreativitätstechniken im Marketingbereich, Bern—Frankfurt/M. 1985.

Kaiser, A., Erfolgreich lehren in Aus- und Fortbildung, Stuttgart 1976.

Kalscheuer, H. D., Die betriebliche Planung und Kontrolle mit elektronischer Datenverarbeitung, Berlin(West)—New York 1973.

Kalscheuer, H. D./Gsell, P. I., Integrierte Datenverarbeitungssysteme für die Unternehmensführung, 3. Aufl., Berlin(West)—New York 1972.

Kanter, J., Management-oriented Management Information Systems, Englewood Cliffs 1972.

Karehnke, H., Controller-Aufgaben bei funktionaler und divisionaler Unternehmensorganisation, in: Aktiengesellschaft (Köln), 1974, S. 16ff.

Kast, F. E./Rosenzweig, E., Organization and Management: A Systems Approach, New York 1974.

Keeney, R. L./Raiffa, H., Decisions with multiple Objectives, New York 1976.

Kempf, Th., Das Konzept der „Organisationsentwicklung" (OE). Zu der verhaltenswissenschaftlichen Grundlage des geplanten organisatorischen Wandels, in: Zeitschrift für Organisation (Wiesbaden), 4/1978, S. 201—208.

Kenneth, J. (Hrsg.), The Strategic Management Handbook, New York 1983.

Kessler, R., Innovative Produktpolitik als Marke. Ing.-Instrument mittelständischer Investitionsgüterhersteller, Frankfurt/M. 1982 (Reihe Wirtschaftswissenschaften, 270).

Kewald, K./Kasper, K./Schelle, H., Netzplantechnik, München 1972.

Kieser, A., Management der Produktinnovation: Strategie, Planung und Organisation, in: Management International Review (Wiesbaden), 1/1974, S. 3—22.

Kieser, A./Kubicek, H., Organisationsstruktur und individuelles Verhalten als Einflußfaktoren der Gestaltung von Management-Informationssystemen, in: Zeitschrift für Betriebswirtschaft (Wiesbaden), 6/1974, S. 449—474.

Kirsch, W./Esser, W. M./Gabele, E., Das Management des geplanten Wandels von Organisationen, Stuttgart 1979.

Kirsch, W./Klein, H., Management-Informationssysteme, Stuttgart 1977.

Kirsch, W./Bruder, W./Gabele, E., Personalschulung. Empirische Perspektiven der betrieblichen Curriculumplanung, München 1976.

Kirsch, W. u. a., Planung und Organisation in Unternehmen, München 1975.

Klausmann, W., Betriebliche Frühwarnsysteme im Wandel, in: Zeitschrift Führung und Organisation (Wiesbaden), 1/1983, S. 39—45.

Klausmann, W., Entwicklung der Unternehmungsplanung, Gießen 1983, S. 41ff.

Klein, B., Erfolgreiche Innovation und neue Produkte durch strategische Planung, in: VDI-Zeitschrift (Düsseldorf), 1/2/1982, S. 1—9.

Koch, H., Gegenstand, Struktur und Kriterien der betriebswirtschaftlichen Entscheidungsanalytik, in: Zeitschrift für Betriebswirtschaft (Wiesbaden), 5/1974, S. 301—334.

Koch, H., Marktwachstum-Marktanteil-Analyse, versus Cash-Verlaufsanalyse, in: Zeitschrift für Organisation (Wiesbaden), 1980, S. 369—374.

Köhler, R., Informationssysteme für die Unternehmensführung, in: Zeitschrift für Betriebswirtschaft (Wiesbaden), 1/1971, S. 28—58.

Köhler, R./Heizelbecker, K., Informationssysteme für die Unternehmensführung. Zur „MIS"-Entwicklung in der Praxis im Zeitraum 1970/1975, in: Die Betriebswirtschaft (Bern—Stuttgart), 2/1977, S. 267—282.

Köster, H., Computer-gestützte Prüfungsmethoden, Düsseldorf 1974.

Koinecke, J./Wolter, F. H., Außendienst richtig entlohnen — mehr erreichen, Hamburg 1978.

Koinecke, J. (Hrsg.), Handbuch Marketing, Gernsbach 1978.

Kompenhans, K., Netzplantechnik und Transplantechnik. Anwendung im Betrieb, Köln 1977.

Koreimann, D., Architektur und Planung betrieblicher Informationssysteme, in: Hansen, H. R./ Wahl, M. P. (Hrsg.), Probleme beim Aufbau betrieblicher Informationssysteme, München 1973, S. 49—82.

Koreimann, D., Methoden der Informationsbedarfsanalyse. Berlin(West)—New York 1976.

Koreimann, D., Planung und Steuerung komplexer Informationssysteme, in: Betriebswirtschaftliche Forschung und Praxis (Herne), 1/1978, S. 77—92.

Kotler, Ph., Marketing-Management, Stuttgart 1977.

Kovats, P. J., Unternehmen in der Problemzone: Früh gewarnt, Gefahr erkannt, in: Absatzwirtschaft (Düsseldorf), 2/1977, S. 13ff.

Kramer, S., Marktinformationssystem als Hilfsmittel der Unternehmensführung — Beispiel aus der Praxis, in: Rationalisierung (München), 10/1977, S. 221—224.

Krystek, U., Krisenbewältigungs-Management und Unternehmungsplanung, Wiesbaden 1981, S. 159ff.

Krystek, U., Organisatorische Möglichkeiten des Krisen-Managements, in: Zeitschrift für Organisation (Wiesbaden), 2/1980, S. 63—71.

Kubicek, H., Ein Konzept zur Berücksichtigung organisatorischer und sozialer Aspekte beim Einsatz moderner Informationstechnologien, in: Online (Köln), 9/1973, S. 606—619.

Kubicek, H., Informationstechnologie und organisatorische Regelungen, Berlin 1975.

Kubicek, H., Der Zusammenhang zwischen Informationstechnologie und Organisationsstruktur, in: Zeitschrift für Organisation (Wiesbaden), 6/1972, S. 287—296.

Kühn, R., Frühwarnung im strategischen Bereich, 1. Teil: Methodische Grundlagen, in: Industrielle Organisation (Zürich), 11/1980, S. 479—499, und 2. Teil: Das praktische Vorgehen, in: Industrielle Organisation (Zürich), 12/1980, S. 551—555.

Laager, F., Die Bildung problemangepaßter Entscheidungsmodelle, Zürich 1974.

Laager, F., Entscheidungsmodelle: Leitfaden zur Bildung problemangepaßter Entscheidungsmodelle und Hinweise zur Realisierung getroffener Entscheidungen, 2. Aufl., Königstein/Ts. 1978.

Lebrecht, A., Vorgefertigte Informationssysteme (VLS). Voraussetzungen und Lösungsansätze, München 1978.

Leitherer, E., Innovative Produkte als Gegenstand der betrieblichen Produktions- und Marktleistung — Erfahrungen aus der Innovationsberatung von mittleren Industriebetrieben, in: Schmalenbachs Zeitschrift für betriebswirtschaftliche Forschung (Opladen), 12/1980, S. 1.096 bis 1.109.

Liebing, D./Unser, W., Wissenschaftlich-technische Strategie und Finanzierung von Innovationsprozessen in kapitalistischen Konzernen. Literaturstudien, Berlin 1984 (Thematische Information und Dokumentation, Reihe A, I 41).

Lindemann, P., Der Einfluß der EDV auf die Rechnungslegung (2). Revision als Instrument der Datensicherung bei computergestützten Informationssystemen, in: IBM-Nachrichten (Stuttgart), 213/1973, S. 404—409.

Lindemann, P./Nagel, K., Revision und Kontrolle bei automatisierter Datenverarbeitung, Neuwied 1968.

Linneweh, K., Kreatives Denken. Techniken und Organisation innovativer Prozesse, Karlsruhe 1973.

Lockyer, K. G., Einführung in die Netzplantechnik, Köln 1969.

Löhneysen, G. von, Die rechtzeitige Erkennung von Unternehmungskrisen mit Hilfe von Frühwarnsystemen als Voraussetzung für ein wirksames Krisenmanagement, (Diss.) Göttingen 1982.

Lorange, P./Vancil, F. (Hrsg.), Strategic Planning Systems, Englewood Cliffs (N.J.) 1977.

Losse, K. H./Thom, N., Das betriebliche Vorschlagswesen als Innovationsinstrument. Eine empirisch-explorative Überprüfung seiner Effizienzdeterminanten, Frankfurt/M.—Bern 1977.

Lowe, J./Crawford, N., Innovation and technology transfer for the growing firm. Text and cases, Oxford o. J.

Lutz, T., Das computerorientierte Informationssystem (CIS), Berlin(West) 1973.

Lutz, T., Informationssysteme und Datenbanken: Eine Informatikanalyse zu Datenbank und Datenkommunikation, Teil 1—4, in: IBM-Nachrichten (Stuttgart), 23/1973, S. 215—218.

McAvoy, R., New Rules for Strategy and Planning, in: Management Review (New York), 1/1976, S. 4—10.

McClain, J. O./Thomas, J., Operations management. Production of goods and services, Englewood Cliffs 1980.

McFarlan, F. W., Portfolio Approach to Informations System, in: Harvard Business Review (Boston), 9/10/1981, S. 142—150.

Macharzina, K., Reduktion von Ungewißheit und Komplexität durch Prognose und Planung, in: Management International Review (Boston), 6/1975, S. 29—42.

MacMillan, I. C., General Management Policy and Creativity, in: Journal of General Management (London), 2/1976, S. 3—10.

Majora, S., International Marketing, London 1977.

Mann, R., Die Praxis des Controlling. Instrumente, Einführung, Konflikte, München 1975.

Mauthe, K. D./Roventa, P., Versionen der Portfolio-Analyse auf dem Prüfstand, in: Zeitschrift Führung und Organisation (Baden-Baden), 4/1982, 191—204.

Meffert, H., Marketing. Einführung in die Absatzpolitik, 5. Aufl., Wiesbaden 1980.

Meffert, H., Die Durchsetzung von Innovationen in der Unternehmung und im Markt, in: Zeitschrift für Betriebswirtschaft (Wiesbaden), 2/1976, S. 77—100.

Menges, G., Grundmodelle wirtschaftlicher Entscheidungen, Opladen 1974.

Mensch, G., Beobachtungen zum Innovationsverhalten kleiner, mittlerer und mittelgroßer Unternehmen, in: Zeitschrift für Betriebswirtschaft (Wiesbaden), 1/1979, S. 72—78.

Milner, B. Z./Kozlova, S. M./Sejnin, R. L., Novye tendencii v organizacii naučno-techničeskogo progressa v SŠA, in: SŠA (Moskva), 1/1984, S. 96—106.

Mohn, R., Ein Unternehmen benötigt die Kreativität der Mitarbeiter, in: Zeitschrift für Organisation (Wiesbaden), 3/1977, S. 141—143.

Mohr, H. W., Bestimmungsgründe für die Verbreitung neuer Technologien, Berlin(West) 1977.

Morano, R. A., Managing Conflict for Problem Solving, in: Personnel Journal (Santa Monica), 8/1976, S. 393—394.

Morner, P., Betriebliche Frühwarn-Systeme. Der Alarm kommt immer noch zu spät, in: Manager Magazin (Hamburg), 1/1973, S. 35ff.

Müller, G., Strategische Frühaufklärung, München 1981.

Müller-Merbach, H., Frühwarnsysteme zur betrieblichen Krisenerkennung und Modelle zur Beurteilung von Krisenabwehrmaßnahmen, in: Plözeneder, H. D. (Hrsg.), Computergestützte Unternehmensplanung, Stuttgart 1976.

Müller-Merbach, H., Quantitative Entscheidungsvorbereitung. Erwartungen, Enttäuschungen, Chancen, in: Die Betriebswirtschaft (Stuttgart), 1/1977, S. 11—23.

Murdick, R. G./Ross, J. E., Introduction to Management Information Systems, Englewood Cliffs 1977.
Nagtegaal, H., Experience Curve & Product Portfolio — Wie überlebt ein Unternehmen, Wiesbaden 1977.
Naučno-techničeskij progress v. Japonii, Moskva 1984 (sbornik statej, Akad. Nauk SSSR, Inst. Vostokovedenija).
Noltemeier, H. (Hrsg.), Computergestützte Planungssysteme, Würzburg—Wien 1976.
Ochsler, W. A., Voraussetzungen von Innovation und Kreativität, in: Personalmanagement, Bd. 2, Wiesbaden 1977, S. 91—110.
Ogiloy, D., Alles über Werbung, Düsseldorf 1984.
Ohmae, K., Macht der Triade. Die neue Form weltweiten Wettbewerbs, Wiesbaden 1985.
Oppelland, H. J./Kolf, E./Claus, J. (Hrsg.), Dokumentation der Ergebnisse einer Expertenbefragung zur Entwicklung und Einführung rechnergestützter Informationssysteme, Stuttgart 1977.
Ording, E. C., Grundlagen und Entwicklung eines integrierten Informationssystems zur Unterstützung des Planungs- und Entscheidungsprozesses in der Unternehmung, Paris 1975.
Organisation—Führung—Kontrolle. Neuzeitliche Methoden und Verfahren in Wirtschaft und öffentlicher Verwaltung, AWV-Fachbericht 22/23, Frankfurt/M. 1975.
Oster, D., Management Development, in: Management-Enzyklopädie, Bd. 4, München 1971, S. 272ff.
Ott, E., Die Wende in der Forschungs- und Technologiepolitik, in: Die Neue Gesellschaft (Bonn—Bad-Godesberg), 9/1984, S. 788—791.
Palme, K., Untersuchung von Arbeitsunterweisungsmethoden an produktiven Arbeitsplätzen anhand von Beispielen aus Betrieben der verarbeitenden Industrie, Berlin(West) 1969.
Patzak, G., Systemtechnik. Planung komplexer innovativer Systeme: Grundlagen—Methoden—Techniken, Berlin(West)—Heidelberg—New York 1982.
Pausenberger, E., (Hrsg.), Internationales Management, Stuttgart 1981.
Pettigrew, A. M., The Politics of Organizational Decision Making, London 1973.
Petzold, H. J./Pöhlmann, H./Haag, W., Modelle der innerbetrieblichen Informationsversorgung, Berlin(West) 1974.
Pfeiffer, W., Allgemeine Theorie der technischen Entwicklung als Grundlage einer Planung und Prognose des technischen Fortschritts, Göttingen 1971.
Pfeiffer, W., Innovationsmanagement als Know-How-Management, in: Hahn, D., Führungsprobleme industrieller Unternehmungen, Berlin(West)—New York 1980, S. 421—452.
Pfeiffer, W./Bischof, P., Produktlebenszyklen — Instrument jeder strategischen Produktplanung, in: Steinmann, H. (Hrsg.), Planung und Kontrolle, München 1981, S. 133—166.
Pfeiffer, W., Probleme kleiner und mittelgroßer Unternehmen im technologischen Trendbruch und staatliche Programme der direkten Technologieförderung, in: Fortschrittliche Betriebsführung und Industrial Engineering (Berlin(West)), 1/1979, S. 11—19.
Pfohl, H. Ch./Rürup, B. (Hrsg.), Anwendungsprobleme moderner Planungs- und Entscheidungstechniken, Königstein/Ts. 1978.
Pfohl, H. Ch., Planung und Kontrolle, Stuttgart 1981.
Pfohl, H. Ch., Problemorientierte Entscheidungsfindung in Organisationen, Berlin(West)—New York 1977.
Plötzeneder, H. D. (Hrsg.), Computergestützte Unternehmensplanung, Stuttgart 1977.
Prince, T. R., Information systems for Management Planning and Control, Homewood (Ill.) 1970.

Project evaluation. Problems of methodology, Paris 1984.
Rauter, J., Die Kreativitätsklausur bringt noch mehr, in: Industrielle Organisation (Zürich), 3/1979, S. 123–125.
REFA (Hrsg.), Methodenlehre des Arbeitsstudiums, Bd. 6.: Arbeitsunterweisung, München 1975.
Research and development in the United States. The role of the public and private sectors. Hearing before the Subcommittee on Energy, Nuclear Proliferation, and Gov. Processes of the Committee on Gov. Affairs, United States Senate, Washington 1982.
Richner, J., Führen und Planen im Klein- und Mittelbetrieb. Kennzahlen als Führungsinstrument, in: Industrielle Organisation (Zürich), 3/1979, S. 129–131.
Rieser, J., Frühwarnsysteme, in: Unternehmung (Bern), 1/1978, S. 51–68.
Ringle, G., Exportmarketing, Wiesbaden 1977.
Robinson, S. J. Q./Hickens, R. E./Wade, D. P., The Directional Policy Matrix – Tool for Strategic Planning, in: Long Range Planning (Oxford), June/1978, S. 8–15.
Rockart, J. F., Chief executives define their own data needs, in: Harvard Business Review (Boston), 2/1979, S. 81–93.
Röthing, R., Organisation und Krisenmanagement, in: Zeitschrift für Organisation (Wiesbaden), 1/1976, S. 13–20.
Roggo, J., Konzeptionelle Grundlagen für ein strategisches Management in Wirtschaftsverbänden, (Diss.) Freiburg (Schweiz) 1983.
Rottmann, H., Marketing für Klein- und Mittelbetriebe, Bern 1978.
Roventa, P., Portfolio-Analyse und Strategisches Management, München 1981 (Planungs- und Organisationswissenschaftliche Schriften, 30).
Rupp, M., Produkt/Markt-Strategien. Ein Leitfaden zur marktorientierten Produktplanung für kleine und mittlere Unternehmungen der Investitionsgüterindustrie, 2. Aufl., Zürich 1983.
Sahm, A., Humanisierung im Führungsstil, Frankfurt/M. 1977, S. 47ff.
Salinger, E., Betriebswirtschaftliche Entscheidungstheorie. Eine Einführung in die Logik individueller und kollektiver Entscheidungen, München–Wien–Oldenbourg 1981 (Oldenbourgh-Studienlehrbücher der Wirtschafts- und Sozialwissenschaften).
Schareck, R./Schmitz, H., Manuelle und computergestützte Dokumentationsverfahren betrieblicher Informationssysteme, Köln 1975 (BIFOA-Forschungsbericht Nr. 75/1).
Scheibler, A., Entscheidungsform und Führungsstile, in: Zeitschrift für Betriebswirtschaft (Wiesbaden), 12/1975, S. 765–792.
Scheibler, A., Zielsysteme und Zielstrategien der Unternehmensführung, Wiesbaden 1974.
Scheitlin, V., Ausbildungstechniken der modernen Unternehmen. Handbuch der Personalschulung, Stuttgart 1970.
Schlaffke, W./Vogel, O., Industriegesellschaft und technologische Herausforderung, Köln 1981.
Schlicksupp, H., Kreative Ideenfindung in der Unternehmung, Berlin(West)–New York 1977.
Schmidt, R., Diagnose von Unternehmensentwicklungen auf Basis computergestützter Inhaltsanalysen, in: Unternehmenskrisen – Ursachen, Frühwarnung, Bewältigung, Stuttgart 1981, S. 353–379.
Schmidt-Tiedemann, K. J., A new model of the innovation process (Ein neues Modell des Innovationsprozesses), in: Research Management (New York), 2/1982, S. 18–21.
Schoeffler, S./Buzzell, R. D./Heany, D. F., Impact of strategic planning on profit performance, in: Harvard Business Review (Boston), 2/1974, 137–145.
Schoeffler, S., The PIMS-letter on Business Strategy Nr. 1, 2, 3, Cambridge (Mass.) 1977.

Schubert, U./Schubert, G., Verantwortung abgrenzen. Grundsätze und Techniken der Arbeitsanweisung und Stellenbeschreibung, Wiesbaden 1978.

Schünemann, T. H./Bruns, T., Entwicklung eines Diffusionsmodells für technische Innovationen, in: Zeitschrift für Betriebswirtschaft (Wiesbaden), 2/1985, S. 166—186.

Schwab, K., Chancen-Management, Düsseldorf 1976.

Schwab, K., Herausforderung für kreatives Management, in: Industrielle Organisation (Zürich), 1/1978, S. 1—2.

Seidel, H., Erschließung von Auslandsmärkten — Auswahlkriterien, Handlungsalternativen, Entscheidungshilfen, Berlin(West) 1977.

Sittig, C. A., Führen und Planen im Klein- und Mittelbetrieb. Wie erarbeiten wir Prognosen für die Planung?, in: Industrielle Organisation (Zürich), 3/1979, S. 132—135.

Slusher, E. A./Sims, H. P., Das Zielsetzungsgespräch in MbO-Systemen — Zur Verpflichtung von Mitarbeitern gegenüber Zielen, in: Zeitschrift für Organisation (Wiesbaden), 2/1977, S. 86—90.

Smith, P., Unique Tool for Marketers: PIMS, in: Dun's Review (New York), Oct. 1976, 95—100.

Sombart, W., Die deutsche Volkswirtschaft im 19. Jahrhundert, Berlin 1903.

Sombart, W., Der moderne Kapitalismus, Leipzig 1902.

Sontheimer, K., Die verunsicherte Republik. Die Bundesrepublik nach 30 Jahren, München, 1979.

Sontheimer, K., Zeitenwende — Die Bundesrepublik Deutschland zwischen alter und alternativer Politik, Hamburg 1983.

Stadler, K., Innovative Unternehmungspolitik. Die Gestaltung und optimale Anwendung der Unternehmungspolitik zur Bewältigung von Veränderung und Unsicherheit, (Diss.) Diessenhofen 1978.

Stahr, G., Auslandsmarketing, Bd. 1: Marktanalyse, Bd. 2: Marketingstrategie, Stuttgart—Berlin(West)—Köln—Mainz 1979.

Staudt, E., Innovation und Unternehmensführung, in: Zeitschrift Führung und Organisation (Baden-Baden), 2/1985, S. 75—79.

Staudt, E., Innovationswiderstände: Ursachen und Lösungsstrategien, in: Management heute (Bad Harzburg), 2/1983, S. 5—8.

Steiner, J./Reske, W., Aufgaben und Bedeutung von Führungspersonen in mittelständischen Betrieben, Göttingen 1978.

Steinmann, H. (Hrsg.), Planung und Kontrolle, München 1981, S. 23—45.

Stiefel, R. Th., Konferenzführung und Organisationsklima, in: Fortschrittliche Betriebsführung und Industrial Engineering (Berlin(West)), 6/1976, S. 347—350.

Stöber, J., Aufbau- und Ablauforganisation der Unternehmensplanung, Wien 1976, S. 32ff.

Stoljarow, J./Uljanitschew, S., Japans Strategie, in: Wissenschaft und Technik, in: Sowjetwissenschaft, Gesellschaftswissenschaftliche Beiträge (Berlin), 1/1984, S. 97—107.

Strebel, H., Innovationen: Schwachstellen beim Mittelstand, in: Wirtschaftswoche (Düsseldorf), 18/1979, S. 80ff.

Strunz, E., Entscheidungstabellentechnik, Grundlagen und Anwendungsmöglichkeiten bei der Gestaltung rechnergestützter Informationssysteme, München—Wien 1977.

Sutton, C. J., Economics and corporate strategy, Cambridge—London—New York—New Rochelle—Melbourne—Sydney 1980.

Szyperski, N./Sikora, K./Wondracek, J., Entwicklungstendenzen computergestützter Unternehmensplanung, Köln 1976.

Szyperski, N./Winand, U., Grundbegriffe der Unternehmensplanung, Stuttgart 1980.

Tannenbaum, A. S., Control in Organizations, New York 1968.

Taylor, B./Sparkes, J. R., Corporate Strategy and Planning, London 1977.

Thom, N., Innovations-Management, in: Zeitschrift Führung und Organisation (Baden-Baden), 1/1983, S. 4—11.

Thom, N., Zur Effizienz betrieblicher Innovationsprozesse, Köln 1976.

Timmermann, M. (Hrsg.), Personalführung, Führungsstil, Motivation, Mitbestimmung, Stuttgart 1977.

Töpfer, A., Die Planungspraxis deutscher Unternehmungen, in: Zeitschrift für Organisation (Wiesbaden), 3/1978, S. 121—128.

Töpfer, A., Planungs- und Kontrollsysteme industrieller Unternehmungen. Eine theoretische, technologische und empirische Analyse, Berlin(West) 1976.

Töpfer, A./Afheldt, H., (Hrsg.), Praxis der strategischen Unternehmensplanung, Frankfurt/M. 1983.

Töpfer, A., Teamplanung, in: Industrielle Organisation (Zürich), 1/1978, S. 17ff.

Tübergen, E., Organisationsentwicklung in Unternehmen, in: Management heute (Bad-Harzburg), 12/1977, S. 18—20.

Uhlig, K.-H./Petschick, P., Innovationsstrategien in der BRD, Berlin 1983.

Uhlir, H., Bedeutung von Kennzahlenanalysen zur Früherkennung negativer Unternehmensentwicklungen (Insolvenzen) aus der Sicht der Anteilseigner, in: Albach, H. u. a. (Hrsg.), Frühwarnsysteme, in: Zeitschrift für Betriebswirtschaft (Wiesbaden), 2/1979, S. 89—103.

Ulrich, W., Kreativitätsförderung in der Unternehmung. Ansatzpunkt eines Gesamtkonzepts, Bern—Stuttgart 1975.

Ulrich, W., Systematische Kreativitätsförderung in der Unternehmung. 10 Thesen zur Entwicklung eines Gesamtkonzepts, in: Zeitschrift für Organisation (Wiesbaden), 7/1974, S. 391 bis 396.

VDI-Gemeinschaftsausschuß Wertanalyse, Ideen—Methode—System, 2. Aufl., Düsseldorf 1975 (VDI-Taschenbuch T35).

Vente, R. E., Zielplanung, Baden-Baden 1971.

Venture capital and innovation. A study, prep. for the use of the Joint Economic Committee, ed. by the Congress of the United States, Washington 1985.

Vesper, V., Diesseits von Portfolio, in: Wirtschaftswoche (Düsseldorf), 32/1981, S. 34 bis 36.

Vester, F., Neuland des Denkens, München 1984.

Vollmer, T., Kritische Analyse und Weiterentwicklung ausgewählter Portfolio-Konzepte im Rahmen der strategischen Planung, Frankfurt/M. 1983.

Wahl, M. P., Grundlagen eines Management-Informationssystems, Neuwied 1969.

Warnecke, H. J./Lederer, K. C., Flexibel durch systematische Planungs- und Informationssysteme, in: Rationalisierung (München), 4/1976, S. 85—90.

Wiedemann, H., Mitarbeiter weiterbilden. Fallstudien, Gruppendynamik, Kreativitätstraining, Motivationstraining, 2. Aufl., Ludwigshafen 1978.

Wild, J., Grundlagen der Unternehmensplanung, Reinbek b. Hamburg 1974.

Wild, J., Product Management, 2. Aufl., München 1973, S. 25ff.

Wille, E., Innovationschancen bei überalterten Sortimenten. Methodische Instrumente für Analyse und Planung, in: Industrielle Organisation (Zürich), 9/1978, S. 389—392.

Williamson, O. E., Markets and Hierarchies: Markets and Hierarchies—Analysis and Antitrust Implications, New York 1975.

Witte, E., Kraft und Gegenkraft im Entscheidungsprozeß, in: Zeitschrift für Betriebswirtschaft (Wiesbaden), 4/5/1976, S. 319—326.

Witte, E., Organisation für Innovationsentscheidungen. Das Promotorenmodell, Göttingen 1973.

Wohinz, J., Wertanalyse — Innovationsmanagement, Würzburg 1983.

Wolff, H., Was Japaner anders machen, in: Wirtschaft und Produktivität (München), 9/1983, S. 3

Wolters, R., Strategien der Verhandlungsführung, Berlin(West) 1976.

Zaltmann, G., Innovations and Organizations, New York 1973.

Zander, E./Grabner, G./Knebel, H./Pillat, R., Führungssysteme in der Praxis, Heidelberg 1971.

Ziegenbein, K., Controlling, Ludwigshafen—Kiel 1984, S. 68—69.

Zimmermann, H. J., Optimale Entscheidungen bei mehreren Zielkriterien, in: Zeitschrift für Organisation (Zürich), 8/1976, S. 455—460.

Zülsdorf, R.-G., Organisation der Innovation. Schaffung von Ideenbanken, in: Office Management (Baden-Baden), 7—8/1982, S. 734—737.

Zündorf, L./Grunt, M., Innovation in der Industrie. Organisationsstrukturen und Entscheidungsprozesse betrieblicher Forschung und Entwicklung, Frankfurt/M.—New York 1982.

V. KAPITEL

Organisationsentwicklung und computergestützte Managementtechniken

Wachsender Rationalisierungsdruck im Management

Die Rationalisierung der Leitungsorganisation auf Unternehmensebene ist zweifellos am unmittelbarsten mit den technischen Fortschritten auf dem Gebiet der elektronischen Daten-, Informations- und Kommunikationstechnik im weitesten Sinne verbunden. Dennoch darf der Zwang zur Rationalisierung des Managements nicht einseitig durch den technischen Fortschritt auf dem Sektor der Informations- bzw. Computertechnik erklärt werden. „Die Notwendigkeit, im Bereich der Leitungstätigkeit neueste Mechanisierungs- und Automatisierungsmittel einzusetzen, folgt nicht so sehr daraus, daß die Beschäftigtenzahl in diesem Bereich ständig zunimmt. Der Hauptgrund für diese Notwendigkeit liegt vielmehr darin, daß es sich als unmöglich erweist, die komplizierten Aufgaben bei der Leitung der modernen Produktion auf der Grundlage der alten Leitungsmittel und -methoden rationell zu lösen.“[1] Insofern resultiert der Druck auf die Rationalisierung des Managements und auf die Organisationserneuerung aus dem Wechselspiel der durch den objektiv zunehmenden Grad der Vergesellschaftung und der Verwissenschaftlichung der Arbeit insgesamt erzwungenen höheren Anforderungen an die Leitung und Organisation sowie aus den neuen technologischen Möglichkeiten zur Rationalisierung. Der technische Fortschritt bedingt und ermöglicht zugleich erst eine durchgreifende Rationalisierung mit allen für den Kapitalismus typischen negativen Konsequenzen, insbesondere hinsichtlich der Arbeitsplätze und Verschärfung der Überwachungsmöglichkeiten für individuelle wie Gruppenleistungen sowie Abwälzung der Rationalisierungsfolgen auf die Werktätigen.

Die außerordentlich vielseitigen und umfassenden Anstrengungen des Managements zur Rationalisierung der Leitungsorganisation werden zweifellos in den kommenden Jahren wachsende Bedeutung erlangen. Das Kapital unternimmt besonders gegenwärtig neue Anstrengungen, um veränderte Formen und Methoden der Organisation und Leitung auf staatlicher wie unmittelbar industrieller Ebene durchzusetzen.

[1] Gvišiani, D. M., Management, Eine Analyse bürgerlicher Theorien von Organisation und Leitung, a. a. O., S. 516.

Die vielfältigen Bemühungen um die theoretische Untersuchung und praktische Umsetzung dieser komplexen Aufgabe haben nicht nur auf den eigentlichen Prozeß der Realisierung technischer Innovationen in den Unternehmen tiefgreifenden Einfluß, sondern bedingen auch neue Methoden der leitungsmäßigen Beherrschung, die oft auch als organisatorische Innovationen bezeichnet werden. Sie erfordern von der bürgerlichen Organisationswissenschaft wachsende Aufmerksamkeit. Wie schnell dies von bürgerlicher Seite begriffen wurde, verdeutlicht die Tatsache, daß eine Vielzahl von Varianten und Theorien entstand, deren gemeinsames Anliegen die Änderung von Organisation und Leitung im Interesse einer zunehmend effektiveren und schnelleren Realisierung von Innovationen im Reproduktionsprozeß ist. Dabei muß selbstredend davon ausgegangen werden, daß letztlich alle leitungsorganisatorischen Veränderungen den Doppelcharakter der kapitalistischen Leitung nicht aufheben können. Nach wie vor trägt die Leitung des kapitalistischen Produktionsprozesses Ausbeutungs- und Rationalisierungsfunktionen gleichermaßen, wenngleich sich die bürgerliche Organisationswissenschaft bemüht, eine Humanisierung der kapitalistischen Leitung zu suggerieren und damit den Ausbeutungsprozeß zu verschleiern. Dies wird auch besonders deutlich bei den Leitungstheoretikern, die sich mit der Organisation von Innovationsprozessen beschäftigen. So spricht Wagner von der Notwendigkeit des Ersetzens von „Daumenregeln durch wissenschaftliche Analysen“[2], räumt aber gleichzeitig ein, daß dieses Ersetzen dem Management eigentlich wesensfremd ist.

In der bürgerlichen Theorie und Praxis wurde bereits relativ früh die Notwendigkeit erkannt, in Konzeptionen zur Analyse des Unternehmenswachstums Problemen der Organisation einen entscheidenden Platz einzuräumen. Grundlage hierfür bildet die Einsicht, daß der Erfolg von Strategien wesentlich von der Organisationsstruktur abhängt, in der die Strategien verwirklicht werden.[3] Da Innovationen in den verschiedenen Profitstrategien der Konzerne eine tragende Rolle einnehmen, kommt der Analyse des Zusammenhangs von Innovationserfolgen und Organisationsformen größte Bedeutung zu. Das wird durch die Praxis in der kapitalistischen Wirtschaft eindeutig belegt. Empirische Befunde zeigen, daß es oftmals insbesondere organisatorische Schwierigkeiten waren und sind, die einer Innovation im Wege standen bzw. stehen. So wirken z. B. fehlende Informationen, mangelnde Kommunikation, Änderung des Produktionsprofils, Risikoscheu usw. nicht weniger bremsend auf die Durchsetzung von Innovationen als fehlendes Kapital.

Der bereits zitierte „Innovationstest '85“ aus der BRD-Industrie ergab beispielsweise hinsichtlich typischer organisatorischer Merkmale der befragten Unternehmen das in Tabelle 5.1. dargestellte Bild.

[2] Wagner, C., Allgemeine Theorie der Organisation und Innovation, Frankfurt/M. 1976, S. 113.

[3] Vgl. Chandler, A. D., Strategie and Structure, Cambridge 1962.

Tabelle 5.1.
Organisatorische Merkmale analysierter Unternehmen im „Innovationstest '85"

	Unternehmen in Prozent
Unser Unternehmen ist aktionsorientiert.	
trifft eher zu	67
trifft eher nicht zu	33
Unsere Firmenleitung besucht regelmäßig die innovativsten Kunden.	
ja	49
nein	51
Unser Unternehmen wird dezentral geführt, Verantwortung wird konsequent delegiert.	
ja	50
nein	50
Unsere Organisation ist einfach und transparent. Wir haben keine Stäbe, beziehungsweise bestehende Stabsabteilungen auf ein Minimum begrenzt.	
trifft eher zu	94
trifft eher nicht zu	6
Bei uns ist die bereichsübergreifende Zusammenarbeit verhältnismäßig stark ausgeprägt.	
trifft eher zu	77
trifft eher nicht zu	23

Quelle:
Industriemagazin (Hamburg), Juni 1985, S. 140.

Verallgemeinernd stellen bürgerliche Organisationswissenschaftler in bezug auf den Zusammenhang zwischen Innovationsrate und Organisation fest: „Es hat sich gezeigt, daß die Innovationsrate einer Organisation zu einem großen Teil von ihrer organisatorisch-strukturellen Konzeption abhängt ...", denn „die Organisation kann Impulse für Neuerungen bremsen, sie kann sie aber auch fördern, zumindest aber nicht bremsen".[4] Aus diesen Analysen ergibt sich für die bürgerliche Organisationswissenschaft die Aufgabe, die bestehenden Innovations- und Leitungsstrukturen hinsichtlich ihrer Praktikabilität und Verbesserungsmöglichkeiten für die Innovationsförderung zu untersuchen. Dabei sind mehrere Richtungen bzw. Hauptströmungen in der bürgerlichen Theorie und Praxis zu erkennen:

[4] Kieser, A., Innovation, in: Handwörterbuch der Organisation, hg. von E. Grochla, Stuttgart 1969.

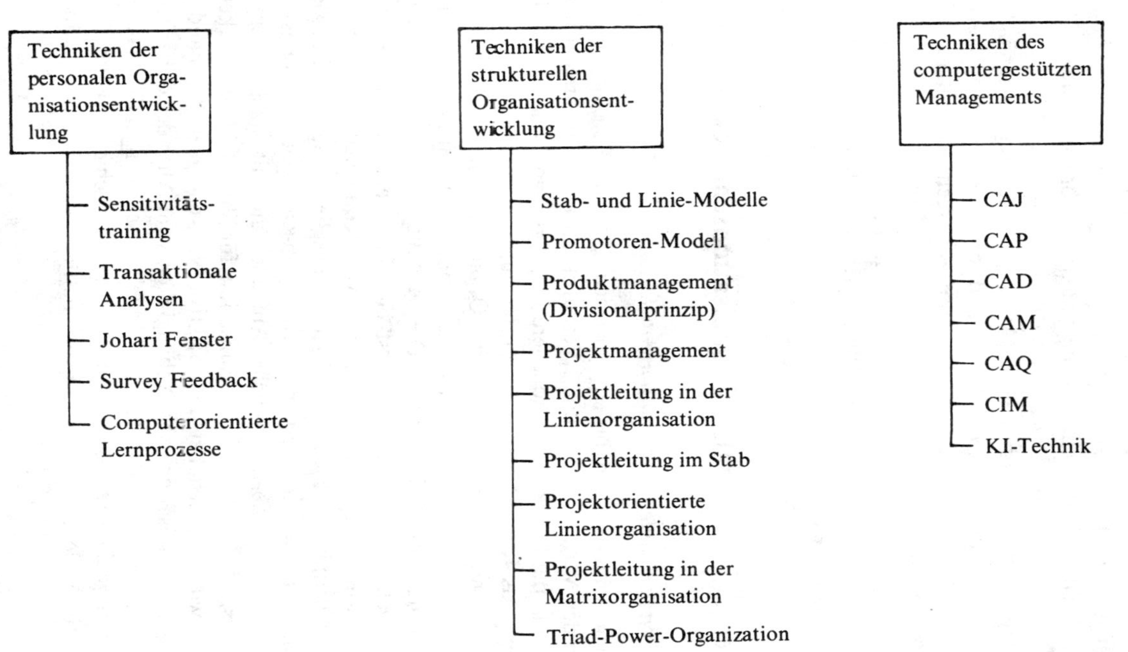

Abb. 5.1.
Organisationsentwicklungs- und computergestützte Managementtechniken

1. Entwicklung von Konzeptionen des personenorientierten „planmäßigen organisatorischen Wandels“ (*Planned Organizational Change*) bzw. der systematischen Organisationsentwicklung (*Organizational Development*), entsprechend den sich verändernden Bedingungen und Bewältigungsstrategien zur Überwindung qualifikations- und kommunikationsseitiger Hemmnisse bei der Durchsetzung von Innovationen;
2. strukturelle Organisationsentwicklung und leitungsorganisatorische Anpassung des Managements an die neuen innovativen Bedingungen;
3. computergestützte Neuordnung der Auftragsabwicklung beginnend bei *Marketing-Informationssystemen* (*MAIS*) und der computergestützten Planung sowie Produktionsvorbereitung bis hin zur rechnergestützten Fertigung, Qualitätssicherung und dem Übergang zur vollautomatisierten Fabrik und Nutzung von Expertensystemen im Management.

Abbildung 5.1. zeigt überblicksmäßig, welchen Techniken hierbei besondere Bedeutung zugemessen wird.

Techniken zur personalen Organisationsentwicklung

Notwendigkeit personaler Organisationsentwicklung

Die für viele Unternehmen bisher typischen „Dauer“-Regelungen und damit einhergehenden Verfestigungen und „Verbürokratisierungen“ stehen seit langem im Mittelpunkt der Kritik, um rationellere Leitungs- und Organisationsmethoden einzuführen. Das Kapital hat durch umfangreiche empirische Studien erkannt, daß unzureichend neuerungsorientierte Organisationsmethoden Innovationen nicht nur bremsen oder ganz zum Erliegen bringen, sondern auch spürbare ökonomische Verluste nach sich ziehen. Die bewußte Umgestaltung von organisatorischen Regeln, die Veränderung fest eingefahrener „Spielregeln“ und ihrer strukturellen Entsprechungen im Rahmen von Kompetenzverteilungen, Funktions- und Stellenplänen, Stellen- und Abteilungsgliederungen, Leitungsspannen, Informations- und Kontrollsystemen, Dienstanweisungen, Führungskonzeptionen usw. ist daher eine wesentliche Aufgabe, die mit wachsendem „Alter“ und zunehmender Größe einer Organisation für ihr effektives Wirken immer bedeutsamer wird. Greiner hat die objektive Notwendigkeit der ständigen Umgestaltung von Organisationen in Abhängigkeit vom Alter der Organisation und von ihrer Größe in einem 5-Phasen-Modell zusammengefaßt, das in Abbildung 5.2. dargestellt ist.[5] Auch wenn nicht im einzelnen auf die Phasen eingegangen wird, ist ersichtlich, worum es inhaltlich bei derartigen Veränderungen

[5] Greiner, L. E., Evolution and Revolution as Organizations Grows, in: Harvard Business Review (Boston), 4/1972, S. 37.

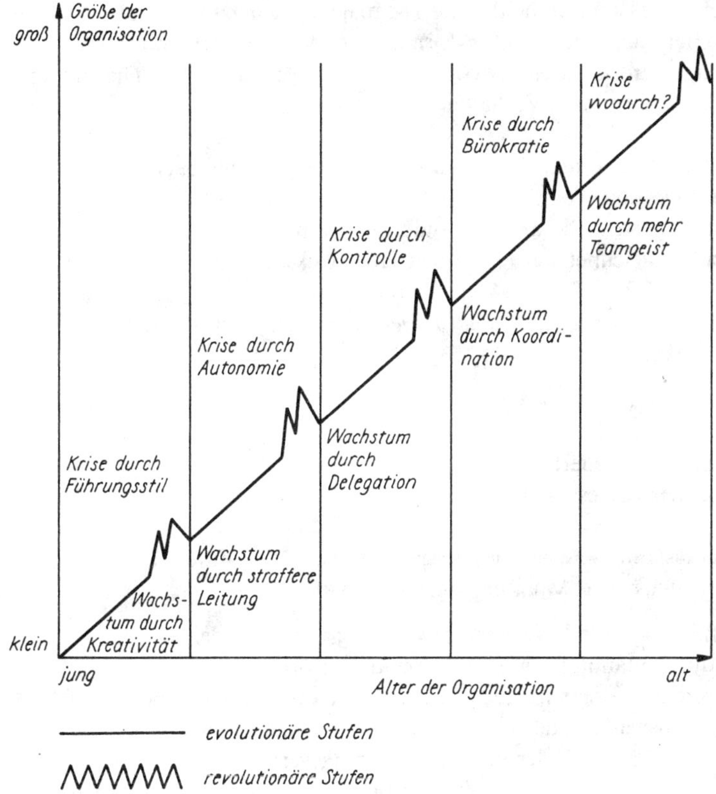

Abb. 5.2.
Organisationswachstum in fünf Phasen nach Greiner

prinzipiell geht, ohne daß damit tatsächlich „revolutionäre" Entwicklungen im Rahmen der bestehenden kapitalistischen Verhältnisse verbunden sein können.

Die Zurückführung tatsächlich nachweisbarer Krisen in Organisationen auf einzelne Aspekte des Führungsstils ist genauso zweifelhaft wie die schematische Vereinfachung der Zusammenhänge von Organisationsalter und -größe. Gerade diese Vereinfachungen sind typisch für viele Ansätze zur Vervollkommnung der traditionellen Organisationsmodelle. Zu derartigen Vorschlägen für die Organisationserneuerung ist auch das vieldiskutierte Konzept des *Planned Organizational Change* oder *Organizational Development* amerikanischer Prägung zu zählen.[6]

French und Bell definieren das *Organizational Development (OD)* folgendermaßen: „Organisationsentwicklung ist das langfristige Bemühen, die organisatorischen Problemlösungs- und Erneuerungsprozesse zu verbessern, insbesondere

[6] Vgl. French, W. L./Bell, C. H., jr., Organization Development, New York 1978.

durch ein effektiveres und einheitlicheres Management der Organisationskultur mit spezieller Betonung der Kultur formaler Arbeitsgruppen mit Hilfe eines ‚Veränderungsagenten' oder Katalysators und Anwendung der Theorie und Technologie der angewandten Verhaltenswissenschaft, einschließlich der Aktionsforschung."[7]

Die beim Konzept der Organisationsentwicklung eingeschlossenen Einstellungs- und Verhaltensänderungen erfordern oft den Einsatz von außerhalb der Organisation stehenden Experten, die als „Veränderungsagenten" *(Change Agent)* oder „Katalysatoren" bezeichnet werden. Einen Überblick zu ihren möglichen Funktionen gibt Tabelle 5.2.

Allgemein wird unter *Organizational Development* ein Verfahren verstanden, „. . . das

1. planmäßig,
2. betriebsumfassend,
3. von der Führung gesteuert,
4. zum Zwecke der Verbesserung von Wirksamkeit und Gesundheit der Organisation,
5. durch geplantes Eingreifen in den Organisationsablauf mittels Erkenntnissen aus den Verhaltenswissenschaften angewandt wird."[8]

Ein „Bedürfnis nach Organisationsentwicklung" wird in den kapitalistischen Unternehmen durch mannigfache Prozesse und Faktoren geweckt. Der Amerikaner Warren G. Bennis führte dafür z. B. die rapiden und unvorhersehbaren Veränderungen, die Ausweitung der Unternehmen, die zunehmende Vielgestaltigkeit der Prozesse und die Veränderung des Führungsverhaltens an.[9] Die sozialökonomisch bedingten Krisen und Widersprüche, die zu organisatorischen Veränderungen zwingen, werden dagegen kaum erwähnt.

Um sich internen oder externen Veränderungen anzupassen, sind seitens der Unternehmen prinzipiell verschiedenartige Strategien wählbar, die mit

— personenbezogenem Vorgehen oder
— organisatorischem Vorgehen

verbunden sind.

Beim erstgenannten Ansatz wird die für notwendig erachtete Organisationsentwicklung primär durch Konzentration auf Personen in der Organisation erreicht. Obwohl die Organisationsentwicklung nicht einfach als Schulung zu bezeichnen ist, sind die „menschlichen Variablen" die Punkte, auf die sich die

[7] Ebenda, S. 14; vgl. Weiss, L., Revisiting the Basics Conflict Intervention, in: Training and Development Journal (Madison), November 1983, S. 68ff.

[8] Beckhard, R., Organisationsentwicklung, Baden-Baden—Bad Homburg 1972, S. 24ff.

[9] Bennis, W. G., Organisationsentwicklung. Ihr Wunsch, ihr Ursprung, ihre Ansichten, Baden-Baden 1972.

Tabelle 5.2.
Beraterfunktion zur Organisationsentwicklung

Informationslieferung	Problemlösung	Katalysator-Funktion	Training	Sonstige Funktionen
• Wissensvermittlung • Abbau von Unsicherheit • Innovationsvermittlung • Überprüfen von Tatbeständen (Selbstbestätigung, Inspektion) • „Wiederentdeckung“ von Lösungen • Personalrekrutierung	• Entscheidungsvorbereitung (Stabsarbeit) • Setzen von Zielen • Formulieren von Empfehlungen • Ingangsetzen festgefahrener Prozesse • Durchsetzung von Entscheidungen	• Moderieren • Schärfung Problembewußtsein • Hilfe zur Selbsthilfe • Mobilisierung des Wettbewerbes	• Ausbildung in Techniken • Veränderung von Einstellungen und Werten	• Prestigemehrung (McKinsey-Effekt) • Anwaltschaft einer Partei (Antiberater) • Schubladieren von Problemen

Quelle:
Grün, O., Die Gestaltung des Berater-Einsatzes durch den Mandanten, Zeitschrift Führung und Organisation (Baden-Baden), 1/1984, S. 13—20.

Organisationsentwicklung in erster Linie konzentriert. Die *OD*-Verfahren sind eine Reaktion auf die Erkenntnis in Praxis und Theorie des Managements, daß sich die Prozesse der natürlichen und gesellschaftlichen Umgebung der Unternehmen, die einen direkten Einfluß auf die Produktions- und Absatzbedingungen haben, immer schneller ändern. Aus diesen ständig neuen äußeren und inneren Bedingungen ergibt sich die Notwendigkeit, eine entsprechende Flexibilität, Anpassung der Struktur und des Verhaltens der Mitarbeiter an diese neuen Verhältnisse zu sichern. Das ständige Sich-Anpassen soll daher als ein entscheidendes Denkprinzip unter den Unternehmensangehörigen Verbreitung finden. Die *OD*-Verfahren stellen einen Weg dar, diese neue Haltung hervorzubringen. Die Organisationsentwicklung ist somit als eine Reaktion des Kapitals auf die Veränderung in der Gesellschaft und inneren Organisation zu werten. Sie umfaßt vielfältige pädagogische Strategien, mit denen Überzeugungen, Ansichten, Wertvorstellungen und der Aufbau von Organisationen in einer solchen Weise verändert werden sollen, daß sie sich neuen Verwertungsbedingungen des Kapitals, neuen Technologien, Märkten, Ansprüchen und dem zunehmenden quantitativen und qualitativen Wandel besser anpassen.

Auf elitärem Wege kann das mit neuen Regelungen und administrativer Macht durchgesetzt werden. Dieser Ansatz konzentriert sich demzufolge auf die Unterstützung, Überzeugung oder Überredung der Machtinhaber innerhalb einer Organisationsspitze. Die Organisationsentwicklung, d. h. Tempo und Intensität der Veränderungen, basiert auf der Durchsetzung von Entscheidungen mittels formaler Macht.

Bei mehr „demokratischem" Führungsstil erwartet das Management dagegen von jedem Organisationsmitglied, daß es sich weiterbildet, ständig neue Fähigkeiten erwirbt, um Probleme zu finden und zu lösen. Das so entwickelte „kollektive" Problemlösungspotential kann durch gezielte Schulungen im Interesse des Kapitals vertieft werden und führt bei erkannten Organisationsschwierigkeiten bzw. Veränderungsmöglichkeiten zu einem „Druck nach oben", der den Organisationsentwicklungsprozeß einleitet.

Stärker organisatorisch orientierte Strategien können reaktiv oder proaktiv angelegt sein. Als reaktives Vorgehen sind dabei all jene Konzeptionen zu charakterisieren, bei denen eine Organisation durch geeignete Instanzen (z. B. spezielle Abteilungen) lediglich angemessen auf erkannte interne bzw. externe Veränderungen passiv reagiert. Im praktischen Fall heißt das beispielsweise, daß Produktinnovationen erst dann durchgeführt werden, wenn die Konkurrenz mit neuen Erzeugnissen bereits auf den Markt kommt. Derartige passive Strategien haben daher eine verhältnismäßig geringe Bedeutung für die Organisationsentwicklung.

Bei proaktivem Vorgehen wird davon ausgegangen, daß die Organisation selbst durch aktive Strategien die Umwelt verändert. Änderungen werden bei diesem Ansatz als Dauer-Aufgabe verstanden,, die „organisiert" werden muß. Dieses Konzept stellt im eigentlichen Sinne den Kern des *Organizational Develop-*

Tabelle 5.3.
Phasenverlauf der Organisationsentwicklung

Aktions-forschungsphase	Vorwiegend	Inhalt
Erkundung	Forschung	Erste Orientierung und Vorentscheidung über die weitere Zusammenarbeit
Eintritt	Aktion	Entwicklung einer gemeinsamen Arbeitsbeziehung und eines Kontraktes; erste Problemorientierung; Auswahl der Datensammlungs- und -Feedbackmethoden
Datensammlung	Forschung	Analyse von Organisationsvariablen und -prozessen
Datenfeedback	Aktion	Rückgabe der aufbereiteten Daten an das Klientensystem zur Diskussion und Diagnose
Diagnose	Forschung	Einsicht in die Systemsituation, -probleme und -defizite
Handlungsplanung	Aktion	Entwicklung spezifischer Handlungspläne, die eine Entscheidung darüber einschließen, wer die Pläne ausführt und wie der Erfolg ausgewertet werden kann
Handlungsausführung	Aktion	Ausführung der erarbeiteten Veränderungsstrategien
Auswertung	Forschung	Bewertung der Effektivität/Ineffektivität der Handlungsausführung — kann zum Abschluß oder zur Weiterführung des Projektes führen

Quelle:
RKW-Handbuch Führungstechnik und Organisation, Berlin (West) 1978, Abschn. 2652, S. 20.

ment-Ansatzes dar. „Die Organisation wird ... als flexibles lernendes und gestaltendes System aufgefaßt, das sich aus sich heraus und ohne externe Vorwarnungen fortentwickelt."[10] Dabei werden gegenüber einseitig auf den menschlichen Faktor konzentrierten Ansätzen nunmehr auch stärker Aufgaben-, Struktur- und technologische Änderungen einbezogen. Die eigentlichen Phasen der

[10] Neuberger, O., Organisation und Führung, Stuttgart 1977, S. 69.

Organisationsentwicklung konzentrieren sich in Anlehnung an die von Lewin aufgedeckten Phasen sozialer Änderungsprozesse[11] auf:

— das Auftauen (*unfreezing*) verkrusteter, verfestigter, eingefrorener Haltungen, Strukturen, Einstellungen usw.,
— den eigentlichen Veränderungsprozeß (*moving*) bis zur
— Stabilisierung von Veränderungen (*refreezing*).

Den Phasenverlauf der Organisationsentwicklung zeigt überblicksmäßig Tabelle 5.3.

Typische Methoden in diesen einzelnen Phasen sind[12]:

— Auftauen (oder *Sensitivity*- oder *Laboratory-Training*)
  - Diagnose der Ist-Situation und
  - Rückkopplung,
— Verändern
  - Prozeßberatung,
  - Teamentwicklung
  - Datensammlung
  - Datenanalyse und gemeinsame Aktionsplanung,
  - Intergruppen-Arbeit (siehe Teamentwicklung),
— Stabilisieren
  - Unterstützung durch Top-Management,
  - Realisierung konkreter Maßnahmen,
  - Kontrolle und Auswertung,
  - Verselbständigung der Organisationseinheit und
  - Ausscheiden des Beraters.

Im weiteren werden ausgewählte Techniken der personalorientierten Organisationsentwicklung kurz erläutert.

Sensitivity-Training

Ausgangspunkt des Verhaltenstrainings (oft als *Sensitivity-Training* bezeichnet) ist die Einschätzung, daß die meisten Schwierigkeiten, die einer Organisationsentwicklung entgegenstehen, durch Einstellungen, Handlungsmuster, Normen und Werte der beteiligten Personen bedingt sind. Da diese Einstellungen in sozialen Situationen entstanden sind, müssen solche Gruppensituationen geschaffen werden, die die Einleitung entsprechender Veränderungen erlauben. „Dabei geht es nicht um die sachlogische, rationale, verstandesmäßige Ebene, sondern um die dem rationalen Handeln zugrundeliegenden dynamischen Prozesse: die Selbst- und Fremdbilder der handelnden Personen, ihre Erwartungen und Bedürf-

[11] Lewin, K., Feldtheorie in den Sozialwissenschaften, Bern 1963.
[12] Neuberger, O., Organisation und Führung, a. a. O., S. 75.

nisse, ihre Rollen und Wertschätzungen, ihre Ängste und Abwehrmechanismen usw. All dies kann dem einzelnen nicht klargemacht werden, wenn man in leistungsorientierten Situationen über das „Dort und Damals" spricht, also über Aufgaben, Erfolge und andere Personen, sondern nur wenn das „Hier und Jetzt" untersucht wird und wenn die versammelte Gruppe sich selbst zum Gegenstand der Analyse macht."[13] Diese „Gruppendynamik" wird sowohl Methode als auch Gegenstand des Lernens, indem Gruppen von sechs bis zehn Teilnehmern gebildet werden, die sich in unstrukturierter Form mit der „Hier und Jetzt"-Analyse beschäftigen. „Durch Introspektion und nichtbewertendes Feedback von den anderen Teilnehmern erfährt der einzelne, wie er wahrnimmt und wahrgenommen wird, welche Hindernisse der Zusammenarbeit im Wege stehen, welche Konfliktvermeidungsstrategien praktiziert werden usw. Persönliche Selbstverständlichkeiten werden in Frage gestellt. Fassaden und Masken werden abgerissen, und es wird ein Klima geschaffen, das die Übernahme neuer Werte und Verhaltensweisen erleichtert."[14]

Ein typisches Beispiel für derartige Selbstbild-Fremdbildanalysen enthält Tabelle 5.4. Durch Vergleich von Selbsteinschätzungen mit Fremdeinschätzungen auf unterschiedlichen Fragebogen sollen Denkanstöße und Lernprozesse in Gang gesetzt werden, die mehr oder weniger zwangsläufig auch zu Einstellungs- und Haltungsänderungen im Organisationsinteresse führen sollen.

Während derartigen Vergleichen ein bestimmter Selbsterkennungseffekt sicherlich nicht abzusprechen ist, bleibt die Umsetzung in progressive Einstellungs- und Verhaltensänderungen im Alltag sehr umstritten und werden für diesen entscheidenden Schritt keine überzeugenden Techniken empfohlen. Das gilt auch für im Grunde genommen ähnliche andere individuell bzw. gruppenorientierte Ansätze zur Selbstanalyse und Verhaltensänderung, wie zum Beispiel die sogenannte *TA*-Techniken (*Transaktionale Analyse*) sowie die Anwendung des sogenannten *Johari-Fensters.*

Transaktionale Analysen

Die *Transaktionale Analyse* stellt eine von Berne entwickelte Technik dar, die zu mehr Selbstverständnis für sich und andere führen soll.[15]

Der grundsätzliche Ablauf dieser Technik ist in Tabelle 5.5. dargestellt.

Die Erläuterungen der Tabelle beweisen, daß derartige Techniken vor allem im dritten und vierten Schritt sehr stark im typisch bürgerlichen psychologischen Denken verhaftet sind und der Einfluß der sozialökonomischen Bedingungen vernachlässigt wird. Wie die sogenannten Skripte bzw. Programme im Sinne der

[13] Ebenda, S. 70.

[14] Ebenda.

[15] Vgl. Berne, E., Transaction Analysis in Psycho-Therapy. A Systematic Individual and Social Psychiatry, New York 1961.

Tabelle 5.4.
Muster für Selbstbild-Fremdbildanalysen

positiv	3	2	1	0	1	2	3	negativ
freundlich								verbittert
optimistisch								pessimistisch
sicher								unsicher
kreativ								nachahmend
humorvoll								humorlos
fleißig								faul
aktiv								passiv
kontaktfreudig								kontaktarm
hilfsbereit								egoistisch
sympathisch								unsympathisch
kompromißbereit								kompromißlos
sparsam								verschwenderisch
vorsichtig								leichtsinnig
verbindlich								gefühlskalt
verschwiegen								geschwätzig
zuverlässig								unzuverlässig
kooperativ								selbstherrlich
ehrgeizig								gleichgültig
sachlich								unsachlich
natürlich								unnatürlich
Stimme betonend								monoton
Tempo ruhig								hastig
rhythmisch								abgehackt
mit Pausen								ohne Pausen
keine Füller								Füller
kurz klar								lang verschachtelt
verständlich								unverständlich
oberes Emotionsniveau								unteres Emotionsniveau

Jeder Mensch versteht sich von seinen Zielen her, die er unbewußt oft als erfüllt betrachtet. Reaktionen unserer Umwelt zeigen uns, wie wir erlebt werden und — wie wir sind.

extrovertiert	introvertiert

3 = sehr stark ausgeprägt; 2 = stark ausgeprägt; 1 = ausgeprägt;
0 = weder noch (neutral).

Quelle:
Felder, H. C., Anatomie richtigen Verhaltens. Grundlagen für erfolgreiche Menschenführung. Landsberg am Lech 1982, S. 124.

Tabelle 5.5.
Grundschritte der Transaktionalen Analyse

Hauptschritt	Erklärung
1. *Strukturale Analyse* (S.A.)	Sie ist eine wesentliche Hilfe zum Erkennen der Persönlichkeitsstruktur (sowohl der eigenen, als auch bei den Mitmenschen).
2. *die eigentliche Transaktionale Analyse* (T.A.)	Dieser 2. Teilaspekt ist so wesentlich, daß später das Gesamtsystem nach ihm benannt wurde. Hierbei handelt es sich um die Analyse der zwischenmenschlichen Beziehungen, die „Transaktionen" genannt werden. Es handelt sich also um eine Analyse der Kommunikation und ihrer Störfaktoren.
3. *Analyse der psychologischen Spiele*	Dieser Aspekt der T.A. befaßt sich mit „festeingefahrenen Verhaltensmustern". Als Beispiel wird der „Hau-Mich-Spieler" erwähnt: Das ist ein Mensch, der sich immer wieder so verhält, daß er den Zorn seiner Umwelt auf sich zieht. Warum wir solche „Spiele" betreiben, welchen Sinn sie haben, und wie die Umwelt sich gegen solche Spieler verhalten soll — darum geht es im 3. Schritt der TA-Technik.
4. *Analyse der Skripten*	*Berne* stellt fest, daß man von seiner Umwelt auf Erfolg bzw. auf Versagen programmiert werden kann. D. h. daß der einzelne nur seinem „Skript" gemäß handelt, wenn er Erfolg hat bzw. wenn er (immer wieder) versagt. Die Skript-Analyse soll helfen, solche Programme bei sich und anderen zu erkennen, um sie zu verändern.

Quelle:
Birkenbihl, V. F., Psychologisch richtig verhandeln, 2. Aufl., Landsberg am Lech 1982, S. 186.

Organisationsentwicklung verändert werden können, wird nicht überzeugend klar.

Johari-Fenster

Joseph Luft und Harry Ingham entwickelten ein oft zitiertes Instrument zur Kommunikationsverbesserung in Organisationen, das auf Grund seiner Ähnlichkeit mit einem Fensterkreuz als *Johari-Fenster* bezeichnet wird.[16] Es dient als

[16] Luft, J./Ingham, H., Of Human Interaction, Palo Alto (Calif.) 1969.

	mir bekannt	mir unbekannt	
bekannt	A „öffentliche Person" Bereich der Aktivitäten, der Sachverhalte und Tatsachen = selbst und anderen wahrnehmbar	B „blinder Fleck" der Selbstwahrnehmung = für andere sichtbar, selbst nicht bewußt (z. B. Körper- und Mundgeruch)	bekannt
unbekannt	C „Privatperson" = selbst bekannt und bewußt = für andere verborgen (Geheimnisse)	D „unbekannter Bereich" Die „Tiefenschicht", die nicht bekannt ist.	unbekannt
	anderen unbekannt	mir nicht bekannt	

Abb. 5.3.
Johari-Fenster der individuellen Verhaltensbereiche

ein einfaches grafisches Modell zur Darstellung von Selbst- und Fremdwahrnehmungen im Verlaufe von Gruppenprozessen. Die Grundform des *Johari-Fensters* ist Abbildung 5.3. zu entnehmen.

Das *Johari-Fenster* wird im Sinne der Organisationsentwicklung gleichermaßen für Gruppenbeziehungen empfohlen[17], wobei dann der in Abbildung 5.4. gezeigte Grundaufbau typisch ist.

Bei Anwendung des *Johari-Fensters* gelten nach Felder folgende Zusammenhänge[18]:

- Eine Veränderung in irgendeinem der Teilfenster berührt alle anderen Quadrate auch.
- Es erfordert Energie, ein Verhalten, das in der Interaktion zutage tritt, zu verbergen, zu leugnen oder nicht zu sehen.
- Bedrohung vermindert gewöhnlich das Erkennungsvermögen; gegenseitiges Vertrauen vermehrt es gewöhnlich und fördert damit organisationsgerechtes Verhalten.
- Erzwungenes Erkennen ist unerwünscht und gewöhnlich unwirksam.
- Interpersonales Lernen bedeutet, Veränderungen einzuarbeiten, so daß z. B. Quadrat *A* größer wird und ein oder mehrere der anderen Quadrate kleiner werden.
- Die Zusammenarbeit mit anderen wird nach Felder durch einen genügend großen Bereich freier Aktivität erleichtert. Wenn dieser vorhanden ist, können mehr der in der Gruppe vorhandenen Hilfsmittel und Fertigkeiten zur Lösung der aktuellen Aufgabe eingesetzt werden.

[17] Felder, H. C., Anatomie richtigen Verhaltens, Landsberg am Lech 1982, S. 119.
[18] Ebenda, S. 120/121.

	Der Gruppe selbst bekannt	Der Gruppe selbst nicht bekannt
anderen Gruppen bekannt	A Verhaltensweisen und Motivation	B Bereich des Blinden Flecks
anderen Gruppen nicht bekannt	C Bereich des Vermeidens oder Verbergens	D Bereich der unbekannten Aktivitäten

Abb. 5.4.
Johari-Fenster der Gruppenbeziehungen

- Je kleiner das Quadrat *A* ist, desto schlechter ist die Kommunikation.
- Jedermann sei neugierig in bezug auf den unbekannten Bereich, aber diese Neugier wird durch Sitte, soziales Training und verschiedene Ängste in Schach gehalten.
- Sensivität bedeutet, daß man die verdeckten Verhaltensaspekte in den Quadraten *B*, *C* und *D* einzuschätzen weiß und den Wunsch anderer respektiert, diese Bereiche verdeckt zu haben.
- Wenn man durch eigenes Erleben etwas über Gruppenprozesse lernt, trägt das zu einer Steigerung des Erkennungsvermögens in bezug auf die Gruppe als Ganzes wie auch in bezug auf die einzelnen Gruppenmitglieder bei.
- Das Wertsystem einer Gruppe und ihrer Mitglieder läßt sich an der Art ablesen, wie man sich zu den Unbekannten im Gruppenleben stellt.

Obwohl das *Johari-Fenster* oft als Instrument der Organisationsentwicklung erwähnt wird, besteht sein Wert in erster Linie im Verändern des Selbstbewußtseins. Dabei wird bei Anwendung des *Johari-Fensters* meist eine positive Veränderung unterstellt, die die Kommunikation progressiv verändern soll, soweit es gelingt, den öffentlichen Bereich zu vergrößern.

Wie wenig derartige Empfehlungen von Spitzenmanagern ernst genommen werden, bewiesen und beweisen zahlreiche aufgedeckte Bestechungspraktiken und regelrecht skandalöse Verhaltensweisen, angefangen von der „Lockheedisierung“ des Geschäftslebens (Bestechung) bis hin zum Flick-Skandal in der BRD. Über derartiges Fehlverhalten und daraus ableitbare Anforderungen einer wirklichen Organisationsentwicklung wird allerdings in keinem Managementbuch diskutiert. Stattdessen werden detaillierte Empfehlungen gegeben, wie noch raffinierter menschliche Schwächen durchschaubar sind. Dafür werden ganze Listen erarbeitet, in welchen Formulierungen sich Verteidigungen des Selbstbildes zeigen, und es wird genauestens empfohlen, was als „Rationalisieren“, „Kompensieren“, „Relativieren“, „Verdrängen“ oder gar „Aggression“ bzw. „Antagonistik“ (Verkehren ins Gegenteil) zu werten ist.

Survey-Feedback

Andere Techniken, wie die Diagnose-Methode des *Survey-Feedback* (Untersuchungs-Rückkopplungsmethode), gehen weniger individuums-, sondern stärker organisationsorientiert vor und beschäftigen sich stärker mit den Erfahrungen des „Dort und Damals“ auf Basis einer soliden Diagnose. „Zu diesem Zweck wird die Organisation mit Hilfe von standardisierten Instrumenten (vorwiegend Fragebogen) gründlich untersucht. Die Untersuchung liefert quantitative Daten, die einen Vergleich mit anderen Organisationen erlauben und die auch organisationsintern zum Intergruppenvergleich herangezogen werden können. Die Ergebnisse werden in geeigneter Form aufbereitet und an die einzelnen Abteilungen zurückgemeldet. In Gruppensitzungen wird dann über diese Ergebnisse diskutiert. Diese Diskussion leitet meist zu Veränderungsmaßnahmen über, denn aus der Diskrepanz zwischen einem erstrebten Soll und dem diagnostizierten Ist erwachen Impulse im Hinblick auf die Überführung des Ist in das Soll.“[19]

Das aktiv Wirkende derartiger Analysen wird vor allem im Rückkopplungseffekt gesehen.

Tabelle 5.6.
Beispiel für ein Survey-Feedback-Frageprogramm

Beschreiben Sie die Arbeitsbedingungen in Ihrer Einheit entlang des folgenden Kontinuums:

	1 2 3 4 5 6 7 8 9 10	
Ziele sind sehr vage	. . . .	Ziele sind extrem klar
Zielsetzung erfolgt durch wenige, die von den Zielen oft unberührt sind	. . . .	Zielsetzung erfolgt durch alle von den Zielen betroffenen Personen
Motivation ist gering	. . . .	Motivation ist hoch
Persönliche Ziele werden zum Wohle der Organisation unterdrückt	. . . .	Persönliche und Organisationsziele sind integriert
Kommunikationen sind zurückhaltend	. . . .	Kommunikationen sind offen
Relevante Meinungen werden verschwiegen	. . . .	Relevante Meinungen werden mitgeteilt
Konflikte werden unterdrückt oder ignoriert	. . . .	Konflikte werden konstruktiv behandelt

[19] Neuberger, O., Organisation und Führung, a. a. O., S. 71.

Tabelle 5.6. (Fortsetzung)

	1	2	3	4	5	6	7	8	9	10	
Gegenseitige Hilfe ist niedrig	.	.	.	.	.	.	.	.	.	.	Gegenseitige Hilfe ist hoch
Persönliche Verantwortung ist niedrig	.	.	.	.	.	.	.	.	.	.	Persönliche Verantwortung ist hoch
Das Vertrauensniveau ist niedrig	.	.	.	.	.	.	.	.	.	.	Das Vertrauensniveau ist hoch
Die Führung erfolgt hauptsächlich aufgabenorientiert	.	.	.	.	.	.	.	.	.	.	Die Führung erfolgt hauptsächlich personenorientiert
Abläufe sind starr	.	.	.	.	.	.	.	.	.	.	Abläufe sind flexibel
Leistungsstandards sind niedrig	.	.	.	.	.	.	.	.	.	.	Leistungsstandards sind hoch
Belohnungen sind wenig	.	.	.	.	.	.	.	.	.	.	Belohnungen sind hoch
Kontrollen sind lästig	.	.	.	.	.	.	.	.	.	.	Kontrollen sind erfreulich begrenzt
Übereinstimmung ist hoch	.	.	.	.	.	.	.	.	.	.	Übereinstimmung ist niedrig
Das Organisationsklima ist restriktiv und zwanghaft	.	.	.	.	.	.	.	.	.	.	Das Organisationsklima ist hilfreich und zwanglos
Es gibt eine zentralisierte Führung	.	.	.	.	.	.	.	.	.	.	Es gibt eine geteilte Führung
Es gibt viele Konkurrenzbeziehungen im Bereich	.	.	.	.	.	.	.	.	.	.	Es gibt viele kooperative Beziehungen im Bereich
Die interpersonellen Fähigkeiten der Leiter sind niedrig	.	.	.	.	.	.	.	.	.	.	Die interpersonellen Fähigkeiten der Leiter sind hoch

Quelle:
Hodgetts, R. M., Management. Orlando 1985, S. 538.

Tabelle 5.6. zeigt beispielhaft, wie ein *Survey-Feedback*-Frageprogrammausschnitt aussieht. French und Bell betonen in Auswertung umfassender *Survey-Feedback*-Analysen, daß folgenden vier Aspekten bei der Anwendung besondere Aufmerksamkeit gebührt[20]:

1. Die Organisationsspitze muß in die vorbereitenden Planungen einbezogen sein.
2. Daten bzw. Einschränkungen müssen von allen Organisationsmitgliedern kommen.

[20] French, W. L./Bell, C. H., jr., Organization Development, a. a. O., S. 154.

3. Die Rückkopplung muß zur Spitze und von dort über die Funktionalbereiche zurückgehen.
4. Jeder Leiter führt mit seinen Unterstellten eine Beratung zu den Ergebnissen durch, in denen
   — die Unterstellten gebeten werden, die Daten interpretieren zu helfen,
   — Vorschläge für konstruktive Veränderungen unterbreitet werden und
   — Pläne für die Einführung der Ergebnisse auf dem nächst niedrigeren Niveau unterbreitet werden.

French und Bell stellen auf Basis vergleichender Studien fest, daß die *Survey-Feedback*-Technik zu den erfolgreichsten Methoden der Organisationsentwicklung zu zählen ist.[21]

Computerorientierte Lernprozesse

Zunehmende Bedeutung für die Organisationsentwicklung erlangen neue Wege der Kopplung von Aus- und Weiterbildung mit besonderem Schwerpunkt der Beherrschung der modernen Computer- und Informationstechnik.

„Das Weiterbildungsangebot orientiert sich an den praktischen Erfordernissen der Unternehmen. Die am häufigsten genannte Form der Weiterbildung ist mit 97 Prozent die sogenannte Anpassungsfortbildung, also die Anpassung der beruflichen Qualifikation an den neuesten Stand der Entwicklung. Die Aufstiegsfortbildung steht mit 80 Prozent an zweiter, die Umschulung schließlich mit 49 Prozent an dritter Stelle (Mehrfachnennungen). Andererseits rangiert die ‚externe' Weiterbildung — sie wird von 97 Prozent der Betriebe genannt — vor der ‚internen' (83 Prozent)."[22] Das Ziel besteht darin, durch eine ‚additive" bzw. „integrierte" Mehrfachqualifikation mit den vorhandenen Arbeitskräften (einschließlich Akademikern) bzw. wo immer möglich sogar rückläufigen Beschäftigtenzahlen die neuen Aufgaben im international verschärften Konkurrenzkampf zu meistern.

„Der technische Wandel — der Einsatz der Mikroprozessoren, neuen Kommunikations-, Meß- und Regeltechniken — erfordert zusätzliche Qualifikationen von den Mitarbeitern, um den Leistungsstand der Wirtschaft sichern und weiterentwickeln zu können. Der Umgang mit Werkzeugen und Denkzeugen verlangt handwerkliches Geschick, aber auch Analyse- und Abstraktionsfähigkeit."[23] Welche Aufgaben im Rahmen des Trainings-Managements generell zu lösen sind, zeigt Abbildung 5.5.[24] Dementsprechend groß sind die Anstrengungen des Kapitals in der profitorientierten Weiterbildung, vor allem zur vollen Aus-

[21] Ebenda, S. 156.

[22] Informationen zur beruflichen Bildung. Berufliche Weiterbildung, Register 6, Köln 1983.

[23] Schlaffke, W./Winter, H. (Hrsg.), Perspektiven betrieblicher Weiterbildung, Köln 1985, S. 77.

[24] Gaue, Ch., Trainings-Management, Frankfurt/M. 1974. S. 14.

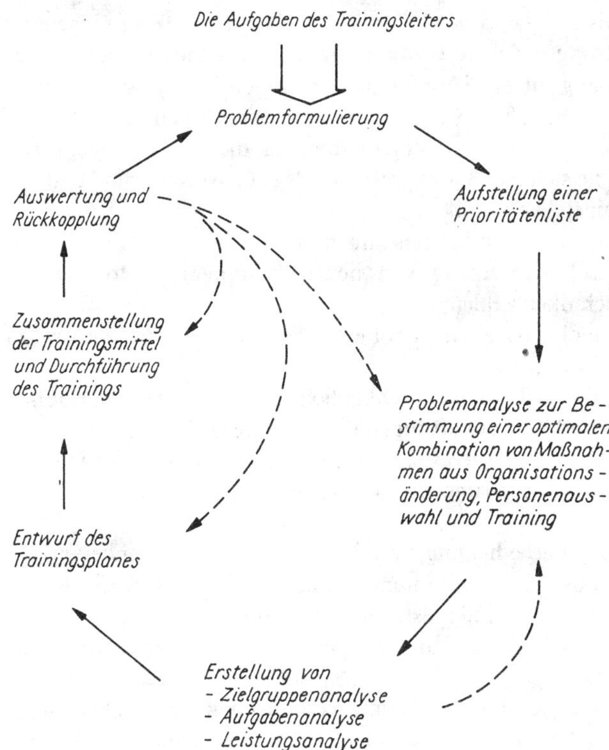

Abb. 5.5.
Aufgaben des Trainingsmanagements

nutzung der technischen Möglichkeiten der Computer-, Informations- und Kommunikationstechnik. „Betrachtet man, was bereits durch die Einführung neuer Informations- und Kommunikationstechnologien geschehen ist, und macht man sich klar, was an Veränderungen noch stattfinden wird, so ist es selbstverständlich, daß diese Veränderungen voll auf die Arbeitsinhalte, Arbeitsorganisation und folglich auch auf die Lerninhalte und das Lernverhalten durchschlagen müssen."[25] Immer wieder wird betont, daß dafür die Weiterbildung von zentraler Bedeutung für die progressive Organisationsentwicklung ist.

Man schätzt ein, „daß die neuen Informations- und Kommunikationstechnologien die alten Kulturtechniken des Schreibens und Lesens ersetzen, zumindest ergänzen werden, Begriffe wie Informatik, Telematik, Computation deuten auf diesem neuen Technologiegebiet ein technozentrisches Jahrhundert mit einer neuen Alphabetisierung an."[26] Schon jetzt grassiert das Schlagwort vom

[25] Ebenda, S. 163.
[26] Ebenda, S. 168.

„Computer-Analphabetismus“ und wird darüber spekuliert, daß im Gegensatz zur ersten Alphabetisierung die neue computerorientierte Alphabetisierung vor allem eine Herausforderung für das jeweilige Unternehmen bzw. private Organisationen sei. „Im Arbeitsprozeß werden künftig die wichtigsten Lernprozesse stattfinden, nicht in der Schule, eine Vorstellung, an die wir uns nicht erst gewöhnen, sondern auf die sich das Bildungssystem als neue Anforderung und mit neuer Zielbestimmung einstellen muß.“[27]

Zu den wichtigsten neuen Qualifikationsanforderungen im Zuge der massenhaften Anwendung und Durchsetzung von neuen Computer-, Informations- und Kommunikationstechniken zählen[28]:

— Fähigkeiten der Systemanalyse, um Probleme komplex zu analysieren, zu strukturieren und zu lösen;
— Fähigkeiten der Projektbearbeitung einschließlich Koordination, Einordnung, Organisationsleitung und Verantwortungswahrnehmung;
— Fähigkeiten des Maschineneinsatzes zur Kreativitäts- und Intelligenzunterstützung, Informationsverbesserung und effektiven computergestützten Problemlösung;
— Fähigkeiten der Computerbedienung und Nutzung aller Möglichkeiten der modernen Informations- und Kommunikationstechnik, einschließlich der Bedienfähigkeit moderner computergesteuerter Maschinen;
— Fähigkeiten der Effizienz, Kosten- und Nutzenbetrachtung für den profitabelsten Ressourceneinsatz.

Ohne an dieser Stelle näher auf die damit verbundenen zahlreichen Konsequenzen[29] eingehen zu können, wird deutlich, daß gerade im Rahmen der computerorientierten Lern- und Anpassungsprozesse der Organisationsstrukturen im umfassenden Sinne aus sozialer Sicht neue Herrschafts- und Ausbeutungsformen entstehen, die spezieller Analysen bedürfen.

Personalentwicklungstechniken

Zu den personalorientierten Techniken der Organisationsentwicklung zählen auch die verschiedenen Formen der Personalplanung.[30] Einen Überblick über die grundsätzlichen Aufgaben des *Personalmanagements* gibt Tabelle 5.7.

Im einzelnen werden geplant:

— Personalbedarf,
— Personalbeschaffung,

[27] Ebenda.

[28] Vgl. ebenda, S. 173.

[29] Siehe ausführlicher: Moreitz, M./Landwehr, R. (Hrsg.), Der Sprung in die Zukunft. Zur Bedeutung der Informations- und Kommunikationstechnologien für die soziale Entwicklung, Weinheim—Basel 1985.

[30] Vgl. RKW-Handbuch Praxis der Personalplanung, Teil I und II, Neuwied—Darmstadt 1978, und: Wisner, H., Techniken des Personalmanagements, Wiesbaden 1980.

Tabelle 5.7.
Aufgaben des Personalmanagements (Beispiel aus dem Montanbereich)

Aufgabenbereiche	Einzelaufgabenbereiche
Planung der Personalentwicklung	Personalbedarfsermittlung Personalbedarfsplanung Personalbeschaffungsplanung Personaleinsatzplanung Personalabbauplanung Personalkostenplanung (Budgetierung)
Entwicklung und Bildung	Personalentwicklungsplanung Personalbeurteilung Förderwesen Bildungsplanung (Aus- und Weiterbildung) Nachfolgeplanung Karriereplanung
Führung und Motivation	Führungsinstitution (Stellen- und Positionsplanung) Führungsstil Führungsgrundsätze Führungstechniken („Management-by"-Techniken) Informationsdienst Personalhandbuch Aus- und Weiterbildung der Führungskräfte
Betreuung, Personalpflege und Versicherung	Gesundheitsdienst Arbeitssicherheit Soziale Dienste Kulturelle Dienste Informationsdienst für Mitarbeiter
Verwaltung und Administration	Arbeitsplatz- und Personalinformationssystem (APIS) Personalstatistik Personalbeschaffung extern Personalakten, allgemeine Verwaltung Löhne / Gehälter — Entgelt Betriebliche Altersversorgung Vorschlagswesen
Dezernat Informationsgewinnung	Tendenzen, Entwicklungen, Veränderungen personalpolitische / personalwirtsch. — Branche, Wirtsch. allgem. gesellschaftspol.

Tabelle 5.7. (Fortsetzung)

Aufgabenbereiche	Einzelaufgabenbereiche
	gewerkschaftspolitisch arbeitswissenschaftlich Verhaltensweisen der Mitarbeiter/ Wertmaßstäbe u. a.
Dezernat Arbeits- und Sozialrecht	Arbeitsrecht (Entwicklung, Rechtsprechung) Sozialrecht (Entwicklung, Rechtsprechung) Arbeitsverträge (Entwurf, Verhandl. Streitfälle) Tarifverträge (Auslegung, Anwendung, Streitfälle)

Quelle:
Zusammengestellt nach: Management-Lexikon, hg. von Neske, F. und Wiener, M., a. a. O., S. 1055.

— Personalentwicklung,
— Personaleinsatz,
— Personalnachfolge,
— Personalabbau und
— Personalkosten.

Basis der Personalplanung sind in der Regel Stellenbeschreibungen, wie sie im Rahmen der Aufbauorganisation üblich sind (Vgl. Tabelle 5.8.).

Stellenbeschreibungen benötigt man vor allem für die Aufgabenabgrenzungen und das Aufstellen von Stellenplänen. Von besonderer Bedeutung für die Or-

Tabelle 5.8.
Stellenbeschreibung im Personalmanagement

STELLENBESCHREIBUNG	HAUPTAUFGABEN
— Stellenbezeichnung — Stelleninhaber — Nummer — Kostenstelle — Raum — Telefon — Rang des Stelleninhabers — vorgesetzte Stelle — unterstellte Mitarbeiter — vertritt — wird vertreten von	— Fachaufgaben im einzelnen — zusätzliche Aufgaben — Einzelaufträge — Informationsbeziehungen — Zusammenarbeit mit anderen Stellen — Kompetenzen — Mitgliedschaft in innerbetrieblichen Gremien — Anforderungen an den Stelleninhaber — Maßstäbe zur Bewertung

Quelle:
Ebenda (vgl. Tab. 5.7.), S. 1443.

Tabelle 5.9.
Schritte der personellen Auswahl im Management

Maßnahme	durchzuführen mit Hilfe von	Zweck der Maßnahme
1. Erstellung des Anforderungsprofils (wenn nicht schon vor der Anwerbung geschehen.	Stellenbeschreibung Analytische Stellenbewertung	Erlangung detaillierter Kenntnis von der mindestens erforderlichen und der erwünschten Qualifikation des künftigen Stelleninhabers.
2. Erste Durchsicht der eingegangenen Bewerbungen	ABC-Analyse = A wahrscheinlich geeignet	— Vervollständigung der Unterlagen veranlassen — Eingangsbestätigung mit Prospekten
	= B bedingt geeignet (vielleicht anderweitiger Einsatz)	Umpolung auf anders zu besetzende Stellen
	= C kaum geeignet	Aussonderung offensichtlich Ungeeigneter — Absage
3. Erstellung der Fähigkeitsprofile	Bewerbungsschreiben, Lichtbild, Lebenslauf, Zeugnisse, Referenzen, Bewerbungsbogen, Vorstellungsgespräche, Interviews, Arbeitsproben, Tests, Personalakte	Gewinnung eines möglichst lückenlosen Bildes von den maßgeblichen Fähigkeiten der einzelnen Bewerber der engeren Wahl.
4. Eignungsfeststellung	Vergleich des Fähigkeitsprofils mit dem Anforderungsprofil	Auswahl der geeignetsten Bewerber
5. Entscheidung über Einstellung	Rangreihe der Bewerber nach dem Ausmaß der Übereinstimmung von Fähigkeits- und Anforderungsprofil	Stellenbesetzung mit dem Rangersten und Vertragsabschluß

Quelle:
RKW-Handbuch Praxis der Personalplanung, Teil II; Planung der Personalbeschaffung, Neuwied—Darmstadt 1978.

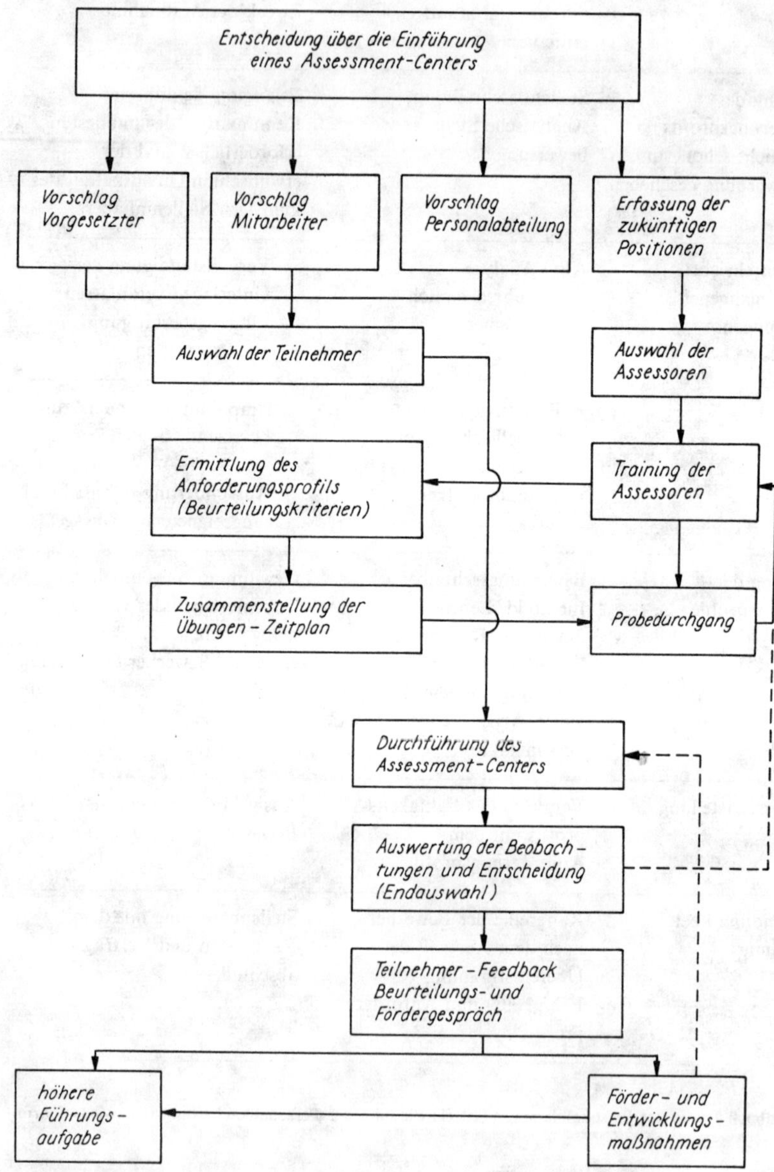

Abb. 5.6.
Assessment-Center-Technik

Tabelle 5.10.
Beispielkriterien der Personalentwicklung und Beförderung

1. Leadership:
   Fähigkeit, den Konsens zu organisieren und ein Individuum oder eine Gruppe im Hinblick auf die Erreichung eines Zieles hin zu leiten
2. Emotionelle Stabilität:
   Kontinuität und Stabilität des Leistungsniveaus unter Streß- oder Konfliktbedingungen
3. Sensibilität:
   Fähigkeit, die Bedürfnisse der Mitarbeiter zu erkennen, sich entsprechend zu verhalten und objektiv zu erfassen, wie das eigene Verhalten von den anderen interpretiert wird
4. Flexibilität und Kreativität:
   Fähigkeit, Führungsstil und Problemansatz im Hinblick auf die Erreichung eines Zieles hin zu ändern
5. Ausdauer:
   Fähigkeit, sich einem Problem bis zu einer Lösung zu widmen
6. Initiative und Realitätssinn:
   Fähigkeit, die Umstände zu beeinflussen statt diese passiv zu akzeptieren
7. Analysefähigkeit:
   Fähigkeit, die wesentlichen Elemente eines Problems und seiner Ursachen zu erfassen
8. Synthesefähigkeit:
   Fähigkeit, auf der Basis konkreter Tatbestände zu logischen Schlußfolgerungen zu gelangen
9. Entscheidungsfähigkeit:
   Fähigkeit, rechtzeitig Entscheidungen unter Unsicherheit zu treffen
10. Organisationsfähigkeit:
    Fähigkeit, die eigene Tätigkeit und die der Mitarbeiter wirksam zu planen und zu organisieren
11. Kommunikationsfähigkeit:
    Fähigkeit, auf klare und überzeugende Art und Weise Ideen oder Tatbestände mündlich und schriftlich darzulegen
12. Karriereambitionen:
    Fähigkeit, sich mittelfristige Karriereziele zu setzen und sich selbst im Hinblick auf diese Ziele zu entwickeln.
13. Breite des Interessenspektrums:
    Umfang und Tiefe der diversifizierten, aktiv kultivierten Interessen hinsichtlich sowohl des eigenen professionellen und geistigen Wachstums als auch der wirtschaftlichen und gesellschaftlichen Umwelt, in die die Unternehmung eingefügt ist
14. Risikobereitschaft:
    Fähigkeit, kalkulierte Risiken einzugehen
15. Holistische Fähigkeiten (ganzheitliche Betrachtungsweise):
    Fähigkeit, sich einen Überblick über eine Situation zu verschaffen und Fakten oder Probleme als Teile eines größeren Systems zu erkennen, bevor Schlußfolgerungen gezogen oder Entscheidungen getroffen werden.

Quelle:
Hinterhuber, H. H., Planung der Führungskräfteentwicklung, in: Strategische Unternehmensplanung — Stand und Entwicklungstendenzen, 3., durchges. Aufl., Würzburg—Wien—Zürich 1984, S. 314/315.

ganisationsentwicklung ist die Personalauswahl. Einen Überblick über dabei anstehende grundsätzliche Aufgaben vermittelt Tabelle 5.9.

Auf die im Rahmen des Personalmanagements im einzelnen angewandten zahlreichen Testpraktiken und Bewertungsverfahren wird nicht näher eingegangen. Sie reichen von Psycho- und Intelligenztests über graphologische Gutachten, Farbtests und regelrechte Bespitzelungen sowie systematische Informationsanalysen über *Personalinformationssysteme* (*PIS*) bis zum nach militärischem Vorbild erfolgenden Einsatz von *Assessment-Centers* (Beurteilungszentren). Im Kern handelt es sich hierbei um eine Gruppenbeobachtung und -beurteilung, die durch ihre verschiedenen Einzel- und Gruppenübungen relativ arbeits- und zeitaufwendig ist und in erster Linie zur Eignungsermittlung von Führungskräften dient. Deshalb spricht man zum Teil im Sinne der *Assessment-Center*-Technik auch von Beurteilungsseminaren, Mitarbeiterentwicklungsprogrammen, Qualifikations- oder Personalentwicklungskonzepten.

Aus dem in den Übungen gezeigten Verhalten wird auf reales Verhalten in der Praxis geschlossen. Der grundsätzliche Ablauf ist in Abbildung 5.6. dargestellt.[31] Welchen Anforderungen im Sinne der Personalentwicklung und Beförderung besondere Bedeutung beigemessen wird, ist folgender Übersicht zu entnehmen (vgl. Tabelle 5.10). Die Übersicht unterstreicht genau wie die zahlreichen anderen Techniken, daß den personellen Faktoren der Organisationsentwicklung seitens des Kapitals geradezu strategisches Gewicht beigemessen wird. Der kapitalistische Alltag beweist gleichzeitig, daß keineswegs allein die Qualifikation und Befähigung für Beförderungen zählen, sondern nach wie vor der Kapitalbesitz Macht und Ansehen verleiht. Insbesondere beweist die Praxis von „Berufsverboten" in der BRD, daß von einer Chancengleichheit keine Rede sein kann. Das gleiche trifft für die hohe Zahl von arbeitslosen Jugendlichen bzw. Akademikern zu, denen das kapitalistische System erst gar keine Einstiegschance bietet, vom Aufstieg nicht zu reden.

Techniken zur strukturellen Organisationsentwicklung

Organisationsgrundtypen

Die Bemühungen des Kapitals um bessere Verwertungsbedingungen führen immer wieder zu organisatorischen Veränderungen der Unternehmensstrukturen.[32] Bereits seit Beginn der 60er Jahre werden dabei grundsätzlich zwei Organisationstypen unterschieden — dynamische (bzw. organische) und stabile (bzw. mechanische). Die unterschiedlichen Merkmale sind in Tabelle 5.11. aufgelistet.

[31] Elser, F., Eine sichere Methode bei der Personalauswahl und Mitarbeiterentwicklung, in: Industrielle Organisationen (Zürich), 2/1984, S. 96.

[32] Vgl. Meyer—Faje, A., Der Betrieb im Wandel. Konsequenzen für Struktur, Kommunikation, Motivation und Autorität, Bern—Stuttgart 1985.

Tabelle 5.11.
Unterschiede zwischen dynamischen und stabilen Organisationstypen

Strukturelle Eigenschaften	Organisationstypen	
	dynamisch	stabil
Leitungsspannen	groß	klein
Zahl der Hierarchieebenen	wenige	viele
Relation von Verwaltungspersonal zu produktiv Tätigen	hoch	niedrig
Zentralisation	gering	hoch
Anteil an Personen, die Kommunikationen zu anderen Abteilungen unterhalten	hoch	niedrig
Ausmaß an formalen Regelungen	niedrig	hoch
Ausführlichkeit der Stellenbeschreibungen	gering	groß
Inhalt der Kommunikation	Rat und Information	Anleitung und Entscheidung
Qualifikationsunterschiede	gering	groß
fachliche Autorität	stark vertreten	schwach vertreten
personale und bürokratische Autorität	schwach vertreten	stark vertreten

Quelle:
Burns, T./Stalker, G. M., The Management of Innovation, London 1961.

In kritischer Auseinandersetzung mit derartig vereinfachten Gegenüberstellungen wurde und wird immer wieder versucht, die typischen Eigenschaften unterschiedlicher Organisationsformen weiter zu differenzieren. Ein Beispiel dafür stellen die Variablen von Organisationsstrukturen dar, die in Abbildung 5.7. zusammengefaßt sind.[33]

Nach den dort hervorgehobenen Merkmalen sind für die Charakteristik der Organisationsstruktur folgende Größen besonders wichtig:
- der Gründungsmodus eines Unternehmens sowie die Intensität der seither erfolgten Änderungen in den Eigentumsverhältnissen, im Standort und Leistungsprogramm;
- die Betriebsgröße, gemessen an der Zahl der Beschäftigten und den Beziehungen zu eventuellen Mutter- oder Tochtergesellschaften;
- die Kapitalkonzentration und Intensität der Verbindung von Kapitalbesitz und Geschäftsführung, die bekanntlich sehr unterschiedlich sein können;
- das Leistungsprogramm, gemessen an der Zahl unterschiedlicher Leistungen, der Standardisierung, Konsumnähe, Branchenzugehörigkeit, Programmbreite, Kundenspektrum, Serviceintensität, Hard- und Software-Anteile usw.;

[33] Vgl. RKW-Handbuch Führungstechniken und Organisation, Bd. 1, Berlin(West) 1980, Abschnitt 1412, S. 18.

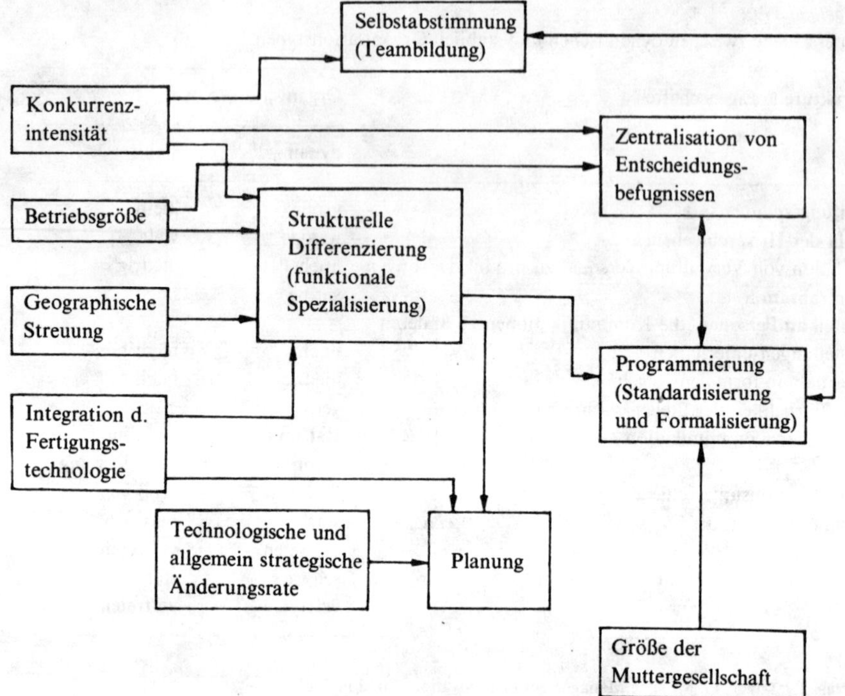

Abb. 5.7.
Einfluß von Eigenschaften der Unternehmung und ihrer Umwelt auf die Organisationsstruktur

- die Fertigungstechnologie einschließlich der technischen Ausstattung, Starrheit bzw. Flexibilität des Maschinenparks, Interdependenzen zwischen Arbeitseinheiten und Niveau der Qualitätskontrolle;
- die Zahl der räumlich getrennten Betriebseinheiten (geographische Streuung);
- die Abhängigkeiten von Kunden, Lieferanten, Kooperationspartnern, gesellschaftlichen Organisationen usw.

Auf Basis derartiger Einflußfaktoren versucht man, Schlußfolgerungen hinsichtlich der strukturellen Entwicklungsfähigkeit der Leitungsorganisation abzuleiten, wobei situative Variable aus Umfeldanalysen in unterschiedlichem Maße einbezogen werden. Die traditionell am häufigsten anzutreffenden Leitungsstrukturen kapitalistischer Unternehmen sind die *Linienhierarchie* und das *Stab-Linien-System* als modifizierte Hierarchie. Folgerichtig sind diese Strukturen Ausgangspunkt der bürgerlichen Untersuchungen ihrer Innovationsfähigkeit.

Einen allgemeinen Überblick über neun verschiedene Strukturtypen gibt Tabelle 5.12.
Im folgenden werden in der Praxis bevorzugt angewandte Strukturen kurz näher untersucht.

Tabelle 5.12.
Unterschiede verschiedener Strukturtypen der Organisation

	Zentrale-Dienststelle-Struktur	Stab-Linien-Struktur	Linienstruktur	Funktionale Struktur
Grundsätze	— Einheit der Leitung — Spezialisierung von zentralen Dienststellen mit Kompetenzen gegenüber der Linie	— Einheit der Leitung — Spezialisierung von Stäben auf Leitungshilfsfunktionen ohne Kompetenzen gegenüber der Linie	— Einheit der Leitung — Einheit des Auftragsempfangs	— Spezialisierung der Leitung der mittleren Ebene — direkter Weg — Mehrfachunterstellung
Formale Eigenarten	— gleichzeitiges Bestehen der Linien- und Funktionalstruktur als Instanz mit Entscheidungskompetenz ohne Fachkompetenzen und zentralen Dienststellen mit Entscheidungs- und Fachkompetenzen	— Entscheidungskompetenz von Fachkompetenz getrennt — Funktionsaufteilung der Leitung nach Zielbereichen	— Linie gilt als Dienstweg für Anordnung, Anrufung, Beschwerde, Information — Linie als Delegationsweg — keine Spezialisierung bei der Leitungsfunktion — dominiert hierarchisches Denken	— „enge" Spezialisierung nach Arbeitsphasen der Leitungskräfte — Übereinstimmung von Fachkompetenz und Entscheidungskompetenz

Tabelle 5.12. (Fortsetzung)

	Zentrale-Dienststelle-Struktur	Stab-Linien-Struktur	Linienstruktur	Funktionale Struktur
Informelle Eigenarten	— Tendenz der Unterordnung der Linienstruktur unter die zentralen Dienststellen (Überlegenheit der Fachkompetenz)	— Tendenz zur Bildung einer eigenen funktionalen Stabshierarchie — Tendenz zur Erweiterung der Stäbe zu zentralen Dienststellen	— Tendenz zur Bildung von Querverbindungen — Tendenz zur Angliederung von Stäben und Komitees	— Tendenz zur unechten Funktionalisierung, d. h. zur Gewichtung von einem der Fachleiter als „Primus inter pares"
Organisatorische Vorteile	— Verbindung der Fach- und Linienentscheidungskompetenzen — hoher Grad der Koordination der Systemsegmente im horizontalen Ausmaß — Verbindung der direkten Kommunikationswege mit dem Dienst- und Delegationsweg	— partielle Entlastung in der Linieninstanz — erhöhte Koordinationsfähigkeit gegenüber Linienorganisation — erhöhte Kapazität für sorgfältige Entscheidungsvorbereitung	— Einheit der Auftragserteilung reduziert — Kommunikations- und Entscheidungsprozesse — klare Kompetenzabgrenzung — klare Anordnungen — klare Kommunikationswege — leichte Kontrolle — Einheit der Leitung ergibt einheitliche, zielorientierte Entscheide	— Entlastung der Leitungsspitze — Verkürzung der Kommunikationswege — potentiell große Koordinationsfähigkeit — „enge" Spezialisierung des Vorgesetzten ermöglicht Berücksichtigung spezifischer Eignungen und raschen Wissenserwerb und Erfahrung — Fachkompetenz wichtiger als hierarchische Stellung

Matrix-Struktur	Projekt-Struktur (Task-Force)	Hybride Struktur	Kollegiale Struktur (Linking-pin-structure)	Amorphische Struktur
— Spezialisierung der Leitung der mittleren Ebenen — nach Zielbereichen — Gleichberechtigung der verschiedenen Dimensionen	— Spezialisierung der Leitung der mittleren Ebene — Einheit des Auftragsempfangs	— Spezialisierung der einzelnen Mitarbeiter — Freiheit bei der Auswahl der Mitarbeiter im Team — direkte Beziehungen zwischen den Mitarbeitern	— Spezialisierung der Arbeitsgruppen — direkte Beziehungen zwischen den Mitarbeitern — kollektiver Charakter des Entscheidungsprozesses	— volle Autonomie der Mitglieder der Organisation — Mangel an vertikalen und horizontalen Beziehungen — volle Übereinstimmung
— keine hierarchische Differenzierung zwischen verschiedenen Dimensionen — systematische Regelung der Kompetenzkreuzungen	— das Ziel der Gruppe ist im voraus festgelegt und genau definiert — die Frist für die Zielerreichung und das Bestehen der Gruppe ist bestimmt (Anfangs- und Endpunkt) — das Vorhaben besitzt eine gewisse Einmaligkeit und seine Erreichung ist mit Unsicherheit und Risiko verbunden	— Mangel der hierarchischen Verbindungen — die weitgehende Spezialisierung der Mitarbeiter — jede Einheit ist spezialisiert im engen Bereich — die Dauer der Zugehörigkeit der Mitarbeiter zur Gruppe ist durch die Brauchbarkeit ihres Fachwissens bestimmt — absolute Übereinstimmung der Fach- und Entscheidungskompetenzen	— Mangel an hierarchischen Verbindungen — der Vertreter der Gruppe ist gleichrangig den anderen Mitgliedern, gleichzeitig vertritt er die Gruppe im Leistungsteam und ist gleichrangig dem Hauptkoordinator der Organisation — Entscheidungen werden kollegial getroffen und Information wird weitergegeben durch die Verbundenheit unter den Kollegen	— volle hierarchische und horizontale Autonomie der Elemente des Organisationssystems — freiwillige Zugehörigkeit zur Organisation — universales Fachwissen jedes Mitglieds der Organisation

Tabelle 5.12. (Fortsetzung)

Matrix-Struktur	Projekt-Struktur (Task-Force)	Hybride Struktur	Kollegiale Struktur (Linking-pin-structure)	Amorphische Struktur
— Tendenz zur Unterordnung der Matrix unter eine „klassische“ Leistungsspitze mit Stab-Linien-Struktur — Tendenz zur Gewichtung eines Dimensionsleiters	— Tendenz zur Formalisierung der gegenseitigen Beziehungen und Verhältnisse in der Organisation, d. h. Übergang zur Linien-Struktur — Tendenz zur Stabilisierung der Gruppen und Verlängerung des Projekts	— Tendenz zur Stabilisierung der ad hoc berufenen Gruppen und Umgestaltung der Struktur in Projektstruktur — Tendenz zur Monopolisierung des Fachwissens einzelner Mitarbeiter	— Tendenz zur Formalisierung der Funktion des Vertreters und Unterordnung der anderen gleichrangigen Mitarbeiter — Tendenz zur Identifizierung des Vertreters mit der „höheren“ kollegialen Gruppe — Tendenz zur Verselbständigung der Gruppen	— Tendenz zur Desintegration und autonomen Spaltung des Organisationssystems — Tendenz zur Kooperation der einzelnen Mitarbeiter mit anderen Mitgliedern und Umgestaltung der Struktur in die Hybride Struktur
— Entlastung der Leistungsspitze von Koordinationsfunktionen — direkte Wege — keine Belastung von Zwischeninstanzen — mehrdimensionale Koordination — Möglichkeit, Projekte als eigene Dimension zu integrieren	— Entlastung der Leitungsspitze von Koordinationsfunktionen und von der Notwendigkeit des Entscheidens bei bestimmten Objekten — Möglichkeit der Verwendung des „Management by Exceptions“	— Mangel der hierarchischen Beziehungen ermöglicht volle Konzentration auf die Arbeit — freiwillige Teilnehmerschaft in der Gruppe ermöglicht volle Ausnutzung des Fachwissens jedes Mitglieds	— Dominanz der Task-Orientation — kollegialer Charakter der Arbeit ermöglicht Lösung schwieriger innovativer Probleme — hohe Konzentration der Gruppen auf bestimmte Zielbereiche erlaubt weitgehende	— Fehlen von Abhängigkeit in vertikalem und horizontalem Ausmaß ermöglicht volle Konzentration auf bestimmte Forschungsobjekte

— Spezialisierung der Leitung nach Zielbereichen — gleichwertige Berücksichtigung mehrerer Dimensionen	— volle Zielorientierung der Gruppe ermöglicht schnelle Verwirklichung des Projekts — direkte Beziehungen in der Gruppe	— hohe Flexibilität der Struktur erlaubt schnelle Anpassung an jede neue Aufgabe	Spezialisation der ganzen Gruppen — direkte Kommunikationswege zwischen den Teilnehmern ermöglichen schnellen Informationsfluß

Quelle:
Jermakowicz, W., Organisationsstrukturen produktiver, adaptiver und kreativer Organisationen, in: Zeitschrift für Organisation (Wiesbaden), 4/1980, S. 194/195.

In bezug auf die *Linienhierarchie* und das *Stab-Linien-System* (beide werden auch als bürokratische Organisationen bezeichnet) wird hervorgehoben, daß sie ein Höchstmaß an Rationalität aufweisen, das der Dauerhaftigkeit ihrer Strukturen und der klar definierten Vorgehensweise (Regelgebundenheit) in Entscheidungsfragen geschuldet ist. Ungeachtet oder gerade wegen dieser Vorteile erweist sich die bürokratische Organisation jedoch als wenig geeignet, schnell und effektiv Innovationen durchzusetzen. Wesentliche Ursachen dafür, daß die traditionellen Linienorgane nur wenig innovativ wirken, bestehen darin,

- daß andere bereichsspezifische Prioritäten Innovationen erschweren und
- daß die gleichermaßen notwendige Beherrschung von Routine- und Innovationsaufgaben dazu führt, daß oftmals gerade Innovationsaufgaben vernachlässigt werden.

In einer Reihe oft zitierter empirischer Untersuchungen haben Lawrence und Lorsch festgestellt,[34] daß mit wachsender Differenzierung von Bereichen und Abteilungen eines Unternehmens die Koordination und Integration immer schwieriger werden, zugleich jedoch auch immer zwingender notwendig, insbesondere zum Erzielen von Innovationserfolgen. In zehn Unternehmen verschiedener Branchen analysierten Lawrence und Lorsch sechs unterschiedliche Koordinationsmethoden bzw. -praktiken, die verallgemeinerungsfähige Bedeutung besitzen. Sie unterscheiden[35]:

- Koordinationsabteilungen (*integrative departments*),
- Teams (*permanent cross-functional teams* bzw. *temporary cross-functional teams*),
- Koordinatoren (*individual integrators*),
- Direktkontakte zwischen Managern in verschiedenen Bereichen zur horizontalen Kommunikation (*direct managerial contact*),
- Pläne, Vorschriften und Regelungen zur Koordination (*paper system*) und
- Hierarchieordnungen (*managerial hierarchy*).

Die Wahl der jeweils treffendsten Koordinationsmethoden hängt dabei in entscheidendem Maße von den jeweiligen Umweltbedingungen ab. Bei relativ stabiler, wenig dynamischer Umwelt ist die Integration als Routinehandlung unkompliziert und gelingt am besten über die hierarchische Autorität der Linienorganisation, unterstützt durch entsprechende Organisationspläne und -regelungen. Je dynamischer und instabiler die Umwelt dagegen ausgeprägt ist, um so größere Bedeutung erlangen andere Integrationsmethoden, wie beispielsweise die

[34] Lawrence, P. R./Lorsch, J. W., Organization and Environment. Managing Differentiation and Integration, Boston 1967.
[35] Ebenda, S. 137ff.

Arbeit von speziellen Koordinationsabteilungen für Innovationen, speziellen Arbeitsgruppen bzw. Koordinatoren usw.

Häufig anzutreffen ist hierbei die Übertragung von Innovationsaufgaben auf Stäbe. Definitionsgemäß sind Stäbe Unterstützungsorgane der Linie, die die Entscheidung objektivieren helfen sollen. Die Stäbe werden jedoch oft lediglich als Anhängsel der Linie betrachtet. Ihr Einfluß auf Entscheidungen ist dementsprechend in vielen Konzernen durch fehlende Verantwortlichkeit gering. Nur wenn die Linienorgane an wissenschaftlichen Analysen interessiert sind, haben die Stäbe informelle Macht und damit auch die Möglichkeit, Innovationsentscheidungen zu beeinflussen. Die bürgerliche Organisationswissenschaft bezeichnet dies jedoch als irrationales Element der *Stab-Linien-Organisation.* Selbst wenn dieses irrationale Element tägliche Praxis würde, könnte davon kaum eine innovationsfördernde Wirkung erwartet werden, stellt Wagner fest. „Auch wenn die Mitglieder der Stabsabteilungen zu ‚grauen Eminenzen‘ und eigentlichen Entscheidern werden, wird die Effizienz der Organisation dadurch kaum erhöht, müssen sie doch stets in ihr Kalkül einbeziehen, daß der Einfluß jederzeit durch die Inhaber von Linienpositionen wieder begrenzt werden kann.“[36]

Im Ergebnis vieler Untersuchungen kommen die bürgerlichen Organisationstheoretiker zu dem einhelligen Schluß, daß „. . . das Stab-Linien-Modell von seiner Konstruktionsidee her nicht für Innovationsprozesse prädestiniert zu sein . . .“[37] scheint und damit die traditionellen Strukturen durch neue innovationsfördernde ergänzt oder ersetzt werden müssen. Einer der bedeutendsten Leitungstheoretiker der BRD, Grochla, untermauert dies, indem er betont, daß neben ausreichenden finanziellen, personellen und materiellen Mitteln für Innovationen eine besondere Bedeutung den neuen, zweckmäßigen organisatorischen Maßnahmen und Strukturen zukommt.[38]

Eine wesentliche Richtung in der Schaffung innovationsfördernder Organisationsstrukturen besteht daher besonders in den USA und der BRD darin, Modifizierungen traditioneller Leitungsstrukturen durchzusetzen, da sie dem Anliegen des Managements nach weitestgehender Beibehaltung der bewährten “programmierten Leitung“ bei gleichzeitiger schneller Reaktion auf Innovationen am besten entsprechen. So stellen Brandenburg, Brodner u. a. fest, daß in der Praxis der BRD das Modell der „Stabsstellen für Innovationen“ in zunehmendem Maße Anwendung findet (vgl. Abb. 5.8.). „Als wesentlicher Vorteil wird im allgemeinen angesehen, daß solche Stabsstellen aufgrund ihres hohen Spezialwissens und ihrer Freistellung von Routinefragen besonders geeignet sind, sich mit neuartigen Problemstellungen zu beschäftigen und das Spektrum alternativer Lösungsmöglichkeiten abzutasten. Als günstige organisatorische Einglie-

[36] Wagner, C., Allgemeine Theorie der Organisation und Innovation, S. 113.

[37] Witte, E., Organisation für Innovationsentscheidung, Göttingen 1973, S. 10/11.

[38] Vgl. Grochla, E., Zur Organisation innovativer Gemeinschaftsforschung, in: Wirtschaft und Wissenschaft (Essen), 4/1977, S. 20.

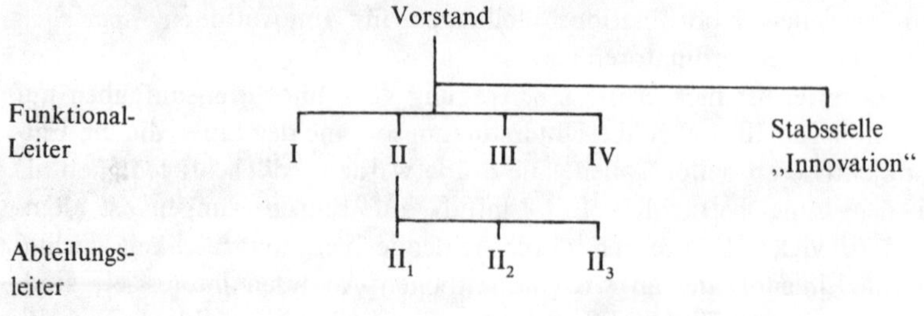

Abb. 5.8.
Modell der Leitungsorganisation mittels einer Stabsstelle „Innovation"

derung für die sogenannten innovativen oder kreativen Stäbe wird im allgemeinen eine unmittelbare Unterstellung unter die Unternehmensleitung angesehen."[39]

Die Praxis des Managements hat jedoch gezeigt, daß eine solche Modifizierung unzureichend ist. Da die Linienorgane um den Erhalt ihrer Positionen kämpfen, die im bürokratischen System weitestgehend gewährleistet sind, kommt es zu Spannungen zwischen den Stabsorganen und den Funktionalorganen. „Diese Spannungen innerhalb des Stab-Linien-Modells können die von den Stäben erwartete Kreativität zu einem großen Teil absorbieren."[40] Im allgemeinen wird die vorrangig funktionale Organisation dann als vorteilhaft angesehen, wenn Routineaufgaben überwiegen (z. B. in Konzernen mit niedrigem Diversifikationsgrad und geringer Marktkomplexität). Anerkannte Vorteile funktionaler Organisationsformen sind:

— maximale Nutzung von funktionalem Know-how durch Spezialisierung;
— größere Teilwirtschaftlichkeit in den Produktionsbereichen;
— bessere Koordination und Kombination innerhalb von Funktionen, schlechtere über Funktionsgrenzen hinweg;
— klare Orientierung auf eindeutig definierte funktionale Ziele hin, was zu Verhaltenskonflikten zwischen einzelnen Funktionsbereichen führt;
— formell bessere Regeln der Struktur und Kommunikation der Funktionshierarchie, da konflikthemmend;
— stärkere Identifikation mit Tagesproblemen.

Promotoren-Modell

Als kompetenter Vertreter für dieses Konzept ist in der BRD E. Witte[41] anzusehen, über dessen Erkenntnisse hinsichtlich der *Promotoren* die anderen Organisationswissenschaftler (Kieser, Grochla, Brandenburg u. a.) nicht hinaus-

39 Brandenburg, A. G., Die Innovationsentscheidung, Göttingen 1975, S. 156.
40 Ebenda, S. 157.
41 Witte, E., Organisation für Innovationsentscheidung, Göttingen 1973.

gehen. Ausgangspunkte der Untersuchungen Wittes sind wie bei allen anderen auf Gewinnung innovationsfördernder Strukturen gerichteten Analysen die Innovationshemmnisse. „Wenn der Innovationsprozeß zwangsläufig selbsttätig ablaufen würde, ohne daß sich ihm personelle und sachliche Barrieren in den Weg stellten, so bedürfte es keiner spezifischen Organisationsform zur Förderung der Innovation"[42], lautet das Credo. Für Witte bestehen diese Hemmnisse vor allem in menschlichen Willens- und Fähigkeitsbarrieren. Zum einen kann eine Innovation scheitern, weil derjenige, der innerhalb der Hierarchie über sie zu entscheiden hat, kein Interesse an ihr zeigt (keinen Willen hat). Zum anderen kann ihr Scheitern in der Tatsache begründet liegen, daß diejenigen, die mit der Realisierung beauftragt sind, nicht das nötige Wissen (keine Fähigkeiten für diese Aufgabe) aufweisen.

Um Barrieren zu überwinden, so argumentiert Witte, ist es notwendig, dem Innovationsvorhaben „Energie" zuzuführen. Da diese „Energie" an Personen gebunden ist, sind Personen (*Promotoren*) notwendig, die die Innovation vorantreiben. Zu unterscheiden ist dabei in *Macht-*(*MP*) und *Fachpromotoren* (*FP*), je nachdem ob „Energie" der Macht oder „Energie" des Fachwissens eingesetzt wird. „Als Machtpromotor bezeichnen wir diejenige Person, die einen Innovationsprozeß durch hierarchisches Potential aktiv und intensiv fördert. Definitionsmerkmale sind also eine bestimmte Position innerhalb der Aufbauorganisation und außerdem eine spezifische Verhaltensweise. Den Fachpromotor definieren wir als diejenige Person, die einen Innovationsprozeß durch objektspezifisches Fachwissen aktiv und intensiv fördert."[43]

Ungeachtet dieser zweifelhaften Charakteristik und schematischen Gegenüberstellung nimmt Witte eine Reihe von empirischen Untersuchungen über den hierarchischen Rang beider *Promotorentypen* vor (vgl. Tabelle 5.13.). Hieraus leitet er die wenig überraschende Feststellung ab, daß die Konzentration des *Machtpromotors* auf der Ebene des Top-Managements eine wesentliche Voraussetzung für den Erfolg der Innovation ist, denn da die Innovationen Widerstand hervorrufen, der auf allen Ebenen des Managements angesiedelt sein kann, muß ein Spitzenmanager wirklich innovationsentscheidend wirken. Der *Machtpromotor* zeichne sich dabei nicht durch „passives Wohlwollen" aus, sondern wirke aktiv als Förderer und Garant innerhalb des Innovationsprozesses. Diese Ergebnisse sind geradezu bilderbuchmäßig geeignet, längst bekannte Tatsachen „wissenschaftlich" zu verbrämen und zugleich eindeutig politisch bestimmte Fakten der Machtaufteilung im Unternehmen zu verschleiern.

Für den *Fachpromotor* dagegen sei die hierarchische Position unerheblich, da seine Aufgabe darin bestehe, durch Anwendung von Wissen und ständige Mehrung dieses Wissens die Innovation voranzutreiben. Da Witte offensichtlich selbst erkennt, daß dieser Schematismus zur Analyse innovationsorientierter

[42] Ebenda, S. 5.

[43] Ebenda, S. 17.

Tabelle 5.13.
Hierarchische Eingliederung von Promotoren für Innovationen

Management-Ebene	Rang	MP	FP	MFP
Top-Management	1	30	1	1
	2	25	2	7
Middle-Management	3	19	29	3
	4	0	98	0
Lower-Management	5+6	0	0	0
keine Angabe		2	15	1

Quelle:
Witte, E., Organisation für Innovationsentscheidung, Göttingen 1973, S. 32

Organisationsmethoden nicht ausreicht, führt er noch die Personalunion von *Macht-* und *Fachpromotor* ein (*MFP*). Aus der Charakterisierung der einzelnen *Promotoren* stellt sich die Frage nach der neuen, innovationsfördernden Organisationsstruktur. Witte sieht in der *Promotorenstruktur* diese neue Organisationsform. Da zur Innovationsförderung zwei verschiedene Barrieren zu überwinden seien, ergibt sich als logische Schlußfolgerung, daß eine Vereinigung von *Macht-* und *Fachpromotor* zu einer Gemeinschaft den höchsten Effekt in bezug auf Innovationsgrad und Problemlösungsumsicht mit sich bringt. Eine einseitige *Promotorenstruktur* (nur *Machtpromotor* oder nur *Fachpromotor*) erweise sich als wenig effizient, da die entsprechende zweite Barriere (für die kein „Energieträger" vorhanden ist) den Erfolg schmälert oder gar in Frage stellt. Diese „Gemeinschaft" von *Macht-* und *Fachpromotor* ist nicht identisch mit einer Zuordnung analog der *Hierarchie* oder im *Stab-Linien-System. Macht-* und *Fachpromotor* sind sich ergänzende Personen, denn der eine ist auf den anderen angewiesen. Witte hat für diese *Promotoren*-Gemeinschaft den Begriff *Promotoren-Gespann* geprägt. „Das Wort Promotoren-Gespann bezeichnet wohl am besten die Tatsache der engen gemeinsamen Zugkraft, die keine Vorrangigkeiten kennt, sondern durch das Aufeinander-Angewiesensein charakterisiert ist."[44]

Selbst wenig politisch denkenden Wissenschaftlern und Ingenieuren kapitalistischer Konzerne dürfte diese Meinung — „die keine Vorrangigkeiten kennt" — angesichts des scharfen Kampfes um Prioritäten und ihre eindeutig profitorientierte Ausrichtung zumindest weltfremd erscheinen.

Die empirischen Analysen Wittes, die seine These von der Sicherung der höchsten innovationsfördernden Wirkung des *Promotoren-Gespanns* bestätigen sollen, stützen sich auf 233 Unternehmen hinsichtlich der Computereinführung in der BRD. In bezug auf die Problemlösungsumsicht ist aus den Untersuchungsergebnissen (vgl. Tabelle 5.14.) zu erkennen, daß die Verknüpfung beider

[44] Ebenda, S. 19.

Tabelle 5.14.
Problemlösungsumsicht von 233 Innovationsentschlüssen

Struktur	Durchschnittliche Problemlösungsumsicht
Gespann-Struktur	78,2
Einseitige Machtstruktur	70,2
Einseitige Fachstruktur	73,4
Macht/Fach-Promotor	63,8
Struktur ohne Promotoren	60,2

Quelle:
Ebenda (vgl. Tab. 5.13.), S. 54.

„Energiearten" zur Gespannstruktur die Überwindung von Barrieren am ehesten ermöglicht, bei gleichzeitigem Anregen und Ergänzen.

Hier wird bestätigt, was durch die Orientierung auf die sozialistische Gemeinschaftsarbeit seit eh und je gefordert und millionenfach täglich neu bewiesen wird, allerdings ohne undialektische Vereinzelungen und neue Bezeichnungen bemühen zu müssen.

Weitere Ergebnisse (vgl. Tabelle 5.15.) hinsichtlich des Neuheitsgrades von Innovationsentschlüssen bestätigen das Ergebnis der Untersuchungen zur Problemlösungsumsicht. Die „Gespannstruktur" erzielt den größten Neuheitsgrad, während bei Strukturen ohne *Promotoren* mit 51 Prozent nur geringe Neuheit erreicht wird.

Das *Promotoren-Gespann* zeichnet sich also durch den höchsten Innovationsgrad und die größte Problemlösungsumsicht aus und entspricht damit dem Ziel nach der besten Organisationsform mit dem höchsten Innovationsgrad und der

Tabelle 5.15.
Neuheitsgrad von 227 Innovationsentschlüssen*

Struktur	Anzahl der Entschlüsse in Prozent Neuheitsgrad			
	niedrig	mittel	hoch	gesamt
Gespann-Struktur	27	44	29	100
Einseitige Machtstruktur	33	45	22	100
Einseitige Fachstruktur	40	40	20	100
MFP	36	36	28	100
Struktur ohne Promotoren	51	31	18	100

* 6 Fälle nicht eindeutig bestimmbar.
Quelle:
Ebenda (vgl. Tab. 5.13.), S. 49.

größten Problemlösungsumsicht. Diese für den Marxisten wenig überraschende Erkenntnis wird in der bürgerlichen Literatur oft als wesentliche Weiterentwicklung der Leitungsmethoden in innovationsorientierten Organisationen charakterisiert. Selbst die Bedeutung anderer Managementgruppen wird dagegen oft unterschätzt.

Auf Grund empirischer Studien in 188 mittleren und großen BRD-Unternehmen hinsichtlich des Verhaltens, der Struktur und Bedeutung einzelner Managementgruppen bei tiefgreifenden organisatorischen Neuerungsprozessen, worunter insbesondere Fusionen, Geschäftsbereichsneuorganisationen, Einführung neuer EDV- und Planungssysteme usw. verstanden werden, kommt Gabele zu folgender hervorgehobener Feststellung: „Die bedeutendste Rolle bei effizienten tiefgreifenden organisatorischen Neuerungen im Unternehmen spielt im gesamten Prozeß eindeutig das Mittel-Management.“[45]

Auch anhand der bürgerlichen Anstrengungen zur Entfaltung neuer innovationsfördernder Organisationsstrukturen zeigt sich einmal mehr, daß die wirtschaftspraktische Ausrichtung bürgerlicher Theorien nur begrenzt wissenschaftlichen Charakter trägt, da die Ideologiefunktion dominiert. Grundsätzlich ist die dialektische Einheit von wirtschaftspolitischer und politisch-ideologischer Funktion jeder bürgerlichen Auffassung eigen. Dabei ist die Ideologiefunktion nicht immer so offensichtlich wie etwa bei den Auffassungen der Verfechter der „freien Marktwirtschaft“. Die pragmatische Orientierung zwingt vielmehr dazu, in bestimmtem Umfang diese Ideologiefunktion in den Hintergrund treten zu lassen. Dieses Erfordernis der Dialektik von wirtschaftspolitischer und politisch-ideologischer Funktion wird bei den Organisationswissenschaftlern u. a. in ihrer Stellung zum gegenwärtig so viel diskutierten „Kerngebiet unternehmerischer Tätigkeit“, den Innovationen, deutlich.

Wittes empirische Analysen ergaben, daß von 269 untersuchten Innovationen lediglich 19 durch „dynamische Unternehmer“ (analog der Schumpeterschen These) getragen werden. Dies sind gerade 7 Prozent. Völlig richtig stellt Witte deshalb fest: „Als unrealistisch muß man dagegen heute die Einengung (der Innovationen — W. D. H.) auf die Person des Unternehmers ‚im Singular‘ bezeichnen.“[46] Ähnlich argumentieren Brandenburg, Brödner u. a., die feststellen: „Individuelle Unternehmensleitung wird zunehmend durch arbeitsteilig organisierte Entscheidungsprozesse abgelöst. Das Innovationsgeschehen wird damit von dem zufälligen Auftreten von Ausnahmepersönlichkeiten weitgehend unabhängig.“[47] Damit werden all jene an Schumpeter, Sombart usw. orientierten

[45] Ebenda, S. 21.

[46] Gabele, E., Das Management von Neuerungen. Eine empirische Studie zum Verhalten, zur Struktur, zur Bedeutung und zur Veränderung von Management-Gruppen bei tiefgreifenden Neuerungsprozessen in Unternehmen, in: Schmalenbachs Zeitschrift für betriebswirtschaftliche Forschung (Opladen), 3/1978, S. 194ff.

[47] Brandenburg, A. G. u. a., Die Innovationsentscheidung, a. a. O., S. 174.

Auffassungen vom Unternehmer als Träger des wissenschaftlich-technischen Fortschritts relativiert, die sich von bürgerlichen Theoretikern bis hin zu den Spitzen der Unternehmerverbände erstrecken und besonders durch die Pionierunternehmungen im *Silicon-Valley*-Bereich neue Nahrung erhielten.[48]

Produktmanagement

Als eine weiterführende Modifizierungsvariante traditioneller Leitungsstrukturen zum Aufbau innovationsfördernder Organisationsformen fand das *Produktmanagement* große Verbreitung. Erste Versuche dazu führte der US-Konzern *Libby, McNeil and Libby* schon 1919 durch, systematische Anwendung fand das *Produktmanagement* erstmalig bei *Procter and Gamble* 1928 in Form der sogenannten *Brand Manager.* 1950 wandten dennoch erst 4 namhafte Markenhersteller das *Produktmanagement* systematisch an, und der eigentliche Durchbruch gelang erst bis etwa 1960, wo nach Schätzung fast 85 Prozent aller Konsumgüterhersteller nach diesem Modell arbeiteten.[49]

Das *Produktmanagement* schließt den Gesamtprozeß der Planung, Steuerung und Kontrolle von Produkten durch einen oder mehrere Produktverantwortliche ein.

Damit orientiert sich die ganze Organisation beim *Produktmanagement* auf den Gesamtprozeß von der Ideengenerierung neuer Produkte bis zur Realisierung in der Produktion und späteren Aussonderung veralteter Erzeugnisse. Nach Lembke[50] ist dabei folgender Ablauf typisch (vgl. Abb. 5.9.).

Um ein Produktmanagement zu installieren, sind nach gleicher Quelle folgende Aspekte zu berücksichtigen:

- Bestimmung des Produkts als Geschäftsgegenstand,
- Verknüpfung von funktionaler Führung mit produkt- und/oder marktorientierter Geschäftsoptimierung,
- Formulierung einheitlicher Zielsetzung und Aufgabenstellung,
- Sicherung eines einheitlichen Niveaus bezüglich der wichtigsten Produkt-Informationen,
- Schaffung eines gemeinsamen Verantwortungsbewußtseins aller am Produktgeschehen beteiligten Mitarbeiter.

Am häufigsten werden die verschiedenen Organisationsmöglichkeiten des Produktmanagements in folgender Weise unterschieden[51]:

- Produkt-Marketing-Management,

[48] Vgl. Rogers, E. M./Larsen, J. K., Silicon-Valley-Fieber. An der Schwelle zur High-Tech-Zivilisation, Berlin(West) 1985.

[49] Vgl. Wild, J., Produkt-Management, München 1973.

[50] Vgl. Lembke, P. M., Strategisches Produktmanagement, Berlin(West)—New York 1980.

[51] Vgl. Management-Lexikon, hg. von F. Neske und M. Wiener, Bd. 4, Gernsbach 1985, S. 1185.

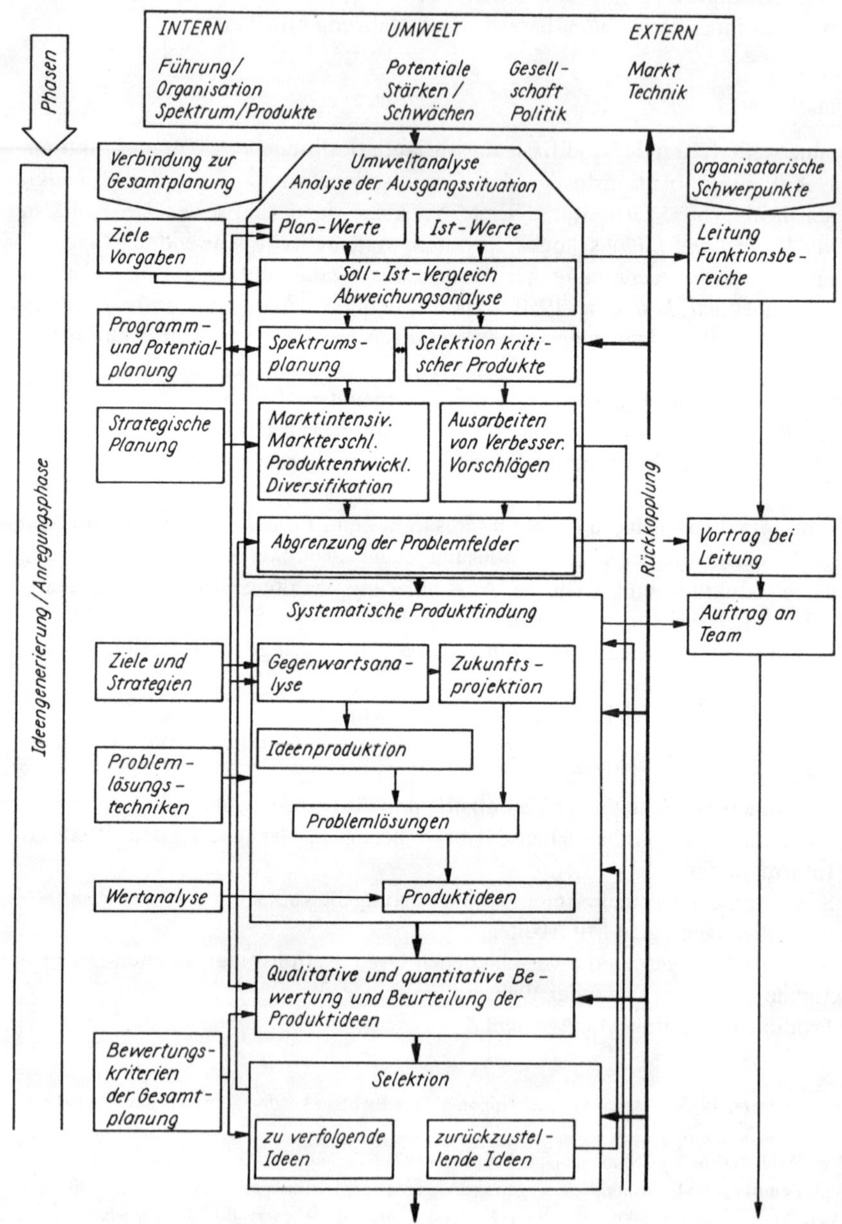
Phasen
INTERN
UMWELT
EXTERN
Führung/
Organisation
Spektrum/Produkte
Potentiale
Stärken /
Schwächen
Gesell-
schaft
Politik
Markt
Technik
Verbindung zur
Gesamtplanung
Umweltanalyse
Analyse der Ausgangssituation
organisatorische
Schwerpunkte
Ziele
Vorgaben
Plan-Werte
Ist-Werte
Soll-Ist-Vergleich
Abweichungsanalyse
Leitung
Funktionsbe-
reiche
Programm-
und Potential-
planung
Spektrums-
planung
Selektion kriti-
scher Produkte
Strategische
Planung
Marktintensiv.
Markterschl.
Produktentwickl.
Diversifikation
Ausarbeiten
von Verbesser.
Vorschlägen
Abgrenzung der Problemfelder
Rückkopplung
Vortrag bei
Leitung
Ideengenerierung / Anregungsphase
Systematische Produktfindung
Auftrag an
Team
Ziele und
Strategien
Gegenwartsana-
lyse
Zukunfts-
projektion
Ideenproduktion
Problem-
lösungs-
techniken
Problemlösungen
Wertanalyse
Produktideen
Qualitative und quantitative Be-
wertung und Beurteilung der
Produktideen
Bewertungs-
kriterien
der Gesamt-
planung
Selektion
zu verfolgende
Ideen
zurückzustel-
lende Ideen

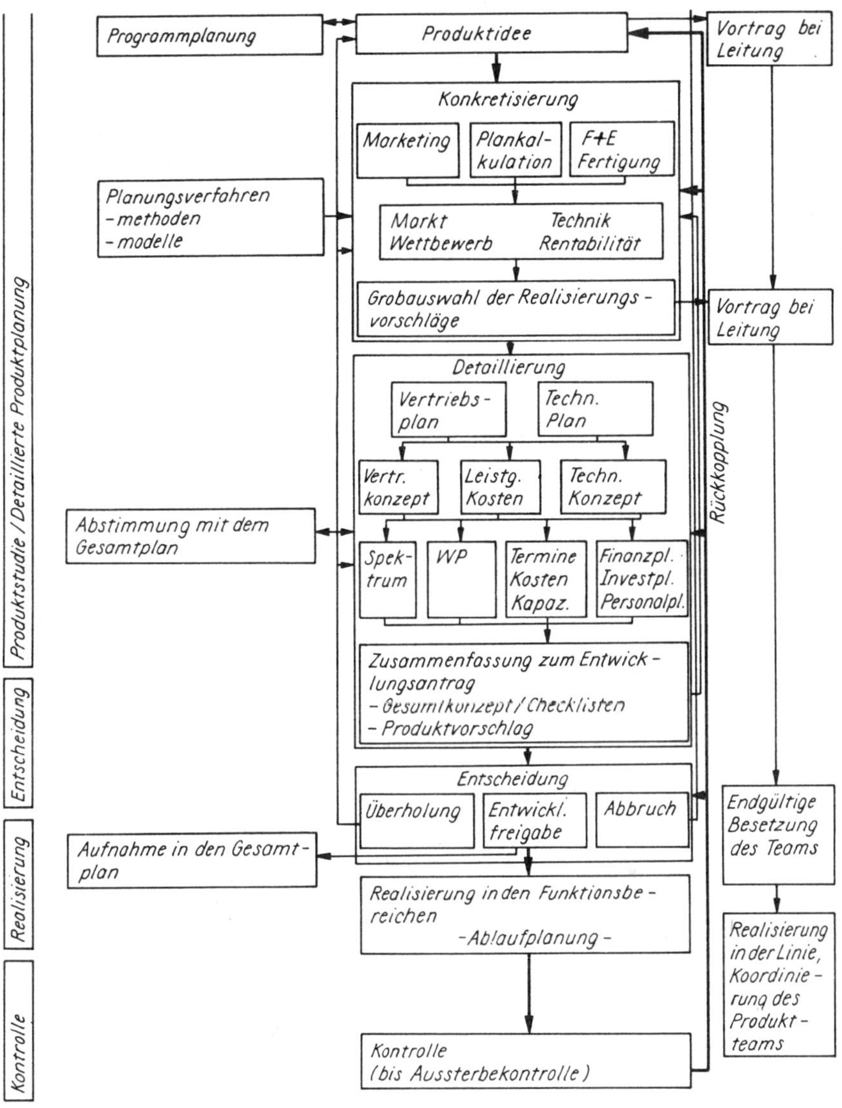

Abb. 5.9.
Produktmanagementprozeß

— Produkt-Management als Stabsfunktion,
— Produkt-Management als selbständige Linienfunktion und
— Produkt-Team-Management.

Zu den übergreifenden Aufgaben des *Produktmanagements* zählen die in Tabelle 5.16. zusammengefaßten Schwerpunkte.

Tabelle 5.16.
Allgemeine Aufgaben des Produktmanagements

Vertriebliche und technische Aktivitäten
— Erstellung und Durchsetzung einer homogenen Produkt(Spektrums-)politik
— Erarbeitung eines Marketingskonzeptes
— Entwicklung des Marketing-Mix (Produktgestaltung, Sortiment/Spektrum, Preis, Absatzorganisation, Absatzwege, Verpackung, Markenname, Verkaufsförderung)
— Erstellung bzw. Veranlassung von Marktanalysen und -prognosen (Marktanteile, Wachstum)
— Anpassung von Produktqualität und Bedürfnisstruktur (optimales Preis-/Leistungsverhältnis)
— Beobachtung der Konkurrenzprodukte
— Durchführung von Konkurrenzvergleichen
— Aufspüren von Marktlücken bzw. Marktnischen
— Anstoß und Entwicklung neuer Produktideen
— Initiierung von Produktverbesserungen
— Betreuung und Organisation der Einführung neuer Produkte am Markt (Politik, Ziele, Programme, Budgets)
— Veränderung und Durchführung von „Wiederanlaufaktionen", um die gewinnbringende Lebensdauer der Produkte so lang wie möglich auszudehnen
— Durchführung von Produktrevisionen in definierten Abständen zur Überprüfung der Produktmarketingaktivitäten
— Unterstützung und Beratung der Verkaufsorganisation
— Betreuung von Messen und Ausstellungen

In der Konsumgüterindustrie ergeben sich häufig noch folgende zusätzliche Aufgaben:
— Einrichtung und Auswerten von Testmärkten
— Planung und Durchführung der Werbung (mit internen und externen Werbestellen) und des Medieneinsatzes
— Durchführung von PR-Aktivitäten
— Entwicklung und Durchführung spezifischer Verkaufsförderungsmaßnahmen
— verantwortliche Mitarbeit an Design und Verpackung
— Kontrolle der (Verkaufs-)Bestände (Abbau der Restposten)
— Entwicklung und Durchsetzung von Qualitätsstandards
— Durchführung von Produkt-, Verpackungs-, Versand- und Haltbarkeitstests
— Planung und Durchführung der Verkaufsförderung

In der Investitionsgüterindustrie ergeben sich folgende zusätzliche Aufgaben:
— technische Beratung der Verkaufsorganisation und der Kunden
— detaillierte Kostenanalysen insbesondere für technische Alternativen
— Mitwirkung an Wettbewerbsangeboten (z. B. Ausschreibungen)
— Entwicklung und Pflege von Kontakten zur Zulieferindustrie

Tabelle 5.16. (Fortsetzung)

- Unterstützung beim Aufbau von Projektorganisationen für komplexe Produkt- bzw. Systemgeschäfte
- Umsetzen von Kundenwünschen in Entwicklungsprogramme
- Verfolgung technisch-wissenschaftlicher Trends und Beschaffung der dazu notwendigen Information

Wirtschaftliche Steuerung und Kontrolle
- Planung und Optimierung der Produktkosten (Wertanalyse)
- Überwachung der Kostenbudgets
- Verfolgung der Umsatz- und Gewinnentwicklung
- Reaktion auf Abweichungen und Veranlassung geeigneter Maßnahmen
- Funktion als Katalysator und Informationszentrum für alle Produktdaten

Organisatorische und koordinierende Aufgaben
- Organisation und Durchführung der Produktplanung
- Abstimmung der (Teil)-pläne mit den zuständigen Instanzen
- Vorbereitung und Durchführung der Abstimmungsgespräche im Rahmen der jährlichen Planung
- permanente Information und Kooperation mit den beteiligten Stellen und Bereichen auf der Basis einer formalisierten Berichterstattung
- Funktion als Drehscheibe der Information und Kommunikation für alle Belange, die funktionsüberschneidender Natur sind und die einer Abstimmung bedürfen
- Betreuung des Produkts von der ersten Idee bis zur Aussterbekontrolle zur Sicherstellung der Gemeinsamkeit des Denkens und Handelns
- Überwachung des Produktgeschehens nach einem vorher festgelegten Phasenschema

---

Quelle:
Management-Lexikon, hg. von Neske, F. und Wiener, M., Bd. IV., Gernsbach 1985, S. 1194/1195.

Entsprechend den dargestellten Aufgaben werden hohe Anforderungen an die Qualifikation der *Produktmanager* gestellt, die sich nur geringfügig in Abhängigkeit von der konkreten Form der Organisation des *Produktmanagements* unterscheiden.

Wird das Erzeugnisprogramm als dominierendes Gliederungsprinzip der Organisation gewählt, so spricht man in der bürgerlichen Organisationswissenschaft vom *Divisional-*, *Produktgruppen-* oder *Spartenprinzip*, das in gewisser Weise der projektorientierten *Linienorganisation* vergleichbar ist.

Da zwischen dem *Produkt-* und *Projektmanagement* in den verschiedenen Ausprägungsformen hohe Ähnlichkeiten bestehen, werden Besonderheiten der einzelnen Formen des *Produktmanagements* im Rahmen des *Projektmanagements* mit erörtert.

Projektmanagement

Das *Projektmanagement* entstand ursprünglich als eine Form der Leitungsorganisation zur Bewältigung von Sondervorhaben, die durch hohe Neuartigkeit und instabile Elemente eine dauerhafte Leitungsorganisation als unzweckmäßig erscheinen ließen. Daher ist das *Projektmanagement* fast immer zeitlich begrenzt und häufig risikobehaftet.

Der allgemeine Durchbruch des *Projektmanagements* erfolgte zweifellos erst ausgehend von den aggressiven militärischen Projekten der USA, wie dem berüchtigten *Manhattan-Projekt* zum Bau der ersten Atombombe der USA oder den späteren Projekten des Raketenbaus und der Raumfahrt.

Ziel des *Projektmanagements* ist die Beherrschung aller Aufgaben und Probleme über die folgenden Projektphasen[52]:
— Konzeptformulierung,
— Projekt/Systemdefinition,
— Forschung und Entwicklung,
— Produktion und Beschaffung,
— Betrieb und Wartung sowie
— Aussonderung.

Die Abbildungen 5.10. bis 5.13. zeigen, welche Aufgaben nach Madauss in den wichtigsten Phasen des *Projektmanagements* zu lösen sind.[53] Eine vieldiskutierte Frage besteht darin, wie die Projektleitung in eine bestehende Unternehmensorganisation integriert werden kann. Dabei ist zu unterscheiden, ob lediglich das Methodenkonzept des *Projektmanagements* oder auch das Organisationskonzept integriert werden soll. Beides ist nicht identisch, da im ersten Fall die bisherige Organisationsform beibehalten werden kann und dadurch beispielsweise weniger Unruhe durch Neuerungen organisatorischer Art ausgelöst wird. Prinzipiell können verschiedenartige Einordnungsmöglichkeiten der Projektleitung vorgenommen werden. Zu den wichtigsten zählen
— die Projektleitung innerhalb der Linienorganisation,
— die Projektlcitung im Stab,
— die Projektleitung in einer projektorientierten Linienorganisation sowie
— die Projektleitung in der Matrixorganisation.

Projektleitung in der Linienorganisation

Die *Projektleitung innerhalb der Linienorganisation* geht davon aus, daß gewöhnlich einer Fachabteilung mit dem größten Fachanteil am Projekt die Verantwortung für das Gesamtprojekt übertragen wird[54] (vgl. Abb. 5.14.).

Bewährt hat sich diese Leitungsmethode besonders für kleinere Projekte, die überwiegend von einer Abteilung mit relativ geringer Koordinierung zu anderen Fachabteilungen verantwortet werden. Als Vorteile werden genannt[55]:

[52] Vgl. Madauss, B. J., Projektmanagement. Ein Handbuch für Industriebetriebe, Unternehmensberater und Behörden, Stuttgart 1984, S. 63.

[53] Ebenda, S. 74—77.

[54] Rinza, P., Projektmanagement, Düsseldorf 1976, S. 57.

[55] Ebenda, S. 98.

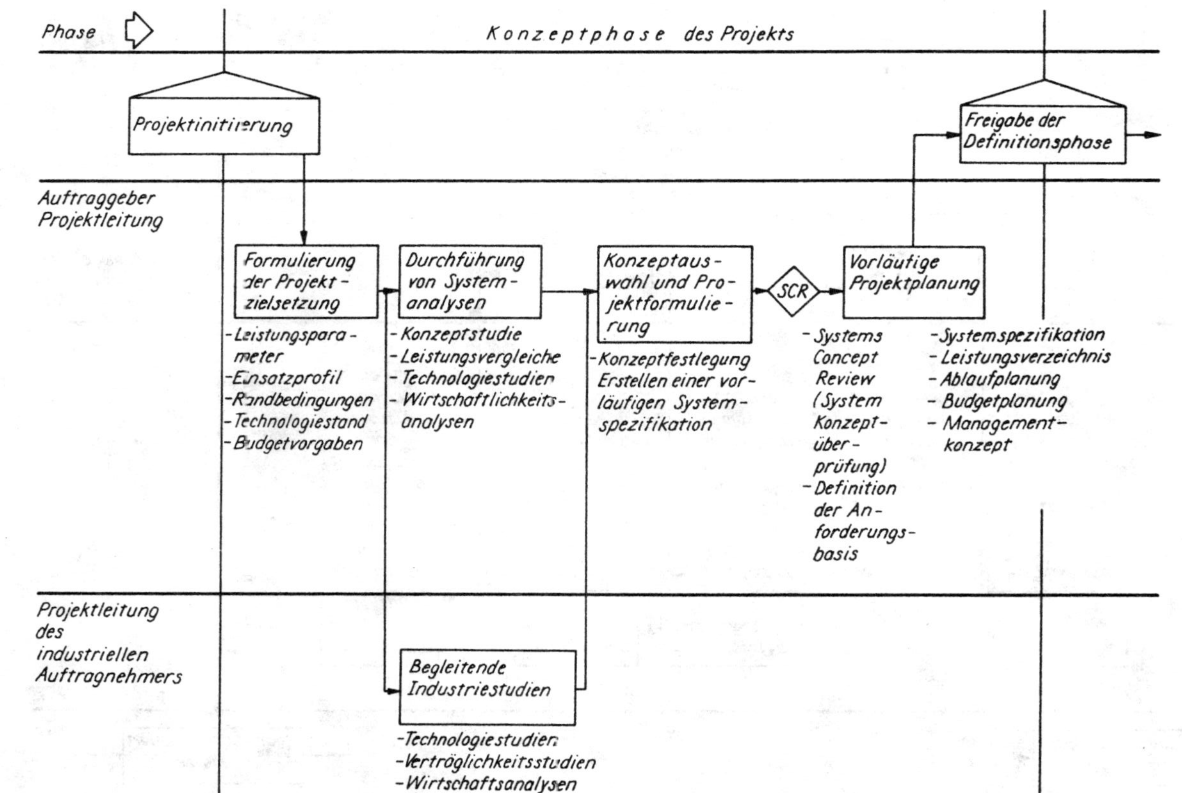

Abb. 5.10.
Ablaufplan für die Konzeptphase im Projektmanagement

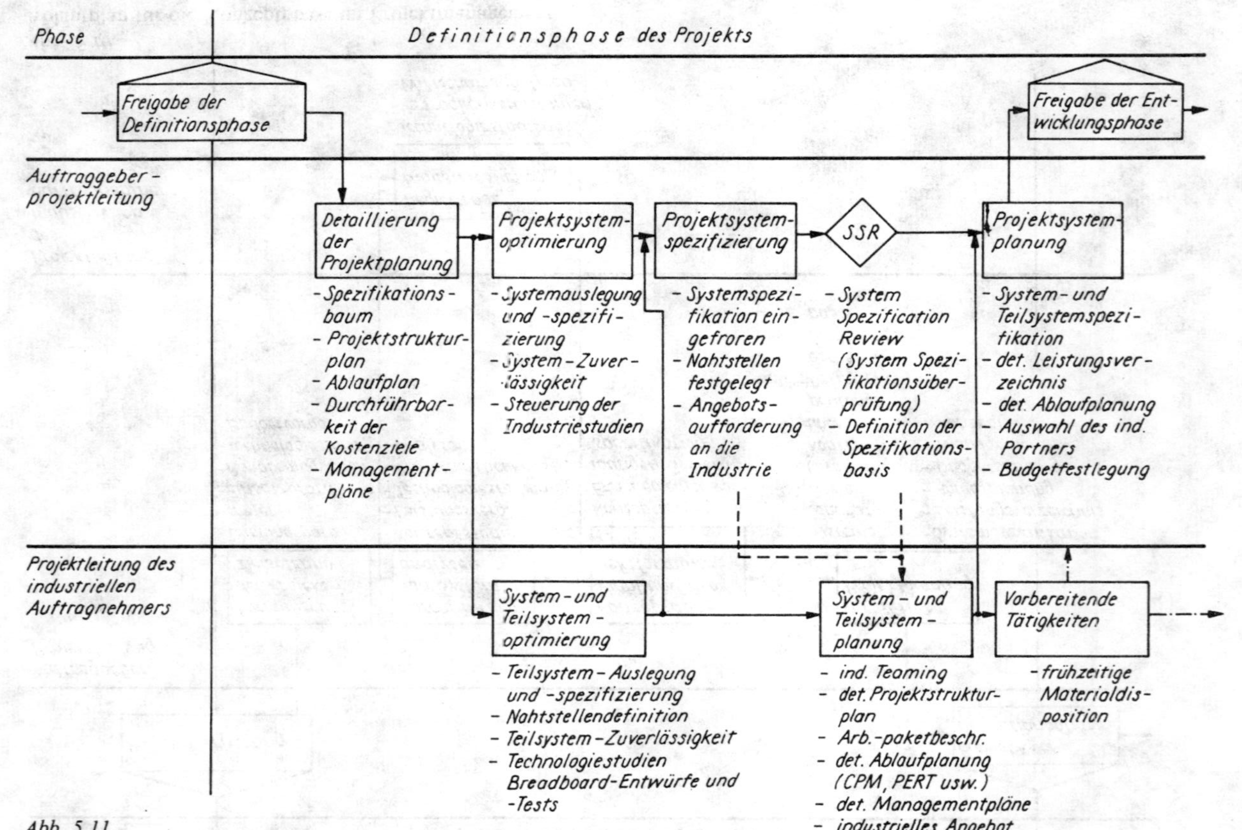

Abb. 5.11.
Ablaufplan für die Definitionsphase im Projektmanagement

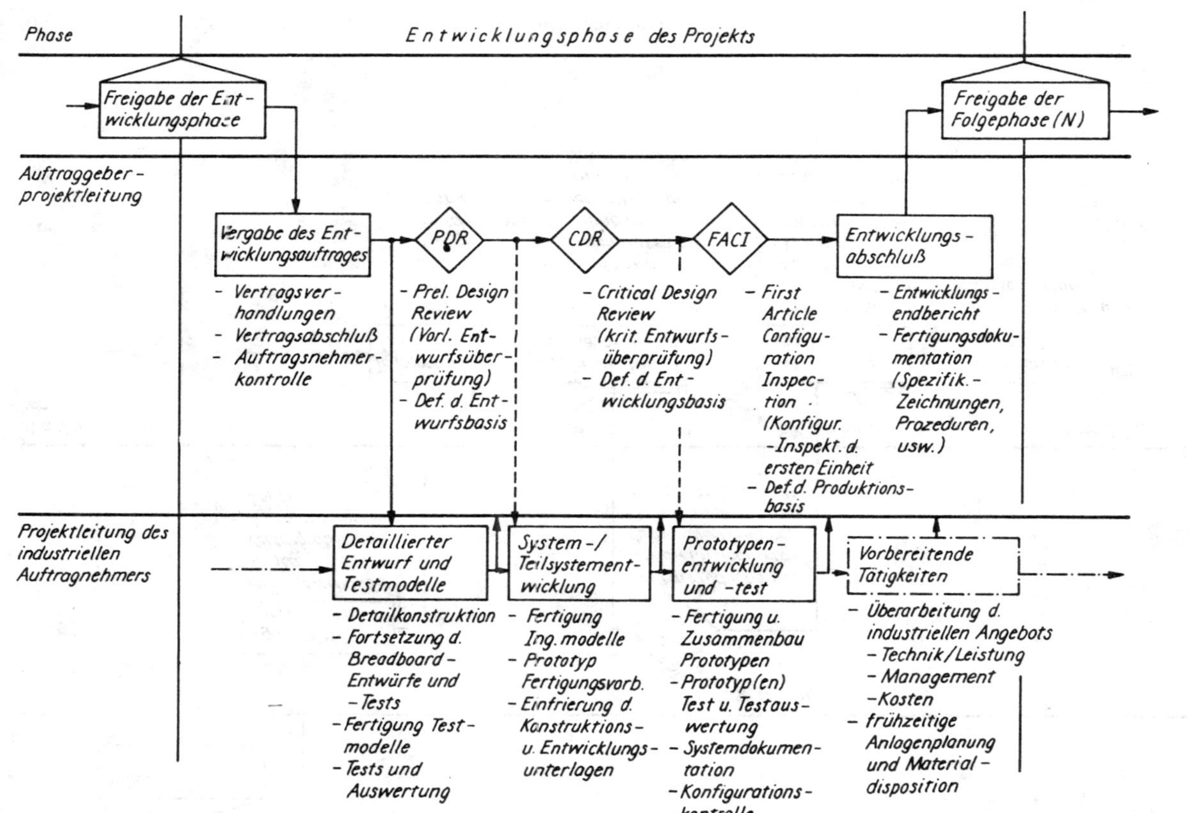

Abb. 5.12.
Ablaufplan für die Entwicklungsphase im Projektmanagement

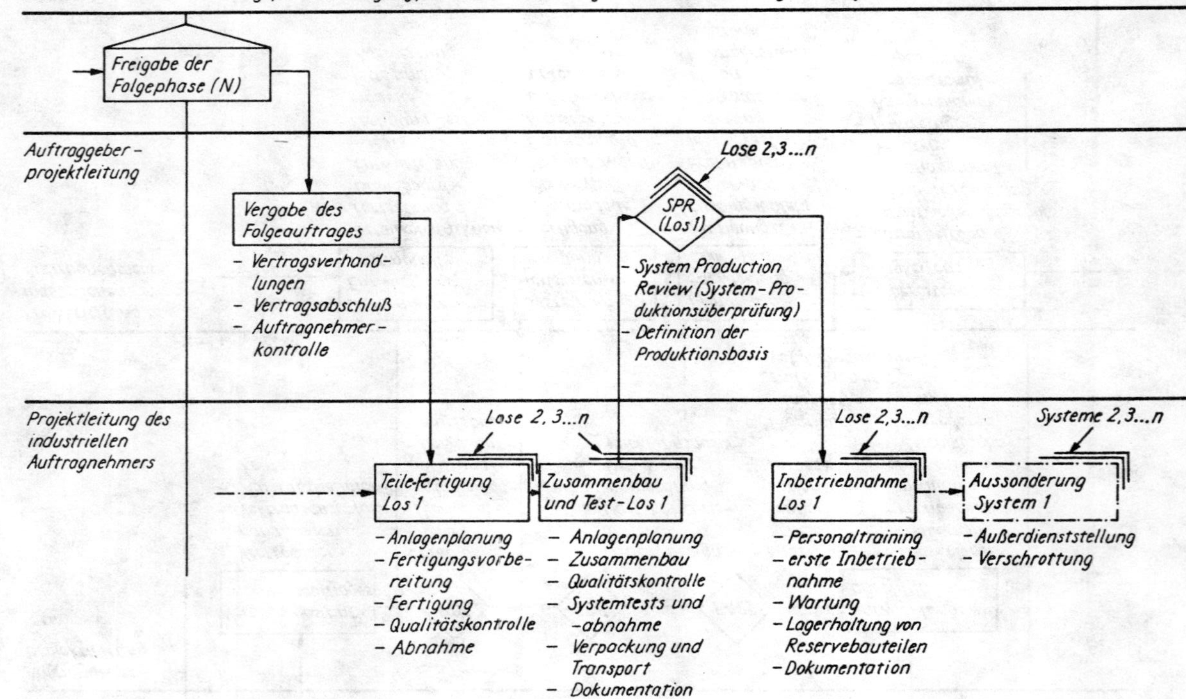

Abb. 5.13.
Ablaufplan für die Fertigungs- und Betriebsphase im Projektmanagement

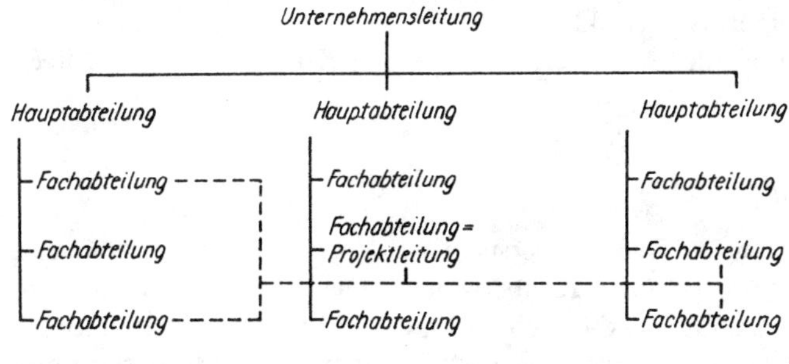

Abb. 5.14.
Projektleitung in der Linienorganisation

- Der Dienstweg für Weisungen ist äußerst kurz.
- Anweisungen können eindeutig erteilt und leicht geändert werden.
- Der Informationsfluß zwischen den am Projekt Beteiligten ist deshalb gesichert, weil die Informationen in der bearbeitenden Abteilung ohne organisatorische Hindernisse fließen können.
- Der Koordinierungsaufwand ist minimal.
- Die Know-how-Übertragung auf andere Projekte ist gesichert.
- Der Personalaufwand für das Projektmanagement ist gering.
- Das Fachpersonal ist bestmöglich ausgelastet.
- Es herrschen klare Verhältnisse bezüglich der Aufgabenverteilung, der Kompetenzen und der Verantwortung.

Größere und komplexere Projekte können mit dieser Leitungsmethode dagegen aus folgenden Gründen nicht optimal beherrscht werden[56]:

- Die herkömmlichen Informationswege zwischen mehreren Abteilungen können nicht die hierfür erforderliche Geschwindigkeit und Qualität des Informationsflusses gewährleisten.
- Entscheidungen werden schwieriger und hinausgezögert.
- Wirkungsvolles Zusammenarbeiten wird erschwert.
- In Situationen, die für das Projekt eine größtmögliche Anpassung erfordern, ist die sachorientierte, nicht-projektorientierte *Linienorganisation* zu schwerfällig.
- Alle schwierigen Probleme gelangen auf der Linie zur Unternehmensleitung und werden dort mit Zeitverzug entschieden (Problemstau).
- Der Koordinierungsaufwand ist sehr hoch.
- Eine unabhängige Vorgabe der Projektziele und Verteilung der Aufgabenschwerpunkte ist nicht gesichert.
- Eine neutrale Projektüberwachung ist nicht gewährleistet.

[56] Ebenda.

— Die Weisungsbefugnis ist nicht klar.
— Die Zusammenarbeit der Mitarbeiter wird durch Kompetenzstreitigkeit erschwert.

Projektleitung im Stab

Durch die *Projektleitung im Stab* soll versucht werden, einen Teil der Nachteile der *linienorientierten Projektleitung* zu überwinden. Die grundsätzliche Struktur der *Projektleitung im Stab* ist in Abbildung 5.15. dargelegt. Hierbei treten jedoch die bereits weiter oben genannten Probleme der Stabsarbeit in modifizierter Form auf, etwa die fehlende Verantwortlichkeit bezüglich Zeit, Kosten und Qualitätszielen, die in den mitarbeitenden Fachabteilungen verbleibt. Fehlende Weisungsbefugnisse des Projektleiters als Stabsmitarbeiter weisen ihm daher Funktionen eines Informators und Beraters zu und gegenüber der Geschäftsleitung eines Termin- und Kostenüberwachers. Die entscheidenden Aufgaben der Koordination und Integration können auf Grund fehlender exekutiver Macht nur äußerst unvollkommen wahrgenommen werden. Dieser Mangel wird durch den zweifellos gegebenen Vorteil der möglichen unabhängigen Zielvorgabe und ressortfreien Bestimmung von Projektschwerpunkten kaum ausgeglichen, auch nicht durch die unabhängige Zeit-, Kosten- und Qualitätskontrollen der durchgeführten Projektleistung. Im allgemeinen wird eine derartige Methode zur Leitung von Projekten daher als die unwirksamste charakterisiert.[57]

Projektorientierte Linienorganisation

Ausgehend von der allgemeinen Erfahrung, daß erfolgreich nur diejenigen Verantwortung übernehmen, die auch entsprechende Kompetenzen besitzen, ent-

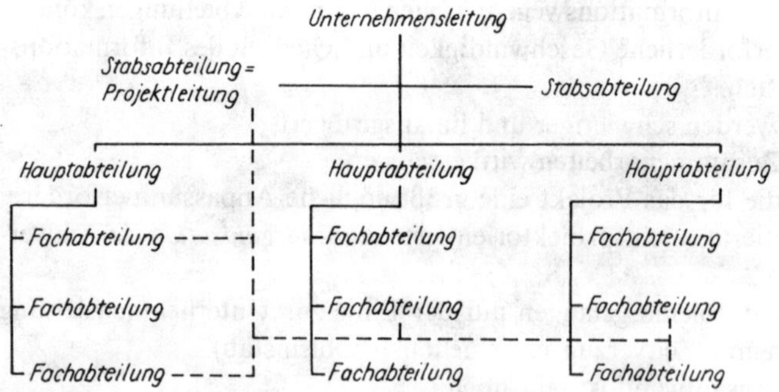

Abb. 5.15.
Projektleitung im Stab

[57] Ebenda, S. 99.

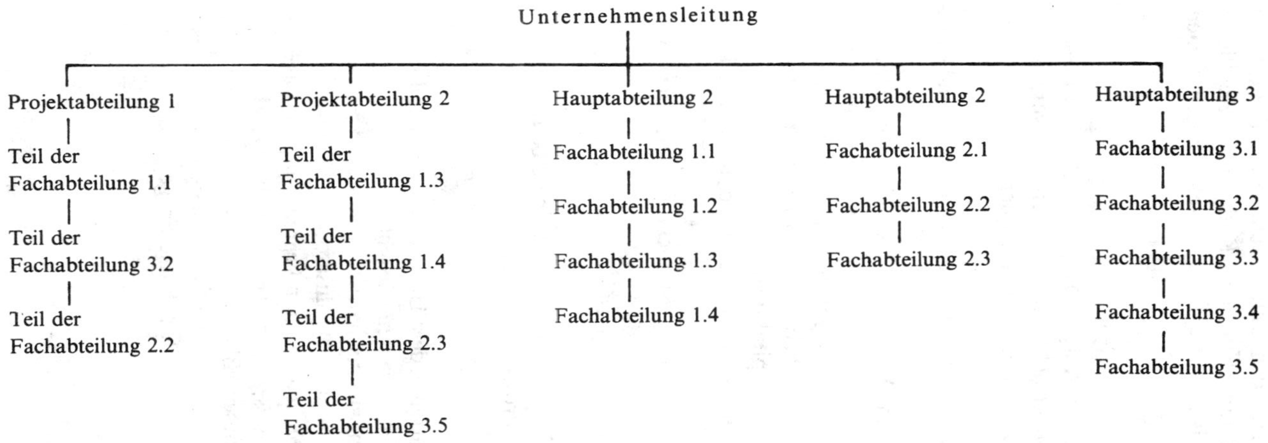

Unternehmensleitung

Projektabteilung 1
Teil der Fachabteilung 1.1
Teil der Fachabteilung 3.2
Teil der Fachabteilung 2.2

Projektabteilung 2
Teil der Fachabteilung 1.3
Teil der Fachabteilung 1.4
Teil der Fachabteilung 2.3
Teil der Fachabteilung 3.5

Hauptabteilung 2
Fachabteilung 1.1
Fachabteilung 1.2
Fachabteilung 1.3
Fachabteilung 1.4

Hauptabteilung 2
Fachabteilung 2.1
Fachabteilung 2.2
Fachabteilung 2.3

Hauptabteilung 3
Fachabteilung 3.1
Fachabteilung 3.2
Fachabteilung 3.3
Fachabteilung 3.4
Fachabteilung 3.5

Abb. 5.16.
Projektorientierte Linienorganisation

stand für Großprojekte die *projektorientierte Linienorganisation* (vgl. Abb. 5.16.). Die am Projekt beteiligten Bereiche unterstehen einem Projektleiter. Die erforderlichen Fachabteilungen werden nach den Anforderungen der Projektrealisierung gebildet und die am Projekt mitarbeitenden Kader im wesentlichen von Routineaufgaben befreit. Die Weisungsbefugnisse des ehemaligen Linienleiters übernimmt der Projektleiter.
Als Vorteile sind zu nennen[58]:

— Die Weisungsbefugnis ist eindeutig und flexibel.
— Die Projektziele und die Verteilung der Aufgabenschwerpunkte des Projekts werden weitgehend unabhängig von projektfremden Interessen vorgegeben.
— Die Koordination aller Tätigkeiten ist optimal, wodurch der Koordinierungsaufwand insgesamt gering wird.
— Aufgabenverteilung, Kompetenzen und Verantwortung sind weitgehend transparent.
— Die klare Trennung von den anderen Abteilungen des Unternehmens und die eindeutige Aufgabenzuweisung verhindern Kompetenzstreitigkeiten.

Als gravierendster Nachteil gilt, daß bereits vor Projektende die drohende Auflösung der gesamten Organisation zu erheblicher Unsicherheit unter den Mitarbeitern führen kann, was gemäß dem kapitalistischen Wirtschaftsmechanismus gleichbedeutend mit Arbeitslosigkeit, sozialen Verlusten usw. sein kann. Weitere organisatorische Nachteile betreffen[59]:

— Die Unabhängigkeit der Projektüberwachung ist nicht gewährleistet, weil diese in der eigenen Organisationseinheit erfolgt.
— Der Personalaufwand für die Projektleitung ist sehr hoch, so daß hohe Personalkosten entstehen.
— Da das Projektteam nach Arbeitsende aufgelöst wird, ist eine Übertragung des erworbenen Know-how auf ähnliche Projekte nicht unbedingt garantiert.
— Eine gleichmäßige Auslastung aller Mitarbeiter ist über die gesamte Projektlaufzeit sehr schwierig.
— Die Projektleitung versucht, ihre Position in dem Unternehmen zu stabilisieren, so daß dann ein Unternehmen im Unternehmen entsteht.

Einmal mehr zeigt sich hier, daß dem wissenschaftlich-technischen Fortschritt und seiner Durchsetzung im Kapitalismus auch organisatorische Grenzen gesetzt sind, die zu überwinden das Kapital nicht oder nur begrenzt in der Lage ist. Nach wie vor ist der Profit der Gradmesser, der auch über die Durchführung von Innovationen entscheidet. Unter diesem Blickwinkel betrachtet, kann auch das *Pure Project Management* kein Modell mit „voller Weisungsbefugnis" sein, denn stets wird nach der Profitabilität entschieden. Diese Frage wird kaum der Projektgruppe überlassen.

[58] Ebenda, S. 100.
[59] Ebenda.

Projektleitung in der Matrix-Organisation

Viel diskutiert wird in der bürgerlichen Organisationswissenschaft das Konzept der sogenannten *Matrix-Organisation* (vgl. Abb. 5.17.).[60]

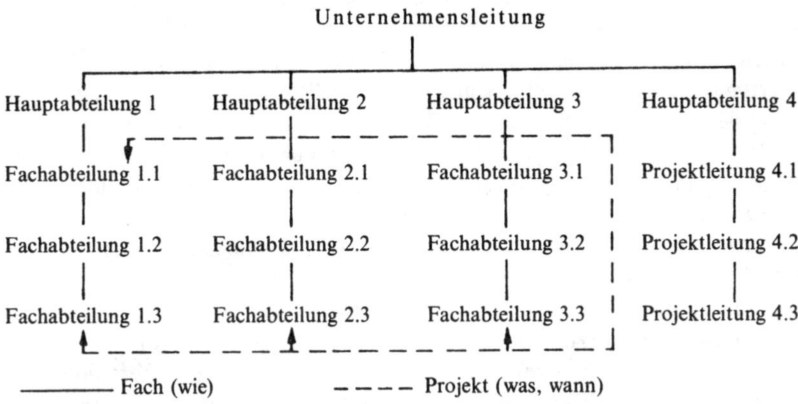

Abb. 5.17.
Projektleitung in der Matrixorganisation

Der Begriff „Matrix-Organisation" soll besagen, daß vertikale Leitungsaufgaben mit horizontalen Aufgaben verknüpft werden. Die Aufgabenverteilung bei dieser Organisationsform erfolgt so, daß der *Projektmanager* bestimmt, „was" gemacht wird und „wann", während der *Funktionsmanager* das „wie" und „wer" festlegt. Die Autorität ist also zwischen beiden Managern geteilt. Die Verrichtungs- und Objektzentralisierung besteht mehr oder weniger gleichrangig nebeneinander, so daß Konflikte von vornherein eingeschlossen sind. Die Vertreter der *Matrix-Organisation* gehen dabei von der Auffassung aus, daß die Diskussion von Konflikten einen positiveren Einfluß auf Problemlösungsprozesse ausübt als ihre Vermeidung. Neben der Konfliktsituation werden als weitere Vorteile der *Matrix-Organisation* vor allem der Zwang zu hoher Koordinierungsleistung, die optimale Verteilung der betrieblichen Ressourcen, die Stimulierung neuer Ideen und die gleichzeitige Berücksichtigung differenzierter Problemlösungsaspekte hervorgehoben.[61]

Aus anderer Sicht werden als weitere Vorzüge genannt[62]:

- fachbezogenes Zusammenarbeiten anstelle machtbezogenen Seilziehens;
- Freisetzen von Energien durch Delegation von Kompetenzen, die in der Linienorganisation verklemmt werden;

[60] Vgl. Janger, A. R., Matrix Organization of Complex Business, New York 1979.

[61] Brandenburg, A. G. u. a., Die Innovationsentscheidung, a. a. O., S. 171.

[62] Bernhard, A., Attraktive Möglichkeiten der Matrix-Organisation, in: Industrielle Organisation (Zürich), 8/1974, S. 341.

— größere Beweglichkeit und Offenheit für Neues, schnellere Akzeptierung von Neuerungen und besserer Integration;
— größere Leistung durch bessere Zusammenarbeit und geringere Reibungsverluste;
— bessere menschliche Beziehungen und ein wesentlicher Beitrag zur Entwicklung künftiger Spitzenkader.

Da Mehrfachunterstellungen und intensivere Koordination vor allem höhere Anforderungen an das mittlere Management stellen, wird diesen Fragen zur Erhöhung der „Rollenflexibilität" und Veränderung traditioneller Führungsstile der Leiter besondere Aufmerksamkeit geschenkt. So überzeugend die Vorteile der *Matrix-Organisation* zunächst auch sein mögen, so enthält sie doch eine Reihe von Problemen.

Hervorstechendstes Problem ist die Autorität des *Projektmanagers*. Die Teilung der Autorität birgt die Gefahr in sich, daß die angestrebten vorwärtsweisenden Konflikte in unproduktive Streiterei umschlagen und zu Autoritätsverlusten führen. Gleichzeitig ist zu berücksichtigen, daß die Vorteile, die u. a. von Brandenburg hervorgehoben wurden, keinesfalls empirisch abgesichert sind, was auf eine bisher zwar vieldiskutierte, aber augenscheinlich noch wenig praktizierte Anwendung der *Matrix-Organisation* deutet. Dennoch dürfen derartige leitungsorganisatorische Neuerungen nicht überschätzt werden, wie immer wieder festgestellt wird.[63]

Neuerdings finden auch die „Radikallösungen" der leitungsmäßigen Beherrschung von Innovationsprozessen, wie das vollständige Herauslösen der Innovation aus den bestehenden Organisationsstrukturen größeres Interesse. Dies läuft auf „. . . eine neuartige Formgebung und völlige Umwandlung des bisher dominierenden Typs des Unternehmensgefüges hinaus"[64], was insbesondere in den USA zu neuartigen „Erfinderunternehmen", Experimentierbetrieben usw. in enger Verflechtung mit großen Konzernen führt.[65]

Die verschiedenartigen Möglichkeiten unterstreichen, daß für den Erfolg eines Projekts die jeweilige Organisationsmethode von entscheidender Bedeutung ist. Rinza hat daher einen Vergleich der einzelnen Vor- und Nachteile der erläuterten vier wesentlichen Möglichkeiten vorgenommen, die in Abbildung 5.18. dargelegt sind.

Zusammenfassend kann als Nutzen des *Projektmanagements* gegenüber konventioneller Führung genannt werden[56]:

[63] Bühner, W., Die Matrixorganisation ist nur bedingt geeignet . . ., in: Industrielle Organisation (Zürich), 4/1985, S. 178.

[64] Vgl. Brandenburg, A. G. u. a., Die Innovationsentscheidung, a. a. O.

[65] Vgl. hierzu ausführlicher die Analyse der Innovationsprozesse in den USA von: W. Nasarevski, Rasrabotka i vnedrenie novich produkcii v SSA, Moskva 1977.

[66] Blanka, H./Fischer, W., Anpassung der Strukturorganisation, in: Industrielle Organisation (Zürich), 1/1985, S. 2ff.

Projektleitung in:	Fach-abteilung	Stab	projekt-orientierte Linien-organisation	Matrix-organisation
– schlecht/○ neutral/ + gut	–○+	–○+	–○+	–○+
klare Weisungsbefugnis für projektorientierte Arbeiten	–	–	+	+
unabhängige Zielvorgabe	–	○	+	+
unabhängige Überwachung	–	○	–	+
Personalaufwand für die Projektleitung	+	+	–	–
Informationsfluß	–	○	+	+
Flexibilität bei Veränderung der Aufgabenstruktur	–	–	○	+
optimale Einsatzmöglichkeit für die Mitarbeiter	–	–	+	○
Transparenz bezüglich Aufgabenverteilung und Verantwortung	–	–	+	+
Sicherstellung der Übertragung von Know-how	+	+	–	+
Ausgleichsmöglichkeit von Personalbelastungsspitzen	+	+	–	+
Zusammenarbeit zwischen den Mitarbeitern	–	–	+	+
geringerer Koordinierungsaufwand in den Fachabteilungen	+	–	+	+

Abb. 5.18.
Vergleich von Organisationsformen für die Projektleitung

- Kostensenkung und Verkürzung der Projektbearbeitungszeiten bei größerer Leistung;
- Risikominderung, das Ziel zu verfehlen;
- schnellere Erkenntnis und Behebung von Störungen und Schwierigkeiten;
- bestmögliche Vertretung der Projektinteressen durch die Projektleitung;
- durch Aufteilung des Projekts in Teilaufgaben und die Vergabe an einzelne Mitarbeiter wird ein hoher Motivationsgrad erreicht;
- Projektleitungsarbeit gibt die Möglichkeit, Führungskader auszubilden.

Problematisch bei der Bildung der Projektgruppe ist das eindeutige Abgrenzen der Kompetenzen. Je nach Art der Weisungsbefugnis spricht man von einem *Pure Project Management* bei voller Weisungsbefugnis oder von einem *Influence Project Management* bei keinerlei Weisungsberechtigung. Im letzteren Fall übt die Projektgruppe lediglich Stabsfunktionen aus, so daß die gleichen Probleme auftreten wie beim *Stab-Linien-System.*

Weitere sachliche und menschliche Probleme betreffen[67]:

- den Konflikt zwischen der Erfüllung der Projektziele (insbesondere die Einhaltung der Kosten, Termine und der vertraglich vereinbarten Leistung) und der Erzielung eines möglichst hochwertigen Projektergebnisses;
- das Problem der Phasenübergänge (für die Entscheidung über die Freigabe einer nachfolgenden Projektphase wird Zeit benötigt, die teilweise erhebliche Ausmaße annehmen kann, insbesondere wenn es sich um Projekte mit externen Auftraggebern handelt; man muß dafür sorgen, daß in dieser Zeit sowohl das Projektleitungsteam als auch die Mitarbeiter in den Fachabteilungen kontinuierliche Arbeitsaufträge haben);
- es werden Führungskräfte herangebildet, die nach Abschluß des Projekts entsprechende verantwortliche Positionen suchen;
- die Arbeit des Projektleiters kann für ihn teilweise wenig befriedigend sein, da man ihn als „Antreiber" der beteiligten Fachabteilungen ansieht;
- die Mitarbeiter des Projektleitungsteams werden gegen Projektende immer unsicherer, wenn ihnen nicht rechtzeitig mitgeteilt wird, welche Aufgaben sie anschließend übertragen bekommen;
- die Anforderungen an die Projektleitungsmitglieder sind wesentlich höher als an die der Fachabteilungsmitarbeiter, trotzdem ist die Bezahlung oft die gleiche, meist mit der Begründung, daß eine hohe Bezahlung den Gehaltsrahmen der Firma sprengen würde;
- Projektleiter neigen dazu, um die Risiken von Kosten- und Terminüberschreitungen abzubauen, relativ großzügige Kosten- und Zeitpuffer in die Planung einzuarbeiten.

Dementsprechend wird eingeschätzt: „Eine völlig problemlose Methodik zur Steuerung von Projekten gibt es nicht. In der Praxis zeigt sich jedoch, daß die

[67] Ebenda, S. 11.

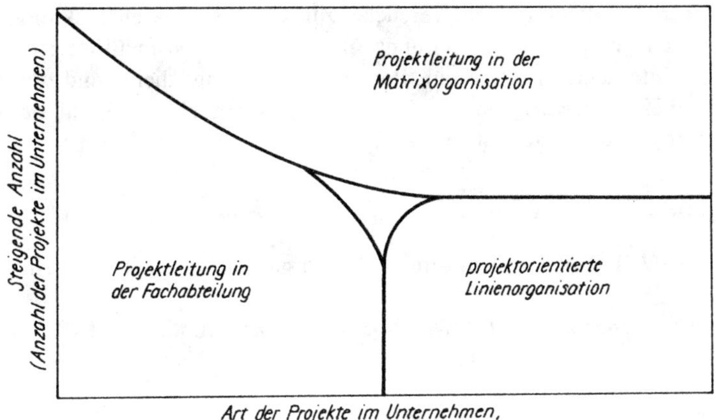

Abb. 5.19.
Anwendung der verschiedenen Organisationsformen unter wirtschaftlichem Aspekt

Probleme des Projektmanagements gemeistert werden können und daß sie den erzielbaren Vorteilen gegenüber vernachlässigbar sind."[68]

Rinza entwickelt unter Wirtschaftlichkeitsaspekten für die Anwendung der verschiedenen Organisationsmethoden das in Abbildung 5.19. dargestellte Schema mit folgenden Empfehlungen[69]:

- Die *Matrixorganisation* ist für solche Unternehmen optimal, die viele Projekte gleichzeitig bearbeiten. Sie ist dagegen zu aufwendig, wenn nur eine geringe Anzahl von Projekten mit kleinem Auftragsvolumen und geringer Komplexität gleichzeitig bearbeitet wird, wenn also der gesamte oder der größte Projektanteil in einer Fachabteilung bearbeitet wird.
- Die projektorientierte *Linienorganisation* wird am kostengünstigsten eingesetzt, wenn in dem Unternehmen nur wenige oder gar nur ein Projekt mit großem Auftragsvolumen durchgeführt wird, für deren oder dessen Durchführung aber viele Spezialisten aus verschiedenen Fachabteilungen erforderlich sind.
- Die Einrichtung der Projektleitung in einer Fachabteilung ist dann berechtigt, wenn im Unternehmen ausschließlich kleinere Projekte durchgeführt werden, deren Bearbeitung fast nur in einer Organisationseinheit erfolgt.
- Die Unterbringung der Projektleitung in einer Stabsabteilung gegenüber den anderen Organisationsformen ist nicht von Vorteil und ist daher außer als erste Stufe bei der Einführung des *Projektmanagements* im Unternehmen nicht zu empfehlen.

[68] Ebenda.
[69] Rinza, P., Projektmanagement, a. a. O., S. 107.

Insgesamt zeigen die strukturellen Versuche zur Organisationsentwicklung, daß die Suche nach der geeigneten Leitungs- und Organisationsmethode stets übergeordneten Unternehmensinteressen der Profitsicherung dient und das Kapital diesem alles unterworfenen Verwertungsinteresse auch die Wahl der rationellsten Leitungsstruktur unterstellt.

Triaden-Organisation

Eine spezifische neue Form der strukturellen Neuorganisation stellt die *Triad Power Strategy* dar.[70]
Das grundsätzliche Schema der *Triaden-Organisation* ist Abbildung 5.20. zu entnehmen.

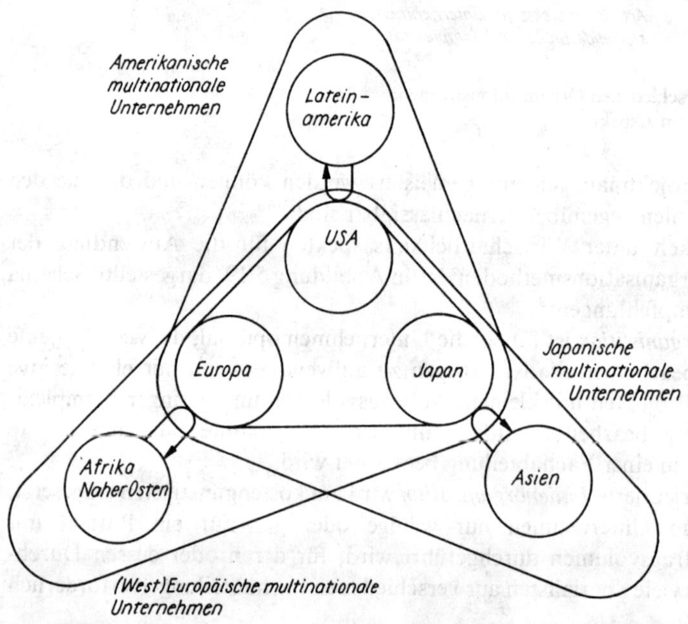

Abb. 5.20.
Triaden-Organisation

Kennzeichnend für *Triad-Power-Organisationen* sind Unternehmen, deren Zentrale sich möglichst gleich weit entfernt von den Zentren der westlichen Wirtschaftsmächte befindet, aber über starke Kapazitäten in allen drei Machtzentren verfügt, um auf allen drei Märkten gleichermaßen präsent zu sein. Parallel dazu erfolgt eine Konzentration auf die jeweils südlich vom jeweiligen

[70] Vgl. Ohmae, K., Macht der Triade — Die neue Form des weltweiten Wettbewerbs, a. a. O.

Mutterland liegenden Entwicklungsländer, wie aus Abbildung 5.20. zu entnehmen ist.

Streng genommen entsteht damit aus der *Triadenorganisation* eine „Tetraeder-Organisation", die im Falle des Ausgangs von den USA beispielsweise neben Kapazitätsausbau in Westeuropa und Japan vor allem neokoloniale Bestrebungen in Lateinamerika kennzeichnet. Das imperialistische Vorherrschaftsstreben über eine *Triaden-Organisation* verlangt nach Einschätzung des *Manager Magazins*[71]:

- gut eingespielte stabile Führungssysteme;
- jeweils vollständige Organisationsstrukturen, die mit allen Funktionen spontan auf lokale Gegebenheiten reagieren bei möglicher Unterstützung bzw. Konsultation der Zentrale;
- kundenorientiertes Management, das mit den nationalen und regionalen Besonderheiten bestens vertraut ist;
- Kontinuität in der Marktarbeit und Unternehmensführung mit größtenteils einheimischen, aber international geschulten Mitarbeitern;
- schnelle und autonome Entscheidungsvorbereitung und -forderung bei Information der Zentrale und an den zentralen Leitlinien;
- ein ausgefeiltes Krisenmanagement für regionale Konflikte, Umsatzrückgänge usw. zur kreativen Problemlösung;
- aktive und schnelle Kommunikation mit der Zentrale unter Einsatz modernster Informations- und Kommunikationstechnik einschließlich persönlicher Kontakte ohne Rücksicht auf Kosten;
- keine Akzeptanz von Entschuldigungen oder Schwächen bei Positionsverlusten im jeweiligen Verantwortungsbereich;
- Ausbau der Präsenz und Machtposition am jeweiligen Standort.

Es ist bemerkenswert, daß viele dieser Charakteristika einer *Triadenorganisation* mit dem Grundschema der Organisationsstruktur übereinstimmen, wie es von Peters und Waterman deklariert wurde.[72] (Vgl. Abb. 5.21.)

Das Prinzip der Stabilität zielt auf die effiziente Wahrnehmung der Grundaufgaben, das Prinzip des „Unternehmertums" auf Eigenständigkeit und Innovation in der jeweiligen Region, und das Prinzip der Mobilität soll Reaktionsfähigkeit sichern und Verluste vermeiden.

Eingeschlossen in diese neue Organisationsform werden *Joint Ventures* oder Konsortien, wobei allerdings streng darauf geachtet wird, daß die „Firmenkultur", das heißt die Strategie, durch die Zentrale der *Triade* bestimmt wird. Der damit verbundene neue Weg multinationalen Zusammenwirkens stellt zweifellos eine weitere Stufe der Eskalation imperialistischen Vormachtstrebens dar. Gestützt auf einen begrenzten gegenseitigen Know-how-Austausch soll die Organisation permanent so entwickelt werden, daß bei aller Konkurrenz zugleich

[71] Vgl. Die Strategie der Triade, in: Manager Magazin (Hamburg), 5/1985, S. 172.

[72] Peters, T. J./Waterman, R. H., Auf der Suche nach Spitzenleistungen, Landsberg am Lech 1983, S. 360.

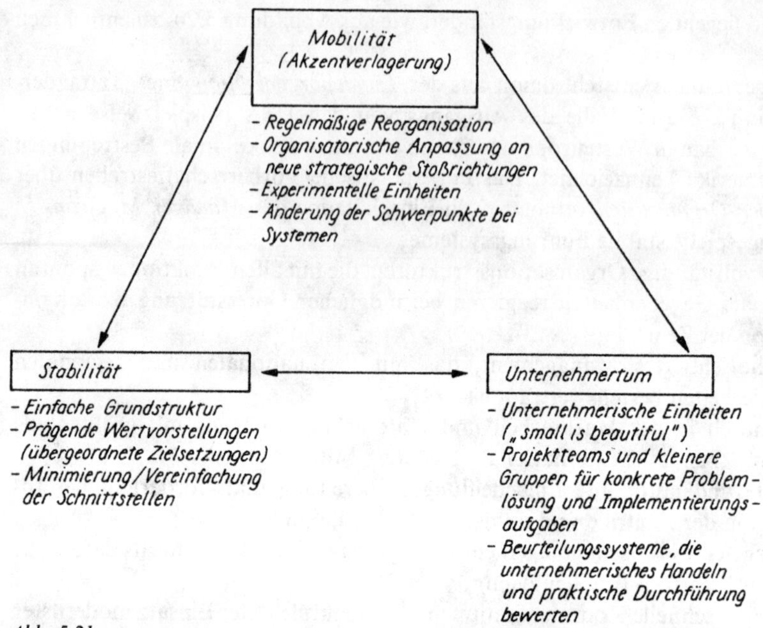

Abb. 5.21.
Zukunftsorientierte Struktur nach Peters/Waterman

neue globale monopolistische Koordinationsformen und Marktaufteilungen profitwirksam werden.

Die *Triaden-Organisation* erweist sich damit immer eindeutiger einerseits als ein Instrument zu globaler Gleichschaltung der Konsumenten und stärkerem Zusammenrücken der mächtigsten Monopolgruppen, andererseits als ein weiterer Schritt zur Verschärfung der neokolonialen Ausbeutung.

Computergestützte Managementtechniken

Neue Möglichkeiten computergestützten Managements

Wie keine andere Technologie revolutioniert die moderne Computer-, Informations- und Kommunikationstechnik gegenwärtig das Management.

In spezifischer Weise bestätigt das rasante Tempo des technischen Fortschritts auf diesem entscheidenden hochtechnologischen Gebiet Lenins Erkenntnis, die er im Zusammenhang mit der Einschätzung anderer neuer Technik allgemeingültig so formulierte: „Die Technik des Kapitalismus *wächst* jeden Tag mehr und mehr über die gesellschaftlichen Bedingungen *hinaus*, die die Werktätigen zu Lohnsklaverei verdammen.“[73]

[73] Lenin, W. I., Ein großer Sieg der Technik, in: Lenin, Werke, Bd. 19, Berlin 1977, S. 43.

Das wird insbesondere anhand der gewaltigen neuen Möglichkeiten auf Basis der Mikroelektronik bestätigt, deren technisches Potential das Kapital glänzend beherrscht, während die völlig ungelösten sozialen Folgen die Untauglichkeit der Profitwirtschaft, ein menschenwürdiges Leben für *alle* zu garantieren, nachdrücklicher denn je beweisen. Lenin betonte: „Unter dem Kapitalismus wird die ‚Freimachung' der Arbeit von Millionen ... unvermeidlich zu Massenarbeitslosigkeit, zu einem gewaltigen Anwachsen des Elends, zur Verschlechterung der Lage der Arbeiter führen."[74]

Die Gegenwart und Prognosen der künftigen Entwicklung bestätigen nachdrücklich, wie treffend Lenin die Wirkungen des technischen Fortschritts in kapitalistischer Regie einschätzte. An diesem entscheidenden Widerspruch zwischen dem objektiven Entwicklungsstand der Produktivkräfte und den kapitalistischen Produktionsverhältnissen hat sich auch im Zeitalter der Mikroelektronik[75] nichts geändert. Das trifft uneingeschränkt auch für die Auswirkungen der modernen Computer-, Informations- und Kommunikationstechnologien auf das Management zu.

So gravierend die Veränderungen einerseits aus technischer Sicht bereits sind und zweifellos künftig noch werden, so wenig hat sich am Doppelcharakter kapitalistischer Leitung geändert. Gewachsenen Möglichkeiten der rationalen Leitung hochentwickelter Produktivkräfte stehen gleichfalls gewaltig gestiegene Möglichkeiten raffinierterer computergestützter totaler Überwachung und Manipulation im Arbeits- wie im gesellschaftlichen Leben überhaupt gegenüber. Sie werden dadurch verschärft, daß immer offener auch im bürgerlichen Lager darüber diskutiert wird, daß sogenannte lernfähige Roboter nicht allein Handarbeit mit hohem Tempo ersetzen, sondern Computer-Expertensysteme auch intelligente Ingenieure, Designer, Technologen, Angestellte, Ärzte, usw. überflüssig werden lassen. Diesen tiefgreifenden Widerspruch lösen die einzelnen computergestützten Managementtechniken naturgemäß nicht. Im Gegenteil führte und führt gerade der verschärfte Konkurrenzkampf um das große Rationalisierungspotential „Management" zu neuen technischen Lösungen, die kaum noch zu überblicken sind. Sowohl durch leistungsfähige Hardware als auch durch immer differenziertere Software entstehen neue Rationalisierungschancen für das Kapital, die gnadenlos zu Lasten der Arbeiter, Ingenieure und Angestellten genutzt werden.

Gegenüber früheren euphorischen Bejahungen des Einsatzes von Großrechnern oder Personalcomputern herrscht heute bei Einschätzungen über die künftig bevorzugte Entwicklungsstrategie im computergestützten Management eher Zurückhaltung. Der Hauptgrund dafür liegt im einerseits beispiellosen Vormarsch der *Personal-Computer* (*PC*), andererseits auch in der gerade beim Einsatz der

[74] Ebenda.

[75] Vgl. Friedrich, G./Schaff, A., Auf Gedeih und Verderb — Mikroelektronik und Gesellschaft. Bericht an den Club of Rome. Wien—Zürich—München 1983.

PC-Technik seit etwa 1984 einsetzenden Ernüchterung.[76] Sie ist erstens darauf zurückzuführen, daß der mit dem Konkurrenzkampf auf diesem Markt einhergehende regelrechte „Computerkrieg“ zu einer beinahe unübersehbaren Fülle von in technischer Hinsicht oft vergleichbaren Angeboten geführt hat, aus dem die Wahl für die „passende“ Technik schwerfällt. Zwangsläufig verbindet sich hiermit die Gefahr, den „falschen“ Anbieter zu wählen, der über kurz oder lang mit dem ruinösen Konkurrenzkampf seit dem Einstieg von *IBM* in den *PC*-Markt nicht mithalten kann.

Zweitens stellen sich beim kommerziellen Einsatz der zahlreichen unterschiedlichen Hard- und Software-Leistungen enorme Probleme der Anpassung und Kopplung heraus, da in typisch kapitalistischer Manier viele Hersteller ganz bewußt immer wieder neue Betriebssysteme, Peripheriegeräte und Softwarepakete anbieten, die die alten „obsolet“ bzw. nicht paßfähig machen.

Drittens bereitet der kommerzielle Einsatz von *PC* am Arbeitsplatz von Managern weit mehr Probleme als die vor allem auf Werbung orientierten

Tabelle 5.17.
Anforderungen an einen Personal-Computer am Managerarbeitsplatz

---

1. Am wichtigsten ist wohl die Überwindung der „Schwellenangst“ (Berührungsangst, Computerphobie)

   : Hier steht eine Reihe von Möglichkeiten zu Gebote:

   - Den PC kennenlernen, Einweisung mit Erfolgsergebnissen, dagegen negative Eindrücke (Systemabsturz, unbewältigte Sonderfälle, „klemmende“ Programme sowie den berüchtigten Vorführeffekt) mit allen Mitteln verhüten. Hilfe beim Umgang durch verfügbare Kontaktperson im Unternehmen selbst.
   - Vorbereitung durch grundlegende Weiterbildung in Informatik
   - An die praktisch immer vorhandene Lernbereitschaft appellieren
   - Schulung an modernen, benutzerfreundlichen Geräten, nicht ausgerechnet an Occasionen der ersten Generation — möglichst am zu benutzenden Gerät selbst
   - Echte Vorteile erkennen lassen, Fälle unter Betriebsbedingungen durchspielen und nicht bloß narrensichere Vorführprogramme präsentieren. Vorteile sind wichtiger als Leistungsdaten (diese sind ohnehin selbstverständlich).

2. Die Software muß in höchstem Maße benutzerfreundlich sein sowie völlig fehlerfrei (häufig ist sie leider keines von beidem)

   : Der Chef als Benutzer will unter keinen Umständen mit Bedienungsschwierigkeiten und Unzulänglichkeiten kämpfen — schließlich ist es nicht sein Hobby, sondern Einsatz eines Werkzeugs.

   - Wichtig ist die sorgfältige Softwareauswahl. Vgl. hierzu W. Hürlimann: Software richtig auswählen. Management-Zeitschrift io 1984/Nr. 10, S. 437—442, insbesondere die Tabellen 3, 4 und 5. Zur Benutzerfreundlichkeit vgl. auch Nr. 7.
   - Auf integrierte Software achten, indem alle vom Pflichtenheft verlangten Funktionen bzw. Auswertungen im gleichen Paket zusammengefaßt sind.

[76] Vgl. Der PC-Markt im Umbruch, in: Industrielle Organisation (Zürich), 4/1985, S. A 22.

Tabelle 5.17. (Fortsetzung)

---

3. Zuerst Erfahrungen sammeln durch einen Pilotversuch
   : bestimmte Abteilungen, bestimmte Aufgaben, verschiedene Modelle, bevor man im größeren Ausmaß oder definitiv Chefplätze ausrüstet.

4. Auch für den PC am Arbeitsplatz des Chefs zuerst die Benutzerbedürfnisse genau abklären (Pflichtenheft erstellen)
   : In diesem besonders anspruchsvollen Falle reichen Fragebogen und Checklisten meistens nicht aus. Besser ist die Abklärung im Dialog zwischen Benutzer und Analytiker.

5. Der Chef muß sich an die Art seines neuartigen Partners gewöhnen: Der PC ist zwar ungeheuer schnell und leistungsfähig, aber . . .
   - man muß ihm vollständige und präzise Fragen stellen, wenn man gute Arbeit von ihm will
   - er kann im Gegensatz zum menschlichen Sachbearbeiter nicht bereits aus Andeutungen und Gesten erraten, was der Chef eigentlich will
   - er kann aber durch Menü- und Dialogführung bei dieser Fragerei wirksam nachhelfen.

6. Speicherkapazität und Verarbeitungsgeschwindigkeit müssen relativ hoch sein, damit folgende Anwendungen problemlos realisiert werden können:
   - lokaler Einsatz von Datenbanken
   - Tabellenkalkulation sowie Planungsmodelle
   - Mehrfarbige Businessgrafik von hohem Auflösungsvermögen
   - die wesentlichen Bereiche der Textverarbeitung (Schreibmaschinen-Ersatz)

7. Der PC muß sich durch hohe Benutzerfreundlichkeit auszeichnen (vgl. auch Nr. 2); er muß:
   - sich den Erwartungen des Managers entsprechend verhalten
   - in seiner Handhabung leicht erlernbar und sehr leicht zu handhaben sein
   - dem natürlichen Ablauf der Aufgabenentwicklung entsprechen
   - eine ergonomisch günstige Anordnung von Tastatur, Bildschirm und Peripheriegeräten aufweisen
   - in gewohnten Ausdrücken und Symbolen kommunizieren
   - seinen Betriebszustand jederzeit eindeutig erkennen lassen (auch wenn er „arbeitet“)
   - Fehler im Klartext melden und bei Berichtigungen und Schwierigkeiten Hilfe anbieten
   - bei Unterbrechungen einen problemlosen Stopp und Neustart erlauben
   - sich interaktiv und zu beliebiger Zeit benutzen lassen
   - sich ohne Programmierkenntnisse und ohne Zwischenschaltung von Fachpersonal benutzen lassen
   - die nötige Flexibilität aufweisen, um breite Antwortbereitschaft zu bieten, sich an Änderungen im Entscheidungsprozeß anzupassen und um sich der Problemsicht des Managers anpassen zu lassen
   - den Einsatz spezieller Rechenmodelle und Datenbestände mit Hilfe einfachster, leicht erlernbarer Befehle gestatten.

Quelle:
Hürlimann, W., Was es braucht, damit der Personal-Computer eine Führungshilfe wird, in: Industrielle Organisation (Zürich), 11/1984, S. 517.

„problemlosen“ Angebote der Hersteller zu lösen gestatten. Damit wachsen die Anforderungen an die *PC*-Anbieter, da sich viele Manager bzw. selbständige Unternehmer nicht die Zeit nehmen, um selbst Modifikationen von Standard-Software-Angeboten vorzunehmen (von den fachspezifischen Voraussetzungen hierfür einmal ganz abgesehen). Welche Mindestanforderung für den *PC*-Einsatz an „Chefarbeitsplätzen“ gestellt wird, zeigt Tabelle 5.17.

Die vielschichtige und sich mit enormem Tempo vollziehende technische Entwicklung auf dem Computersektor hat daher dazu geführt, daß gegenwärtig integrierte Lösungen, vor allem von Datenbanksystemen und Computertechnik am Arbeitsplatz, als wichtigster Trend seitens des Managements gesehen werden.[77] Wie schwierig allerdings selbst für Fachleute die richtige Orientierung geworden ist, verrät der rund 1250 Seiten umfassende Bericht über lediglich eine Konferenz zur Thematik „Computer Anwendungen, Software und Systeme“ aus dem Jahre 1984.[78]

Da sowohl die technische Entwicklung auf dem Computersektor insbesondere durch neue immense mikroelektronische Speichermöglichkeiten und Rechengeschwindigkeiten als auch die anhaltende Innovationsdynamik auf dem Gebiet der Informations- und Kommunikationstechnik generell weiter zunimmt, sind künftig auf dem Gebiet der computergestützten Managementtechniken die bedeutendsten Weiterentwicklungen zu erwarten. Die im folgenden dargestellten ausgewählten computergestützten Managementtechniken gehen vom bis Mitte der 80er Jahre erreichten technischen Stand aus.

Computer Aided Information (CAI)

Zu den Instrumentarien und Techniken, die genutzt werden, um die Manager unter wachsender Bedeutung des Zeitfaktors in ihren verschiedensten Funktionen kontinuierlich mit Daten und Informationen zu versorgen, gehören die Managementinformationssysteme (*MIS*)[79] bzw. allgemeiner gesagt, die rechnergestützte Information (*CAI*).

Da die benötigten Informationen in Abhängigkeit von den jeweiligen Funktionen und Hierarchiestufen erheblich variieren, sind ursprünglich geradezu euphorischen Befürwortungen von *MIS* heute nüchternere Urteile gewichen. Zusammenfassend werden im *Management-Lexikon* der BRD aus dem Jahr 1985 folgende Schwächen bestehender *MIS* hervorgehoben[80]:

[77] Software. Das Unbehagen der DV-Chefs, in: Industriemagazin (München), 4/1984, S. 120.

[78] Compas '84. Computer Anwendungen, Software und Systeme. Proceedings, hg. von Compas '84 AMK Berlin (Ausstellungs-, Messe-, Kongress-GmbH.), Berlin(West) 1984.

[79] Vgl. Kanter, J., Management Oriented Management Information Systems, Prentice-Hall 1977; McLean, E./Soden, J., Strategic Planning for MIS, New York 1977; Taggart, W. M., Information Systems. An Introduction to Computers in Organization, Boston 1977.

[80] Vgl. Management-Lexikon, hg. von F. Neske und M. Wiener, a. a. O., S. 775.

- Die Entwicklung und Realisation eines *MIS* wurde oft ohne Einfluß des Managements durchgeführt.
- Eine zu einseitige Ausrichtung des *MIS*-Konzeptes auf einen Funktionsbereich, z. B. zu stark rechnungswesenorientiert, wirkt nachteilig.
- Die Daten, die dem Management zur Verfügung gestellt werden, sind oft nicht mehr aktuell, bzw. auf eine Art und Weise verdichtet, die dem Management unbekannt ist.
- Oft bestehen die vom *MIS* zur Verfügung gestellten Berichte aus zu langen und unübersichtlichen Resultaten.
- Die Benutzung des *MIS* ist oft zu kompliziert und zu schlecht dokumentiert, um vom Management genutzt zu werden.
- Das *MIS*-Konzept ist oft danach ausgerichtet, das ganze Unternehmen zu erfassen.
- Beim Entwurf der Konzeption für ein *MIS* werden oft nur computergestützte Alternativen in Betracht gezogen.
- Die Datensicherungskonzepte genügen meistens nicht, um Unberechtigten die Einsicht in die Unternehmungsverhältnisse zu erschweren.

Besonders hinsichtlich der Nützlichkeit für strategieorientierte *MIS* werden weiter folgende Probleme genannt[81]:

- Traditionelle organisatorische Bezugseinheiten (z. B. Abteilungen, Werke, Geschäftsbereiche, Tochtergesellschaften), für die Daten erhoben und verarbeitet werden, sind anders definiert als die strategischen Geschäftseinheiten und Produkt-/Markt-Segmente, für die Strategien zu entwickeln und zu kontrollieren sind.
- Detailliertere Daten werden bei der Urdatenerhebung zwar in das System eingegeben, aber zu hoch verdichtet wieder ausgedruckt.
- Einseitige Deckungsbeitragsorientierung des Rechnungswesens ermöglicht die erforderliche Vollkostenanalyse der strategischen Geschäftseinheiten nicht oder nur unter hohen Zusatzkosten.
- Die Praxis der Mischkalkulation führt zu einem nicht verursachungsgerechten Kosten- und Gewinnausweis mit der Konsequenz, daß häufig die falschen Produkte eliminiert oder forciert werden.
- Die Erfolgsberichterstattung und die darauf aufbauenden Schlußfolgerungen sind zu einseitig auf den Gewinn ausgerichtet. Dieser ist jedoch eine von vielen Variablen beeinflußte Residualgröße und bei weitem nicht so aussagefähig wie der *Cash Flow* (im Sinne des gesamten Einnahmeüberschusses), der dem Unternehmen für seine strategischen Entscheidungen zur Verfügung steht.
- Preis-, Kosten- und Erfolgsgrößen werden — wenn überhaupt — ausschließlich in nominellen (d. h. inflationierten) Geldeinheiten ausgedrückt. Um reale Wachstumsraten zu erfassen, ist jedoch auch ein deflationierter Ausweis erforderlich. Dies insbesondere dann, wenn das Produktionsvolumen in Stück

[81] Vgl. ebenda, S. 779.

keine sinnvolle Aussage ergibt, wie z. B. im Maschinenbau (unterschiedliche Leistungsgrade) oder im Anlagenbau.

— Marktanteilsdaten finden ungenügende Berücksichtigung. Marktanteile sind in vielen Fällen zwar nur schwer zu erfassen, lassen sich aber fast immer annäherungsweise schätzen.
— Ungenügende Berücksichtigung der wesentlichen Konkurrenten mit ihrer jeweiligen Marktanteilsentwicklung und des eigenen relativen Marktanteils.
— Eine ungenügende Verkettung und zunehmende Verdichtung der strategisch relevanten Daten ausgehend von der einzelnen Produktgruppe über den Geschäftsbereich bis zum Gesamtunternehmen ist festzustellen.

Die Perspektive der Überwindung dieser Probleme wird einerseits in der konsequenten Ausrichtung des gesamten Managements auf ein stärker strategisch orientiertes Konzept gesehen. Im Mittelpunkt stehen dabei folgende Schritte[82]:

— eindeutig strategische Geschäftsdefinition und Bestimmung der wesentlichen Produkt-/Markt-Segmente,
— Abgrenzen der strategischen Geschäftseinheiten,
— Bestimmen der Portfolioposition (z. B. in einer Marktanteils-/Marktwachstums-Matrix),
— Festlegen der strategischen Zielrichtung und der hierfür erforderlichen Aktionen,
— Definieren der entscheidenden unternehmensinternen und -externen Daten, die für die Kontrolle der verfolgten Strategien erforderlich sind.

Andererseits wird die eigentliche Zukunft der *MIS*-Konzepte unmittelbar im Zusammenhang mit dem Ausbau der modernen Informations- und Kommunikationstechnik gesehen. Das grundsätzliche Konzept dafür ist Abbildung 5.22.

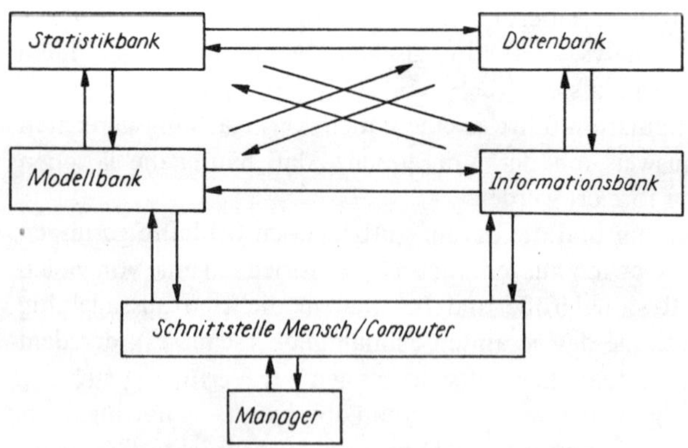

Abb. 5.22.
Zukünftige Entwicklung von MIS-Konzepten

[82] Vgl. ebenda.

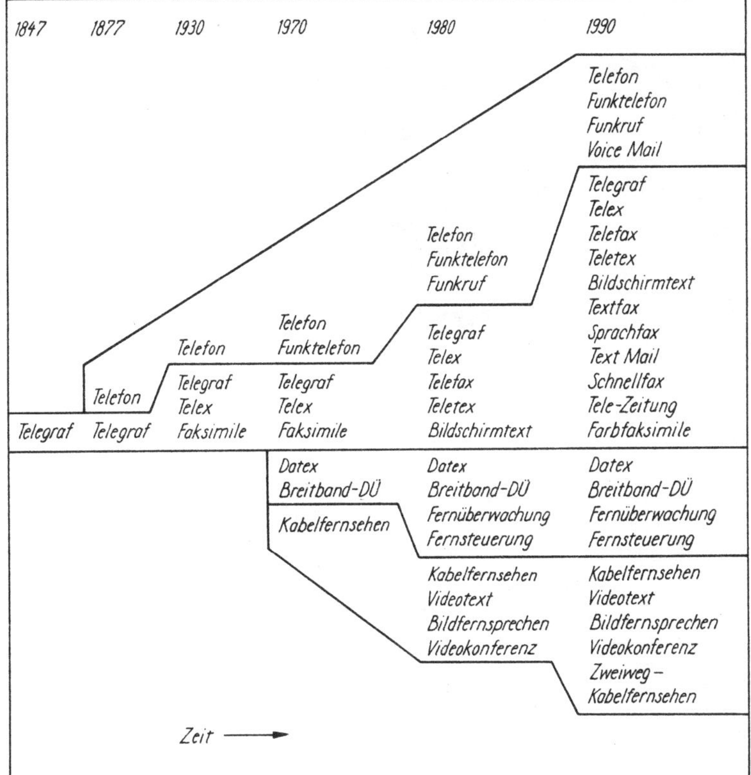

Abb. 5.23.
Entwicklung der Kommunikationsdienste nach Ohmann

zu entnehmen. Was dabei technischerseits heute bereits und künftig noch stärker zu berücksichtigen ist, kann Abbildung 5.23. entnommen werden.[83]

Es besteht daher kein Zweifel, daß gerade hieraus ein weiter anhaltender Druck auf die Rationalisierung im Management und für die strategische Unternehmensführung insgesamt resultiert. Er äußert sich am stärksten im Druck auf die Rationalisierung der Informationsgewinnung und Verarbeitung im Marketing, weshalb den *Marketing-Informations-Systemen* (*MAIS*) besondere Bedeutung zukommt. Mit dem *MAIS*-Konzept sollen Systembetrachtung, Computerunterstützung und Entscheidungsorientierung für die Geschäfts- und Marketingleitung, das Produkt- und Projektmanagement, die Verkaufs- und Werbeleitung einschließlich Planung und Kontrolle gewonnen werden. Die Merkmale eines

[83] Ohmann, F., Innovationen in der Kommunikationstechnik und ihre Auswirkungen auf unsere Wirtschaft, in: Fortschrittliche Betriebsführung und Industrial Engineering (Berlin(West)), 1/1984, S. 5.

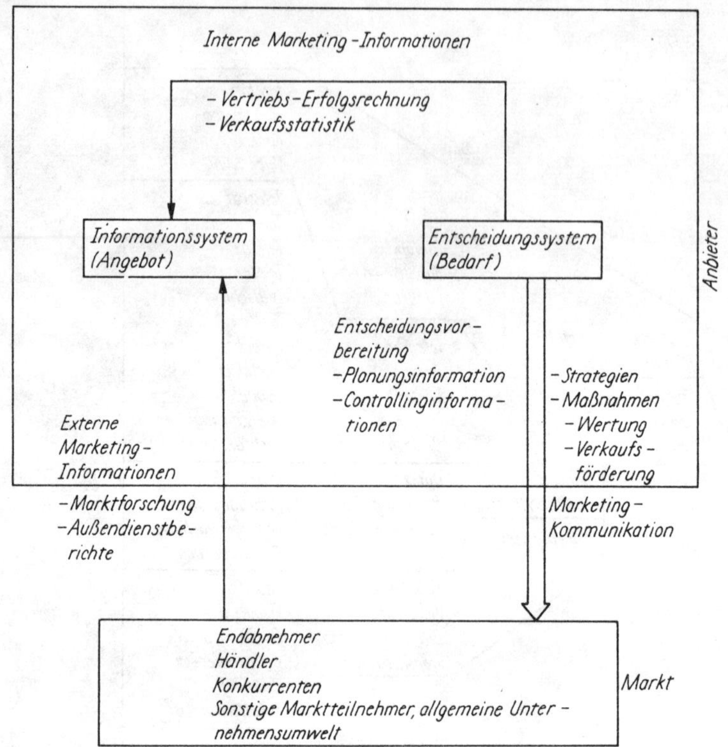

Abb. 5.24.
Marketingsystem aus der Informationsperspektive des Anbieters

Marketingsystems aus informationeller Sicht des Anbieters[84] zeigt Abbildung 5.24.

Wenn man bedenkt, daß Anbieter durchschnittlich zehn Angebote abgeben, um einen Auftrag zu erhalten und die hohen Angebotskosten (zwischen 1—6 Prozent des Auftragswertes in Abhängigkeit von der Branche) in der Regel nicht honoriert werden (Käufermarkt) muß besonders die Angebotsphase rationalisiert werden.[85] Hierfür gewinnt besonders das *Computer Aided Design* (*CAD*), das weiter unten erläutert wird, an Gewicht.

Bei der Informationsbeschaffung stellt sich besonders die Verarbeitung externer Informationen als ein Zentralproblem heraus, da die *Online*-Bereitstellung von Marketinginformationen in Westeuropa erst im Entstehen begriffen ist. Heinzelbecker schätzt ein: „Allerdings existiert bereits heute ein großes Angebot von

[84] Vgl. Heinzelbecker, K., Marketing-Informationssysteme, Stuttgart—Berlin(West)—Köln—Mainz 1985, S. 20.
[85] Ebenda, S. 32.

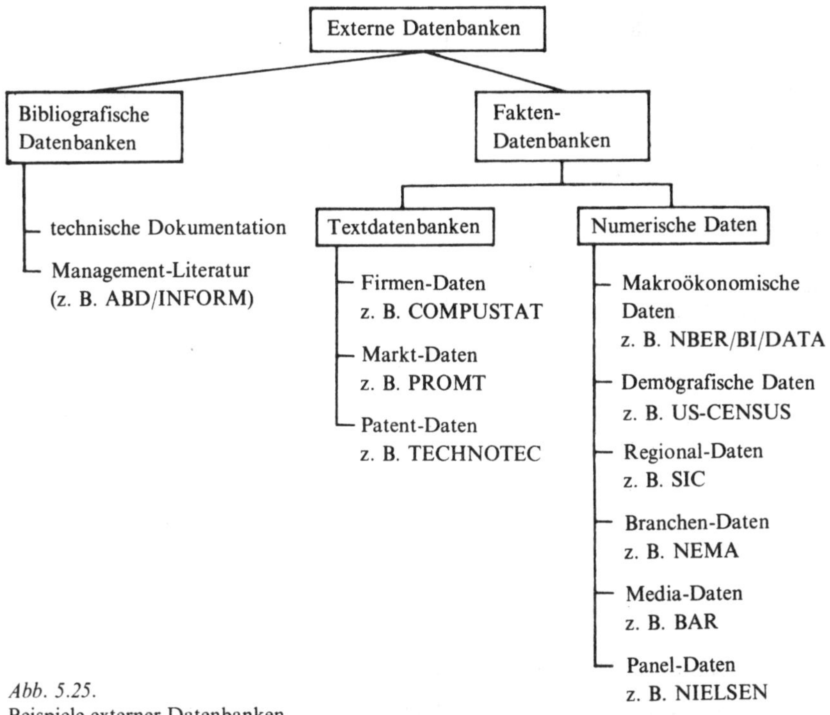

Abb. 5.25.
Beispiele externer Datenbanken

marketing-typischen US-Datenbanken, die ... via Datenfernverarbeitung und Timesharing genutzt werden können. Es ist bereits heute absehbar, daß die zunehmende Verfügbarkeit externer Datenbanken eine Marktdatenflut auslösen wird und zu neuen Methoden der Marketingforschung (z. B. Recherchen im Online-Dialog) führt.“[86]

Abbildung 5.25. zeigt beispielhaft, wie externe Datenbanken aufgebaut sind. Aus den Spezialbezeichnungen der Datenbankanbieter ist ablesbar, daß der „Datenbankmarkt“ ständig wächst.[87]

Man erhält einen Eindruck von der angebotenen Datenfülle, wenn man bedenkt, daß beispielsweise der von der New-Yorker Firma *Business International* aufgebaute Datenbestand aus ca. 19500 Zeitreihen mit über 150 verschiedenen Merkmalen besteht, die z. T. seit 1960 aus über 130 Ländern erfaßt werden.[88] Die über EURONET—DIANE verfügbare EG-Datenbank der CRONOS—EUROSTAT enthält ca. 600000 Zeitreihen aus dem makroökonomischen Bereich, die durch das statistische Amt den EG-Ländern zur Verfügung gestellt werden.[89]

[86] Ebenda, S. 45/46.
[87] Ebenda, S. 47.
[88] Ebenda, S. 50.
[89] Ebenda, S. 52.

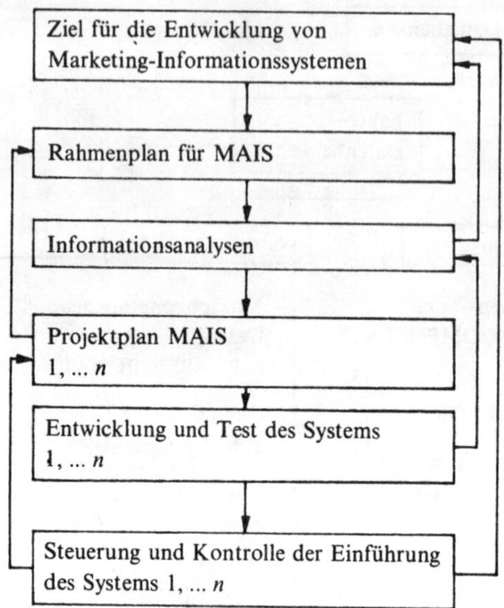

Abb. 5.26.
Prozeß der Entwicklung von Marketing-Informationssystemen

Ohne hier näher auf die Datenbankproblematik einzugehen wird offensichtlich, daß sich hieraus erhebliche Neuorientierungen der gesamten Marketing-Techniken ergeben, auch wenn gegenwärtig oft noch *MAIS* auf konventioneller Basis aufgebaut werden. Der Prozeß der Entwicklung eines *MAIS*-Konzeptes ist in Abbildung 5.26 dargestellt.[90]

Mit großer Sicherheit werden *MAIS* für strategische Neuorientierungen des Marketing eine Schlüsselrolle spielen. Aber auch die gesamte computergestützte Informationsversorgung des Managements befindet sich offensichtlich in einer gravierenden Umbruchphase. Insbesondere werden dadurch Informationen weiter monopolisiert bei Zugriff zu den Datenbanken. Bereits zu Beginn der 80er Jahre zeigte sich daher, daß „die neuen Informations- und Kommunikationstechnologien eine neue Machtressource des Kapitals darstellen".[91]

Computer Aided Planning (CAP)

Der rechnergestützten Planung (*CAP*) bzw. dem EDV-Einsatz in der Produktionsplanung und -steuerung (*PPS*) kommt besondere Bedeutung zu. Wie bereits im Rahmen der Techniken zur Strategienbildung gezeigt wurde, widmet das

[90] Ebenda, S. 150.

[91] Seltz, F., Neue betriebliche Machtressourcen und Wandel des Kontrollsystems durch Informations- und Kommunikationstechnik, Berlin(West) 1985, S. 5.

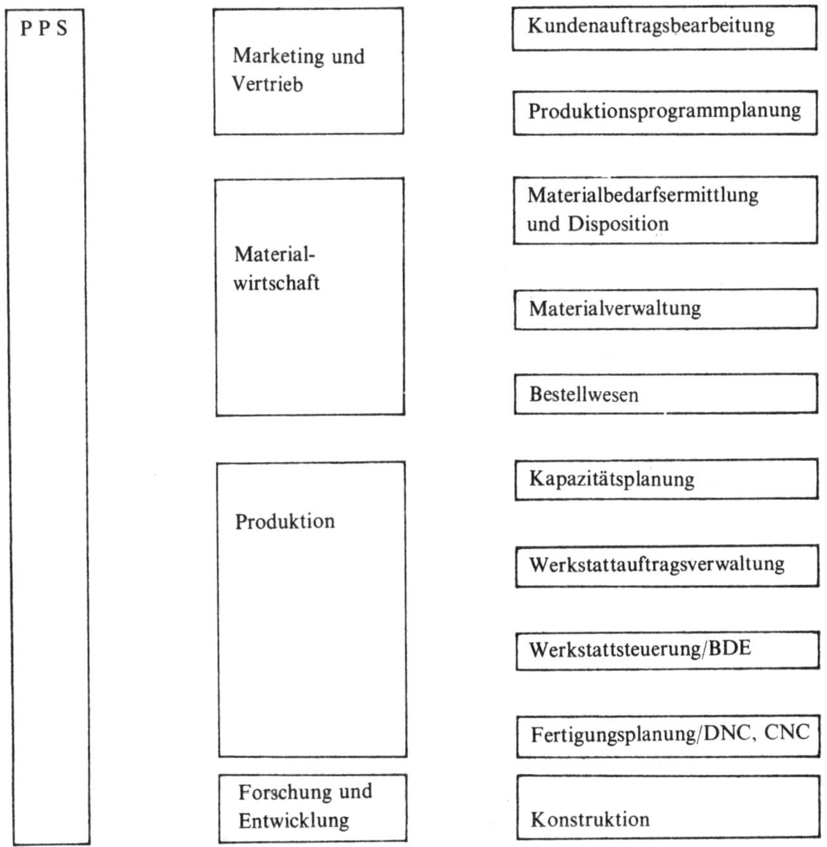

Abb. 5.27.
Komplexität eines computergestützten Produktionsplanungs- und -steuerungssystems

Kapital sowohl der Zielfixierung als auch dem Ressourceneinsatz entsprechend den festgelegten Schwerpunktaufgaben große Aufmerksamkeit.

Die Planung wird dabei oft eng mit der Kontrolle verbunden. Von 283 befragten Unternehmen mit über 1000 Beschäftigten schätzten allerdings nur 11 Prozent den Entwicklungsstand ihres Planungssystems als hoch ein und 43 Prozent als mittel.[92]

Das unterstreicht einmal mehr, warum die neuen Möglichkeiten der modernen Informations- und Kommunikationstechnik insbesondere für das *PPS*-System eingesetzt werden. Abbildung 5.27. zeigt die dabei zu berücksichtigende Komplexität.[93]

[92] Töpfer, A., Managementprobleme mittelständischer Unternehmen, in: Fortschrittliche Betriebsführung und Industrial Engineering (Berlin(West)), 2/1981, S. 112.
[93] Vgl. Industrielle Organisation (Zürich), 6/1984, S. A 22.

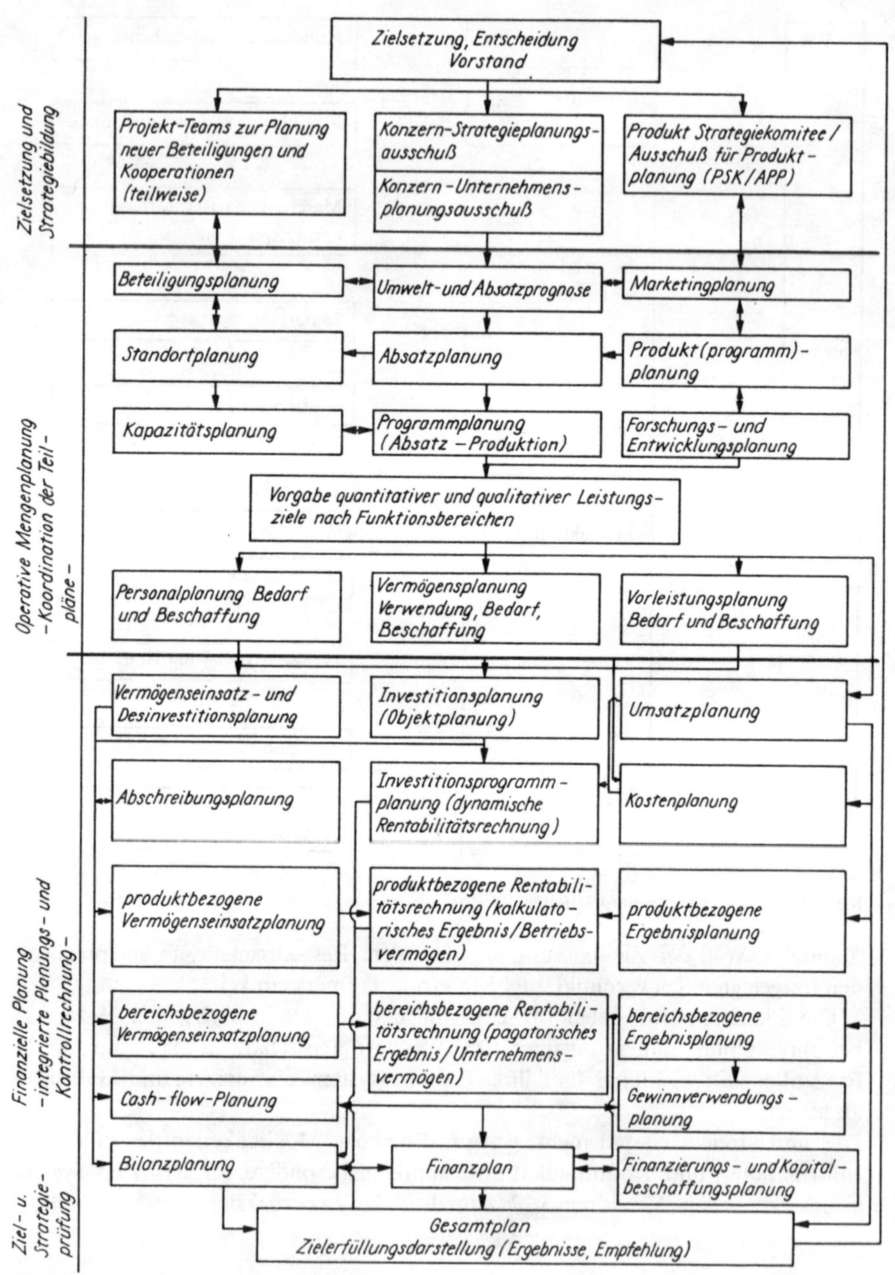

Abb. 5.28.
Grobablauf der Planung am Beispiel der Volkswagenwerk AG

Aufgabe der computergestützten Produktionsplanung ist es, durch Verknüpfung der betrieblichen Funktionsbereiche die Ressourcen auf sparsamste Weise und koordiniert mit höchstem Effekt bereitzustellen. Man schätzt ein, daß die meisten Anfang der 80er Jahre vor allem administrativ orientierten *PPS* bzw. *CAP* den damit verbundenen hohen Ansprüchen nicht gerecht werden, insbesondere um Ausnahmesituationen, Störungen und Planabweichungen zu beherrschen.[94]

Als besondere Schwerpunkte gelten:

— die Überwindung unwirtschaftlicher Losgrößen,
— die Vermeidung ständiger Auftragsstarts- bzw. -stopps sowie
— die Reduzierung von Halb- und Fertigfabrikationen

sowie die aktuelle Betriebsdatenerfassung (BDE).

Welche Gesamtkoordinierungen bei computergestützter Planung zu lösen sind, zeigt Abbildung 5.28. anhand eines Beispiels aus dem Volkswagenwerk.[95]

Der Bereichsleiter Strategie und Investitionen des Volkswagenwerks schätzt eine künftige Entwicklung folgendermaßen ein: „Dabei erzeugt die wachsende Komplexität des Leistungsprogramms, die strategische Umsetzung von Technologie, die Beherrschung der Beschaffungs-, Fertigungs- und Distributionslogistik, die Verbesserung der Produktivität beträchtlichen und komplexen Informationsbedarf, der die Neugestaltung der innerbetrieblichen Datenerfassung, des internen Rechnungswesens und insbesondere der Kosten- und Leistungsrechnung nahelegt. Das Managen dieses Informationsbedarfes fordert den Einsatz neuer Informationstechnologie. Die informationstechnische Vernetzung von operativen Datenbänken und Wirtschaftsdatenbanken, beispielsweise mit relationaler Datenbanktechnik,

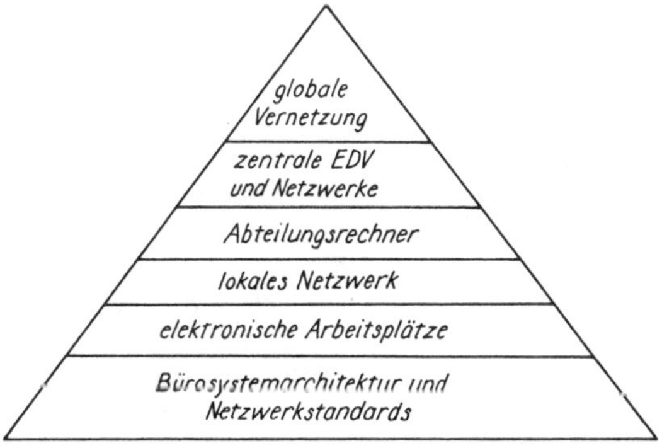

Abb. 5.29.
EDV-Hierarchiekonzept der Volkswagenwerk AG

[94] Vgl. Kongreßbericht PPS '82, in: Fortschrittliche Betriebsführung und Industrial Engineering (Berlin(West)), 6/1982, S. 465.

[95] Höhn, S., Der Einsatz der Informationstechnik für Planung und Kontrolle, in: Zeitschrift für Betriebswirtschaft (Wiesbaden), 5/1985, S. 518.

stellt hohe Anforderungen sowohl an die Softwareintelligenz als auch an das betriebswirtschaftliche Grundkonzept der Kostenrechnung."[96]

Ausgehend hiervon wird sich die Struktur der EDV-Hierarchie für *PPS*-Zwecke wie in Abbildung 5.29. gezeigt entwickeln.[97]

Zusammenfassend heißt es hinsichtlich der künftigen Entwicklung des *CAP*-Konzepts verallgemeinernd: „Der Einsatz leistungsfähiger Informations-, Kommunikations- und Bürotechnologien hat für die Planung eines Unternehmens im Rahmen der Anpassung der betrieblichen Strukturen an veränderte Umfeldbedingungen eine entscheidende Bedeutung erlangt. Das gilt zum einen für die aufgrund leistungsfähiger Übertragungs- und Empfangstechniken mögliche Inanspruchnahme externer Datenbanken und zum anderen aufgrund der Entwicklung leistungsfähiger Hardware und Software für die praxisnahe Nutzung überschaubarer Planungsmodelle."[98] Zu solchen Modellen zählen beispielsweise die weit verbreiteten Tabellenkalkulationsprogramme (wie zum Beispiel „Visicalc" oder „Multiplan").

Derartige Software ermöglicht dem Anwender in einfacher Programmiersprache die verschiedensten Kalkulations- und Planungsschemata auf dem Bildschirm darzustellen, meist zwischen wenigen bis 225 Spalten und horizontal bis ca. 1000 Zeilen. Auf dem damit gegebenen elektronischen Arbeitsblatt lassen sich sämtliche Felder direkt ansprechen und untereinander rechnerisch verknüpfen,

Tabelle 5.18.
Effekte von Tabellenkalkulationsprogrammen bei CAP

- Formatieren der Tabelle am Bildschirm mit Menüführung oder mit Hilfe eines „Maus". Ferner Unterstützung durch Eingaben im Dialogverfahren. Evtl. programmierbare Befehlstasten.
- Automatisches Berechnen von Subtotalen, Totalen, Durchschnitt, Postenzahl, Maximalwert, Minimalwert, Kennzahlen, Indices.
- Suchen, Ändern, Einschieben oder Löschen einzelner Posten.
- Herstellen von Beziehungen zwischen einzelnen Feldern mittels Konstanten, Formeln oder Kommentartexten bzw. Rechenprogrammen. Außer den Grundoperationen sind auch technisch-wissenschaftliche oder statistische Funktionen verwendbar.
- Möglichkeit der Verknüpfung zwischen verschiedenen Formularen.
- Automatisches Formatieren und Herstellen von Grafiken über den Plotter (evtl. auch in Farbe und in vorprogrammierbaren Formen)
- Schutzfunktionen gegen unabsichtliches Löschen von Daten und Formeln sowie gegen schwerwiegende Fehleingaben.
- Zusammenführen von Tabellenvarianten zu einer einzigen Vergleichsgrafik.
- Erleichterung des Arbeitens am Bildschirm durch Bildung von Ausschnitten (Windows), auf welchen simultan verschiedene Anwenderprogramme gefahren werden können — oder auch für bloßes Suchen und Vergleichen.

[96] Ebenda, S. 533.

[97] Ebenda, S. 536.

[98] Ebenda, S. 540.

Tabelle 5.18. (Fortsetzung)

- Automatisches Neuberechnen der ganzen Tabelle bei Änderung einzelner Eingabedaten (Variantenrechnung)
- Kompatibilität der Tabellensoftware mit Textprogramm, Dateiverwaltung bzw. Datenbank, Kalkulationsprogramme sowie Grafikprogramm.
- Alphabetische und numerische Such- und Sortierfunktionen.
- Erweiterung der Variantenrechnungen auf
  - Versuche mit verschiedenen Lösungsvarianten
  - Änderung von Formeln
  - Simulation mit Hilfe von Zufallszahlen.
- Besonders benutzerfreundliche Hilfen beim Redigieren:
  - Direkte Benennung von Variablen.
  - Änderungsautomatik bei Erweiterung oder Einengung des Datenfeldes.
  - softwaremäßige Anpassung an verschiedene Bildschirmarten.
  - Einstellung von verschiedenen Varianten der Stellenzahl.
  - Individuelles Skalieren (evtl. Anpassungsautomatik) von Tabellen und Grafiken und Gestalten derselben auf verschiedene grafische Arten.
  - Automatisches Einfügen von Kalenderdaten und Ergebnisse von Kalenderoperationen.
  - Möglichkeiten zur spaltenüberschreitenden Textgestaltung.
  - Automatisches Zufügen von Spaltennummern, Zeilennummer, Währungszeichen u. ä.
  - Hervorheben von Negativwerten (Vorzeichen, Klammer, Rotdruck).
  - Nachschlagefunktion (elektronisches „Blättern").
  - Automatisches Einfügen von Kalenderdaten und Ergebnissen von Kalenderoperationen.
  - Unsichtbarmachen (leer oder schwarz) von bestimmten Zeilen zwecks Datenschutz.
  - Umschaltmöglichkeit von der Menüführung auf individuelles Programmieren in Basic oder Assembler (Expert-Schaltung).
    Änderung der Anordnung von Subtotalen, Gruppenwechsel, Definieren von Batch-Dateien.
  - Umstellen von Spalten.
  - Zentrieren, Tausendergruppierung, automatisches Anpassen der Spaltenbreite an Größe der Zahlen, Druckeransteuerung, positionsgerechtes Ausfüllen von Formularen.
  - Speichererweiterung (Expander) bei Überschreitung der ordentlichen Formulargröße.
- Selektionsautomatik beim Herstellen von Ausdrucken über Printer oder Plotter, auch für Grafiken:
  - Wahl zwischen vollem und selektivem Ausdruck.
  - Beschneidung der Stellenzahl bei Kontennummern.
  - Auswahl bestimmter Felder, Spalten und/oder Zeilen.
- Einfacher Zugriff auf Dateien, Sätze und Felder mittels sogenanntem Data Dictionary (Usertab).
- Handhaben von Sonderfunktionen bei Bedarf:
  - Simultanes Arbeiten mit mehreren Anwendungsprogrammen.
  - Vergleich von Dateien, Mischen von Dateien
  - Logische Vergleichsoperationen
  - Statistische Analysen, Trendberechnungen.

Quelle:
Hürlimann, W., Software für die Administration, in: Industrielle Organisation (Zürich), 6/1985, S. 295.

wobei die Daten der Input-Felder beliebig geändert werden können und eine Neuberechnung des gesamten Arbeitsblattes automatisch *in wenigen Sekunden* je nach Programmgröße erfolgt. Tabelle 5.18. gibt einen Überblick über die mit solchen Tableuprogrammen der computergestützten Planung möglichen Effekte.

Die Entwicklung derartig leistungsfähiger Software hat zweifellos wesentlich zum großen Interesse an computergestützter Planung und Kalkulation beigetragen und wird mit rasch fortschreitender Software-Entwicklung weiter anhalten.

Computer Aided Design (CAD)

Da objektiv der ingenieurtechnische Leistungsanteil am Gesamtleistungsvolumen kapitalistischer Unternehmen immer mehr zunimmt, konzentrieren sich die Rationalisierungsanstrengungen des Managements logischerweise vor allem auf die der Produktion vorgelagerten bzw. mit ihr untrennbar verflochtenen Prozesse. Hauptursachen dafür liegen

— im anhaltenden Innovationsdruck und der notwendigen Verkürzung von Auftragsdurchlaufzeiten,
— im verstärkten Qualitätskonkurrenzkampf,
— im Kostendruck und Interesse der Flexibilitätssteigerung entsprechend neuen Anforderungen.

Für die Rationalisierung in Innovationsprozessen gewinnt das computergestützte Entwickeln (*CAD*) und die Kopplung mit der computergestützten Produktion (*CAM*) wachsende Bedeutung. *CAD* umfaßt die Anwendung von Computertechnik zur Durchführung geometrieabhängiger Aufgaben des Berechnens, Variierens, der Zeichnungserstellung und Arbeitsplanung zur Herstellung von Fertigungsunterlagen wie Rechnungen, Stücklisten, Arbeitspläne, NC-Steuerungsinformationen, Qualitätsprüfungsplänen usw. Generell wird der Begriff „*CAD*“ heute immer dann angewendet, wenn ein Konstrukteur, Entwickler, Technologe oder Designer bei seiner Tätigkeit Computer im Dialogbetrieb nutzt.[99] Demzufolge wird „*CAD*“ zum Teil in der Literatur auch für „*Computer Aided Drafting*“ (computergestütztes Zeichnen) verwendet.

CAD ist für alle Konstruktionsarbeiten einsetzbar, wie[100]:

— Neukonstruktionen,
— Anpassungskonstruktionen,
— Variantenkonstruktionen und
— Prinzipkonstruktionen.

[99] Vgl. CAD-Handbuch: Auswahl und Einführung von CAD-Systemen, hg. von J. Encarna, Berlin(West)—Heidelberg 1984, S. 3, (Informatik-Handbücher).

[100] Vgl. Grabowski, H., CAD/CAM-Grundlagen und Stand der Technik, in: Fortschrittliche Betriebsführung und Industrial Engineering (Berlin(West)), 4/1983, S. 225.

Während für eine Neukonstruktion die meisten Konstruktionsschritte neu zu gehen sind, stehen für Prinzipkonstruktionen die Konstruktionsregeln fest. Für sich beim Konstruieren wiederholende Aktivitätsschritte wie

— Informieren über Baugruppen, Einzelteile, Elemente,
— Lösungen analysieren, finden und konkretisieren,
— Lösungen darstellen,
— Ergebnisse bewerten,
— Entscheiden und
— Übergang zu nächsten Konstruktionsschritten

werden Berechnungsverfahren und Simulationsverfahren eingesetzt. Die Lösungsdarstellung erfolgt beim *CAD*-Einsatz sowohl als

— schematische Darstellung (zweidimensionale Graphik),
— gegenständliche Darstellung (zwei- oder dreidimensionale Graphik) sowie
— Diagramme, Listen und Texte.

Hard- und softwareseitig herrscht auf dem schnell weiter expandierenden *CAD/CAM*-Markt ein scharfer Konkurrenzkampf der Anbieter. Nach Schätzungen soll der Umsatz 1986 bei jährlichen Wachstumsraten von 40 bis 45 Prozent auf ca. 6,3 Milliarden Dollar ansteigen.[101] Allein in der BRD waren 1984 ca. 40 Firmen vertreten.

Die Preise differieren je nach Ausstattungsgrad des Systems erheblich. „Die CAD-System-Pakete kann man grob in vier Preisgruppen einteilen:

— Die Supersysteme für Millionen DM, wie sie bei der NASA für Simulation von Abläufen im Weltraum benutzt oder bei der Filmherstellung eingesetzt werden;
— die Systeme für den ausgereiften professionellen Einsatz mit Investitionskosten von 200000 bis 300000 DM pro Arbeitsplatz;
— die sog. ‚Low-cost-Systeme', die in der Preisklasse zwischen 50000 und 150000 DM auf dem Markt einzuordnen sind und
— die mittlerweile für Personalcomputer erhältlichen Systeme. Sie lassen sich als ‚PC-CAD' oder ‚Lowest-cost-Systeme' bezeichnen. Die entsprechenden Software-Kosten liegen zwischen 3000 und 15000 DM. Dazu müssen je nach Rechner 10000 DM (Sirius) bis 25000 DM (IBM PC/XT) hinzuaddiert werden, falls der Rechner nicht bereits vorhanden ist."[102]

Zu den Hardwarekomponenten eines *CAD*-Systems zählen Mitte der 80er Jahre[103]:

— Zentrale Recheneinheit (CPU)
— Arbeitsspeicher
— Plattenspeicher
— Magnetbandgeräte

[101] CAD/CAM-Zuwachs, in: Markt und Technik (München), 4/1984, S. 1.
[102] Vgl. Personal-Computer (Würzburg), 3/1984, S. 14.
[103] CAD-Handbuch, a. a. O., S. 148.

- Drucker
- Konsolen
- Übertragungseinrichtungen
- Netzwerkhardware
- Datenbankmaschine
- graphische Arbeitsplätze
  - graphische Bildschirme
  - alphanumerische Bildschirme
  - Tablett
  - Maus
  - Rollkugel
  - Digitizer
  - Plotter
- Dokumentation

Bei den ausgefeilteren Systemen findet man neben der Computer-Zentraleinheit und dem entsprechenden hochleistungsfähigen Kommunikationsnetz (Datenkanal) einen Bildschirm-, Digitalisier-, Zeichen- und Programmier- bzw. Organisationsarbeitsplatz. An den vier Arbeitsplätzen werden folgende unterschiedlichen Aufgaben gelöst[104]:

- der Bildschirmarbeitsplatz zur interaktiven Bearbeitung aller Arten von Konstruktions- und Fertigungsplanungsaufgaben;
- der Zeichenmaschinenarbeitsplatz zur Aufgabe von Datenträgern mit graphischen Informationen, das heißt jeder Art von Zeichnungen und Diagrammen;
- der Digitalisierarbeitsplatz zur Eingabe vorhandener Datenträger mit graphischen Informationen, um sie in digitaler Form weiter verarbeiten zu können;
- der Programmier- und Organisationsarbeitsplatz zur Erweiterung und Anpassung der Anwendersoftware an das Aufgabenspektrum, weiterhin zur Wartung und Pflege der Software.

Den allgemeinen Aufbau eines *CAD*-Systems zeigt Abbildung 5.30.[105]

Seitens des Managements stehen weniger die ingenieurtechnischen Arbeitsabläufe im Mittelpunkt des Interesses als vielmehr die Sicherung der organisatorischen Rahmenbedingungen, der Qualifizierung des ingenieurtechnischen Personals und die Aufwands-Nutzenskalkulationen des Einsatzes von *CAD*-Systemen.

Welche organisationsbezogenen Randbedingungen für die Entscheidung zum *CAD*-Einsatz, zur Auswahl des Systems und der Art und Weise der Einführung

[104] Grabowski, H., CAD/CAM-Grundlagen und Stand der Technik, a. a. O., S. 226.
[105] Krause, F. L./Meyer, B./Jansen, H., CAD- und CAM-Anwendungen in Produktionsbetrieben, in: Fortschrittliche Betriebsführung und Industrial Engineering (Berlin(West)), 1/1981, S. 3—16.

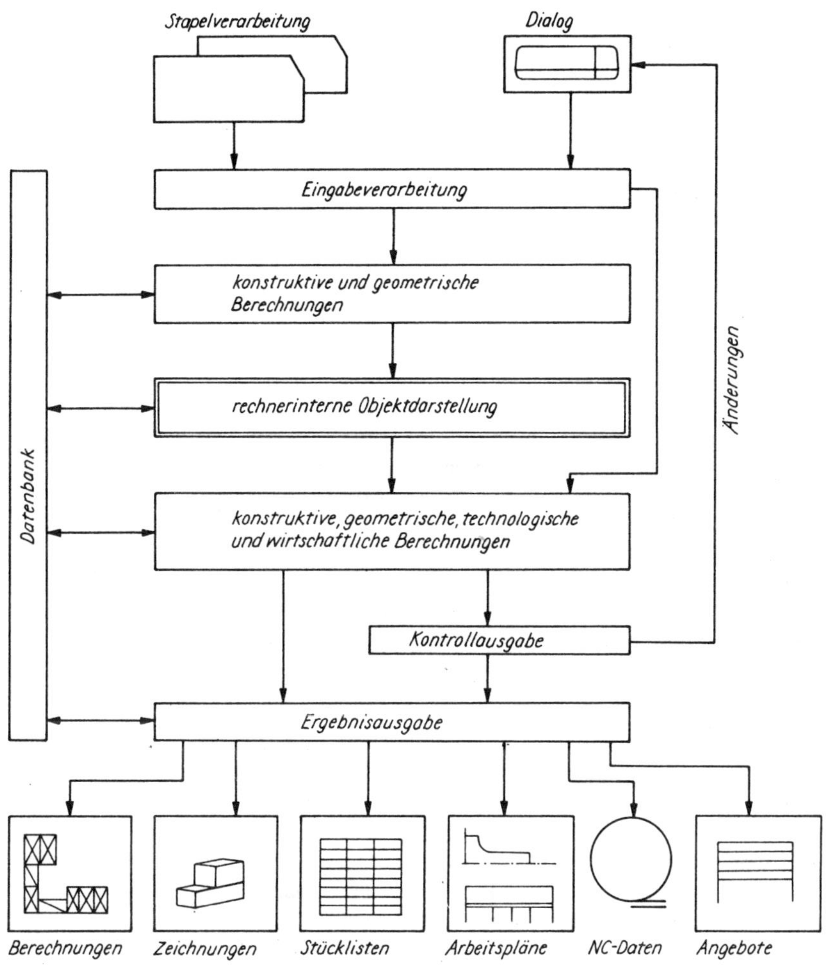

Abb. 5.30.
Aufbau von CAD-Systemen

in bestehende Forschungs- und Entwicklungseinrichtungen bzw. Betrieben zu prüfen sind, zeigt überblicksmäßig Tabelle 5.19.

Die Planung und Einführung von *CAD*-Systemen erfolgt in folgenden Schritten[106]:

1. Voruntersuchung
2. Systemanalyse

[106] Vgl. CAD-Handbuch, a. a. O., S. 16ff.

Tabelle 5.19.
Organisationsbezogene Rahmenbedingungen des CAD-Einsatzes

1. Firmenmerkmale
(Umsatz — Branche — Produktionsspektrum — Gesamtzahl der Mitarbeiter — Mitarbeiter in der Konstruktion — Firmenart, wie z. B. Betriebsstätte eines Konzerns)
2. Personal und Ausbildungsstand
(Qualifikation des vorhandenen Personals, z. B. Konstrukteure, Detaillierer, Hilfskräfte)
3. Unterstützung durch „Arbeitnehmervertreter"
positiv — negativ — indifferent
4. Motivation
niedrig — hoch — mittel
5. Vernetzung mit der vorhandenen Firmenorganisation
(z. B. Abteilungsgrenzen übergreifender Einsatzbereich)
keine — mittel — stark
6. Vorhandene Informationsträger- und Ordnungssysteme
(z. B. Mikrofilm, Zeichnungen, Sachmerkmalsverwaltungssystem, Klassifizierungssysteme)
7. Grad der Formalisierung der vorhandenen Organisation
(z. B. starre Abteilungsgrenzen, Aufgabenbeschreibungen für Abteilungen und Personen, strenge Einhaltung des Dienstweges, Formularwesen)
hoch — mittel — gering
8. Soziopolitische Aspekte
(z. B. Betriebsklima, formelle und informelle Beziehungen der Mitarbeiter untereinander, Berücksichtigung der gesellschaftlichen und arbeitsmarktpolitischen Verhältnisse)
9. Unterstützung durch firmeneigene Softwareprogrammierer und -betreuer
ja — nein — mittel
10. Mitbenutzung des Systems für technisch-wissenschaftliche Berechnungen
ja — nein — mittel
11. Nutzung von oder Kopplung mit vorhandenen Rechnern
ja — nein
12. Nutzung der durch CAD-Einsatz gewonnenen Personalkapazität
13. Art und Umfang der bisherigen Koordinierung derjenigen Arbeiten, die künftig mit CAD durchgeführt werden
(z. B. viel Eigeninitiative oder straffe Führung, Leistungskontrolle, Kapazitätsplanung, Mitarbeitereinsatzplanung, Zeichnungsfreigabe, Nummerungssysteme)
14. Abhängigkeit von Kunden, Lieferanten und vom Wettbewerb
15. Flexibilität der Organisation
groß — mittel — gering
16. Produkt- und Produktionsphilosophie
(Grad der Standardisierung — Einzel-, Klein- oder Großserienfertigung — Robotereinsatz — NC-Fertigung — Automaten)
17. Räumliche Verteilung der für den CAD-Einsatz vorgesehenen Abteilungen
(z. B. an verschiedenen Orten, in verschiedenen Gebäuden an ein und demselben Ort, an verschiedenen Stellen innerhalb eines Gebäudes)
18. Grad der Klarheit darüber, wie und für welche Aufgabengebiete das System eingesetzt werden soll
hoch — mittel — gering — keine Aufgabenbeschreibung

Tabelle 5.20.
Überblick zu wichtigen Aufgaben der Planung und Einführung eines CAD-Systems

---

1. Voruntersuchung

1.1. Wissenserwerb zum Stand der CAD-Technologie durch:
- CAD-Seminare,
- Informationsveranstaltungen bei CAD-Herstellern,
- CAD-System-Vorführungen,
- Workshops,
- Messebesuche,
- Besuche bei Anwendern,
- Literatur und
- Berater.

1.2. Vorgehenskonzept
- CAD ja oder nein?
- Welche Anwendungen mit welchen Prioritäten?
- Festlegung der groben Zielsetzungen und der Projektverantwortlichen.

2. Systemanalyse

2.1. Analyse des betrieblichen Ist-Zustandes
- Produktgliederung
- Komplexität der Konstruktion
- Abschätzung des Rationalisierungspotentials
- Konstruktionsarten
- Zeichnungsarten
- Analyse des Konstruktionsablaufs
- Analyse der Ablauforganisation in Konstruktion und Arbeitsvorbereitung
- Verteilung der Tätigkeiten in Konstruktion und Arbeitsvorbereitung
- benötigte Informationen in Konstruktion und Arbeitsvorbereitung
- gewonnene Informationen in Konstruktion und Arbeitsvorbereitung
- bereits verwendete Hard- und Software
- sonstige verwendete Hilfsmittel
- organisationsbezogene Randbedingungen

2.2. Aussagefähigkeit der Ist-Analyse für die Zukunft
- Trend der Produktpalette
- Lebenszykluskurve der Produkte
- Trend der Produkt-/Fertigungstechnologie
- Unternehmensstrategie

2.3. Ableitung der Einführungsstrategie und das Anforderungsprofil für das CAD-System.

2.3.1. CAD-Einführungsstrategie
- Terminplan
- Personalplan
- Kapazitätsplan

◀

Quelle:
CAD-Handbuch: Auswahl und Einführung von CAD-Systemen, Berlin (West)—Heidelberg 1984, S. 13/14.

Tabelle 5.20. (Fortsetzung)

— Investitionsplan
— Organisationsplan
— Systemvorbereitungsplan

2.3.2. Anforderungsprofil (Lastenheft)
— Kriterienkatalog und Gewichtung der Kriterien
— Benchmarkfestlegung
— Festlegung von Grenzkriterien

3. CAD-System-Auswahl

3.1. Marktanalyse und Vorauswahl von Systemalternativen

3.2. Tests der alternativen CAD-Systeme
— Benchmarktests
— Probebetrieb

3.3. Bewertung der Systemalternativen und Entscheidung
— Minimierung der Konflikte

3.4. CAD-System-Erweiterungen

3.5. Kaufvertragsabschluß, Mietkauf, Leasing
— Kaufvertrag
— Instandhaltungsvertrag (Wartung für Hardware und Software)
— CAD-System-Weiterentwicklung (Upgrade)

4. Systemvorbereitung

4.1. Betriebliche Integration

4.2.1. — Absprache mit Normenstellen
— Festlegung der Zeichnungsfreigabe (Ab wann gilt eine rechnerinterne „Zeichnung" als Zeichnung?)
— Verhandlungen mit den Arbeitnehmervertretern
— Sicherstellung des reibungslosen Einsatzes alter und neuer Unterlagen
— Einbindung von CAD in die Stücklistenorganisation
— Fertigungsunterlagenvervielfältigung und Archivierung
— Gestaltung, Art und Inhalt der Datenträger
— Datensicherung und Datensicherheit
— Datenabgabe an andere DV-Systeme und Datenaufnahme von anderen DV-Systemen
— Klärung des Operating und der Betreuung des Betriebssystems und des Anwendungssystems
— Klärung der Verknüpfung von CAD mit Berechnungsprogrammen

4.1.2. Aufbauorganisation
— Verantwortlichkeiten und Stellenbeschreibungen

4.2. Schulung und Information
— Schulung der Benutzer
— Schulung der Betreuer
— Schulung der Anwendungsprogrammierer
— Schulung des Managements
— Schulung mittelbar Betroffener

Tabelle 5.20. (Fortsetzung)

4.3. Installationsvorbereitung
- Raum- und Aufstellungsplanung
- Verkabelung
- Klima
- Beleuchtung
- Raumzutrittsberechtigung

5. CAD-System Einführung

5.1. Installation und CAD-System-Abnahme
- Inbetriebnahme
- Benchmarktests wiederholen
- Probebetrieb fahren
- Abnahme

5.2. Benutzerschulung
- Einweisung
- Schulung aller Benutzer

5.3. Einarbeitung
- Minderleistung bis zur Erreichung des vorgesehenen Beschleunigungsfaktors einplanen

5.4. Aufbau von Datenbeständen

6. CAD-System-Betrieb

6.1. Laufende Betreuung der CAD-Systemkomponenten

6.2. Betreuung der Benutzer in Fragen der Bedienung, der Softwareleistungsfähigkeit usw.

6.3. CAD-System-Pflege, Ausbau und Verbesserung
- anwendungsspezifische Programmentwicklungen
- Normteil- und Symbolbibliotheken

Quelle:
CAD-Handbuch: Auswahl und Einführung von CAD-Systemen, Berlin(West)—Heidelberg 1984, S. 16ff.

3. *CAD*-System-Auswahl
4. Systemvorbereitung
5. *CAD*-System-Einführung
6. *CAD*-System-Betrieb

Tabelle 5.20. zeigt überblicksmäßig, welche Fragen dabei zu beantworten sind.

Für die Entscheidung über die anzustrebende Konfiguration eines *CAD*-Systems werden Optimierungen nach den Parametern Zeit, Kosten und Qualität unter Berücksichtigung von Kunden-, Anwender- und Kapitalgeberinteressen angestrebt sowie die Kompatibilität und Portabilität der Software berücksichtigt. Abbildung 5.31. zeigt, welche Softwarekomponenten bei einem *CAD*-System zu berücksichtigen sind.[107]

[107] Vgl. Grabowski, H., CAD/CAM-Grundlagen und Stand der Technik, a. a. O., S. 231.

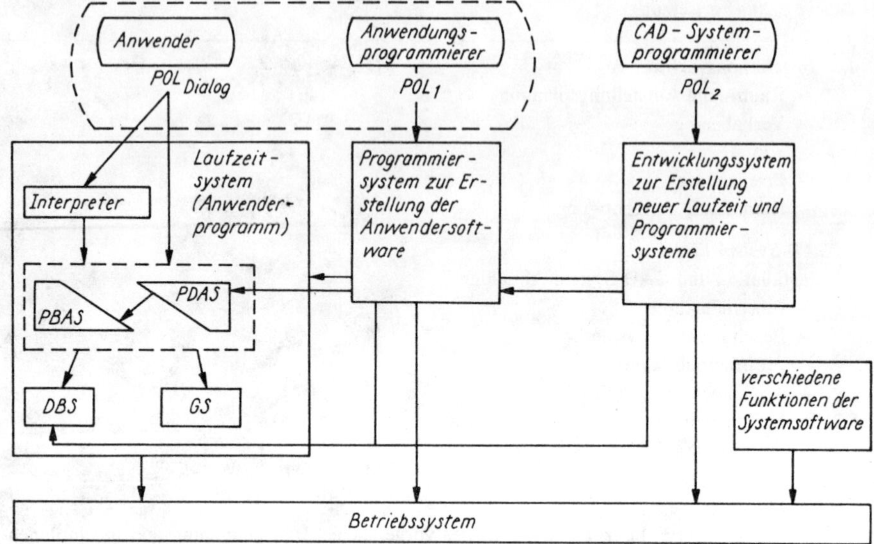

Abb. 5.31.
Softwarekomponenten eines CAD-Systems

Zu den wichtigsten Effekten des *CAD*-Einsatzes zählen Erhöhung der Produktivität, Qualität und Flexibilität durch:

- Kostenreduzierung und Verkürzung von Lieferfristen in Unternehmen mit auftragsbezogener Fertigung,
- Zukunftssicherung durch Anwendung neuester Technologie,
- Möglichkeit flexibler entwicklungsalternativer Lösungen
- Erhöhung der Normung und Standardisierung,
- größere Fehlerfreiheit bzw. Qualitätssteigerung in den Zeichnungen und
- Gewinn an kreativer Problemlösequalität.

Weitere Vorteile integrierter *CAD*-Lösungen sind Tabelle 5.21. zu entnehmen.

Bei der technischen Bewertung von *CAD*-Systemen werden darüber hinaus spezifische Kriterien berücksichtigt, wie Tabelle 5.22. zeigt.

Wirtschaftlichkeitsbetrachtungen von *CAD*-Systemen erfolgen zweckmäßigerweise nicht lediglich einmal, sondern mehrfach, zum Beispiel[108]:

[108] Vgl. CAD-Handbuch, a. a. O., S. 131.

Tabelle 5.21.
Vorteile integrierter CAD-Verarbeitung

— bessere technische Vorklärung der Konstruktionsaufgabe
— Beschleunigung der Arbeitsabwicklung in Konstruktion und Arbeitsvorbereitung
— Nutzung aller im Rechner abgelegten Daten für alle beteiligten Stellen
— schnellere Verfügbarkeit der Daten für alle beteiligten Stellen
— identische Datenbasis für alle Stellen des Unternehmens
— Reduzierung des Anteils von Routinetätigkeiten
— Integration von Berechnungsverfahren in den Konstruktionsablauf
— Vereinfachung und Beschleunigung des Änderungsdienstes
— Vermeidung von Fehlern, insbesondere Übertragungsfehlern
— Einsparung von Geometriebeschreibung für die NC-Programmierung
— Nutzung der NC-Technik bereits bei Mustern, Prototypen und bei der Werkzeugherstellung
— Reduzierung von Testzeiten auf Maschinen bei neuen NC-Programmen
— Verantwortungsverlagerung von der fallorientierten Problembearbeitung zur Programmentwicklung

Quelle:
CAD-Handbuch, a. a. O., S. 90.

1. vor der Einführung eines *CAD*-Systems
   — im Anschluß an eine Vorstudie,
   — vor dem eigentlichen Systementscheid,
   — nach der Konzeptentwicklung und
   — vor der Einführung;
2. nach der Einführung eines *CAD*-Systems
   — nach der Anlernphase,
   — nach einem Jahr,
   — bei Systemänderungen und
   — in regelmäßigen zeitlichen Abständen.

Ohne im einzelnen auf die hierbei angewandten Methoden einzugehen, zeigt sich deutlich, daß große Anstrengungen unternommen werden, sowohl die einmaligen Kosten als auch die laufenden Kosten des *CAD*-Systemeinsatzes zu erfassen und auch quantifiziert schwer ermittelbare Nutzenskomponenten wie den Beschleunigungsfaktor von Entwicklungen, die Qualitäts- oder Flexibilitätssteigerung zu berücksichtigen. Neben einfachen Rückflußdauerberechnungen werden auch weiterentwickelte spezifische Methoden empfohlen, die bis hin zu Berechnungen der erforderlichen optimalen *CAD*-Arbeitsplätze, Auslastungsnormative, Hardwareleistungskoeffizienten usw. reichen.[109]

[109] Vgl. dazu auch die im CAD-Handbuch erörterten speziellen Verfahren (CAD-Handbuch, a. a. O., S. 165ff.).

Tabelle 5.22.
Technische Kriterien zur Bewertung von CAD-Systemen

1. Basis-hard-ware	2. System-softwa-re	3. Graphik-periphe-rie	4. CAD-Basis-softwa-re	5. Anwen-dungs-soft-ware	6. Sup-port
10%	8%	10%	45%	17%	10%
Zentral-einheit	Betriebs-system	Ergonomie	Mensch-Maschine-Kommunika-tion	FORTRAN Graphik-fähigkeit	Dokumen-tation
70%	60%	30%	20%	10%	40%
Standard-peripherie	Hilfsfunk-tionen	Graph.-sichtgerä-te	Modell-erstellung	NC-Pro-grammie-rung	Kundenbe-treuung
30%	40%	45%	30%	60%	60%

Plotter	Modell-handhabung	Berech-nungspro-gramme
20%	35%	10%
sonstige Peripherie	Daten-haltung	Dokumenta-tionsunter-stützung
5%	15%	20%

Quelle:
Brand, H./Rubendörffer, H./Felzmann, R./Glatz, R., Qualitätsbeurteilung von CAD/CAM Systemen. Technische Nutzwertanalyse, Hamburg 1983.

Zusammenfassend wird im *CAD-Handbuch* eingeschätzt: „Die Kinderjahre des CAD, in denen CAD-Systeme nur zur Unterstützung von isolierten Konstruktionsproblemen verwandt werden konnten, sind vorbei. Die neue Generation von CAD-Systemen kennzeichnet mehr und mehr ihre Integrationsfähigkeit in vorhandene DV-Umgebungen; CAD-Konfigurationen sind die Folge. Dieses Ziel wird erreicht durch die Transparenz und die Standardisierung wichtiger Systemschnittstellen auf der Hardware- wie auf der Softwareseite.“[110]

Hiermit wird zugleich deutlich, daß die eigentlichen Effekte der *CAD*-Technik im Management um so rascher erschlossen werden, je umfassender die Integration in die gesamte Unternehmensführung erfolgt. Dieser Lernprozeß stellt hohe Anforderungen und ist seitens der Managementtheoretiker bisher offensichtlich nur unzureichend verarbeitet worden. Das widerspiegelt sich nicht zuletzt auch darin, daß beispielsweise im *Management-Lexikon* der BRD aus dem Jahre 1985 unter dem Stichwort *CAD/CAM* lediglich auf EDV in Forschung und Entwicklung verwiesen wird.[111] Die sich insgesamt eröffnenden qualitativ neuen Möglichkeiten der Rationalisierung zentraler Aufgaben des für den Konkurrenzkampf entscheidenden Innovationsmanagements durch die modernen Computer-, Informations- und Kommunikationstechniken widerspiegeln sich bisher folglich nur wenig in weiterentwickelten theoretischen Managementkonzepten.

Computer Aided Manufacturing (CAM)

Bei Aufgaben, die mit der Erzeugnis- und Materialdisposition, der Kapazitätsdisposition, der Planung, Steuerung und Qualitätssicherung der Produktion befaßt sind, rücken gleichfalls verstärkt Lösungen in den Vordergrund, die auf der Nutzung der durch die Mikroelektronik gegebenen Möglichkeiten des Computereinsatzes beruhen. Sie werden unter dem Begriff *Computer Aided Manufacturing* (rechnergestützte Produktion) zusammengefaßt.[112] Meist werden allerdings in der Literatur die integrierten Lösungen *CAD/CAM* zusammengefaßt behandelt, obwohl das nicht gerechtfertigt ist, wie die Abgrenzung der Systeme laut Abbildung 5.32. zeigt.

CAM umfaßt damit die Rechneranwendung in der Fertigung für die Bereitstellung von Fertigungssteuerungsplänen und die Automatisierung des Material- bzw. Teileflusses.

Die häufig kombinierte Benutzung der Begriffe *CAD/CAM* resultiert primär aus der angestrebten rechnerinternen Erstellung von Steuerdaten für numerisch gesteuerte Werkzeugmaschinen und die oft fließenden Grenzen zwischen Produktionsvorbereitung und Fertigung.[113]

[110] CAD-Handbuch, a. a. O., S. 75.

[111] Vgl. Management-Lexikon, hg. von F. Neske und M. Wiener, Gernsbach 1985, Bd. 1, S. 303.

[112] Vgl. Hatvany, J. (Hrsg.), World Survey of CAM, Sevenoaks 1983.

[113] Senn, H., CAD/CAM. Eine dringende Aufgabe auch für das Management, in: Industrielle Organisation (Zürich), 11/1984, S. 485.

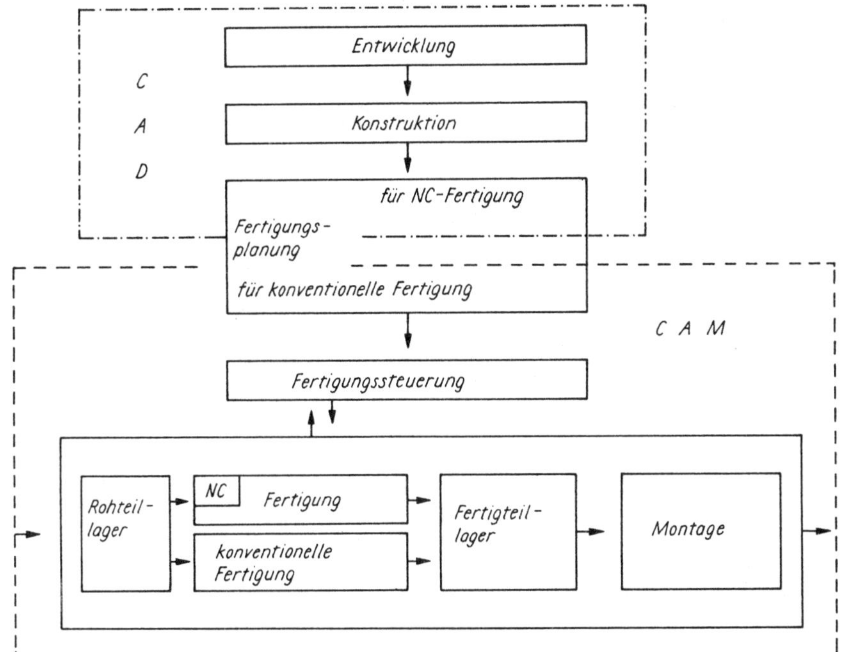

Abb. 5.32.
Abgrenzung von CAD/CAM-Systemen

Das allein berechtigt jedoch nicht dazu, die Spezifik der Aufgaben des rechnergestützten Produktionsmanagements zu unterschätzen oder *CAD/CAM* vereinfacht mit der Gesamtintegration des Computereinsatzes im Betriebsablauf gleichzusetzen, auf die weiter unten eingegangen wird.

Eigner und Maier schätzen hinsichtlich der *CAM*-Bedeutung ein: „Die Arbeitsvorbereitung ist gerade in Unternehmen mit Einzel- und Kleinserienfertigung häufig eine Engpaßstelle. Durch den verstärkten Einsatz von NC-Maschinen werden darüber hinaus erhöhte Anforderungen an die Fertigungsplanung und Fertigungssteuerung gestellt. Die integrierte fertigungsvorbereitende und fertigungsbegleitende Datenverarbeitung ist zwar als notwendig erkannt, das Software-Angebot ist dagegen überwiegend auf Insellösungen begrenzt, für die ein großer Einführungs- und Anpassungsaufwand erforderlich ist."[114] Abbildung 5.34. zeigt, wie sich die rechnergestützte *NC*-Teileprogrammierung mit und ohne *CAD*-Einsatz unterscheiden.

Die große Bedeutung der computergestützten Fertigung resultiert unmittelbar aus den qualitativen Veränderungen im Automatisierungsniveau der Produk-

[114] Eigner, M. Ch. u. a., Einführung und Anwendung von CAD-Systemen, München 1982, S. 238.

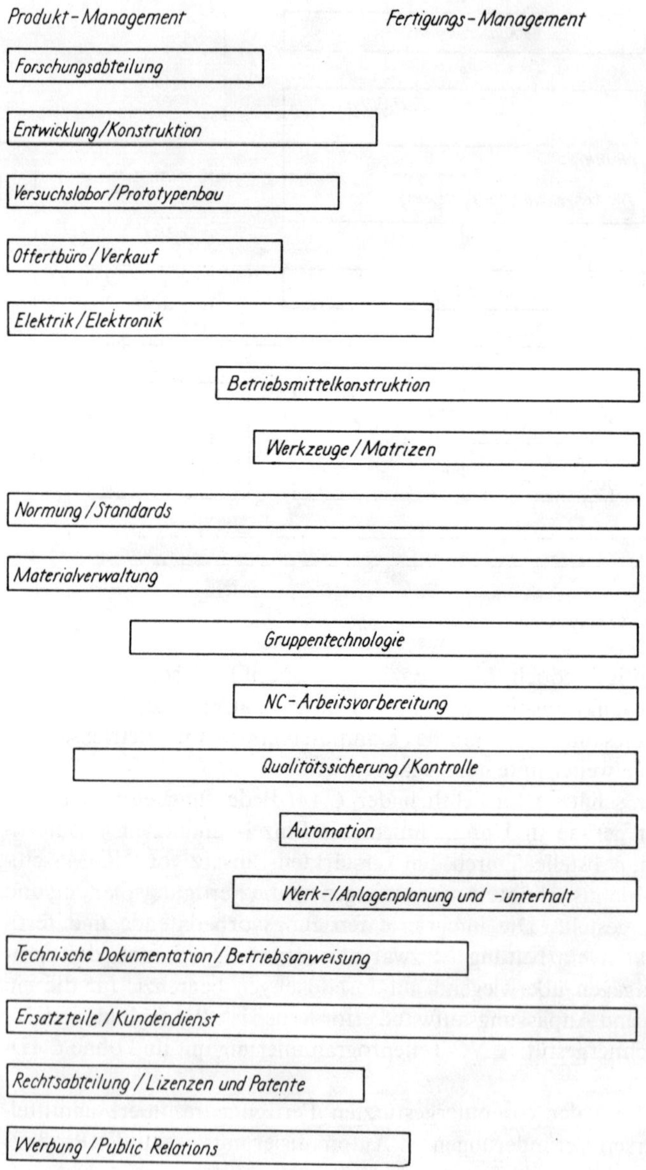

Produkt-Management | Fertigungs-Management

Forschungsabteilung

Entwicklung/Konstruktion

Versuchslabor/Prototypenbau

Offertbüro/Verkauf

Elektrik/Elektronik

Betriebsmittelkonstruktion

Werkzeuge/Matrizen

Normung/Standards

Materialverwaltung

Gruppentechnologie

NC-Arbeitsvorbereitung

Qualitätssicherung/Kontrolle

Automation

Werk-/Anlagenplanung und -unterhalt

Technische Dokumentation/Betriebsanweisung

Ersatzteile/Kundendienst

Rechtsabteilung/Lizenzen und Patente

Werbung/Public Relations

Abb. 5.33.
Aufgabenbereiche von CAD und CAM

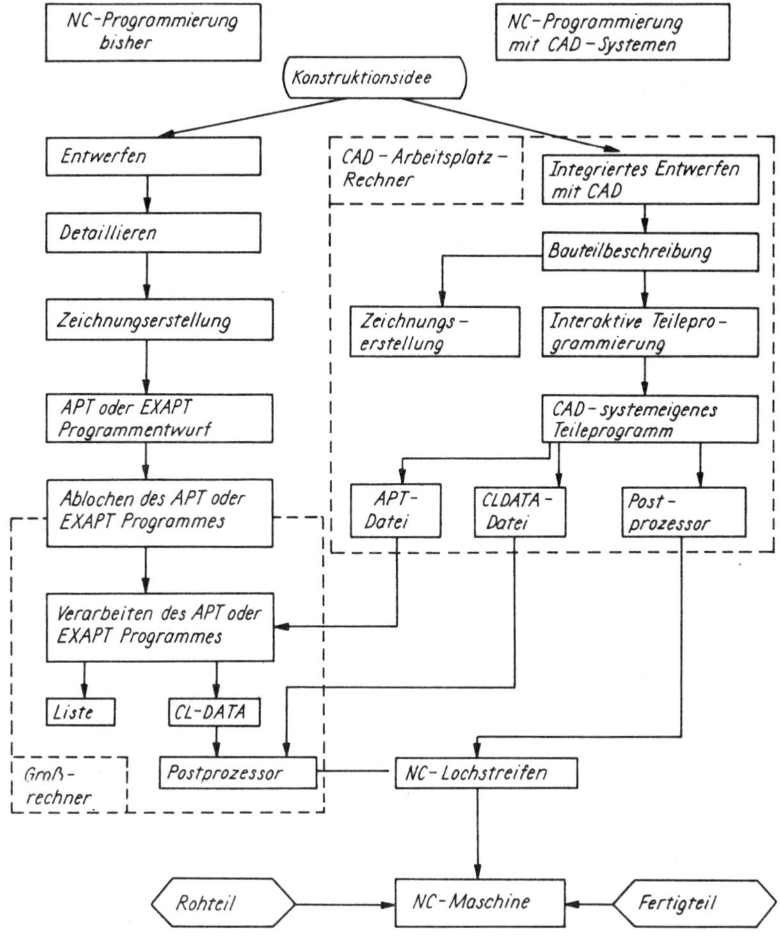

Abb. 5.34.
Vergleich rechnerunterstützter NC-Teileprogrammierung mit und ohne CAD

tion, insbesondere dem Übergang zur flexiblen Automatisierung. „Die bisherige Entwicklung zeigt, daß die flexible Automatisierung eine ‚exzeptionelle Produktionsweise' (Marx) ist. Exzeptionell bedeutet soviel wie außergewöhnlich, ausnahmsweise, von der Norm oder vom Durchschnitt abweichend."[115] Analysiert man diese „ausnahmsweise Produktivkraft" der flexiblen Automatisierung, erklärt sich ihr beschleunigtes Vordringen in allen Bereichen. „In unserer Zeit zeigt sich immer deutlicher, daß die ‚ausnahmsweise Produktivkraft' der

[115] Haustein, H.-D. u. a., Flexible Automatisierung — Aufbruch einer Schlüsseltechnologie der Zukunft, a. a. O., S. 16.

flexiblen Automatisierung si zu einer strategischen Entwicklungslinie der Produktivkräfte, die das Produktivitätswachstum im vor uns liegenden Jahrzehnt signifikant beeinflussen wird, macht."[116]

Für das Durchsetzen so wichtiger strategischer Ziele wie
— Produktvielfalt und Senkung der Durchlaufzeiten in der Fertigung,
— Produktinnovation und kundenorientierte Fertigung,
— Lieferbereitschaft und Termintreue,
— Produkt- und Servicequalität,
— Umrüstflexibilität und Gestaltungsflexibilität,
— Mengenflexibilität und Flexibilität des Produktionsablaufs sowie
— Materialflexibilität und Beherrschung der Zulieferungen
spielt der Computereinsatz eine zentrale Rolle.

Als ein besonderer Schwerpunkt des *CAM* stellt sich hierbei immer wieder das *Logistik-Management* heraus.

Logistik, verstanden als System zur Steuerung der Material- und Warenbewegungen innerhalb und außerhalb des Unternehmens, von der Beschaffung bis zur Auslieferung der Produkte an die Verbraucher wurde in den letzten Jahren von vielen führenden kapitalistischen Unternehmen regelrecht „wiederentdeckt".[117] Das hängt insbesondere mit dem neuen strategischen Gewicht zusammen, das Fragen der
— Durchlaufzeitoptimierung,
— Senkung von Umrüstzeiten und
— Erhöhung der Flexibilität, Produktivität und Qualität im Management einnehmen.

„Die Fabrik der Zukunft besteht nicht nur aus einer neuen Generation von Produktionstechnologien mit rechnergesteuerten Fertigungsprozessen und Informationssystemen unter Einfluß einer neuen ‚Maschinenintelligenz', sondern bedingt gleichermaßen die Entwicklung neuer Logistikstrukturen. Im Mittelpunkt stehen hierbei neue Technologien zur Verbesserung des Materialflusses und der Materialbereitstellung, die weitere Automatisierung von Lager- und Kommissionierbereichen sowie verbesserte Materialflußsteuerungssysteme in Hinblick auf eine Reduzierung der Bestände."[118]

Tabelle 5.23. zeigt im Überblick, welche Funktionen der Logistikbereich beispielsweise im Zulieferbetrieb erfüllen muß.

Wie die Hierarchie von Rechnerstrukturen in der innerbetrieblichen Logistik-Arbeit aufgebaut ist[119], zeigt Abbildung 5.35.

[116] Ebenda.

[117] Sharman, G., The Rediscovery of Logistics, in: Harvard Business Review (Boston), 5/1984, S. 71.

[118] Baumgarten, H., Entwicklungstendenzen technologischer Systeme in der Logistik, in: Fortschrittliche Betriebsführung und Industrial Engineering (Berlin(West)), 2/1984, S. 85.

[119] Handbuch der modernen Datenverarbeitung, Wiesbaden 1985, S. 11 (Logistik, 122).

Tabelle 5.23.
Logistikfunktionen

- Bedarfsermittlung
- Materialdisposition
- Beschaffung
- Materiallagerung
- Innerbetrieblicher Transport
- Produktionsprogrammplanung
- Fertigungssteuerung
- Distributionsstrukturplanung
- Fertigwaren — Lagerwesen
- Bestandsmanagement Fertigwaren
- Außerbetrieblicher Transport
- Auftragsabwicklung
- Materialflußplanung
- Layourplanung
- Materials Handling

Quelle:
RKW-Handbuch Logistik, Berlin (West) 1981, Abschnitt 1120, S. 4.

Daß sich die Einbettung der computergestützten Logistik in das Management keineswegs problemlos vollzieht, kann folgender Einschätzung entnommen werden: „Die zunehmende Aufmerksamkeit, welche die Logistik in der betrieblichen Führung und der Betriebswirtschaftslehre erfährt, läßt sich aus der größer werdenden Zahl der Berichte aus der Praxis, dem wachsenden Angebot an Logistik-Software für die elektronische Datenverarbeitung, der Intensität der Diskussionsbeiträge in Vortragsveranstaltungen zur Logistik und dem Angebot an Veröffentlichungen entnehmen. Die Hindernisse umfassender praktischer Planung liegen in

- den Schwierigkeiten der Datenerfassung,
- der Problematik flexibler Modellanpassung,
- dem Umfang realitätsnaher Modelle,
- den Zielkonflikten verschiedener Teilbereiche und
- der mangelnden Personenzahl mit Erfahrungen in Optimierungsverfahren

begründet.“[120]

Besondere Aufmerksamkeit widmet das Management im Rahmen der *CAM*-Technik der Kostensenkung durch Reduktion der Logistikkosten (vgl. Tabelle 5.24.) sowie die Einführung neuer rechnergestützter Fertigungssteuersysteme (vgl. Tabelle 5.25.).

[120] Bloech, J., Problembereiche der Logistik, in: Jacob, H. (Hrsg.), Logistik, Wiesbaden 1984, S. 27 (Schriften zur Unternehmensführung, 32).

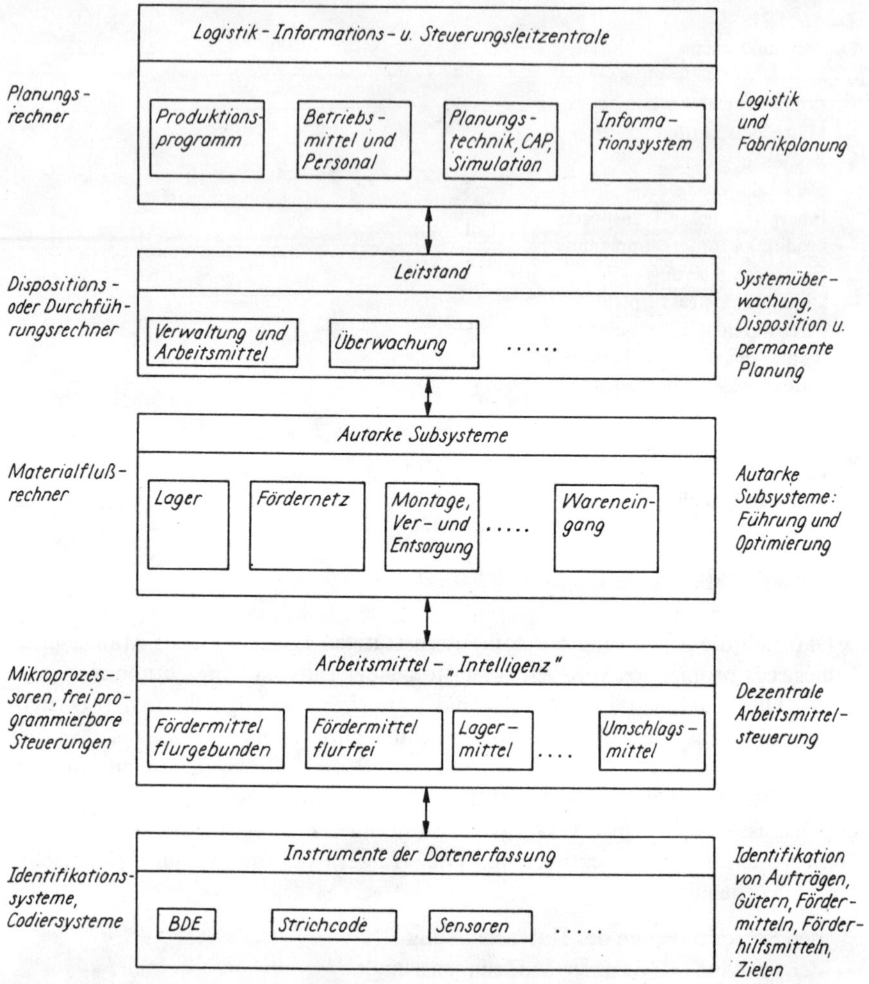

Abb. 5.35.
Hierarchie von Rechnerstrukturen in der innerbetrieblichen Logistik

Unter den neuen Fertigungssteuersystemen wird insbesondere dem japanischen *Kanban*-Steuersystem große Aufmerksamkeit geschenkt. Die wichtigsten Elemente dieses Systems sind[121]:

— Schaffung vermaschter selbststeuernder Regelkreise zwischen erzeugenden und verbrauchenden Bereichen,

[121] Vgl. Wildemann, H., Computergestütztes Produktionsmanagement, Bd. 2: Flexible Werkstattsteuerung durch Integration von Kanban-Prinzipien, München 1984, S. 33 (Computergestütztes Produktionsmanagement, 2).

Tabelle 5.24.
Checkliste für die Rationalisierung im Logistikbereich

- Welche Artikel sollen in Außenlagern und welche zentral gelagert werden? (Fly-by-Prinzip)
- Werden Reklamationen systematisch erfaßt und ausgewertet?
- Wer informiert die Produktion über Produktmängel?
- Läßt sich die Warenplacierung am point of sale durch bessere Verpackung optimieren?
- Ist die Verpackung auf logistische Einheiten abgestimmt?
- Berücksichtigt sie ggf. auch die Auslastung der eigenen oder fremden Fahrzeuge?
- Wird bei Auslieferung zeitgleich fakturiert?
- Werden Verkaufssondermaßnahmen in den Lieferpapieren, Rechnungen und übrigen kundenorientierten Belegen genügend propagiert?
- Wie früh erfährt die Produktionsplanung und Logistik von Sonderverkäufen, Aktionen, Sortimentsänderungen?
- Wie oft schlagen sich die Lager um?
- Für A-Artikel etwa 70 % vom Umsatz =
- Für B-Artikel etwa 20 % vom Umsatz =
- Für C-Artikel etwa 10 % vom Umsatz =
- Gibt es Artikel, die mehr als 6 Monate ohne Bewegung gelagert werden?
- Können diese zugekauft oder in Sonderfertigung auftragsbezogen hergestellt werden oder durch andere Artikel ohne Imageverlust ersetzt werden?
- Wer disponiert Ihren Verbrauch und Bedarf?
- Lassen sich die Einkaufs- und Fertigungsvorgänge durch Artikelbereinigung, einfachere Bestellverfahren und A-B-C-Unterteilung bei der Behandlung vereinfachen und reduzieren?
- Welche Kennzahlen zur Beurteilung der Versorgungssysteme liegen vor?
- Wie kann die Auftragsabwicklung bei C-Kunden ertragsorientiert verbessert werden?
- Wie oft wird die Absatzplanung aktualisiert?
- Berücksichtigt sie die regionale Verteilung zur Transportplanung?
- Wie oft stimmen sich Produktion, Logistik und Vertrieb ab?
- Wer ist für die Kapitalzinsen auf Vorräte verantwortlich?
- Wer kontrolliert die prognostizierten Absatzzahlen?
- Wie unterstützt der Innendienst den Verkauf beim Kundengespräch?
- Wie kann die EDV eigenen Kunden Unterstützung bieten z. B. für Sonderauswertungen, Inventuren, im Datenträgeraustausch?
- Welche externe EDV-Unterstützung kann spezielle Probleme besser lösen?
- Stimmt der Warenfluß?
- Erfolgt in allen Fällen der Informationsfluß vor dem Warenfluß?
- Ab wann soll optimiert werden?

Quelle:
Gruhn, G., Wieviel darf die „Servicefunktion" des Lagers kosten? in: Industrielle Organisation (Zürich), 5/1984, S. 242.

Tabelle 5.25.
Verbreitete Standardsoftware-Systeme zur Produktionsplanung- und -steuerung

COPICS	(Communications oriented Production and Control System) der IBM GmbH in der BRD
ISI	(Industrielles Steuerungs- und Informationssystem) der Siemens AG
UNIS	(Univac — Industrie — System) der Sperry Univac
MICS-TD	(Manufacturing Information and Control System — Transaction Driven) der Honeywell-Bull AG
FEROS	(Fertigungsorientiertes modulares Auskunfts- und Terminalsystem) der Markwart Polzer Organisation und Datenverarbeitung GmbH
PS-System	(Produktions-Steuerungs-System) der PS-Systemtechnik GmbH Bremen

Quelle:
Schleer, A. W., Stand und Trends der computergestützten Produktionsplanung und -steuerung in der BRD, in: Zeitschrift für Betriebswirtschaft (Wiesbaden), 2/1983, S. 139.

— Implementierung des Hol-Prinzips für die jeweils nachfolgende Verbrauchsstufe,
— ein flexibler Personal- und Betriebsmitteleinsatz,
— die Übertragung der kurzfristigen Steuerung an die ausführenden Mitarbeiter mit Hilfe eines
— speziellen Informationsträgers, der *Kanban*-Karte.

Ziel des *Kanban*-Systems ist es, auf allen Fertigungsstufen eine „Produktion auf Abruf" (*Just-in-Time-Production*) zu erreichen, um damit den Materialbestand zu reduzieren und eine hohe Termineinhaltung zu gewährleisten.

Beim Einsatz des *Kanban*-Systems wird eine Stückkostenreduzierung durch
— eine Steigerung der Arbeitsproduktivität,
— eine hohe Transparenz des betrieblichen Ablaufs und
— eine Steigerung der Qualitätssicherheit

angestrebt.

Für den reibungslosen, mit geringen Beständen und kurzen Durchlaufzeiten, insbesondere auch durch minimale Umrüstzeiten, funktionierenden Ablauf der Produktion sind auch im *Kanban*-System generelle organisatorische Regelungen zu beachten. Sie lauten:
— Der Verbraucher darf nie
  - mehr Material als benötigt anfordern,
  - vorzeitig Material anfordern.
— Der Erzeuger darf nie
  - mehr Teile als angefordert herstellen,
  - Teile vor Eingang der Bestellung erzeugen,
  - fehlerhafte Erzeugnisse abliefern.
— Der Steuerer soll
  - für eine gleichmäßige Aus- und Belastung der einzelnen Produktionsbereiche sorgen und

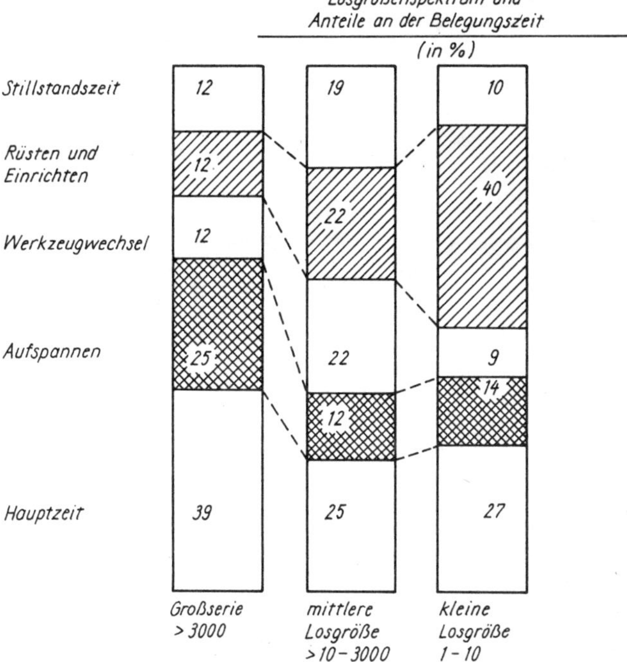

Abb. 5.36.
Losgrößenspektrum und Anteile an der Belegungszeit

- eine adäquate — möglichst geringe — Anzahl von *Kanban*-Karten in die Regelkreise einschleusen.

Da das Holprinzip mit möglichst einfachen organisatorischen Mitteln verwirklicht werden sollte, stellen die *Kanbans* (deutsch etwa „Karte" oder „Schild") den wichtigsten Informationsträger im System dar, und so gesehen keine direkte rechnergestützte Fertigungssteuerung. Deshalb wird an dieser Stelle nicht weiter auf diese spezifische japanische Managementtechnik eingegangen.[122] Aber zu diesem Weg der Durchlaufzeitreduzierung werden auch parallele Wege empfohlen, wie zum Beispiel[123]:

— möglichst wenig Stufen in der Erzeugnisgliederung;
— möglichst wenig Arbeitsgänge der Werkstücke an verschiedenen Arbeitsplätzen;

[122] Ausführlicher siehe: Hartmann, W. D./Stock, W. J., Japans Wege in den Weltmarkt, Innovations- und Managementstrategien japanischer Konzerne, a. a. O., S. 164ff.

[123] Wiendahl, H. P., Reduzierung von Durchlaufzeiten in der Produktion, in: Industrielle Organisation (Zürich), 9/1984, S. 391.

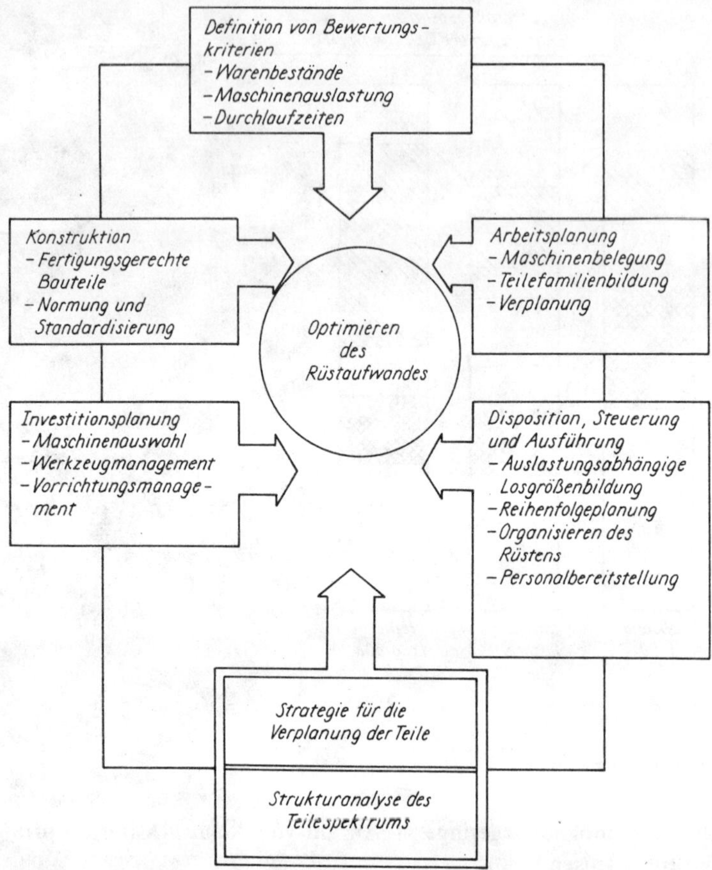

Abb. 5.37.
Konzepte zur Optimierung des Rüstaufwandes von Maschinen und Ausrüstungen

— möglichst kleine Lose, um die Liegezeiten der Werkstücke innerhalb der Bearbeitungszeiten zu verringern;
— möglichst niedrige Bestände, damit kleine Werksvorräte vor den Bearbeitungsstationen und so kurze Lieferzeiten entstehen.

Besondere Bedeutung wird dabei auch der Optimierung des Rüstaufwandes in Abhängigkeit von der Losgröße geschenkt. Abbildung 5.36. zeigt, wie sich die verschiedenen Anteile der Belegungszeit bei drei Losgrößengruppen verhalten.[124] Welche Konzepte zur Optimierung des Rüstaufwandes von Maschinen empfohlen werden, kann Abbildung 5.37. entnommen werden.[125]

[124] Vgl. Wildemann, H., Computergestütztes Produktionsmanagement, Bd. 2: Flexible Werkstattsteuerung durch Integration von Kanban-Prinzipien, a. a. O., S. 263.
[125] Ebenda, S. 264.

Zusammenfassend heißt es zu den Vorteilen der Rüstzeitoptimierung: „Betrachtet man den Rüstaufwand als Optimierungsziel im Rahmen einer durchlauforientierten Fertigung, so sind Potentiale zur nachhaltigen Kostensenkung vorhanden, die häufig ein Mehrfaches des möglichen Zusatzaufwandes an realen Rüstkosten ausmachen — diese Feststellung gilt für viele Fertigungsstrukturen auch dann, wenn keine nennenswerten Investitionsbudgets zur Verfügung stehen."[126]

Insgesamt ist einzuschätzen, daß besonders die japanischen Erfolge im computergestützten Produktionsmanagement erheblich dazu beitragen, daß der *CAM*-Technik weltweit noch größere Aufmerksamkeit geschenkt wird. Unter kapitalistischer Regie erhöht die damit angestrebte Robotisierung und Vergrößerung des Automatisierungsniveaus zweifellos den Druck auf die Arbeitsintensität derjenigen, die noch beschäftigt werden.

Computer Aided Quality (CAQ)

Die computergestützte Qualitätssteuerung (*CAQ*) entwickelt sich mit dem allgemein verstärkten Rechnereinsatz zu einem neuen Schwerpunkt im Management. Peters und Austin sehen in kundenorientierter Innovation und im von *allen* Mitarbeitern getragenen Streben nach regelrechter Qualitätsleidenschaft die entscheidenden Schlüssel für ein erfolgreiches Bestehen im internationalen Konkurrenzkampf.[127] Qualität wird in vielen Konzernen als wichtiger angesehen als niedrige Kosten. Ziel sollte sein, das bestmögliche Produkt herzustellen mit bestmöglichem Service und so durch größeren Kundenzuspruch von größeren Produktionsmaßstäben (*Economies of Scale*) zu profitieren. Das Qualitätsmanagement zielt dabei keineswegs primär auf technische Überwachung und Kontrolle, wie manchmal fälschlicherweise vermutet wird. Vielmehr geht es beim *CAQ* zunächst und primär um eine durchgängige Erziehung zu höchster Qualitätsarbeit mit jedem Arbeitsgang.

Qualitätsmanagement in diesem Sinne geht immer davon aus, daß Qualität letztendlich von Menschen geschaffen und geradezu „hingebungsvoll" bei *jedem* Arbeitsgang zu sichern ist, beginnend beim Posteingang und endend beim Transportarbeiter.[128] Abbildung 5.38. zeigt, wie die so verstandenen verschiedenen Aufgaben der Qualitätssicherung zusammenhängen.[129]

Bereits seit längerer Zeit werden verschiedene Konzepte der Qualitätssicherung unter Rechnereinsatz angewendet. Ein Beispiel dafür stellt das *Volvo*-Werk in

[126] Ebenda, S. 266.

[127] Vgl. Peters, T./Austin, N., A Passion for Excellence. The Leadership Difference, New York 1985.

[128] Vgl. Masing, W., Handbuch der Qualitätssicherung, München—Wien 1980.

[129] Seghezzi, H. D., Eine integrierte Qualitätssicherung ist Bestandteil der Unternehmensführung, in: Industrielle Organisation (Zürich), 4/1982, S. 159.

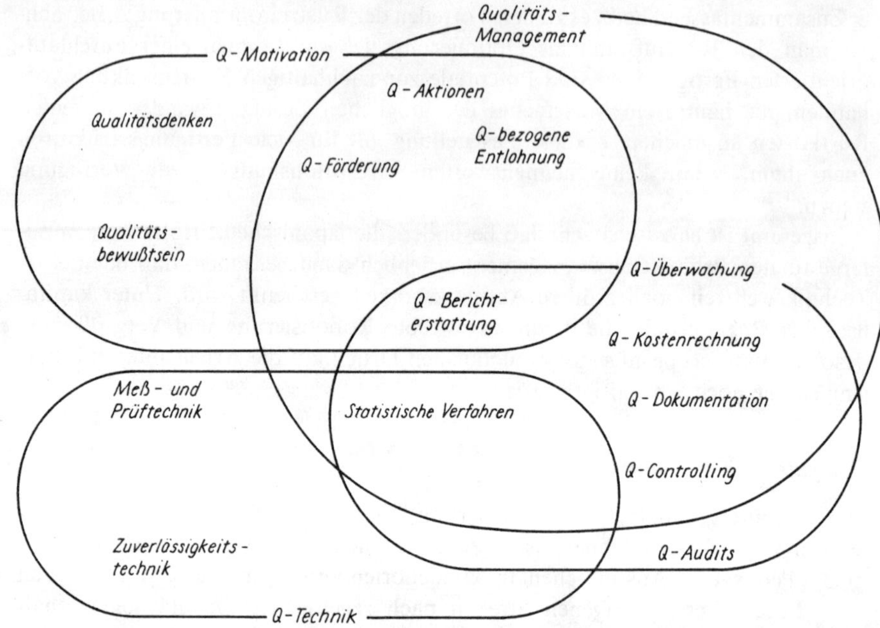

Abb. 5.38.
Hauptgebiete und Methoden der Qualitätssicherung

Kalmar dar. In Kalmar überwachen und steuern insgesamt fünf Prozeßrechner im Dialogverkehr die Qualitätsproduktion.[130] Hierbei gesammelte Erfahrungen werden als so bedeutend eingeschätzt, daß sie für künftig zu planende Werke wegweisend sein können. In 25 Arbeitsgruppen von je 15 bis 25 Mitarbeitern wird die Verantwortung für bestimmte Arbeitsgebiete, wie Innenausrüstung, elektrische Anlage usw., gruppenweise wahrgenommen, wobei als wichtigste Neuerung das Fließband durch batteriegetriebene Transport- und Arbeitsplattformen mit universellem Fahrvermögen und Computersteuerung ersetzt wurde. Die induktionsgesteuerten Arbeits- und Montageplattformen („Robocarrier") werden durch Prozeßrechner gesteuert, und zwar so, daß den Werkstätten detaillierte Produktionsinformationen über den Bewegungsablauf der „Robocarrier" im ganzen Betrieb zur Verfügung stehen. Der Rechner programmiert und überprüft nicht nur den Weg der „Robocarrier", er überwacht auch ständig die Ladung ihrer Batterien, erfaßt sämtliche Störungen und sichert die vorbeugende Instandhaltung. Darüber hinaus wurden Qualitätskontrollrechner installiert. Gegenüber der Checklisten-Qualitätskontrolle am Fließband, die nur sehr wenige Punkte pro Kontrolle betrifft, und in der Regel stets die

130 Vgl. Erfahrungsbericht über Volvo-Kalmar, in: Industrielle Organisation (Zürich), 1/1975, S. 3ff.

gleichen, werden bei dem Kalmar-Konzept aus einer Auswahl von 3000 Prüfungspunkten durch den Rechner nach Zufallsgesichtspunkten 20 Tests ausgewählt. Der Kontrolleur meldet die Testresultate über Bildschirm zurück, und der Rechner entscheidet, ob noch mehr Punkte kontrolliert werden sollen oder ob der Wagen zur nächsten Gruppe transportiert werden kann. Bei auftauchenden Fehlern sichert das System, daß die betreffende Arbeitsgruppe, die Eingangskontrolle und die Qualitätsverantwortlichen sofort informiert werden. Der Rechner entscheidet ferner, ob die Kontrollintensität zu erhöhen ist. Durch dieses dynamische „selbstlernende" System, so wird eingeschätzt, lassen sich über 85 Prozent der Montage- oder Produktionsfehler feststellen, ferner werden für das Management und die Belegschaft Statistiken über die zehn häufigsten Defekte pro Tag oder über die tägliche Arbeitsqualität der einzelnen Gruppen erstellt. Die gespeicherten, jederzeit verfügbaren Qualitätswerte können ständig mit anderen Werten sowie Marktinformationen verglichen werden. Jeder Arbeitsgruppe ist ein Steuerschrank zugeordnet, der es ermöglicht, die Anlage auch halbautomatisch zu steuern. Bildschirm und Printterminals verbinden die Gruppen online mit dem Rechnersystem.

Mit Einsatz der *CAQ*-Technik und der verstärkten Motivation der Mitarbeiter zu Qualitätsarbeit ist ein deutlicher Wandel der Strategien der Qualitätsverbesserung verknüpft.

Die ursprüngliche Strategie bestand darin, die Qualitätskontrolle auf Ebene der unmittelbar produzierenden Bereiche auszubauen, um Qualitätsmängel aller Art festzustellen. So galt lange Zeit die Stichprobenkontrolle als geeignetes Mittel zur Erreichung einer höheren Qualitätsproduktion. Aber auch mit den *Zero-Defect-Programmen* (Null-Fehler-Programmen) wurde keine grundlegende Verbesserung der Erzeugnisqualität erreicht. Es wuchs die Erkenntnis, daß die Qualität im F/E-Bereich, in der Planung und dann erst an der Maschine erzeugt wird und keinesfalls lediglich „hineinkontrolliert" werden kann. Die daraus abgeleitete neue Strategie, die etwa seit den 60er Jahren dominiert, besteht in der vorbeugenden Verhütung von Ausschuß, wozu die Kräfte auf qualitätsgerechte technologische Durcharbeitung der Projekte und die optimale Gewährleistung einer zuverlässigen Produktionsdurchführung konzentriert wurden.

Dabei wird besonders der Planung und Entwicklung der Qualität hohe Bedeutung beigemessen. Fragen der Zuverlässigkeit gewannen immer stärkeres Gewicht, gleichzeitig avancierte der Ingenieur für Qualitätskontrolle zu einer bedeutenden Persönlichkeit in kapitalistischen Firmen. Bereits im Rahmen dieser strategischen Neuorientierung wurden Programme der fehlerfreien Produktionsdurchführung erarbeitet, die alle Bereiche zur aktiven Mitarbeit an der Qualitätssicherung zwangen. Parallel dazu wurde in den meisten kapitalistischen Konzernen eine spezielle Abteilung zur Qualitätssicherung eingeführt.

In der gegenwärtigen Strategie, die mit den 70er Jahren einsetzte, stehen neue Fragen der Qualitätsleitung und der Qualitätsökonomie im Zentrum der Aufmerksamkeit. Während Null-Fehler-Programme sich meist nur auf die menschlich bedingten Fehler beziehen, gehen gegenwärtig praktizierte, sogenannte Programme der Arbeitsstrukturierung und Qualitätsförderung einen Schritt weiter. Ihr Vorteil liegt in der systematischen Berücksichtigung sachbezogener und situationsbezogener Fehlerquellen. Bereits Ende der 60er Jahre wurde in den USA die integrierte Qualitätsregelung (*Integrated Quality Control*) erarbeitet. Ihr Ziel ist es, alle Maßnahmen, die die Qualität und Zuverlässigkeit eines Erzeugnisses bestimmen, zusammenzufassen. Dabei wird die Erzeugnisqualität nicht nur aus prüftechnischer Sicht analysiert, sondern auch im Hinblick auf die Planung, Konstruktion, Fertigung und den Vertrieb. Ziel ist es, alle anfallenden Qualitätsdaten quantitativ zu erfassen und mit Hilfe von Datenverarbeitungsanlagen zu verarbeiten und leitungsgerecht aufzubereiten bzw. eine rechnergesteuerte Optimierung von Produktionsprozessen zu erreichen. Bedingung für die Qualitätssteuerung über Computer ist das Erstellen eines spezifischen Prüfplanes für jeden Auftrag. In Erweiterung zur bisher eingesetzten Fertigungssteuerung werden beim Bearbeitungsdurchlauf der Teile nicht nur Einzelwerte mit Sollwerten verglichen und Ergebnisse zu Regelzwecken zurückgemeldet, sondern eine Teilbearbeitung sofort für Verteilungsrechnungen und Qualitätsoptimierungen zur Verfügung gestellt. Eine numerische oder graphische Darstellung der Ergebnisse kann bei den Systemen der integrierten Qualitätsregelung auf Datensichtgeräten abgerufen werden. Danach erfolgt die Entscheidung für die weitere Bearbeitung zur vorher bestimmten Endqualität. Die früher während des Fertigungsprozesses meist empirisch getroffenen Entscheidungen werden also objektiviert durch die Verarbeitung rechnergemessener Qualitätsparameter. Die Ziele eines solchen integrierten Qualitätsregelsystems bestehen u. a. in

- der umfassenden und schnellen Information der Manager über Fertigungs- und Erzeugnisqualität;
- der schnelleren Anpassung der Standard-Prüfvorschriften an temporär wechselnde Qualitätsvorschriften auf Grund von Reklamationen oder Fertigungsschwierigkeiten;
- der Verbesserung der Kontroll-Aufwands-Erfassung zur Rationalisierung des Prüfpersonaleinsatzes und zum Erstellen aufwandsgerechter Kalkulationsdaten und
- der Erhöhung der Erzeugnisqualität durch rechtzeitige und permanente Erfassung der Fertigungsqualität und deren schnelle Auswertung, je nachdem in Echtzeit, periodisch oder als Abrufprotokollierung für Entscheidungshilfen.

In den 70er Jahren vollzog sich dementsprechend auch eine Neubewertung der vorbeugenden Qualitätssicherung sowie der Vervollkommnung des Systems der Leitung der Qualität. Die Erfahrungen vieler Firmen haben bestätigt, daß die dafür erforderlichen Aufwendungen nicht allein schnell amortisiert werden, sondern daß darüber hinaus jeder Dollar zur Vervollkommnung der vorbeugenden Qualitätssicherung und ihrer Leitung schätzungsweise eine Senkung des

Verlustes durch Ausschußkosten um 10 Dollar gewährleistet. Ferner kann durch weniger Ausschuß und geringere Nacharbeit die Produktion ohne Kapazitätserweiterungen oder Rationalisierungsmaßnahmen um 5 bis 8 Prozent gesteigert werden und wird die Konkurrenzfähigkeit durch höhere Qualität und Zuverlässigkeit maßgeblich gefördert.

Tabelle 5.26. zeigt, welchen Methoden der Qualitätssicherung als „Gruppenstrategie" besondere Bedeutung beigemessen wird.

Wertet man diese Anstrengungen des Kapitals zur Qualitätssicherung aus marxistischer Sicht, wird klar, daß nicht die Qualitätssicherung oder die Erhöhung der Qualität gemäß den Bedürfnissen im Mittelpunkt steht, sondern stets eine profitorientierte Qualitätsstrategie. So haben viele Konzerne bereits zu Beginn einer internationalen Preiskonkurrenz im Sinne „ruinöser" Preisunterbietungen erkannt, daß der Verzicht auf Monopolpreise die Existenz des Monopols selbst gefährdet. Ständige konkurrierende Preisunterbietung birgt stets die Gefahr des Verlusts an Monopolprofiten in sich und schließt den Verlust der Monopolstellung selbst nicht aus. Angesichts dieser Gefahren ist der Übergang zu einer verstärkten Qualitätskonkurrenz zwangsläufig notwendig, zumal bei hohen Qualitätsstandards monopolisierte Preise leichter zu rechtfertigen sind als bei wenig zuverlässigen und gegenüber der Konkurrenz gebrauchswertmäßig schlechteren Produkten, Verfahren oder Dienstleistungen. Besonders die großen Konzerne und multinationalen Gesellschaften neigen daher dazu, den Qualitätspegel konstant zu halten. Standardisierung der Qualitätsparameter auf hohem Niveau sichert sowohl vor Überraschungen von Marktaußenseitern als auch ebenbürtiger Konkurrenz. So gesehen führt der Kampf um Maximalprofite zu einem bemerkenswerten Widerspruch in der Durchsetzung des technischen Fortschritts: Sicherung und Gewährleistung hoher Qualitätsansprüche durch technischen Fortschritt auf der einen Seite und Abbau Qualitätsstandard gefährdender Innovationskonkurrenz auf der anderen Seite.

Um vor „Überraschungen" in qualitativer Hinsicht durch neue Erzeugnisse bzw. Verfahren bewahrt zu bleiben, ist den kapitalistischen Konzernen jedes Mittel recht, wie

- umfassende „Forschung auf Halde", zum Zwecke des Aufbaus von Sperrpatenten, die einerseits der Konkurrenz den Weg zu gleichartigen Qualitätsstandards verbarrikadieren, andererseits aus Gründen des fehlenden Konkurrenzzwanges und auf Grund der beherrschenden Marktmacht häufig lange Zeit nicht in die Produktion eingeführt zu werden brauchen;
- Aufbau von Normen- oder Typenkartellen zur Qualitätssicherung bzw. der *Interface* (Schrittstellen) bzw. Vorgaben für periphere Anbieter, zum Beispiel von Datentechnik;
- Bildung von Preiskartellen in Kopplung mit häufig noch viel zu wenig kritisch analysierten Qualitätskartellen zur Qualitätsmanipulierung.

Die monopolisierte Unternehmensgröße und daraus resultierende Marktmacht sind daher äußerst wirksame Instrumente zu einer geschickt getarnten Drosse-

Tabelle 5.26.
Gruppenstrategien zur Qualitätssicherung

Gruppenstrategie	Methode	Ziele	Unternehmen
Fehlerquellen-hinweis	Meldung von Störfaktoren oder Fehlerquellen durch die Mitarbeiter, zeitlich begrenzte Aktion	Beseitigung von qualitativen Schwachstellen am Produkt	typisch für die meisten Konzerne
Null-Fehler-Programm	Extern ausgelöste, motivationsfördernde Maßnahmen; Schulung und Motivation der Mitarbeiter	Mitarbeiter zur Eigenverantwortlichkeit für Arbeits- und Produktqualität zu „erziehen", Vermeidung von Qualitätsabweichungen	zum Beispiel SEL und AEG in der BRD
Problemlösungsgruppe (Quality Circle)	Mitarbeitergruppe (3—15 Personen) eines Arbeitsbereiches zur Problembearbeitung	Problem-Identifikation Problemanalyse Problemlösung	japanische Konzerne und US-Konzerne
Werkstattzirkel	Vorstrukturierte Problemlösungsgruppen; Themen vom Management und Betriebsrat bestimmt; Beschränkung auf best. Anzahl Sitzg.	Steigerung der Effektivität u. Produktivität; Verbesserung der Arbeitsbedingungen; Verbesserung der Qualität	zum Beispiel VW, Bosch — Siemens
Lernstattzentrum	Organisation einer Lerngruppe; 10 Mitglieder treffen sich alle 14 Tage 1 Std. während d. Arbeitszeit; eigene Themenauswahl	Austausch betrieblicher Erfahrungen, Erweiterung des Wissens über betriebliche Zusammenhänge, Förderung der Kommunikation	zum Beispiel BMW Hoechst Hannen Brauerei MAN Bosch — Siemens

Quelle:
Wildemann, H., Computergestütztes Produktionsmanagement durch Integration von KANBAN-Prinzipien, München 1984, S. 56.

lung des Preis- und Qualitätswettbewerbs, solange dadurch die Verwertungsinteressen nicht geschmälert werden. Auf hohem Niveau kann der Qualitätsfortschritt monopolisiert beherrscht werden und wird adäquat im Rahmen der kapitalistischen Innovationspolitik gehandhabt, woran auch neuere staatliche Regulierungsversuche nichts ändern.

Der kapitalistische Staat fördert bisher durch sogenannte marktneutrale, wettbewerbsneutrale und damit strukturerhaltende Innovationshilfen den Konkurrenzvorteil der Großen und verhindert echte Qualitätskonkurrenz durch Neuheiten aus Klein- und Mittelbetrieben, wie selbst bürgerliche Theoretiker gezwungen sind einzugestehen. Die jüngsten Maßnahmen zur Belebung der Qualitätskonkurrenz konzentrieren sich daher auf staatlicher Ebene im Kapitalismus auf

- die institutionelle Programmförderung für Innovationen und Qualitätsverbesserungen,
- das allgemeine Anreizsystem für den Qualitätswettbewerb (Steuersenkungen),
- die Beteiligungsfinanzierung zur Risikominderung bzw.
- die Projektträgerschaft durch staatlich finanzierte F/E-Einrichtungen.

Die Aktivitäten auf Unternehmensebene konzentrieren sich auf die Verbesserung der Leitung und rationelle Realisierung der Qualitätsproduktion. Das kapitalistische Management geht bei der Sicherung eines bestimmten Qualitätsstandards davon aus, daß in allen Aktivitäten des Unternehmens qualitätsbezogene Aufgaben anfallen. Neben der Schaffung von speziellen Abteilungen der Qualitätssicherung, deren Aufbau in Abbildung 5.39. dargestellt ist, werden in der Regel die anfallenden qualitätsbezogenen Aufgaben folgendermaßen zugeordnet[131].

Der Bereich der Unternehmensleitung hat die Vorgabe qualitätsbezogener Zielstellungen, die Planung der Qualität im Rahmen der unternehmerischen Zielsetzung und die Überprüfung der qualitätsbezogenen Leistungen der Unternehmensbereiche zu sichern. Hauptsächlich geht es darum, die einzelnen, oft unkoordinierten Aktivitäten jedes Unternehmensbereiches zusammenfassen und zu höherer Wirksamkeit zu führen. Qualitätssicherungssysteme der Unternehmen gliedern sich allgemein in folgende Aufgaben:

- Bewertung der notwendigen und ausreichenden Produktqualität vor der Serienfertigung,
- Qualitätsplanung für Erzeugnisse und Verfahren,
- Qualitätsplanung und Prüfung von Material- und Zulieferungen,
- Prüfung von Erzeugnissen und Verfahren während der Serienfertigung,
- Besondere qualitätsbezogene Untersuchungen anhand von Schwerpunkten der Qualitätsverbesserung,
- Datenverdichtung und Informationsrückkopplung,

[131] Organisation der Qualitätssicherung in Unternehmen, hg. von der Deutschen Gesellschaft für Qualität, Teil I: Aufbauorganisation, Frankfurt/M. 1976, S. 36.

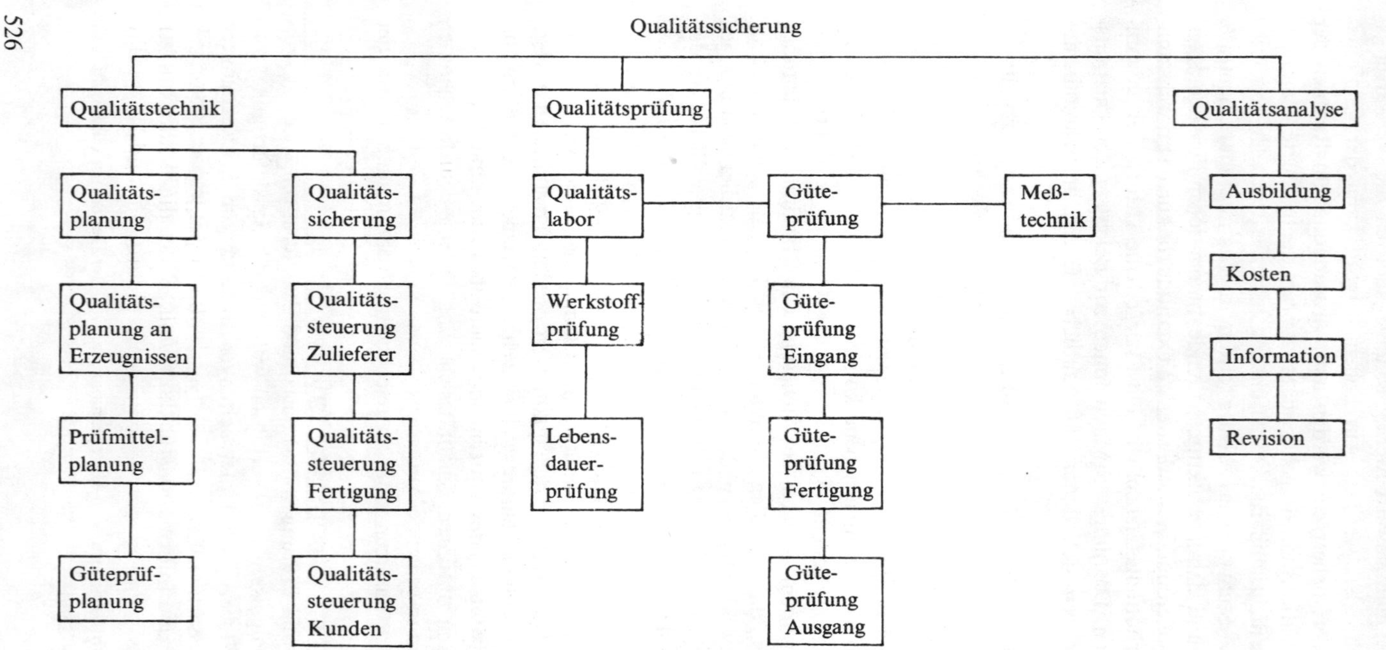

Abb. 5.39.
Qualitätssichernde Bereiche im Unternehmen

— Bereitstellung geeigneter Meß- und Prüfgeräte,
— Aus- und Weiterbildung der Mitarbeiter,
— Qualitätsbezogene Tätigkeiten nach der Fertigung und
— Leitung und Organisation der Qualitätssicherung.

Ferner wird festgelegt, wer für die Durchführung verantwortlich ist, wer mitwirkt und wer über die Ergebnisse informiert werden muß.[132]

Die Forschungs- und Entwicklungsabteilungen kapitalistischer Firmen befassen sich bereits in der Grundlagenforschung mit der Erarbeitung von Konzeptionen zur Qualitätserhöhung. Speziell bei der Produktentwicklung erfolgt eine Orientierung der Qualitätsparameter an den Markterfordernissen. In den Versuchs- und Laborabteilungen werden die Produktkonzeptionen bezüglich Qualität und Zuverlässigkeit überprüft. Durch die Werksnormung erfolgt die Gewährleistung der Austauschbarkeit einzelner Baugruppen bei Veränderung der Produkte, und es werden Betriebsanweisungen unter Berücksichtigung qualitätsbestimmender Einflüsse und Auswirkungen erstellt.

Die Fertigungsplanung hat hinsichtlich der zu erreichenden Qualität die Planung und Auswahl von Verfahren und Methoden zur Herstellung und Einhaltung der festgelegten Parameter der Produkte sowie die Anzahl und den Einsatz der optimal zur qualitätsgerechten Produktion notwendigen Mittel und Arbeitskräfte unter Berücksichtigung des notwendigen zeitlichen Ablaufs und möglichst geringer Kosten zur Aufgabe. Der eigentlichen Fertigung kommt die ständige computergestützte Überwachung der Produkte, Produktionsprozesse und Produktionseinflußfaktoren zur Sicherung der Erzeugnisqualität zu. Für den innerbetrieblichen Transport und die Lagerung werden gesonderte Anweisungen zur Erhaltung der Qualität der Rohstoffe, Zwischen- und Endprodukte erarbeitet. Über die Abteilung Materialwirtschaft wird die qualitätsorientierte Auswahl der Zulieferer unter Beachtung möglicher Folgekosten abgewickelt. Der Auswahl von Anlagen unter Berücksichtigung aller zu fertigenden Produkte und vorhandenen Grundmittel kommt beim Technologiekauf besondere Bedeutung zu. Bemerkenswert ist, in welch umfassendem Maße die Marketing-Abteilungen der Konzerne an der Erarbeitung von Qualitätsstrategien beteiligt sind. Über die Marktforschung werden Bedarf und Nachfrage nach bestimmten Anforderungen an Produkten und Dienstleistungen ebenso wie die Qualitätsparameter von Konkurrenzprodukten auf verschiedenen Märkten ermittelt. Dann erfolgt die Ausarbeitung von notwendigen Qualitätskriterien, die sich aus marktstrategischen und profitorientierten Gesichtspunkten ergeben. Für neue oder bereits vorhandene Produkte wird eine aus absatzstrategischer Sicht und die Unternehmensmöglichkeiten berücksichtigende „optimale" Qualität konzipiert, die dann von den F/E-Abteilungen zu realisieren sind. In den Absatzabteilungen der Konzerne werden z. B. psychologische Produktteste durchgeführt, die die Auswirkungen kleinster Unterschiede in Form, Verpackung, Farbe, Schriftbild und Klang des

[132] Vgl. ebenda, S. 17.

Namens ein und desselben Produkts auf die Kaufentscheidung untersuchen. Durch gezielte Werbekampagnen werden Bedürfnisse auf angeblich qualitativ verbesserte Erzeugnisse, die im Prinzip jedoch keinen substantiellen Qualitätsunterschied besitzen, geweckt. Echte Qualitätsverbesserungen werden forciert durchgeführt, soweit sie im Konkurrenzkampf erzwungen werden oder wesentliche Extraprofite versprechen. Neben der Planung und Sicherung der Erzeugnisqualität in der unmittelbaren Produktion kommt dem Kundendienst und dem Service große Bedeutung zu, insbesondere zur schnellstmöglichen Behebung von Reklamationen und Fehlern aller Art. Dazu erfolgt seitens der Hersteller auch eine aktive Beratung des Anwenders oder Verbrauchers während der Nutzung des Produkts. Dabei werden gleichzeitig mit geringem Zeit- und Informationsverlust alle anfallenden Schwachstellen am Produkt beseitigt und Rückmeldungen an die Fehlerverursacher zur Ursachenbeseitigung gegeben. Reklamationen oder innerbetrieblich erkannte Fehler werden in den Qualitätssicherungsabteilungen analysiert. Dabei erfolgt eine Einteilung der aufgetretenen Fehler hinsichtlich ihres Einflusses auf die Erzeugnisqualität und die mit Qualitätsminderungen bzw. Ansehenseinbußen verbundenen Verluste bzw. Kostensteigerungen.

Wichtige Kenngrößen, die systematisch oft mittels Computern erfaßt bzw. gespeichert werden, sind hierbei:

— der Ort der Feststellung von Fehlern,
— die Möglichkeit der Beseitigung,
— die Häufigkeit des Auftretens,
— die Reaktion des Kunden,
— die Kosten des fehlerhaften Teils, der Baugruppe usw.
— der für die Fehlerbeseitigung erforderliche Lohnaufwand im Verhältnis zum Wert des Erzeugnisses.

Entsprechend der Bewertung der Fehler erfolgt eine qualitätsbezogene Entlohnung der Arbeitskräfte, die auch größere Abzüge vom Durchschnittslohn zuläßt und bei mehrmaligem Auftreten schwerer Fehler die Entlassung zur Folge hat. Auf Grund des großen Arbeitslosenheeres ist eine solche Verfahrensweise besonders gegenwärtig ein beliebtes Druckmittel. Die große Intensität der Arbeit und die ständig erforderliche angespannte Aufmerksamkeit führen dabei auch nicht selten zu Arbeitsunfällen und zum sprunghaften Anwachsen der Berufskrankheiten.

Ein besonders in den letzten Jahren viel diskutierter Weg zur Einbeziehung breitester Beschäftigtenkreise in die Aufgaben der Qualitätssicherung stellen die *Quality Circle* (Qualitätszirkel) dar.[133]

[133] Zu den allgemeinen Gestaltungsgrundsätzen vgl.: Amsden, D., Q-Circles — Applications, Tools and Theory, ed. by American Society for Quality Control, Milwaukee 1976, sowie: Bocker, H. J./Overgaard, H. O., Japanese Quality Circles. A Managerial Response to the Productivity Problem, in: Management International Review (Wiesbaden), 2/1982, S. 13—19.

Tabelle 5.27.
Organisation eines Quality-Circle-Programms

	Zusammensetzung bzw. Durchführung	(Haupt)Aufgaben
Koordinierungsstelle	Je nach Programmumfang unterschiedliche Erscheinungsformen: • eine oder mehrere Personen • Haupt- oder Nebentätigkeit mit oder ohne übergeordnete Steuerungsstelle	Vorbereitung und Organisation des Quality-Circle-Programms Bestreuung und Steuerung von Quality-Circle-Projekten Beurteilung und verbindliche Einführung von Lösungsvorschlägen
Quality-Circle-Leiter	direkter Vorgesetzter der jeweiligen Gruppenmitglieder (z. B. Meister)	Ausbildung der Gruppenmitglieder in den erforderlichen Problemlösungstechniken Leitung der Gruppensitzungen
Quality Circle	jeweils 4 bis maximal 15 freiwillige Mitglieder aus einem Arbeitsbereich	Identifikation und Analyse von Schwachstellen des eigenen Arbeitsbereichs Problemlösung und Erfolgsüberwachung

Quelle:
Zink, K. J./Schick, G., Zur Übertragbarkeit japanischer Konzepte der Qualitätsförderung, in: Fortschrittliche Betriebsführung und Industrial Engineering, (Darmstadt), 5/1981, 5, S. 361.

Laut Definition der *Harvard Business Review* ist ein Qualitätszirkel „eine Gruppe von Beschäftigten, die sich regelmäßig trifft, um Probleme, die ihren Arbeitsbereich berühren, zu lösen. Im allgemeinen bilden 6 bis 12 Beschäftigte aus dem gleichen Arbeitsbereich den Zirkel. Die Mitglieder werden im Problemlösen, in statistischer Qualitätskontrolle und in Gruppenprozessen trainiert. Qualitätszirkel empfehlen generell Lösungen für Qualitäts- und Produktivitätsprobleme, die dann vom Management eingeführt werden können."[134] Tabelle 5.27. zeigt, welche Hauptaufgaben ein Qualitätszirkel Programm umfaßt und in Abbildung 5.40. wird nach gleicher Quelle der konkrete Ablauf einer Problembearbeitung im Qualitätszirkel dargelegt.

Trotz Ernüchterung über die Nutzbarkeit von Qualitätszirkeln als „Universalmittel"[135] und die auch diesem Instrumentarium gesetzten Grenzen herrscht all-

[134] Lawler, E. E./Mohrman, S. A., Quality circles after the fad, in: Harvard Business Review (Boston), 1/1985, S. 66.
[135] Ebenda, S. 67.

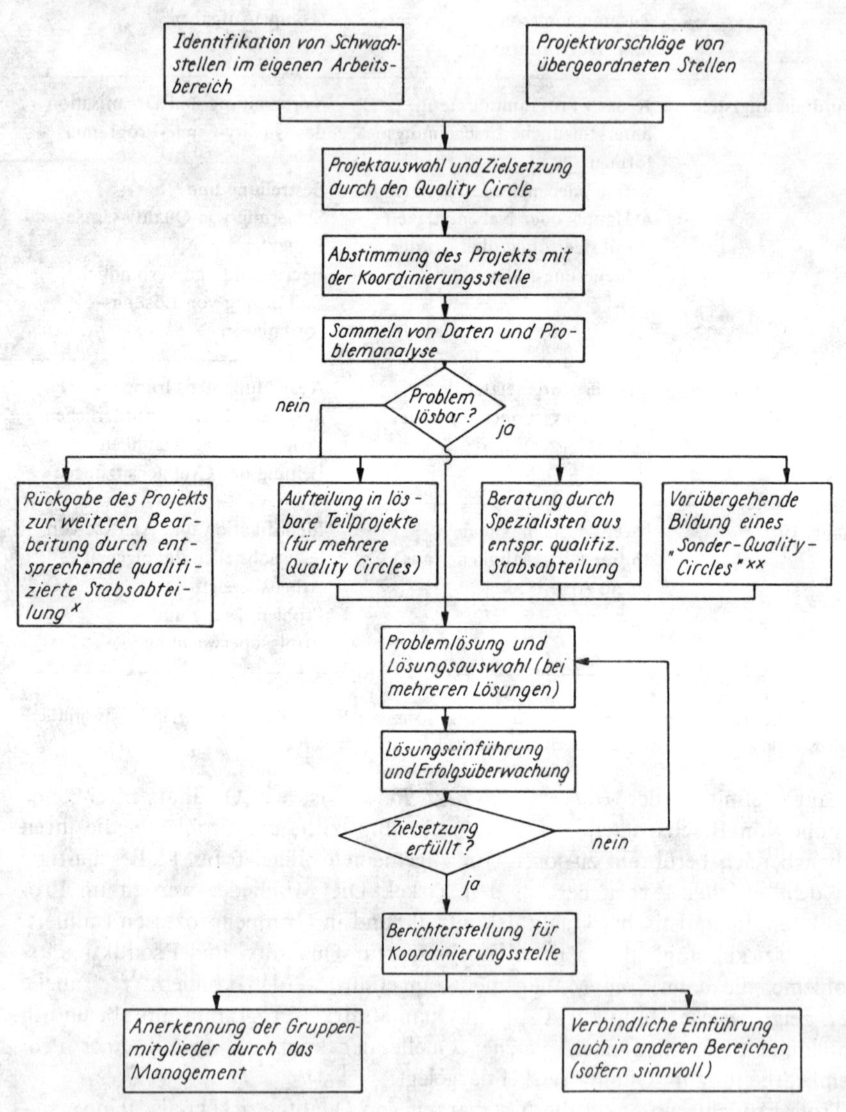

Abb. 5.40.
Problemlösungsprozeß eines Quality Circle

Tabelle 5.28.
Zielsetzung der Strategie
„Qualitätssicherung durch Selbstkontrolle“

Zielsetzungen des Top-Managements	Zielsetzung des unteren Managements	Zielsetzung der Mitarbeiter
• Verbesserung des Qualitätsstandards • Kostenreduzierung • Angebot an alle Mitarbeiter zur Partizipation an Entscheidungen • Möglichkeiten für Mitarbeiter, Beiträge zum Unternehmensergebnis zu leisten	• Erleichterung der Aufgabenerfüllung durch Mitarbeiterpartizipation • Möglichkeiten zum (Moderatoren-)Training • Stärkung der eigenen Führungsposition • Verbesserung des eigenen Wissens und der Führungsfähigkeiten	• Artikulation von Wünschen zur Veränderung des Arbeitsumfeldes • Abbau von Frustrationen (da weniger fremdbestimmt) • Kontakt zu Vorgesetzten und anderen Mitarbeitern im Unternehmen • Entwicklungschancen durch Trainingsmaßnahmen • Möglichkeiten zur Profilierung

Quelle:
Wildemann, H., Computergestütztes Produktionsmanagement, a. a. O., S. 51.

gemein Übereinstimmung darüber, daß mit dieser Strategie der „Qualitätssicherung durch Selbstkontrolle“ positive Effekte überwiegen. Tabelle 5.28. zeigt, welchen Zielsetzungen dabei besonderes Augenmerk gewidmet wird.

Häufig wird mit technischen Maßnahmen der computergestützten Qualitätssicherung gerade den motivierenden Faktoren zur Qualitätsarbeit große Aufmerksamkeit beigemessen. Dabei nutzt das Kapital geschickt die mit Qualitätszirkeln und ähnlichen Maßnahmen verbundenen Effekte, wie zum Beispiel

— größere Identifikation mit der Arbeit und der übertragenen Verantwortung,
— Erhöhung des „Teamgeistes“ für Qualitätsproduktion,
— Nutzung von kostensparenden Formen der öffentlichen Anerkennung, wie zum Beispiel Belobigungen, Verteilung von Qualitätsurkunden, Ausgabe von Anstecknadeln, Ausgabe von Qualitätsbriefen bis hin zu Einladungen zu gemeinsamen Essen mit dem Management.

Selbstverständlich verbergen sich auch hinter den Aufgaben für Qualitätszirkel und ähnliche Arbeitsgruppen auf „freiwilliger“ Basis letztendlich raffiniert getarnte Manipulationstechniken der Profitmehrung. Die zunehmenden Anstrengungen zum Qualitätserhalt oder -ausbau sind so stets eingebettet in die gesamte Strategie zur Sicherung und, wo immer möglich, zum Ausbau der Verwertungsinteressen des Kapitals.

Die hierbei im internationalen Konkurrenzkampf und von einzelnen Monopolen entwickelten Instrumentarien und Methoden bedürfen einer kritischen Sichtung und Wertung, weil sie zur Gewährleistung ihrer Profitfunktion unerläßlich objektiven Erfordernissen hochvergesellschafteter Produktionsprozesse Rechnung tragen und die Realisierung des Profits sich nur über konkurrenzfähige Gebrauchswerte vollzieht. Um die Strategie und Taktik für den gegenwärtigen angespannten Konkurrenzkampf zu vervollkommnen, greifen die Monopole immer häufiger zu modernen Mitteln. Ohne die Bedeutung dieser Mittel überzubewerten, muß man sie immer als System von Hilfsmitteln der Unternehmensleitung ansehen, die in Japan, den USA und den anderen kapitalistischen Ländern ständig weiterentwickelt werden.

Computer Integrated Manufacturing (CIM)

Unter computerintegrierter Fertigung (*CIM*) wird der koordinierte Einsatz moderner Computertechnologie zur flexiblen Automation des gesamten Produktionssystems in einem Unternehmen verstanden. Den grundsätzlichen Aufbau eines *CIM*-Systems zeigt Abbildung 5.41.

In der Literatur wurden die einzelnen Generationen flexibler Fertigungssysteme ausführlich charakterisiert, so daß hier nicht näher darauf eingegangen wird.[136] Mit dem *CIM*-Konzept sollen vor allem die Bereiche Entwicklung, Konstruktion und Arbeitsvorbereitung (Planung) mit der Fertigungssteuerung und Qualitätskontrolle zusammenwachsen. Die konsequente Verfolgung der Systematisierung, Automatisierung und Integration soll langfristig zu einem *Computer Integrated and Automated Manufacturing*-System (*CIAM*), führen, wie es in Abbildung 5.42. gezeigt wird.[137]

Durch die Integration der verschiedenen computergestützten Systeme einschließlich der Integration moderner Führungstechnik und logistischer Technik versuchen viele Konzerne, im international verschärften Konkurrenzkampf ihre Position zu verbessern. Diesem Hauptziel der Integration dienen solche entscheidenden Teilziele wie[138]:

— Flexibilitätssteigerung,
— Qualitätsverbesserung,
— Personalkostensenkung,
— Reduzierung der Fertigungs- und Montagekosten,
— Einsparung im Material- sowie Energieverbrauch und
— Verringerung des Aufwandes im Modell- und Prototypenbau.

Untrennbarer Bestandteil des *CIM*-Konzepts ist der Einsatz von Industrierobotern. Welche Fragen dafür in der Regel in Vorbereitung des Robotereinsatzes seitens des Managements gestellt werden, zeigt überblicksmäßig Tabelle 5.29.

[136] Integrierte CAD/CAM-Systeme. Entwicklungstrends, Einsatzmöglichkeiten, Teil 1, Eschborn 1984, S. 66 (RKW-Reihe Mensch und Technik, 4/84).

[137] Vgl. Haustein, H.-D. u. a., Flexible Automatisierung, a. a. O., S. 47ff.

[138] Integrierte CAD/CAM-Systeme. Entwicklungstrends Einsatzmöglichkeiten, Teil 1, a. a. O., S. 81.

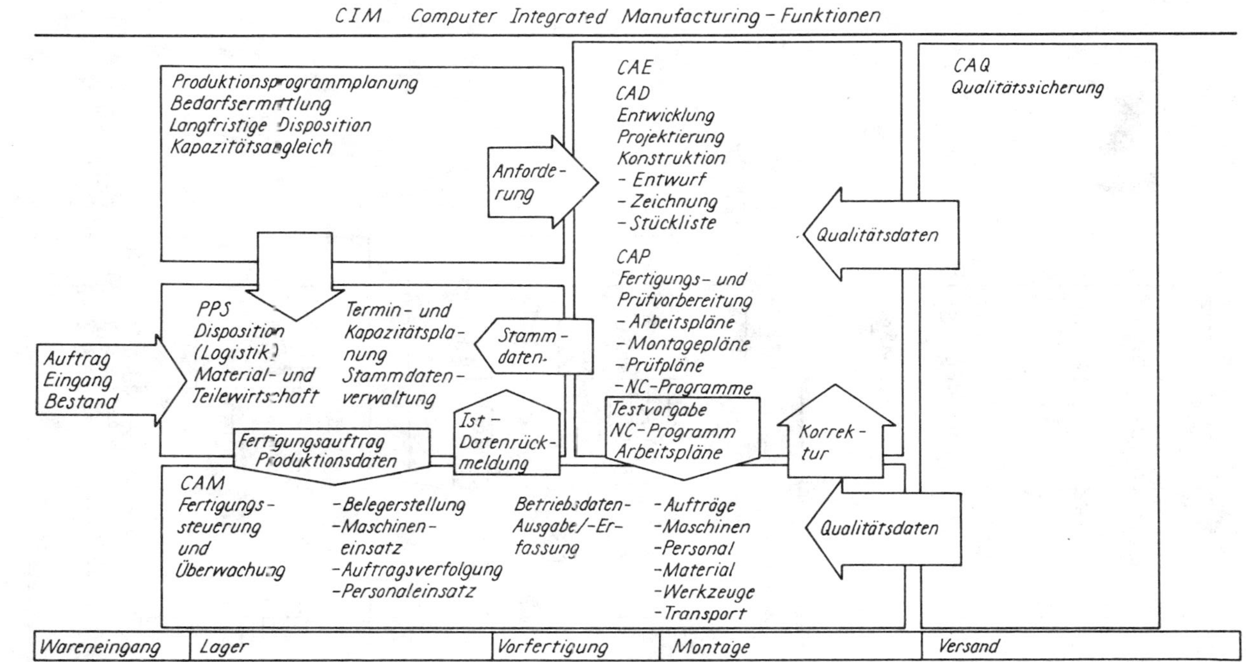

Abb. 5.41.
Struktur eines CIM-Systems

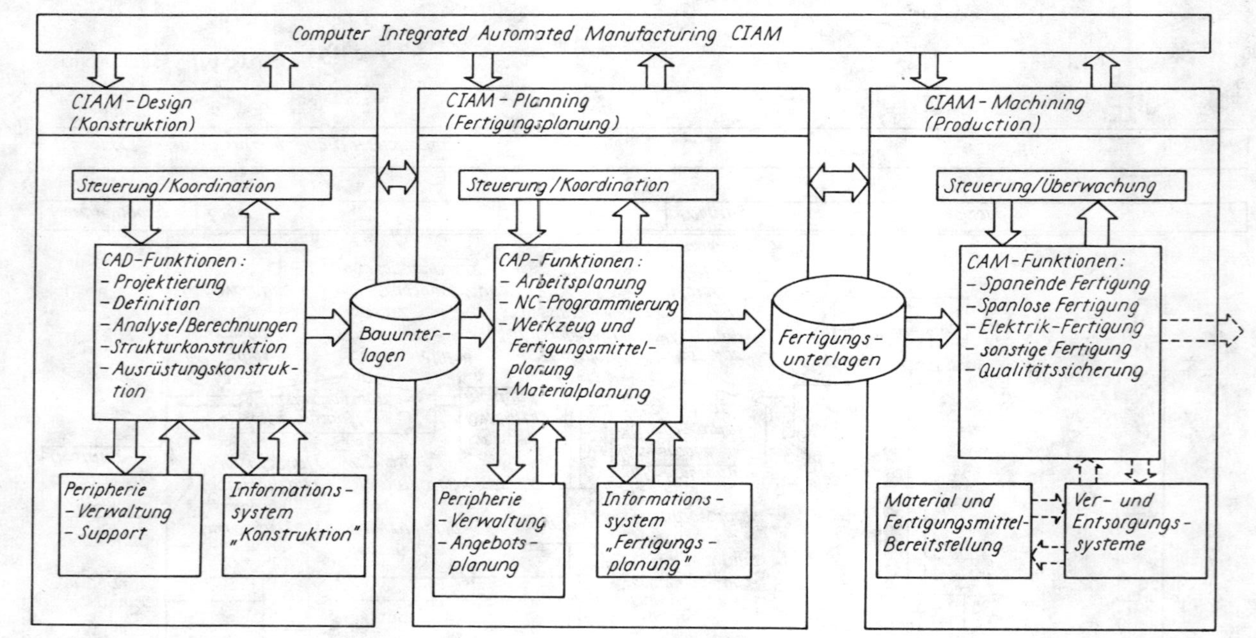

Abb. 5.42.
Struktur eines CIAM-Systems

Tabelle 5.29.
Analysenschwerpunkte zur Vorbereitung des Einsatzes von Industrierobotern

Kennzeichnung des Arbeitsplatzes	Organisatorisch-wirtsch. Daten	Handhabungsgut	Fertigungsmittel	Handhabungsablauf	Kontrolle	Bearbeitungsfolge	Arbeitsbedingungen
Arbeitsplatz-Nr.	Arbeitsstd./Tag	Art	Automatisierungsgrad	Manuell ausgeführte Handhabungsfunktionen	Kontrollierte Zustände und Abläufe	Werkstückspektrum am vorherigen Arbeitsplatz	Belastung der Sinne/Nerven
Art und Anzahl der Fertigungsmittel	Werkstücktypen pro Jahr Umrüsthäufigkeit/100 h Losgrößen Mengenleistung (Stück/Zeiteinheit)	Extremwerte für Masse Hauptzeit Formspezifische Merkmale Besondere Eigenschaften Bearbeitungsfolge Eingesetzte Fördermittel u. -hilfsmittel	Abmessungen, Aufbau Aufstellung, Fundamente Ein- und Ausgabekanäle Eingesetzte Hilfsmittel beim Rüsten	Kennzeichnung der Handhabungsfunktionen Quantitative Analyse des Bewegungsablaufs Veränderlichkeit	Zeitliche Folge Eingesetzte Hilfsmittel Folgen bei Störungen	Ordnungszustand der Werkstücke am vorherigen Arbeitsplatz Werkstückspektrum am folgenden Arbeitsplatz	Monotonie Muskelbelastung Umgebungseinflüsse Räumliche Verhältnisse Hindernisse Unfallgefahren

Quelle:
Schmidt-Streier, U., Die Einsatzplanung von Industrierobotern, in: Industrielle Organisation (Zürich), 1/1984, S. 36.

Es braucht nicht besonders betont zu werden, daß gerade der Einsatz von Industrierobotern oder programmierbaren Handhabungsgeräten seitens des Kapitals im Rahmen des *CIM*-Konzepts größte Aufmerksamkeit genießt.[139] Mit dem Industrierobotereinsatz werden alle sozialen „Rücksichtnahmen" endgültig überflüssig.

Produktivitäts- und kostenbestimmend werden vielmehr solche rein technischen Kriterien wie

— Zuverlässigkeit,
— Mengenleistung (Ausbringung),
— Platzbedarf,
— Umrüstbarkeit (Flexibilität),
— Zugänglichkeit,
— Wiederverwendbarkeit,
— Qualitätssicherheit und vieles andere mehr.

Wie sowohl die Einsatzvorbereitung von Industrierobotern als auch die Planung der eigentlichen Automatenaufstellung im Management verknüpft werden, zeigt Abbildung 5.43.[140]

Mit den integrativen Bestrebungen zielt das Kapital sowohl auf die immer vollständigere Integration einzelner computergesteuerte Fertigungseinheiten zu flexiblen Fertigungssystemen und von daher zweifellos auf die vollautomatisierte Fabrikation.

Die flexible Automation und Integration der verschiedensten Arbeitsmittel wird dabei aufs engste mit der Integration aller computergestützten ingenieurtechnischen Arbeitsabläufe und Managementfunktionen verknüpft. In diesem Zusammenhang wird auch oft vom *Computer Aided Engineering* (rechnergestützten Ingenieurwesen) gesprochen, worunter prinzipiell eine Zusammenfassung von *CAP*, *CAD*, *CAM*, *CAQ* und zum Teil auch der rechnergestützten Prüfung (*Computer Aided Testing*) verstanden wird.[141] (Vgl. Abb. 5.44.)

Als Hauptschwierigkeit für die schnelle weitere Realisierung und Ausbreitung des *CIM*- bzw. *CAE*-Konzepts erweist sich die Entwicklung einer integrierten anwenderspezifischen Software, insbesondere der *Software-Interfaces* (Verbindungsprogramme), mit deren Hilfe die Daten- und Programmintegration realisierbar ist.

Welche Effekte aus der computergestützten Fertigung beispielsweise im Maschinenbau laut Schätzungen von Fachleuten der Internationalen Forschungsge-

[139] Vgl. Schmidt-Streier, U., Methode zur rechnerunterstützten Einsatzplanung von programmierbaren Handhabungsgeräten, Berlin(West)—Heidelberg—New York 1982.

[140] Vgl. Schmidt-Streier, U., Die Einsatzplanung von Industrierobotern, in: Industrielle Organisation (Zürich), 1/1984, S. 37.

[141] Vgl. CAD-Handbuch: Auswahl und Einführung von CAD-Systemen, a. a. O., S. 47, sowie: Integrierte CAD/CAM-Systeme, Entwicklungstrends, Einsatzmöglichkeiten, Teil 2, Eschborn 1983 (RKW-Reihe Mensch und Technik, 11/83).

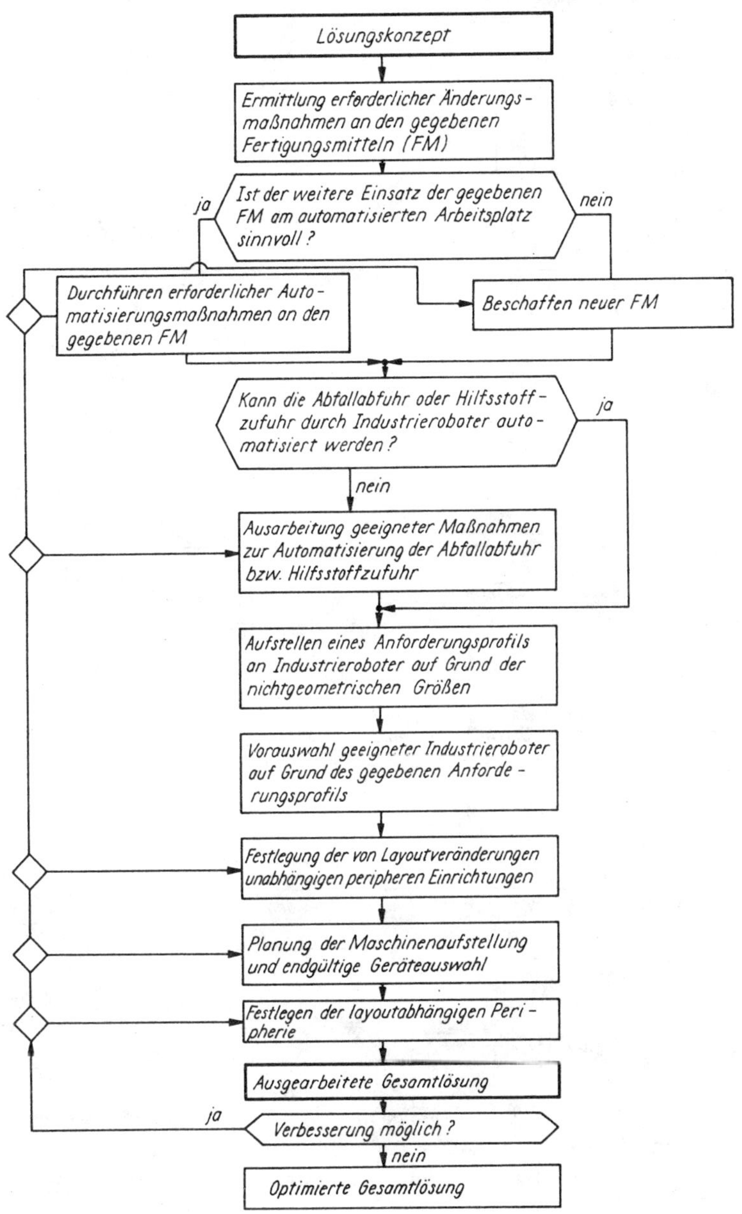

Abb. 5.43.
Ablaufplan zur Ausarbeitung einer automatisierten Gesamtlösung

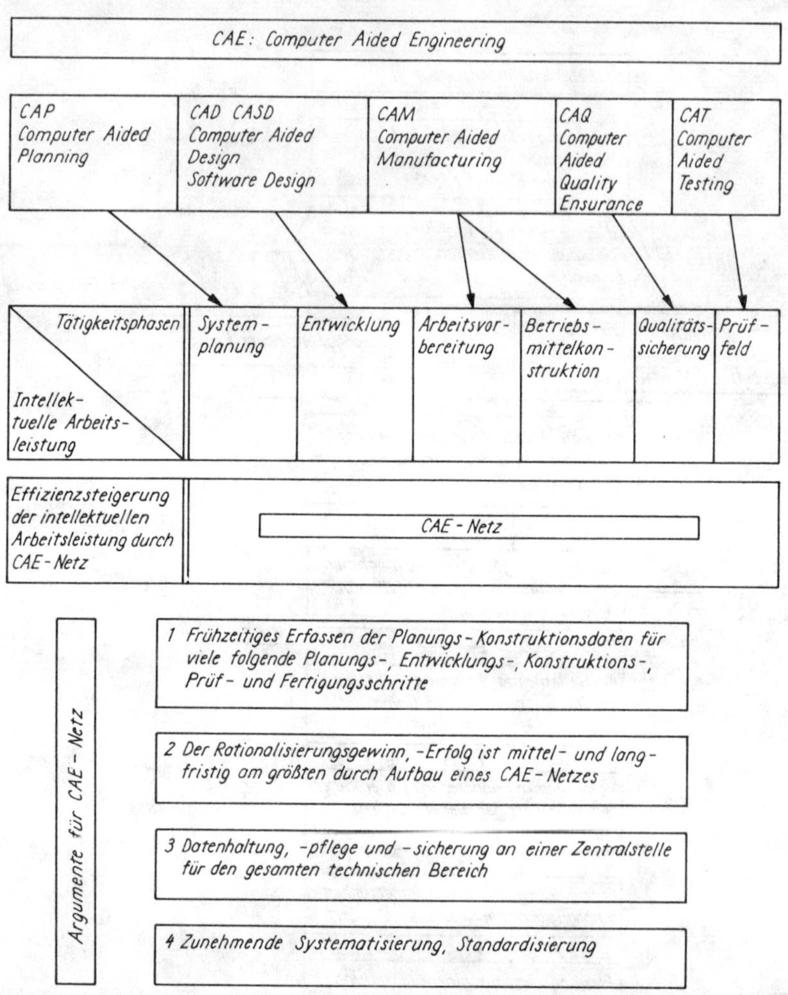

Abb. 5.44.
CAE-Konzept

meinschaft für mechanische Fertigung erwartet werden, kann Tabelle 5.30. entnommen werden.

Auch wenn die Entwicklung von *CIM*-Systemen noch in den Anfängen steckt, ist gerade auf dem Gebiet der flexiblen Automatisierung mit weiterhin überdurchschnittlichen Zuwachsraten zu rechnen und strebt das Kapital nach der weitgehend menschenleeren automatisierten Fabrik der Zukunft. Die sozialen Folgen dieser neuen Stufe kapitalistischer Rationalisierungs- und Automatisierungsbemühungen zeigen sich bereits heute im wachsenden Arbeitslosenheer und zunehmender Perspektivlosigkeit der Jugend.

Tabelle 5.30.
Effekte der rechnerunterstützten Automatisierung, Optimierung und Integration der Fertigung im Maschinenbau

Frage (verkürzt)	Schätzungen der Beantworter	
	Bereich der Angaben	Mittelwert
Welche Verbesserungen im Vergleich zu heute kann die rechnerunterstützte Automatisierung, Optimierung und Integration der Fertigung im Maschinenbau bringen?		
1. Steigerung der Produktivität in der Fertigung	50 ... 200 %	120 %
2. Steigerung der Produktqualität	60 ... 200 %	140 %
3. Verringerung der Durchlaufzeit von der Konstruktion bis zur ersten Fertigungsserie für den Verkauf	30 ... 100 %	60 %
4. Verringerung der Durchlaufzeit vom Eingang des Auftrags bis zur Auslieferung	30 ... 50 %	45 %
5. Steigerung der Anlagennutzung	20 ... 1500 %	340 %
6. Verringerung der Lagerhaltung	30 ... 100 %	75 %

Quelle:
Waller, S., Die automatisierte Fabrik, in: VDJ-Zeitschrift, 20/1983, S. 821.

Künstliche Intelligenz(KI)-Systeme im Management

Mit dem bereits 1957 in den USA eingeführten Begriff „*Artificial Intelligence*" (künstliche Intelligenz) hat die Diskussion um Veränderungen computergestützter Managementtechniken besonders in jüngster Zeit neue Nahrung erhalten.

Obwohl auch andere technologische Fortschritte, wie beispielsweise die Einführung von Datenbanksystemen oder hochintegrierten Bausteinen für die Computer- und Kommunikationstechnik zu zahlreichen Neuerungen im Management führen werden, kommt den wissensbasierten Systemen oder, wie meist formuliert wird, der *KI*-Technik, besondere Bedeutung zu. Sie resultiert daraus, daß bei der Entwicklung von Informationssystemen den sogenannten Expert- oder Wissensbasis-Systemen überragende Bedeutung beigemessen wird.[142] Die Darstellung von Wissen gilt als das hauptsächliche Problem bei der Schaffung künstlicher Intelligenz.

Das Ziel der neuen Generation von Computertechnik besteht darin, daß die Elektronik aus gespeichertem Wissen die richtigen Schlüsse im Sinne von Diagnosen, Anweisungen und Ratschlägen zieht. Aus dem gespeicherten Fachwissen von Experten und der Fähigkeit, neue Informationen aus den vorhandenen Fakten

[142] Vgl. Forsyth, R. (Hrsg.), Expert Systems. Principles and case studies, London—New York 1984.

Tabelle 5.31.
Unterschiede zwischen Daten- und Wissensverarbeitung

Datenverarbeitung

1. Inhaltliche Kriterien

Automatisierung monotoner, klar strukturierter und wohldefinierter Informationsverarbeitungsprozesse.

Zu automatisierende Verarbeitungsabläufe sind aus nichtautomatisierten Informationsverarbeitungsprozessen bekannt.

Systementwickler schreibt mit Hilfe seines Wissens über den Anwendungsbereich ein Programm.

Nur der Programmierer, nicht das System selbst kann einen ausgeführten Verarbeitungsprozeß erklären und auch rechtfertigen.

Hauptsächlich Verarbeitung homogen strukturierter Massendaten.

Bei formaler Ein/Ausgabespezifikation ist prinzipiell die Möglichkeit eines Korrektheitsbeweises gegeben.

Komplexität entsteht hauptsächlich durch den Umfang der Datenmenge.

2. Formale Kriterien

Ausgangspunkt: Verarbeitung von Zahlen.

Wenige Datentypen, aber viele Instanzen eines Typs.

Typische Programmiersprachen: COBOL, PASCAL.

Programmiermethodik: strukturiertes Programmieren.

Verarbeitungsablauf ist explizit festgelegt.

Unvollständige Eingaben werden zurückgewiesen.

Effiziente Verarbeitung mit konventionellen Rechnerarchitekturen möglich.

Wissensverarbeitung

1. Inhaltliche Kriterien

Automatisierung komplexer Informationsstrukturen, die den Umgang mit diffusem Wissen erfordern.

Zu automatisierende Verarbeitungsabläufe sind kognitive Prozesse und daher nicht unmittelbar beobachtbar.

Wissensträger transferiert sein Wissen über den Anwendungsbereich in ein wissensbasiertes System.

Das wissensbasierte System selbst kann prinzipiell einen ausgeführten Verarbeitungsprozeß erklären und rechtfertigen.

Hauptsächlich Verarbeitung heterogen strukturierter Wisseneinheiten.

Die Verarbeitung erfolgt durch Heuristiken und diffuses Wissen, daher sind Korrektheitsbeweise nicht möglich.

Komplexität entsteht durch umfangreiche Wissensstrukturen.

2. Formale Kriterien

Ausgangspunkt: Verarbeitung symbolischer Ausdrücke.

Viele Strukturtypen, oft wenige Instanzen eines Typs.

Typische Programmiersprachen: LISP, PROLOG.

Programmiermethodik: exploratives Programmieren.

Verarbeitungsablauf ist nur implizit oder gar nicht vorgegeben.

Verarbeitung unvollständiger Strukturen ist möglich.

Effiziente Verarbeitung mit konventionellen Rechnerarchitekturen nicht möglich.

---

abzuleiten, resultiert die Überlegenheit der *KI*-Technik. Gegenüber herkömmlicher Computertechnik können Expertensysteme nicht nur explizit gegebene Informationen verwerten, sondern Schlußfolgerungen ziehen und so dazulernen. In diesem Sinne spricht man davon, daß Expertensysteme „intelligent“ sind.

Entsprechend unterscheiden sich auch Datenverarbeitung und künstliche Intelligenz, wie in Tabelle 5.31. gezeigt wird.

Das *Industriemagazin* sieht in Auswertung internationaler Einschätzungen als für das Management wichtigste Entwicklungsetappen folgende Trends[143]:

1986: Expertensysteme steuern im Echtzeit-Betrieb Fertigungsprozesse bei sprunghafter Zunahme von „Expertensystemen“ als Problemlöser.

1987: Technische Expertensysteme (z. B. zur Fehlerdiagnose) finden weite Verbreitung, während Expertensysteme für Ablaufplanungen erst vorgestellt werden.

1988: Expertensysteme für Finanztransaktionen entstehen und werden zur rechnergestützten Konstruktion eingesetzt.

1989: Ausgereifte Systeme unterstützen mehr und mehr Managementaufgaben.

1990: Elektronische Hirne sollen auf einigen Gebieten die Leistungsfähigkeit menschlicher Gehirne übertreffen.

Abbildung 5.45. zeigt die Struktur eines wissensbasierten Systems.[144]

Die *KI*-Technik erlaubt:

- erstens durch rechnerinterne Mechanismen aus dem vorhandenen Wissen zusätzliche Aussagen abzuleiten, indem durch sogenannte Produktionsregeln in der Form „*IF*“ (Wenn; Vorbedingungen) — *THEN* (Dann; Aktionen)“ Schlußfolgerungen abgeleitet werden können sowie
- zweitens durch heuristische Suche im Rahmen des sogenannten *Knowledge-Engineering* Probleme zu lösen.

Die meisten Anwendungsfälle der *KI*-Technik liegen bisher in der Automobilindustrie, der Medizin, den Banken und Versicherungen sowie im Verkauf. Als Computersprachen für die *KI*-Technik konkurrieren *LISP* (*List Processing Language*) und *PROLOG* (*Programming in Logic*) miteinander. Während *LISP* vom Objekt ausgeht, zielt *PROLOG* auf die Anwendung der Regeln der formalen Logik.

Betont wird immer wieder der zentrale Unterschied zwischen Informations- und Wissensverarbeitung. Während erstere streng nach einem vorher festgelegten Programmablauf arbeitet, wird Wissen über einen Schlußfolgerungsmechanis-

[143] Künstliche Intelligenz, in: Industriemagazin (München), 5/1985, S. 24.

[144] Schweppe, H./Schütt, D., Künstliche Intelligenz. Perspektiven und Grenzen, in: Technische Rundschau (Bern), 20/1985, S. 87.

◀
Quelle:
Künstliche Intelligenz, in: Industriemagazin (München) 5/1985, S. 20.

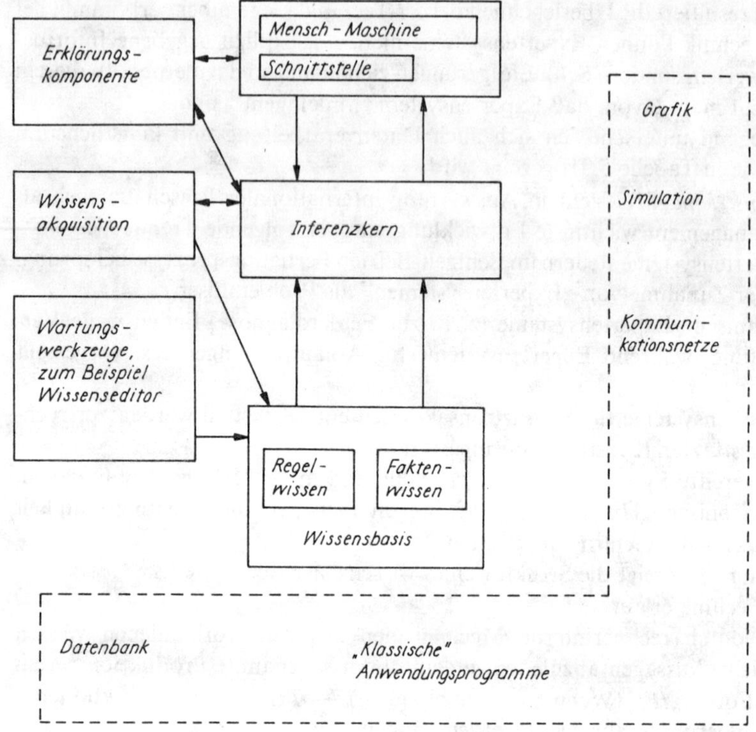

Abb. 5.45.
Struktur eines wissensbasierten Systems der KI-Technik

mus („Inferencemaschine") verwertet, die auf der Grundlage von Daten und Wissen Lösungswege erarbeitet. Charakteristisch für den Inferenzmechanismus ist auch, daß er den Lösungsweg erklären und dokumentieren kann, wobei ein Dialog mit dem Benutzer ermöglicht wird. Da die Daten und das Wissen in einer vom Inferenzmechanismus getrennten Wissensbasis erst einmal in Form von „Wenn-Dann-Regeln" vorliegen müssen, liegt hier der eigentliche Engpaß. Das jeweilige Expertenwissen in diese logische Form zu bringen, ist Aufgabe der Wissensingenieure.

Ohne im einzelnen weiter auf die Entwicklungsperspektiven der *KI*-Technik einzugehen, zeigt sich gerade am Beispiel des Aufbaus von Expertensystemen, wonach das Kapital trachtet. Die BRD-Zeitschrift *Capital* betont: „An Computern und Software besteht zur Realisierung der Künstlichen Intelligenz kein Mangel mehr. Auch auf der Kundenseite fehlt es nicht an Interesse, komplexe und umfangreiche Wissensgebiete mit elektronischer Hilfe transparent zu machen. Woran es bei den potentiellen Anwendern der Künstlichen Intelligenz allerdings noch hapert, sind die Wissensingenieure. Ihre Aufgabe ist es, lebende Experten zum Reden zu bringen, deren Wissen und Erfahrung abzuschöpfen und in Form einer Wissensbank der Elektronik mundgerecht aufzubereiten."[145]

Was aus den so um ihr Wissen gebrachten Fachleuten wird, bleibt unbeantwortet.

Eindeutig bleibt dagegen auch im computergestützten Management das Hauptziel der kapitalistischen Produktion: Sicherung und Ausweitung des Profits.

Vertiefende Literaturhinweise zum fünften Kapitel

Ahuja, H. N., Project management, techniques in planning and controlling construction projects, New York 1984 (Construction management and engineering).

Aleksander, I./Burnett, P., Die Roboter kommen. Wird der Mensch neu erfunden?, Basel 1984.

Amler, R. W., Analyse und Gestaltung strategischer Informationssysteme der Unternehmung. Ansätze zu einer Neuorientierung der Methodenkritik, Göttingen 1983 (Innovative Unternehmensführung, 8).

Antl, V., CAD/CAM-Großanwendung bei MBB, in: Fortschrittliche Betriebsführung und Industrial Engineering (Berlin(West)), 4/1983, S. 258—261.

Asendorf, J./Schultz-Wild, R., Work Organization and Training in a Flexible Manufacturing System — An Alternative Approach, in: Design of work in automated manufacturing systems, Karlsruhe 1983.

Auf Gedeih und Verderb. Mikroelektronik und Gesellschaft. Bericht an den Club of Rome, hg. von G. Friedrichs und A. Schaff, Wien u. a. 1982.

Balzert, H., Wissensverarbeitende Systeme im Büro von Morgen, in: Office Management (Baden-Baden), 2/1985, S. 808—815.

Bargelé, N., Zwei Jahre CAD in einem Maschinenbauunternehmen. Der Weg von der Systemanalyse bis zur industriellen Nutzung, in: CAMP 83. Dokumentation der Kongresse, Berlin (West)—Offenbach 1983.

Barr, A./Feigenbaum E. A./Cohen, P. R., The Handbook of Artificial Intelligence, 3 Bde., Los Altos 1981.

Bechmann, G., Auswirkungen des Einsatzes informationsverarbeitender Technologien, untersucht am Beispiel von Verfahren des rechnerunterstützten Konstruierens und Fertigens (CAD/CAM), Karlsruhe 1978.

Beier, F., Anforderungen an ein CAM-System (Welche Funktionen soll ein CAM-System im Maschinenbau unterstützen?, in: CAD/CAM-Informationstagung für das Management 30. Nov. und 1. Dez. 1982, Wiesbaden 1982.

Bergmann, M./Haidvogel, G., CIM — der Schlüssel zum Aufbau einer integrierten Gesamtlösung, in: Office Management (Baden-Baden), 10/1985, S. 976—994.

Bernhardt, R., CAD-Einsatz im einzelfertigenden Maschinenbau-Unternehmen, in: Fortschrittliche Betriebsführung und Industrial Engineering (Berlin/West), 4/1983, S. 253—257.

Bernhardt, R., Graphische Datenverarbeitung im Maschinenbau, Düsseldorf 1984.

Bernhardt, R., In der Konstruktion beginnt die Rationalisierung, Heidelberg—Frankfurt/M. 1984.

[145] Kirchmann, J., Künstliche Intelligenz vom Computer, in: Capital (Hamburg), 6/1985, S. 94.

Bernhardt, R./Bernhard, W., CAD/CAM. Anwendungsbeispiele aus der Praxis, Berlin(West)—Offenbach 1984.

Blending of new and traditional technologies: Case studies, ed. by A. Bhalla, Dublin 1984.

Bogdanov, O. S./Sergeev, B. I., Zarubežnye interesy japonskich bankov, Moskva 1981.

Borko, J. A., Ekonomičeskaja integracija i social'noe razvitie v uslovijach kapitalizma, Moskva 1984.

Brand, H., CAD/CAM-Systemauswahl. Methoden der technologischen Bewertung, in: CAMP 83. Dokumentation der Kongresse, Berlin(West)—Offenbach, 1983.

CAD-Handbuch. Auswahl und Einführungen von CAD-Systemen, Reihe Informatik-Handbücher, Heidelberg 1984.

CAD/CAM — Stark expansive Phase, in: Wirtschaftswoche (Düsseldorf), 14/1983.

CAD/CAM-Systeme im Maschinenbau, in: VDI-Z. (Düsseldorf), 7/1985, S. 215—218.

CAD/CAM — Wechsel auf die Zukunft, in: Wirtschaftswoche (Düsseldorf), 28/1983.

Carter, W. W., Der Weg der Einführung von CAD/CAM-Systemen ist lang, in: VDI-Z. (Düsseldorf), 20/1983, S. 843—846.

Čeprakov, S. V., Monopolističeskie ob edinenija v promyšlennosti SŠA, Moskva 1984.

CIM Realitätsnahe Demonstration, in: VDI-Z. (Düsseldorf), 21/1985, S. 8—10.

Competitive edge. The semiconductor industry in the U.S. and Japan, ed. by D. I. Okomoto, T. Sugano and F. B. Weinstein, Stanford (Calif.) 1984 (ISIS studies in international policy).

Computer-based national information systems. Technology and public policy issues, ed. by the Congress of the United States, Off. of Technology Assessment, Washington 1981.

Computer revolution and the U.S. labor force. A study, prep. by the Congressional Research Service for the use of the Subcommittee on Oversight and Investigations of the Committee on Energy and Commerce, ed. by the U.S. House of Representatives, Washington 1985.

Csikor, L., Hübner/W., TC-APT Komplettsystem für die NC-Programmierung mit CAD-Integration, in: Zeitschrift für wirtschaftliche Fertigung (München), 10/1983, S. 454—459.

David, B., Man-machine communication in the specification, implementation and use of an integrated CAD/CAM-System, in: Man-Machine Communication in CAD/CAM. Proceeding of the IFIP Working Conference (CAD/CAM), Tokyo 1980.

David gegen Goliath. CAD-Systeme, in: Industriemagazin (München), 8/1985, S. 100—103.

Davis, R./Lenat, D., Knowledge-Based Systems in Artificial Intelligence, New York 1982.

Dronsek, M., Steigerung der Produktivität durch rechnerintegrierte automatisierte Fertigung, in: Informationsschrift MBB GmbH, Ottobrunn 1982.

Dy, F. J. F., Visual display units, job content and stress in office work. New technologies and the improvement of data-entry work, Geneva 1985.

Effects of information technology on financial services systems, Washington 1984.

Eigner, M./Maier, H., CAD-Marktübersicht, in: Fortschrittliche Betriebsführung und Industrial Engineering, Berlin(West) 4/1983, S. 234—249.

Eigner, M./Maier, H., Einführung und Anwendung von CAD-Systemen — Leitfaden für die Praxis, München—Wien 1982.

Ernst, D., The global race in mikroelectronics. Innovation and corporate strategies in a period of crisis, Frankfurt/M. 1983.

Evans, Ch., Die winzigen Riesen. Mikroprozessoren revolutionieren die Gesellschaft, Berlin(West)—Wien 1983.

Feigenbaum, E. A./McCorduck, P., Die fünfte Computer-Generation: Künstliche Intelligenz und die Herausforderung Japans an die Welt, Basel—Boston—Stuttgart 1984.

Gafar, M., Einige Gesichtspunkte bei der Auswahl von CAD/CAM-Systemen, in: CAMP 83. Dokumentation der Kongresse, Berlin(West)—Offenbach 1983.

Gebauer, D./Schwamborn, W., Anwendungsmöglichkeiten der EDV im Bereich Arbeitsvorbereitung, in: Rationalisierung (München), 11/1980.

Grabowski, H., CAD/CAM-Grundlagen und Stand der Technik, in: Fortschrittliche Betriebsführung und Industrial Engineering (Berlin(West)), 4/1983, S. 224—233.

Grochla, E., Grundlagen der organisatorischen Gestaltung, Stuttgart 1982 (Sammlung Poeschel, 100).

Gutsche, W./Mertins, K., Erfolgreich produzieren mit CIM-integrierter Informationsverarbeitung in der Produktion, in: Zeitschrift für wirtschaftliche Fertigung (München), 9/1985, S. 365 bis 371.

Haefner, K., Mensch und Computer im Jahre 2000. Ökonomie und Politik für eine human computerisierte Gesellschaft, Basel 1984.

Heilmann, D., Der Computer als organisatorischer Gestaltungsfaktor in Klein- und Mittelbetrieben, Karlsruhe (1983).

Hellwig, H. E./Paulus, M./Zimmer, B., Auswirkungen der Kopplung von CAD- und CAM-Systemen auf Fertigungsplanung und Fertigung, Düsseldorf 1983 (VDI-Forschungsbericht R. 1, 100).

Hellwig, H. E./Paulus, M., CAD/CAM-Systeme im Maschinenbau, in: VDI-Z. (Düsseldorf), 18/1985, S. 721—726.

Hellwig, H., Rechnerunterstützung bei der variablen Produktgestaltung und -dimensionierung und Integration von NC-Systemen, Düsseldorf 1983 (VDI-Forschungsbericht R. 1, 100).

Herman, R., Computer on the road to Intelligence, in: New Scientist (London) vom 5. 8. 1982, S. 358 ff.

High technology and its benefits for an aging population. Hearing before the Select Committee on Aging, ed. by the House of Representatives, Washington 1984.

Hohe Schule der Integration: CIM, in: Diebold Management Report (Frankfurt/M.), 8/1984, S. 1 ff.

Holz, B., CAD/CAM auf Personal Computer, in: Wirtschaft und Produktivität (München), 10/1985, S. 7.

Hunt, E. B., Artificial Intelligence, New York 1975.

Innovative Anwendung der Mikroelektronik. Referate und Podiumsdiskussion des ZVEI-Bauelemente-Symposium' 82, Berlin(West)—Offenbach 1982.

ISIS Engineering Report. Entwicklung, Konstruktion, Fertigung CAE/CAD/CAM, München 1983.

Isshiki, K. R., Small business computers, a guide to evaluation and selection, Englewood Cliffs (N. J.) 1982 (Prentice-Hall series in data processing management).

Janek, D., Auf den richtigen CAD-Einstieg kommt es an, in: Industrielle Organisation (Zürich), 1/1985, S. 44—47.

Karcher, H. S., Büro der Zukunft — Einflußfaktoren der Marktentwicklung für innovative Bürokommunikations-Terminals, 2. Aufl., (Diss.) München 1982.

Kirchmann, J., Künstliche Intelligenz vom Computer, in: Capital (Hamburg), 6/1985, S. 89—94.

Klos, W. F./Poths, W., CAD-Einsatz. Insellösung versus integrierte Lösung, in: Ausstellungs-Messe-Kongreß GmbH (Hrsg.), CAMP '84. Computer Graphics Applications for Management and Productivity, Proceedings, Berlin(West) 1984, S. 252—259.

Kocetkov, G. B., SŠA-Japonija, bor'ba za liderstvo v sozdanii novych evm, in: SŠA (Moskva), 12/1983, S. 97—104.

Kollege Computer. Stand und Perspektiven der künstlichen Intelligenz, in: Industriemagazin (München), 5/1985, S. 16–20, 24–26.

Kühn, M., CAD und Arbeitssituation. Untersuchungen zu den Auswirkungen von CAD sowie zur menschengerechten Gestaltung von CAD-Systemen, Berlin(West) 1980.

Kupper, H., Zur Kunst der Projektsteuerung. Qualifikation und Aufgaben eines Projektleiters bei DV-Anwendungsentwicklungen, 3. Aufl., München–Wien–Oldenburg 1985.

Lay, G., Beurteilung der Wirtschaftlichkeit von CNC-Maschinen unter organisatorischen Gesichtspunkten, Karlsruhe 1983.

Lay, G., CAD und CAM verbinden sich zu CIM: Auf dem Weg zur computerintegrierten Produktion CIM, in: VDI-Nachrichten (Düsseldorf), 43/1985, S. 26.

Machine learning, an artificial intelligence approach, ed. by R. S. Michalski, Berlin(West) 1984 (Symbolic computation).

McLeod, T., Der Einfluß von CAD/CAM auf die Elektronik-Industrie, in: CAMP '83. Dokumentation der Kongresse, Berlin(West)–Offenbach 1983.

Mertens, P., Was können Expertensysteme? Einsatzbereiche von Computern mit künstlicher Intelligenz im Management, in: Manager Magazin (Hamburg), 7/1985, S. 132–135.

Mey, H., Mikroelektronik – Möglichkeiten, Gefahren und Grenzen, Zürich 1981 (Wirtschaftsbulletin, 30).

Moto-oka, Th., Fifth Generation Computer Systems, Amsterdam 1982.

Necker, T., Einführungsvortrag, in: VDMA (Hrsg.): CAD/CAM-Informationstagung für das Management, Frankfurt/M. 1982 (Mit Technologie die Zukunft bewältigen, Bd. 1).

Noyes, J. G., Das britische Programm zur Verbreitung von CAD, in: CAMP '83, Dokumentation der Kongresse, Berlin(West)–Offenbach, 1983.

Obermann, K., CAD/CAM Handbuch 1982, Coburg 1982.

Personalinformationssysteme. Auf dem Weg zum arbeitsplatzgerechten Menschen, Reinbek b. Hamburg 1984.

Picot, A./Reichwald, R., Bürokommunikation. Leitsätze für den Anwender, München 1984.

Poppe, J., Mikroelektronik – Jobkiller oder Jobknüller? Versuch einer Einschätzung für die Bundesrepublik Deutschland, Pfaffenweiler 1984.

Poths, W./Löw, R., CAD/CAM. Entscheidungshilfen für das Management, Frankfurt/M. 1985.

Preis, A., Office Automation – eine machbare Herausforderung, in: Office Management (Baden-Baden), 2/1985, S. 128–130.

Reber, G./Strehl, F., Zur organisatorischen Gestaltung von Produktionsinnovationen, in: Zeitschrift Führung und Organisation (Wiesbaden), 5/1983, S. 262–266.

Reichl, M., Auswahl und Einführung von CAD. Zehn hauptsächliche Gesichtspunkte des CAD-Einsatzes, in: Industrielle Organisation (Zürich), 9/1985, S. 386–389.

Reichl, M., Wann soll man mit CAD einsteigen? Zur Wirtschaftlichkeit und zum sinnvollen Einsatz von CAD, in: Industrielle Organisation (Zürich), 4/1985, S. 187–189.

Reichl, M., Wollen Sie CAD/CAM einführen? 7 kritische Fragen für das Grobkonzept, in: Industrielle Organisation (Zürich), 12/1985, S. 543–546.

Reitzle, W., Industrieroboter, München 1984 (Computergestütztes Produktionsmanagement, 3).

Saunders, R. J./Warford, J. J./Wellenius, B., Telecommunications and economic development, Baltimore 1983 (A world bank publication).

Schaffitzel, W., CAD/CAM-Einführung als Karrierechance, in: VDI-Nachrichten (Düsseldorf), 43/1983, S. 40.

Schertler, W., Unternehmensorganisation, Lehrbuch der Organisation und strategischen Unternehmensführung, München—Wien—Oldenbourg 1982 (Oldenbourgs Studienlehrbücher der Wirtschafts- und Sozialwissenschaften).

Schrade, D., Mehrdimensionale Organisationssysteme. Gestaltungs- und Anwendungskriterien, Frankfurt/M. 1981.

Schuchmann, H., „Artificial Intelligence" als Informationstechnologie. Künstliche Intelligenz aus der Sicht eines Unternehmens, in: Technische Rundschau (Bern), 39/1984, S. 134—149.

Senn, H., CAD/CAM. Eine dringende Aufgabe auch für das Management, in: Industrielle Organisation (Zürich), 11/1984, S. 484—488.

Simon, A., The sciences of the artificial, Cambridge 1981.

Sock, E. F./Nagel, J., CAD/CAM als Voraussetzung für eine softwaregesteuerte Fabrik. Jahrestagung der DGLR, Hamburg 1984.

Spur, G./Krause, F.-L., CAD-Technik. Lehr- und Arbeitsbuch für die Rechnerunterstützung in Konstruktion und Arbeitsplanung, München—Wien 1984.

Staudt, E./Schepanski, N., Innovation, Qualifikation und Organisationsentwicklung. Folgen der Mikrocomputer-Technik für Ausbildung und Personalwirtschaft, in: Zeitschrift Führung und Organisation (Wiesbaden), 7/1983, S. 363—369.

Steinmann, H./Schreyoegg, G., Managerkontrolle in deutschen Großunternehmen 1972—1979 im Vergleich, in: Zeitschrift für Betriebswirtschaft (Wiesbaden), 1/1983, S. 4—25.

Streckhardt, F., CAD-Einführung und Integration, in: CAMP '83. Dokumentation der Kongresse, Berlin(West)—Offenbach 1983.

Streckhardt, F./Frischbier, G./Ueding, L., Integration von CAD zum Computer Aided Engineering in der betrieblichen Praxis, in: Werkstatt und Betrieb (München), 8/1985, S. 437—442.

Streicher, H., Topmanagement unterstützt die Datenverarbeitung, in: Online (Köln), 3/1984, S. 42—45.

Technological change. The tripartite response 1982—85, ed. by the Internat. Labour Off, Geneva 1985.

Voraussetzungen und Konsequenzen erfolgreichen CAD/CAM-Einsatzes. Tagung in Hamburg vom 27. und 28. August 1985, Düsseldorf 1985 (VDI-Berichte, 565).

Waller, S., Die automatisierte Fabrik, in: VDI-Z. (Düsseldorf), 20/1983, S. 838—842.

Warnecke, H. J., Die Fabrik der Zukunft — Automation der Produktion, in: Zentralblatt für Industriebau (Hannover), 3/1984, S. 219—222.

Warnecke, H. J., Technologische Entwicklungstrends im Bereich flexibler Fertigungssysteme, in: Technologieforum Berlin '84, Proceedings, Berlin(West) 1984, S. 387 ff.

Wildemann, H., Flexible Werkstattsteuerung durch Integration von Kanban-Prinzipien, München 1984 (Computergestütztes Produktionsmanagement, 2).

Wingert, B., Auswirkungen des technischen Wandels auf berufliche Qualifikation am Beispiel CAD, in: Wilhelm, R. (Hrsg.), CAD-Fachgespräch GI. 10. Jahrestagung, Berlin(West)—Heidelberg—New York 1980 (Informatik Fachberichte, 34).

Zipse, T., Leitlinien zum Einstieg in das computergestützte Produzieren, in: Industrielle Organisation (Zürich), 4/1984, S. 174—178.

Personenregister

Sachregister